누가 위대한 지도자인가

누가 위대한 지도자인가

헌신과 열정의 파노라마

최 광 지음

The BUCK STOPS here!

위대한 지도자의 출현을 대망한다

이승만 | 조지 워싱턴 | 콘라트 아데나워 | 리콴유 | 사카모토 료마
에이브러햄 링컨 | 윈스턴 처칠 | 마거릿 대처 | 키스 조셉 | 로널드 레이건
박정희 | 전두환 | 김재익 | 루트비히 에르하르트 | 덩샤오핑 | 토머스 제퍼슨
프랭클린 루스벨트 | 당 태종 이세민 | 요시다 쇼인 | 후쿠자와 유키치 | 관중

북앤피플

평생을 함께 한 사랑하는

조순희 여사에게 고마움을 담고

어린 나이에 하늘나라에 간 딸

최아영에게 아쉬움과 그리움을 담아

이 책을 헌정합니다.

책을 펴내며

중요한 질문에 답하기

이 책을 펼치신 독자 여러분, 책을 읽으시기 전에 다음 다섯 가지 질문에 대한 답을 연필로 한번 적어보시기 바랍니다. 책을 다 읽으신 다음에 다시 돌아오셔서 다시금 같은 질문 다섯 가지에 대해 답을 해보시기 바랍니다.

세계 역사상 가장 존경하는 위대한 정치 지도자는 누구인가요?
대한민국 역사상 가장 존경하는 위대한 정치 지도자는 누구인가요?
만약 대통령이 된다면 가장 하고 싶은 일은 무엇인가요?
만약 대통령이 되시면 국민들에게 가장 하고 싶은 말은 무엇인가요?
위대한 대통령이 되기 위한 자격요건 세 가지는 무엇인가요?

집필의 과정과 동기

필자가 학자의 길을 택한 것도, 독서에 재미를 붙여 책을 즐겨 읽기를 시작한 것도, 둘 다 특별한 계기가 없이 시작되었다. 대학 4년 내내 교수가 되겠다고 생각을 한 적이 한 번도 없었다. 대학 졸업 후 들어간 직장의 부장급 상사들이 모두 미국 대학의 석사 학위를 가지고 있었기에, 조직에서 나름 역할을 하려면 미국의 석사 학위 정도는 가져야 되는 구나라고 판단했다. 당시 가정 형편으로는 불가능에 가까운 미국 유학의 길을 운 좋게 미국 포드 재단(Ford Foundation)의 도움을 받아 공공정책학 석사를 하러 미국에 갔다. 석사 후 또 다른 길이 열려 경제학 박사를 마치고 교수가 되었다. 주위에 대학 입학하면서부터 교수가 되겠다고 준비하는 친구들이 상당수 있었다. 필자는 대학 졸업장을 받는 순간까지 교수가 되겠다고 상상조차 하지 못했던 교수를 31년을 하고 정년 후에도 지금까지 7년차 석좌교수 직책을 유지하고 있다. 다시 태어나 직업을 다시 택한다면 필자는 그 교수를 다시 할 것이다.

내 삶에서 스스로 가장 후회스러운 것은 독서의 중요성과 그 즐거움을 인생의 후반기에서야 깨달은 것이다. 깨달음이 너무 늦었기에 독서를 욕심만큼 하지는 못했으나, 죽는 순간까지 가능한 한 책을 많이 계속 읽으려고 요즈음도 노력하고 있다. 불행하게도 중·고등학교 시절은 물론 대학 시절에도 독서의 중요성과 즐거움을 전혀 인식하지 못해 서점에 책을 사러 간 적이 없었다. 대학시절 손에 쥐고 다닌 것은 영문 주간지 Time지 정도였고 그 주간지도 순전히 폼으로 들고 다닌 것에 불과했다.

30여 년 전인 40대 후반 어느 날 나의 대학 연구실 책장의 전문 서적들 사이에 꽂혀있는 몇몇 교양서적과 역사책을 우연히 읽기 시작해 몇 권을 단숨에 읽은 후부터 나의 본격적인 책 읽기가 시작되었다. 첫 해에 34권을 읽은 후, 둘째 해에 40여 권, 셋째 해에 50여 권으로 넷째 해에는 60여 권을 읽었다. 그 이후부터는 매년 평균 65권 내외의 책을 읽었는데 15년 정도 되던 어느 한 해에는 지하철에서도 읽고 제자 주례하러 가면서도 책을 들고 가기도 하여 내 평생 최고로 많은 87권을 읽었다.

연구도 하고, 강의도 하고, 사회봉사도 하는 바쁜 일상의 와중에, 매일매일 책 읽는 즐거움은 참으로 짜릿했다. 요즈음은 인터넷으로 책을 주문하나, 이전에는 두 주에 한 번씩 서점에 나가 5~7권씩 사곤 했다. 지금도 몇십 권의 책들이 나의 서재 책장 신간 코너에서 각기 자기를 먼저 읽어 달라고 나에게 손짓하며 경쟁하고 있다. 천이삼백 권을 읽었을 무렵 나도 모르게 문리가 터이고 세상을 좀은 알 것 같은 느낌이 들었다.

지난 30여 간 필자는 책을 나름 엄선해 읽었다. 우주의 탄생을 포함 자연과학과 수학에서의 주요 원리 관련 책, 주요국의 통사를 포함 나라의 흥망성쇠 관련 책, 사상사 관련 책, 역사를 바꾼 인물들에 관한 책들이 주된 관심이었다. 한 마디로 부국안민(富國安民)과 관련한 책들을 섭렵했다. 그렇게 읽은 책의 권수는 부끄럽게도 2천여 권이 조금 넘는 수준에 불과하다. 1960~70년대에 명성을 날렸던 철학자 안병욱 교수께서 생전에 약 이만 권의 책을 읽었다고 하니 나로서는 족탈불급(足脫不及)이다.

말이 난 김에 독서의 의미에 대해 살펴보자. 사람은 평생 배움을 통해 지식을 얻고, 지식이 쌓이다 보면 지혜가 늘어난다. 지식을 쌓는 방법은 딱 두 가지이다. "오늘의 나는 지금까지 내가 누구를 만났느냐와 내가 무슨 책을 읽었느냐에 의해 결정된다(I am whom I met and what I read)." 부모님을 포함한 친지들, 학창 시절 만난 선생님들과 친구들, 영상 매체를 통해 만나는 수없이 많은 사람들, 삶 속에서 직접 대면·대화한 사람들 등 이들 모두와의 대화 과정에서 서로 각기 배운다. 책을 읽고 지식을 쌓는 독서도 기실 그 실체는 사람과의 대화이다. 독자는 책을 쓴 저자와 대화를 하나, 하나의 책 속에는 수많은 사람들이 있기에 책 읽기는 저자를 통해 책 속의 사람들과 대화하는 것이다. ChatGPT에게 물어보니 《성경》에는 약 3,000명 이상의 인물이 등장하고, 사마천의 《사기(史記)》엔 약 1,300명, 톨스토이의 《전쟁과 평화》에는 약 550명, 나관중의 소설 《삼국지연의》에는 약 1,100명이 등장한다고 한다. 서재의 몇 책에서 색인에 나오는 인물 수를 세어보니 이승만 대통령의 《독립정신》에는 95명, 앙드레 모루아의 《미국사》에는 230명, 우주와 지구 그리고 인간을 하나로 잇는 데이비드 크리스천, 신시아 브라운, 크레이그 벤저민이 공저한 《빅 히스토리》에는 330명이 등장한다. 책 1권당 50명의 인물이 등장하더라도 1천 권의 책을 읽으면 5만 명의 사람과 대화를 하는 셈이다. 모르긴 해도 안병욱 교수님은 최소 150만 명과 대화를 했을 것이다.

대면 대화와 독서 모두가 사람 만나기를 통해 지식을 증대시키는 점에서는 같으나 두 만남 사이에는 근본적 차이가 존재한다. 대화의 만남은 시간과 공간에 제약이 있다. 대면 대화는 시간적으로 당대의 사람, 공간적으로 주변의 사람과의 만남이다. 독서를 통한 사람 만나기에는 시간과 공간의 제약이 전혀 없다. 독서를 통해 현재의 사람은 물론 과거와 미래의 사람과도 대화가 가능하고, 국내 사람과 먼 외국의 사람은 물론 우주 공간에 있는 외계인과도 대화가 가능하다.

나는 학자로서 연구를 하든, 논문이나 책을 집필하든, 사회봉사를 하든, 그리고 읽을 책을 선정할 때 나의 주된 관심은 "어떻게 하면 국가가 번영하고 국민이 잘 사는가?" 즉 '부국안민(富國安民)'이 나의 삶의 기치(旗幟)였다. 책 읽기가 시작된 지 10여 년이 지나면서 부국안민에 이르는 세 가지 요체(要

論)를 역사 공부를 통해 인식·확신하기에 이르렀다. 부국안민에 이르는 길의 세 가지 요체는 첫째 역사적 통찰력에 바탕을 둔 비전과 확신을 가진 정치 지도자를 갖는 것이고, 둘째 경제제도로서 자본주의 자유시장경제체제의 우월성을 구성원이 확신하며, 그 원리가 국가정책의 중심에 작동하는 것이며, 셋째 좌파적 가치의 덫에서 벗어나 (고전적) 자유주의 우파 이념이 사회의 지배 이념으로 자리매김하는 것이다.

그리하여 세 가지 요체가 나의 저술·강의·봉사의 중심 주제가 되었다. 지금으로부터 20여 년 전, 즉 대학교수 정년 10여 년 전에 이들 세 가지 주제로 모든 국민이 애독할 '국민독본'을 집필해 보기로 마음을 먹었다. 세 주제 모두와 관련된 책들이면 가리지 않고 시간만 나면 읽기 시작했다. 사실 정년 후에도 공직에 봉사하기도 하고, 석좌 교수로 강의도 하고, 나라의 근본과 관련된 주제의 책들을 저술·편집했다. 다른 두 가지 주제보다 위대한 지도자와 명참모에 관한 책 읽기가 먼저 마무리되어 그간 읽은 그 책들의 독후감을 정리한 것이 본 책자이다.

본 책자의 내용 중 어느 것도 내가 저작권을 주장할 만큼 새로운 것은 없다. 참고문헌에 수록되어 있는 상당수의 책들을 읽고 위대한 정치 지도자들의 삶에서 필자가 감동받은 부분을 필자 나름대로 정리한 것이 본 책자이다. 본 책자에 미비한 점이나 부족한 점이 있다면 거인들의 어깨 위에 올라설 만큼 필자가 더 많은 책을 충분히 읽지 못한 때문일 것이다.

필자는 독서를 할 때, 책의 서문을 꼼꼼히 읽는 버릇이 있다. 서문이 저자의 집필 의도와 시각을 잘 드러내기 때문이기도 하고, 서문이 독자로 하여금 전체적인 독해의 방향을 잡아주는 역할을 해주기 때문이다. 전문 학술 서적의 경우를 제외하고 내가 집필했거나 편집한 책들의 서문은 통상 7~10여 쪽에 달했다. 집필의 과정과 동기에 대한 배경을 다소 자세히 설명하고, 위대한 지도자와 명참모로 선정된 21명 인물들의 선정 이유와 인물들의 특성을 개괄하고, 지인들과 제자들이 책 집필 과정에서 도움을 준 내용을 밝히다 보니 서문의 길이가 13쪽에 달해 그 제목을 "책을 펴내며"로 붙였다. 책자의 제I부~제IV부는 본문에 해당하고 마지막의 제V부는 본문에 따른 결론 및 제안에 해당한다.

경제학자, 재정학자인 필자가 자신의 전공 분야와 크게 벗어나는 "누가 위대한 정치 지도자인가?"라는 내용으로 책을 쓰려고 마음먹었고 오랜 동안의 준비과정을 거쳐 마침내 책을 출간하는 이유가 도대체 무엇일까? 정치 지도자가 국가의 흥망성쇠를 좌우하기 때문이다. 정치 지도자가 국민의 삶을 좌우하기 때문이다. 정치 지도자가 멀쩡한 나라를 파멸의 길로 이끌기도 하고, 위기에 처한 나라를 구하기도 한다. 번창하는 경제와 사회의 안정을 일궈내는 정치 지도자가 있기도 하고, 혼란을 부추기며 삶의 희망을 앗아가는 정치 지도자를 보기도 한다.

오늘날 우리 사회가 어지럽고 국가가 누란의 위기에 처했는데도 모두가 한탄하며 허무하게 지내며 남의 탓만 하며 불평·불만으로 나날을 보내는 것은, 우리가 시대의 과제를 정확히 인식해 헌신과 열정으로 해결하고자 하는 정치 지도자를 갖지 못했기 때문이다. 한 나라 운명의 70% 정도는 정치 지도자 한 사람에게 달려있다. 오늘날 우리나라가 갖가지 이유로 어려움에 처한 원인도 정치 지도자와 관련되어 있고 그 어려움에 벗어나는 길도 훌륭한 정치 지도자를 어떻게 얻느냐에 달려있다는 것이 필자의 확신이다.

1980년대 민주화 이후 지난 40여 년 간의 역사에서 대한민국이 계속 쇠퇴하고 있는데, 앞으로 단시일 내에 위대한 정치 지도자를 다시 가지는 행운이 없으면 우리의 후손들의 삶이 어떻게 될지 노심초사하는 한숨과 안타까움에 숨이 막힌 적도 적지 않았다. 훌륭한 위대한 정치 지도자의 탄생은 지도자 자신의 각고의 노력과 국민들의 나라를 위한 기도의 합작품이다. 유권자인 국민이 독재자를 탄생시켰고, 나라를 망치는 인물을 지도자로 선택한 사례가 역사에 비일비재하다.

위대한 정치 지도자와 명참모로 선정된 인물들

본 책자가 다루는 대상은 위대한 '정치 지도자'이다. 민주 정치체제에서 투표에 의해 선출되는 대통령과 수상 중 위대한 인물을 논한다. 군주제에서 왕이나 황제라는 지도자가 있었고, 군사 지도자 기업 지도자(CEO, 최고경영자) 등 분야별 지도자가 있다. 용어상으로 지도자(leader)와 혼용되어 회자되는 '우두머리(boss)', '영웅(hero)', '통치자(ruler)', '위인(great man)' 등이 있으나 본 책자는 '위대한 정치 지도자(great political leader 또는 great statesman)'에 한정하여 살펴본다. 당 태종 이세민은 황제였으나 예외적으로 포함하였다.

본 책자는 위대한 정치 지도자 18분과 명참모 3분 하여 도합 21분의 삶의 궤적을 살펴봤다. 건국의 위대한 지도자로 이승만, 조지 워싱턴, 콘라트 아데나워, 리콴유; 위기관리의 위대한 지도자로 에이브러햄 링컨, 윈스턴 처칠, 마가릿 대처, 로널드 레이건; 경제 기적의 위대한 지도자로 박정희, 전두환, 루트비히 에르하르트, 덩샤오핑; 독특한 족적을 남긴 위대한 지도자로 토마스 제퍼슨, 프랭클린 루스벨트, 당 태종 이세민 등이다. 이들 15분은 대통령, 총리, 수상 또는 왕이라는 직책을 가졌다.

일본을 봉건 사회에서 근대 국가로 바꾼 명치유신의 핵심 인물 세 명의 하급 사무라이 요시다 쇼인, 사카모토 료마, 그리고 후쿠자와 유키치 등은 국가의 공식적 직책을 갖지 못했으나 일본의 역사를 크게 바꾼 위대한 지도자라 판단하여 본 책자에 포함시켰다. 필자의 눈에 띄어 선정된 명참모 3분은 영국 대처 수상을 도운 키스 조셉 경, 전두환 대통령의 '경제 대통령' 김재익 경제수석, 그리고 제나라 환공을 춘추시대의 패자로 등극시킨 명재상 관중이다.

본 책자에서 다룬 18명의 지도자들은 각기 살았던 시대, 공직 취임 연령과 봉사 기간 그리고 수명과 신체적 특성 등이 다르고 다양하다. 먼저 시대별로 볼 때 가장 옛적 사람은 관중으로 무려 기원전 7세기 인물이고 뒤를 잇는 당 태종 이세민은 7세기 인물로 약 1천년 뒤의 지도자이다. 워싱턴 대통령은 18세기 말의 인물이고, 제퍼슨과 링컨은 19세기 초반과 중반에 활약했고, 쇼인과 료마는 19세기 중반, 그리고 유키치는 19세기 하반에 활약했다. 나머지 13분의 지도자들의 활동 시기는 20세기였다.

대통령, 수상, 황제 등 최고 직위에 취임한 연령대를 살펴보면 이세민이 28세에 황제에 등극했고 리콴유는 37세에 수상이 되었고 박정희 전두환 두 대통령은 40대에 대통령이 되었다. 워싱턴, 제퍼슨, 링컨, 루스벨트, 대처 등은 50대에, 에르하르트와 처칠은 60대에, 그리고 레이건, 아데나워, 이승만, 덩샤오핑은 모두 70대 초반에 최고의 국가 지도자가 되었다. 최고 직책에서 봉사한 기간은 리콴유가 37년으로 가장 길고 이어 이세민 23년, 박정희 18년, 아데나워 14년, 루스벨트 13년, 대처, 이승만, 덩샤오핑 등은 12년, 처칠과 전두환 9년, 워싱턴, 제퍼슨, 레이건 등은 재선하여 8년, 링컨 5년, 에르하르트 3년 등이었다. 처칠 수상은 수상직 9년 포함하여 무려 62년 동안 국회의원을 하였다.

90세 이상 수를 누린 사람은 레이건(93세), 덩샤오핑(93세), 리콴유(92세), 아데나워(91세), 이승만(90세), 전두환(90세) 등이었고 정치적 상황에서 쇼인은 29세에 사형당했고 료마는 31세에 암살에 의해 생을 마감했다. 신체적 조건에서 가장 거인은 워싱턴 대통령으로 키 188cm 몸무게 95kg이었고 루스벨트도 키 188cm 몸무게 82kg였고, 왜소한 체구는 덩샤오핑 키 152cm 몸무게 52kg, 박정희 키 160cm 몸무게 52kg였다.

서재에 앉아 정치 지도자에 관한 책들과 자료들을 읽을 때나 최종 집필을 할 때나, 이들 위대한 지도자들과 참모들이 나라에 목숨 걸고 헌신하며 열정적으로 봉사하는 파노라마를 접하면서, 매 순간이 희열과 한숨으로 그리고 존경과 안타까움으로 교차했다. 필자는 울기도 웃기도 하였고, 탄성을 지르기도 꿇어앉아 기도하기도 하였다. 때로는 의자에 내려 서재 바닥에 꿇어 앉아 "감사합니다, 존경합니다"를 연발하기도 했다. 내 자신의 삶을 반추하면서 실로 스스로를 부끄러워 한 적이 한 두 번이 아니었다.

한숨과 안타까움으로 탄식하는 경우도 많았다. 이 책에서 다룬 18분의 정치 지도자와 3분의 참모 모두 위대하고 성공한 분들이다. 성공한 위대한 인물들에 대한 자료를 읽으면서 어떻게 한숨 쉬고 안타까워하고 탄식을 하다니 하고 묻겠지만, 나라를 건국하고 국난을 극복하고 경제적 기적을 일궈내고 세상을 바꾸는 과정에서 헌신과 열정으로 고군분투하는 고통과 고뇌를 접할 때 어떻게 한숨 쉬지 않고 안타까워하지 않고 탄식을 하지 않을 수 있나요?

한 가지 큰 발견은 건국 호국의 선구자 이승만 대통령과 한강의 기적을 일으킨 혁명가 박정희 대통령은 우리 5천년 역사에서도 가장 훌륭한 지도자이기도 하지만 동서고금 세계의 어느 정치 지도자들과 비교하여서도, 세계의 지도자들과 전문가들이 이구동성(異口同聲)으로 존경해마지 않는 세계적으로 위대한 정치 지도자라는 점이다. 이승만 박정희라는 두 위대한 지도자가 제대로 평가받지 못하고 좀 심하게 말해 시궁창에 처박혀 있는 한, 우리 모두는 하늘의 저주에서 벗어나지 못할 것이라 감히 단언한다.

본 책자는 자그마한 세 가지 특색을 가지고 있다. 첫째 각 지도자가 '즐겨 읽은 책들과 저술한 책들'을 가능한 수준에서 파악하여 제시한 것이고, 둘째 각 지도자들이 내뱉은 촌철살인(寸鐵殺人)의 명언(名言)들을 모아 제시했으며, 셋째 각 지도자들과 관련된 수많은 일화(逸話) 중 대표적인 것을 하나씩 수록한 것이다. 상당수 지도자들의 유익하고 익살스러운 유머들도 수집을 하였으나 지면의 제약으로 수록하지 못했다.

감사의 말

'위대한 지도자'란 주제를 정해 주지는 않았으나 본서를 쓰도록 '압력을 가장 많이 넣으신' 분은 정영의 전 재무부 장관님이시다. 필자의 한국외국어대학교 교수 정년을 앞두고 지인과 제자들이 2012년 12월에 《부국안민의 길: 최광의 삶과 생각》이란 정년 기념 문집을 편집·발간하였다. 정 장관님과 필자와의 오랜 교우를 알고 문집의 편집자 배준호 교수가 정 장관님과 인터뷰를 하고 정리한 글 제목이 "국민 필독서 한 권 집필해보소"였다. 정 장관님과는 공적·사적으로 많은 이야기를 나눴다. 멘토로서 딱 두 가지를 가르치시고 강조하셨다. "인생을 살아가면서 '기(技)'보다 '기(氣)'를 중시하세요." "학문을 진정으로 제대로 하고 독서를 많이 하세요. 그리하여 국민 모두가 쉽게 읽을 수 있는 국민 필독서를 써주세요." 두 말씀 모두 필자의 삶의 나침판이 되었다. 본 책자 《누가 위대한 지도자인가: 헌신과 열정의 파노라마》가 정 장관께서 당부하신 국민 필독서가 되길 기대해 본다. 정영의 장관님께 그간의 가르치심과 지도에 무한한 감사를 드린다.

본 책자의 초고가 완성된 후 8명의 지인과 제자들에게 넘겨주며 혹독한 강평을 부탁했다. 지인으로 장오현 교수, 조재국 박사, 황원규 교수, 국중효 교수 그리고 제자로 이영환 교수, 이성규 교수, 김예기 박사, 김학수 대표 등 모두 분에 넘치게 건설적이고 훌륭한 제안을 해 줬다.

김예기 박사는 본격적 집필 초기에 그간 필자가 수집해 놓았던 자료들을 완벽히 정리해 책의 골격을 완성해 주고 많은 새로운 자료들은 수집·정리해 주었다. 스스로 책 읽기를 즐겨하는 김학수 대표는 필자가 예상했던 대로 책의 구도에 관한 근본적 문제 제기를 포함 세부 사항까지 매우 유익한 제안들을 많이 했다. 김 대표의 핵심적 제안들을 모두 수용되지 못해 아쉽고 미안하기 짝이 없다. 장오현 이영환 이성규 등 세 교수의 세부 사항에 대한 지적과 제안은 거의 수용하였다. 황원규 교수의 "유명 정치인들의 삶에 대한 단순 요약본을 넘어서는 최 교수님 만의 '지도자론'을 별도로 넣어주시면 좋겠습니다"라는 제안을 수용해 당초 구상에 없었던 제V부 '위대한 지도자를 대망(待望)한다'가 새로이 집필 추가되었다. 본 책자의 제목을 두고 제안을 요청했더니 황원규 교수와 조재국 박사가 각 10개씩이나 제안을 해서 최종 확정된 제목 속에 녹아있다. 원고를 가장 꼼꼼히 읽고 오·탈자를 포함 표현상의 미숙함까지도 지적한 지인은 조재국 박사와 국중효 교수이다. 참으로 크게 도움을 준 지인 네 분과 제자 네 명 모두에게 심심한 감사를 표한다. 박정희 대통령에 대해 몇 가지 궁금 사항을 문의하였을 때 조갑제 대표와 좌승희 박사가 크고 작은 도움을 주셨는데 두 분께도 감사를 드린다.

초고를 읽은 후 몇 분이 책 내용과 관련하여 두 가지 근본적 문제를 제기하였다. 하나는 8명 중 3명이 책에 수록할 지도자들에서 "전두환 대통령을 빼면 어떠실까요?" 하는 문제 제기였고, 다른 하나는 "중·고등학교는 물론 대학에서도 모두 루스벨트 대통령의 뉴딜 정책이 성공한 정책으로 서술되고 그렇게 가르치고 있는데 그 반대로 주장하면 되겠습니까?"라는 문제 제기였다. 솔직히 말해 두 가지 문제 제기 모두 우리의 서점가가 좌파 이념

쪽으로 경사되어 있는 현실이기에, 작은 빌미로 필자가 어려움을 겪을까봐 걱정하는 충고였다.

전두환 대통령을 책에서 아예 빼자는 제의에 대해 필자는 "전두환 대통령이 세계적으로 볼 때 위대한 지도자는 아닙니다. 박정희 대통령 서거 직후 전두환 보안사령관이 아니었다면 오늘날 보다 더한 사회적 혼란이 초래되었을 터인데, 공산정권 수립 이래 호시탐탐 무력적화에 혈안이었던 김일성의 침략 야욕을 누가 막을 수 있었을까요? 오늘의 한국이 존재하기나 할까요? 존재했다면 오늘날 어떤 모습일까요? 역사엔 가정이 없다고 하지만 나의 가정이 지나친가요?"라고 되묻고, "사회적 무질서와 국론분열과 갈등 속에서도 개발연대에 쌓여진 각종 문제를 해결하는 것에 더하여 석유파동 등 국제적 악조건 속에서 3저 호황의 결실을 최대한 살려 단군 이래 최대의 경제성장과 물가안정을 달성한 위업은 제대로 평가되어야 합니다"라고 설명했다.

국책 연구기관인 한국개발연구원(KDI)에서 사회과학 교사들의 경제 교육을 담당했던 제자 김예기 박사는 교육 과정에서 접했던 에피소드를 이야기 하며 "루스벨트 대통령의 뉴딜 정책이 실패했다는 서술은 빼는 것이 좋겠다"고 강력히 요청했다. 나의 첫 반응은 "김 박사, 손가락으로 달을 가리치면 달을 보아야지 왜 손가락을 바라보시는가?"였다. "내가 뉴딜 정책이 왜 실패했는지를 이론적 실증적으로 체계적으로 설명했지 않은가? 미국 대법원이 뉴딜 정책의 주요 법안들에 위헌판결을 내린 것보다 뉴딜 정책이 잘못된 것임을 보여주는 더 확실한 징표가 있는가?"로 설득시켰다.

동갑내기 친구 대전에 사는 박석태 학형에게도 감사한다. 지난 1년 반 동안 매일 하루에 두 번씩 통화를 하며 참으로 많은 이야기를 나눴다. 핵심 주제는 언제나 나라 걱정, 나라 바로 세우기였다. 자신이 뜻한 바 있어, 한

때 스스로 7년여 동안 매일 14시간 독서를 하였고, 요즈음도 책을 매일 꾸준히 읽으며, 나를 채찍질해 주는 분이다. 특히 정역(正易)과 역사에 해박하시다. 《중국의 역사》 10권, 《열국지》 10권 그리고 나에게 무척 어려운 정역 관련 책을 7권이나 구입해 보내 주셨다. 그 박 형이 근자에 "사람이 배가 고프면 밥이 제일이고, 머리가 고프면 책이 제일이다"라고 말하며 우리나라 지도자들이 책을 읽지 않는 것에 대해 매일 한탄하고 한숨 쉬고 있다. 본 책자의 발간을 누구보다 기다리고 있다.

마지막으로 내자(內子) 조순희 여사에게 특별히 고마움을 표한다. 조 여사는 1972년 2월에 대학을 졸업하고 4월에 결혼한 이래, 지금까지 햇수로 53년을 필자와 함께 했다. 경상도 남자라 무뚝뚝하기 그지없고, 학문을 한답시고 마음과 시간은 늘 여유가 없고, 남편이 1995년 첫 공직 한국조세연구원 원장직을 시작으로 보건복지부 장관 국회예산정책처장 국민연금공단 이사장에 이르기까지 모두 4개의 공직에 봉사하는 동안은 물론 이후 오늘에 이르기까지 공직자의 배우자로 나날을 노심초사하며 살면서 마음고생을 많이 했을 것임에 틀림이 없다. 자신의 평생의 취미인 그림 전시회도 모든 것이 마무리되었다고 판단한 작년에야 처음이자 마지막으로 개최하였다. 감사하기 그지없다.

끝으로 책을 출판해 준 북앤피플의 김진술 대표에게 고마움을 표한다. 원고를 건네기 전 책의 대략적 내용을 설명하며 출판을 부탁한다고 말했을 때, "교수님 책이라면 기꺼이 출판해 드려야지요"라고 흔쾌히 말씀하였고, 편집과정에서도 세세한 부분까지 크게 도움을 준데 대하여 깊은 감사의 말씀 올린다.

차례

I

건국의 지도자들

뉴욕 브로드웨이 영웅행진 카
퍼레이드에서 1백여 만 뉴욕시
민의 환영을 받고 있는 이승만
대통령(1954. 8. 2)

1 | 건국과 호국의 선구자 이승만

혼돈의 시기에 민주 국가를 세운 위대한 지도자

이승만(1875~1965)은 독립운동가·계몽가로서 독립협회와 임시정부 대표로 활동하다가 해방이후 초대 대통령으로 당선되어 1948년 7월~1960년 4월까지 12년간 집권하였다. 이승만은 구한말에 태어나 청년 시절부터 해방이 되기 전까지 오로지 조국의 독립을 위해 매진하였다.

독립 이후 이념적 대 혼란의 시기에 우익 민주 진영의 지도자로 초대 대통령에 당선되었다. 이승만 대통령은 자유민주주의 원칙에 입각하여 대한민국을 건국하고, 정부 수립 후 UN, 미국 등 30여 국가들로부터 승인을 받아내 대한민국의 정통성을 확립했다. 제헌 헌법 제정 당시 의원내각제 의견이 개진되었으나 이승만은 대통령 중심제를 주장하여 동아시아에서 유일하게 미국식 대통령 중심제를 도입하고 정착시켰다. 그는 공산주의를 철저히 배척하였고, 자유시장경제와 자유민주주의를 대한민국의 정체성으로 확립하였다. 건국 후 채 2년이 안 된 시점에서의 북한의 침략을 저지하였으며, 6·25 이후 미국과 한미상호방위조약을 성사시켜 한국군을 70만으로 확대시켜 군사 강국으로 만들었고, 확고한 방위태세를 확립함으로써 국민들이 걱정 없이 생업에 종사할 수 있게 했다.

6·25 전쟁 후 경제복구를 위해 수입대체산업을 육성하는 등 경제발전을 시도하였다. 특히, 1960년에 마련한 경제개발 3개년 계획은 박정희 군사정부가 경제개발 5개년 계획을 추진할 수 있는 발판을 제공하였다. 농지개혁을 실시하여 토지 사유제를 도입하였으며, 교육 및 취업 기회를 확대하여 평등화에도 기여하였다. 반만년 동안의 중국 중심 대륙문명권(大陸文明圈) 국가를 서양 중심 해양문명권(海洋文明圈) 국가로 편입시켜 오늘날 13대 경제대국이 되는 기틀을 마련하였다.

이승만 대통령은 3·15 부정선거를 막지 못하고, 시위대에게 발포하여 유혈사태를 초래하는 등 민주주의를 유린하였다고 비난받았다. 3·15 부정선거에 대통령으로서 책임을 면할 수는 없으나 그가 부정선거를 획책한 적은 없다. 이승만 대통령은 시위 중 부상자들의 병실을 찾아 희생당한 젊은이들을 생각하며 마음 아파하면서 일련의 사태를 책임지고 1960년 4월 27 대통령직에서 물러났다.

1960년 4·19학생 의거 소식을 듣고 "불의를 보고도 항거하지 않는 민족은 죽은 민족"이라 말한 후 부상당한 학생들이 있는 병원을 찾아가 "내가 맞아야 할 총을 학생들이 맞았다"라고 하면서 눈물을 흘리고 비통해 하였다. 곧장 국회에 사임서를 제출하고, 하야를 발표한 후에는 민간인 신분이기에 '관1호' 차를 타지 않고 집무실 경무대에서 사택 이화장까지 걸어서 갔다.

1960년대만 하더라도 어둡고 미개했던 시대로, 당시 세계 독재 정치의 역사를 돌이켜볼 때 권력에서 깨끗하게 물러난다는 것이 절대로 쉬운 일이 아니었다. 이승만 대통령은 권력을 연장하기 위해 비겁한 모습을 보이지 않앉다. 또 부정부패가 만연했던 시절에 축적한 재산이 거의 없을 정도로 청렴하였다. 부인과 단 둘이서 하와이에서 망명 생활을 하다가 그토록 염원했던 조국 땅을 밟지 못하고 1965년 7월 19일 하와이 요양원에서 쓸쓸하게 향년 90세로 영면하였다. 이승만 대통령은 국립 현충원에 안치되었다.

이승만 대통령은 구한말에서 일제 강점기를 거쳐 해방과 건국, 한국 전쟁에 이르기까지 역사상 가장 어려웠고 혼란스러웠던 시기에 자유민주주의와 자유시장경제라는 확고한 원칙으로 나라를 세웠고 공산 침략자들을 물리친 탁월한 지도자였다. 이승만은 누가 뭐래도 대한민국을 세우고, 전쟁에서 미국과 세계를 움직여 나라를 지켜낸 지도자이다. 자연인 이승만이나 대통령 이승만은 오로지 대한 독립과 국가 발전을 위해서 투쟁하고 헌신하며 살았다. 이승만 대통령을 '건국 대통령', '대한민국의 국부'로 부르는 이유이다.

2019년 10월 3일부터 지난 5년간 광화문 집회에서 주야장천 건국 대통령 이승만의 '자유민주주의', '자유시장경제', '한미동맹', '기독교 입국론'을 외치고 있는 전광훈 목사는 어느 지도자, 어느 사학자, 어느 전문가 보다 더 웅변적으로 이승만 대통령의 위대한 업적에 대해 5,200만 전 국민을 대상으로 참교육을 제대로 시켰다. 전광훈 목사는 《건국 대통령 이승만의 분노》라는 책을 2015년에 집필하였는데 이승만 대통령의 일생을 '왕정에 대한 분노', '일본에 대한 분노', '공산주의에 대한 분노', '미국에 대한 분노', 그리고 '가난에 대한 분노'로 묘사하였다.

비운의 왕족으로 태어나 배제학당에서 서양과 서양 학문을 알게 되어 신문 발행인과 만민공동회 지도자가 되어 개혁 실천가로 나섰고, 한성감옥에서 신앙을 체험하고 《독립정신》을 집필한 청년 이승만은 조선 왕조의 굴레에서 자신을 완전히 해방시켰다. 이승만의 조선과 대한제국의 '왕정에 대한 분노'는 일본이 조선을 지배함에 따라 '일본에 대한 분노'로 바뀌었고 한국의 독립을 위한 투쟁에 결연히 나섰다.

이승만은 먼저 더 배워야 했다. 그래서 그는 6년간 갖은 고생을 하며 조지 워싱턴(George Washington)대학, 하버드(Harvard)대학 그리고 프린스턴(Princeton)대학에서 학·석·박사 과정을 마쳐 세계 어느 누구와도 상대할 수 있는 지적 기반을 확실히 갖추었다. 학위 과정 중에도 미국 내 많은 인맥을 형성하고 반일 독립운동을 활발히 전개하였다. 일시 귀국하여 YMCA에서 잠시 활동 하다가 미국으로 망명하여 하와이에 거점을 두고 본격적으로 다양한 독립운동을 펼쳤다.

이승만은 미·일간의 태평양 전쟁을 오래 전부터 예견하였고, 전체주의 소련 공산체제의 사악함을 꿰뚫어 보았다. 이승만 독립투사는 일본으로부터 해방이 되고 독립이 되었음에도 소련의 점령에 따른 한반도 분단, 남북 공산주의자들의 대한민국 건국 방해, 극심한 좌우대립, 미숙한 미군정 체제 등으로 혼란과 격동을 겪으며 '공산주의에 대한 분노'로 치를 떨었다. 그러나 이승만은 공산주의에 대한 분노를 불굴의 의지로 극복해 마침내 대한민국을 건국하였고 초대 대통령으로 선출되었다.

사실 미국 프랭클린 루스벨트 대통령과 독립 운동가 이승만은 공산주의·전체주의 국가 소련이 욱일승천하던 1930년대와 1940년대 초반을 함께 살았다. 루스벨트 대통령이 공산주의의 본질을 제대로 파악하지 못하고 소련과 화해와 공존을 추구했던데 반해, 독립 운동가 이승만은 공산주의에 대해 분노를 느껴 국내외적으로 투쟁했다는 사실은 참으로 대조적이다. 50년 후 레이건 대통령은 공산주의 소련의 본질과 위협을 정확히 인식해 '악의 제국' 소련 체제를 무너뜨렸다. 독립운동가 이승만의 주변에서 같이 일했던 조선의 지식인들 가운데엔 공산주의자들이 다수였고 나머지도 대부분이 공산주의 동조자들이었다. 홀로 우뚝 서 공산주의에 분노하며 건국과 호국의 위업을 달성한 이승만 대통령의 혜안과 열정은 누구도 따라 갈 수 없었다. 참으로 혜안이 넘치는 위대한 지도자였다.

건국한 지 채 2년이 되지 않은 시점에서 북한의 남침으로 6·25 전쟁이 발발했다. 미국의 도움으로 나라를 지키긴 하였으나 이승만 대통령은 반미(反美)는 아니었으나 전쟁 전과 전쟁 중 '미국에 대한 분노'가 가득했었다. 남침을 예상하고 이를 대비해 1949년에 한미상호방위군사협정 체결을 끈질기게 요구하였으나 미국은 1950년 6월 1일 "앞으로 5년간은 전쟁이 없다"고 하였다. 미국에 알리지 않은 국군의 38선 돌파 명령, 미국의 휴전 제안에 대한 거부, 휴전회담 반대 표시로 반공포로 석방, 미국의 반대에도 개헌 강행 등으로 나타난 이승만의 미국에 대한 분노에 미국은 이승만 제거 작전(Operation Eveready)을 짜기도 하였다.

해방 직후와 한국 전쟁 시기 나라는 폐허였고 국민은 배고픔에 시달렸다. 이승만 대통령의 '가난에 대한 분노'는 노련한 외교력으로 미국으로부터 방대한 원조를 이끌어 냈다. 원조는 소비재 중심으로 시작되었으나 자립경제를 지향하여 산업재까지 이어졌다. 핵 강국 표방, 국민 교육과 인재 양성을 위한 투자, 평화선 발표로 해양자원 보호, 각종 기반 산업 육성 등으로 표방된 이승만의 가난에 대한 분노는 오늘날의 대한민국을 만드는 초석이 되었다.

개항 전에 성리학에 기초한 사대부의 나라 조선에서 백성들의 생활은 궁핍했으며 인권적 삶은 노예 신분으로 미천하기 짝이 없었다. 개항 뒤 대한제국은 외세에 시달리다 끝내 망했다. 어느 나라에서든 나라가 망하게 되면 자연스레 이에 대처하는 인물들이 나타나게 마련이다. 식민국 일본에서 독립을 쟁취하고 새 나라를 건국하는 과정에서 큰 인물들이 적지 않게 출현했다.

　그 큰 인물들 중 가장 돋보이는 분이 이승만 대통령이다. 어떤 기준을 적용하더라도 단연 으뜸인 분이 이승만 대통령이다. 복거일 작가는 "우남보다 더 널리 세상을 살피고 더 깊이 우리 민족의 처지를 성찰하고 더 현실적인 방략을 내놓은 분은 없다. 무엇보다도, 우남은 대한민국을 세웠다. 건국처럼 거대한 과업을 한 사람이 해냈다는 얘기야 과장일 수밖에 없지만, 만일 우남이 없었다면, 현재까지 실재해 오고 있는 대한민국은 없었을 것이다. 설령 대한민국이란 이름을 지닌 국가가 세워졌다 하더라도, 그 실체는 지금 우리가 그 안에서 살고 있는 대한민국과는 상당히 달랐을 터이다"라고 주장하면서 신이 준 이승만 대통령을 높이 평가했다.

개화기 선교사들이 키운 청년 이승만

　이승만 대통령을 키운 것은 전적으로 개화기 미국 선교사들이었다. 그들이 없었다면 미개국 조선이 문명국 대한민국으로 진화되었을지 의문이다. 선교사들의 도움으로 청년 이승만은 기독교를 알게 되었고, 기독교 정신이 이승만 대통령의 인생을 지배하여 결국 자유민주주의와 자유시장경제 체제의 대한민국을 건국했다. 조선 왕조 말기 백성들의 삶이 비참하기 짝이 없었고, 문명이 미개하기 그지없는 상황에서, 조선을 찾은 선교사들은 우리민족을 미개인에서 문명인으로 개조했다. 빈곤과 미개에 찌들던 우리를 풍요와 문명 속의 삶을 영위하도록 만든 기반을 쌓은 것은 전적으로 선교사들 덕분이다. 이 땅에 선교사들이 보내진 것은 기적 중의 기적으로, 하나님의 은총과 은혜 덕인 것 말고는 달리 설명할 방도가 없다.

　1884년 6월 미국 북장로교 선교사 맥클레이(Robert Samuel Maclay) 목사

가 고종으로부터 선교를 윤허 받은 이후, 1884년 9월에 입국한 최초의 개
신교 선교사 알렌(Horace Newton Allen)을 시작으로 해방까지는 1,529명(여성
선교사 1,114명), 100주년이 되는 1984년까지는 도합 1,956명의 선교사들이
내한했다. 통상 우리는 선교사들이 한국에 와 근대적 학교를 세우고, 서양
의 의술이 도입되고, 교회가 세워지는 등의 눈에 보이는 현상에만 주목한
다. 선교사들은 한국 사회를 송두리째 바꿔 놓은 천지개벽을 일으킨 하나
님의 사자(使者)였다. 선교사들은 인간과 신을 보는 관점, 세계관, 직업관, 남
녀평등, 자유, 인권 등 상부구조는 물론 정치, 경제, 사회, 문화 체제의 하부
구조까지 근본적으로 변화된 새로운 세계를 한국인들에게 선물했다. 기적
에 의해 한국에 파견된 선교사들이 한국에서 기적을 일궈냈다.

 이승만 대통령의 개인적 성장 과정, 독립운동과 건국 과정, 그리고 건국
후 국가를 이끌고 운영하는 기나긴 여정에서 그를 교육시켜 반듯한 지도자
로 만든 배경에는 기독교와 선교사가 있었다. 옥중에서 성령 체험으로 기
독교를 받아들인 후 기독교 신앙을 자신의 삶과 사상 그리고 대한민국 건
국의 기초로 삼았다. 선교사들이 만들어 낸 기적 속에 우뚝 솟아 난 인물이
청년 이승만이었다. 그렇게 성장한 이승만은 오늘날의 대한민국의 초석을
쌓았고 그 대한민국이 세계 13대 경제 대국의 반열에 올랐다

감옥, 유학, 망명 중에도 오로지 독립만 생각하다

 이승만 대통령은 1875년 황해도 평산군에서 양녕대군의 16대 손으로
태어났다. 어머니가 꿈에 용을 보고 낳은 아이라 이름을 승룡(乘龍)이라 하
였는데 과거시험에 응시하면서 승만(承晚)으로 개명했다. 아버지 이경선은
풍수지리에 몰두하여 각지를 유람하였고, 어머니 김해 김씨는 서당 훈장의

외동딸로 드물게 한문 교육을 받았고 삯바느질로 생계를 이어갔다. 이승만이 태어나기 전에 형과 누나들이 사망하여 6대 독자로 장남 역할을 하였다. 이승만 대통령은 타고난 천재였다. 여섯 살에 천자문을 다 외웠다.

이승만은 어릴 때 서당에 다녔는데, 몰두력과 집중력이 아주 뛰어났다고 한다. 그는 혼자서 몇 시간이고 연을 날리기도 하였고, 나비 그림 그리기에 몰두하여 '이나비'라는 별명을 얻기도 하였으며, 서당 정원에 꽃 심기에 몰두하여 '꽃 귀신이 씌었다'는 말을 듣기도 하였다고 한다. 한편 이승만은 유년 시절 주변에서 본 일상풍경이 미개하고 미신이 많았다고 회고하였다. "나는 당시 어른들이 중국 사람들과 일본 사람들을 무슨 뿔 달린 괴상한 짐승들인 것처럼 얘기하는 것을 기억한다"고 회고하였다.

어머니의 소원은 아들이 과거에 급제하여 집안을 일으키는 것이었다. 과거 급제를 목표로 동양 고전과 역사를 공부했다. 매관매직이 횡행했던 터라 매년 과거에 응시했으나 계속되는 실패로 인해 이승만은 낙심했고 점차 기존 질서에 반감을 가지게 되었다. 고종 치하의 조선이 몰락해 일본에 나라를 빼앗기게 되자 왕정에 대한 분노가 유소년 이승만의 마음속에 쌓이기 시작했다.

1894년 청일전쟁에서 청나라가 일본에 패하면서, 조선에서는 갑오개혁(甲午改革)이 시작됐고 과거제가 폐지되었다. 과거제가 폐지되자 이승만은 삶의 목표를 잃고 방황했다. 중국을 침범하는 서양 제국주의 세력, 일본의 융성, 조선왕조를 둘러싼 수구파와 개혁파의 갈등 등을 지켜보는 이승만의 처지는 일본이 1848년 아편전쟁에서 중국이 패하고 1853년 미국의 흑선이 일본에 와 개항을 요구하는 것을 바라보는 사카모토 료마의 처지와 비슷했을 것이다. 이승만이나 료마나 풍전등하의 조국을 바라보며 자신이 무엇을 할지 깊은 고민에 빠질 수밖에 없었다.

서당을 함께 다니던 친구 신긍우의 권유로 1895년 이승만은 20세에 영어를 배우기 위해 배재학당에 입학하였다. 집에 알리지도 않았다. 영어 사전을 통째로 외우고, 영어교재는 물론, 서양 역사·지리 등 원서들까지 암기하였다. 입학한 지 6개월 만에 신입생들에게 영어를 가르치는 '보조교사'가 되었고 선교사들에게 한글을 가르쳤다.

　영어를 배우러 간 배재학당에서 자유와 자조를 배우고 신학은 물론 세계 역사·지리·문학 등 서구식 정규 교육을 받으며 계몽과 독립운동에 관심을 가지기 시작했다. 당시 배재학당 강사였던 서재필 박사의 권유로 1896년 11월에 이승만은 배제학당에서 개화와 구국운동을 위한 학생단체인 협성회를 결성하여 회장을 맡았다. 1897년 7월 배재학당 졸업식에서 이승만은 '한국의 독립(The Independence of Korea)'이라는 제목으로 유창한 영어 연설을 했는데, 청중은 물론 정부 고관, 주한 외국 사절들을 매료시켜 극도의 칭찬을 받았다. 그리고 일약 당시 정가의 유명인사가 되었다.

　배제학당 졸업 후 친구들과 한글판 주간신문 〈협성회회보〉를 발간하고 주필을 맡았다. 한국 최초의 현대시 고목가(枯木歌)를 지어 〈협성회회보〉에 실었다. 고목가가 최남선(崔南善)의 〈해에게서 소년에게〉(1908)보다 10년 앞서서 지어진 한국 최초의 신체시라는 한국 시사(詩史)의 의미도 의미지만, 이 시를 보면 당시 청년 이승만의 기상과 혜안을 접할 수 있기에 인용해 본다.

〈자료 1〉

고목가(枯木歌)

(1) 슬프다 저 나무 다 늙었네
병들고 썩어서 반만 섰네
심악한 비바람 이리저리 급히 쳐
몇 백 년 큰 나무 오늘 위태

(2) 원수의 딱작새 밑을 쪼네
미욱한 저 새야 쪼지 마라
쪼고 또 쪼다가 고목이 부러지면
네 처자 네 몸은 어디 의지

(3) 버티세 버티세 저 고목을
뿌리만 굳박여 반 근 되면
새 가지 새 잎이 다시 영화 봄 되면
강근이 자란 후 풍우 불외(風雨不畏)

(4) 쏘아라 저 포수 딱작새를
원수의 저 미물 나무를 쪼아
비바람을 도와 위망을 재촉하여
넘어지게 하니 어찌할꼬.

대한제국을 늙고 병든 나무에, 친러수구파 관료들을 딱다구리에, 제정러시아의 위협을 비바람에, 독립협회나 협성회의 개화파 인사들을 포수에 비유하였다. 〈고목가〉는 도동서당에서 한시를 공부한 다음 배재학당에서 찬송가를 배운 이승만이 동양의 소재와 서양의 형식을 절충하고, 자신의 시작(詩作) 능력과 국문 전용 의지를 더하여 지은 시이다.

배제학당 졸업 다음해인 1898년 4월 이승만은 우리나라 최초의 일간지인 매일신문(每日新聞)을 창간해 기자로 활약했다. 매일신문은 정부의 잘못된 정책을 거리낌 없이 비판하였고 외세의 이권 침탈에 대해서 폭로 기사도 게재하였다. 1898년 8월에는 한글 신문인 제국신문을 창간해 주필로 활동하면서 우리나라 독립의 필요성을 전파했다.

언론활동을 통해 자신의 생각과 의지를 펼치기 시작한 이승만은 개화파의 본거지였던 독립협회에서 활동하기 시작했다. 1898년 3월 10일 독립협회 주최로 우리나라 최초의 대중 집회가 열렸다. 서양 선교사가 설립한 배제학당과 일본인이 세운 경성학당의 학생들이 연사로 나섰다. 이날 집회에 모인 사람이 1만 명을 넘었기에 이 집회를 만민공동회(萬民共同會)라 했다. 만민공동회에서 대중들에게 가장 깊은 인상을 남긴 사람은 배재학당 졸업생 이승만이었다. 스물두 살의 무명의 청년 이승만은 특유의 카리스마와 언변으로 열강의 이권 침탈을 규탄했다.

독립협회·만민공동회 그리고 매일신문·제국신문·독립신문과 연관된 개혁운동가들에 대한 수구파들의 반격, 군주제 폐지와 공화제 도입 주장 등으로 혼란이 계속되는 중에 1899년 1월 2일 24세인 이승만은 박영효 일파의 고종 폐위 운동과 공화정부를 세우려 했다는 쿠데타 음모의 공범자로 기소되었고, 한성감옥에 수감되었다. 수감 중 탈옥 시도까지 하였으나 가까스로 사형을 면한 이승만은 종신형과 곤장 100대를 선고 받았다. 24살부터 29살까지 20대의 황금기 5년 7개월(1899년 1월 9일~1904년 8월 9일) 한성 감옥의 옥중생활은 그의 사상과 학문, 인생관과 세계관에 결정적 영향을 끼쳤다.

한성감옥에서 온갖 고문과 곤장 100대로, 이승만의 몸은 허약해 질대로 허약해져 죽었다는 소문이 날 정도였고, 부친은 아들 시체를 돌려달라고 형무소에 찾아가기까지 했다. 이 시점에서 이승만은 죽음의 절망 속에 예수님을 받아들이는 귀한 신앙체험을 하였다. 배제학당 시절 읽었던 성경구절, "네가 너희 죄를 회개하면 하나님께서는 지금이라도 너를 용서하실 것이다"가 떠올라 "주여, 당신이 정말 살아계신다면 제게 다시 한 번 기회를 주십시오. 제게 기회를 주신다면 내 인생을 당신을 위해 살겠습니다. 그리고 내 조국을 위해 살겠습니다"라고 서원기도(誓願祈禱)를 하고 잠들었는데 아침에 깨었을 때 기적이 일어났다. 성경 속 글자로만 알고 있던 것을 직접 체험한 것이다.

신앙 체험 후 감옥 생활의 어려움은 평안과 희열로 바뀌었고, 이전에 맛보지 못했던 정신적 활력을 얻었다. 헌신적 봉사를 통해 자신의 신앙 체험을 죄수들과 간수들에게 알렸다. 1902년 8월 이승만은 한성감옥 옥사장인 김영선의 도움을 받아 '옥중학당'을 개설 수감자들과 간수들 그리고 그들의 2세 어린이 13명과 어른 40명에게 한글과 한문, 영어, 수학, 국사, 지리 등을 가르치고, 성경 교리를 읽어주고 기독교 교리를 알려주어 간수와 죄수 40여 명을 개종시켰다.

이승만은 한성감옥에서 독립협회의 간부이자 개화파의 거물들과 배재학당 동문들과 옥살이를 함께했다. 옥중 동지들 중에는 출옥 후 이승만의 독립운동을 도운 은인도 있었고 갈등을 빚은 동지도 있었다. 선교사들은 영어 성경, 인기 잡지 〈전망(Outlook)〉, 영문 역사책들을 넣어주었다. 많은 책을 읽으면서 미국이 기독교가 탄생시킨 이상적인 나라라고 인식하였다. 영어가 중요하다고 판단하여 영한사전을 만들기로 했다. 일본에서 발간된 영일사전을 참고해 1년 동안 8천여 단어를 번역하며 알파벳 F까지 작업을 마쳤다. 1904년 러일전쟁이 터짐에 따라 이승만은 영한사전 집필 작업을 중단하고 대중 계몽서를 쓰기로 했다.

감옥살이 중에도 1901년 1월부터 1903년 4월까지 27개월간 〈제국신문〉 〈신학월보〉 등에 500여 편의 논설과 한시(漢詩) 여러 편을 투고했다. 과거에 썼던 글과 기사들을 정리하고, 최근에 책을 통해 습득한 자신의 생각을 정리하여 《독립정신(獨立精神)》을 넉 달 만에 탈고하였다. 《독립정신》은 조선왕조 500년 동안 집필된 책들 중 최고의 국민 계몽서인 동시에 경세서(經世書)이다. 이승만은 1897년 청일전쟁에 관한 중국책 《중동전기본말(中東戰紀本末)》을 발췌 및 번역하였고, 청일전쟁이 5년 지난 1900년 한성감옥에서 《청일전기(淸日戰記)》란 책을 마무리했다.

종신형을 받았던 이승만은 1904년 8월 7일 선교사들의 도움으로 세 번에 걸친 감형을 받아 5년 7개월 만에 특별사면으로 석방되었다. 이승만은 1904년 12월 고종의 밀사가 아닌 대한제국(大韓帝國)의 밀사로 대한제국이 독립할 수 있도록 미국의 지원을 호소하기 위해 미국으로 건너갔다. 이승만은 대한제국의 독립을 위해 백방으로 뛰고 시어도어 루스벨트(Theodore Roosevelt) 대통령을 만났으나 밀서를 공식적으로 제대로 전달할 수가 없었다.

이승만은 1905년 7월 미국 육군장관 태프트(W. H. Taft)와 일본 수상 가쓰라(桂太郞)가 필리핀과 조선에 대한 지배권을 상호 인정하기로 한 가쓰라-태프트 밀약(Katsure-Taft Agreement)이 있었음을 알고 미국의 도움을 받을 수 없다고 판단하였다. 원대한 포부로 미국 땅을 밟았으나 강대국 위주의 냉정한 세계 정치 현실을 보면서 약소국 국민의 처절함을 느끼던 차에 이승만은 자신을 후원해 주고 밀사로 보냈던 민영환 법무대신이 을사조약(乙巳條約)에 반발하여 자결하였다는 소식을 듣고는 사흘 동안 통곡했다.

이승만은 통곡의 눈물과 함께 망한 나라 왕정에 대한 분노도 흘려보냈다. 그리고 학문의 길에 나섰다. 이승만은 조선을 떠날 때 많은 선교사들의 추천서를 받아 손에 쥐고 있었다. 배재학당의 학력을 초급대학 과정으로 인정받고 인터뷰를 통해 영어실력을 인정받아, 이승만은 1905년 조지 워싱턴(George Washington)대학에 편입하였고 1907년 정치학 학사 학위를 받았다. 학사 학위 후 공부를 더 하느냐 귀국해 독립운동을 하느냐의 갈림길에서 학업을 택했다. 1907년 9월 하버드(Harvard)대학 사학 석사 과정에 입학하여 학업을 하면서도 비폭력에 의한 독립운동을 하였다. 1908년 9월부터 프린스턴대학교(Princeton University)에서는 정치학을 전공하여 1910년 7월 "미국의 영향을 받은 영세 중립론"이라는 논문으로 박사 학위를 받았다. 당시 논문 제본 비용이 없어서 2년 뒤에 출간하였다.

프린스턴대학교에서 박사 학위를 받은 3개월 뒤인 1910년 8월 29일 대한제국이 일본에 병탄되었다. 앞이 캄캄한 시점에 서울 기독청년회(YMCA)로부터 교육 사업을 맡아 달라는 부탁을 받아 귀국을 결심했다. 이승만은 조국을 떠난 지 5년 11개월 만인 그리고 나라가 일제에 병탄을 당해 패망한 직후인 1910년 10월에 뉴욕, 런던, 파리, 베를린, 모스크바, 만주를 거쳐서 조선에 귀국하였다. 이승만은 1912년 3월까지 전국을 순회하면서 그리고 종로의 YMCA에서 교육과 기독교 전도 활동을 하였다. 1911년 1월 조선총독부가 독립운동을 탄압하기 위해서 데라우치 마사타케(寺内正毅) 총독의 암살미수 사건을 조작하여 서북지방 신민회, 기독교, 부자와 지식층 등 105명을 감옥에 가두었는데, 이를 105인 사건이라고 한다. 조선총독부에서 이승만을 체포하려고 하자, 선교사들이 미국에서 열리는 국제기독교 감리회 총회에 한국의 평신도 대표로 추천하여 체포를 면할 수 있었다.

이승만은 1912년 3월에 1년 5개월 간 한국 생활을 마치고 미국으로 망명하였다. 기약 없는 처절한 망명길이었다. 망명길에 일본에 들러 도쿄 조선 YMCA에서 유학생을 대상으로 반일 사상을 강연하기도 하였다. 감리교 총회에서 한국의 독립을 호소하기도 했는데, 많은 격려와 비난을 받기도 하였다. 총회가 끝난 후 자신의 은사이자 민주당 대통령 후보였던 우드로 윌슨(Woodrow Wilson)의 추천서를 받아서 한국의 독립을 호소하였다. 1913년에 귀국하려고 했으나 아버지로부터 귀국하지 말고 미국에 체류하라는 편지를 받고 귀국을 단념했다.

이승만은 1913년 2월에 하와이로 가서 조선총독부의 105인 사건을 폭로하는 책《한국교회의 핍박》을 출판하였다. 이승만 박사는 이 책의 서문에서 일본의 잘못함을 알리고자 함이 아니라 우리의 잘한 바를 알리고자 함이라 했다. 즉 이승만은 기독교가 일제의 가장 큰 걸림돌이 될 만큼 그렇게 성장한 것을 긍정적으로 희망적으로 보았다. 하와이 감리교회가 운영하는 한인 기숙학교의 교장을 맡았고 1914년 7월에 한인 여자 학원을 설립하였다. 당시 하와이 한인사회에서는 양심과 여론에 호소하여 서양 국가들이 독립을 지지하도록 외교활동을 해야 한다는 이승만파와 군사를 양성하여 무력으로 독립운동을 해야 한다는 박용만(朴容萬)파 간 갈등이 일기도 했다.

1918년 11월 1차 세계대전 전후 처리 문제를 논의하기 위한 파리 강화회담에 참석하여 독립을 호소하려고 했으나 미국에서 인정해 주지 않아 참석하지 못했다. 1921년 미국 워싱턴에서 열리는 태평양 군축회의에 참석하여 한국의 독립 문제를 제기하기 위해서 대한민국 임시정부에서는 당시 중국 상해(上海)에 와 있던 이승만을 다시 보냈다. 하지만 미국은 임시정부

자체를 인정하지 않았다.

이승만은 1919년 4월 상해에서 만들어진 임시정부의 초대 국무총리, 1919년 9월 대한국민회의, 상해임시정부, 한성정부 등 8개 임시정부가 통합하여 개편한 대한민국 임시정부 초대 대통령으로 추대되었으나 1925년 3월에 면직되었다. 당시 임시정부는 심각한 자금난과 계파 간 갈등으로 제대로 운영되지 못했다. 게다가 이승만은 임시 정부의 초대 대통령이 된 후에도 여전히 미국에서 독립운동을 하고 있자, 중국에 있는 임시정부 각료들이 반발했기 때문이다.

1932년 8월 이승만은 임시정부에 의해 국제연맹에서 한국의 독립을 탄원할 특명전권 대사로 임명되었다. 이승만은 일본이 패배하는 즉시 주권을 돌려받을 수 있도록 미국 등 국제사회가 대한민국 임시정부를 정식 승인할 수 있도록 외교활동을 하였다. 하지만 미국 정부 내의 반대파와 공산주의자, 냉엄한 국제관계 등의 벽을 넘을 수가 없었다. 이승만은 미국에서 갖은 수모와 멸시에도 불구하고 오로지 조선의 독립을 위해서 노력하였다. 이승만은 미국에서 주요 인사들은 물론 신문과 방송을 통해서 조선의 독립을 호소하였다.

1941년 12월 7일 일본군이 하와이의 태평양 함대를 기습 공격한 후, 1942년 2월 루스벨트 대통령은 소개(疏開) 행정명령을 내려 11만 2천여 명의 일본계 미국인들을 강제로 '집결수용소(concentration camp)'에 투옥시켰다. 이 상황에서 재미 한인 동포들은 일본계 미국인들과 외관상 구별할 수 없었음에도 불구하고, 일본계 미국인들과는 달리 미국의 '집결수용소' 신세를 면할 수 있었다. 참으로 놀라운 일인데 이는 전적으로 재미 독립운동가 이승만 박사 덕분이었다. 일본군이 하와이 진주만을 기습 공격하기 4개월 전인 1941년 8월에 이승만 박사는 《일본 내막기(Japan Inside Out)》를 출간하였다. 잘 알려진 바와 같이 그가 쓴 책이 베스트셀러가 되어 미국인들의 호평을 받고 있었다. 당시 대한민국 임시정부 주미외교위원부 위원장 겸 주워싱턴 전권대표이던 이승만 박사가 미연방 육군장관에게 편지를 보내 한인들을 일본인과 같이 취급하지 말라고 요청했고, 미연방 정부로부터 요청을 받아들인다는 회답을 받았기에 한인들은 '집결수용소(concentration camp)' 강제 투옥을 면할 수 있었다.

험난했던 건국 과정과 초대 대통령

1945년 8월 15일 일본이 항복하면서 한국은 해방을 맞았다. 한국인이 자주적으로 성취한 해방이 아닌 강대국들이 준 해방이었다. 독립운동 세력들이 적지 않게 있었으나 그 성과는 크지 않았다. 성과가 미비했던 가장 큰 이유는 독립운동 세력들 간의 분열이었다. 그 분열에는 이념 논쟁, 독립 운동 방법, 지도자 간 주도권 쟁탈전 등이 자리 잡고 있었다. 이념 분쟁에서는 민족혁명과 계급혁명이 충돌했고, 운동 방법에서는 외교 독립, 무력 투쟁, 실력 양성 등이 서로 달라 충돌했으며, 주도권 쟁탈의 대표적 사례는 임시정부가 8개에 달한 것에 잘 나타난다. 해방 전에 이념 분쟁, 운동 방법 논쟁, 주도권 쟁탈을 두고 전개되었던 세력 간의 알력은 해방 후 건국 과정에서도 그 내용과 정도에서 그대로 계속되었다.

이승만은 1945년 8월 15일 조선이 해방되자 10월 16일에 귀국하였다. 33년 만에 귀국하여 방송을 통해 3천만 동포가 일심협력하고 대동단결하여 자주독립하자고 역설했다. 이승만이 귀국하자 남한의 좌우익 정당, 사회단체, 미군정 등이 그의 지도력을 서로 이용하려고 하였다. 그는 허정(許政)이 제안한 한국민주당 대표, 여운형(呂運亨)이 제안한 조선인민공화국의 주석 등을 거절했다. 미국 군정청에서는 통치가 끝난 후에도 정권을 인수할 수 있는 권리를 임시정부에 넘겨주려고 하지 않았다. 그동안 임시정부에서 국제 공산당 자금 사건, 극심한 좌우익 간 갈등 등이 일어나면서 공신력 있는 단체로 인정할 수 없었기 때문이었다.

10월에 이승만은 미군정청의 정권을 인수받기 위해 좌우익 정당, 임시정부 요인 등 200여명이 모여 '독립촉성중앙협의회(獨立促成中央協議會)'라는 단체를 만들어 회장으로 추대되었다. 하지만 친일파 문제를 놓고 조선공산당과 갈등을 빚다가 11월 3일에 조선공산당이 먼저 친일파를 청산할 것을 주장하면서 독립촉성중앙협의회에 대한 비판 성명을 발표하였다. 그러자 이승만은 공산당 등 좌익 세력을 경계하기 시작했다. 12월 13일에는 좌익 성향을 지닌 단체들이 독립촉성중앙협의회에서 완전히 철수하자, 이승만은 '공산당에 대한 나의 입장'이라는 담화문을 통해 좌익 단체들은 민족을 분열시키는 반민족주의적이며 친소 성향을 지닌 극좌 세력이라고 맹렬히 비판하였다.

1945년 12월 8일 모스크바 3국 외상 회의 결과 "조선은 미·소 공동위원회를 통해 미국·소련·영국·중국 등이 5년간 신탁통치(信託統治)를 하기로 한다"는 사실이 알려지자 처음에는 좌우익 가릴 것 없이 강력히 반대했다. 그런데 조선공산당, 조선인민공화국 등의 좌익 단체들은 3상회의 직후인 1946년 1월에 신탁통치를 찬성한다고 돌변하자, 좌익과 우익 세력 간 갈등이 노골적으로 확산되었다. 우익단체는 외세를 적으로 보았고, 좌익단체는 동족을 포함한 지주, 자본가를 적으로 보기 시작했다. 1946년 1월 14일 이승만은 기자회견을 통해 신탁통치를 찬성한 좌익 세력과 공산주의자들을 친일파와 다름없는 매국노로 간주하고 결별을 선언했다.

1946년 2월 북한은 북조선 임시 인민위원회를 수립하고 무상몰수·무상

분배에 입각한 농지개혁과 산업시설을 국유화하기 시작했다. 남한에서는
위조지폐 사건으로 미군정청과 조선공산당이 대립하기도 했다. 미소공동
위원회가 지연되면서 역할을 제대로 하지 못하자 남한이라도 단독정부를
수립하자는 주장이 제기되기도 했다. 그런 가운데 미군정청의 실정과 소련
군정의 선동으로 총파업, 폭동 등이 일어나면서 혼란과 갈등은 깊어져만
갔다. 게다가 신탁통치 반대 운동을 놓고 우익단체들 간 분열이 일어났고,
1947년 8월 2차 미소공동위원회가 양진영의 반목으로 결렬되자 통합 정
부는 수립되지 못했다.

　　1948년 UN은 남한 단독 총선거를 치르기로 의결하였다. 미군정청의 통
치하에 정치적 혼란과 무질서가 계속되는 가운데 제헌국회의원 선거가 치
러졌고, 국가체제와 조직, 헌법이 만들어졌다. 이승만은 1948년 5월 10
일 제헌국회의원 선거에서 동대문구에 출마하여 당선되었다. 당시 최고령
자인 이승만은 5월 31일 제1대 제헌국회의장으로 선출되었다. 1948년 7
월 20 제1대 대통령 선거에서 제헌 국회의원 196명 중 이승만 180표, 김구
13표, 안재홍 2표, 서재필 1표 등의 득표에 따라 92%의 압도적 다수를 얻
어 이승만은 대한민국 초대 대통령으로 당선되었다.

　　마침내 1948년 8월 15일 대한민국 정부 수립을 선언하였다. 이승만은
대한민국 정부 수립을 위한 축하 기념사에서 민주주의를 믿어야 하며, 개
인의 사상, 언론, 집회, 종교의 자유, 국민의 참정 권리 등을 강조하였다. 모
든 사람은 국가 앞에서 평등해야 하며, 하나의 국민으로 대동단결하여 민
주주의의 토대를 마련하고 공산주의에 대항하자고 강조했다. 이승만 대통
령은 제헌국회 당시 기독교인이 전체인구의 10%도 안 되는 상황에서 하
나님의 은혜로 건국된 사실에 감사, 제헌국회를 기도로 시작하게 하였는데
198명의 국회의원 모두가 기도에 참여한 것은 비기독교 국가에서는 유례

가 없었다.

　오늘날의 대통령실 그리고 이전의 청와대에 해당하던 대통령 집무실로 이승만 대통령 시절에는 경무대(景武臺)가 있었다. 경무대에는 서무와 의전을 담당하는 비서 6명과 비서실장이 있었을 뿐 대통령을 정책면에서 보좌할 수 있는 참모조직은 존재하지 않았다. 연설문, 편지, 외교문서 등은 이승만 대통령이 스스로 작성하고 타자를 쳤다.

자유민주주의 정치체제와 자유시장경제체제를 도입하다

　이승만 대통령은 대한민국에 자유민주주의체제를 도입하는 데 앞장섰으며 지켜왔다. 1945년 8월 15일 조선이 해방 되었지만 국가와 민족의 미래는 한 치 앞을 내다볼 수 없을 정도로 혼란스러웠다. 민주주의가 무엇인지? 공산주의가 무엇인지? 아무 것도 모르는 상태에서 뭘 좀 안다는 사람들은 저마다 자신의 주장만 옳다고 고집하고 있었다. 1946년 8월 미 군정청이 실시한 여론조사에 의하면 우리나라 국민들이 지지하는 이념은 사회주의 70%, 자본주의 14%, 공산주의 7%로 나타났다. 게다가 좌우익 간 대립은 물론 우익 내부에서도 서로 다른 생각으로 혼란이 극에 달하였다.

　무정부 상태의 혼란한 틈을 타서 공산주의 세력들은 끊임없이 사회 불안을 촉발시켰다. 1946년 10월 대구 폭동, 1948년 4월 제주 폭동 등은 남한을 아수라장으로 만들었다. 이러한 난관을 뚫고 이승만은 기어코 대한민국을 건국한 것이다.

　제헌 헌법은 기간산업 및 주요 산업의 국·공유화, 대외무역의 국가통제, 민간기업의 국유화와 경영통제 등 사회주의적 요소들을 대폭 담고 있었다. 이는 국가가 공공복리를 명목으로 시장에 과도하게 개입할 수 있게 한 것이다. 당시 제헌 헌법은 서구, 특히 독일 바이마르 공화국(Weimarer Republik) 헌법을 모방하다시피 했으며, 한 달도 안 되는 토의 기간을 거쳐서 급조된 것이었다.

이승만 대통령은 제헌 헌법에서 사회주의적 조항들을 삭제하고 시장경제 조항들로 대체했다. 1954년 개헌을 통해 주요 산업과 자원에 대한 국·공유화를 헌법에서 삭제시키고, 대외무역에 대한 국가 통제도 법률로 규정하도록 제한하였다. 또한 특정한 경우를 제외하고는 민간 기업을 국유화시키거나 경영을 통제할 수 없도록 하였다.

대한민국이 자유민주주의에 바탕하여 건국되고 국난 속에서도 민주주의가 지켜진 것은 전적으로 이승만 대통령 덕분이다. 1980년대 민주화 세력에 의해 민주화가 이뤄졌다는 주장은 잘못된 것이다. 극도로 혼란스러운 가운데 나라를 건국하고 공산세력과 전쟁을 하면서도 나라를 지키기 위해 고군분투한 분들의 노력이 먼저 높이 평가되어야 한다.

이승만 대통령을 중심으로 자유민주주의 헌법을 기초로 해서 대한민국이 건국된 자체가 우리의 5천년 역사에서 가장 큰 민주화 작업이 아닌가? 인류 역사에서 공산주의와 사회주의가 정점(頂點)에 달했던 제2차 세계대전 직후에 극심한 혼란 속에서 자유민주주의 국가를 수립한 위업이 없었다면 1980년대 민주화가 가능하였겠는가? 정부 수립 후 3년이 안 된 시점에서 공산 세력이 무력 도발을 했을 때 이를 격퇴시킨 그 고군분투가 어쩌면 건국이후 우리나라 민주화의 두 번째 초석이 아닌가?. 이 두 업적과 비교해 볼 때, 요란스러운 80년대의 민주화 운동은 민주화 과정에서 세 번째의 작은 방점에 불과할 뿐이다.

이는 대한민국에서 기업과 자본의 자유로운 활동이 보장된 자유시장경제가 뿌리내리게 한 것이다. 이승만 대통령은 미국에서 유학하고 생활하면서 미국식 자본주의와 민주주의 체제를 깊이 이해하고 있었다. 그는 미국이 자본주의 시장경제와 민주주의로 풍요롭고 강력한 나라로 성장하는 것을 목격하였고, 우리도 자본주의 시장경제 체제를 선택하는 것이 번영으로 가는 길이라 생각했다. 당시 국가체제를 놓고 혼란스러운 상황에서 공산주의를 철저하게 배제하고 자본주의 시장경제를 과감하게 채택할 수 있었던 것은 시장자본주의를 제대로 알고 있었던 이승만 대통령이 있었기 때문에 가능하였다.

2차 세계대전이 끝나자 많은 신생독립 국가들이 소련의 지원을 받으며 공산주의 체제를 선택하였다. 당시만 하더라도 공산주의와 자본주의 중 어느 쪽이 더 나은 체제인지 명확히 알 수가 없었다. 그러나 이승만은 이미 1923년에 하와이에서 독립운동을 할 당시 〈태평양 잡지(The Korean Pacific Magazine)〉에 공산주의의 문제점을 분석하고 비판하는 "공산당의 당부당(當不當)"이라는 논문을 발표했다. 이승만은 공산주의를 무조건 반대하는 것이 아니라 합리적인 것과 부당한 것을 냉정하게 지적하였다.

성공적인 경제성장을 이룩한 국가가 갖는 가장 중요한 조건은 '재산권을 보장'하는 것이다. 6·25 전쟁의 경험과 이승만 정부의 공산주의에 대한 확고한 태도는 법적, 제도적으로도 확립되었다. '개인'과 '법인'을 사권(私權)의 주체로 규정한 기존 법체계를 계승하여 개인과 기업의 재산권을 보장하게 되었고 헌법에서도 건국헌법에서 규정했던 중요 자원의 국유 원칙과 기업 국영화 원칙을 폐기함으로써 자유기업주의와 시장경제체제로의 지향을 명확히 하였다.

이승만은 공산주의는 재산을 나누어 가지므로 열심히 일하려는 유인을 없애고, 자본가를 인정하지 않아 상공업의 발전을 저해하며, 지식계급을 없애서 백성들을 우매하게 만들고, 종교나 사상의 자유를 없애므로 인류가 발전할 수 없다고 비난했다. 또한 정부와 군사가 없고 국가의 사상도 없는 상태에서 소련만 믿으면 결국 배신당한다고 지적하였다. 만약 이승만이 공산주의를 부당하다고 생각하지 않았더라면 6·25 전쟁에서 수십만 명이 피를 흘리면서 끝까지 항쟁하려고 하지 않았을 것이다. 남한은 6·25 전쟁에서 항복하여 공산주의 국가가 되었을 수도 있었을 것이다. 이승만의 뛰어난 예지력과 선견지명으로 남한의 공산화를 방어한 것은 누구도 부정할 수 없는 커다란 업적이다.

농지개혁으로 사회 안정과 산업화 기반을 마련하다

농지개혁이란 정부가 농지를 농민에게 분배하는 정책을 말한다. 농지를 소유하지만 자신의 농지를 직접 경작하지 않는 사람을 지주라 하며 이들로부터 농지를 빌려 경작하는 사람을 소작인라고 한다. 1945년 해방 당시 농가의 86%가 다른 사람의 농지를 경작하는 소작농이었고, 농지의 65%가 소작농이 경작하던 소작지였다. 정부는 분배대상이 되는 농지의 소유자로부터 이를 강제로 매수하여 농민에게 분배하였다. 정부가 강제 매수할 때 소유자에게 대가를 지불하는 유상매수와 대가를 지불하지 않는 무상몰수가 있다.

이승만 대통령은 해방 이후 가장 시급한 현안이자 농민들의 염원이었던 농지개혁을 실시하였다. 이승만은 농지를 개혁하기 위해서 자신과 정치적 성향이 정반대였던 조봉암(曺奉岩)을 초대 농림부 장관으로 임명하여 대지주들이 많았던 한국민주당의 반대를 뿌리치고 유상몰수·유상분배 형식의 농지개혁법을 통과시켰다. 북한에서는 무상몰수와 무상분배가 이루어졌지만 소작인들이 실제 농지의 소유권을 갖지 못하였다.

이승만 정부에 의해 시행된 농지개혁은 농지 소유자로부터 이를 강제 매수하는 것부터 시작하였다. 강제 매수되는 농지는 농민 아닌 자들이 소유한 농지, 농민이 소유하더라도 자신이 직접 경작하지 않는 농지, 자신이 직접 경작하더라도 3정보를 초과한 농지였다. 이들 농지 매수가격은 해당 농지의 평년 생산량의 150%였으며, 정부는 매수대금을 한꺼번에 지급하지 않고 지가증권을 발행하여 5년 간 30%씩 균등하게 지급하였다. 지가증권은 매수가격만큼의 생산량으로 표시되었는데 실제 지급시점에 이르러 지가증권에 표시된 생산물의 가격을 정부가 계산하여 지급하였다. 정부가 매수한 농지 분배는 농가 1호당 3정보를 상한으로 하여 이루어졌다. 미군정 때 분배된 농지에 대해 농민이 매수한 가격은 연간 생산량의 300%였지만 1951년 특별조치법에 의해 150%로 조정되었다.

이승만 대통령은 농지개혁법을 제정하여 소작농들에게 농지 소유권을 주어 이들을 자작농으로 전환시키고, 이를 통해 생산 의욕을 고취시키고 부족한 식량을 증가시켰으며 지주들의 경제적 수탈을 해소하였다. 농지개혁은 그동안 봉건적인 지주-소작인 관계를 자작농-자유인 사회로 바꾸었다. 산업 자본주의의 발전을 가로막는 낡은 요소는 사라졌고 지주 대신 자본가가 새로운 경제의 주역으로 등장하게 되었다.

농지개혁을 통해 지주의 경제적 영향력이 사라지면서 농촌에 잔존하던 양반과 상민의 신분차별이 없어졌고 노비와 같은 처지에 있던 천민이 자취를 감추었다. 그래서 농촌사회의 구성원들은 신분에서 보다 자유롭고 평등해졌다. 나아가 가문의 사회적 지위를 높이기 위한 경쟁은 자식세대에 더 많은 교육투자를 유도하였다. 이러한 인적자본에 대한 투자가 이후 산업화 과정에서 밑거름으로 작용하였다.

6·25 전쟁이 발발하기 몇 달 전에 시작된 농지개혁은 6·25 전쟁 중 남한

에 공산주의가 확산되는 것을 방지하였다고 평가된다. 농지개혁을 통해 처음으로 자기 땅을 갖게 된 소작농들은 주인의식과 국민이라는 정체성을 가질 수 있었다 6·25 전쟁 중 북한의 선전 공세에도 불구하고 대한민국의 국민으로 충실히 남을 수 있었다. 국민 대다수가 농민이었던 당시에는 농심이 곧 민심이자 여론이었다.

초유의 한미상호방위조약으로 국방을 완벽히 하다

1950년 6월 25일에 북한의 남침으로 시작된 6·25 전쟁은 발발 3일 만에 서울을 초토화시켰다. 미군과 유엔군의 참전으로 전세(戰勢)가 역전되기도 했지만 중공군의 참전으로 서울이 또 함락되었다. 6·25 전쟁은 시간이 지날수록 어느 편도 확실한 승기를 잡지 못했다. 전쟁이 질질 끌게 되자 미국을 비롯한 유엔 참전국들은 지쳐갔다. 휴전이 대안으로 등장했다.

유엔 주재 소련 대표 야코브 말리크가 휴전을 제안했다. 휴전을 반대하는 사람은 오직 이승만 대통령뿐이었다. 대통령은 한국 단독으로라도 북진통일을 하겠다고 버텼다. 이승만 대통령은 "자유와 공산주의는 반대되는 개념이다. 이 둘은 결합될 수 없다. 공산주의와의 타협은 불가능하다"는 이유를 내세워 휴전을 결사반대했다. 이승만 대통령은 남과 북이 분단된 상태에서 휴전은 한국에 사형선고를 하는 것과 다름없으므로 국가로 생존하기 위해서 단독으로라도 계속 싸워야 한다고 고집을 부렸다.

그러던 중 1952년 말 유엔총회는 인도의 주도로 남북한 포로들을 중립국 송환위원단에 넘기기로 결의했다. 이 결의안에 분노한 이승만은 미국과 상의 없이 1953년 6월 18일 전국 7개 수용소에 있던 35,400명의 반공포로 중 26,930명을 석방해버렸다. 미국 조야와 세계가 요동쳤다. 휴전 회담도 중단되었다. 이승만 대통령의 휴전반대와 반공포로 석방은 우방으로부터도 비난을 받았는데, 미국 대통령 2명, 영국 수상 2명, UN 사무총장 2명, 그리고 호주 인도 및 캐나다의 지도자들로부터도 비난 서신을 받았다.

이승만 대통령이 겉으로 북진통일을 고집하고 반공포로를 석방하는 등의 소란을 피웠던 배경에는 이승만 대통령 나름대로 보다 큰 것을 얻어내려는 속셈이 있었기 때문이었다. 휴전 협정이 이루어지면 대미 협상력이 현저히 약화될 것이라는 점을 알고, 이승만 대통령은 휴전 협정이 체결되기 전에 상호방위조약의 내용을 구체화 해 줄 것을 미국에게 끈질기게 요구하였다.

1952년 대통령 선거에서 아이젠하워 미국 대통령은 '한국전쟁의 종결'을 주요 공약으로 내걸고 압도적으로 당선되었기에 휴전에 적극적일 수밖에 없었다. 아이젠하워 대통령은 먼저 이승만 대통령을 미국으로 초청했다. 이 대통령은 전시에 외국을 방문할 수 없다는 이유로 아이젠하워 대통령의 초청을 사양했다. 결국 아이젠하워 대통령은 월터 로버트슨 국무부 차관보를 대통령 특사로 한국에 급파했다. 로버트슨과 2주간의 치열한 협상 끝에 한국과 미국은 휴전협정 성사를 위해 "정전 후 한·미 양국은 상호방위조약을 체결한다"는 등 몇 가지 안건들에 합의했다. 한미상호방위조약을 체결하는 것이 대통령의 속내였던 것이다. 이승만 대통령의 벼랑 끝의 외교 전술이 성공한 것이다.

1953년 7월 27일, 3년 넘게 지속된 전쟁이 끝나고 드디어 휴전이 이뤄졌다. 1953년 8월 3일, 한미상호방위조약을 구체적으로 협의하기 위해 덜레스 미 국무장관이 서울로 왔고, 8월 8일에 한미상호방위조약이 가조인되었다. 한미상호방위조약은 1953년 10월 1일에 변영태 외무부 장관과 덜레스 미 국무장관이 워싱턴에서 공식 조인한 후 1954년 1월 15일에 한국 국회가, 이어 1월 26일에 미국 상원이 비준함으로써 정식으로 발효되었다.

이승만 대통령은 한미상호방위조약 체결을 앞두고 성명서를 발표했다. "한·미상호방위조약이 성립됨으로써 우리는 앞으로 여러 세대에 걸쳐 많은 혜택을 보게 될 것이다. 이 조약이 있기 때문에 우리는 앞으로 번영을 누리게 될 것이다. 한국과 미국의 이번 공동조치는 외부 침략으로부터 우리를 보호함으로써 우리의 안보를 확보해줄 것이다." 성명서에 명시된 이승만 대통령의 예견은 하나도 틀림없이 실현되었다. 당시 UN군 사령관 윌리엄 클라크 장군은 "싸워서 이기기보다 평화를 얻는 게 더 어려웠고, 적군보다 이승만 대통령이 더 힘들었다"고 술회하며 이승만 대통령을 위대한 인물로 높이 평가하였다.

한미상호방위조약이 체결되면서 남한은 상대적으로 취약했던 방위력을 강화할 수 있었고, 북한의 적화 통일 야욕을 꺾고 전쟁을 방지할 수 있었다. 게다가 남한은 미군의 지원으로 방위비 부담을 줄일 수 있었고 경제개발에 집중할 수 있게 되었다. 즉, 한미상호방위조약은 한반도에 전쟁 재발 위험을 방지하고 단기간에 산업화를 이루어 북한과의 체제경쟁에서 승리할 수 있게 한 일등공신이라고 할 수 있다. 이승만 대통령이 체결한 한미상호방위조약 체결은 국방 뿐만 아니라 경제적으로도 높이 평가되는 이유이다.

1953년 7월 27일에 판문점 정전협정 조인식에서 정전협정문에 서명한 사람은 UN군 총사령관 마크 W. 클라크 미국 육군대장, 조선인민군 총사령관 김일성, 중국인민지원군 사령관 등 3명이다. 사실 많은 국민들이 휴전협정 체결에 미국과 북한의 대표자가 서명했으나 교전 당사자였던 대한민국 대표자의 서명이 빠져있음을 궁금해 하고 있거나 서명을 하지 않은 사실 자체를 모르고 있을 것이다. 이승만 대통령은 백선엽 대장에게 "절대로 정전협정에 조인하지 말라"고 지시했고, "한국 정부는 정전협정에 참석하지 않겠다"고 미국 측에 알렸다. 휴전의 본질과 위험을 누구보다도 정확히 인식하였기에 협정 체결 자체에 참여하지 않았다. 이승만 대통령의 판단과 통찰이 옳았음을 역사는 거듭 보여주고 있다. 국제적으로 중요한 문서에서 비워둔 자리가 이처럼 큰 의미를 갖는 경우는 없었다.

교육과 인적자원 개발에 투자를 확대하다

이승만 대통령의 교육에 대한 열의는 평생 이어졌다. 1910년 미국에서 학위를 받은 후 곧장 귀국하여 YMCA에서 교육과 전도활동에 매진했다. 미국에 망명해 하와이에서 독립운동을 하면서 한인기독학원을 설립하였는데 이는 한국인이 세운 최초의 남녀공학 학교였다.

이승만 대통령은 문맹을 퇴치하기 위해 국민학교 의무교육을 도입하는 등 교육 및 인적자본에 대한 투자에 진력하였다. 1948년 8월 15일 대한민국 정부 수립 당시 중등교육을 받은 국민은 1%에 지나지 않았고, 전체 국민 4분의 3 이상이 한글을 제대로 읽거나 쓸 줄 몰랐다. 이승만은 자유민주주의 국가가 정착되고 백성들이 잘 살기 위해서는 누구나가 글을 읽고 쓸 줄 알아야 한다고 생각했다. 전국에 수 만개의 국문(한글) 보급소를 설치하고 성인을 대상으로 문맹퇴치 운동을 벌여서 1958년까지 550여만 명을 교육하였다. 예산의 10%이상을 교육에 투입한 결과 광복 당시 80%에 달했던 문맹률을 1959년에는 22%로 대폭 줄일 수 있었다.

게다가 이승만은 모든 국민들이 동등한 교육 기회를 가져야 한다고 생각하고 국민학교 6년 의무교육을 실시하였다. 광복 당시 2,800여 개 교에 불과했던 국민학교가 1960년에는 4,800개로 늘어났다. 그 결과 1959년에는 취학 아동이 95.3%나 되었다. 이승만은 6·25 전쟁 중에도 학교 수업을 계속하게 하였다. 중학생 수도 5만여 명에서 53만여 명으로 10배 넘게 늘어 났다. 이승만 정부의 전 국민을 위한 교육개혁은 문맹률을 퇴치하고, 한국 사회가 평등화하는 데 크게 기여하였다. 특히 실용주의적 교육과 과학기술 은 그동안 한국 사회에 팽배하던 문(文)을 중시하는 문화에서 벗어나 과학 적이고 실용주의적인 가치관을 확산시켰다. 이러한 의무교육과 고등교육 확대로 배출된 양질의 풍부한 노동력은 대한민국이 단기간에 고도의 경제 성장을 할 수 있는 토대가 되었다. 또 학생과 국민들이 자유민주주의를 배 울 수 있게 되었다.

이승만 대통령이 진력한 교육은 한국 사회 발전에 크나큰 초석이 되었 다. 그러나 그 결과는 이승만 대통령에게 정치적 위협이 되었다. 1960년 2 월 고등학생들이 주축이 되어 3·15 선거를 부정선거라 규탄하고 이승만 독 재 정권에 저항했던 4·19 학생 의거는 우리 역사상 제대로 교육받은 새 세 대의 첫 민주주의 운동이었다. 이는 더 높은 교육이 민주주의 이상을 요구 하게 된다는 사실을 분명히 보여 주었던 것으로 이승만 대통령이 교육 기 회를 모든 국민에게 개방 확대한 결과였다.

이승만 정부는 인적자원 개발에 집중 투자하여 1960~70년대 남한이 고 도의 경제 성장을 할 수 있는 기반을 마련하였다. 기업, 산업체의 기술자들 을 해외로 연수 보내 기술을 배워오도록 했고 학생들을 국비로 해외에 유 학을 보내고, 국내에도 대학교를 세워 인재를 양성했다. 1953~1960년까 지 정규 유학생이 4,884명, 기술 훈련 유학생이 2,300여 명이나 되었다. 그 리고 교육계, 경제계, 언론계, 노동계 등 각계 지도자 940명이 미국 연수 를 다녀왔다. 이러한 숫자는 1956~1957년 기준으로 미국 내 외국인 유학 생 중에 한국인이 캐나다와 대만에 이어 3위를 차지할 정도였다. 그 외에도 9,186명의 국군 장교와 부사관들이 미국에 파견되어 전문 교육을 받고 돌아왔다.

이승만 정부의 유학 정책은 그동안 일본 중심의 유학 패턴을 미국으로 완전히 바꾸어 놓았다. 이때 유학을 다녀온 인재들과 국내에서 양성된 대졸 고급인력들은 이후 박정희 정부의 경제발전 정책에서 맹활약하였다. 즉, 1960~1970년대 한국의 눈부신 경제성장은 이승만이 교육과 인적자원 개발에 적극 투자했기에 가능했다.

이승만 대통령은 무엇인가를 간파해서 진수를 찾아내는 능력과 미래를 내다보는 지혜가 뛰어났다. 1956년 7월에 이승만 대통령은 당시 미국 아이젠하워 대통령의 과학고문이었던 시슬러(W. L. Cisler) 박사로부터 원자력에 관한 설명을 들었다. 원자력은 석탄보다 300만 배나 많은 전기를 생산할 수 있으므로, 한국도 원자력 발전을 해 보는 것이 좋겠다는 시슬러 박사의 권유를 듣고, 이승만은 원자력 개발 체제를 갖추도록 지시하였다. 이에 따라 원자력 전담기구를 설치해 원자력 연구에 관한 투자를 하였고, 과학자들을 양성하기 위한 계획과 과학기술 분야 진흥을 위한 전략을 추진해 나갔다. 1958년 2월 원자력 업무를 제대로 추진하기 위해 원자력법을 공포하였고 문교부 기술교육국에 원자력과를 신설하였다. 1959년에는 원자력원과 그 산하기관에 원자력 연구소가 설립되었다.

이승만 대통령은 원자력 기술을 배우기 위해서 1인당 6천 달러나 드는 프로그램에 4년간 150여 명의 훈련생을 파견하였고 수백 명의 과학자들도 연수하게 하였다. 1959년에 35만 달러를 들여서 한국원자력연구소에 최초의 연구용 원자로를 만들어 기초실험과 교육훈련을 하며 원자력 운영 경험을 축적하였다. 많은 국민들이 미국의 잉여농산물(剩餘農産物)로 끼니를 때우던 당시 한국으로서는 상상하기 어려울 만큼 크게 투자를 한 것이다. 엄청난 모험을 감행한 것이다. 이승만은 20년 후에 한국을 부흥시키는 수단으로 원자력을 선택하고 적극적으로 투자를 한 것이다. 오늘날 우리나라가 원자력 산업의 선두주자가 될 수 있었던 것은 이승만 대통령의 국가 발전을 위한 장기적인 혜안 덕분이다. 원자력계에서 이승만을 원자력 발전의 아버지라고 부르는 이유도 이 때문이다.

우리나라 원자력계는 200여 명이 외국 유학생들이 돌아와 한국 원자력원과 원자력연구소를 세운 1956년을 한국 원자력의 원년으로 삼는다. 그해 7월에는 원자력연구소에 소형 연구용 원자로인 트리가(TRIGA) 마크 2호를 도입했다. 트리가는 미국 제네럴 아토믹스가 개발한 소형 원자로이다. 우리나라에서도 원자력 시대가 열린 것이다. 당시 우리나라의 1인당 국민소득은 41달러에 불과했고, 많은 국민들이 미국의 잉여농산물 원조를 받아 끼니를 때우는 시절이었다. "원자력이라는 에너지는 땅에서 캐는 게 아니라 머리로 개발하는 것으로, 헌신적인 과학기술자를 훈련시켜야 한다"는 시슬러 박사의 조언을 들은 후에, 이승만 대통령은 상상하기 어려울 정도로 많은 재원을 투입하였다. 이 대통령은 직접 원자력 연구소 건설 부지를 제안하고 공사현장을 수시로 둘러보며 연구자들을 격려했다. 당시 80이 넘은 이 대통령이 원자력에 커다란 관심을 보인 것은 미래를 내다보는 지혜가 있었기 때문이었다.

경제개발 계획의 초석을 마련하다

이승만은 6·25로 파괴되고 폐허가 된 기반시설과 경제를 살리기 위해서 위해 힘썼다. 굶주리고 배고픈 백성들을 먹여 살리기 위해서 1955년에 미국과 PL-480(한미 잉여농산물 원조 협정)을 맺어 부족한 식량문제를 해결하였다. 나아가 충주 비료공장, 한국 유리공업, 문경 시멘트공장 등을 설립하는 등 산업 기반을 마련하였다. 밀가루, 설탕, 면직물 등 삼백산업(三白産業)이 번성할 수 있는 계기를 만들었다.

그럼에도 불구하고 1950년대 말까지만 하더라도 절대 빈곤이 거의 50%에 달해 국민의 절반이 제대로 먹지도 못하고 굶주림에 시달렸다. 당시 우리나라 산업의 대외의존도는 90%에 이르렀고, 공업생산은 일제 말기의 절반 수준도 안 되었다. 당시 미국에서는 미국의 원조 없이는 한국 경제가 발전하기는 어렵다고 보았다. 왜냐하면 6·25 전쟁으로 폐허가 된 상황에서 이승만 대통령 임기 동안 모든 경제 문제를 해결한다거나 당장의 가시적 효과를 낸다는 건 거의 불가능했기 때문이다. 실제로 1970년대 초반까지 한국 정부 재정의 약 3분의 2가 미국의 원조로 충당되었다. 미국이 한국에 경제 원조를 중단하면, 한국은 당장 재정 파탄이 날 정도로 가난했다.

이런 상황에서도 이승만은 당장의 임시방편적 조치보다 근본적인 문제를 해결하기 위해 힘썼다. 절대 빈곤의 상황임에도 불구하고 많은 예산을 전 국민의 6년 의무교육 시행에 쏟아 부었고, 미국의 반대에도 불구하고 비료 공장과 시멘트 공장을 지었다. 이승만 대통령은 백성들의 배고픔을 해소하고 경제발전을 위한 초석을 마련했다.

박정희 정부가 경제개발 5개년 계획을 통해 경이적인 경제발전을 이룰 수 있었던 것은 이승만 정부가 마련한 경제개발 3개년 계획이 있었기 때문이다. 1956년 8월 이승만 대통령은 국무회의에서 군비 증강과 경제부흥을 강조하였다. 당시 남한의 경제는 미국의 무상원조 위주로 이루어지고 있었고, 남한은 독자적인 경제 정책을 시행하기가 어려웠다. 1959년 3월 부흥부 산하 산업개발위원회에서 '경제개발3개년계획(1960~1962)'이라는 경제발전을 위한 청사진을 입안하였다. 그러나 이 계획은 1960년 4·19혁명으로 전면 중단되었다. 이 계획은 제2공화국인 장면(張勉)내각에서 경제개발5

개년계획(1961년~1966년)으로 구체화 되었으나 5·16 군사 정변으로 실행하지 못했다. 박정희 정부는 이승만 정부와 장면 내각에서 입안한 경제개발 계획을 수정, 보완하여 경제개발 5개년 계획을 추진함으로써 한강의 기적을 일으킬 수 있었다.

이승만 초대 대통령은 1948년부터 1960년까지 12년간 집권하며 정치, 외교, 군사, 경제, 교육, 사회, 문화, 종교 등에서 수많은 업적을 남겼다. 정치 분야에서 자유민주주의 대한민국을 건국하고 대통령 중심제를 확립하였다. 선거와 의회 제도를 존중하고 양당제를 허용하고 지방자치제를 도입하는 등 민주주의가 뿌리내리게 하였다. 외교 분야에서 유엔과 미국 등 30여개 국가로부터 승인을 얻어 대한민국 정통성을 확립하였다. 이승만 라인을 선포하여 해양 주권을 확립하고, 1953년 10월 '한미상호방위조약'을 체결하여 안보를 강화하였다.

군사 분야에서 6·25 전쟁에서 미군과 유엔군의 공조로 북한과 중공군을 격퇴하였고, 군대를 60만으로 늘려 군사대국으로 만들었다. 경제 분야에서 전후 복구사업과 수입대체산업을 육성하여 공업화의 단초를 마련하였으며, 6·25 전쟁 전에 농지개혁을 실시하여 소작제를 없애고 산업자본주의로 이행할 수 있는 기반을 마련하였다. 교육 분야에서 국민학교 의무교육을 실시하여 문맹을 퇴치하였다. 인력 양성과 유학을 장려하는 등 인재를 육성하였다.

사회 분야에서 농지개혁으로 양반제도를 해체시키고, 여성에 선거권을 부여하고 남녀 간 동등한 교육을 실시하여 평등화에 기여하였다. 문화 및 종교 분야에서 한글 전용 정책을 시행하였으며, 기독교를 장려하여 유교의 폐단을 없앴다. 그럼에도 불구하고 이승만을 부정선거로 장기집권을 한 독재자로 친일파를 청산하지 못하고 국토를 분단시킨 원흉으로 비난받기도 한다. 이는 북한의 김일성 세력과 남한의 주사파 세력들이 이승만 대통령을 왜곡 폄훼한 결과일 뿐이다.

공산주의자에 의해 축출당하고 소련 간첩에게 기만당하다

이승만이 초기부터 반공주의자는 아니었던 것 같다. 이승만의 주된 관심사가 조선의 독립이었고, 독립 후 자유 민주국가의 건설이라는 관점에서 보면 공산주의에 대한 이승만의 입장 변화를 읽을 수 있다. 독립을 쟁취하는데 도움이 된다면 공산주의와 협력할 수도 있을 것이나, 자유 민주국가는 공산주의와 양립할 수 없기에 반공주의자가 될 수밖에 없었을 것이다.

양동안 교수가 쓴 논문 〈이승만과 반공〉에 따라 공산주의에 대한 이승만의 입장을 우리의 역사에 따라 거칠게 요약하면 다음과 같이 요약될 수 있다. 임시정부 초기에는 용공(容共), 1920년대부터 해방 직전은 비공(批共), 해방부터 건국시기에는 방공(防共), 건국 직후부터 6·25 전쟁 직전까지는 반공(反共), 6·25 전쟁이후에는 멸공(滅共)이었다.

소련은 볼세비키 혁명 후 줄곧 전 세계 피압박 민족에게 제국주의에 대항하는 민족 해방운동을 전개하라고 촉구하면서 모든 식민지의 민족해방운동을 소련이 적극 지원할 것임을 공언했다. 레닌은 《제국주의론》에서 일본의 대한제국 병탄을 직접 비판했다. 레닌과 소련 공산정권의 이러한 선전을 듣고 이승만은 임시정부 초기 소련 정부와 연결선을 확보하려고 했다. 하지만 임정 내부의 동조자들과 임정 주위 공산주의자들이 소련의 지원을 받으면서 이승만을 임정에서 축출하기 위한 공격을 임정 초기부터 전개하였다. 임정 초대 국무총리 이동휘와 그 주변 인사들은 상해 임시정부를 코민테른(Comintern: Communist International)의 통제를 받는 단체로 만들기 위해 공작을 전개했고 최대 목적은 이승만을 축출하는 것이었다.

소련 공산당이 이동휘에게 보낸 40만 루블의 거대 자금 용도를 놓고 공산주의자와 임시정부가 대립했다. 자금을 독자적으로 사용하기를 원했던 이동휘는 임시정부의 조직편제를 소련식 위원회제도로 개혁할 것을 이승만 임정 대통령에게 요구했다. 결국 이동휘는 1921년 임정 국무총리직을 사임했다. 공산주의자들의 자신에 대한 황당한 축출 행위와 뒤이어 이동휘 등 공산 세력과 안창호 등 서북파들은 합세하여 임정 대통령 이승만을 1925년 3월 18일에 탄핵하였다. 이승만은 임정 대통령 탄핵이라는 날벼락을 맞으면서도 독립운동을 전개하는데 공산주의자들을 배척하려 하지는 않았다.

이 과정에서 이승만은 공산주의에 대한 자신의 입장을 밝혔다. 이승만은 1923년 3월, 즉 1917년 레닌의 공산 혁명 후 6년 밖에 지나지 않은 시점에서, 자신이 발행하는 〈태평양잡지〉에 '공산당 당부당(當不當)'이란 제목을 통해 아주 간결하면서도 예리하게 공산주의를 비판하는 칼럼을 게재했다. '공산당 당부당'에서 이승만은 공산주의가 개인의 자유와 인권을 억압하며, 사회와 경제를 혼란에 빠뜨린다고 비난했다.

〈자료 2〉

공산당 당부당(當不當)

1. 재산을 나누어 가지자-게으른 가난뱅이가 늘어난다.
2. 자본가를 없애자-지혜와 상공업 발달이 정지된다.
3. 지식 계급을 없애자-모든 사람이 우매해진다.
4. 종교를 없애자-덕과 의가 타락한다.

5. 정부와 군사와 국가사상을 다 없애고
소련만 믿으면 결국 배반당한다.

그는 공산주의가 추구하는 무산계급 독재와 경제적 평등이 현실적으로 실현될 수 없으며, 오히려 독재와 빈곤을 초래한다고 보았다. 이승만은 공산주의가 추구하는 평등주의는 합당한 것이나, 공산주의가 주장하는 재산의 평등 분배, 자본가 계급의 타도, 지식계급의 제거, 종교 탄압, 국가 폐지 등은 부당하다고 주장했다. 이 글은 서방진영 최초로 공산주의의 모순을 지적했다고 평가받고 있다. 이후 이승만의 모든 행적은 공산화의 위험을 과소평가하는 세력과의 싸움이었다. 1945~1948년 미군정 기간에 미군정과 다툰 것은 결국 이승만의 반공투쟁이었다.

이승만 대통령은 미국 유학 시절부터 6·25 사변 종전까지의 기간에 우드로 윌슨, 프랭클린 루스벨트, 해리 트루먼, 드와이트 아이젠하워, 리처드 닉슨 등 5명의 미국 대통령들과 만나거나 회담을 하였다. 이들 중 직접 만나지 못한 대통령은 프랭클린 루스벨트였으나 루스벨트 휘하의 핵심 인물들과 접촉하였으며 루스벨트 대통령에게 직접 편지를 보내기도 하였다.

1943년 루스벨트·처칠·장제스 등이 참여한 카이로 회담에서 한국을 자유 독립 국가로 승인하기로 의결하여 처음으로 한국의 독립이 국제적으로 보장받았다. 카이로 선언문을 기초한 사람은 루스벨트의 최측근이자 독실한 감리교인 해리 홉킨스(Harry Hopkins)였다. 이승만은 미국 감리교 지도자들의 도움을 받아 마침내 필생의 숙원인 한국의 독립을 공식적으로 이끌어 낸 셈이다.

제2차 세계대전 종전 직전인 1945년 2월 4일 얄타회담에서 루스벨트·처칠·스탈린 등은 전후 처리 문제에 대해 의견을 나눴다. 독일의 분할 점령, UN 창설 등이 공식적으로 논의되었다. 한국 문제에 대해서는 공식적으로 언급되지 않았는데 이승만은 공산주의자로 전향한 에밀 구베로(Emile Gouvereau)의 제보를 받고 그 제보에 근거해 UN 창립총회에서 '얄타 밀약설'을 제기해 큰 파장을 일으켰다. 이승만은 얄타 회담에서 한반도를 즉각 독립시키지 않고 몇몇 강대국이 공동 관리하거나 소련이 단독 관리하도록 비밀 협정을 맺었다고 주장하였다. 이승만의 문제 제기는 어쨌든 개념 없는 루스벨트 대통령으로 하여금 소련의 한국 지배를 허용하는 것을 막아냈고 한국이 즉각 독립할 수 있게 하였다.

사실 이승만 대통령이 독립투사 시절 국내·외에서 많은 미국인들을 만났는데 그들 중에서 단 한 사람도 이승만을 배신하지 않았다. 이승만의 호소에 모두가 앞장서 적극 도왔다. 유일한 예외가 미국 국무부의 고위관료였던 앨저 히스(Alger Hiss)였다. 루스벨트가 '변호사 중의 변호사'라고 칭찬했던 그의 최측근의 한 사람이었던 히스는 놀랍게도 소련의 간첩이었다. 이승만이 히스를 처음 만난 것은 1941년이었고 당시 히스는 국무부의 특별 조사부(Office of Special Political Affairs)에서 국제 문제와 관련된 다양한 정치적 사항들을 다루고 있었다. 히스는 미국의 전후 세계 질서를 재편하는 데 중요한 역할을 했다. 히스가 소련 간첩이었던 것을 알 리가 없었던 이승만으로서는 결과적으로 헛일을 했다. 하지만 이승만 대통령의 노력은 허사가 아니었고 대한민국 독립과 건국의 초석이 되었다. 문제의 근원은 친소 성향의 루스벨트 대통령 자신에게 있었으며 미국 국무부뿐만 아니라 다수의 부처에 소련 간첩이 상당 수 암약하고 있었다.

이승만 대통령은 하늘이 내려 준 축복

최근 "건국 전쟁"과 "기적의 시작"이라는 이승만 대통령 관련 두 다큐멘터리 덕분에, 건국 대통령에 대한 인식과 평가가 한층 더 반듯하게 이루어지고 있는 듯하다. 그동안 우리 국민들에게 잊혀졌던 이 대통령의 수많은 업적들이 국민들 사이에서 집단기억의 형태로 다시 살아나기 시작했다.

안타깝게도 작금의 문제는 북한의 김일성 공산 세력과 남한의 주사파 세력들이 이승만 대통령의 수많은 업적들을 훼손하고 왜곡한 것을 바로잡는 것만으로는 충분하지 않다는 데 있다. 이승만 대통령의 뛰어난 지도력을 오늘날 한국 사회에 제대로 투영시키기 위해서는, 다음의 두 가지 작업이 반드시 추가되어야 한다. 첫째는 사태가 이 지경에 이르도록 방기한 우파 세력들이다. 특히 우파 지도자들과 지식인들 그리고 70대 이상 세대들이다. 자신들의 무지와 잘못을 통감하고 처절히 반성하며 역사 바로 세우기에 적극 앞장서야 한다. 둘째는 건국 대통령께서 추진하고 성공한 제반 정책에 더하여, 지도자로서 이승만의 세계사적·한국사적 위상과 함께 그가 무엇을? 왜? 고민하였는지를 체계적으로 살펴 이해하는 것이다.

다음 세 가지 질문에 답해보자. 조선왕조 500년 동안 성군은 누구이고 어째서 성군인가? 대한민국 역대 13명의 대통령과 1명의 총리 중 누가 왜 위대한 지도자인가? 이승만 대통령과 박정희 대통령을 위대한 지도자로 손꼽는 근거는 무엇인가?

교수 시절 수업 중 학생들에게 조선왕조 500년 역사에서 성군이 누구인가? 하고 물으면, 통상 이구동성으로 '세종대왕'하고는 머뭇거린다. 거기에 재촉을 하면 몇 명이 '정조'를 언급하고는 이내 조용해지곤 했다. 조선왕조 500년 동안 27명의 왕이 계셨는데, 이들 중 확실한 성군은 한 명에 불과하다. 대한민국 건국 이래 76년이라는 짧은 기간에, 이승만·박정희라는 두 분 성군, 즉 세계적으로 자랑하고도 넘치는 걸출한 지도자를 갖게 해주신 하나님의 축복에 필자는 개인적으로 늘 감사하며 살고 있다.

이승만·박정희 두 대통령이 위대한 지도자인 근거는, 두 분이 공히 가지고 있던 투철한 애국심과 그분들이 받은 당대 최고의 교육이라 생각한다. 이 대통령은 목숨을 걸고 조선왕조 체제에 반항하였고, 강대국들을 상대로 목숨을 걸고 외교와 독립운동을 했다. 박 대통령도 목숨을 걸고 혁명을 하였다. 그가 평생 추구했던 것은 단순한 지도자 박정희가 아니라 '혁명가 박정희'로 바라볼 때만이 제대로 평가할 수 있다.

자신의 세대 중에서 두 대통령은 각기 당대 최고의 교육을 받았다. 박정희 대통령의 경우 식민지를 거느린 제국 일본국의 육군사관학교에서, 단순한 군사교육을 넘어 전인(全人)교육을 받았음에 틀림이 없다. 이승만 대통령은 1886년 개교한 배재학당에 1895년 4월~1897년 7월 기간 다닌 후, 조지 위싱턴(George Washington)대, 하버드(Harvard)대 그리고 프린스턴(Princeton)대를 거치면서, 학사·석사·박사 학위를 5년 만에 마친 천재 중의 천재이다. 배재학당에서 영어를 배운지 6개월 만에 학생 신분에서 교사로 탈바꿈했고, 졸업식에서 '한국의 독립'이란 주제로 영어 연설을 하여 극찬을 받았다. 여기에 더해 20대 초반에 〈협성회 회보〉〈매일신문〉〈독립신문〉을 창간하고 주필을 역임했다는 사실은 필자로서는 믿기 힘들다.

오늘날 우리 사회에서의 만악(萬惡)의 근원은 자유의 의미와 가치 그리고 그 자유의 중요성에 대한 지도자들과 시민들의 무지에서 야기되고 있다고 해도 과언이 아니다. 그런데 하물며 지금으로부터 120년도 전에, 이 대통령은 '자유의 중요성'을 어떻게 인식하였을까? 이승만 대통령이 주장한 자유는 두 가지 의미를 지닌다. 하나는 개인의 자유로운 생각과 행동을 억압하는 요소인 신분제에서 벗어난 것이다. 관리에게 무조건 복종하는 마음, 사대주의 등과 같이 구래의 나쁜 전통이나 관습으로부터 벗어나는 것을 의미했다. 다른 하나는 남에게 의존하지 않고 '자신의 문제를 스스로 처리하는' 자주·독립 정신과 같은 의미로 사용하였다.

오늘날 한국의 정치지도자들이나 시민들도, 사회 구성원 개개인이 자신의 삶을 스스로 선택하고, 선택에 따라 살 때 당사자나 국가가 얻는 혜택이 생각보다 엄청 크다는 사실을 모른다. 지도자들만 무지한 것이 아니다. 우리나라 초·중·고·대 모든 교육 과정에서 '자유'를 제대로 가르쳐지지 않아, 대다수 국민들이 자유의 의미와 중요성을 인지하지 못하고 있다.

이승만 대통령은 조선이 문명 강국이 되기 위해서는 대외적으로 개방해야 한다고 강조하였다. 그는 개방의 필요성을 세 가지 관점에서 강조했다. 첫째는 당시의 국제정세를 고려할 때 개방이 불가피하다는 것이다. 이것은 햇빛이 사방을 모두 비치는 것과 마찬가지로, 서양에서 일어나서 들어오는 새로운 문명을 우리 홀로 막을 수는 없다는 것이다. 둘째는 서양의 뛰어난 지식과 기술을 적극 도입해야 한다는 것이다. "다른 나라 사람들이 누리는 영광과 번영은 말할 것도 없고 보통 사람들이 사는 것을 보더라도", 조선이 경제적으로 번영을 누리기 위해서는 서양의 앞선 지식과 기술을 포함한 새로운 문물을 도입해야 한다는 것이다. 셋째는 당사자 모두를 이롭게 하는 교역에 적극 참여해야 한다는 주장이다. 그것은 "내가 살아가는데 필요한 물건들은 이웃의 도움을 통해서만 얻을 수 있기 때문에, 이웃이 많을수록 내가 사용할 수 있는 물품들은 좋아지고 많아지게 된다"는 것이다.

오늘의 대한민국과 이승만 대통령을 생각할 때면 필자는 언제나 학문적·과학적 근거를 넘어서는 확신에 빠진다. 하나님이 이스라엘과 더불어 대한민국을 특별히 선택하였다는 느낌을 지울 수 없다. 하나님의 은총이 없었다면, 이승만 대통령도 없고 오늘의 대한민국도 존재하지 않았을 것이기 때문이다. 조선 왕조 말기 삶이 비참하기 짝이 없었고 문명이 미개(未開)하기 그지없는 상황에서, 조선을 찾은 선교사들은 기독교 전파를 넘어 우리 민족을 미개 상태에서 문명으로 개조했다. 빈곤과 미개에 찌들던 우리를 풍요와 문명 속에 삶을 영위하도록 인도한 것은, 전적으로 선교사들 덕분이다.

이승만 대통령의 개인적 성장과정, 독립운동과 건국 과정, 그리고 건국 후 국가를 이끌고 운영하는 기나긴 여정에서 그를 교육시켜 반듯한 지도자로 만든 배경에는 기독교와 선교사의 기도와 노력들이 있었다. 선교사들이 만들어 낸 기적 속에 우뚝 솟아난 인물이 이승만 대통령이었다. 그렇게 성장한 지도자 이승만이 오늘날 대한민국의 초석을 쌓았고, 그 결과 오늘의 한국이 탄생되었다.

이승만 대통령에 대한 저명인들의 평가

"내가 자네를 안다네! 내가 자네를 알아! 자네가 얼마나 조국을 사랑하는지, 자네가 얼마나 억울한 지를 내가 잘 안다네! 그것 때문에 자네가 얼마나 고생을 했는지, 바로 그 애국심 때문에 자네가 그토록 비난받고 살아온 것을!

-보스윅(Ralph R. Bostwick), 미국 실업가 친구

"이승만은 조지 워싱턴, 토머스 제퍼슨, 그리고 에이브러햄 링컨을 모두 합친 만큼의 위인이다."

-김활란 전 이화여자대학교 총장

"이승만은 자신의 몸무게 만큼의 다이아몬드와 같은 존재다. 그는 우리 시대의 가장 위대한 사상가, 학자, 정치인 그리고 애국자 중 한명이다."

-제임스 밴 플리트(James Alward Van Fleet), 전 미8군 사령관

"한국 근현대사에서 이승만을 빼놓고는 어떤 사건도 정확한 설명이 되지 않는다."

-그렉 브레진스키(Gregg A. Brazinsky), 조지 워싱턴 대학 교수

"한국의 이승만 같은 지도자가 베트남에 있었다면 베트남은 공산군에 패하지 않았을 것이다."

-맥스웰 테일러(Maxwell Davenport Taylor), 전 미8군 사령관

"이승만은 공산주의에 대한 증오에서는 타협을 몰랐고, 자기 국민에 대한 편애가 심했고, 불가능한 일을 끈질기게 요구했으나 마음속에는 깊은 애국심으로 가득했고, 애국심에 의지해 오랜 망명생활을 보내고 귀국한 이후 눈뜬 시간의 거의 전부를 나라를 위해 바쳤다."

-매튜 리지웨이(Matthew Bunker Ridgway), 전 미8군 사령관

"이승만은 아시아의 반공국가의 지도자로 떠올랐다. 그는 공산주의자들과 투쟁을 통하여서 뿐만 아니라 때로는 미국과 맞서기를 서슴지 않는 행동을 하기도 하는 지도자가 되었다. 이승만은 꼭두각시가 아니었다. 그는 아시아인이었다. 그는 강력한 지도자였다. 성장하는 강력한 군대를 갖고 있었다. 반공지도자일 뿐 아니라 반(反)식민지 지도자였다. 이승만은 많은 아시아인들에게 극동지역의 존엄과 자존심을 일깨워 준 인물이었다. 이런 이

미지는 그가 한국의 동맹국인 강력한 나라들의 의지에 끌려 다니지 않고 오히려 그들과 맞서 전쟁을 자신의 의지대로 이끌면서 만들어진 것이다."

"한국의 애국자 이승만을 세계에서 가장 위대한 반공지도자로 존경한다."

-마크 글라크(Mark W. Clark), 전 유엔군 사령관

"이승만은 내가 만나본 한국인들 중 고령임에도 불구하고 확실히 가장 날카롭고 월등히 뛰어난 인물이다."

-셀윈 로이드(Selwyn Lloyd), 전 영국 외무상

"나는 이승만의 용기와 뛰어난 지성에 감명을 받고 한국을 떠났다. 나도 역시 공산주의자들과의 협상에서 '예측 불가능한 것'의 중요성을 강조한 이승만의 통찰력을 많이 되새겨 보았으며, 이 노(老) 정치가가 얼마나 지혜로웠는가를 더욱 새롭게 인정하게 됐다."

-리처드 닉슨(RichardM Nixon), 전 미국 부통령

"이승만은 우리 미국을 궁지로 몰아넣었고, 그리고 그는 그것을 잘 알고 있었다."

-월터 로버트슨(Walter Robertson), 미 국무부 차관보

"1960년대 이후의 경이적인 경제성장과 국가발전은 그 이전의 이승만 정부에 의한 전제조건의 구축이 없이는 불가능했을 것이다."

-로버트 올리버(Robert Oliver), 교수, 이승만 대통령의 정치고문(1942~1960)

"이승만을 친일로 규정할 명분이 없다. 제1차 세계대전 이후, 이승만은 한국을 국제 연맹의 위임 통치하에 둘 것을 주장했다. 이는 일본으로부터 조기 독립을 이끌어 내기 위한 것이었다. 한국의 대통령 이승만은 강한 반일 감정을 가지고 있었고, 이승만과 일본은 매번 충돌했다. 그는 일본과 관계를 정상화하라는 미국의 압력에 반발했고, 일본에 이익이 되는 미국의 정책엔 사사건건 반대했다."

-윌리엄 스터키(William Stuckey), 조지아대 석좌교수

"이승만 박사는 급(級)이 다른 고단수(高段手) 지도자이다. 많은 지도자가 무장투쟁을 통해 독립을 쟁취하려 했는데, 그는 외교를 통하여, 즉 세계정세의 흐름을 이용하여 대한민국을 세운 위대한 인물이었다."

-노로돔 시아누크(Norodom Sihanouk), 캄보디아 국왕

이승만 대통령이 즐겨 읽은 책들과 저술한 책들

이승만 대통령은 타고난 천재였다. 타고난 경세가(經世家)였다. 부지런한 성품도 타고났다. 대단한 독서가였기에 박학다식(博學多識)했다. 물론 배제학당 2년을 인정받아 학사를 2년에 마치는 혜택을 받았으나 미국에서 학사·석사·박사 과정 모두를 6년 만에 마쳤다. 당시 같은 연배 일반 사람은 물론 당대 최고의 다른 지식인과 견주어도 자랑스럽게 대적할 수 있는 객관적 성취를 손에 쥐었다. 박사 학위 논문《미국의 영향을 받은 영세 중립론》을 포함하여 그가 집필한《독립정신》과《일본 내막기》등의 저술에서 그는 자신의 천재성을 유감없이 발휘했다.

필자는 440여 쪽에 달하는《독립정신》을 20여 년 전에 읽었다. 29세의

청년 이승만이 감옥에서 5개월 만에 《독립정신》을 집필했다는 사실을 알았을 때, 평생 학자라로 자부했던 필자는 큰 충격을 받았고 놀랐다. 첫째는 책 내용이 참으로 대단함에 놀랐고, 다음으로 도서관도 없고 서재도 없는 환경에서 어떻게 5개월 만에 책을 집필할 수 있었는지 상상이 되지 않아 놀랐다. 이승만은 영어, 중국어, 일어 등에 능통했기에 정치, 역사, 철학, 경제 등에 관련된 책들을 교양으로 즐겨 읽었거나, 수많은 책 읽기를 강요당했을 석·박사 학위 과정에서 그의 천재성은 물을 만난 고기 마냥 빛을 발했을 것임에 틀림이 없다.

이승만 대통령은 독실한 기독교 신자였기에, 《성경》을 매우 중요하게 여겼고 즐겨 읽었다. 한성감옥에서 하나님을 받아들인 이후 어려운 여건에서 학업을 하면서 그리고 더 나아가 혈혈단신 목숨 건 독립투쟁 과정에서 그는 애타게 《성경》에 매달렸다. 《성경》의 가르침은 그의 삶과 정치적 신념과 정책에도 지대한 영향을 미쳤다. 이 대통령이 평소 즐겨 인용했던 구절은 갈라디아서 5장 1절, "그리스도께서 우리를 자유롭게 하려고 자유를 주셨으니 그러므로 굳건하게 서서 다시는 종의 멍에를 메지 말라"였다고 한다.

이승만은 양반집 자제였으니 유수한 서당에서 한문을 배웠고, 과거시험 공부를 하느라고 한시(漢詩)도 배웠다. 국문소설도 많이 읽었으며, 옛날 이야기도 많이 들어서 오랫동안 기억하였고, 남에게 들려주기도 하였다. '신동(神童)' 이승만은 11세에 《통감절요(通鑑節要)》 15권을 독파한 후, 《맹자(孟子)》·《논어(論語)》·《중용(中庸)》·《대학(大學)》 등 사서(四書)를 다시 반복해서 공부하였다. 18세 이전에 《시전(詩傳)》 10권과 《서전(書傳)》 2권을 암송하였고, 《주역(周易)》을 떼었다. 틈틈이 《삼국지(三國志)》·《수호전(水滸傳)》·《서상기(西廂記)》·《전등신화(剪燈新話)》 등의 소설도 탐독하였다. 《옥중잡기(獄中雜記)》에 따르면 이승만은 유길준의 《서유견문(西遊見聞)》, 재자가인(才子佳人) 소설 《평산

냉연(平山冷燕)》 등 19권의 한문으로 된 책과 《Over Sea and Land》, 《Two Servants》 18권의 영문 책자와 14종류의 영문 잡지를 읽었다.

이승만이 지은 시에는 《당음(唐音)》·《고문진보(古文眞寶)》 등의 문학서는 물론, 사마천의 《사기(史記)》와 반고의 《한서(漢書)》 그리고 《장자(莊子)》와 《열자(列子)》 등 역사서와 제자백가서가 두루 인용되어 있는 사실에서 그가 신학문을 접하기 전에 중국의 역사서와 경전을 두루 섭렵했음을 알 수 있다. 손자의 《손자병법(孫子兵法)》 이승만이 정치 전략을 구상하는 데 영향을 미쳤으며, 주자의 《대학(大學)》, 공자의 《논어(論語)》, 맹자의 《맹자(孟子)》 등의 유교 경전은 이승만의 윤리적, 철학적 사상에 큰 영향을 미쳤다.

이승만 대통령은 1875년에 태어나서 1948년 대통령으로 취임하기까지의 73년 중에서 학사·석사·박사 과정 6년을 포함하여 삶의 절반 이상을 미국에서 보냈다. 미국에서 오랜 기간 유학하고 독립운동을 하면서 서양 고전 중에서 플라톤의 《국가(The Republic)》과 《변명(Apology)》, 아리스토텔레스의 《정치학 (Politics)과 《니코마코스 윤리학(Nicomachean Ethics)》 등을 즐겨 읽었다. 이승만 대통령의 정치적, 철학적 사상 형성에 중요한 역할을 하고 그의 리더십과 정책에도 많은 영향을 미친 고전들은 존 로크의 《정부론(Two Treatises of Government)》, 몽테스키외의 《법의 정신(The Spirit of the Laws)》, 장 자크 루소의 《사회 계약론(The Social Contract)》, 에드먼드 버크의 《프랑스 혁명에 관한 성찰(Reflections on the Revolution in France)》 등인데 이들 고전은 그의 폭넓은 지식과 정치적 통찰력의 바탕이 되었고 그의 정책과 리더십에 큰 영향을 미쳤다.

이승만 대통령이 즐겨 읽은 서양 역사서에는 에드워드 기번의 《로마 제국 쇠망사(The History of the Decline and Fall of the Roman Empire)》, 조지프 니덤의 《중국의 과학과 문명(Science and Civilization in China)》, 윌 듀런트의 《역

사 이야기(The Story of Civilization)》, 존 F. 베들리언의 《미국 독립 혁명사(The History of the American Revolution)》, 알렉시스 드 토크빌의 《미국의 민주주의 (Democracy in America)》 등이 있다. 미국의 독립과 관련된 〈미국 독립 선언문〉 과 〈연방 헌법〉 같은 문서들 그에게 큰 영감을 주었으며, 대한민국의 독립 과 헌법 제정에도 영향을 미쳤다.

이승만 대통령은 당시로서는 남다르게 수많은 저서를 남겼다. 그의 저서 들은 주로 한국의 독립운동, 정치, 역사 등에 대한 내용을 다루고 있으며 그 의 열정과 한이 서려있다. 이승만 대통령이 직접 번역하거나 집필한 책을 포함하여 언론인으로서의 기고문들을 모은 문집 그리고 그의 지인들이 이 승만 대통령에 대해 쓴 책들을 정리해 보기로 한다.

이승만 대통령 첫 저서는 번역서였다. 1899년 1월 청년 이승만은 청일 전쟁 후 조선과 청나라 국민들의 자각과 개혁을 요구하며 청일전쟁에 관한 중국책 《중동전기본말(中東戰紀本末)》을 발췌 및 번역하였다. 고종 폐위 음모 에 가담했다는 혐의로 감옥살이를 하면서 《체역집(替役集, 漢詩 모음)》, 한문·영 문·국한문이 혼용된 40여 건의 글을 모은 《옥중잡기(獄中雜記)》, 《청일전기(淸 日戰記)》, 《독립정신(獨立精神)》 등 4권을 집필하였다. 《옥중잡기(獄中雜記)》에 따 르면 앞서 4권에 더하여 《산술(算術)》과 《적주채벽(摘珠採璧)》을 저술하고, 《중 동전기본말(中東戰紀本末)》 외에 《만국사략(萬國史略)》과 《주복문답(主僕問答)》을 번역한 것으로 열거되어 있다. 감옥에서 《영한사전》 편찬 작업에 착수하여 상당히 진척되었으나(alphabet F까지) 안타깝게도 완성하지는 못했다.

18권(전편 8권, 속편 4권, 3편 4권, 부록 2권)에 달하는 방대한 책 《중동전기본말 (中東戰紀本末)》이 국내 언론인과 사학자에 의해 2권의 《중동전기(中東戰記)》로 발간된 후 이를 본 따 이승만은 청일전쟁이 5년 지난 1900년에 《청일전기 (淸日戰記)》란 책을 마무리했다. 《청일전기(淸日戰記)》의 발간은 1917년 하와이에서 이뤄졌다. 《독립정신》의 원고는 1904년 2~6월 5개월 만에 옥중에서 마무리돼 박용만을 통해 미국으로 안전하게 전달되어, 1910년 LA에서 초판이 발간되었고 이후 1917년에 하와이에서 재판되었다.

1904년 한성감옥에서 불과 5달 만에 집필한 《독립정신》은 선진문명을 배워서 부국강병을 이룩하자고 백성들에게 호소하는 내용들이다. 《독립정신》은 장과 절(章節) 구분 없이 총 52개의 주제에 대해 서술한 책이다. 전반부(1~10번 글)는 이승만의 정치·경제사상을 확인할 수 있다. 여기서 그는 조선을 '폭풍을 만나 침몰하는 배'에 비유하며, 나라를 독립시키기 위하여 국민이 해야 할 일을 논한다. 중반부(11~21번 글)는 몽매한 상태에 있던 백성을 계몽시키기 위해 쓴 것이다. 이 부분은 지구를 포함한 태양계, 세계의 지리와 인종 그리고 문명을 소개한다. 후반부(22~51번 글)는 19세기 초반 이후 서양세력의 통상 요구와 그에 대한 조선 정부의 대응을 기술한다. 여기서는 개항 이후 조선을 둘러싸고 전개된 청나라·일본·러시아의 각축 과정을 정리하고 있다.

《독립정신》은 조선왕조 500년 동안 집필된 책들 중 최고의 국민 계몽서인 동시에 경세서(經世書)이다. 도서관도 없고 자료도 구하기 쉽지 않은 당시에 그것도 감옥에서 자유와 개방의 의미와 중요성을 인식하여 집필한 440여 쪽의 《독립정신》은 청년 이승만의 불타는 애국심과 박식함, 큰 역경에도 굽히지 않는 투쟁의지를 엿볼 수 있는 책이다.

악극(樂劇) 《프란체스카》를 쓴 복거일 작가는 이승만과 《독립정신》에 대해 "러일전쟁이 일어나 조선의 운명이 비극적으로 결정되던 1904년 그가 한성감옥에서 쓴 《독립정신》은 나비의 우화(羽化)처럼 극적인 그의 변신을 선연하게 보여준다. 신학문을 배우기 시작한 지 10년이 채 안 되는 시간에 그는 현대적 세계관을 갖추고 아직 중세적 사회에 머무는 조선이 갈 길을 뚜렷이 가리키는 지식인이 된 것이다"라고 평했다.

《독립정신》의 〈후록〉에는 '효험이 있는' 독립정신 실천 6대 강령과 25개 방책이 제시되어 있다. 6대 강령은 ①세계에 대해 개방해야 한다. ②새로운 문물과 법이 집안과 나라의 근본이다. ③외교를 잘해야 한다. ④국권(주권)을 중하게 여겨야 한다. ⑤도덕적 의무(의리)를 소중히 여겨야 한다. ⑥자유를 소중히 여겨야 한다. 등이다. 이들 6대 강령은 이승만 대통령이 젊었을 때인 개화기는 물론, 그가 나라를 건국할 당시에도 중요한 실천 강령이었고, 오늘날에도 지도자들이 명심해야 할 교본으로 평가된다. 이승만은 평생 5권의 책을 집필하고 1권의 책을 번역하고 많은 한시(漢詩)를 남겼는데, 《독립정신》에는 자신이 처한 시대적 상황에 대한 고뇌로 가득 차 있다.

1910년 6월 14일 프린스턴대학교에서 《미국의 영향을 받은 영세중립론》이라는 논문으로 박사 학위를 받았다. 학비나 후원자가 없던 이승만은 강연과 아르바이트로 학비를 조달하였다. 그의 처지를 알게 된 지도교수가 학교에 요청하여 장학금과 박사학위 출간 비용을 지원받기도 하였다. 박사 논문 제본 비용 80달러가 없어서 논문은 2년 후인 1912년에 출간되었다. 학위 논문은 다소 이상론에 치우친 인상을 준다. 내용의 요지는 당시 세계 최강이었던 영국으로부터 중립통상(中立通商)을 지켜내려 했던 미국 독립 초창기 정치인들의 신념과 용기를 본받아 우리나라 독립문제에 있어서도 중립통상을 내세운다면 미국도 이를 지지하고 도움을 줄 가능성이 크다는 것이다. 이승만은 미국의 중립통상 역사를 깊게 이해한다면 장차 독립을 위해서 미국의 도움을 얻는 데 유리하다고 생각했다.

학위 취득 후 체 두 달이 지나기 전인 8월 29일에 불행하게도 대한제국이 일본에 병탄되었다. 서울의 기독청년회(YMCA)로 부터의 요청을 받아 10월 10일에 귀국하여 총무와 청년학교 학감으로 교육 및 전도 활동을 했다.

YMCA에서 성경과 국제법을 가르치면서 YMCA 국제위원회 총무 존 모트의 저술 《Religious Department of Student Association》을 《학생청년회의 종교상 회합》으로 그리고 《Work for New Student》를 《신입학생인도》로 번역 출판하였다.

기독교 청년운동의 활발한 전개와 YMCA의 전국 조직 확산을 독립 운동으로 간주한 일본 정부는 윤치호를 비롯한 기독교 지도자 일망타진 계획을 세워 '테라우치 총독 암살 미수'라는 죄목으로 700명을 검거하고 그 중 105인에게 실형을 선고했다. 이를 '105인 사건'이라 부른다. 해외 유력인사들의 압력과 선교사들의 도움으로 이승만은 체포되지 않았으나 지인들은 이승만에게 조선을 떠날 것을 권유했다. 세계 감리교 평신도대회 참석을 빌미로 37세의 이승만은 1912년 3월 26일 서울을 떠났다.

감리교 총회 참석 후 망명을 결심하고 1913년 2월 3일, 이승만은 하와이에 정착하였다. 그는 도착하자마자 105인 사건을 폭로하는 《한국교회핍박》 집필에 몰두하였고, 1913년 3월 이를 완성하여 출판하였다. 이 책에서 이승만은 일본이 조선에서 기독교인들을 탄압하는 이유가 교회가 자유주의 사상을 퍼뜨려 일본 제국주의를 무너뜨릴까봐 두려워했기 때문이라 설파했다. 하와이에서 이승만은 남녀공학 민족교육기관인 한인기독학원을 설립했고, 순 한글 월간지 〈태평양잡지〉를 창간했다. 〈태평양잡지〉는 17년 간 월간지로 발행되다 1930년 말에 주간지 〈태평양주보〉로 바뀌어 계속 발간되었다. 1919년 8월 15일 호놀룰루에서 《대한독립혈전기(大韓獨立血戰記)》를 발간했다. 1920년에 집필된 《자유를 위한 한국의 투쟁(Korea's Fight for Freedom)》은 한국의 독립운동을 국제 사회에 알리기 위해 영어로 집필되었는바 이승만은 한국의 역사와 독립운동의 중요성을 서술하며, 국제 사회의 지원을 호소하였다.

    1939년 초 출판비용을 마련해 줄 터이니 독립운동사를 집필해 보지 않겠느냐는 대한동지회의 제안을 받고 워싱턴으로 이주했다. 집필 준비를 하던 중 과거를 회고하는 독립운동사보다는 일본의 침략 야욕을 비판하는 책을 쓰기로 결심했다. 한국과 동아시아를 둘러싼 국제관계를 분석해 일본의 제국주의적 야욕을 폭로하고, 그것을 견제하는 차원에서 한국의 독립이 필요하며, 한국의 독립이 미국의 국익에도 도움이 된다는 지론을 담아 이승만은 《일본 내막기: 오늘의 도전(Japan Inside Out: The Challenge of Today)》를 1941년 8월 1일에 출간하였다.

    이승만은 국제 질서가 근본적으로 바뀌던 양차 대전 사이에 국제 정세의 큰 흐름을 잘 읽고 위기들을 놀랄 만큼 정확하게 예언했다. 《일본 내막기》는 일본 천황전체주의(미카도이즘)의 본질과 그 기원, 저들의 침략야욕의 실상, 그리고 저들의 침략야욕을 저지할 수 있는 유효한 방안을 제시하고, 나아가 자유민주주의에 대한 최대의 적은 바로 이러한 '천황 전체주의'와 더불어 '공산 전체주의'임을 세계 최초로 밝힌 정치가 이승만 박사의 대표작이다.

    《일본 내막기》는 천황을 신으로 모시고 군국주의로 무장한 일본이 머지않아 태평양을 놓고 미국과 전쟁을 할 것이라고 예견하고 미국이 대비해야 한다고 주장하였다. 출판 초기에는 전쟁을 도발하는 책이라고 혹평을 받았으나, 책이 출간되고 나서 다섯 달이 지난 1941년 12월 7일, 일본이 하와이의 진주만에 있는 미군 해군기지를 폭격하자 미국인들은 그제야 이승만 박사의 예언이 옳았음을 알게 되었다. 그 후 미국의 정치 지도자들과 군사 지휘관들이 이 책을 적국 일본을 이해하기 위한 필독서로 간주하게 되면서 이 책은 순식간에 미국 전역에 걸쳐 베스트셀러가 되었다.

    이승만은 일본 사회를 지배하는 이념이 문제의 근원이며 일본이 조선을 병합할 때 국제 사회가 반대하지 않는 것이 문제의 시작이었다고 주장했다. 조선에 대한 신의를 한번 버린 뒤로는, 미국이 도덕적 권위를 잃었기 때문에 일본의 팽창정책에 효과적으로 맞설 수 없었다는 얘기다. 그저 눈앞의 이익만을 좇고 배신을 밥 먹듯 하는 국제 정치에서 국제정치학을 전공한 그가 그렇게 도덕적 바탕을 강조한 것에 주목할 필요가 있다.

이승만 대통령은 자신의 회고록《The Memoirs of Dr. Syngman Rhee》을 1946에 출판하였다. 이 회고록은 이승만이 한국의 독립 운동가로서의 경험과 그의 정치적 여정을 다루고 있으며, 한국의 현대사와 그의 생애에 대한 중요한 기록으로 평가받고 있다.

지금까지는 이승만 대통령이 직접 집필한 저서들을 중심으로 개별 저서들의 핵심 내용을 언급하였다. 애국 독립투사, 경세가, 학자, 대한민국 최고 경영자로서 그가 남긴 글과 말은 많을 수밖에 없다. 먼저 이승만 대통령 직접 쓴 추가 자료나 이승만의 글이나 말을 정리한 책을 살펴보면《일민주의 개설(一民主義 槪說)》(일민주의보급회, 1949),《대통령 이승만 박사 담화집 1, 2》(공보처, 1953),《뭉치면 살고》(조선일보사, 1995),《이승만 한시선》(배재대학교 출판부, 2007),《이승만 일기》(대한민국역사박물관, 2016),《우남 이승만 論說文集 1~3》(비봉출판사, 2022),《역주 옥중잡기》(연세대출판문화원, 2022),《The Syngman Rhee Telegrams Vol. 1~4》(국학자료원, 2000),《The Syngman Rhee Correspondence in English, Vol. 1~8》(연세대출판문화원, 2009) 등이 있다.

1942~1960년대 이승만 대통령의 정치고문이자 평생의 동반자였던 로버트 올리버(Robert T. Oliver) 교수는 이승만에 대해 5권의 책을 집필하였는데《리승만 박사전-신비에 싸인 인물》(박마리 옮김, 1954),《이승만 비록》(박일영 역, 1982),《대한민국 건국의 비화-이승만과 한미 관계》(계명사, 1990),《이

승만–신화에 가린 인물》(건국대학교출판부, 2002), 《이승만이 없다면 대한민국
도 없다》(박일영 역, 2008) 등이다. 리처드 알렌은 《한국과 이승만》(합동통신사,
1961)을 집필했다.

이승만 대통령의 명언들

"우리는 선진국 사람들이 알고 있는 여러 가지를 모두 배우도록 노력해
야 한다. 또한 배우는 데 그치지 말고 실행하고 옮겨야 한다. 남들이 흉보고
욕하는 것을 상관하지 말고 다른 사람들이 보고 배울 수 있도록 모범을 보
여야 한다. 형식적으로 하는 체해서는 소용이 없다. 모범을 보이는 사람은
진심으로 부러워하고 헌신하는 마음을 가져야 한다."

"조물주는 모든 사람에게 다 같이 권리를 주셨으므로 생명과 자유의 안
락한 복을 추구하는 것은 다 남이 빼앗을 수 없는 권리이다. 한 사람이나 한
나라가 자기가 제 일을 하는 것을 자주라 이르며, 따로 서서 남에게 의지하
지 않은 것을 독립이라 이르는데, 이는 인류로 태어난 자에게 부여된 천품
으로서 인간이라면 모두 다 같이 타고난 것이다."

"모든 정치제도의 성패는 항상 그 나라 백성들의 수준에 달려있다. 굽어
자란 나뭇가지는 갑자기 펴지 못하고, 앉아서만 자란 아이는 하루에 멀리
가지 못한다."

"자유와 공산주의는 반대되는 개념이다. 이 둘은 결합될 수 없다. 공산주
의와의 타협은 불가능하다."

"자유세계는 공산세계를 타도하려는 용기를 가져야 한다. 그 '자유의 싸움'에서 한국이 선봉을 맡겠다."

"자유를 즐기려는 사람은 많지만, 자유를 위해 몸 바쳐 싸우려는 사람은 참으로 드물다."

"자유의 권리만 알고 자유의 한계를 모르는 이들은 자유의 권리를 누릴 자격이 없다."

"한미상호방위조약이 성립됨으로써 우리는 앞으로 여러 세대에 걸쳐 많은 혜택을 보게 될 것이다. 이 조약이 있기 때문에 우리는 앞으로 번영을 누리게 될 것이다. 한국과 미국의 이번 공동 조치는 외부 침략으로부터 우리를 보호함으로써 우리의 안보를 확보해 줄 것이다."

"너희 미국이 침략을 받으면 그 때는 우리가 가서 싸워주겠다!"

"우리는 앞으로 여러 세대에 걸쳐 한미상호방위조약으로 인해 많은 혜택을 받게 될 것이며, 이 조약은 앞으로 우리를 번영케 할 겁니다."

"불의를 보고 일어서지 않는 백성은 죽은 백성이다. 이 젊은 학생들은 참으로 장하다."

"뭉치면 살고 흩어지면 죽는다."

"나는 위로받을 필요가 없다. 불의에 궐기한 백만 학도가 있고 정신이 살아있는 국민이 있으니, 나는 지금 죽어도 여한이 없다. 나라의 미래는 밝다."

"조금만 더 견디면 전쟁이 끝난다. 전쟁이 끝나면 우리는 나라를 새로 건설해야 한다. 전후 복구와 나라를 발전시키려면 고급 교육을 받은 인재가 필요하다. 그 때를 위해 대학 재학생들을 보존시켜야 한다. 아무리 욕을 먹더라도 이것만은 양보할 수 없다."

"북한식 농지개혁(무상몰수, 무상분배)을 할 경우 정부가 대지주가 되고 농민들은 다 소작인으로 경작하게 되어, 전에는 부호의 노예가 되던 것이 지금은 정부의 노예가 되는 것에 불과하다."

"우리나라 장래는 오늘 이 자리에 모인 여러분들에게 달려 있는 것이다. 제1차 원자력 학술회의이 회의가 우리들이 옳은 방향으로 나가고 있다는 것을 증명할 것으로 생각한다."

독립정신 실천 6대 강령과 25개 방책

이승만 대통령은 자신의 저서 《독립정신》 끝자락에 "나라의 독립을 떠받치기 위해 필요한 실천사항을 6개 항목으로 구분해" 정리한 후 각 항목에 대해 방책을 제시하고 자세히 설명했다. 이 자료는 설명 부분은 빼고 실천 사항을 6개 항목과 각 항목에 제시된 도합 25개의 방책만 요약한 것이다. 조선 조 말기 성리학에 찌들고 개화 개방이 전혀 안 이뤄진 미개한 사회 현실에서, 오늘날에도 상상하기 힘든 개방, 나라 보전의 근본, 외교, 주권, 자유를 이렇게 명쾌하게 제시하고 구체적 실천 강령과 방책을 논하는 청년 이승만의 혜안이 놀라울 따름이다.

첫째, 우리는 세계에 대해 개방해야 한다.

1. 우리는 세계와 반드시 교류해야 한다.

2. 통상은 서로에게 이익이 된다는 것을 깨달아야 한다.

3. 오늘날 통상은 나라를 부강하게 하는 근본이다.

4. 외국인들이 우리나라에 오는 것은 우리를 해치려는 것이 아니라 서로에게 이롭게 하기 위한 것이다.

5. 외국인들을 원수 같이 여기는 것은 매우 위험한 일이다

둘째, 새로운 문물을 자신과 집안과 나라를 보전하는 근본으로 삼아야 한다.

1. 외국인들이 들어오는 것을 막지 못한다는 사실을 확실히 깨닫고, 그들과 더불어 살 때 우리 것을 보전하면서, 또한 우리에게 균등한 이익이 돌

아오도록 해야 한다.

2. 동양의 옛날 책보다는 새로운 학문에 대한 책들을 공부해야 한다. 새로운 지식과 문물을 배우기 위해 한마음으로 노력해야 한다.

3. 우리는 신학문을 열심히 배워 경제적 이익을 외국인들에게 빼앗기지 않도록 해야 한다.

4. 우리는 신학문을 열심히 공부하여 그 혜택을 누려야 할 것이다

셋째. 외교를 잘해야 한다.

1. 외교가 없다면 나라는 고립되며 다른 나라들로부터 침략을 받기 쉽다. 따라서 강대국이라 하더라도 외교적 고립을 두려워한다.

2. 다른 나라들과 친밀한 외교관계를 갖고자 한다면 모든 나라를 공평하게 대해야 한다.

3. 다른 나라들과 친밀한 관계를 발전시키려면 그 나라들과 공통된 특성을 갖도록 하여 그들과 같은 그룹에 속하도록 노력해야 한다.

4. 진실함을 외교의 근본을 삼아야 한다.

5. 우리가 외국인들과 상대함에 있어서 진실 되고, 공평하고, 정직하게 대할지라도 과거 우리의 잘못된 행동으로 이미 신용을 잃어버렸다

넷째, 나라의 주권을 소중히 여겨야 한다.

1. 모두가 외국인들에게 치외 법권을 허용한 것을 수치로 알고, 어떤 어려움이 있더라도 이것을 우리 생전에 회복하고자 한다면 반드시 그렇게 되는 날이 올 것이다.

2. 모든 사람은 각자가 해야 할 일이 있으며, 무슨 일을 하든지 부지런히 배우고 일해야 한다.

3. 우리나라 사람이든 물건이든 다른 나라 사람들로부터 수치를 당하는 것을 보면 어떤 일이 있더라도 이를 막아내야 한다.

4. 우리는 국기를 존중하는 것을 배워야 한다. 국기는 그 나라의 국민과 영토를 대표한다. 전쟁 중이라도 어느 건물에 어떤 나라 국기가 꽂혀 있으면 그 건물과 거기 있는 사람은 보호를 받는다.

5. 어떤 일이 있더라도 우리는 외국 국적을 갖지 말아야 한다.

6. 우리는 외채를 빌리는 것을 삼가야 한다.

다섯째, 도덕적 의무를 소중히 여겨야 한다.

1. 뜻이 같은 사람에게 감정을 표현할 줄 알아야 한다.

2. 우리는 공적인 의무를 소중히 여겨야 한다.

3. 나라를 위해 충성함에 있어서 용기를 가지고 행동하겠다는 결심을 해야 한다.

여섯째, 자유를 소중히 여겨야 한다.

1. 자유를 자기 목숨처럼 여기며 남에게 의지하지 말아야 한다.

2. 다른 사람의 권리 또한 존중해야 한다.

〈자료 4〉

전문가 30인이 본 이승만 대통령 리더십과 활동

	주요 활동과 업적
개인의 역량과 성품	-학위논문 한국인 최초로 프린스턴 대학에서 출판(1912) -한국인으로 미국 최초의 베스트 셀러 작가, 일본 내막기(1941) -미국 브로드웨이에서 카퍼레이드 환영 받음(1954) -스스로 대통령직에서 하야(1960)
국가 미래를 위한 교육	-하와이에 한국어 학교 설립(1914) -초, 중, 고, 대등 교육 투자 확대 -공과대학 설립하여 공업 발전(인하대학 설립, 1954) -학생, 군인 등 국비 유학, 근대화의 기수
계몽 및 독립 운동가	-매일신문 주필, 사장으로 계몽운동(1898) -미국, 중국 국적 없이 독립 운동 -일본 진주만 기습에 선전포고 요청 -한국독립을 위한 카이로 선언에 영향(1943)
뛰어난 외교력으로 국가 유지	-소수를 침투시키는 냅코 계획 성사(1945) -독도를 지키기 위한 이승만 라인 선포(1952) -일본, 대만 등 6.25 참전 및 지원 거부(1951) -반공포로 석방으로 외교적 성과(1953) -미국의 원조와 한미상호방위조약 체결(1953)
민주정치와 지도력	-의원내각제에서 대통령 중심제 채택(1948) -정치적 이해관계를 떠나 초당파적 내각 -국군 최고 통수권자로서 뛰어난 리더십 -전쟁 중 민주선거로 2대 대통령 취임(1952) -기독교, 불교, 유교를 아우르는 정책(1954) -언론의 자유 허용
경제 발전 기반 구축	-비료, 시멘트, 유리 등 중화학 공업 발전 토대(1955, 1957) -경제개발 3개년 계획(1958): 장면, 박정희의 경제개발 토대 -원자력법 제정, 원자력연구소 설립(1958) -산림녹화, 사방사업 등 친환경 정책(1957)
민주주의 국가 체제	-단독 정부 수립, 공산화 저지(1948) -자유민주주의 시장경제 초석 기반 -농지개혁(유상 몰수·유상 분배)

자료: 경향신문, 1997. 10. 6

▨ 이창건 박사가 이승만 대통령의 묘지에서 올린 회상의 술 ▨

이창건 박사는 1955년에 서울대 전기공학과를 졸업하고 공군 기술 장교가 되었다. 미군 장교로부터 《원자력 공학 입문》이란 책을 받아서 물리학·공학을 전공한 공군 장교 출신 12명이 문교부 창고에서 매주 세미나를 했다. 이창건 박사도 선배의 권유로 이 모임에 가입했다. 학교에서 배운 적이 없는 교재로 1권 밖에 없어 가장 막내인 이 박사가 일일이 타자를 쳐 나눠줬다. 젊은 청춘들은 원자폭탄은 알지만 원자력 발전소는 생각도 못하던 시절에 스승도 없이 언제 어떻게 써먹을 지도 모르는 지식에 매료되기 시작했다.

1956년 이승만 대통령은 아이젠하워 대통령 과학고문이자 미국 전력협회 회장 워커 시슬러 박사의 예방을 받았다. 이 대통령이 한국 전력난 해소 방안을 묻자 시슬러 박사는 원자력 발전에 대해 설명하자 이 대통령은 원자력 기술자의 양성을 결심했다. 이후 국무회의에서 이승만 대통령이 물리학 박사인 최규남 문교부 장관에게 "우리도 원자력을 할 수 있을까?"라고 묻자 최규남 장관이 "이미 자발적으로 공부하는 젊은이들이 있다"고 보고하였다.

이 대통령 지시로 국비 유학생이 선발되었다. 1인당 국민소득이 40달러이던 시절 1인당 6,000달러가 드는 해외 파견과 유학에 10년간 236명을 보냈다. 대통령 자신의 나일 80일 때 20년이 지나야 그 혜택을 불 수 있다고 했음에도 미래를 보는 지혜가 있었기에 원자력을 선택하고 적극적으로 물심양면 지원했다.

젊은 청춘들은 이 대통령의 지시로 국비 유학생에 선발되어, 유학가기 전에 이 대통령에게 인사를 갔다. 이 대통령은 "여러분들의 몸은 가족이나 자신만을 위한 것이 아니라, 한국의 미래를 위한 것입니다. 여러분은 공부하여 원자력으로 국민의 밥을 만들어 주십시오. 내가 살날이 얼마나 남았겠습니까? 한국을 먹여 살릴 여러분을 키우는 것이 저에게 주어진 책무로 생각하고 있습니다"라고 말씀했다.

200여 명이 유학을 마치고 돌아오자 이승만 대통령의 지시로 원자력연구소를 만들고 원자력을 개발하기 시작하였다. 이 대통령이 육성한 원자력 인재들은 한국형 원자로 모델을 개발하여 한국을 세계 원자력 경쟁의 선두에 서게 했다.

이창건 박사는 이승만 대통령 묘소에서 무릎을 꿇고 경건하게 술 한 잔을 올렸다. 그리고 고백했다. "저는 젊은 시절에 대통령을 미워하기도 했으나, 나이를 먹어갈수록 훌륭한 점이 너무 많아 보입니다. 국민들이 당신의 정치 체제를 반대하자 스스로 자진해서 하야한 점, 미국에서 선진 과학기술을 본격적으로 과감하게 도입한 점도 큰 업적입니다. 대통령께서는 실용주의와 합리주의를 강조하는 과학적 사고방식을 불러왔으며 불합리하고 인습적인 사고방식을 깨뜨리는 해방자 역할을 하였습니다. 감사합니다."

UAE 바라카 원전 입찰에서 우리에게 기술을 가르쳐 준 나라들을 꺾고 승리하던 날! 볼 위로 흐르는 뜨거운 눈물을 주체할 수가 없었다.

미국 뉴욕시 맨해튼에 있는 페더럴홀 국립기념관의 조지 워싱턴 동상

2 | 건국과 절제의 지도자로 추앙받는 조지 워싱턴

투철한 사명감과 절제된 리더십의 지도자

　미국 초대 대통령 조지 워싱턴(George Washington, 1732~1799)은 독립군 총사령관으로 독립전쟁에서 승리한 후 국민들의 선거에 의해 세계 역사상 최초로 대통령으로 당선되었다. 워싱턴은 1789년부터 1797년까지 대통령직을 두 번 역임하고 연임 권유를 뿌리치고 대통령직에서 스스로 물러났다. 그는 새로운 연방 헌법을 제정하고 준수하면서 정부의 권한을 강화하여 국민들을 단합시키고, 신생 국가이지만 최초로 실시된 대통령 중심제 국가의 기반을 주도적으로 다져나갔다.

　워싱턴 대통령을 200년이 넘도록 미국에서 여전히 많은 사람들이 우러러보고 공경하는 것은 영국과의 독립전쟁을 승리로 이끌고 미합중국을 건국했기 때문만이 아니다. 초대 대통령으로서 민주주의가 뿌리내릴 수 있도록 보여준 '합리적이고 절제된 리더십'에 미국 국민들은 경의를 표하고 있다.

　조지 워싱턴의 명성은 그에게 붙여진 수많은 특이한 칭송에서 나타난다. 사람들은 그를 "건국의 아버지(the Founding Father)", "없어서는 안 될 긴요한 사람(the Indispensable Man)", "최고의 사람(the Best of Men)", "위대하고 선한 사람(a Great and Good Man)", "대원로(Patriarch)", "국부(the Father of His Country)", "제1의 사람(the First of Men)" 등으로 부른다. 이러한 칭송은 워싱턴의 위대함과 업적을 지칭하는 것으로 역대 어느 지도자도 이러한 최고의 칭송들을 받은 적이 없다. 미국 화폐의 1달러짜리에는 건국의 아버지 조지 워싱턴의 초상이 들어가 있다.

워싱턴은 국정을 운영하는 데 있어서 어느 한 쪽으로 치우치거나 독단적이지 않았다. 많은 사람들의 의견을 듣고 포용할 줄 알았으며, 어떠한 어려움이 있어도 끝까지 원칙을 지키려 하였고, 모든 일에 정직하게 임했으며, 정의를 추구하려고 했다. 스스로 '위대한 실험'이라고 말한 인류 최초의 민주공화국의 건설이라는 실험을 성공적으로 이끌었다. 워싱턴은 명석한 판단과 탁월한 지도력으로 미국식 민주주의가 정착될 수 있도록 정직과 신뢰를 바탕으로 탕평과 협치 그리고 통합을 이끌었다.

워싱턴 대통령은 당시 마음만 먹으면 신생국 미국의 왕이 될 수 있었고 종신 대통령도 될 수 있었다. 하지만 워싱턴 대통령은 미합중국으로서의 가치를 부여하고, 자유 민주주의의 기틀을 마련하고 지키기 위해 소위 '고별연설'을 발표하면서 정상의 자리에서 자진해서 스스로 물러난 절제의 지도자였다.

워싱턴의 선조는 영국 청교도 혁명기에 몰락한 왕당파 출신으로 1656년 미국 버지니아 주에 정착하였다. 조지 워싱턴은 1732년 2월 버지니아 주의 한 농장에서 당시 영국 국민으로 태어났다. 워싱턴이 11세에 아버지가 돌아가셔서 초등학교만 마쳤다. 독학으로 18세기 버지니아 신사(紳士)가 갖추어야 할 교양과 지식을 스스로 배웠다. 워싱턴은 어릴 때 병정놀이를 즐기고 운동을 좋아했는데, 항상 우두머리 역할을 했으며 친구들 간 다툼이 생기면 중재자 역할을 하였다고 한다.

당시 미국에서는 장자상속을 원칙으로 하였기에 이복형이 있었던 워싱턴으로서는 부친의 많은 재산을 상속받을 수 없었다. 워싱턴이 부자가 되기 위해서는 부지런히 노력하는 길 밖에 없었다. 생계를 위해 자신의 정신적 '멘토'이자 '아버지 대리'였던 이복형 로렌스의 조언에 따라 독학으로 15세에 측량기사가 되었다. 이복형에게 상속되었던 대규모의 담배농장인 마운트 버넌(Mount Vernon)이 1752년 형의 죽음과 함께 그에게 상속되어, 20세의 나이에 워싱턴은 대규모 농장의 주인이 되었다.

워싱턴은 21세였던 1753년에 버지니아 민병대에 입대하였다가 영국군으로 편입되어 프랑스와의 전쟁에서 많은 공을 세웠다. 이때의 전쟁 경험은 후일 워싱턴이 영국과의 독립전쟁에서 승리하는 데 크게 도움이 되었다. 하지만 워싱턴은 식민지 출신이라 영국의 정규군이 될 수 없었다.

군대를 제대하고 민간인 신분으로 돌아온 조지 워싱턴은 부(wealth)를 추구하여 사회적으로 명성을 얻기로 결심했다. 고향 마운트 버넌으로 돌아와 정치인으로 변신하여 27세인 1759년에 버지니아주 하원의원에 당선되었다. 의원으로서 조지 워싱턴의 능력은 결코 뛰어나지 않았으나, 1774년 1차 대륙회의(the First Continental Congress)까지 계속 의원직을 유지했다. 조지 워싱턴은 비록 군인으로서는 성공을 하지 못했지만 대농장주와 정치인으로서 어느 정도 성공하였다. 영국과 전쟁이 일어나고 독립군 총사령관으로 발탁될 당시 워싱턴은 총 63,000에이커의 땅을 소유하고 있었고 그가 소유한 노예는 300여 명에 달했다.

총사령관으로 독립전쟁을 승리로 이끌다

미국의 건국은 영국이 1606년에 신대륙에 식민지를 처음 건설한 이래, 약 170여 년 만인 1775년에 식민지 13개 주가 영국과 독립전쟁을 전개하여 1783년에 승리하여 독립을 쟁취하고, 그리고 이어서 진행된 1787년 미국 헌법이 제정되고 1789년 헌법이 발효됨으로서 마무리되는 14년의 긴 역사적 과정이다. 독립전쟁과 건국의 긴 과정에 주도적 역할을 한 지도자가 조지 워싱턴이었다.

영국인들의 북 아메리카에의 첫 번째 이주는 1585년 100여 명의 영국인들이 노스캐롤라이나 연안에 있는 로어노키(Roanoke) 섬에 상륙하면서 시작되었다. 스페인에 밀려 식민지 건설에 별로 성과를 못 내던 영국은 1606년 영국 왕 제임스 1세는 칙령을 내려 식민지 건설을 담당할 버지니아 회사를 설립하고, 가족이 함께 이주하도록 하는 조치를 취했다. 이주 비용 투자 자금과 이주 희망자들을 모와 1607년 약 100여 명의 어른과 소년들이 이주해 왕의 이름을 따 제임스타운(Jamestown)을 건설했다. 이어 영국 정교에서 벗어난 필그림(Pilgrim) 가족 100여 명이 1620년 메이플라워(Mayflower)호를 타고 케잎 코드(Cape Cod)에 상륙해 고향의 이름을 따 플리머스(Plymouth) 이주민촌을 세웠다.

이주 항해 중의 어려움, 도착 직후의 질병과 식량난, 원주민 인디언들과의 갈등과 전쟁 등으로 초기 이민자들은 고통과 고난의 날을 보내며 신대륙에 정착하고 개척을 했다. 영국뿐만 아니고 유럽의 거의 모든 나라로부터 북미 대륙으로 이주가 이어졌다. 매사추세츠에 17,000명의 청교도가 살게 되자 성직자 수요가 늘어날 것에 대비해 케임브리지 대학을 졸업한 존 하버드(John Harvard) 목사가 1636년 하버드대학교를 설립한다. 엘리자베스 1세 영국 여왕이 처녀여서 식민지 이름을 '버지니아(Virginia)'로 한 버지니아는 북미에서 최초로 영원한 영국 식민지가 되었다. 아프리카 노예들이 수입되고 북미 대륙 내에서 유럽 열강들의 전쟁 등을 거치며 13개의 식민지가 만들어지면서 아메리카는 새로운 시대를 맞았다. 영국은 13개 식민지 중 8개를 왕령 식민지로 만들면서 식민지에 대한 간섭을 강화했다.

1651년 영국은 항해조례(Navigation Act)를 제정하여 미국 식민지가 영국이나 영국의 식민지로 상품을 수출할 경우 반드시 영국의 선박으로만 수송하도록 규정했다. 식민지들은 영국의 지원 없이 스스로 갖은 고생을 하며 개척하였는데 영국은 본국이랍시고 도움은커녕 간섭이나 하려드니 식민지 국민들의 불평은 점점 쌓여만 갔다.

1755년에 영국은 오하이오강 주변의 인디언 영토를 둘러싸고 프랑스와 식민지 쟁탈전을 벌였는데, 이를 프렌치 인디언 전쟁(French & Indian War)이라고 한다. 식민지 쟁탈전에서 영국이 승리하면서 식민지 미국에 대한 지배권을 강화할 수 있었다. 하지만 전쟁에 지나치게 많은 돈을 써서 부채가 엄청나게 늘어났다. 영국은 부채를 해결하기 위해서 북미의 식민지에 설탕세, 인지세 등을 부과하였다. 그러자 13개 식민지 주 대표들은 정치적 영향력을 확대하기 위해 식민지 의회가 영국 의회에서 대표성을 가져야 한다고 주장했으나 영국 정부는 이를 받아들이지 않았다. 식민지 대표들은 "대표가 없는 곳에 과세할 수 없다(no taxation without representation)"고 주장하면서 영국이 과도하게 세금을 부과한다고 반발하였다.

영국은 부채가 계속 늘어나고 세수입이 부족해지자, 이를 해결하기 위해서 홍차조례(Tea Act of 1773)를 제정하여 미국 식민지에도 적용하였다. 영국 동인도회사에 홍차 판매 독점권을 부여하고, 미국 상인들의 홍차 밀무역을 금지시켰다. 그러자 홍차 상인과 밀수업자 그리고 영국의 통치 방식에 불만을 품어오던 지식인들과 부유한 계층들이 시민들을 선동하였다. 1773년 12월 16일 밤 100여 명의 자유의 아들(Sons of Liberty)들이 보스턴 항구에 정박 중이던 동인도회사의 배를 습격하여 배에 실려 있던 홍차 상자 342개를 바다에 던져 버리는 소위 보스턴 차 사건(Boston Tea Party)이 일어났다.

이에 영국은 보스턴 항구법을 제정하고 피해 보상을 요구하는 동시에 함대를 파견하여 보스턴 항을 폐쇄하고 매사추세츠 자치 정부를 강제로 해산시켰다. 영국이 다른 식민지들에 대한 경고로 보스턴 주민을 가혹하게 응징하자 보스턴 시민들은 결사적으로 저항하였다. 영국의 가혹한 행위에 반발하며 당시 버지니아주 하원의 패트릭 헨리(P. Henry)와 토머스 제퍼슨(T. Jefferson) 등은 영국의 강압 조치를 비난하는 결의안을 채택하였다. 그리고 지도급 인사들이 윌리엄스버그의 한 교회에서 항의 집회를 열었는데, 여기에는 조지 워싱턴도 참석하였다. 보스턴 항이 폐쇄되던 날 식민지 전역에서 영국에 대하여 반발하기 시작하였다. 이 사건은 식민지 지도자들이 독립전쟁을 결심하게 된 결정적인 요인이 되었다.

대륙회의(Continental Congress)는 미국의 독립 혁명을 위해 13개 주 식민지 대표들이 군사·외교·재정 등을 통합하기 위해 결성된 단체로 외교회의 성격을 지녔다. 제1차 대륙회의는 1774년 9월 식민지 대표 55명이 영국의 부당한 조세 정책에 대항하고 보스턴 차 사건에 대한 보복으로 영국의 강경책을 논의하기 위해서 열렸다. 영국의 강경책을 '인내 불감당 법률(Intolerable Acts)'이라고 불렀는데, 영국이 13개 식민지 주에 부과한 일련의 법률로 보스턴 항구를 폐쇄하기로 한 보스턴 항구법, 매사추세츠주를 영국 정부의 지배하에 두려고 한 매사추세츠 통치법 등이 대표적이다. 식민지 대표들은 이러한 법률들이 식민지 사람들의 권리를 무단으로 침해하는 것으로 간주하고, 이에 대응하기 위해 1차 대륙회의를 열었다. 이 법률들은

13개 식민지 주들의 극심한 분노와 저항을 불러일으켰으며, 독립전쟁의 빌미가 되었다.

렉싱턴(Lexington)과 콩코드(Concord) 지역에서 메사추세츠(Massachusetts) 주의 민병대와 영국군 간 충돌이 일어나자 이에 대응하기 위해서 1775년 5월 10일에 열린 제2차 대륙회의가 열렸다. 1775년 6월 4일 영국군에 대항하기 위해 식민지군이 결성되고 뒤에 미국 제2대 대통령이 된 존 애덤스(John Adams)의 설득과 강력한 추천에 의해 조지 워싱턴이 총사령관으로 임명되었다.

사실 군사 경험과 장군으로서의 능력 면에서 워싱턴보다 뛰어난 장군들이 많이 있었다. 그럼에도 애덤스는 "지금 우리에게는 장군으로서의 능력보다는 인격이 본질적인 요소입니다. 다행스럽게도 여기에 자신의 뛰어난 능력에도 불구하고 항상 겸손하고 도덕적이며 상냥하고 용감한 사람이 있습니다. 그는 공익을 우선하고 분파를 거부하며 국민들을 단결시킬 수 있습니다. 그는 지역에 대한 적대감과 이기심을 극복하고 대륙의 통일을 촉진하고 유지시킬 수 있는 가장 적합한 사람입니다. 조지 워싱턴이 바로 그런 사람이라 생각합니다"라고 발언했다. 이에 아무도 반대하지 않았으며 26세의 워싱턴을 만장일치로 독립군 총사령관으로 추대·선출했다. 1775년 6월 15일 총사령관으로 추대받은 워싱턴은 "나는 내가 적임자라고 생각지 않지만 최선을 다하겠다"라고 다짐한 뒤 "봉급은 실비 이상 받지 않겠다"고 공언했다.

당시 대륙회의는 식민지를 통치하는 명백한 법률적 권한은 없었지만 조약 체결, 군대 조직, 화폐 발행, 부채 차입, 자본 지출 등 정부와 비슷한 기능을 하였다. 대륙회의는 세금을 부과할 수 있는 권한을 가지지 않았지만 전쟁을 수행하기 위해서 자금, 물자, 군대 등을 13개 식민지 주들에 요구할 수 있었다. 하지만 이들 13개 식민지 주들의 이해관계가 서로 달라 원만하게 운영되지 못했다.

조지 워싱턴은 독립군 총사령관에 임명되었지만 연방 정부에는 군인이 없었기 때문에 직접 병사들을 모집하고 훈련시켜야 했다. 대륙회의가 총사령관 워싱턴에게 제공한 것은 약 1,500명의 훈련받지 않은 병사들이 전부였다. 워싱턴은 훈련도 제대로 받지 못했고 결속력도 없는 병사들을 지휘하면서 부족한 무기와 군수물자를 어렵게 조달하면서 세계 최강의 영국군에 맞서야 했기에 많은 어려움을 겪었다. 영국의 강력한 탄압에 부딪히자 워싱턴은 전투부대의 전의가 상실되지 않도록 순수한 의지력과 카리스마적 리더십으로 부대원들의 사기를 고취시켰다. 그는 확고부동한 용기와 지도력으로 독립전쟁에서의 승리에 결정적 역할을 하였다.

영국의 식민지 탄압이 더욱 강경해지자 미국 독립을 위해 여러 곳에서 민병대가 조직되기도 했으나 식민지 주민들은 크게 관심이 없었다. 1775년 3월 버지니아 리치먼드의 한 교회에 민병대를 조직하기 위해 많은 사람들이 모였다. 당시 변호사이자 독립 운동가였던 패트릭 헨리(P. Henry)가 "자유가 아니면 죽음을 달라", "자유인으로 사느냐 노예로 사느냐" 라는 내용으로 연설하였다. 이 연설은 많은 사람들을 감동시켰고, 많은 사람들이 독립전쟁에 참가하였다.

식민지 미국은 정규군이 없었고 해가 지지 않는 나라 대영제국이 세계에 위용을 자랑하는 정규군을 가지고 있는 상황에서, 미국이 영국에 대항하여 독립전쟁을 한다는 것 자체가 애시 당초 상상하기 힘든 일이었고, 독립전쟁에서 승리한다는 것은 불가능에 가까웠다. 독립전쟁은 80개월간 진행되었는데 1775년의 첫 전투였던 렉싱턴과 콩코드 전투에서 1781년의 마지막 전투인 요크타운 전투에 이르기까지 총 235회의 전투가 있었다. 독립전쟁에 동원된 총 병력은 20만 명이었다. 전투 중 사망한 사람은 4,435명, 총 부상자는 6,188명이었다.

1775년 4월 19일 독립 전쟁의 서막을 알리는 전투인 렉싱턴 전투(Battle of Lexington)는 영국 정규군 700명과 미국 민병대 70명 사이의 충돌로 미국 측 사상자는 사망 8명, 부상 10명이었고 영국 측 사상자는 사망 1명, 부상 9명이었다. 독립 전쟁의 결정적인 전투는 1781년 9월 28일~10월 19일 3주 동안 진행된 요크타운 전투(Battle of Yorktown)였다. 미국 및 프랑스 연합군이 영국군의 요크타운을 포위하고, 해상에서 프랑스 해군이 지원하여 영국군의 탈출 경로를 차단하여 승리했다. 미국군 9천 명을 지휘한 미국 총사령관 조지 워싱턴과 프랑스군 8천 명을 지휘한 프랑스의 마르키 드 라파예트(Marquis de Lafayette) 장군이 영국군 8천 명을 지휘한 영국 총사령관 찰스 코널리(Charles Cornwallis)가 일대 격전을 치렀다. 미국 및 프랑스 측 사상자는 사망 88명, 부상 301명이었고 영국 측 사상자는 사망 156명, 부상 326명이었다.

요크타운 전투는 전투 규모와 병력 동원 측면에서 독립 전쟁 동안 가장 큰 전투였으며, 미국의 독립을 결정짓는 중요한 전환점이 되었다. 1781년 10월 워싱턴과 미국 독립군은 프랑스군의 지원을 받아 요크타운(Yorktown) 전투에서 어렵게 승리하면서 영국군의 항복을 받아냈다. 만약 프랑스의 도움이 없었다면 미국의 승리는 불가능했을 것이다. 1775년 4월부터 약 8년간 벌어진 독립전쟁은 마침내 끝이 났다. 아메리카 식민지와 영국 간의 평화조약이 1782년 11월 10일 파리에서 조인되고 영국은 1783년 9월 3일 미국의 독립을 승인했다. 독립전쟁에서 워싱턴은 명석한 판단력과 타고난 지도력으로 온갖 난관을 극복하고 승리하였다.

미국의 독립을 승인한 파리조약이 체결되자, 워싱턴은 1783년 12월 4

일 연합회의에서 총사령관직을 내려놓고 고향으로 돌아갔다. 워싱턴의 이러한 행동을 두고 많은 역사가들은 "역사상 가장 중요한 사건 중 하나"로 평가하였다. 프러시아의 프리드리히 대왕은 "유럽의 가장 노장의 장군으로부터 전 세계의 가장 위대한 장군에게"라는 문구가 새겨진 검을 선물로 워싱턴에게 보냈으며, 독립전쟁 당시 대척점에 있었던 영국의 국왕 조지 3세는 "워싱턴은 이 시대의 가장 위대한 인물"이라 극찬하기도 했다.

전쟁에서 통상 강자가 약자를 이기나, 약자가 강자를 이기는 경우도 흔하지 않게 발생한다. 마케도니아의 알렉산더 대왕이 페르시아의 다리우스 왕과의 싸움에서 이긴 경우, 칸나 전투에서 소수의 카르타고군이 로마 대군에 승리한 경우, 소수의 모택동 홍군이 다수의 장개석 백군에 이긴 경우 등과 같이 미국의 독립전쟁도 오합지졸의 독립군이 세계 최강의 영국군과 싸워서 이긴 것이었다.

미국이 비록 군사적으로는 오합지졸이었으나 식민지인 모두가 똘똘 뭉쳐 독립의지를 불태웠기에 자만했던 영국에 승리할 수 있었다. 미국의 독립전쟁은 독립혁명으로도 불린다. 프랑스의 지성 앙드레 모루아(Andre Maurois)는 방대한 저서 《미국사》에서 "혁명에 성공한 뒤 아메리카에서 온건파가 미합중국을 창설하고 나라를 통치했다는 사실은 다른 혁명에서 볼 수 없는 특이한 일이었다"라고 미국 독립전쟁의 세계사적 의미를 평가했다.

미국 독립전쟁의 승리에는 전투에 못지않게 독립의 당위성을 담보해 준 두 권의 책이 커다란 역할을 했다. 토머스 페인(Thomas Paine)의 《상식》과 토머스 제퍼슨의 《독립선언서》는 미 독립군에게는 총과 대포 이상의 역할을 한 무기였다. 페인은 공화주의자였다. 1776년 1월 발행한 《상식》에서 그는 영국의 군주제는 자연법에 어긋나는 부조리한 것이고, 거대한 미국이 작은 섬나라 영국의 통치를 받는 것 역시 자연적이지 못하다 주장했다. 미국은 독립하여 공화국을 건설해야 한다고 주장했다. 당시 식민지 인구가 300만 명에 불과했는데 《상식》은 50만 부가 팔렸다. 거의 모든 가정에 한 권씩 보유하고 국민 모두가 《상식》을 읽고 미국의 독립에 열광하게 되었다.

1776년 7월 4일에 통과된 《독립선언서》는 토머스 제퍼슨이 작성한 것인데 당시로서는 혁명적 내용을 담고 있다. 미국 건국의 이념을 담고 있는 《독립선언서》는 "모든 사람은 평등하게 태어났으며, 창조주는 몇 개의 양도할 수 없는 권리를 부여했으며, 그 권리 중에는 생명과 자유와 행복의 추구가 있다. 이 권리를 확보하기 위하여 인류는 정부를 조직했으며, 이 정부의 정당한 권력은 인민의 동의로부터 유래하고 있는 것이다"라고 했다. 대륙회의로부터 《독립선언서》를 받은 조지 워싱턴은 7월 9일에 병사들에게 읽어주면서 독립을 위한 전의를 불태웠다 한다.

국민들에 의해 최초로 대통령으로 선출되다

미국의 건국혁명은 미국이 영국의 식민지에서 독립국가로 전환하는 과정에서 일어난 정치적, 사회적 혁명이다. 건국혁명은 독립전쟁과 새로운 정치체제 수립이라는 두 연속된 과정이 결과였다. 독립전쟁은 앞서 설명한 바와 같이 1775년에 시작되어 1783년에 끝난 미국의 13개 식민지가 영국 제국의 지배에서 독립을 쟁취하기 위한 전투였다. 독립전쟁이 승리 후 1783년부터 1789년까지의 기간에는 1787년 필라델피아에서 열린 헌법제정 회의(Constitutional Convention)에서의 미국 헌법이 제정, 1789년에 이 헌법이 발효됨으로써 미국의 새로운 정치 체제의 수립이 마무리되어, 미국 건국의 대장정이 마무리되었다. 1775년에 시작되어 1789년에 마무리된 건국혁명에서 조지 워싱턴은 각 단계에서 중요한 역할을 하고 리더십을 발휘하였다.

1776년 미국은 독립을 선언했으나 엄밀한 의미에서 1781년 연맹규약(The Articles of Confederation and Perpetual Union)이 모든 주에서 비준되기 전에는 13개의 독립 국가들로 존재했다. 연맹규약은 1789년 지금의 헌법이 채택되기 전까지 약 8년 동안 미국의 첫 헌법이었다. 연맹규약에도 불구하고 각 주들은 독립적인 국가로서 주권을 가지고 있었고 통합된 입법부·행정부·사법부를 갖춘 중앙정부는 존재하지 않았다.

영국으로부터 독립한 13개 주들은 연합회의를 구성하였으나 각자의 이해관계가 서로 달라 연방 정부가 역할을 제대로 할 수 없었다. 13개 주가 한 나라로 탄생하기 위해서는 국가 차원의 헌법이 필요하였다. 1787년 5월 연합회의는 필라델피아(Philadelphia)에서 국가를 운영하는데 필요한 원칙을 세우기 위해 각 주의 대의원들이 참석한 '제헌회의(constitutional convention)'를 열었고, 약 4개월 후 대의원들은 합의된 새 헌법에 서명했다.

사실 워싱턴은 제헌회의에 참석하고 싶지 않았고 다시는 공직을 맡지 않으리라 생각했는데 당시 상황이 그를 그냥 내버려 두지 않았다. 각 주의 대표들이 만장일치로 워싱턴을 제헌회의 의장으로 선출했을 때 그는 "만약 우리가 민중을 즐겁게 하고자 우리 자신이 용납할 수 없는 제안을 한다면 훗날 우리의 일을 변명할 수 없을 것이다. 우리는 현명하고 성실한 사람들이 잘 다듬어 갈 수 있도록 기반을 만들어야 한다. 그리고 나머지 일은 하나님의 뜻에 맡길 수밖에 없다"고 회의의 기조를 잡았다.

워싱턴을 의장으로 한 제헌회의는 미합중국 헌법을 만들었다. 제헌회의 의장으로서 미합중국 헌법을 창출하는 데 기여했지만 워싱턴의 지적 능력은 초라했고 헌법의 기본 원칙이나 철학에 대한 그의 공헌도는 미약했다.

제헌회의에서 워싱턴은 의장으로 회의만 진행시켰을 뿐 수많은 논쟁에 일체 개입하지 않았다. 미국 헌법은 모두 7개 조항으로 이루어졌는데, 13개 주가 비준을 완료하여 오늘날의 미합중국이 탄생하게 되었다.

새 헌법이 효력이 발생하기 위해서는 13개 주 중 9개 주 이상의 비준이 필요했는데, 헌법 비준을 두고 각 주에서 격렬한 논란이 일어났다. 새 헌법에 찬성하는 사람들을 연방주의자(federalist)라 부르고 반대하는 사람들을 반연방주의자(anti-federalist)라 불렀다. 비교적 큰 주인 뉴욕과 버지니아주에서 반대가 심했다. 뉴욕주를 대표하여 제헌회의에 참석했던 세 명의 연방주의자 알렉산더 해밀턴, 제임스 매디슨, 존 제이가 국민들의 지지를 얻기 위해 새 헌법의 내용과 필요성을 설명하는 글을 85편이나 발표했다. 이를 모은 책자가 《연방주의자 논고(The Federalist Papers)》인데 이 책은 독립선언문·헌법과 함께 미국 정치사에 가장 권위 있는 글로 여겨지며, 미국 연방대법원이 헌법의 해석을 위해 인용하는 가장 중요한 주석서이다.

모든 조건을 감안해도 근대에 이르기까지 150여 년의 경험상 권리헌장을 추가한 미합중국 헌법은 적절하고 효율적이었다. 인간이 하는 일이란 완벽할 수 없지만 건국의 아버지들이 한 일은 당시의 정세가 허용하는 범위 안에서 그야말로 완벽했다.

새 헌법에 따라 선거인단이 구성되고 1789년 2월 4일에 188센티의 키에 몸무게 90킬로의 건장한 워싱턴은 만장일치로 대통령에 선출되어 4월 30일 취임했다. 미국 최초의 대통령이자 세계 최초의 대통령이 된 워싱턴은 미국 '건국의 아버지'가 되었다. 당시의 헌법 조항에 따르면 한 명의 대의원이 동시에 두 사람에게 투표를 해야 했다. 가장 많은 표를 받는 사람이 대통령이 되고 그 다음으로 많은 표를 받는 사람이 부통령이 되는 것으로 되어 있었다. 워싱턴은 선거인단 정족수 69표의 만장일치로 표를 받아 대통령이 되었고 존 애덤스는 39표를 받아 부통령이 되었다. 워싱턴은 최초의 대통령 선거와 같은 방법으로 진행된 두 번째 선거에서 대통령 선거인단의 만장일치 지지로 1792년 재선되었다.

워싱턴의 정직과 성실성에 대한 동시대인들의 평판은 그가 대통령직을 수행하는데 확신과 신뢰를 더해 주었고 이제 막 탄생한 새로운 정부가 힘찬 출발을 하는데 큰 도움을 주었다. 워싱턴 자체가 정부를 성공적으로 이끄는데 보증수표로 작용했다.

워싱턴은 미국 초대 대통령으로 전례 없는 역사를 새로 만들어 가야 하는 막중한 임무를 엄격하면서도 합리적으로 수행해 나갔다. 대통령 워싱턴은 총사령관 워싱턴과 마찬가지로 규칙적인 생활을 하는 노력가였고 매사에 신중을 기했다. 책임을 져야 하는 중요한 서류는 특히 주의해서 읽고 결재하기 전에 깊이 생각했다. 대통령이란 직책은 새로운 것이었으므로 모든 조직의 사소한 절차까지도 매우 세심하게 살폈다.

워싱턴은 행정부를 구성하면서 혈연, 지연, 학연, 종교, 친구 관계 등에 영향을 받지 않고 오로지 능력에 따라 인재를 채용하였다. 워싱턴은 국론을 통일하고 국가를 발전시키기 위해서 자신보다 더 우수하고 뛰어난 인재를 등용하여 국정을 운영하였다. 우수한 능력을 빌려 쓰는 용인술도 뛰어났다. 조지 워싱턴은 대통령으로서 당대 최고의 인재들을 기용해 자신의 부족함을 보완하려고 하였다.

워싱턴 대통령이 한 최초의 위대한 업적은 행정부를 가장 합리적으로 조직하는 일이었다. 헌법이 명시하고 있는 명확한 3권 분립의 원칙에 입각하여 입법부 및 사법부와의 국정의 관련성을 정립하는 일은 물론 새로운 정부와 국민간의 관련성을 정립하고 진전시키는 일 역시 워싱턴의 몫이었다. 워싱턴은 많은 부분에서 자신의 권한을 앞세우기보다 입법부에 중대한 결정을 맡겼다. 워싱턴의 핵심 목표는 강력한 국민정부의 구성과 통일된 연방의 유지에 있었다.

워싱턴은 신생 국가 미국의 정치·사회적 분열을 최소화하고 국론을 통일시키기 위해서 정치적 성향과 사고가 전혀 다른 인사들도 등용하였다. 상호 대립하였던 연방파와 공화파를 조정하고, 이들의 주장을 국정에 골고루 반영하려 했고, 미국이 다양한 가치를 지니고 상호 존중하는 미합중국으로 발전할 수 있는 기반을 마련하려 노력했다.

워싱턴은 이들의 주장이 자신의 정치적 철학이나 소신과 맞지 않더라도 무시하지 않았다. 워싱턴이 이들을 동시에 기용한 데에는 다양성을 존중하면서 공평한 인사원칙으로 정부가 안정적으로 운영될 수 있도록 하기 위해서였다. 워싱턴만큼 인사를 잘 한 대통령을 찾아보기 힘들다. 정치적 이념과 배경이 대조되는 알렉산더 해밀턴(Alexander Hamilton)과 토머스 제퍼슨(T. Jefferson)을 요직에 기용했다.

워싱턴은 새 나라·새 정부의 생존이 재무부가 성공하느냐 마느냐에 달려 있다고 생각했다. 해밀턴이 자금을 다루는 데 많은 경험을 가지고 있었을 뿐만 아니라 약삭빠를 정도로 꾀가 많은 사람이었기에 워싱턴은 알렉산더 해밀턴을 재무장관에 임명했다.

신생국 미국이 다른 나라와 관계를 다루는 외교 문제가 너무나 중요했기에 워싱턴은 오래전부터 제퍼슨과 더불어 외교문제에 대해 많은 이야기를 나누어 왔고 유럽에서의 다양한 경험을 가진 공화파인 토머스 제퍼슨을 국무장관에 임명했다. 법무장관에는 에드먼드 랜돌프(E. J. Randolph)를, 그리고 뛰어난 정치가일 뿐만 아니라 인기가 없는 의사결정도 추진할 수 있는 용기를 가진 공정한 활동주의자인 존 제이(John Jay)를 미국 초대 대법원장에 임명했다.

워싱턴은 외교적 분쟁에 휘말리지 않도록 최선을 다하고 반란 세력들은 단호하게 진압했다. 워싱턴은 1793년에는 중립을 발표하면서 유럽에서 일어나는 그 어떤 전쟁에도 개입하지 않겠다고 선언하였다. 1794년 영국과 통상을 증진하고 전쟁을 피하기 위한 '제이 조약(Jay Treaty)'을 맺었고, 이듬해에 스페인과 관계를 강화하기 위한 핑크니 조약(Pinckney's Treaty)을 맺기도 하였다. 워싱턴은 국내에서 인디언과 평화를 유지했고, 정부가 국채를 상환하기 위해 위스키에 과세하기로 결정하면서 초래된 '위스키 반란(Whiskey Rebellion)'에 대해서는 단호하게 대응·진압했다.

미국 민주주의의 기반과 전통을 마련하다

민주주의는 아테네에서 연유하는데, 약 2500여 년 전 가정을 가진 성인 남성 약 3만 명 정도의 자유시민만이 참여하는 직접민주주의를 가리키는 용어로, 아테네 전성기와 맞물려 있었던 제도이다. 아테네 민주주의 이후 군주정, 귀족정, 전제정, 과두정 등의 정치체제가 등장하면서 지구상에서는 민주주의가 실질적으로 흔적도 없이 사라졌었다. 이후 2300여 년 만에 미국의 독립과 건국 과정에서 민주주의가 다시 등장했다.

워싱턴은 미국 초대 대통령으로서 역사상 최초로 시도한 전 국민이 참여한 민주주의가 뿌리내릴 수 있는 기반을 마련했을 뿐 아니라 후배 정치인들에게 좋은 본보기가 되었다. 워싱턴 대통령이 미국에서 지금도 여전히 존경받고 있는 것은 미국을 건국하는 데 앞장섰기 때문이기도 하지만, 세계 최초로 실시된 대통령제와 자유민주국가가 성공적으로 운영되고 뿌리내리기 위해 자신이 할 수 있는 행동이 무엇인지를 정확히 알았고, 이를 몸소 실천했기 때문이다. 워싱턴은 스스로 '위대한 실험'이라고 말한 인류 최초의 민주공화국의 건설이라는 실험을 성공적으로 이끌었다. 워싱턴의 위대함은 그가 펼쳤던 정책에 있지 않고 세계사의 큰 흐름에서 미국이라는 공화정을 성공시키기 위해 자신이 할 수 있는 상징적인 처신이 무엇인지를 알고, 이를 행동에 옮겼던 것에 있다.

워싱턴은 미국이 건국한 이래 지금까지도 지켜지고 있는 평화로운 정권 교체가 무엇인지를 몸소 보여주었고, 이를 미국의 정치적 전통으로 만들었다는 점에서 높이 평가된다. 워싱턴의 정직하고 절제된 리더십은 미국이 건국 이래 독재자나 쿠데타 없이 자유민주주의를 지속할 수 있었던 근원이 되었다. 국가 체제를 정비하고 국가 재정 문제를 다루면서 주로 국내 문제에 치중한 첫 번의 임기를 마치고 워싱턴은 고향으로 돌아가려고 했다. 워싱턴은 또 다시 만장일치로 대통령에 당선되어 1793년 3월 4일에 두 번째 임기에 취임했다. 첫 번째 임기와 달리 두 번째 임기 중에는 프랑스혁명과 연관된 외교 문제에 치중했다.

워싱턴은 정직하고 성실하고 항상 공부하는 대통령이었다. 그는 자신이 정규 교육을 제대로 받지 못했다는 약점을 성실과 정직 그리고 노력으로 극복하려고 했다. 그는 타인은 물론 자신의 실패를 통해서도 교훈을 얻으려 했다. 또한 그의 정직함은 넓은 포용력과 배려로 발휘되었다. 워싱턴 대통령은 토머스 제퍼슨, 존 애덤스 등 당대 지식인이자 정치적 동료들로 하여금 미국을 건국하고 발전시키는 데 앞장 설 수 있게 하였다.

워싱턴은 청렴한 대통령이었다. 당시 초대 대통령의 연봉은 상당한 거액이었다. 그는 국가 재정이 어렵다는 사실을 알고 봉급받기를 거절했으나 결국 수용했다. 의회에서는 차기 대통령이 봉급이 필요 없는 부유한 계층에서만 나올 선례를 방지하기 위해서 봉급을 받아야 한다고 강력하게 요청했기 때문이다. 워싱턴은 국가 공무원들이 뇌물로 부패하면 안 된다며 청탁금지법을 만들어 청렴한 공직사회를 만들었다. 그는 삼권분립과 민주주의 기틀을 마련하고, 자유와 평등의 민주주의 국가를 만든 대통령이었다. 워싱턴 대통령이 오늘날에도 미국에서 많은 존경을 받는 것은 최고 지도자로서 보여준 절제, 청빈함, 합리적인 리더십 등을 지녔기 때문이다.

미국의 건국혁명(American Revolution)은 일본의 메이지 유신(Meiji Restoration)과 더불어 세계사적으로 매우 고유한 그리고 매우 특수한 의미를 갖는 역사적 사건이었다. 미국 건국혁명은 민주주의의 원칙을 실현하고 민주주의를 확산하는데 미증유의 기여를 하였다. 식민지들은 왕정 대신 공화정을 채택하였고 미국 헌법은 권력 분립과 삼권 분립, 인권 보호 등을 규정하여 민주적 제도의 기초를 다졌다. 미국 독립전쟁과 헌법 제정 과정에서 인권과 자유의 중요성이 강조되었다. 모든 인간은 평등하게 창조되었으며, 창조주가 부여한 생명, 자유, 행복 추구의 권리를 가진다는 원칙을 명시하여 인권의 보편성을 강조했다. 미국의 독립과 건국은 이후 세계 식민지 국가들이 자치권을 주장하고 독립을 이루는 모델이 되었다.

사실 민주주의는 역사적으로 기원전 5세기의 약 1백 년 동안의 아테네 전성기와 맞물렸던 제도이다. 당시 약 3만 명 정도의 성인 남성 자유 시민만이 참여하는 아테네의 직접민주주의를 가리켰다. 아테네 멸망으로 민주주의가 지구에서 사라지고 군주제(monarchy), 귀족제(aristocracy), 독재제(dictatorship), 과두제(oligarchy), 플루토크라시(plutocracy), 성직자 정치(theocracy), 전제정(autocracy) 등 다양한 형태의 정치체제가 인류와 함께 했다. 아테네의 그 민주주의가 약 2,200년 후에 미국의 건국과 더불어 다시 부활하였고 오늘날은 모든 나라가 민주주의를 지향하고 있다.

미국 헌법은 현대 정치 이론과 제도에 큰 영향을 미쳤다. 미국 헌법에서의 권력 분립, 연방주의, 법의 지배 등은 많은 국가들의 헌법과 정치 시스템에 영향을 주었으며, 현대 민주 국가들의 제도적 기초를 형성하는 데 기여했다. 미국의 독립과 건국은 자유 시장 경제와 자본주의의 발전에 기여했다. 미국은 상업과 산업의 중심지로 발전하며 자본주의의 원리를 적용하여 세계의 경제적 패턴에 큰 영향을 미쳤다. 미국 건국혁명은 정치적, 사회적, 경제적으로 광범위한 영향을 미쳤으며 근대 세계사에서 중요한 전환점이 되었다.

욕망을 절제하고 스스로 권자에서 물러나다

워싱턴은 인류 역사상 최초로 혈연이나 혁명과 쿠데타가 아닌 평화적인 방법으로 권력을 이양하였다. 1789년 4월 30일부터 미국의 초대 대통령을 역임하던 조지 워싱턴은 두 번째 임기가 6개월 남은 1796년 9월에 소위 '고별연설'을 통해 더 이상 대통령에 출마하지 않겠다고 선언하였다. 그야말로 폭탄선언이었다. 워싱턴 대통령은 미국의 독립전쟁을 승리로 이끈 총사령관으로 존경받았으며, 대통령으로 8년간 집권하면서 미국을 안정시키는 등 통치 능력을 인정받았다. 당시 대통령제에 대한 전례가 없었기 때문에 장기 집권은 불법이 아니었으며, 주위의 지지자들은 3선을 권유하기도 하고 심지어 일부 지지자들은 종신 집권을 요구하기도 했다.

독립전쟁에서 승리하고 초대 대통령이 된 워싱턴은 자신이 원하기만 하면 신생국가 미국의 왕이나 종신 대통령이 될 수 있었다. 독립군 장교들이 워싱턴 총사령관을 황제로 추대하겠다는 뜻을 전달하였으나 단칼에 거절당했다. 워싱턴은 마음만 먹으면 영구 집권을 할 수 있는 거의 모든 조건을 갖추고 있었다. 하지만 워싱턴은 인간의 욕망을 일정 수준에서 절제할 줄 아는 현명한 지도자였다. 주위 사람들의 만류에도 불구하고 워싱턴은

1797년 3월 4일 대통령직에서 물러났다. 조지 워싱턴 초대 대통령이 자발적으로 물러남에 따라 이후 미국에서는 평화로운 정권 교체가 이루어졌다.

워싱턴은 미국 대통령은 연임 한 번이라는 불문율의 전통을 세웠다. 당시 워싱턴 대통령에 대한 신뢰와 지지도 등을 감안할 때 결코 쉽지 않은 결단이었다. 역사적으로 많은 권력자들이 영구적으로 권력을 유지하려 하였다가 대부분이 비극으로 끝났으며 역사적으로도 많은 비난을 받고 있다. 하지만 워싱턴은 독립 국가의 기반을 어느 정도 마련하고 난 다음 권좌에서 스스로 물러났다.

워싱턴 대통령은 가장 완전하고 성숙된 리더십을 보여준 것이다. 워싱턴 대통령의 이 같은 절제된 행동은 오늘날 미국이 가장 민주적인 정치 시스템을 운영하는 국가로 자리매김 할 수 있었다. 워싱턴은 3선은 폭정의 정치가 될 수도 있으며 민주적 가치를 무너뜨릴 수 있다고 판단하고 민주주의를 지키기 위해 스스로 물러난 것이다. 워싱턴은 물러나야 할 때 물러나야 한다는 사실을 아는 대통령이었다.

워싱턴이 퇴임한 후 차기 대통령이 누가될 것인가가 관심의 초점이 되었다. 대통령 워싱턴은 선거에 일체 간섭을 하지 않았고 지켜만 보았다. 총 13명이 선거에 출마했고 그 중에서 연방파가 9명이나 달했다. 결과적으로 존 애덤스가 토머스 제퍼슨을 3표 차이로 물리치고 미국 제2대 대통령에 당선되었다. 차점자인 제퍼슨은 부통령에 당선되었다. 2대 대통령 취임식에서의 자리 배열, 연설 순서, 거리 행진 등에서 워싱턴은 신임 대통령과 신임 부통령에게 순서를 양보하는 미덕을 보였다.

즉 새로운 대통령 당선자 존 애덤스에게 대통령직을 넘기는 날 워싱턴의 자리는 맨 앞자리에 준비되어 있었으나, 워싱턴은 자신이 스스로 자리를 바꾸어 부통령 당선자 토머스 제퍼슨 다음으로 자리를 잡고 애덤스의 취임사를 들었다. 사회자가 퇴임하는 워싱턴에게 연설을 부탁했지만 그는 다음 연설자는 제퍼슨이어야 한다고 주장하고 그에게 양보했다. 취임식 행사 후 워싱턴은 연방 홀을 떠나 거리의 국민들에게 인사하는 중에도 애덤스와 제퍼슨 다음의 위치에서 만족과 위엄의 얼굴로 걸어갔다.

워싱턴이 즐겨 읽은 책들과 저술한 책들

조지 워싱턴 대통령은 자수성가한 인물로, 공식적인 교육을 많이 받지 못했지만, 독서를 통해 지식을 넓히고 자아를 발전시켰다. 그의 독서 목록은 그의 사상과 리더십 스타일에 중요한 영향을 미쳤다.

워싱턴이 읽은 여러 책들 중 가장 강하고 오랫동안 영향력을 미친 것은 런던에서 발행된 잡지에서 발췌한《사교와 대화에서 갖추어야 할 행위규범 (Rules of Civility and Decent Behavior in Company and Conversation)》이다. 워싱턴은 젊은 시절에 이 책을 필사해서 읽었는데 그의 품성과 리더십에 큰 영향을 미쳤다. 이 책은 성직자 이그나티우스 로욜라(Ignatius Loyola)가 1550년 경에 이탈리아와 프랑스의 상류층 젊은이들을 교육하기 위해 110가지 규범을 편집한 책이다. 역사가들은 이 책을 통해 워싱턴이 마운트 버넌과 벨보아에서의 생활 규범을 익혔으며 나아가 그가 군인, 대농장주, 독립군 총사령관, 그리고 대통령으로 생활하는 규범으로 삼았다고 보았다.

로마의 장군이자 정치가였던 율리우스 카이사르(Julius Caesar)가 쓴 8권에 달하는《갈리아 전기(Commentarii de Bello Gallico)》는 갈리아(현 프랑스와 그 주변 지역) 원정의 과정을 기록한 책이다. 이 책을 통해 워싱턴은 고대 로마 역사를 이해하고 군사 전략과 리더십에 대한 통찰을 얻었다. 그리스의 철학자이며 전기 작가인 플루타르크(Lucius Mestrius Plutarchus)가 지은《플루타르크 영웅전》은 그리스·로마 영웅들의 생애를 그린 책으로 워싱턴은 이로 부터 고대 영웅들의 삶과 도덕적 교훈을 배웠다.

평생을 두고 워싱턴이 영향을 받은 책은 1세기 최고의 로마 철학자인 세네카가 쓴 도덕적 행위에 관한 산문집 《도덕론(Morals)》이라고 알려지 고 있다. 세네카는 《도덕론(Morals)》에서 희생(sacrifice), 끈기(tenacity), 용기 (courage), 절제(restraint), 그리고 감정통제(emotion control) 등의 가치를 강조 했는데 독립군 총사령관 그리고 초대 대통령 워싱턴의 존경받는 덕목들이 고스란히 담겨있다. 《카토의 비극(Cato, a Tragedy)》은 로마 공화정 말기 카이 사르(Caesar)가 공화정을 전복시킨 것에 저항하여 자살을 선택한 양심적 공 화주의자인 카토(Marcus Porsius Cato Uticensis)에 대한 드라마 작품으로 워싱 턴에게 공화주의적 가치와 도덕적 용기를 강조하는 교훈서 역할을 했다.

워싱턴은 농장 경영에 깊은 관심을 가졌는 바 《농부 연감(The Farmer's Almanac)》은 그의 농업 지식과 실무에 큰 도움이 되었다. 워싱턴은 《알렉산 더 포프의 시(The Poems of Alexander Pope)》를 즐겨 읽었으며, 그의 문학적 표 현과 도덕적 철학에 감명을 받았다. 올리버 골드스미스의 소설 《웨이크필 드의 목사(The Vicar of Wakefield)》는 목사의 인정미와 유머, 거기다 가벼운 풍자가 전편에 흘러 넘쳐 독자를 사로잡는 소설로 워싱턴에게 인간의 감정 과 도덕적 교훈을 제공했다.

같은 시대를 살며 함께 미국을 독립시키고 건국했던 알렉산더 해밀 턴, 제임스 매디슨, 존 제이가 공동으로 집필했던 《연방주의자 논고(The Federalist Papers)》는 워싱턴에게 헌법 제정과 정부의 구조에 대한 깊은 이해 를 제공하였다. 프레데릭 대왕이 지은 《군사 전략 (Military Instructions)》을 통 해 워싱턴은 군사 전략과 전술에 대한 지식을 향상시켰다.

조지 워싱턴 대통령은 직접 책을 집필하지는 않았지만, 그의 편지, 연설, 일기 등을 모은 많은 서한집과 문서집이 출판되었다. 《조지 워싱턴의 일대기(The Diaries of George Washington)》는 워싱턴의 일기를 모은 것으로, 그의 개인적인 삶과 공적인 활동을 상세히 기록하고 있다. 자레드 스팍스(Jared Sparks)가 편집한 서한집 《조지 워싱턴의 연설문(The Writings of George Washington)》은 조지 워싱턴의 편지, 연설, 공식 문서 등을 포함하고 있다. 윌리엄 B. 앨런(William B. Allen)이 편집한 《조지 워싱턴의 일대기(George Washington: A Collection)》는 워싱턴의 다양한 글들을 모은 책이다.

조지 워싱턴 대통령의 명언들

"우리의 대의(大義)라는 정의를 믿으며, 비록 현실이 구름 속에 가려 있는 것 같지만 얼마 있지 않아 밝은 날이 올 것이라 확신합니다."

"지금 비록 어렵지만 하나님이 우리 편이고 궁극적으로 우리는 전쟁의 목표인 독립과 자유와 평화를 얻게 될 것입니다."

"나는 우리 국민들이 나에게 너무 너무나 많은 것을 기대하는 것 같아 정말 두렵습니다."

"만약 소수가 다수를 명령하고 지시하게 된다면, 모든 법은 무용지물이 될 것이고 모든 사람은 자기마음대로 행동하게 될 겁니다."

"오직 노예제도의 근절만이 우리 연방의 존재를 영구히 할 수 있다고 확신합니다."

"나는 새벽이면 하루를 시작합니다. 만약 나의 일꾼들이 그때까지 그곳에 없으면 그들의 행동이 적절치 못한 것에 마음이 아프다는 말을 전합니다."

"하나님과 성경이 없이 올바르게 세상을 다스리는 것은 불가능하다. 만일 어떤 이가 정치와 종교를 분리하려고 한다면 절대 그 사람을 진정한 애국자라고 하지 말라."

"정치적 번영을 이끄는 특징과 습관들 가운데, 종교와 도덕은 필수 불가결한 버팀목입니다."

"여러분, 믿음과 용기와 희망을 가지고 싸우십시오. 이 나라의 평화와 안전은 하느님이 보호하고 계십니다."

"하나님이 정해 놓은 질서와 권리에 관한 영원한 규칙을 무시하는 나라에서는 천국의 미소를 기대할 수 없습니다."

"자유가 뿌리를 내리기 시작하면 빠르게 성장합니다."

"자유의 신성한 불꽃과 공화국 형태의 정부를 보존하는 일은 결국 미국 국민의 손안에 떨어진 실험의 결과에 달려 있습니다."

"또 다시 전쟁이 일어난다면, 내 몸에 남아 있는 모든 피를 조국에 바치겠습니다."

"나는 무거운 책임감을 느낍니다. 이 직책을 거절하는 것은 내 힘 밖의 일입니다. 제가 독립군 총사령관직을 거절하는 것은 제 자신에게는 불명예를 의미하는 것이고, 제 친구들에게 고통을 주는 것이라고 생각합니다."

"나쁜 변명을 하느니 차라리 아무런 변명도 하지 않는 것이 훨씬 더 낫습니다."

"정직은 최선의 방책입니다."

"과거의 실수를 통해 유익한 교훈을 얻거나, 경험이라는 귀중한 가치를 통해 이익을 얻을 목적이 아니라면, 절대 과거를 돌아보는 행동을 해서는 안 됩니다."

"공동 합의에 의해 정의된 법이 개인에 의해 짓밟혀서는 절대로 안 됩니다."

"자신의 평판을 중요하게 생각한다면, 좋은 사람들과 같이 행동하십시오. 나쁜 사람들과 같이 있는 것보다 혼자 있는 것이 더 좋을 수 있습니다."

"전쟁을 준비하는 것은 평화를 지키기 위한 가장 효과적인 방법 중 하나입니다."

"행복과 도덕적 의무는 끊임없이 연결되어 있습니다."

"규율은 군대의 영혼입니다. 규율은 소수도 두렵게 만들며, 약자에게 성공을 주고 모든 사람에게 존경받게 합니다."

"갈등이 어려울수록 승리는 더 커집니다. 자유는 뿌리를 내리기 시작하면 빠르게 자라는 식물입니다."

"앉아있을 때 누군가 말을 걸기 위해 다가온다면, 그가 아랫사람이라도 일어나서 맞으십시오."

"누군가 헐뜯는 소문을 성급하게 믿지 마세요. 남을 험담하는 사람 가까이에 가지 마세요."

"그 자리에 없는 사람의 험담은 하지 마세요. 그것은 정당하지 못한 짓입니다."

"아무 하는 일 없이 시간을 허비하지 않겠다고 맹세하세요. 우리가 항상 뭔가를 한다면 놀라우리만치 많은 일을 해낼 수 있습니다."

"선의와 우정의 자세로 모든 국가를 관찰하세요. 특정의 나라에 대한 영구적이고 뿌리 깊은 증오나 열광적인 지지는 없어져야 합니다. 타국에 대해 습관적으로 증오 혹은 호의를 갖는 것은 노예근성에 가깝다고 할 수 있습니다."

▧ 검소하고 충실한 삶을 몸소 보여준 워싱턴의 어머니 ▧

워싱턴의 어머니 메리 볼 워싱턴(Mary Ball Washington) 여사는 독실한 기독교 신자로 강인하고 독립적인 성격이었다. 남편 오거스틴이 일찍 사망한 후에 혼자서 여섯 자녀들을 양육하고, 농장을 운영하며 가족을 지켰다. 자녀들에 대해 엄격한 규율을 유지했으며, 장남 조지 워싱턴에게 큰 기대를 걸고 있었다. 어머니의 엄격함과 높은 기대가 워싱턴의 리더십과 강한 책임감을 형성하는 데 기여했다.

워싱턴 자신의 과거나 현재, 미래 등 자신의 운명은 모두 어머니로부터 물려받은 것이라고 말했다. 워싱턴이 어렸을 때 어머니는 밤마다 아이들을 둘러앉혀 놓고 책을 읽어 주면서 종교적, 도덕적 교훈들을 일러 주었다.

워싱턴이 대통령이 된 후 처음으로 고향을 방문했을 때의 아래의 일화는 그의 어머니가 얼마나 검소하고 충실한 삶을 살았는지를 그리고 그것이 워싱턴에게 얼마나 큰 교육이 됐는지를 보여 준다.

워싱턴이 대통령에 당선되어서 처음으로 어머니를 뵈러 집에 갔다. 다른 어머니 같으면 마을 사람들을 불러 동네를 청소하고 집도 수리하고 요리사도 불러서 커다란 잔치를 벌였을 것이다. 그러나 대통령의 어머니는 아들에게 줄 쿠키를 손수 만들다가 밀가루로 범벅된 손과 앞치마를 두른 채로 나와서 아들을 반갑게 맞아주었다. 워싱턴과 동행한 참모들은 너무 놀랐고 송구스러웠다. 대통령의 어머니에게 구차한 일을 하게 했다고 생각했기 때문이었다.

그래서 참모들은 워싱턴 대통령에게 "대통령의 어머니께서는 음식을 만드는 일은 다른 사람들을 시키고 이제는 편안히 쉬시게 하는 것이 좋겠습니다"라고 건의하였다. 대통령도 그 말에 일리가 있다고 생각하고 "어머니는 이제 미국 대통령의 어머니이십니다. 이제 고생 안 하셔도 되니 품위를 지키시고 주방일 같은 것은 직접 하시지 않는 것이 좋겠습니다"라고 말씀을 드렸다.

그러자 어머니는 "아니다. 내가 대통령의 어머니가 되었다고 해서 가난하고 어려운 사람들에게 일을 시키거나 사람들에게 폐를 끼쳐서는 안 된다. 그리고 가족들에게 음식을 만들어 주는 것은 나의 소명이다"라고 말씀하였다. "나는 앞으로 더 많은 사람에게 음식을 만들어 줄 것이다. 그리고 가난한 사람들도 도울 생각이다." "내가 하는 일은 너와는 아무 상관이 없다." "만일, 네가 나에게 이런 일을 그만두라고 한다면, 나는 대통령의 어머니라는 자리를 그만둘 것이다"라고 단호하게 거절하였다.

어머니는 오히려 아들이 대통령이 되기 전보다 더 많은 일을 했다. 그리고 검소하고 소박하게 살면서 불우한 사람들을 도와주었다. 그녀는 조금도 부끄러움 없는 삶이 되기를 바라는 마음으로 살았다. 그녀는 자신의 소명이 무엇인지를 인식하고 철저하게 그 소명대로 살고자 했다. 동네 사람들은 이런 그녀를 보고 "대통령보다 더 훌륭한 어머니"라고 불렀다. 조지 워싱턴 대통령이 정직함과 진실성, 솔선수범하는 리더십은 모두 그의 어머니로부터 배운 것이었다.

조지 워싱턴, 길버트 스튜어트의 유화(1796년)

콘라트 헤르만 요제프 아데나워(Konrad Hermann Joseph Adenauer, 1876~ 1967)

3 | 패전 국가를 부활 건국시킨 콘라트 아데나워

폐허의 독일을 열정과 희망으로 정상국가로 만든 지도자

콘라트 헤르만 요제프 아데나워(Konrad Hermann Joseph Adenauer, 1876~
1967)는 제2차 세계대전 후 독일연방공화국(Bundesrepublik Deutschland)이라
불린 옛 서독의 초대 수상(총리)이다. 아데나워는 1949년 9월부터 1963년
10월까지 약 14년에 걸쳐 수상으로 재임하면서 패전 국가 독일의 출발을
이끌었다. 그는 독일에 자유민주주의를 도입하고 유럽 국가들로부터 신뢰
와 지위를 얻기 위해 자신을 희생시킨 정치인이다. 아데나워는 73세의 고
령임에도 불구하고 전범 국가이자 패전 국가였던 독일의 주권을 회복하기
위해서 직접 외무장관을 맡아 친(親)서방 정책을 추진하는 등 외교적 역량
을 발휘하여 서독을 정상 국가로 회복시키고 국제사회에 복귀하는데 크게
기여하였다.

아데나워 수상은 에르하르트 장관과 함께 사회적 시장경제라는 특유의
시스템으로 1950년대 연평균 7%의 고도성장을 달성하여 독일경제가 황금
기를 구가했는데, 이를 라인강의 기적이라고도 한다. 아데나워는 전후 서

독에 만연해 있던 사회적 혼란과 갈등을 해소하고 국력을 집중시키는 탁월한 정치력을 발휘하였다. 서독을 재건하고 경제 기적(Wirtschaftswunder)을 창출한 것과 더불어 아데나워는 1955년 파리 조약을 통해 서독은 완전한 주권을 회복하였고, 프랑스의 샤를 드골 대통령과 함께 유럽 경제 공동체(EEC)의 설립에 중요한 역할을 했으며, 나토(NATO) 가입을 주도하여 서독이 서방 방위 체계의 일원이 되도록 했으며, 동서독 관계 개선의 기초를 마련하였으며, 전후 독일과 유대인 사이의 관계를 회복하는 데 중요한 역할을 했다.

2003년 독일 공영방송사에서 여론조사를 통해서 독일의 가장 위대한 인물 100인을 선정했는데, 콘라트 아데나워 수상이 1위를 차지하였다. 아데나워는 독일에서 건국의 아버지로 칭하는 가장 존경받는 지도자로서 독일의 정치와 정부의 틀을 구축하고 자유민주주의를 정착시켰다.

아데나워는 1876년 독일 쾰른(Köln)의 독실한 가톨릭 집안에서 태어났다. 아데나워는 본대학교와 하이델베르크대학교에서 법학을 공부했다. 당시 독일 법학 교육은 매우 체계적이고 엄격하였다. 법학 교육은 그의 논리적 사고와 법적 지식을 함양하는 데 중요한 역할을 했다. 법률에 대한 깊은 관심은 후에 그의 정치 경력과 행정 능력에 큰 영향을 미쳤다. 아데나워는 대학 시절 학생 단체 활동에 적극 참여하였는데 학생 단체에의 참여 경험은 그가 다양한 사람들과 협력하고, 정치적·사회적 문제에 대한 이해를 넓히는 데 도움이 되었다.

대학에서 법학을 공부하고 판사 생활을 하다가 1906년 독일 중앙당에 입당하여 쾰른의 시의원, 부시장 등을 역임하였다. 그는 1917년부터 나치가 집권하던 1933년까지 17년간 쾰른 시장을 지냈다. 그가 시장을 맡았을 때는 1차 세계대전 중이라 쾰른은 군수기지와 물자 조달처로서 역할을 하는데 주력하였다. 1921년 전후 배상문제로 중앙당 내각이 위기에 처했을 때와 1926년 중앙당이 대연정에 참가하면서 아데나워에게 수상직을 제의했으나 거절하였다. 아데나워는 1929년 시장에 재선되어 대공황 극복을 위한 공공사업으로 독일 최초로 쾰른에서 본까지 자동차 전용 고속도로(Autobahn)를 건설했다. 아우토반은 1964년 서독을 방문한 박정희 대통령에게 영감을 줘 경부고속도로 건설의 모티브가 됐다.

아데나워는 질서 있고 정돈된 생활을 하면서 부지런하고 시간을 낭비해 쓰는 일이 없었다. 그는 엄청난 업무를 처리하기 위해서 타이트한 일정을 보내면서도 직원들을 다그치거나 조급해하지 않았다. 아데나워는 객관적인 통계와 정보를 중시했다. 객관적인 통계와 정보는 실제보다 과장되거나 사실을 숨길 수 없으므로 어떤 현상을 올바로 파악할 수 있고 설득하는데 유용하다고 생각했다. 아데나워는 문제의 핵심을 신속하게 파악하고, 복잡한 사안을 단순명료화하고, 해결이 가능한 방향에 집중하는 탁월한 능력을 지녔다. 그는 간결하고 분명했고 그의 언어는 단순명료했다.

아데나워는 대내외 정책을 추진하면서 사람들과 부단하게 접촉하였다. 특히 외교정책에서 협상에 임하기 전에 상대편 파트너를 철저히 연구하고 장단점을 이용할 줄 아는 여우같은 리더십을 지닌 정치인이었다. 아데나워의 업무 수행 능력은 초인적이었다. 그것은 패전국의 독일을 부흥시키기 위해 애국적인 열정으로 자신의 삶을 내던진 희생자의 모습이었다. 아데나워는 73세에 수상이 되어 14년간 역임하면서 패전 국가, 전범 국가였던 독일을 질서 있고 안정된 민주주의 국가로 돌려놓은 다음 87세에 정치 일선에서 물러났다. 그리고 향년 91세에 타계하였다.

나치의 핍박과 박해를 이겨내다

제1차 세계대전이 끝난 후 패전국인 독일은 1919년 6월 연합국과 베르사유 조약(Treaty of Versailles)을 맺었다. 이 조약으로 독일은 해외 식민지를 잃고 알자스 로렌(Alsace-Lorraine) 지역을 프랑스에 반환했으며, 10%나 되는 영토를 빼앗겼다. 군인은 10만 명을 넘을 수 없었으며 무기는 갖거나 생산할 수 없게 되었다. 게다가 연합국들이 1,320억 마르크(약300조원)라는 어마어마한 전쟁 배상금을 부과하였다. 이는 독일 국민들이 낸 세금을 20년간 전부 모아야 갚을 수 있었다. 그러자 독일은 화폐를 마구 찍어냈고 이로써 화폐가치는 하락하고 물가는 상상을 초월할 정도로 상승하였다. 1929년 세계 대공황이 시작되면서 실업자가 급증하였고 경제가 암울해지면서 극도로 혼란스러웠다. 그러자 당시 정권을 잡고 있던 사회민주당은 내각을 해체하였다.

1921년 7월 국가사회주의독일노동당(나치당)의 당수가 된 아돌프 히틀러(Adolf Hitler)는 강력한 독일과 민족공동체 건설, 민주공화제 타도, 사회정책의 대확장, 유대인 배척 등을 외치며 대중의 지지를 얻기 시작하였다. 그럼에도 보수우파 정당들은 이념적 성향만 주장하며 분열된 모습만 보이고 있었다. 히틀러는 변화와 안정을 갈망하는 독일인들을 강력하고 카리스마 있는 연설로 사로잡았다. 독일이 처해 있는 정치·경제적 혼란을 해결하고 국방력을 강화하고 주권을 회복시키며 공산주의 세력을 저지할 수 있는 사람은 히틀러밖에 없다는 인식을 심어 주었다. 1930년 9월 총선거에서 나치당은 18.3%의 득표율로 사회민주당에 이어 제2당이 되었다. 1932년 4월 대통령 선거에서 나치당은 36.8%를 얻었으나 53%를 얻은 힌덴부르크(P. Hindenburg)에게 패하였다.

힌덴부르크 대통령은 독일의 정치·경제적 혼란을 수습하기 위해 1933년 1월 히틀러를 총리로 임명하였다. 총리로 임명된 히틀러는 나치 제국의 기틀을 다지며 독일을 일당 독재체제로 만들어나갔다. 1934년 8월 힌덴부르크가 사망하자 대통령의 지위를 겸하여 총통 및 수상이라 칭하였다. 히틀러 총통은 청중을 압도하는 연설과 놀라운 선전 능력으로 무너진 경제를 되살리고 패전으로 잃어버린 땅을 되찾자고 선동하면서 독일 국민들을 열광케 하였다. 그는 어느 정도 경제 재건과 번영을 이루었으며, 군비를 확장하여 독일을 유럽에서 최강국으로 발전시켰기에 국민의 열광적인 지지를 받게 되었다. 히틀러는 1933년부터 1945년까지 독재자로 군림하면서, 1939년 폴란드 침략을 시작으로 2차 세계대전을 일으켰다.

히틀러가 집권할 당시에 쾰른 시장이었던 아데나워는 나치를 증오했다. 그는 히틀러를 연방 총리로 인정하지도 않았고 쾰른 시청에 나치의 깃발을 꽂지 못하게 하고, 쾰른을 방문한 히틀러를 영접하지도 않았다. 그러자 히틀러는 아데나워 시장을 인민의 적으로 규정하고 파면시켰으며, 쾰른시 의회와 프로이센 주 정부를 해산시켰다. 나치는 주택 몰수, 계좌 동결, 정치활동 금지 등으로 아데나워를 집요하게 박해하였다. 아데나워는 신변의 위협을 느껴 수도원으로 피신하기도 하였다. 아데나워는 10년 이상 연금과 투옥, 도피 생활을 하면서 생활고와 우울증에 시달렸다. 패전 직전인 1944년엔 강제 수용소에 수감되기도 했다. 나치가 등장하면서 아데나워는 12년간 암흑 같은 고난의 시기를 보내야만 했다.

모든 시스템이 마비된 패전국의 초대 수상이 되다

아데나워는 제2차 대전이 끝난 후에 개신교와 가톨릭의 중도 우파 연합 정당인 독일기독교민주당(CDU) 창당에 참여하여 당수가 되었고, 1948년 총선에서 승리를 거둬 1949년에 독일 연방의 수상이 되었다. 하지만 패전국 독일의 상황은 참혹하였다. 전쟁으로 독일은 영토의 4분의 1을 잃었으며, 도시의 가옥은 70~80%가 파괴되었고, 산업 생산은 절반으로 줄어들었다. 승전국 연합군 주도의 경제 운영 시스템과 임금 및 가격통제가 계속되면서 암시장에서는 담배가 화폐 기능을 하기도 하였고, 물가는 수백 배나 상승하는 등 독일의 경제·사회 시스템은 사실상 마비상태였다.

하지만 독일은 패전 국가로 국토와 경제 기반을 상실한 것보다 전범 국가로 낙인찍혀 국제적으로 신뢰를 잃어갔고, 독립 국가로 인정받지 못할 위기에 처해 있었다는 것이 더욱 심각한 문제였다. 게르만 민족은 위대하다는 자부심을 가지고 있던 독일인들이 독재자 히틀러를 무작정 추종하여 전 세계를 전쟁이라는 공포에 몰아넣고 5천만 명의 희생자를 내고 600만 명의 유태인을 학살한 전쟁 범죄자들로 전락했다. 독일은 국제사회에서 주권 국가로서 회복 가능성이 의문시되었으며 생존 자체도 불투명했다. 독일은 더 이상 국제·경제적으로 회생할 수 없었으며 회생해서도 안 되는 상황이었다. 절체절명의 위기 상황에서 서독을 정치와 외교, 경제적으로 회생시킨 이가 바로 73세의 콘라트 아데나워였다.

아데나워는 전후 신생 서독의 수상으로 추대되었으나 나라를 이끌고 나갈 수 있는 인프라가 전혀 없었다. 아데나워는 절망적인 위기를 헤쳐 나갈 수 있는 역량이 있는 사람들이 필요했다. 그는 한때 나치의 극심한 탄압을 받았고 우파 정당의 당수였음에도 불구하고, 폐허가 된 독일을 복구하고 이끌어가기 위해서 정치적 입장과 이념적 차이를 뛰어넘어 인재들을 끌어 모았다. 우선 나치 전범들을 죄의 경중에 따라 일부는 사면하고, 반드시 필요한 인재들은 서구식 자유민주주의를 신봉한다는 조건으로 발탁했다.

아데나워는 국익을 위해서 꼭 필요한 인재는 정파에 관계없이 등용시키는 등 실용적이고 합리적인 지도자였다. 나치 당원 출신으로 전쟁이 끝난 후 감옥 생활을 하기도 했던 제3대 독일의 총리를 역임한 쿠르트 키징어(K. G. Kiesinger)가 대표적인 발탁 인사였다.

국제사회 신뢰 회복으로 동방정책의 기틀을 마련하다

아데나워는 공산주의의 확산을 방지하고 패전국 독일이 다시 국제적 지위를 회복하기 위해서는 서유럽 질서에 편입되어야 한다고 판단하였다. 전범 국가였던 독일은 미국·영국·프랑스·소련 등 4개국들이 관리하면서 엄격하게 통제받았다. 영국과 프랑스는 독일을 아주 싫어했는데 특히, 영국의 처칠은 연합국이 독일을 최소한 20년은 관리해야 한다고 주장했다. 이러한 상황에서 아데나워는 미국과의 관계를 개선하고, 그동안 수차례 전쟁을 한 프랑스와 화해하며 유럽 통합을 모색하는 이른바 서방 정책을 적극 펼쳐 나갔다. 아데나워의 이런 행보에 대해 야당과 국민들이 비난하기도 하였지만, 그는 당장의 인기에 영합하지 않고 서독이 미래에 번영할 수 있는 정책을 실천해 나갔다.

아데나워는 1949년 9월에 연합군과 협의하여 독일연방공화국을 출범시켜 국가 주권을 회복시킬 수 있는 초석을 마련했다. 또 1952년 서독은 프랑스가 주창한 유럽석탄철강공동체(ECSC)에 적극 참여하여 유럽국가에 진입할 수 있는 발판을 마련하였다. 특히, 석탄철강공동체에 가입하여 독일의 석탄 생산 중심지인 루르(Ruhr) 지방이 연합국의 관리 체제에서 벗어나게 되면서 주권이 회복되기 시작하였다. 1952년에는 나치 정권에서 희생당한 이스라엘인들에게 30억 마르크의 손해 배상금을 지급하기로 합의

하면서, 그동안 실추된 도덕적 권위를 회복하기 위한 발판을 마련하였다.

사실 아데나워가 서방과의 통합에 박차를 가한 것은 스탈린이 사주하여 일으킨 6·25 전쟁과 스탈린이 1952년 3월 서방 3국에게 독일의 통일과 통일된 독일의 중립화를 제안한 스탈린 문서(Stalin Note) 때문이었다. 한반도에서 생긴 일이 독일에서도, 유럽에서도 일어날 수 있기에 이에 대한 대비가 필요함을 아데나워는 절감·통감했다. 그래서 아데나워는 독일 국민들과 동맹국들을 적극적으로 설득하기에 나섰다.

서독과 서방세계를 방어하기 위해 새로운 그 무엇이 필요하다고 확신한 이후 아데나워는 비공개적으로, 기민당, 연정 파트너, 심지어 담당 부처까지 우회하며, 직접 서방국 고문관들과 접촉하였다. 피점령국 수상인 아데나워에게 취임 초기 전승국 정부에 대해 직접적 접촉이 허용되어 있지 않았기 때문이었다. 영국과의 접촉은 비교적 부담이 적었는데 이는 당시 영국의 야당 지도자였던 처칠이 유럽방위군(Europaarmee) 창설을 제안했기 때문이었다. 그러나 프랑스의 경우는 크게 달랐다.

프랑스-프로이센 전쟁(1870~1871) 후에 베르사유 궁전에서 독일 황제의 즉위식이 거행되었고, 제1차 세계대전(1914~1918)과 제2차 세계대전(1939~1945) 동안 독일이 프랑스를 점령하였기에 그리고 나폴레옹 전쟁(1803~1815)에서는 프랑스가 프로이센을 침공했기에 독일과 프랑스는 서로 앙숙이었다. 프랑스로서는 독일군의 재건이 피할 수 없다면 이는 프랑스의 감시 하에 이뤄져야 한다는 입장이었다. 프랑스의 고집불통 못 말리는 드골 대통령과 수없는 소통을 설득에 성공하여 서방연합국으로 하여금 스탈린의 제안을 거부하게 하였다.

아데나워는 1963년 1월 파리 엘리제궁에서 프랑스 대통령 드골(de Gaulle)과 조약을 맺었다. 이로서 두 나라는 오랜 앙숙관계를 청산하고 협력과 우호관계를 맺었다. 양국은 정기적으로 회합을 가지고 외교·방위·교육 등에서 긴밀한 협력관계를 유지하며, 청소년 및 기술교류를 하고, 군사적 대결을 금지하기로 하였다. 이를 엘리제 조약(Élysée Treaty)이라고 한다. 이 조약으로 독일과 프랑스는 동맹관계를 확실하게 구축하였고, 독일은 주변 국가들로부터 신뢰를 회복할 수 있었다.

엘리제 조약은 아데나워가 속죄하는 자세를 보였기에 가능했다. 아데나워는 주변 국가들이 독일의 침략에 대한 우려를 불식시키는 것이 국익에 보탬이 된다고 생각했다. 아데나워는 과거사를 반성하면서 진정성을 가지고 프랑스에 다가갔다. 사실 드골은 2차 세계대전 이후 독일이 다시는 재기하지 못하기를 바랐다. 그러나 드골은 세계 질서가 영국·소련·미국을 중심으로 이루어져서는 안 되고, 유럽은 유럽 국가들이 이끌어가야 하며 세계 질서도 유럽을 중심을 이루어져야 한다고 보았다. 이를 위해 드골은 독일과 협력할 수밖에 없었으며, 아데나워는 드골의 구상에 찬성했다.

독일이 유럽에서 재기하기 위해서는 프랑스의 협조가 필수적이었다. 엘리제 조약은 프랑스와 독일 간 화해를 상징하는 위대한 조약이었다. 그러나 세계의 경찰국가로 떠오른 미국이 완강하게 반대하고 독일과 프랑스에 외교적 압력이 가해지면서 일부 내용이 추가되는 과정을 겪기도 했지만, 엘리제 조약은 독일과 프랑스 간 우호를 상징하게 되었고 유럽의 평화에 크게 기여한 것으로 평가받는다.

많은 역사가들은 아데나워가 패전국 독일을 서유럽 질서에 편입시키지 못했더라면, 후에 빌리 브란트(W. Brandt) 수상의 동방정책도 없었을 것이라고 한다. 브란트 수상이 동방정책을 추구할 수 있었던 것은, 아데나워가 독일의 주권을 회복시키고 미국·영국·프랑스·소련 등과 외교관계를 어느 정도 정상화시켰기 때문이었다. 아데나워가 서양 국가들과 신뢰와 동맹관계를 구축했기 때문에 빌리 브란트가 동방정책을 시행할 수 있었다는 것이다. 당장 동·서독 간 통일보다는 서방의 일원이 되는 것이 후일에 통일을 기하는 길이라는 아데나워의 판단이 정확하였다. 아데나워는 통일 독일을 위해서 무엇을 해야 하는 지를 잘 아는 지도자였다. 아데나워의 서방정책이 있었기에 빌리브란트의 동방정책이 성공적으로 이루어졌으며, 두 수상의 동·서방 정책의 결과로 헬무트 콜(Helmut Kohl) 수상이 마침내 동·서독 통일을 이룰 수 있었다.

철저한 반공주의자로 양면 전략을 추구하다

아데나워는 철저한 반공주의자로 소련을 비롯한 동구권의 공산주의 국가들에 대해서는 강경하게 대응하였다. 아데나워는 종전 후 스탈린(J. Stalin)이 국경선을 일방적으로 결정하여 독일의 영토를 폴란드와 소련에 빼앗겼다고 반발하였다. 스탈린이 연합국간 평화조약과 독일 중립화 등을 제안하자, 독일 사회민주당과 일반 여론이 호의적인 반응을 보였으나 아데나워는 그 제안을 단호하게 거부하였다. 아데나워는 스탈린의 이 같은 주장이 독일에서 미군을 철수시키고 독일의 나토(NATO)가입을 저지하려는 시도라고 보았다. 독일을 중립국으로 만든 후에 지리적 근접성과 무력을 이용해 독일을 소련의 영향권 아래 두려는 스탈린의 술책이라고 생각했다. 중립화 문제로 한동안 혼란스러웠지만, 결국 서독 국민들은 총선에서 아데나워의 손을 들어주었다.

아데나워는 서방의 일원이 되는 동시에 소련과 국교 수립이라는 양면 전략을 추구할 줄 아는 지도자였다. 서독은 1955년 북대서양조약기구(NATO)에 정식 가입하여 서방국가의 일원으로 공식적으로 인정받았으며, 소규모이지만 정식 군대를 보유하여 정상국가로 복귀하는데 성공하였다. 아데나워는 서방정책을 추진하면서도 소련과의 국교 수립이라는 양면 정책을 추구하였다. 그는 소련 모스크바를 방문하여 정상회담을 통해 제2차 세계대전 중에 소련에 억류되었던 독일군 포로 1만여 명을 전원 독일로 데려왔으며, 1955년 9월에는 소련과 국교 정상화를 이뤄냈다.

사실 독일의 전후 초대 아데나워와 우리나라 이승만 대통령과는 공통점이 많다. 첫째, 두 분이 각기 수상과 대통령에 취임할 때의 나이가 남들이 은퇴할 나이인 73세였다. 재임 기간도 긴 편이었는데 이승만 대통령의 경우 12년, 아데나워 수상의 경우 14년이었다. 둘째, 두 사람은 공히 정적들로부터 마키아벨리스트적인 수완과 기만에 능한 사람이라는 혹평을 들었다. 셋째, 두 분 다 미국으로부터 '고집불통 늙은이'라는 비판을 받았다. 아데나워의 이름 앞에는 늘 'The Old Man(나이든 남자)'이라 는 수식어가 붙어 있었다. 이승만 또한 마찬가지였다. 다만 한국에서 이 대통령은 '박사'라고 불렸지만 독일에서는 정적들의 경우 'Der Alte(나이든 남자)'이라고 불렀다. 넷째, 두 사람은 국내의 정적(政敵)이나 '원조자'인 미국도 함부로 할 수 없는 위엄을 가진 지도자였다. 그런 위엄은 나이가 아니라 '인품과 지성'에서 나왔다는 점에서도 공통적이다. 다섯째, 투사적 면모에서도 두 분이 비슷하다. 싸움닭 의미에서의 투사가 아니라, 일단 한번 마음먹은 일은 끝까지 밀고나간다는 의미에서 투사이다.

에르하르트 경제장관과 서독 경제를 부흥시키다

아데나워 서독 수상은 경제장관이었던 루트비히 에르하르트(L. Erhardt)와 함께 사회적 시장경제를 설계하고 서독 경제를 기적적으로 회생시켰다. 서독의 경제는 1950년에서 1963년까지 13년간 연 평균 경제 성장률은 8%에 달하는 고도 성장을 이룩하면서 세계적 공업국가로 발돋움할 기반을 마련하였다. 서독 경제는 마샬 플랜과 더불어 새로운 경제 시스템으로 유례 없는 호황을 누렸다. 우리나라에서 잘 알려진 라인강의 기적을 이룬 것이다. 전후 서독의 경제를 회복시키기 위해 아데나워가 에르하르트를 삼고초려했다는 주장도 있다.

서독의 경제기적과 자유시장경제 질서 확립은 당시 경제장관이었던 에르하르트의 공적으로 회자된다. 당시 서독에서는 자유시장경제와 계획경제체제를 놓고 정당들 간 치열하게 논쟁하였다. 하지만 초대 경제장관에 취임한 에르하르트는 미국식 자유경제나 소련식 계획경제와는 다른 사회적 시장경제를 주장하였다. 사회적 시장경제의 요지는 자유시장방임이 아니라 성장의 과실을 골고루 나누는 데 국가가 개입한다는 경제철학이었다. 경제정책의 목표는 고도성장을 통한 완전고용과 복지국가 건설이었다. 경제재건을 위해 사용가능한 인력·기술·자본 등 모든 자원을 총동원하였다.

아데나워 정부는 성장위주의 경제정책으로 경제가 호전되자 사회보장 및 재분배 정책을 강화하였다. 1957년에는 전쟁자금으로 사용되어 고갈상태에 있던 연금개혁을 추진하였다. 기득권층의 반발에도 불구하고 어려울수록 연금도 필요하고 복지도 필요하다고 주장하면서 과감하게 도입하였다. 근로자의 수입이 증가하면 수령액도 증가하는 내용의 연동연금법은 노후생활 안정을 원하는 노동자들로부터 환영받았다.

아데나워는 제2차 세계대전 후 회생 불가능한 서독을 서방으로의 재편입과 사회적 시장경제 달성이란 두 가지 목표에 집중하여 경제부흥과 발전기반을 마련하였다. 아데나워는 정치·외교적으로 서방으로 다시 진입하는 데 성공하였고, 에르하르트는 사회적 시장경제로 경제를 회생시켰다. 특히 경제 분야에 있어서 아데나워 시대는 곧 에르하르트의 시대라고 할 정도로 에르하르트의 역할과 위상이 컸다. 경제성장과 발전은 정치적 안정이 뒷받침되어야 하고, 정치적 발전은 경제적 발전이 뒷받침되어야 가능하기 때문이었다. 아데나워는 정치·외교문제를 전담한 반면에 경제문제는 에르하르트에게 일임하여 서독이 전후 경제 기적을 달성하는 탁월한 지도력을 발휘하였다.

아데나워가 즐겨 읽은 책들과 저술한 책들

콘라트 아데나워는 깊은 지성과 광범위한 독서 습관으로 유명했다. 그의 독서 목록에는 역사, 철학, 정치, 종교 등에 관한 책들이 포함되어 있다. 아데나워는 독실한 가톨릭 신자로서 《성경(The Bible)》을 자주 읽었으며, 이는 그의 도덕적 가치와 정치적 신념에 큰 영향을 미쳤다.

아데나워는 중세 철학자 《토머스 아퀴나스의 저서들(Works of Thomas Aquinas)》을 읽으며 신학과 철학에 깊은 관심을 가졌다. 임마누엘 칸트의 《순수이성비판(Critique of Pure Reason)》은 아데나워의 사상에 큰 영향을 미쳤으며, 그는 특히 칸트의 도덕 철학과 윤리학을 존중했다. 아데나워는 《요한 볼프강 폰 괴테의 작품들(Works of Johann Wolfgang von Goethe)》을 즐겨 읽었으며, 괴테의 사상과 예술적 표현에 감명을 받았다.

플라톤의 《국가론(The Republic)》을 읽고 배운 플라톤의 정치 철학은 아데나워에게 이상적인 국가와 정의에 대한 깊은 통찰을 제공했으며, 아리스토텔레스의 《니코마코스 윤리학(Nicomachean Ethics)》은 아데나워의 도덕적 철학 형성에 큰 영향을 미쳤다. 마키아벨리의 《군주론(The Prince)》을 읽고 아데나워는 마키아벨리의 정치 전략과 권력에 대한 분석을 통해 현실 정치에 대한 이해를 넓혔다.

《프랑스 혁명에 대한 성찰(Reflections on the Revolution in France)》을 읽고 알게 된 에드먼드 버크의 보수주의 사상은 아데나워의 정치적 견해와 정책에 영향을 주었고, 프리드리히 폰 하이에크의 《자유 헌정론(The Constitution of Liberty)》은 자유주의 경제 이론과 정부의 역할과 관련하여 아데나워의 정치 철학에 중요한 영향을 미쳤다.

아데나워가 자신의 내각에 경제장관으로 임명한 루드비히 에르하르트가 집필한 《경쟁을 통한 경제적 번영(Prosperity Through Competition)》을 읽고 에르하르트의 경제 이론을 그대로 수용해 아데나워 수상과 에르하르트 장관은 함께 서독의 경제 재건에 지대한 역할을 함께 했다.

콘라트 아데나워는 서독의 초대 수상으로, 제2차 세계대전 후 서독의 재건과 유럽 통합에 큰 역할을 했다. 아데나워는 자신의 수상재임 기간을 세 번으로 나눠 자서전을 집필했다. 《아데나워 자서전 1(Memoirs 1945-1953)》은 아데나워의 제2차 세계대전 이후부터 1953년까지의 경험과 정치적 여정을 다룬 자서전이다. 그는 이 책에서 서독의 재건과 나토 가입, 그리고 유럽 통합을 위해 노력한 과정을 상세히 설명했다. 《아데나워 자서전 2(Memoirs 1953-1955)》는 자서전의 두 번째 부분으로, 서독의 경제 기적과 국제적 지위 향상을 위한 그의 노력, 그리고 동서 독일 문제에 대한 그의 접근 방식을 상세히 설명한다. 세 번째 자서전 《아데나워 자서전 3(Memoirs 1955-1963)》은 그의 수상재임 기간 후반부의 자신의 정치적 유산, 프랑스와의 관계 개선, 유럽 경제 공동체(EEC) 창설에 대한 기여 등을 설명한다.

《아데나워 서간집(Adenauer: Briefe 1945-1947)》은 수상 부임 첫 3년간 쓴 편지들을 모은 책이다. 그의 정치적 견해와 전략 그리고 그가 직면한 도전들을 기록하고 있다. 이 책은 아데나워의 초기 정치 활동과 서독 재건의 초기 단계를 이해하는 데 도움이 된다. 《보이지 않는 자유의 세계와 모두를 위한 정의(World Indivisible with Liberty and Justice for All)》는 아데나워의 정치적 철학과 세계관을 다룬 에세이 모음집이다. 아데나워의 철학적이고 이상주의적인 면모를 잘 보여주며 그의 정치적 신념과 가치관을 이해하는 데 도움이 된다. 《아데나워 연설집(Reden 1917-1967)》은 아데나워가 1917년부터 1967년까지 행한 주요 연설들을 모은 책으로, 그의 정치적 비전과 리더십 스타일을 이해할 수 있다.

아데나워 수상과 관련한 공적 문서는 여러 형태로 존재하며, 다양한 출처에서 찾을 수 있다. 주요한 자료들을 보관하는 기관들을 살펴보면 그의 공식 서한, 연설문, 정부 기록 등은 독일 연방 문서 보관소(Bundesarchiv)에서, 아데나워의 생애와 업적에 관한 자료들은 콘라트 아데나워 재단(Konrad-Adenauer-Stiftung)에서, 그리고 수상으로 재직 중에 했던 발언과 법안 제안, 의회 토론 내용 등은 독일 연방 의회(Bundestag)에서 보관하거나 제공한다.

콘라트 아데나워 수상의 명언들

"독일의 재무장은 독일의 운명이 걸린 문제이다. 우리는 예속과 자유 사이의 선택 앞에 서 있다. 우리는 자유를 택했다."

"정치에서 중요한 것은 올바름이 아니라 올바르게 행동하는 것이다."

"물론 나는 법을 존중한다. 그러나 법을 지나치게 존중할 필요는 없다."

"정치에서 성공하기 위해서는 남들보다 회담 자리에 오래 앉아 있는 능력이 있어야한다."

"나는 독일인을 그 어떤 상황에서도 매우 사랑했다. 그리고 교활함이 필요하다면 갖추어야 한다."

"우리는 정당을 선택하고 정당은 개인보다 오래 지속된다."

"당신들은 교회 일을 잘하고 우리는 정치를 잘하겠소. 우리가 정치하듯이 당신들이 교회 일을 잘하면 우리 모두 만족할 것입니다."

"돈을 위해 한 달 내내 일하는 것보다, 한 달에 하루를 돈에 대해 생각하는 것이 낫습니다."

"역사는 피할 수 있었던 일들의 총합이다."

"사람들을 있는 그대로 받아들여라, 다른 사람들은 없다."

"모든 사람은 자랑스러워할 무언가를 가지고 있다. 중요한 것은 그것을 발견하는 것이다."

"강제 수용소가 생긴 이후로 지옥은 더 이상 그렇게 두렵지 않다."

"가능한 것을 이루기 위해 불가능한 것을 시도해야 한다."

"다른 사람들이 끝났다고 생각할 때, 비로소 시작해야 한다."

"유럽의 통합은 몇몇의 꿈이었고, 많은 이들의 희망이 되었다. 오늘날 그것은 우리 모두에게 필수적이다."

"절대적인 정의란 없고, 오직 인간적인 정의만이 있다."

"정치의 첫 번째 임무는 사람과 자유에 해를 끼칠 수 있는 모든 것에 대해 경계하는 것이다."

"민주주의는 최악의 국가 형태가 아니지만, 사람들에게 많은 것을 요구한다."

"타협은 양측이 똑같이 불만족할 때만 공정하다."

"다수가 가는 길이라고 해서 그 길이 올바른 것은 아니다."

"우리는 모두 같은 하늘 아래 살고 있지만, 모두가 같은 지평선을 가지고 있지는 않습니다."

"정치의 예술은 특정 사건에서 무엇을 해야 할지를 아는 데 있습니다."

"공격에 대해서는 방어할 수 있지만, 칭찬에 대해서는 무력합니다."

"아는 것을 항상 말할 필요는 없으나, 말하는 것은 항상 알아야 합니다."

"나이가 어리석음을 막지는 못하지만, 너무 큰 어리석음은 막을 수 있다."

"일은 오는 대로 받아들여야 하지만, 일이 원하는 대로 오도록 해야 한다."

經輪과 사명감과 자신감의 지도자 아데나워 수상

1949년 9월 15일 콘라트 아데나워가 서독의 초대 수상으로 취임할 당시 그의 나이는 73세였다. 그는 주위의 걱정과 상대당의 비난에 전혀 개의치 않았다. 나이가 들어간다고 경륜이 저절로 쌓이는 것은 아니지만 연로하다는 것과 지도자로서의 자질과 능력 발휘는 무관하다고 보았다. 아데나워는 자긍심을 가지고 경륜과 지혜로 분명한 목적을 세웠으며 희망과 기대를 잃지 않았다. 나이가 너무 들었다고 야당이 지적하거나 지지율이 하락하면, 두둑한 배짱을 내세워 "내가 살아있는 동안에 나를 이용하라"고 목소리를 높였다.

아데나워는 자기가 죽고 나면 "서독이 어떻게 될지 모르겠다"는 말을 자주 하였다. 이는 자신이 이 자리에 없으면, 서독이 어디로 갈지 모르겠다는 우려 섞인 표현이기도 하지만, 나 없으면 안 된다는 독선적인 표현이기도 하다. 아데나워는 독선적이라 할 만큼 강력한 소신과 애국심을 지닌 지도자였다. 아데나워는 국민 앞에서 당당하게 자신감과 사명감을 보여 주었다. 노정치인의 국가에 대한 맹목적인 사랑과 열정, 진심을 헤아리는 국민들은 그의 독선적 투정과 푸념도 너그럽게 받아들였다. 아데나워는 자신감과 자긍심을 갖고 국정에 임했고, 국민들은 그를 변함없이 지지했다.

히틀러가 통치할 당시 아데나워가 나치에 체포되어 쾰른의 감방에 수감 되었다. 담당 교도관이 그가 나이가 많아 수감 중에 삶을 포기할까봐 걱정하였지만 아데나워는 자신은 희망을 갖고 있으므로 자살하지 않을 것이라고 오히려 교도관을 안심시켰다고 한다. 그는 감방에서도 국가를 위해 아직도 할 일이 남아 있다고 생각한 것이다.

아데나워는 국가의 미래를 위해서 자신의 정치 철학이나 이념에 관계없이 능력 있는 인재를 활용하였다. 아데나워는 정치와 외교 분야에 치중한 반면에 경제 분야는 정치적 파트너이자 동지였던 에르하르트에게 전적으로 맡겼다. 라인강의 기적은 아데나워의 정치 활동과 에르하르트의 경제부흥 노력이 맞아 떨어진 결과였다. 아데나워는 정치가 백성들의 먹고 사는 문제를 해결해 주고, 민족의 자긍심을 챙겨주는 것이라는 사실을 일깨워 주었다. 아데나워는 지금도 독일에서 국부로 여전히 존경받고 있다.

리콴유(李光耀, Lee Kuan Yew, 1923~2015)

4 | 테마색(어촌)을 초일류국가로 만든 국부 리콴유

절망의 어촌을 초일류 국가로 만든 위대한 지도자

200여 년 전까지만 하여도 싱가포르는 지상에서 찾아볼 수 없었다. 1819년 영국이 이 섬을 발견하고 식민지화할 당시 200여 명의 어부만 살았던 어촌(옛날에는 테마색이라 불렸는데, 오늘날은 싱가포르의 유수한 국영투자회사 이름임)이었는데, 1826년부터 140여 년 간 식민 통치를 받고 1965년에 완전 독립을 이룩했으나 싱가포르는 생존 가능성이 거의 없는 나라였다. 마실 물조차 나오지 않는 척박한 땅에 빈한하고 부패와 무질서, 파업과 폭력 시위로 혼란의 휩싸인 절망의 어촌(temasek)에 30대의 젊은 지도자 리콴유(李光耀, Lee Kuan Yew, 1923~2015)가 홀연히 등장하여 오늘날 세계 초일류 국가 싱가포르를 탄생시켰다.

리콴유는 자신의 자서전《내가 걸어온 일류 국가의 길》을 끝맺으면서 자신이 살면서 네 나라의 국가(國歌)를 불렀다고 했다. 영국의 '신이여 여왕을 구하소서', 일본의 '기미가요', 말레이시아의 '나의 나라', 싱가포르의 '싱가포르여 전진하라'를 부르며 정치변화의 소용돌이 속에 자신이 살아온 열정의 시대를 회상했다. 그는 무경험과 무지 속에 오직 열정과 성의로 싱가포르를 일류국가로 키웠다고 공손해 했으며, "앞으로도 계속 성공한다는 보장은 없으나, 우리가 발전하도록 만들어 준 기본 원칙을 충실히 지킨다면 앞날은 보다 밝을 것이다"라고 낙관했다.

리콴유 수상은 단순히 싱가포르만의 위대한 지도자가 아니었다. 그는 "작은 나라의 위대한 거인"이었다. 전 세계의 지도자들이 주목한 지도자였고, 세계 최고의 지도자와 지식인들이 만나 대화를 하고 싶은 지도자였다. 그는 서구의 개인주의보다는 사회적 화합을 강조하였다. 다른 역사와 필요성을 가진 싱가포르에 서구식 방식의 강요를 거절했기에 리콴유가 서구에서 한 때 비판의 대상이 되기도 하였다. 그러나 사회적 화합을 강조하는 리콴유의 사상이 결국 서구 민주주의와 같은 맥락임을 서구 지도자들이 인지하게 되면서 그는 서구에서도 존경받는 세계적 지도자로 부상하였다.

미국 전 국무장관 키신저(Henry Kissinger)는 싱가포르의 건국의 아버지 리콴유에 대해 '시대가 인물을 만드느냐' 아니면 '인물이 시대를 만드느냐' 하는 오래된 논쟁에서 리콴유는 후자에 속하는 인물로 평가했다. 키신저는 "빈곤과 무질서, 불법이 휩쓰는 아주 빈곤한 작은 나라이며, 수개의 언어와 인종으로 찢겨진 나라를 일류 국가로 만든 탁월한 지도자"가 리콴유이라며 극찬했다.

리콴유는 싱가포르 정치인으로 초대 총리와 인민행동당 총재를 역임하며 오늘날의 싱가포르를 만든 위인이다. 영국령과 말레이시아령 싱가포르 총리를 거쳐 1965년 말레이시아에서 독립한 싱가포르 초대 총리로 취임하여 1990년 11월까지 31년간 집권하였다. 리콴유는 경제와 사회, 안보 등이 아주 취약하고 인구 300만의 작은 나라 싱가포르를 아시아의 작은 용으로 성공시킨 위대한 지도자이다. 그는 냉철한 현실감각과 능수능란한 정치술로 대중의 인기에 영합하지 않는 확고한 신념으로 싱가포르를 발전시킨 세기의 지도자였다.

리콴유는 1960년에서 1990년까지 싱가포르 GDP를 51배나 증가시켰으며, 1인당 GDP도 428달러에서 11,862달러로 28배나 증가시켰다. 기대수명은 65세에서 70세로, 전화 보급률은 3%에서 38%로, 관광객은 연간 10만 명에서 530만 명으로 늘렸다. 리콴유는 싱가포르의 국부로 불리며 싱가포르를 동남아시아 제일의 경제 부국으로 발전시켰다. 리콴유는 싱가포르를 통치하면서 권위주의적인 개발독재로 언론과 국민을 통제하고 검열하고 사회적으로 탄압하였다고 비난받기도 한다. 하지만, 리콴유는 국민들이 마실 물도 없고 가난하고 장래가 불확실한 아주 작은 신생국가를 인재 양성, 개방화 등으로 경제부국으로 만들면서 싱가포르 국민들로부터 영원한 국부(國父)로 존경받고 있다.

리콴유는 카리스마 넘치는 리더십으로 강력한 통치력을 발휘했다. 그는 서구식 자유민주주의보다는 아시아적 가치에 기반을 둔 아시아식 민주주의를 주창했다. 개인의 희생을 요구하고, 개인보다는 집단을, 경쟁보다는 합의를 중시하는 공동체 문화를 추구하였다. 리콴유는 경제 분야는 철저히 자유를 보장하면서 개방성과 다양성을 갖춘 국가를 건설하였다. 실용성을 갖춘 정부 조직, 기업 친화적인 조세 제도와 고용 제도, 영어를 기반으로 한 언어 정책, 선진 물류 시스템을 갖춘 항만·공항 등으로 싱가포르를 기업중심의 국가로 발전시켰다.

리콴유는 공무원의 보수를 높이 책정하여 우수한 인재를 채용하여 깨끗하고 능력있는 정부를 만들어 경쟁력을 강화시켰다. 부정부패는 추호도 용납하지 않았다. 싱가포르 공무원들이 기업인처럼 활동하여 오늘날과 같은 경제 기적을 이루었다. 아시아의 자유주의 국가들 중에서 한편으로 싱가포르만큼 정부가 국민들의 일상생활을 통제하는 나라는 없으며, 다른 한편으로 싱가포르만큼 국가가 국민들의 복지와 안전을 책임지는 나라도 보기 힘들다.

지스카르 데스탱(V. Giscard dEstaing) 프랑스 대통령이 리콴유 수상을 만났을 때 "싱가포르는 경제 발전에 성공했는데 왜 다른 나라는 성공하지 못했으며, 그 실패한 나라들이 간과한 점이 무엇인가?"라고 묻자 리콴유 수상은 세 가지 이유를 제시했다. 첫째 사회를 안정시킨 사회적 통합 능력, 둘째 성취와 풍요를 향한 문화적 열정, 셋째 교육과 지식에 대한 높은 열정 등이었다. 문제는 세 가지 모두가 쉽지 않은 데 있다. 리콴유는 이들 쉽지 않은 세 가지 조건 모두를 지혜롭게 충족해 초기 400달러의 싱가포르를 3만 달러의 나라로 변혁시키는 기적을 창출한 지도자이다.

리콴유는 1870년 중국 광동성(廣東省)에서 이주한 이민자 집안에서 태어난 중국계 싱가포르인 3세이다. 부유한 집안에서 자란 덕분에 좋은 교육을 받을 수 있었다. 초등학교에서는 월반을 하였고 1935년 싱가포르 전체를 대상으로 실시한 공립중학교 입학시험에 일등을 하였다. 1940년에 치러진 고등학교 졸업시험에서 싱가포르와 말라야 전체 수석을 차지했다. 싱가포르 최고의 명문학교로 엘리트들만 모이는 래플스 칼리지(Raffles College)에 장학생으로 입학하여 우수한 성적으로 졸업하였다. 래플스대학 재학 중 수학에서는 늘 1등을 차지하였으나 영문학·경제학·역사학에서는 콰걱추(柯玉芝)란 여학생에게 1등을 내주곤 했는데 그 여학생이 훗날 리콴유의 부인이 되었다.

리콴유는 10대 후반이던 1941년 12월 8일 새벽 기숙사에서 잠을 자다가 일본군의 침략을 받았다. 대학 강의가 중단되었다. 일본이 싱가포르를 지배하면서 많은 것들이 달라졌다. 리콴유는 영국의 식민지 시절에 태어나 영어를 사용하는 부모 밑에서 자라면서 영국의 싱가포르 통치는 당연한 것으로 생각하였다. 하지만 그동안 무적으로 여겼던 영국군이 일본군에 패하여 싱가포르를 빼앗기자 백인이 항상 강한 것은 아니라는 사실을 깨달았다.

일본이 싱가포르를 지배하자 학교는 문을 닫았고 아버지는 직장을 잃었으며 가족의 생활이 어려워졌다. 리콴유는 먹고살기 위해서 일본어를 배워야 했고 일본인 밑에서 일을 해야만 하였다. 리콴유는 일본군이 지배했던 3년 반 동안 새로운 경험을 하고 배우면서 많은 생각을 하게 되었다. 그리고 정부가 절대적으로 필요하며, 정부의 권력이 혁명적인 변화를 주도할 수 있는 가장 효과적인 수단이라는 걸 깨달았다.

일본이 패망하자 싱가포르는 영국의 지배를 다시 받게 되었다. 영국군이 싱가포르로 돌아 왔지만 싱가포르인들은 영국인들을 전쟁 전과 같이 존경하거나 의존하려고 하지 않았다. 리콴유는 싱가포르가 더 이상 영국에 의지할 수 없으므로 독립만이 살길이라고 생각하였다.

휴학 중인 래플스대학에 복학할 것인지 유학을 갈 것인지 고민하던 리콴유는 1946년 9월 16일 자신의 스물세 번째 생일에 그동안 사귀며 결혼을 약속한 콰걱추를 뒤에 남겨두고 영국행 배를 탔다.

창당을 하고 말레이시아 연방의 총리가 되다

리콴유는 오래 전부터 바라던 런던 정경대학교(London School of Economics and Politics, LSE)에 입학했다. 원래 LSE는 페이비언협회(Fabian Society)의 시드니 웹(Sidney Webb)과 버나드 쇼(Bernard Shaw) 등 좌파 지식인들에 의해 설립된 대학이었기에 좌파적 성향이 강했다. 그는 라스키(Harold Joseph Laski) 교수 강의를 통해 사회주의 강의를 듣고 "이 세상에 사는 모든 사람에게 동등한 기회가 주어지고, 사회적 지위나 재산 정도 그리고 부모의 신분과 상관없이 부의 분배가 공평하게 이루어지는 기회라는 개념이 무척이나 매력적이었다"라고 회고하였다. 리콴유는 마르크스주의의 이상보다 레닌주의의 방법론에 염증을 느껴 사회주의를 버렸다고 했다.

리콴유는 캠브리지대학교(University of Cambridge)로 옮겨 여자 친구 콰걱추와 함께 법학을 공부하고 1949년 둘 다 법관 시험에 동시에 합격했다.

1949년 8월 1일 싱가포르로 돌아와 변호사로 일하면서, 주로 노조와 학생운동과 관련된 소송 업무를 맡았다. 특히 영국의 지배하에 있던 집배원 노조의 파업을 주도하기도 하고, 그들의 이익을 대변해 주면서 신뢰를 얻기 시작했다. 리콴유는 다양한 인종과 언어, 민족, 문화가 복잡하게 얽혀있는 소송에서 합의와 중재를 이끌어 내면서 점차 널리 알려지기 시작했다.

리콴유는 1954년 11월 영국 유학파 출신의 우익 지식인과 노동운동가 중심의 좌익 세력과 연합하여 인민행동당(People Action Party)을 창당하였다. 리콴유 측은 많은 공산주의자들의 지지가 필요하였고, 공산주의자들은 말레이시아에서 공산당이 불법이었기 때문이었다. 양측의 공동 목적은 독자적인 정부를 구성하여 영국의 식민 지배에서 벗어나는 것이었다. 1955년 실시된 선거에서 리콴유는 최다 득표, 최대 표차로 당선되었고 인민행동당은 4석을 차지했다. 1957년 공산주의자들이 당권을 장악하면서 리콴유는 당에서 밀려날 위기에 처하기도 했으나, 공산주의자들이 대거 구속되면서 위기를 모면할 수 있었다.

1959년 7월 선거에서 인민행동당은 51개 의석 중 43개의 의석을 차지하였다. 싱가포르는 국방과 외교를 제외한 국내 문제에 대해서 자치권을 갖게 되었으며, 리콴유는 1959년 6월 5일 영국 식민지 자치정부의 수반, 즉 싱가포르 최초의 국무총리가 되었다. 그의 나이는 35세였다. 리콴유는 영국으로부터 자치권을 얻었으나 교육, 주거, 실업 등 해결해야 할 문제들이 한 두 가지가 아니었다. 더욱이 1961년에 공산주의를 지지하는 세력들이 새로운 당을 만들면서 많은 당원들이 탈당하고, 두 번의 보궐선거에서 패하면서, 인민 행동당은 야당보다 한 석이 더 많아 간신히 여당을 유지할수 있었다.

1963년 9월 16일 리콴유는 말레이 연방(Malayan Federation) 총리의 제안을 받아들여 말레이시아 연방의 일원이 되었다. 리콴유는 싱가포르 자치정부를 맡긴 했지만, 자원, 인구, 시장 등이 턱없이 부족했기 때문에 말레이시아 연방에 가입해서 활로를 모색하려고 했다. 말레이시아는 싱가포르가 해외 교역의 관문이라는 지리적 이점을 보고 연방을 제의한 것이다.

하지만 연방은 오래 가지 못했다. 싱가포르에는 중국계가 너무 많이 살고 있었고, 이들을 중심으로 이루어지고 있는 공산주의 운동은 말레이시아에 위협적으로 보였기 때문이다. 게다가 1964년 중국인들과 말레이인들간 충돌로 수백 명의 사상자가 발생하였다. 결국 말레이시아 의회에서 중국인들이 많은 싱가포르가 말레이시아 연방 통합과 내부 안정 등에 장애가 된다는 이유로 1965년 8월 9일 싱가포르를 말레이시아 연방에서 축출하기로 했다. 리콴유는 말레이시아 연방에 계속 남아 있기 위해서 백방으로 노력했으나 말레이시아 라만 수상은 리콴유를 향해 결별을 선언했다. 싱가포르가 생존할 수 있는 길은 말레이시아 연방에 남아 있어야 한다는 리콴유의 생각은 물거품이 되었다.

영연방에서 축출된 가난한 나라의 초대 수상이 되다

싱가포르는 1965년 8월에 말레이시아 연방으로부터 분리 독립한 후 바다에 떠있는 외로운 섬 신세가 되었다. 정확히 말해 말레이시아 연방으로부터 쫓겨난 것이다. 싱가포르는 영국, 일본 등의 식민지를 거쳐 영국으로부터 주권을 넘겨받아 말레이시아 연방에 속해 있었으나, 이제는 독립국가가 되었다. 하지만 경제적으로 생존이 거의 불가능한 상태였다. 싱가포르가 독립할 당시 서울시보다 약간 더 큰 면적으로 독자적인 군대가 없었고 자원도 없었으며 심지어 마실 물도 부족했다. 게다가 중국인, 말레이인, 인도인, 파키스탄인 등이 뒤엉켜 있어 정체성도 없고 사회는 혼란스러웠으며 미래가 보이지 않는 국가였다.

대외적으로는 싱가포르를 탈퇴시킨 말레이시아와 국경을 접하고 있었고, 바로 옆에는 거대 이슬람 국가인 인도네시아가 있었다. 이들은 마음만 먹으면 언제든지 침략할 수 있었다. 또 인도네시아와 말레이시아 간 영토 분쟁으로 싱가포르가 위협을 받기도 하였다. 당시 베트남 전쟁 여파로 라오스와 캄보디아 등이 공산화되면서 말레이시아와 인도네시아에도 공산당의 영향력이 점차 커지고 있었다. 이러한 상황에서 어느 누구도 싱가포르의 장래를 장담할 수 없었다.

말레이시아로부터 독립하면서 리콴유는 싱가포르가 자유와 정의 위에 세워졌으며, 인민의 복지와 행복, 평등한 사회를 추구하면서 항구적으로 주권을 가진 민주 독립 국가가 될 수 있다고 선언하였다. 하지만 싱가포르의 생존에 관한 문제가 가장 시급하였다.

리콴유가 해결해야 하는 과제는 네 가지였다. 첫째 싱가포르가 독립 국가로 인정받기 위해 UN에 가입하는 것으로, 1965년 9월 UN에 가입했다. 둘째 국토를 방위하기 위해 군대를 창설해야 했다. 국방 문제가 너무도 시급했기에 싱가포르는 자원해서 영연방의 일원이 되었다. 군대 창설 과정에서는 이스라엘 군사고문단의 도움을 받기도 하였고, 학도군사 훈련단과 학도경찰 훈련단을 창설하고 무기도 사들였다. 셋째 국민들이 먹고 살 수 있는 경제발전도 시급한 과제였다. 넷째 다민족, 다문화, 다언어, 다종교 사회를 통합하여 국가 정체성을 확립해야 한다는 과제도 있었다.

리콴유는 모든 것을 실력에 기초하고 실적에 기반한 체제로 만들어 갔다. 그는 싱가포르가 생존하기 위해서는 지속적으로 진보하고 발전해야 한다고 생각하고 평등과 공정을 강조했다. 다민족 사회에서 출신과 성분은 중요하지 않았으며, 인맥이나 정실에도 연연하지 않았다. 오로지 능력과 실력만으로 평가받을 수 있는 사회를 만들려고 했다. 집권층들이 더 이상의 특권과 혜택을 누릴 수 없도록 했다. 그래야 국민을 통합할 수 있고, 조화로운 사회를 달성할 수 있기 때문이었다. 법과 제도, 원칙을 강조하였다.

리콴유는 공산주의를 싫어했지만 서구 민주주의를 마냥 신봉하지도 않았다. 자본주의와 사회주의라는 이념보다는 철저한 현실주의자였다. 리콴유는 싱가포르가 생존하고 발전하기 위해서는 민주주의를 논할 때가 아니라고 생각하였다. 모든 걸 국가가 관리하고 감독했다. 국민 생활은 물론 경제도 국가가 집적 소유하고 통제하는 싱가포르식의 사회민주주의를 추구했다. 개인의 사유재산은 인정하지만 개인의 이익보다는 공공 및 국가의 이익을 우선시하였다. 민주주의는 어디까지나 공동선을 추구하기 위한 수단의 하나로 간주되었을 뿐이다. 민주주의가 그 자체로 지고의 가치나 목적이 될 수 없었다.

인재 양성과 인재 영입에 전력투구하다

리콴유는 성적 중심의 교육 정책을 추진했다. 리콴유는 세계 일류 국가가 되기 위해서는 세계 최고의 인재를 양성해야 한다고 생각했다. 초등학교 때부터는 평등주의 교육을 배제하고 철저히 능력 중심의 교육을 실시하였다. 특히 리콴유는 모든 것은 상위 10%가 중요하다고 생각했다. 자원이 부족하고 역사도 얼마 되지 않은 싱가포르에서는 교육을 상위 10%에 집중 투자하는 것이 더 효율적이라고 보았다. 모든 시험에서 전체 평균에는 관심이 없었고 오직 상위 10%가 어느 정도의 절대적 성과를 올렸는가에만 관심을 가졌다. 이러한 방식으로 교육체제를 정비하여 1957년에 52%였던 싱가포르의 문해율(文解率)이 1990년에는 90%로 증가했다. 그 덕분에 싱가포르 국립대학은 아시아에서 1위 대학이자 전 세계에서도 손꼽히는 명문대가 되었다.

리콴유는 국가 발전에 커다란 역할을 하는 고학력 전문직 여성들의 만혼과 독신을 우려하고, 이들의 결혼과 출산을 장려하고 인구의 질적 향상을 위한 프로그램을 도입하였다. 싱가포르 대졸자의 절반가량이 여성이었는데 이들 중 3분의 2 정도가 미혼이었다. 리콴유는 대졸 남성들을 향해 "자신들만큼 우수한 아이를 원한다면 자신보다 교육 수준이 낮은 아내를 고르는 것은 어리석다"라는 폭탄선언을 했다. 리콴유의 폭탄선언은 엄청난 비난을 받았고 인민행동당의 지지율도 급격히 하락했다. 언론은 이를 '대 결혼 논쟁(Great Marriage Debate)'이라 명명했다.

정부 산하에 사회개발부(Social Development Unit, SDU)를 설치하고, 정부가 직접 나서서 고학력 미혼 남녀들의 만남을 주선하였다. 처음에는 여성 대졸자를 중심으로 운영했으나, 후에 비대졸자들의 결혼을 장려하기 위해 사회개발서비스(Social Development Service, SDS)를 설립했다. 2009년에 SDU와 SDS를 합병하여 사회개발네트워크(Social Development Network, SDN)라는 조직으로 단일화했다.

SDN에서는 포털사이트를 통해 미혼 남녀들이 파트너를 만날 수 있도록 폭넓은 네트워크를 제공하고 있다. SDN에서 결혼을 장려하고 결혼문화를 조성하기 위해 배우자 찾기, 결혼 상담, 결혼 등록 및 절차, 아동 보호 등의 업무를 담당한다. 정부가 고학력의 독신 여성들의 결혼을 주선해 주고 출산율 하락을 해소하기 위해서 직접 나선 것이다. 그동안 약 33,000명 이상이 결혼에 성공했다고 한다. 당시 싱가포르의 인구가 300만 명이었고, 고학력 여성이 전체 인구의 10%라면 30만 명이기에 3.3만 명은 적은 숫자가 아니다. 해외 언론들이 싱가포르 정부의 짝짓기 노력과 사교 촉진 기구 설립을 비웃었으나 리콴유는 인력 부족, 고급 두뇌의 해외 유출, 그리고 고급 인력의 의사 등 특정 직종에의 쏠림 현상 등으로 골머리를 앓았기에 출산율 증대와 해외 인력 유치를 위해서도 각종 파격적인 정책을 추진했다.

지속성장에 필요한 인재를 확보하기 위해 사업가·전문가·예술가·고급 기술자등을 영입했다. 이를 위해 두 개의 위원회를 설치했는데 한 위원회는 일자리의 배치를 담당했고 다른 위원회는 일자리의 사회적 통합을 관리했다. 싱가포르의 고학력자들의 5~10%가 해외로 유출되고 있었는데, 전 세계의 수 많은 대졸자들을 싱가포르로 끌어들여 인재 부족문제를 해결했다. "만약 우리가 외국 인재들은 영입하지 않았더라면 우리는 정상에 진입하지 못했을 것이다"라고 리콴유는 회고했다.

해외자본의 적극적 유치와 세계적 금융 중심 만들기

리콴유는 싱가포르가 생존할 수 있는 유일한 전략은 산업화뿐이라고 판단하고 다국적 기업들을 유치하기 위해 전력투구하였다. 그러나 초기에는 많은 자본이 필요하지 않는 노동집약적 산업을 육성하기 위해 관광진흥청을 설립하고 홍콩 영화계의 거물을 장관에 임명했다. 이어 공장을 세우는 일에 집중하였다. 당시 200만 명에 불과한 인구 규모에 맞게 냉장고 라디오 TV 녹음기 등의 제품 생산을 보호하고 장난감, 방직, 의류 공장을 세우기 위해 홍콩과 타이완의 투자가들을 끌어들였다.

리콴유는 1967년 미국을 처음으로 방문하여 뉴욕, 시카고 등을 돌며 수많은 학자와 경영인들을 만나 조언을 들었다. 리콴유는 미국의 다국적 기업들을 싱가포르에 유치하는 것이 최선의 방법이라는 확신을 갖게 되었다. 그리하여 그는 싱가포르를 '기업하기 좋은 나라'로 만들어 갔다. 해외자본 유치와 관련하여 리콴유는 두 가지 전략을 세웠다. 첫째는 완벽한 개방, 즉 동남아를 뛰어넘어 전 세계의 자본을 유치하는 것이고, 둘째는 '제3세계 내에서 제1세계의 오아시스를 창조하는 것이었다. 첫 번째의 개방 전략을 두고는 UN의 전문가들로부터 이스라엘이 적대국인 아랍 국가들을 어떻게 뛰어 넘었고 어떻게 유럽 미국과 교역할 수 있었는지를 배웠고, 두 번째 오아시스 창조 전략과 관련하여서는 싱가포르가 개인과 사회의 안정을 보장해 줄 수 있는 치안, 통신, 수송, 서비스 면에서 세계 최고 수준을 갖추면 싱가포르가 기업가, 기술자, 경영자, 전문가의 베이스 캠프가 될 수 있다고 판단했다. 그리하여 리콴유는 해외 자본을 유치하기 위한 인프라 구축에 진력했다. 싱가포르를 기업하기 좋은 나라로 만들고 해외자본을 유치하기 위해 경제개발원(Economic Development Board)을 설치하여, 원 스톱 서비스(one-stop service)를 제공했다.

젊은 관료들은 싱가포르의 장래가 자신들에게 달려있다고 생각하며 국내에서는 물론 해외로 직접 나가 투자 환경을 열심히 설명했다. 졸업생들 가운데 매년 우수한 인재들을 선정해 미국의 일류 대학으로 유학을 보냈다. 싱가포르 정부는 사회기반시설을 조성했고, 산업기지를 정비했고, 외국기업의 참여 기준을 공정하게 마련했고, 재정적 유인책을 설계하고, 수출 진흥정책을 적극적으로 펼쳤다. 다국적 기업을 유치하기 위해 법인세율을 대폭 인하하고 면세 등 특혜 조치도 제공하였다.

싱가포르가 세계의 금융 중심지로 자리잡은 데에는 행운도 작용했었다. 네덜란드 출신 빈세미어스(Albert Winsemius) 박사는 싱가포르가 출범할 때부터 경제자문관으로 도움을 주었다. 어느 날 그가 자신의 친구인 미국은행(Bank of America) 싱가포르 지사 부사장 밴 오너(Van Oner)에게 전화를 걸어 "싱가포르를 10년 내 동남아의 금융 중심지로 만들겠다"고 말했다. 그러자 밴 오너는 "5년이면 그렇게 할 수 있을 것이라"고 화답했다. 빈세미어스와 오너는 당시 세계의 금융허브는 취리히, 프랑크푸르트, 런던, 뉴욕, 샌프란시스코 등인데 이에 싱가포르가 추가되면 화폐와 은행 업무에서 24시간 전 세계 순환 서비스 체제를 갖추게 된다고 보았다. 리콴유의 적극 지원에 힘입어 싱가포르는 일약 세계의 금융 중심지로 탄생하게 되었다.

싱가포르가 국제 금융허브로 성장한 비결은 국제 및 국내 금융 중개 사이에 차별적인 인센티브를 도입하고 적절히 통제하면서 국제금융시장을 장려했기 때문이었다. 이와 동시에 국내 금융 중개업은 외국의 자본이 잠식하지 못할 정도의 건전성과 탄력성을 보전하는 정책을 성공적으로 실행했기 때문이었다. 싱가포르 금융센터의 성공 요인은 법에 의한 지배, 독립적인 사법부, 안정되고 유능한 정부에 있었다.

리콴유가 싱가포르를 완전 개방하자, 일본, 미국을 비롯한 수많은 다국적 기업들이 앞 다퉈 들어왔다. 그 결과 고도성장이 이뤄졌고, 많은 일자리가 창출되었으며 소득이 증가했다. 1970년대부터 싱가포르는 한국, 홍콩, 대만과 함께 '아시아의 4용(龍)'으로 불렸다.

리콴유의 통치 아래 싱가포르는 자유무역 중심지에서 정보기술(IT) 위주의 제조업 기지로, 이어 첨단 바이오산업 센터로, 국제적 금융의 허브로 변신을 거듭하였다. 싱가포르의 경제구조와 사회구조는 신자유주의의 글로벌화를 위한 지침서가 되었다. 싱가포르는 세계에서 가장 개방된 경제구조로 고도성장이 계속되고 있다. 싱가포르의 공공행정은 부정부패를 찾아보기 어려우며 투명성과 효율성은 세계에서 가장 높이 평가받고 있다.

강력한 리더십으로 국익을 우선하다

리콴유는 1959년에 35세라는 젊은 나이로 싱가포르 자치정부 수반이 되었다. 그는 확고한 신념을 가진 지도자로서 유교적 철학에 바탕을 둔 아시아적 권위주의로 싱가포르를 30년 이상 통치하였다. 강력한 리더십과 개발독재 정책으로 작은 나라 싱가포르를 눈부시게 발전시킨 공로자이자 위대한 거인이었다.

리콴유는 싱가포르 내각을 직접 기획하고 설계하였으며 인재들을 직접 채용하였다. 그는 내각을 정당 출신의 직업 정치인들로만 구성하지 않았다. 기업가, 변호사, 과학자 등 다방면의 인재들을 적재적소에 배치했다. 모두가 영어를 유창하게 구사하며 국제 관계에 정통하고 세계의 흐름을 정확히 파악하여 글로벌 리더들과 자유롭게 교류할 수 있는 능력을 갖추게 하였다. 특히 부패행위조사국(Corrupt Practices Investigation Bureau)에 막강한 권한을 주어 공직자들의 부정부패를 엄단했다. 동시에 공직자들의 급여를 세계 최고 수준으로 인상하여 아시아에서 공직사회의 부정부패가 가장 적은 나라로 만들었다.

리콴유는 인민행동당이 집권하지 않으면 종족 간 평화도, 경제성장도 없다고 보았다. 자원도 없고, 인구도 국토도 작고, 무슬림에 둘러싸인 화교의 섬 싱가포르가 지속적으로 성장하고 생존하는데 있어 민주주의는 사치에 불과하다고 보았다. 동시에 선거나 소송 등으로 야당을 철저히 탄압하였다. 리콴유는 문화나 역사적으로 서구와 다른 아시아 국가들이 서구식 민주주의를 채택할 이유가 없다고 여겼다. 리콴유는 오히려 권위를 존중하고, 공동체의 이익이나 자유를 개인의 그것보다 더 우선시하는 아시아적 가치와 생활방식이 경제 성장을 가져올 수 있다고 주장하였다.

리콴유 수상이 훌륭한 지도자로 칭송받는 데는 여러 요인이 있다. 리콴유는 진정성을 가지고 국가에 대한 헌신과 노력으로 싱가포르를 아시아의 작은 용으로 우뚝 서게 하였다. 국가와 민족의 생존을 위해 외로운 투쟁을 하면서 권력을 행사할 때는 한 치의 잘못도 용납하지 않았다. 국가 발전과 이익을 위해서 누구에게서도 거리낌 없이 배우는 실용주의를 추구했으며, 국가의 이익을 사상적 이데올로기나 민족주의보다 더 중요하게 생각하였다.

리콴유는 국가와 사회의 안정을 추구하기보다는 변화와 진보를 택하는 모험 정신이 강한 지도자였다. 그는 한번 세운 원칙은 어떤 난관이 있어도 지켜냈고, 모두에게 동등하게 적용하려고 노력하였다. 리콴유는 독재자처럼 권력을 행사했으나, 경제 위기 때마다 모든 일에 솔선수범하였으며, 항상 국가 이익을 먼저 생각하는 지도자였다. 리콴유의 리더십은 노블레스 오블리주(Noblesse oblige)의 원칙에 철저했다.

리콴유와 인민 행동당은 야당의 존재를 허용하면서도 의회의 모든 의석을 독차지하여 싱가포르는 사실상 일당제 국가였다. 1984년 총선에서 야당은 79석 중 2석을 얻을 수 있었다. 그렇다고 국회의원 선거에서 이렇다 할 부정선거가 있었던 것은 아니었다. 리콴유는 식민지 시절에 만들어진 치안유지법(ISA)과 사회 안전법(PPSO)을 오히려 식민지 시절보다 더욱 강화시켜 정적들과 정권에 비판적인 정치인과 언론인들을 영장 없이 임의로 체포하고 무기한 감금하기도 했다. 정치범들은 가족이나 변호사와의 면담이 허용되지 않았음은 물론 책의 반입 등이 금지되고 독방에 감금당하거나 고문당하기도 하였다.

리콴유의 통치 철학은 대중을 훈육 대상으로 보는 규율 정치와 아시아적 가치를 우선하는 것이었다. 리콴유는 개인보다는 집단, 변화보다는 안정, 경쟁보다는 합의를 중시하는 공동체 문화가 바로 아시아적 가치이고, 아시아 국가들은 아시아적 가치에 기반한 '아시아식 민주주의'를 해야 한다고 주장했다. 그는 질서를 지키기 위해서는 개인이 희생해야 하고, 가족보다 집단이나 국가를 우선하는 것이 아시아적 가치라고 보았다. 서구 자유민주주의를 무조건 모방할 경우 범죄, 무질서, 부패 등을 조장할 수 있다고 보았다.

리콴유 스스로가 서구식 자유민주주의를 액면 그대로 수용하는 것을 거절했다. 또한 야당의 정치적 활동에 대해 제한을 가하기도 하였다. 리콴유와 인민행동당이 31년 여를 통치했는데도 싱가포르 국민들은 리콴유를 독재자라고 부르지 않는다. 리콴유는 그 이유를 "독재자라는 표현은 국민의 동의를 구하지 못한 지도자를 말합니다. 하지만 나는 4, 5년에 한 번씩 치러지는 선거를 통해 국민들로부터 동의를 얻고 있습니다. 지금까지 지지율이 60% 이하로 떨어진 적이 한 번도 없습니다. 그렇기 때문에 나는 독재자라는 말을 절대로 인정할 수 없습니다"라고 당당히 말했다.

부패가 없는 청렴하고 부유한 국가를 만들다

싱가포르는 1965년에 독립 국가가 되었으나 아무런 자원도 없었고 무질서하고 아주 가난한 신생국가에 불과하였다. 대내외적 여건마저 불안해 보이자 부정과 부패가 기승을 부렸고 사회는 아주 혼란스러웠다. 리콴유 총리는 싱가포르를 경제적으로 발전시키기 위해 해외투자를 유치하기로 하였다. 그러나 부정부패가 만연하고 사회적으로도 불안해 보이고 가난한 신생국인 싱가포르를 믿고 투자를 해줄 해외기업들은 없었다. 그는 외국기업들이 싱가포르를 믿고 자유롭게 투자할 수 있도록 하기 위해서는 우선 부정부패를 척결해야 한다고 판단하였다.

부정부패 방지는 선택이 아니라 생존의 문제이므로, 모든 수단을 동원해서 완전하게 척결하기 위해 부패방지법을 제정하였고, 전담기관인 부패방지국을 설립하고 강력한 수사권과 사법권을 부여했다. 정치인이나 공무원이 뇌물을 받지 않았더라도 받을 의사가 있었거나 이와 유사한 처신을 했을 때는 물론, 해외에서 뇌물을 받거나 비슷한 부정을 저질렀을 때도 처벌할 수 있도록 법을 개정했다. 부패방지법에서 정하는 범죄를 범한 자 또는 동일한 범죄를 저지른 혐의가 있는 자를 영장 없이 체포할 수 있게 하였다. 리콴유는 법과 제도를 집요하게 개선하여, 각종 정책을 구체적으로 법제화해 강력히 실행하였다.

엄격한 부정부패 방지와 관련해 발생한 유명한 사건 하나는 국가개발부 장관의 자살 사례이다. 동료로부터 80만 달러를 수뢰한 혐의를 받던 장관이 범죄사실을 부인하며 리콴유를 만나길 원했으나 리콴유는 수사가 종결되기 전에는 만날 수 없다며 면담을 거부했다. 그 장관은 수상에게 편지 한 장을 남기고 자살했다. 리콴유는 능력 있고 유명한 건축가인 장관이 왜 뇌물을 받았는지 안타까워했다.

그 결과 싱가포르를 세계에서 법 집행이 가장 엄격한 나라, 세계 5대 청정국가로 만들었다. 독일 국제투명성 기구(Transparency International)에 따르면 2022년 기준으로 세계에서 가장 청렴한 국가는 덴마크, 핀란드, 뉴질랜드, 노르웨이, 싱가포르 등이다. 리콴유는 우리나라와 같이 용돈, 관행, 문화, 떡값 등과 같이 낡고 썩은 제도를 그냥 방관한 체 개혁이라는 공허한 구호만을 외치지 않았다.

리콴유는 부패방지법을 통해 싱가포르 국민들이 부정부패를 용납하지 않고 자유롭게 고발할 수 있게 하였다. 익명으로 부정과 부패를 신고하도록 했다. 리콴유는 부정부패를 고발한 사람은 고발사건의 민사·형사 재판 증인으로 설 수 없도록 보호 조치를 만들었다. 고발인이 고의로 허위신고를 했을 경우를 제외하고는 어떤 처벌도 받지 않도록 법률을 제정하였다. 부정부패나 비리관련 정보를 폭로하는 전직·현직 공무원에 대한 보복을 법으로 금지하고 있다. 심지어 공무원의 부정과 비리를 목격할 경우 반드시 고발해야 한다는 조항을 공무원의 의무로 규정하였다.

싱가포르 공직사회의 투명성은 시민의식 수준을 제고시켰다. 싱가포르는 세계 최고수준의 공무원 보수를 자랑한다. 공무원은 매년 재산과 변동사항을 신고하도록 하고 있다. 정부의 강력한 부패척결 의지 및 공직사회의 투명성 덕분에 시민의 의식수준도 자연스럽게 높아졌다.

게다가 싱가포르는 경범죄에 대해서도 선처가 없는 나라로 유명하다. 길거리에서 담배를 피우거나 침을 뱉거나 껌을 버리는 사람, 무단 횡단을 하는 사람, 그리고 화장실에서 물을 내리지 않는 사람을 찾아 볼 수 없는 것도 바로 법 테두리 안에서 국민 모두가 질서를 지키고 있기 때문이다. 싱가포르는 부정과 부패는 법과 제도로 반드시 척결할 수 있다는 사실을 보여주는 모범 청정국가로 자리 잡았다.

리콴유 수상의 한국에 대한 우정 어린 충고

리콴유는 박정희 대통령에서부터 김대중 대통령에 이르기까지 모두 5명의 한국 대통령을 만났다. 리콴유 수상은 그의 두 번째 자서전 《내가 걸어온 일류국가의 길》에서 '기로에 선 한국'이란 제목의 장을 할애해 한국에 대해 여러 소견을 피력하고 우정 어린 충고를 하였다.

끝장을 모르고 투쟁하는 한국 같은 나라에서는 민주주의가 제 기능을 하지 못한다고 주장하며, "민주주의는 소수의 사람들이 권력을 갖게 된 다수의 권리를 받아들이며, 다음 선거에서 더욱 많은 사람들을 설득해서 집권할 때까지, 참을성 있게 평화적으로 기다리는 풍토가 조성된 곳에서 제 기능을 다한다. 전통적으로 끝까지 투쟁하는 경향이 있는 한국과 같은 나라의 국민들에게 민주주의가 이식될 때, 민주주의는 제 기능을 다하지 못한다. 한국인들은 그 나라의 책임자가 군사 독재자이든 민주적으로 선출된 대통령이든 관계없이 거리에 나와 싸웠다"라고 질책했다.

1979년 10·26 직전에 한국을 방문해 박정희 대통령을 만났던 리콴유 수상은 박 대통령에 대해 "박 대통령은 날카로운 얼굴과 좁은 콧날을 가진 작고 강단 있게 생긴 분으로 엄격해 보였다. 그가 일본군 장교로서 선택되어 훈련받았다는 사실에 미루어, 같은 세대의 사람 중 가장 뛰어난 인재였을 것이다"라고 평가하였다. 이어 "나는 청와대에서 박정희 대통령과 그 딸의 통역으로 회담을 가졌다. 만일, 박 대통령이 없었더라면 한국은 산업화된 국가로 성장할 수 없었을는지 모른다. 내가 한국을 떠난 지 5일 후에 박 대통령은 측근인 중앙정보부장의 손에 의해 암살당했다"라고 말하며, 박 대통령의 업적을 기리며 아쉬워했다.

전두환·노태우 두 대통령에 대한 재판에 대해 "두 전직 대통령들에 대한 재판은 전두환·노태우 두 사람을 파멸의 구렁텅이로 몰았을 뿐만 아니라, 현대의 한국을 이룩하는 데 기여한 사람들의 명예까지 깎아내렸고, 한국인들이 모든 권위에 대해 냉소적인 태도를 취하게 만들고 환멸을 느끼게 했다. 한국인들이 자신들의 지도자에 대한 존경심을 회복하기까지는 앞으로 얼마간의 시간이 더 필요할 것이다. 전·노 두 대통령은 그들이 집권했던 시기에 통용되던 그 당시의 기준에 따라 행동했고, 그러한 기준에서 판단한다면, 그들은 악당(villain)은 아니었다"며 크게 아쉬움을 표했다.

싱가포르와는 다르게 한국에 부정부패가 많음을 알고 있었기에 "한국에서 인도네시아에 이르는 동아시아 국가들이 1997년 경제위기로 큰 위험에 처했을 때, 부정부패와 파벌주의가 그들의 재난을 더욱 악화시켰다"라며 아쉬워했다.

한국의 대중 집회와 노동조합에 대해 "한국이 현재 겪고 있는 정치적, 경제적, 사회적 어려움은 군부의 계엄통치에서 자유로운 민주정치로의 이행이 너무나도 갑작스럽게 이루어졌기 때문이다. 그들에게 무질서한 대중 집회를 통제할 수 있는 법률적 규제가 제대로 확립되지 못했고, 노동조합이 금지된 파업에 돌입하거나, 파업 등 집단행동을 취하기 이전에 찬반 비밀투표를 의무화하는 법률이 제대로 확립되어 있지 않았다"라고 힐난하였다.

남북 정상회담에 대해 리콴유는 "한국인들은 남북정상회담을 보고 환희에 젖었다. 북한에 매우 회의적인 사람들 조차도 깊은 인상을 받았다. 그러나 의문은 남는다. 1983년 랑군에서 벌어졌던 한국 장관들의 암살과 1987년 한국 여객기 폭파 테러를 지시한 사람은 바로 북한의 김정일 위원장이었기 때문이다"라고 말하며 한국인들이 정신이 나간 것 같다고 질책하였다.

리콴유는 카터 대통령의 미군 철수를 내심 염려하고 있었는데 "내가 1978년 10월 카터 미국 대통령을 만났을 때도, 그는 아시아에 별 관심을 보이지 않았다. 그후 보좌진의 설득으로 주한 미군 철수 공약을 철회한 사실을 알고 안도했다"라고 말했다.

리콴유는 한국 시위대의 폭력성에 대해 "한국인들은 무서운 사람들이다. 그들이 시위를 할 때는 중세시대의 검투사처럼 플라스틱 방패를 들고 보호구를 쓴 전투 경찰만큼이나 매우 조직적이고 잘 훈련되어 있다. 노동자와 학생들이 경찰들과 싸울 때 그들은 흡사 전쟁터의 병사처럼 보였다. 그들은 타협을 할 줄 모르는 극단적인 사람들이었고, 정부 정책에 반대할 때도 거세고 폭력적으로 행동한다"며 놀라움을 직설적으로 표현했다.

전두환 대통령 시절 노태우 장관이 "싱가포르가 어떻게 부정부패 문제를 해결했느냐?"고 묻기에 "첫째 물샐 틈 없는 정확한 정보, 둘째 어떤 문제에 대해서 주관적인 관점을 떠나 객관적이고 냉철한 접근, 셋째 반부패 조사와 고발에 대한 확고한 실천 의지와 지지 등이다"라고 설명했다. 후에 노태우 대통령을 다시 만났을 때 "어떻게 오래 집권할 수 있었느냐고 비결을 알려 달라"고 하기에 "나는 싱가포르 국민들이 내가 거짓말을 하지 않고, 국민들의 이익을 위해 성실하게 노력한다는 사실을 알고 있기 때문이다"라고 답변했다고 했다.

리콴유 수상이 단편적으로 한국에 대해 지적한 말들을 몇 가지 살펴보자. "일본인에 대한 한국인의 원한은 대단했다.", "한국인들이 자신이 소속된 회사에 대한 단결심과 헌신적인 충성심은 일본인을 따라 갈 수 없다.", "전직 대통령 투옥은 한국적 가치기준에 대한 혼동과 권력에 대한 국민적 냉소와 환멸을 불러온다.", "남아공화국의 만델라 정부처럼 모든 과거 문제를 재론하지 않도록 종지부를 찍었다면 한국의 정치 제도는 피해를 덜 당했을 것이다.", "기업가적 정신과 강력한 추진력을 가진 전문경영인에게 경영을 맡겨야 한다.", "한반도에서의 전쟁은 중국을 위해서도 좋은 일이 아니다. 남북이 통일 되는 것 역시 중국에 바람하지 않다.", "한국이 폭력적인 시위와 집회를 규제하기 위해 필요한 법을 제정했더라면 노동자와 학생들이 경찰과 격렬하게 대치하는 상황을 완화시킬 수도 있었을 것이다.", "한국은 폭력 시위와 불법 파업을 근절하고 계층 간 갈등과 반목을 해소할 수 있는 새로운 사회적 제도가 확립되면 활기찬 전진이 기대된다" 등 참으로 예리한 관찰과 진심 어린 충고들이 가득하다.

남북한 문제를 두고는 북한으로서는 한국과 교류를 강화한다면 점차 한국에 의존하는 결과가 될 것이고, 한국과의 교류를 거절하면 돌파구를 찾을 수 없다는 딜레마에 봉착해 있다고 보기에 북한에게 선택의 여지가 없음을 분명히 했다.

리콴유 수상이 즐겨 읽은 책들과 저술한 책들

리콴유 수상은 다양한 분야의 책을 즐겨 읽었으며, 그의 독서 습관은 그의 정치적 사상과 비전 형성에 중요한 영향을 미쳤다. 분야별로 그가 즐겨 읽었던 책들은 다음과 같다.

정치 및 경제 서적에는 스미스(Adam Smith)의 《국부론(The Wealth of Nations)》, 하이에크(Friedrich Hayek)의 《노예의 길(The Road to Serfdom)》, 제본스(William Stanley Jevons)의 《정치경제학(The Theory of Political Economy)》, 프리드먼(Milton Friedman)의 《자본주의와 자유(Capitalism and Freedom)》, 케인즈(John Maynard Keynes)의 《일반이론(The General Theory of Employment, Interest, and Money)》, 마르크스와 엥겔스(Karl Marx and Friedrich Engels)의 《공산당 선언(The Communist Manifesto)》, 달스트(David M. Darst)의 《자본가 암호명(The Capitalist Code)》, 토플러(Alvin Toffler)의 《제3의 물결(The Third Wave)》 등이 있다.

토인비(Arnold J. Toynbee)의 《역사의 연구(A Study of History)》, 브레재진스

키(Zbigniew Brzezinski)의 《거대한 장기판(The Grand Chessboard)》, 후쿠야마(Francis Fukuyama)의 《역사의 종말(The End of History and the Last Man)》, 시러(William L. Shirer)의 《제3제국의 흥망사(The Rise and Fall of the Third Reich0)》, 투키디데서(Thucydides)의 《펠로폰네소스 전쟁사(The History of the Peloponnesian War)》, 진(Howard Zinn)의 《미국 민중사(A People's History of the United States)》, 헤로도토스(Herodotus)의 《역사(The Histories)》, 리비우스(Titus Livius)의 《로마사(The History of Rome)》, 기번(Edward Gibbon)의 《로마제국 쇠망사(The Decline and Fall of the Roman Empire)》, 미어샤이머(John Mearsheimer)의 《강대국 정치의 비극(The Tragedy of Great Power Politics)》, 키신저(Henry Kissinger)의 《외교(Diplomacy)》, 헌팅턴(Samuel P. Huntington)의 《문명의 충돌(The Clash of Civilizations and the Remaking of World Order)》, 니콜로 마키아벨리(Niccolò Machiavelli)의 《군주론(The Prince)》과 손무의 《손자병법(孫子兵法)》 등이 리콴유의 정치 및 역사관련 애독서였다.

리콴유가 즐겨 읽은 철학 및 문학 관련 서적은 아우렐리우스(Marcus Aurelius)의 《명상록(Meditations)》, 아리스토텔레스(Aristotle)의 《니코마코스 윤리학(Nicomachean Ethics)》, 니체(Friedrich Nietzsche)의 《선악의 저편(Beyond Good and Evil)》, 플라톤(Plato)의 《국가(The Republic)》, 밀(John Stuart Mill)의 《공리주의(Utilitarianism)》, 하이데거(Martin Heidegger)의 《존재와 시간(Being and Time)》, 피츠제럴드(F. Scott Fitzgerald)의 《위대한 개츠비(The Great Gatsby)》, 마르케스(Gabriel Garcia Marquez)의 《백년의 고독(One Hundred Years of Solitude)》, 리(Harper Lee)의 《앵무새 죽이기(To Kill a Mockingbird)》, 오웰(George Orwell)의 《984》, 헉슬리의 멋진 신세계(Brave New World)》, 오스틴(Jane Austen)의 《오만과 편견(Pride and Prejudice)》 그리고 멜빌(Herman Melville)의 《백경(Moby-Dick)》 등이다.

쿤(Thomas S. Kuhn)의 《과학적 혁명의 구조(The Structure of Scientific Revolutions)》를 포함 과학과 기술에 관한 서적들도 두루 섭렵하였는바 이에는 호킹(Stephen Hawking)의 《시간의 역사(A Brief History of Time)》, 도킨스(Richard Dawkins)의 《이기적 유전자(The Selfish Gene)》, 왓슨(James D. Watson)의 《이중 나선(The Double Helix)》, 다윈(Charles Darwin)의 《종의 기원(The Origin of Species)》, 그리고 세이건(Carl Sagan)의 《코스모스(Cosmos)》 등이 포함되어 있다.

리콴유는 자신의 경험과 통찰을 담은 여러 종류의 책을 집필하였는데, 그의 저작은 싱가포르와 세계 각국에서 널리 읽히고 있다. 그의 주요 저작들은 《리콴유 회고록(The Singapore Story: Memoirs of Lee Kuan Yew)》으로 1권은 《싱가포르 이야기(The Singapore Story)》(1998)로 싱가포르 독립 전후의 이야기와 리콴유의 개인적인 경험을 다루고, 2권은 《내가 걸어온 일류 국가의 길(From Third World to First)》(2000)로 싱가포르가 제3세계에서 선진국으로 발전하는 과정을 상세히 설명한다. 《리콴유의 중국·미국·세계에 대한 성찰(Lee Kuan Yew: The Grand Master's Insights on China, the United States, and the World)》(2013)은 리콴유가 중국과 미국, 세계정세에 대해 한 다양한 연설과 인터뷰를 모은 것이고, 《리콴유의 세상에 대한 견해(One Man's View of the World)》(2013)는 리콴유의 국제 정치와 경제, 미래에 대한 견해를 담고 있다. 《싱가포르를 끌고 가는 리콴유의 진실(Lee Kuan Yew: Hard Truths to Keep Singapore Going)》(2011)은 인터뷰 형식으로 작성된 책으로 리콴유의 정치적 통찰과 국가 운영에 대한 생각을 정리하고 있다. 《리콴유의 한 정치인의 세상에 대한 견해(One Man's View of the World)》 (2013)는 세계 정치와 경제에 대해 자신의 견해를 제시한 책이고, 《리콴유의 결정적 시기(Lee Kuan Yew: The Crucial Years)》(2014)는 싱가포르의 독립과 발전 초기의 중요한 시기에 초점을 맞춘 전기이다. 《리콴유의 유머와 지혜(The Wit and Wisdom of Lee Kuan Yew)》

(2015)는 리콴유의 주요 발언과 명언을 모은 책으로, 그의 사상과 철학을 엿볼 수 있는 유용한 자료이다.

리콴유의 삶과 생각에 관해 분석한 책자에는 바르와 리(Michael D. Barr and M. T. Lee)가 엮은 《리콴유: 사람과 신념(Lee Kuan Yew: The Man and His Ideas)》(2015)은 그의 정치적 아이디어와 그의 리더십 스타일을 분석한 책으로, 그의 정책과 사상에 대한 비평적 접근을 제공한다. 임(R. H. L. Lim)이 저술한 《리콴유의 유산(Singapore: The Legacy of Lee Kuan Yew)》(2015)은 그의 유산과 그의 정치적, 사회적 영향을 다룬 학술적 분석서이다. 림(Lim Siong Guan)이 쓴 《생업에 종사하는 리콴유(Lee Kuan Yew: A Life in the Making)》(2016)는 그의 개인적 삶과 그의 정치적 여정을 다룬 책으로, 그의 영향력 있는 결정들과 그에 대한 사회적 반응을 분석하였다.

리콴유 수상의 명언들

"지도자는 비전을 가져야 한다. 그러나 더 중요한 것은 현실적이어야 한다는 점이다. 현실적이지 않은 비전은 자칫 우리 모두를 파괴할 수 있다."

"지도자는 사후에도 추앙받으리라는 망상과 집착에서 벗어나야 한다."

"지도자를 잘못 뽑으면 첫 임기에는 정권이 망하고, 둘째 임기에는 나라가 망한다."

"공산당은 악마요, 살인자다."

"보좌관들이 써주는 연설문을 가지고 그들과 경쟁하려고 하면 안 된다. 자신의 지문(指紋)이 박힌 스스로의 표현 방식이 필요하다."

"국민에 휘둘려 인기몰이 발언이나 내뱉고 선심성 정책을 펼치는 지도자와 달콤한 사탕을 받아먹는 국민들은 결국 파국과 파탄이라는 쓰디쓴 대가를 치르게 된다."

"나를 이끈 것은 현실이다. 나는 이론에 얽매인 적이 없다. 내가 행한 모든 이론이나 계획의 리트머스 실험에서, 단지 그것이 이루어질 수 있느냐 하는 것만 보았다. 만약 하나의 이론이 실현성이 없거나 결과가 바람직하지 못하면, 나는 더 이상 시간이나 재원을 낭비하지 않았다."

"열등한 노동자를 지키려는 노동조합 운동은 피해야 한다."

"모두가 똑같은 임금을 받게 된다면 그 누구도 열등한 노동자보다 열심히 일하려고 하지 않을 것이다."

"나는 범죄를 감소시킨다는 이유로 오히려 범죄를 관대하게 처벌할 것을 주장하는 사람을 이해할 수 없다."

"수상이 되어 국가건설의 책임자로서 잘 하려고 한 것은 다음 네 가지였다. 첫째는 외교, 둘째는 국방, 셋째는 치안, 그리고 넷째는 가장 어려운 것으로 경제이다. 곧 국민을 잘 먹여살리는 일이다."

"지배층의 영혼을 정화하라. 부정부패를 막는 것은 국가생존의 문제이다. 부패방지는 선택이 아니라 국가생존의 문제이다. 반부패정책을 따르지 않는 사람은 모든 수단을 동원해 굴복시켜야 한다."

"청렴하고 깨끗한 나라, 부정부패가 없는 나라를 만들겠다고 공무원에게 일반 기업보다 많은 임금을 주었습니다."

"적절한 대우를 해주는 것이 바로 정치가와 고급 공무원의 청렴성 유지에 필수적이다."

"나는 다른 사람의 실패로부터도 실패를 하지 않는 법을 배웠다. 나는 같은 실수를 두 번 저지르는 경우가 없었다."

"내가 죽으면 집을 헐어 버려라. 여기에 기념관이 생기면 이웃에게 피해를 준다."

"나는 옷이나 차 또는 일상생활의 어떤 것도 유행 따라 바뀌는 것에 관심이 없다."

"나는 내 자신과 친구들을 외모로 판단하지 않는다."

"독서는 나에게 많은 정보를 제공해 주었습니다. 그러나 독서가 주는 더 큰 유익은 나의 상상력을 항상 자극한다는 점입니다. 나는 독서를 통한 상상력으로 지금의 싱가포르를 만들었습니다. 지금의 싱가포르는 원래 나의 독서 상상이 하나의 실체로 나타난 것일 뿐입니다."

"나는 한 번도 여론조사나 인기조사에 연연하지 않았다. 거기에 지나치게 신경 쓰는 건 약한 지도자다. 리콴유는 자신의 인기 지표가 올라가고 내려가는 데 신경 쓴다면 그는 지도자가 아니다. 그저 바람을 붙잡으려 할 뿐이다. 바람이 부는 데로 따라갈 뿐이다. 내가 그러려고 지도자로 있는 게 아니다."

"사람들에게 설문조사를 해 봐라. 그들이 원하는 게 뭔가? 표현의 자유? 그들은 집, 의료품, 직업, 학교를 원한다."

"언론의 자유는 싱가포르의 통합과 선출된 정부의 우선순위 아래에 종속돼야 한다."

"내가 시민들의 일상생활에 개입한다는 비난을 종종 듣는다. 맞다. 그렇게 하지 않았다면 우리는 오늘날 이 자리에 있지 못했을 것이다. 한 줌의 후회 없이 말하건대, 누가 내 이웃이고 어떻게 사는지, 어떤 소란을 일으키는지, 거리에 침을 뱉는지, 어떤 언어를 쓰는지, 이런 개인적인 문제에까지 개입하지 않았다면 우리는 지금 이 위치에 오지 못했을 것이며 경제적 번영을 이루지 못했을 것이다. 우리는 옳다고 믿는 대로 결정한다. 사람들이 어떻게 생각하는지는 개의치 않는다."

"뭔가가 잘못돼 있다는 생각이 들면 나는 병상에서, 아니 무덤에서라도 일어날 것이다."

"몇몇 예외를 제외하면 민주주의는 신생 개발도상국에 좋은 정부를 가져다주지 못한다. 아시아의 가치가 미국인이나 유럽인의 가치와 반드시 같아야 할 필요는 없다. 서구인들의 가치는 개인의 자유를 중시하지만 중국적 문화를 배경으로 한 아시아인으로서 나의 가치는 정직하고 효과적이고 효율적인 정부를 만드는 데 있다."

"사랑받는 것과 두려움의 대상이 되는 것 사이에서, 나는 항상 마키아벨리가 옳았다고 믿어왔다. 아무도 나를 두려워하지 않는다면 나는 무의미한 존재인 것이다."

"사람들의 의견을 구하는 것은 미국을 모방하는 것일 뿐이다. 압력단체나 로비그룹 말이다. 그것은 서구의 관행을 우리 형편에 맞게 뜯어고치지 않은 채 생각 없이 가져다 적용하는 것에 불과하다."

"싱가포르가 '정부가 국민의 일상생활에 깊이 개입하는 보모 국가'라고 한다면, 나는 그 점을 자랑스럽게 여길 것이다."

"나는 정부를 투표로 구성하는 방식은 무시해버린다. 그건 정신력이 약하다는 반증이다. 바람 부는 대로, 미디어가 사람들에게 이래라 저래라 하는 대로 추종하는 것은 무능력하다는 표현일 뿐이다. 힘으로든 아니든 국민들이 자신을 따르게 할 능력이 없다면 지도자가 아니다."

"비유를 들자면, 우리 싱가포르 국민들은 컴퓨터의 하드디스크이고 외국에서 받아온 것들은 원래 갖고 있던 용량에 메가바이트들을 좀 더하는 것이다. 자체의 용량이 크다면 외국에서 받아들이는 것들 때문에 마비가 되지는 않는다."

"나는 말과 행동으로 '자유는 질서 속에만 존재할 수 있다'는 유교주의(儒教主意)를 실천했다. 동양 사회의 주된 목적은 질서 있는 사회를 이룩하여 모든 사람들이 그 안에서 최대한의 자유를 누릴 수 있도록 하는 것이다."

"나는 노령화 사회에 귀감이 되고자 72세의 나이에 컴퓨터를 배우기 시작했다."

"나는 총리 재임 9년 만에 재충전의 필요를 느꼈고, 앞으로의 국제 정치는 미국을 잘 알아야 한다고 생각되어 하버드대학의 명예 연구위원으로 연수 기회를 얻어 고명한 교수들로부터 많은 것을 배웠다."

"1995년에 나와 부총리인 장남이 집을 샀는데, 특혜 시비가 일어 자진해서 정부 당국의 철저한 조사를 받았다. 아무런 잘못이 없다는 결정이 내려졌으나, 나는 그 우연의 결과로 얻게 된 100만 싱가포르 달러를 정부에 돌려주었다. 정부가 그 돈을 받을 이유가 없다고 되돌려 주어, 나는 그 돈을 자선단체에 기부하기로 결심했다."

리콴유가 세계 정치 거인으로 남긴 말들

"나는 리펑(李鵬) 중국 총리에게 일본 총리가 야스쿠니 신사(靖國神社)에 참배하고 역사 교과서에 과거의 침략행위에 대한 진실을 왜곡해서 편찬하는 것은, 일본이 군국주의(軍國主義)를 부활시킬지도 모를 가능성을 무시할 수 없으므로 경계해야 한다고 역설했다."

"덩샤오핑(鄧小平)의 표정과 몸짓은 경악스런 심정을 드러냈다. 그는 내가 진실을 토로하고 있음을 알아차렸다. '내가 어떻게 했으면 좋겠는가?' 그는 별안간 질문을 던졌다. 나는 깜짝 놀랐다. 실상이 제시되었을 때 미리 준비됐던 방향에서 벗어난 언동을 기꺼이 하는 공산주의 지도자를 나는 만난 적이 없었기 때문이다."

"소련에 군사력 사용의 명분만 주지 않으면 그들은 곧 큰 위기에 봉착한다는 내 예언은 적중했다. 소련의 아프가니스탄 침공이 있은 직후, 나는 독일 본에서 슈미트 총리를 다시 만났고, 헨리 키신저, 에드워드 히스, 조지 슐츠 등의 지도자들과 자유로운 토론 끝에, 어떠한 대가(代價)를 치르더라도 소련을 격퇴시키고, 아프가니스탄의 독립을 적극 돕기로 합의했다."

"장쩌민(江澤民)을 다시 만났을 때, 그는 중국과 타이완 대표가 싱가포르에서 원활한 회담을 갖게 한 데 대해 사의를 표하였다. 1949년의 내전(內戰) 이래 '비공식적'이긴 했지만, 최초의 중국과 타이완의 회담이 열렸던 것이다."

"포드 미국 대통령은 베트남 철수 8일 후에 만난 나에게 '미국은 이제 어디로 가야만 하느냐'고 물었다. 나는 혼란이 가라앉을 때까지 기다린 후 라오스, 캄보디아, 베트남에서 어떤 일이 펼쳐지는지 지켜보는 것이 최선이라고 대답했다."

"1991년 1월 백악관에서 부시 대통령을 만났는데, 당시 미국·영국·프랑스 군대가 이라크를 포위한 '사막의 폭풍 작전'이 위력을 보이며 전쟁은 끝으로 치닫고 있었다. 나는 그의 개인 집무실에서 국가안보 담당 보좌관 스코크로프와 함께 보다 광범위한 아랍과 이스라엘의 상황에 관한 토의를 하며 저녁시간을 보냈다."

"점심식사 후 단독으로 만난 자리에서 레이건 대통령은 중국의 장쩌민 주석에게 '최첨단 무기'로 인해 어려운 시기에 있는 자신을 압박하지 말라는 메시지를 전해 달라고 나에게 부탁했다. 또 자신이 장 주석을 실망시키지 않을 것이라고 납득시켜 줄 것을 부탁했다. 레이건은 나와 장 주석이 가까운 사이임을 알고, 그의 메시지로 인한 실망감(失望感)을 내가 누그러뜨릴 수 있을 것이라고 믿고 있었다."

"말레이시아나 싱가포르는 다민족 사회이니만큼 관용을 지녀야 한다. 양국의 정치 지도자의 자리에 머지않아 젊은 세대들이 앉게 될 것이다. 그들은 우리 세대와는 달리 편견에 사로잡히지 않고, 실질적이고도 안정된 양국 관계를 구축해 나갈 것이라 나는 믿는다."

"앞으로 인도네시아가 도전해야 하는 과업은 다양한 인종과 종교를 가진 사람들이 인도네시아 건국의 아버지인 수카르노 대통령의 신조인 '다양성 속의 통일'을 이루며 하나의 나라를 유지하는 것이다."

"대처가 교육부 장관 시절에 전통적인 문법학교를 '종합학교' 전환하는 것을 두고 대화를 했는데 우리는 의기투합했다. 종합학교의 경우 똑똑한 학생들은 보통교육으로 자신들에게 상응하는 것을 얻지 못해 피해를 당하는 한편, 보통학생들에게 있어서도 새로운 시스템은 아무런 이득도 없다는 결론을 공유했다."

"나와 뉴질랜드 총리와는 어떠한 충돌도 없었다. 심지어 논쟁이 과열되면 공격적으로 변하는 밥 멀둔(Robert Muldoon) 총리와도 잘 지냈다. 뉴질랜드인들은 한번 착수한 사업을 약속한대로 이행할 수 있는 신뢰할 만한 국민들이다."

"파키스탄인들은 현대적인 국가를 세우기 위한 충분한 재능을 갖춘, 잘 교육받은 근면한 민족이었다. 그러나 인도와 계속된 분쟁이 파키스탄의 자원을 낭비하게 만들었고, 그들의 잠재력이 실현되는 것을 방해해 왔던 것이다."

벌금과 태형제도를 운영하는 싱가포르

싱가포르는 벌금 천국의 나라이다. 이는 개인보다 국가의 존립을 더 중요시하는 싱가포르식 운영 방식 때문이라고 할 수 있다. 국가를 위해 개인의 자유를 억제하는 것이다. 예를 들어, 공공장소에서 껌을 씹거나, 운전 중 휴대전화를 사용하거나, 자전거 통행금지 구역에서 자전거를 타거나, 공공장소에서 술을 마시다가 적발되면 1,000 싱가포르 달러(약80만원)의 벌금이 부과된다. 비둘기에게 먹이를 주거나, 지하철에서 음식을 먹거나, 길에다 쓰레기를 버리다 적발되면 벌금이 부과된다. 특히 자기 집안에서 상의를 벗고 있다가 적발되면 2,000 싱가포르 달러 이하의 벌금이나 3개월 이하의 징역을 살 수 있다. 또 담배나 유사 제품을 소지, 구입, 판매하다가 적발되면 최고 6개월 징역 또는 10,000 싱가포르 달러(약 800만원)의 벌금이 부과된다.

싱가포르에서는 범죄자의 신체에 가하는 태형(笞刑)이 시행되고 있다. 1993년에는 42개의 범죄에 대해 태형을 의무화했다. 싱가포르 법원에서 태형이 자주 선고되는 범죄로는 약물 중독이나 불법 이민 등이다. 1987년에는 602회, 1993년에는 3,244회, 2007년에는 6,404회 태형이 선고되었다.

1994년에 미국인 마이클 피터 페이(M. Peter Fay)는 싱가포르에서 공공 기물을 훼손시킨 혐의로 태형을 선고받았다. 미국인에 대한 태형을 놓고 미국과 싱가포르 사이에 외교적 마찰이 야기되면서 전 세계에서 많은 관심을 가지기도 했다. 미국은 빌 클린턴 대통령까지 나서서 그의 사면을 요구했으나, 결국 1994년 5월 5일에 태형이 집행되었다. 선고받은 형벌은 태형 4대, 징역 4개월, 벌금 3,500 싱가포르 달러였다. 싱가포르에서 태형은 반항하는 학생들을 다스리기 위한 방법으로도 쓰인다. 리콴유는 싱가포르 국군에도 태형을 도입했다.

싱가포르 건국의 아버지이자 초대수상 리콴유

사카모토 료마(坂本龍馬, 1836~1867)

5 | 명치유신의 성공을 주도한 사카모토 료마

일본을 봉건국가에서 근대국가로 바꾼 선구자

사카모토 료마(坂本龍馬, 1836~1867)는 일본 에도막부의 무사로 삿초동맹과 대정봉환에 주도적 역할을 하여 일본이 중앙집권의 근대국가로 발전할 수 있는 발판을 마련한 인물이다. 도사번(土佐藩) 출신의 하급 무사인 료마는 에도막부(江戸幕府) 정치체제는 더 이상 시대에 맞지 않으므로, 막부를 타도하고 왕정을 복구하여 근대국가로 가야 한다고 생각했다. 1867년 료마는 앙숙 관계였던 사쓰마번(薩摩藩)과 조수번(長州藩)을 설득하여 삿초동맹(薩長同盟)을 맺어 에도막부가 통치권을 천황에게 넘겨주도록 하였다.

에도막부 제15대 쇼군인 도쿠가와 요시노부(徳川慶喜)는 료마의 권유에 따라 국가 통치권을 메이지 천황(明治天皇)에게 돌려주었는데, 이를 대정봉환(大政奉還)이라고 한다. 일본 역사상 최초의 무사정권 가마쿠라막부(鎌倉幕府) 이래 675년 동안 통치하던 막부시대가 대정봉환으로 막을 내렸다. 료마는 새로운 국가를 운영하는데 필요한 〈신정부강령팔책(新政府綱領八策)〉을 구상했는데, 이는 일본이 메이지 유신(明治維新)을 통해 중앙집권의 근대국가로 발전할 수 있는 기반이 되었다. 료마는 그동안 막부가 주도하던 통치권을 천황에게 이양하게 한 대정봉환을 실질적으로 주도하여 일본이 근대국가로 발전하는데 크게 기여하였다고 평가된다. 하지만 료마는 대정봉환 한 달 후에 메이지 유신의 성공 직전 막부측이 보낸 자객에 의해 교토에서 암살당했다. 그의 나이는 31세였고, 자신의 생일날 암살당했다.

사카모토 료마는 에도막부의 초대 쇼군이었던 도쿠가와 이에야스(德川家康), 일본 센고쿠 시대(戰國時代)의 다이묘(大名)이자 도요토미 히데요시(豊臣秀吉)의 주군이었던 오다 노부나가(織田信長) 등과 함께 일본 역사상 가장 위대한 인물로 꼽힌다. 특히 일본에서 젊은 나이에 암살당한 료마를 좋아하는 이유는 탁월한 협상력으로 에도막부가 통치권을 천황에게 반환하게 하는데 결정적인 역할을 했을 뿐 아니라 서양 문물을 받아들이고 문명을 개화하여 근대 일본이 부국강병의 기틀을 마련하는데 크게 기여했기 때문이다. 또 일부에서는 료마가 지금도 존경받고 있는 것은 시대를 바라보는 안목과 솔직성, 유연한 사고 등에 있다고 주장하기도 한다.

료마의 구상은 대내외적으로 문제가 많았던 막부체제를 종속시키고, 천황을 중심으로 하는 통일국가를 완성하여 다른 세계열강과도 독립을 유지하는 근대국가를 탄생시키는 것이었다. 그는 양안양수(兩眼兩手) 즉 두 눈과 두 손을 가진 사나이였다. 한쪽 눈과 손으로 대정봉환을 추진하면서, 다른 쪽 눈과 손으로는 무력을 이용한 바쿠후(幕府) 타도 계획을 추진했다. 한쪽 눈과 손으로 샤쓰마와 쵸슈 등 바쿠후에 반발하는 번들과 밀접한 교류를 가지면서, 다른 쪽 눈과 손으로는 바쿠후와 깊은 교류를 가졌다. 한쪽 눈과 손으로 권력에 접속하면서, 다른 쪽 눈과 손으로는 반(反)권력과 연대했다.

메이지 유신은 세계 근대사에서 참으로 돋보이는 무혈혁명이었다. 그 과정이 결코 순탄했다고는 할 수 없으나 위기에 처한 일본을 구한 구세주였다. 메이지유신의 성사를 이끈 기간은 고작 4년(1863~1867)에 불과했으나 일본 역사를 송두리째 바꾼 최대 성공작인 메이지 유신을 완성시킨 인물이 료마였다. 놀라울 정도로 유연한 두뇌와 강인한 인내력이 뒷받침된 실천력으로 일본을 '세탁'하고 근대라는 새로운 역사의 장(章)을 연 평화 혁명의 투사가 료마였다. 일본 역사가 사카모토 료마를 가졌다는 것은 그 자체가 기적이다. 메이지 유신의 성공으로 일본은 근대 국가로 탈바꿈했음은 물론 세계 강대국으로 부상했다.

사카모토 료마는 일본 역대의 최고경영자였다. 자기가 열심히 노력하여 얻은 성과를 주위의 공으로 돌리는 헌신성, 고정관념에서 탈피하는 독창성, 기존의 원리에 새로운 내용을 담아내는 창의력, 그리고 순수한 열정의 소유자였다. 인재(일본 전역의 우국지사), 물자(무기), 재정(금전)이라는 인프라 개념의 중요성을 충분히 인식하고 이들을 적절하게 조합시켜 실행한 유일한 인물이 료마였다. 기존의 정치 지향적 지사들과는 전혀 다른 발상으로 사카모토 료마는 경제·재정 운용이라는 지렛대를 축으로 동맹과 목표를 강화시켜 메이지 유신의 초석을 놓았다. 료마는 창업형 경영자인 오다 노부나가, 관리형 경영자인 도요토미 히데요시, 수성형 경영자인 도쿠가와 이에야스의 장점과 단점을 적절하게 조합시킨 '제3의 경영자'였다.

사카모토 료마는 인간을 좋아했다. 평생 누군가를 미워해 본 적이 없었고, 적으로 삼았던 막부조차도 여유를 가지고 포용하려 했다. 료마의 이러한 인간성과 그가 이룬 공적 덕에 아사히신문이 실시한 '일본 1000년 역사 인물 여론조사'에서 2위 오타 노부나가(織田信長), 3위 도쿠가와 이에야스(德川家康), 4위 다나카 가쿠에이(田中角榮), 5위 요시타 시게루(吉田茂), 6위 도요토미 히데요시(豐臣秀吉)에 앞서 사카모토 료마(坂本龍馬)는 1위를 차지하였다.

부국강병을 위해 개국파가 되다

사카모토 료마는 1836년 11월 15일 오늘의 시코쿠(四国) 남부 고찌현(高知県)의 도사 번(土佐藩)에서 상인이면서 무사 집안의 아들로 태어나 비교적 부유하게 자랐다. 료마가 자란 도사 번은 쵸소카베 모리치카(我部 盛親)가 다스렸으나 세키가하라 전투에서 이에야스에 패해 쫓겨나고, 이에야스를 지지했던 야마우치 가즈토요(山內一豊)가 새로운 번주(藩主, 다이묘)가 되었다.

이때 가즈토요와 함께 들어온 무사들은 죠시(上土)라 불리는 지배계층이 되었고, 쵸소카베를 추종하던 무사들은 하급무사나 평민으로 전락했는데 이를 고우시(郷土)라 불렀다. 상급무사(上級藩土) 죠시들은 하급무사 고우시들을 차별하고 업신여겼다. 무시당하던 고우시들은 에도 막부에 대해서 불만이 쌓이기 시작했다. 료마도 어릴 때 상급무사 자제들로부터 괴롭힘을 당했다고 전해진다.

료마는 18세 때 에도(江戸)로 가서 검술을 익히던 중 미국의 페리 제독이 이끄는 검은색 군함(黑船)이 무력으로 개항을 요구하는 것을 보고, 새로운 문명이 몰려오고 있음을 자각했다. 당시 일본은 에도막부(江戸幕府)를 지지하는 막부파(개국파)와 조정(天皇)을 지지하는 외국 배척(양이)파로 갈라져서 대립하였다. 료마는 이듬해 고향으로 돌아가서 존왕양이(尊王攘夷)를 주장하는 도사근왕당(土佐勤王党)에 가입했으나, 자신의 이념에 맞지 않는 막부의 요인들을 암살하고 탄압하는 등 과격한 행동을 하자 1862년 탈번(脱藩)하였다. 탈번은 무사가 소속된 번에서 나와서 직업 없이 여기저기를 돌아다니는 낭인이 되는 것이다. 당시 탈번은 중죄에 해당되었다.

탈번한 료마는 1862년 에도로 가서 개화파이자 막부 해군에서 두 번째로 높은 직책에 있던 가쓰 가이슈(勝海舟)를 만나서 그의 지식과 견문, 논리적인 설명에 탄복해 그의 제자가 된다. 료마가 가쓰 가이슈를 찾아간 것은 그가 개국파의 선봉장이었기에 그를 죽이러 갔으나 그의 해박한 지식에 매료되어 그의 제자가 되었다. 가이슈로부터 서양 문물을 배운 료마는 양이(攘夷)보다는 개화를, 번(藩)이라는 작은 지역보다는 일본이라는 국가의 미래를 준비해야 한다고 생각하였다. 료마는 가이슈의 도움으로 이듬해에 도사 번주를 만나 자신의 탈번에 대한 죄를 사면받았다. 료마는 가이슈를 도와 고베(神戶) 해군 훈련소 설립에 참여하였다.

가쓰 가이슈는 가난한 하급무사 집안에서 태어났으나 개화파로 에도막부 말기부터 메이지 시대까지 고위 관료를 지냈다. 예리하면서도 지적인 외모, 화려한 언변과 지식, 신분 차이 같은 것에 구애되지 않는 대담한 행동파 인물이었다. 1853년 미국의 페리 함대가 개항을 요구할 때, 막부에서는 해양 방위의 필요성을 느끼고 있었는데, 이때 가이슈가 해양 방위에 관한 의견서를 작성하여 관직에 등용되었다.

가이슈는 일본 최초의 병학교인 해군 전습소(傳習所)에서 감독을 맡았고, 이후 군함 조련소의 교관이 되었다. 네덜란드인들과 교류하면서 항해술을 배우고 세계정세에 눈을 뜨기 시작했다. 양이론이냐 개국론이냐 하는 차원을 초월하여 부국강병의 필요성을 간파하였고 개혁파의 에도에의 무혈입성은 막부 측의 가쓰 가이슈와 개혁파 측의 사이고 다가모리의 협상과 설득 결과였다. 한 주군(장군 요시노부)만 섬겼고 신정부의 부름은 일체 거절하였다.

해군의 필요성을 인식한 가이슈는 전국의 다이묘들이 참여하는 해군 건설에 매진하였다. 1858년 미일 통상조약 비준서를 교환하기 위한 사절단을 태우고 간린마루(咸臨丸)호를 운항해 태평양을 횡단하여 미국을 방문하고 돌아온 뒤에 고베에 해군 조선소를 설립하고 해군을 근대화하는데 기여했다. 이후 가이슈가 물러나고 훈련소가 문을 닫자, 료마는 가메야마 샤츄(亀山社中)라는 무역회사를 세웠다.

사쓰마와 조슈의 삿초동맹을 실현하다

료마는 조선소 동료들과 가메야마 샤츄라는 무역회사를 세웠다. 가메야마 샤츄는 일본 최초의 주식회사로 평상시에는 해운업과 무역업을 하다가 유사시에는 해군으로 활동한다는 구상이었다. 또 이 무역회사는 당시 앙숙관계였던 사쓰마번(薩摩藩)과 조슈번(長州藩)을 화해시키기 위한 목적도 있었다. 에도막부 말기에 사쓰마번과 조슈번은 막강한 경제력과 군사력을 갖추고 있었다. 하지만 두 번은 정치적 노선이 달랐다. 사쓰마번은 에도막부를 지지하면서 조정(公)과 막부(武)가 결합하여(公武合體) 막부 체제를 재편·강화하자는 입장인 반면, 조슈번은 급진적이고 파격적인 존왕양이를 주장하며 에도 막부 타도를 꾀하고 있었다. 게다가 사쓰마번은 1863년 아이즈번(会津藩)과 공동으로 조슈번을 교토에서 추방시켰다. 교토에서 쫓겨난 조슈번이 이듬해에 교토에서 반란을 일으켰는데 이를 금문의 변(禁門の変)이라고 한다. 조슈번이 패했다. 이후 두 번은 앙숙관계가 되었다. 이런 상황에서 두 번이 동맹을 맺기가 쉽지 않았다. 료마는 많은 시행착오를 겪기도 했으나 포기하지 않았다.

료마가 두 번 간의 동맹을 위해 적극적으로 나선 것은 1865년 4월이다. 에도막부는 존왕양이를 주장하면서 반감을 가지고 있던 조슈번에 대해 외국과 무기, 탄약 등의 거래를 전면 금지시켰기 때문에 무기를 도입할 수가 없었다. 사쓰마번은 식량이 부족하였다. 료마는 이 기회를 놓치지 않았다. 료마는 사쓰마번의 명의로 무기를 조달해 은밀히 조슈번에 되팔고, 그 대신에 조슈번으로부터 사쓰마번에 부족한 쌀을 공급하는 방안을 제안했다. 거래와 화물 운송은 가메야마 샤츄가 담당했다. 이러한 계책에 따라 두 번(藩)의 오랜 앙숙관계는 점차 누그러지기 시작했다.

1858년 막부의 최고위층의 다이로(大老)인 이이 나오스케(井伊直弼)가 미일 수호통상조약에 서명하자, 막부를 중심으로 개국파와 덴노(天皇)를 중심으로 한 외국 배척(양이)파 간 격렬하게 대립하였다. 막부의 정권을 천황에게 돌려주자는 왕정복고 즉, 존황양이(尊皇攘夷) 운동이 일어났다. 하지만 지방의 다이묘(大名)들이 에도막부(将軍)에 대항하기에는 역부족이었다. 이때 료마는 에도막부 말기에 정치·경제력 등이 막강한 사쓰마번과 조슈번이 동맹을 맺어, 공동으로 대응해야 에도막부를 무너뜨릴 수 있다고 생각했다.

하지만 두 번 간 라이벌 의식이 너무 강해서 동맹이 제대로 이루어지지 않았다. 이를 보다 못한 도사 번 출신의 료마가 두 번이나 최고 지도자를 한 자리에 모아놓고 동맹을 종용하여 성사시켰다. 에도막부에 불만을 가진 도사 번의 고우시들은 훗날 료마가 삿초동맹을 주도하는데 커다란 힘이 되었다. 사쓰마번(가고시마 현)과 조슈번(야마구치 현)이 그동안의 악연을 버리고 정치적·군사적 동맹을 맺었는데, 이를 삿초동맹(薩長同盟)이라고 한다. 6개 조항의 합의가 이뤄진 것은 1866년 1월 21일이었다. 료마는 뛰어난 협상력과 정치력으로 삿초동맹을 맺게 하여 에도막부를 무너뜨릴 수 있는 세력을 구축하였다.

메이지 유신 후에도 두 번 간 라이벌 의식은 대단했다. 메이지 유신 후 사쓰마번은 해군을, 조슈번은 육군을 각각 장악했다. 메이지 유신 전에는 사쓰마번이 막강했으나, 메이지 유신 후에는 조슈번이 육군을 장악하여 득세하기도 하였다.

두 번은 우리나라 역사와도 관련이 있다. 사쓰마번은 임진왜란에 참전하여 우리나라 도공을 대거 잡아갔는데, 우리나라에도 알려진 심수관(沈壽官)이 대표적이다. 사쓰마번의 군사들은 용맹하고 잔인하여 임진왜란 때 우리나라를 가장 괴롭혔다고 한다. 조슈번은 메이지 유신 전후에 자주 제기됐던 정한론(征韓論)의 본거지였다. 그 후에도 일본의 해외 진출과 관련하여 조슈번은 북방을, 사쓰마번은 남방 진출론을 주장하며 사사건건 대립하기도 했다.

사쓰마번은 도요토미 히데요시가 사망한 후 세키가하라 전투 도쿠가와 이에야스에게 패했다. 이에야스는 번주의 셋째 아들이 가문을 이어받게 하고 도자마 다이묘로 임명하였다. 에도막부는 막부를 수립하는 과정에서 다이묘들의 공에 따라 다이묘를 신판 다이묘(親藩大名), 후다이 다이묘(譜代大名), 도자마 다이묘(外様大名)로 나누어 구분했다. 신판 다이묘는 이에야스의 아들과 혈족을, 후다이 다이묘는 세키 가하라 전투가 벌어지기 전부터 이에야스를 주군으로 받들던 세력을, 도자마 다이묘는 세키 가하라 전투에서 패하고 이에야스의 휘하로 들어온 세력이다.

도자마 다이묘는 과거에 도요토미 히데요시에 충성한 전례가 있고, 에도막부에 대한 충성심이 약했기 때문에 에도에서 멀리 떨어진 변방으로 밀려났다. 에도막부는 도자마 다이묘들을 에도에서 멀리 떨어진 변방으로 보내서 안전을 보장하려하였다. 도자마 다이묘들은 중앙정치에 참여할 수 없었고, 견제와 무시를 당해 에도막부에 불만이 많았다. 도자마 다이묘들이 통치하던 사쓰마, 조슈번 출신의 무사들이 료마를 도와 삿초동맹과 메이지 유신의 중심 세력으로 활동하였다. 변방으로 쫓겨 간 다이묘들은 감시와 통제가 허술한 틈을 이용하여 대외무역을 늘리고 서구의 문물을 쉽게 받아들일 수 있었다.

〈선중팔책〉과 〈신정부강령팔책〉을 구상하다

〈선중팔책(船中八策)〉은 에도막부 말기 1867년에 료마가 에도로 가는 배 위에서 새로운 국가를 세우는데 필요한 구상들이다. 모두 여덟 가지 정치 구상으로 대정봉환, 상하 의정국(上下議政局) 설치, 인재 등용과 관제 개혁, 외교 혁신, 법전 제정, 해군 확충, 메이지 정부의 직속 군대인 어친병(御親兵) 설치 등이다.

1867년 6월, 도사 번의 배 유가오마루(夕顔丸)를 타고 나가사키에서 효고(兵庫)로 가는 길에 작성되었다. 〈선중팔책〉에 대해서는 막부에 대정봉환(大政奉還: 막부가 천황에게 통치의 대권을 반납함)을 건의하기 위해 료마가 도사 번 참정(參政) 고토 쇼지로(後藤象二郎)에게 설명한 내용을 그 자리에 함께 했던 해원대(海援隊) 대원 나가오카 겐키치(長岡謙吉)가 문서로 정리했다는 주장이 있고, 또한 일부 전문가들은 〈선중팔책〉은 료마 혼자만의 아이디어가 아니고 가쓰 카이슈 등 개화파 인사들이 강조한 핵심 개념을 정리한 것이라는 주장도 있다. 어쨌든 〈선중팔책〉은 훗날 명치유신 정부의 〈신정부강령팔책〉에 커다란 영향을 미쳤다.

〈선중팔책〉의 주요 내용은 다음과 같다.

"①천하의 정권을 조정에 봉환(奉還)하며, 모든 정령(政令)은 조정에서 내릴 것. ②상하의정국(上下議政國)을 설치하고 의원을 두며, 정무에 관한 모든 사항은 공의(公儀)에 부쳐 결정할 것. ③재능 있는 구게(公家: 궁정 귀족), 제후 및 천하의 인재를 고문(顧問)으로 삼아 관직(官爵)을 수여하고, 기존의 유명무실한 관직을 폐지할 것. ④외국과의 교섭은 널리 공의를 모아, 새로이 정한 합당한 규약에 따라 수행할 것. ⑤고래의 율령(律令)을 절충하고, 새로이 무궁한 대전(大典)을 선정할 것. ⑥해군을 확장할 것. ⑦어친병(御親兵)을 두어 제도

(帝都)를 지키게 할 것. ⑧금은물화(金銀物貨)의 가치는 외국의 가치와 일치시킬 것."

이와 같이 〈선중팔책〉은 천하의 형세를 살피고 정한 것으로 이를 만국에 공포한다. 이 조항을 새롭게 바꿀 때는 만사를 제쳐두고 해야 한다. 이를 단행하면 황운(皇運)을 회복하고 국세를 확장하여 만국과 병립할 수 있다. 공명정대의 도리를 기반으로 일대 영단으로 천하를 새롭게 한다.

료마의 〈선중팔책〉에는 의회 설치를 주장하는 등 급진적인 내용을 담고 있지만 도쿠가와 막부를 무력으로 타도하는 것이 아니라 조정의 신하로 대우한다는 내용도 담겨져 있다. 하지만 대정봉환 이후에도 모든 실권은 여전히 에도 막부가 쥐고 있기 때문에 무늬만 대정봉환일뿐 막부의 기만책에 불과하다고 지적되면서 막부와 삿초동맹 간 전쟁 조짐이 일기도 했다.

도사 번의 참정(參政)이었던 고토 쇼지로는 료마의 〈선중팔책〉은 천하대란을 막을 수 있는 묘책으로, 도사 번이 양측을 중재할 수만 있다면 도사 번의 위상이 높아질 것이라고 보고 도사번주 야마우치 요도(山內容堂)에 보고했다. 도사 번주는 사카모토 료마와 고토 쇼지로의 의견을 받아들여 대정봉환을 도쿠가와 막부에 건의하였고, 막부는 이를 받아들여 도쿠가와 막부의 일본 통치를 끝내게 된다. 료마의 〈선중팔책〉은 에도 막부가 평화적으로 통치권을 이양할 수 있는 계기가 되었다.

〈신정부강령팔책(新政府綱領八策)〉은 사카모토 료마가 게이오 3년(1867년) 11월에 제시한 메이지 유신 이후의 신정부 설립을 위한 정치 강령이었다. 현재 료마의 필사본 2매가 잔존하고 있다. 이 2매는 각각 일본의 국립국회도서관과 시모노세키 시립 역사박물관에 소장되어 있다.

〈신정부강령팔책〉의 내용은 "①일본 국내의 유능한 인재들을 초빙하여 참의(參議)로 임명할 것. ②유능한 제후들을 선발하여 조정의 요직을 맡기고,

무의미한 직책들은 폐지할 것. ③외국과의 교류는 심사숙고한 후에 실행할 것. ④법령과 법규를 제정할 것, 새로운 법전이 하자기 없다는 판단 하에 승인되면, 제후들은 이를 준수함과 동시에 수하에게 이를 보완해 나가도록 할 것. ⑤상하 양원으로 구성된 의사원을 설치할 것. ⑥육군성과 해군성을 설치할 것. ⑦어친병(御親兵)을 설치할 것. ⑧황국의 금의 가치를 평가하는 기준은 국제 관행과 일치되도록 할 것. 이들 팔책을 적은 다음, 다음과 같은 다짐도 들어가 있다. 즉 "위의 내용을 사전에 2, 3명의 안목 있는 자들과 의논하여 정하고 제후회맹의 날을 기다리고…○○○ 스스로 맹주로 나서서 이 안을 조정에 올려 천하 만민에게 공포하며…강하게 저항하여 무례하게 공의를 어기는 자는 단연히 정토하며 권문귀족이라도 예외가 없다"로 되어 있다.

이는 〈신정부강령팔책〉은 〈선중팔책〉과 내용이 거의 유사하다. 〈선중팔책〉과 가장 큰 차이는 "…○○○ 스스로 맹주로 나서서, 이 안을 조정에 올려 천하 만민에게 공포하며…"에서 ○○○이 누구를 지칭하는 지가 분명하지 않다는 점이다. 이에 대해 여러 가지 주장이 있지만, 읽는 사람들이 자유롭게 이름을 넣어서 읽을 수 있게 하였다고 받아들여지고 있다. 〈신정부강령팔책〉은 일본이 메이지 유신을 거쳐 근대국가로 발전하는 기틀이 되었다.

대정봉환으로 근대 국가의 기틀을 세우다

사카모토 료마는 뛰어난 협상력으로 평화로운 대정봉환(大政奉還)을 이루는데 결정적인 역할을 했다. 대정봉환은 에도막부의 쇼군이었던 도쿠가와 요시노부(德川慶喜)가 천황에게 국가 통치권을 평화적으로 반납한 것을 말한다. 당시 일본에서는 강력한 통치권을 행사하던 막부에 대해 불만이 점차 쌓여 있었고, 서구 열강들은 무력으로 개방을 요구하기 시작했다. 막부는 존왕왕이를 대표하는 조슈번을 제대로 정벌하지 못하자 권위가 땅에 떨어졌으며, 막부(쇼군)의 신임을 제대로 받지 못했던 변방의 번들이 막부를 무너뜨리려는 분위기가 고조되기 시작했다.

이때 료마는 세력이 약해지고 권위가 떨어진 에도 막부에게 천황에게 통치권을 반납하게 하는 대정봉환을 주도했다. 이를 받아들인 쇼군 도쿠가와 요시노부는 1867년 10월 14일 니조성(二条城)에서 대정봉환에 동의하였다. 니조성은 일본에서 권력을 잡은 도쿠가와 이에야스의 명령으로 1603년에 완공되었다. 도쿠가와 이에야스가 교토를 방문할 때 머무르는 성으로 지어졌는데, 천황으로부터 쇼군으로 임명받고 축하연을 벌이기도 했다. 이로써 무사 정권인 가마쿠라 막부(鎌倉幕府)가 일본을 통치한 이후 675년 간 이어오던 막부 시대가 끝나게 되었다. 1603년에 시작된 에도막부는 265년을 통치하다가 1868년에 무너졌다.

에도막부의 15대이자 마지막 쇼군 도쿠가와 요시노부(德川慶喜)는 삿초 동맹군이 무력으로 막부를 쓰러뜨릴 것으로 예상하였다. 1867년 10월 당시 16세였던 메이지 천황(明治天皇)에게 이제까지 쇼군이 천황을 대신해 행사해 오던 통치권을 반환하기로 하고 천황의 승인을 받았다. 대정봉환(大政奉還)이 이루어진 것이다. 하지만 요시노부는 당시 천황(조정)은 능력이 없다고 판단하고 제후회의를 통해 에도막부에서 통치권을 유지하려고 하였다. 에도막부의 요시노부는 형식상 통치권을 넘겨주더라도 실질적인 권한을 잡으면 된다는 계산이었다.

에도막부는 힘이 약해졌지만 통치권을 천황에게 돌려준 뒤에도 새로운 정치제제에서 권력을 장악할 수 있다고 생각하였다. 그렇지만 대정봉환이 이루어진 후에 제후회의는 더 이상 열리지 않았다. 게다가 요시노부는 총

리직을 원하였는데 비해, 삿초동맹은 통치권을 모두 반환할 것을 요구하는 등으로 대정봉환이 지지부진해지고 있었다. 1867년 12월 9일 삿초동맹은 교토 왕궁의 출입을 막고 요시노부의 모든 통치권을 천황에게 돌려준다는 〈왕정복고 대호령(王政復古の大号令)〉을 발표하였다. 막부 체제를 폐지하고 천황체제로 돌아간다는 것이었다.

대정봉환이 이루어지고 한 달 후 료마는 자객에 의해 살해되었으나 새로운 정부체제 수립은 그의 구상대로 진행되었다. 이후 메이지 유신(明治維新)으로 1889년 일본 제국 헌법이 공포되었고 1890년 일본 제국의회가 개원하여 일본은 민주적인 입헌군주제로 바뀌었다. 대정봉환은 일본이 막부 중심의 정치체제에서 천황 중심의 입헌의회주의로 나가는 전환점이 되었다.

대정봉환은 왕정복고이면서도 봉건제도를 혁파하고 아시아 국가에서 처음으로 근대 민주국가를 뿌리내리게 하였다. 대정봉환은 사실상 막부체제의 종말과 메이지 유신의 시작을 알리는 신호탄이었다. 삿초동맹을 시작으로 이루어진 메이지 유신은 정부 직제와 행정구역을 개편을 하고, 학제와 징병제, 토지제, 신분제 개혁에서부터 우편, 철도, 전신망 정비를 넘어 화폐(엔화) 도입, 일본은행 설립, 헌법 공포까지 거침없이 나아갔다. 일본은 대정봉환 이후 불과 20여년 만에 중세 막부체제에서 근대국가로 변신했다.

료마는 가메야마 샤츄, 삿초동맹, 대정봉환 등을 주도하여 막부가 통치권을 돌려주고 천황중심의 국가로 가는데 결정적인 역할을 했다. 이러한 것들은 료마의 독창적인 아이디어가 아니라고 주장되기도 한다. 당시 막부와 번에서 중책을 맡고 있던 관리, 지식인 등이 일본은 개화가 필요하다고 생각하고 있었다. 이들이 반발과 후환이 두려워 실행하지 못한 것을 탈번을 한 하급무사가 목숨 걸고 과감하게 실천한 것이다. 료마는 대정봉환을 통한 천황중심의 국가라는 대업을 위해서 죽음을 두려워하지 않았다. 새로운 국가 시스템으로 만들면서 자신의 이익은 고려하지 않은 혁명가였다. 역사적으로 혁명주체가 혁명의 과실을 마다하는 경우는 아주 드물다. 이런 의미에서 대정봉환은 더 위대해 보인다.

료마, 일본 역사상 가장 존경받다

위기에 처한 일본을 구한 구세주 사카모토 료마의 좌우명은 "나는 어제의 내가 아니다"였다. 일본 역사에서 최대 성공작인 메이지 유신을 완성시킨 인물로 국가발전이라는 뚜렷한 비전을 가지고 대정봉환이라는 큰 변혁을 이룩하는 데 커다란 기여를 한 인물이었다. 놀라울 정도로 유연한 두뇌와 강한 인내력이 뒷받침된 실천력으로 일본을 '세탁'하고 근대라는 새로운 역사의 장을 연 평화적 혁명의 투사였다. 하급무사 사카모토 료마는 천황을 중심으로 하는 근대국가 수립을 위해서 유연한 사고와 능숙한 협상력으로 사쓰마번(薩摩藩)과 조슈번(長州藩)의 동맹 및 막부와 번의 통일을 성사시켰다. 대정봉환을 주도하여 실질적으로 일본 근대화를 이끈 인물이었는데 그가 명치유신(明治維新)을 통해 중앙집권적인 근대국가 발판 마련한 명치유신의 성사를 이끈 기간은 고작 4년(1863~1867)에 불과하였다.

막부와 천황 간 개국이냐 양이냐를 놓고 국론이 분열되고 있는 가운데, 료마는 일본의 부국강병을 위한 전략을 구상하고 개혁 이후의 정치체제를 고민하였다. 료마는 자신의 행동이 잘못되었다는 사실을 깨달으면 깨끗이 포기하고 변화를 모색하는 개방적인 사고를 지녔다. 자신이 처한 상황에 관계없이 한 번 선택한 일은 최선을 다해 적극적으로 실행에 옮겼다. 그리고 사물의 핵심을 파악할 수 있는 역량을 지니고 있었으며 미래를 내다 볼 줄 알았다. 료마는 우수한 인재들과 만나서 자신의 의지를 밝히고 관철시키면서 끊임없이 자신의 생각을 바꾸고 계획을 발전시켰다. 료마의 진면목은 그의 부드러운 겉모습에 있는 것이 아니라 국가의 대업을 위해 목숨을 걸고 헌신했다는데 있다.

료마는 1867년 12월 10일 메이지 천황이 '왕정복고(1868)'를 선포하기 1년 전, 교토의 한 여관에서 괴한의 습격으로 사망하였다. 그는 짧은 생을 살다 갔으나 역사적 전환기에 있던 일본이 어떤 길로 가야 하는지? 그리고 그 시대를 살아가는 사람들의 사명이 무엇인지? 등을 확실히 알고 실천했던 인물이다. 료마는 변혁기에 일본이 나아가야 할 길을 열고 미래 비전을 제시하는 데 핵심 역할을 한 인물로 영웅으로 추앙받고 있다. 그는 아시아의 변방이자 봉건국가인 일본이 메이지 유신을 단행하여 아시아에서 최초로 근대국가로 발전할 수 있는 기반을 마련하는데 크게 기여하였다. 일본이 근대화를 통해 세계 중심국가로 우뚝 설 수 있었던 것은 료마의 지대한 공헌 덕분이다.

오늘날 일본 국민에게 역사적으로 가장 존경하는 인물을 꼽으라고 하면 많은 사람들이 료마를 떠올린다. 그는 쇼군도 천황도 아니었고, 유명 정치인도 아니었다. 31세에 자객의 칼에 암살된 무명의 하급 무사에 불과했다. 젊은 나이에 요절한 하급무사였지만, 그는 일본이 격동기에 근대화라는 길로 갈 수 있게 인도한 영웅으로 간주된다. 료마는 에도막부의 통치권을 평화롭게 이양하게 하여 일본을 열강의 나라로 발전할 수 있게 한 역사적 계기, 즉 메이지 유신의 단초를 연 사람으로 기억하기 때문이다.

료마의 위대함은 근왕이냐 좌막이냐, 또는 개국이냐 양이냐 하는 국론분열의 와중에서 혁명에 이르는 전략구상과 혁명 이후의 정치체제에 대해 완벽한 프로그램을 보유하고 있었다는데 있다. 자신의 행동이 잘못되었다는 사실을 깨달으면 깨끗이 포기하고 변화를 모색하였다. 자신이 놓여 있는 상황에는 매우 열중하여 한 번 선택한 일에는 최선을 다해 적극적으로 실행에 옮겼다. 단적으로 사물의 핵심을 파악할 수 있는 시정신(詩精神)을 지녀 우수한 인재들과의 만남으로 인해 품은 의지가 관철되었고 끊임없이 우수한 인재들을 만나는 것에 의해 자신의 발상이 연마되었다. 료마의 진면목은 그의 부드러운 겉모습에 있는 것이 아니라 그가 일본 역사에서 대업을 이룩한 진정한 실력에 있었다. 료마는 서책과 자료에 의지하지 않고 천부적인 육감과 정보에 의지하여 다가오는 근대자본주의 경제를 예측하고 있기도 하였다.

일본의 소프트뱅크의 손정의(孫正義) 회장은 중학교 때부터 료마를 숭배하며 마음속으로 따라 배우기를 했다고 할 만큼 료마는 일본인들에게도 크나큰 영향을 남기고 있다. 그는 막부와의 내전에서 앞장서 전투에 나간 적도 없다. 그렇다고 선 굵은 정객이라고 칭하기에는 그의 생애가 너무 짧아 무엇인가 부족한 면이 있다. 그는 짧은 삶을 살았지만 역사적 전환기에 있던 일본이 어떤 길로 가야 하는지, 그리고 그 시대를 살아가는 사람들의 사명이 무엇인지를 분명하게 보여준 인물이다. 전환의 시대에 일본의 미래 비전을 제시하는 데 중요한 디딤돌 역할을 한 영웅으로 기억되고 있는 것이다.

료마가 많은 일본인들로부터 여전히 존경받고 있는 또 다른 이유는 료마의 보잘 것 없는 출신 성분 때문이라고 할 수 있다. 료마는 비교적 부유한 무사집안에서 태어났으나 하급 사무라이 출신이었다. 료마는 상급 사무라이들이 신는 게타(下駄)가 아니라 짚신(草鞋)을 신어야 하는 하급무사였다. 당시 신분차별이 심했던 무사 생활을 하면서 국가의 미래를 고민하고 나아가야 할 길을 앞장서서 실행하였다. 이처럼 료마는 하급무사였음에도 불구하고 에도 막부에 의해 260여 년 간 통치되던 봉건제도를 타파하고 천황중심의 새로운 정부를 수립하고 근대국가로 발전할 수 있는 발판을 마련했다.

료마는 여전히 존경받고 있다.

사카모토 료마가 즐겨 읽은 책들과 저술한 책들

료마의 삶과 메이지 유신 과정에서의 그의 역할을 제대로 알린 사람은 《사카모토 료마와 메이지 유신(Sakamoto Ryoma and Meiji Restoration)》을 1961년에 집필한 네덜란드계 미국인 동양사학자 마리우스 B. 잰슨(Marius B. Jansen) 교수이다. 제2차 세계대전 이전의 일본 제국에서 사카모토 료마는 그다지 높은 평가를 받지 못했다. 료마의 이미지 형성에 결정적인 역할을 한 것은 일본의 인기 대중소설가인 시바 료타로가 쓴《료마가 간다》덕분이다. 시바 료타로가 소설《료마가 간다》를 쓰면서 모티브를 얻고 결정적으로 참고했던 책이 마리우스 B. 잰슨의《사카모토 료마와 메이지 유신》이다. 료타로의 소설《료마가 간다》는 1962년 6월부터 1966년 5월까지 산케이신문에 연재되었다.

사카모토 료마는 주로 정치, 군사, 철학, 서양 과학과 기술에 관련된 책들을 즐겨 읽었다. 그가 즐겨 읽었던 주요 책들은 유교 경전과 일본 고전으로《손자병법(孫子兵法)》과 더불어 일본 사무라이들의 윤리와 도덕을 다룬《무가도(武家道)》였다. 서양 서적으로는 〈미국 독립 선언서(The Declaration of Independence)〉에 큰 관심을 가졌고 월터 배젓(Walter Bagehot)이 쓴《영국 헌법(The English Constitution)》을 통해 영국의 정치 제도와 헌법을 이해하고 일본의 정치 개혁을 구상하는 데 도움을 받았다. 군사 및 해군 관련 서적에도 관심을 가졌는데 료마는 해군에 관심이 많았으며, 네덜란드를 통해 들어온 서양의 해군 전략과 기술을 다룬 책들을 탐독했다.

사카모토 료마는 주로 편지와 짧은 글을 통해 자신의 사상과 계획을 동료들과 나눴고, 자신의 생각을 표현했다. 그가 쓴 편지에 나타나 있는 그의 낙천적이고 자신감 넘치는 태도는, 일본인이 마음속으로부터 갈구한 메이지 유신 지사의 이미지와도 무척이나 잘 들어맞았다. 그의 재빠른 기지와 실행력, 지위와 권력 그리고 금전에 연연해하지 않았던 태도, 위기에 처해서도 냉정함과 침착함을 잃지 않았던 성품에 대한 수많은 이야기들은 글을 지용(智勇)을 겸비한 영웅으로 거듭나도록 하는 데 손색이 없었다.

료마와 그와 뜻을 같이 하는 지사들의 공동 작품인 〈선중팔책(船中八策)〉은 에도막부 말기이자 메이지 유신 직전인 1867년 11월에 료마가 에도로 가는 배 위에서 쓴 일본의 메이지 유신을 위한 정책 제안서로, 새로운 국가를 세우는데 필요한 구상들이다. 그의 개인적인 생각을 이해하는 데 중요한 자료이다. 《가이엔타이(海援隊)》는 료마가 창설한 해원대(海援隊)와 관련된 문서와 기록물들로, 그의 개혁 사상과 활동을 엿볼 수 있다. 료마의 일본 정치 개혁을 위한 대표작 《신정부강령팔책(新政府綱領八策)》은 1867년 12월에 발표되었다. 사카모토 료마가 신정부가 수립된 후의 방향성과 정책을 제시한 문서로, 이에는 일본의 근대화와 발전을 위한 제안이 담겨 있다.

잰슨 교수는 사카모토 료마 관련 자료로 《번론(藩論)》이라는 소책자를 소개하고 있다. 료마가 직접 쓴 책이 아니고 료마의 사상을 토대로 동지들이 기록한 미완성 저작물이라 한다. 《번론》은 유신으로 초래된 문제에 대한 일반적인 논의로 시작하면서 당시 일본이 처해 있던 시대적·역사적 맥락을 제대로 읽어 내는 자들은 찾아보기 어렵다는 견해도 덧붙였다. 계급의 높낮이를 불문하고 직접 민주주의적 대의제가 실시된다면 능력 있는 인물이 아닌 친분 있는 사람에게 표를 던질 것이라 하며 간접 민주주의적 대의제를 주장하였다.

잰슨 교수는 "료마가 《영장비기(英將祕記)》라는 책의 저자라는 설은 사실

과장된 측면이 많기는 하지만, 그가 얼마나 대중적인 사랑과 존경을 받았는가를 생생히 보여 주는 지표이기도 하다"고 평했다. 최초로 출간된 료마 전기는 1883년에 발간된 《일본 제일의 영웅, 사카모토 료마전》이다. 사실과 허구가 반반씩 섞여 있는 이 전기는 내용에서 "후학들의 재평가가 요구된다는 점도 있지만, 료마의 대중적인 이미지를 만들어 낸 최초의 계기였다는 점에서 그 의의를 찾을 수 있다"고 잰슨 교수는 평했다.

이러한 문서들은 비록 정치하고 자세한 내용을 갖지 못했으나 료마의 정치적 비전과 목표를 잘 보여준다. 료마는 자신의 사상과 비전을 실현하기 위해 다양한 글과 문서를 통해 동료들과 소통하였고, 이는 그의 혁명적 활동의 기반이 되었다.

사카모토 료마의 명언들

"사회를 변화·개혁시키려는 자는 먼저 자기 자신부터 변화·개혁시켜야 한다."

"눈앞에 있는 한 그루의 나무에만 얽매이지 않고 그 뒤에 펼쳐져 있는 숲과 더 멀리 있는 밀림을 바라본다."

"독서백편의자현(讀書百編義自顯), 즉 책을 백번 정도 집중하여 읽으면 그 뜻이 저절로 드러나 알게 된다."

"검술은 한 명의 적을 상대할 뿐이다. 그러나 여러 사람과 상대하는 천하에 뜻을 둔 자라면 반드시 가와다 선생님의 말씀처럼 해운업을 일으켜야 한다."

"나는 조국을 위해 상선을 꾸려 세계를 누비며 무역을 하겠다."

"저 간사한 관리들을 한 판 싸움으로 쳐 죽이고, 일본을 다시 한번 세탁해야 하겠소이다."

"지조만 높다면 장사꾼의 흉내를 내도 상관없다. 오히려 지구를 움직이고 있는 것은 사상이 아니라 경제다."

"난 하늘이 이 지상의 분규를 수습시키기 위해 나를 내려 보냈다고 생각하기 시작했어."

"재정 독립 없이는 사상의 독립이 없고 행동의 자유도 없다."

"남의 발자취와 업적을 사모하거나 남의 흉내를 내지마라. 석가도, 공자도, 중국의 제왕들도 모두 선례가 없는 독창적인 길을 걸었다."

"사람의 일생은 고작해야 50년 안팎이다. 일단 뜻을 품으면 그 뜻을 향하여 일이 진척되는 수단만을 취하고 모름지기 약한 마음을 먹어서는 안된다."

"조슈가 처벌받을 만한 행동을 했다고는 하지만, 외세의 손을 빌려 황국의 동포를 친다는 것은 있을 수 없는 일이다. 이것은 국체를 손상시키는 잘못된 일이다."

"나는 일본을 다시 태어나게 하고 싶을 뿐 다시 태어난 일본에서 영달을 취하고 싶은 마음은 추호도 없다."

"일이라는 것은 전부 해 버리면 안 된다. 8할까지면 족하다. 그러나 8할까지가 어려운 것이다. 나머지 2할은 누구라도 할 수가 있다. 그 2할은 남에게 할 수 있도록 하여 완성의 공을 양도한다. 그렇게 하지 않으면 대사업을 이룩할 수 없다."

"나는 관리가 되기 위해서 막부를 쓰러뜨린 것이 아니다. 대정봉환이 실현된 후에도 새 정부의 관리 따위는 하지 않겠다."

〈자료 1〉

쇼인, 료마, 유키치 시기 전후의 일본 연대기

1.서양문명의 일본 유입 세 원류
센고쿠(戰國)시대(15세기 중반부터 16세기 중반): 유럽문화의 일본 유입
메이지(明治)시대(1867~1912): 세계문화의 일본 유입
피점령(被占領)시대(1945~1952): 미국문화의 일본유입

2. 개화기 일본인들의 서양에 대한 정보 입수 세 경로
일본의 난학자(蘭學者: 네덜란드인들이 전한 학문)들에 의한 정보 입수

남부 중국에서 간행된 한문으로 된 서양 정보 입수

나가사키에 체류하는 네델란드 상관장이 매년 막부에 보내는 풍설서(風説書: 정보 보고서)에 의한 정보 입수

3. 명치유신 연대기

1549년: 하비에르(Xabier) 스페인 신부에 의한 서구문명의 전래

1771년: 스기타 겐파쿠(杉田玄白) 등의 해체신서(解體新書) 번역으로 난학(蘭學) 시작

1790년대: 서양 사람들이 일본에 오기 시작

1793년부터: 러시아가 탐험단을 세 차례 보냈으나 막부가 교류 거부

1807년: 러시아가 사할린의 일본인 거류지를 공격

1808년: 영국 군함 페이톤호가 나가사키(長崎)에 들어옴

1830년: 요시다 쇼인 탄생

1835년: 후쿠자와 유키치 탄생

1836년: 사카모토 료마 탄생,

1853년~1868년: 막부는 지속적으로 개혁 추진

안세이 개혁(安政改革, 1854~1859)

분큐 개혁(文久改革, 1861~1863)

게이오 개혁(慶應改革, 1865~1868)

1853년: 미국 페리(Matthew Perry) 해군 제독의 일본 방문과 개항 요구

1854년: 미국 페리 제독에 의한 강제 문호 개방

미국과 가나가와 조약을 맺고 시모타(下田)와 하코다테(函館)의 개항

1856년: 미국 초대 총영사 해리스 통상 설득

1859년: 요시다 쇼인 사망(29세)

1862년: 14명의 유학생을 네덜란드에 파견, 5년 동안 62명의 유학생 파견

1866년 3월: 막부의 공격에 대비 조슈와 사쓰마 협조 밀약

1867년: 사카모토 료마 사망(31세)

1867년 중엽: 조슈·사쓰마·도사 번을 장악한 도막파(倒幕派)의 막부의 종식
　　　과 천황 중심의 새로운 정부 수립 결정

1867년: 마지막 쇼군 도쿠가와 요시노부(德川慶喜) 퇴위,
　　　메이지 천황(明治天皇) 즉위에도 막부가 천황에게 국가 통치권을 돌
　　　려주는 대정봉환(大政奉還)

1868년 1월 3일: 메이지(明治)천황의 왕정복고 칙령 발표

1868년: 메이지유신, 바쿠후(幕府) 체제의 붕괴와 일본의 근대화 정책 발표

1868년: 새로 발족한 천황제 정부는 혁명적인 공경(公卿)과
　　　사쓰마·조슈·도사 등 서남 번의 혁명파 사무라이가 연합해 구성
　　　신정부는 출신 지역 간의 반목과 질시로 안정되지 못하였음

1869년 3월: 신정부 지도자들은 사쓰마·조슈·도사의 다이묘들을 설득하여
　　　영지를 관장하는 문서를 천황에게 바치도록 하였음

1860년대: 막부는 다섯 차례에 걸쳐 대규모 해외 사절단 파견
　　　총 290여 명이 미국, 유럽, 러시아 등을 방문

1871년 8월: 번의 폐지와 현을 설치하는 폐번치현(廢藩治縣)칙령을 발표

1872년: 일본 철도 개통과 교육 제도 개혁

1873년: 군제 개혁과 징병제 도입

1873년 10월: 정한론(征韓論)을 둘러싸고 지도층의 분열

1870년대 초: 오쿠보 도시미치와 이토 히로부미 등의 주도로 국가자본주의
　　　정책 추진

1875년: 500명이 넘는 외국인 전문가들이 일본에 왔음.

직책은 말할 것도 없고 당시 정부 고관에 버금가는 최상급 대우

1889년: 일본 제국 헌법 공포

1890년: 일본 제국의회의 개원

1894-1895년: 청일 전쟁

1901년: 후쿠자와 유키치 사망(66세)

1904-1905년: 러일 전쟁

1910: 한일병합 체결

1912년: 메이지 천황의 사망

▨ "료마"와 "료마가 간다"에 열광하는 이유는? ▨

일본 근대화의 아버지로 불리는 사카모토 료마(坂本龍馬)는 일본의 영웅이자 존경받는 지도자이다. 지난 몇 년간 료마는 일본에서 실시된 '일본 역사에서 가장 이상적인 지도자', '역사상 가장 존경하는 인물,' '총리로 가장 적합한 인물' 등의 여론조사에서 1위를 차지하고 있다. 그는 막부시대 말기 무사이자 서양 근대 문물을 적극적으로 수용한 선구자였으며, 일본 근대화의 길을 연 영웅으로 불린다. 하급무사 출신으로 32세에 암살당한 풍운아 료마는 일본인의 영웅이 되었다.

료마는 일본을 근대화시킨 선구자로 존경받지만, 일본 국민들에게 널리 알려지게 된 것은 1962년 소설가 시바 료타로(司馬遼太郎)가 《료마가 간다(竜馬がゆく)》라는 장편 소설을 통해서였다. 작가는 역사적 사실과 허구인 소설은 다르다고 설명했지만 독자들은 이를 받아들이지 않고 대리 만족을 느꼈다. 2010년 1월에 2,400만 부가 팔렸다고 하니, 인기가 얼마나 높았는지 알 수 있다.

"료마가 간다"는 1965년 4월 마이니치 방송(每日放送), 1968년 NHK 대하드라마, 1982년 TV도쿄, 1997년 1월 TBS, 2004년 TV도쿄 등에서 드라마 형태로 방영되었다. 특히 2010년에 NHK가 50부작 대하 드라마 '료마전'을 방영하면서 대히트를 기록하며 일본 사회를 들뜨게 하였다. 이외에도 료마를 주인공으로 다룬 만화가 10여 편, 영화가 20여 편 정도 나왔다.

손정의 소프트뱅크 회장은 료마를 자신의 롤 모델로 삼고 있으며, 간 나오토(菅直人) 전 총리는 내각을 출범하면서 료마와 같은 리더십을 강조하기도 했다. 많은 정치인들이 료마를 닮으려 한다. 최근에는 메이지 유신 최고의 공헌자인 료마의 행적을 따라가는 관광 상품도 등장하였다. 고향인 고치(高知)에서 교토, 교토에서 에도(도쿄), 고치에서 하기(萩), 나가사키에서 시모노세키, 구마모토와 가고시마 등 료마의 족적을 따라가는 답사 여행이 인기를 끌고 있다.

료마의 인기가 높은 데는 오늘날 일본이 처한 상황 때문이라고 주장되기도 한다.

일본 경제는 재정적자, 고령화, 환율 등으로 불확실하고 중국, 러시아 등 주변국과의 갈등을 제대로 대처하지 못했다는 여론이 일면서부터이다. 이러한 상황에서 료마의 유연한 사고, 뛰어난 협상력, 시대에 대한 통찰력과 판단력 등을 그리워한다는 것이다. 일본인들이 과감한 결단으로 일본의 역사를 새로 개척한 료마와 같은 지도자를 기대하고 있음을 나타낸다.

II

위기관리의 지도자와 명참모

워싱턴 DC 링컨 기념관에 있는 링컨 대통령 동상

6 | 분열 직전의 미국을 통합시킨 에이브러햄 링컨

영원히 사랑받고 존경받는 지도자

에이브러햄 링컨(Abraham Lincoln, 1809~1865)은 미국의 제16대 대통령(1861~1865)이다. 링컨 대통령은 미국인들이 가장 존경하는 지도자이다. 미국에는 역대 대통령 모두에 대해 평가를 하고 순위를 매겨 발표하는 기관들이 다수 있다. 명망 있는 갤럽(Gallop), 미국의 케이블 TV사 C-SPAN, 라이딩스 멕아이브(Ridings-McIver), 퓨리서치(Pew Research) 등의 대표적 기관들이 2020년 이후 발표한 모든 조사에서 링컨 대통령은 역대 46명의 대통령 중 인기도 순위에서 언제나 단연 1위를 차지하였다. 링컨은 미국인 모두가 인정하고 가장 존경하는 최고의 위대한 대통령이다. 남북 전쟁 당시 남부연합의 대통령으로서 링컨 대통령의 최고의 라이벌이었던 제퍼슨 데이비스(Jefferson Davis)조차도 링컨을 존경해 마지않았다.

왜 링컨이 미국 역사상 가장 위대한 대통령으로 평가되고 있는가? 링컨은 대통령으로서의 훌륭한 자질 측면과 사적으로 공적으로 어려운 상황에서 위기를 극복해 내는 그의 인간성 측면, 두 측면이 남달랐다. 지도자 평가

기준으로 열거되는 리더십, 업적 및 위기관리 능력, 정치력, 인사 및 용인술, 성격과 도덕성 등 모든 면에서 링컨은 단연 탁월했다.

링컨은 가난한 집안에서 태어나 먹고살기 위해서 노동을 하였기 때문에 학교 교육은 거의 받지 못했다. 농장 일을 하면서 '짬짬이' 학교에 다녀도 된다고 허락받은 그의 학력은 평생 정식으로 학교에 다닌 것은 7~15세 사이에 다닌 기간 모두를 합쳐도 12개월에 불과했다. 생계를 위해 힘든 일을 하면서도 책읽기를 좋아하였다. 그는 모든 지식을 독학으로 얻었다. 책이 그의 학원이자 대학이었다. 1837년 독학으로 변호사 시험에 합격하여 변호사가 되어 스프링필드(Springfield)에서 개업하였으며, 1834~41년 일리노이주 의회 의원으로 활약했다.

1847년 연방 하원의원으로 당선되었으나, 미국-멕시코전쟁에 반대하다가 인기가 떨어져 하원의원직에서 물러나서 변호사 생활로 되돌아갔다. 1850년대 들어 노예문제가 전국적인 문제로 크게 고조되자 정계로 복귀하기로 결심하고, 1856년 노예 반대를 표방하여 결성된 공화당에 입당하였다. 그해 대통령 선거전에서 공화당 후보를 응원함으로써 링컨의 웅변 실력이 널리 알려지게 되었다.

링컨은 수많은 실패와 좌절, 파란만장한 삶을 살면서도 희망의 끈을 놓지 않고 불굴의 의지로 대통령이 되었다. 링컨은 미국의 운명을 바꾼 위대한 대통령이었고 레이건은 세계의 운명을 바꾼 위대한 대통령이었다.

링컨 대통령은 남북전쟁(Civil War)에서 북부를 이끌어 승리하여 하마터면 분단국가가 될 뻔한 미국을 통합시키고 노예제도를 폐지시켰다. 하지만 대통령 임기 내내 그는 힘든 인고의 시간을 보내야만 했다. 대통령 취임 후 3개월 만인 1861년 4월 남북전쟁이 시작돼어 끝날 때까지 4년 동안 온갖 내우외환을 겪었다. 남북전쟁을 둘러싼 정치·사회·경제적 갈등 외에도 흑수저 출신이라는 질시와 조롱, 내각 장관들의 불복종, 무능하고 충성심 없는 장군들, 연방의회 의원들의 복잡한 이해관계 등으로 많은 어려움에 시달려야만 했다.

하지만 그는 꿈을 실현하기 위해서 물러설 줄 알고 기다릴 줄도 아는 현명한 지도자였다. 링컨은 분열 직전의 나라를 미합중국이라는 거대한 국가로 통합시켰다. 특히 1863년 11월 게티즈버그(Gettysburg) 국립묘지 설립 기념식에서 한 연설은 2분의 짧은 연설이었으나, 미국의 전통인 자유주의 곧 자유, 평등, 민주주의에 대한 상징이 되었다.

링컨 대통령이 오늘날에도 많은 미국인들로부터 존경받고 있는 것은 극심한 가난 속에서도 희망을 잃지 않았으며, 굳은 의지로 수많은 실패를 극복하여 자신의 꿈을 이루었다는 점 때문이다. 게다가 링컨 대통령의 리더십이 오늘날에도 널리 회자(膾炙)되고 있는 것은, 링컨은 진실하며 도덕성을 갖추었고 정직하였으며, 진정성과 탁월한 소통 능력을 갖추었으며, 반대파를 자신의 사람으로 만들 줄 아는 포용력을 지녔으며, 국민들에게 노예해방이라는 확실한 비전을 제시하고 투철한 사명감을 지녔기 때문이다.

링컨은 대통령으로서의 자신의 자세와 주장을 대통령으로서 "단순하지만 오직 한 가지 책임"은 미국인들이 만들어온 연방을 "보존하고, 보호하며, 방어하는 것"이라고 밝혔다. 미연방이야말로 "세계에서 유사하거나 더 나은 것"이 없는 미국인들의 자부심이라고 강조하며 그는 노예문제가 도덕 이전에 미국의 정체성에 관한 문제라고 확신하였기에 대통령에 출마하였고 이러한 자신의 자세와 주장을 지키고 관철하기 위해 온갖 어려움을 감내하였다.

미국인 중에서 링컨보다 더 많이 연구되고, 글들이 지어지고, 신화화되고, 칭송된 사람은 없다고 한다. 링컨에 관한 전기는 1만 종류가 넘으며, 매년 수십 종이 추가된다고 한다. 최고의 권위를 자랑하는 역사학자들 중 적지 않은 수가 링컨의 생애를 구석구석 파헤치고 훑는 일에 막대한 노력을 기울였다. 대부분의 역사가들이 링컨을 역대 최고의 대통령으로 꼽는다. 링컨의 생애는 가치 있는 읽을거리가 담겨있는 보물 상자이다.

링컨은 그의 세대에서, 아니 어쩌면, 모든 세대에서 최고의 문장가였다. 그가 읽은 몇 권의 유명한 고전이 완전히 그의 피와 살이 되었기 때문이었다. 그는 책을 읽지 않은 사람들을 빗대어 "나는 어제보다 오늘 좀 더 현명하지 않는 사람은 존경하지 않는다"라고 까지 말했다. 그는 매우 많은 글을 남겼다. 그는 편지, 연설문, 정부 공문서 등을 특별히 공들여 썼고, 단어 하나 문구 하나까지 다듬고 손보기를 거듭해서 자신의 뜻을 가장 올바로 나타내게끔 했다고 한다.

링컨 대통령은 1865년 4월 14일 극장에서 연극을 관람하던 중, 남부 출신의 지독한 인종차별주의자의 총에 맞아 사망하였다. 당시 링컨은 56세로 대통령으로 재임한 기간은 4년 1개월이었다.

어려움과 난관을 극복하고 대통령이 되다

링컨은 1809년 2월 캔터키(Kentucky) 주에서 가난한 농부의 아들로 태어났다. 집안이 워낙 가난한데다가 식구도 많아서 남의 농장에서 일을 해야만 했다. 당시 링컨의 가난했던 생활은 그가 해방시킨 노예들의 생활보다 더 끔찍했다. 워낙 시골이고 가난하다 보니까 링컨이 받은 정규 학교 교육은 12개월에 불과하였다. 하지만 책읽기를 좋아해서 틈틈이 많은 책을 읽었다. 어머니 낸시 행크스는 어린 링컨에게 성경을 읽어주고, 읽고 쓰는 법을 가르쳤으며, 진심 어린 사랑으로 돌본 현명하고 자애로운 어머니였다.

그의 독서는 어머님의 지도에 따른 것이었다. 독서가 한 번도 꿈꾸지 못했던 새로운 미지의 세상으로의 문을 열어주어 그를 변화시켰을 뿐 아니라, 시야를 넓혀주었으며, 비전을 가져다주었다. 부잣집에 일하러 간 어머님은 주인집의 책을 빌려와 아들 링컨에게 건넸고, 그는 그 책들을 마구 읽었다. 링컨은 어머니에 대한 존경이 대단했는데, "내가 이룬 모든 것, 그리고 앞으로 내가 이룰 수 있는 모든 것이 다 어머니 덕분이라네"라고 했다. 링컨의 어머님은 전염병으로 자신의 나이 35세, 링컨의 나이 12세에 타계하셨다. 링컨은 새 어머니를 맞이하게 되는데 다행히도 새어머니 사라 부시 존스턴은 링컨을 친자식처럼 사랑하며 그의 재능을 알아보고 제대로 가르치기 위해 최선의 노력을 다했다.

링컨의 아버지 토머스 링컨은 글을 읽을 줄 몰랐다. 그러나 그는 재치 있는 이야기꾼이었다. 남달리 흉내를 잘 냈고 남이 들려준 이야기를 기막힐 정도로 잘 외웠으며, 밤마다 손님이나 이웃들과 이야기 나누는 것을 좋아했다. 이런 아버지의 영향 때문이었는지 링컨은 어른들에게 들은 이야기를 흥미롭게 각색해 친구들에게 들려주어 넋을 빼놓곤 했다. 링컨은 이런 이야기꾼으로서의 자질에 더해 '전설적인 독서욕'으로 닥치는 대로 책을 읽는 아이이자 젊은이였다. 새어머니는 그런 링컨을 방해하지 않기 위해 특별히 배려하고, 스스로 그만둘 때까지 계속 책을 읽을 수 있는 분위기를 만들어주었다.

스물두 살 때 집을 떠난 링컨은 생계를 위해 가게 점원, 뱃사공, 장사꾼, 측량기사, 프로레슬러, 편지 나르는 우체국장 등을 전전했다. 링컨은 잡화점에서 성실하고 정직하게 일하면서 주위 사람들로부터 인정 받아가며 조금씩 안정된 생활을 하기도 했다. 하지만 두 번의 사업 실패로 상당 기간 빚에 쪼들리기도 하였다. 일하면서도 책을 손에서 놓지 않았고 지독한 열성으로 주경야독했다. 스물다섯 살 때 법조인이 되기로 결심한 이후에도 링컨은 철저히 독학할 수밖에 없었다. 그는 나중에 법조인을 지망하는 젊은 이에게 "책을 구해서 읽고 공부하게. 책을 이해할 줄 아는 능력은 어디서나 다 똑같네. 성공하고야 말겠다는 결심이 그 무엇보다 중요하다는 것을 늘 마음에 새겨두게"라고 조언했다. 성공하겠다는 굳은 결심과 의욕, 그리고 엄청난 지식욕과 독서욕이 젊은 링컨이 지닌 단 두 가지 자산이었던 셈이다.

사회적으로 불우한 사람들의 처지를 잘 알고 있으며, 성실하고 정직한 링컨에게 주위 사람들은 정치를 권유하였다. 링컨은 정치가 불우한 사람을 도울 수 있는 가장 좋은 수단이라고 판단하고 정치인이 되기로 결심하였다. 그는 변호사 자격을 취득하기(1837년 취득 및 개업) 전인 1832년에 생가면 카운티에서 주 의회 의원 후보로 출마했다가 낙선했고, 결국 2년 뒤에 다시 출마해 일리노이(Illinois)주 의원 선거에서 당선되면서 정계에 입문했다. 25세부터 32세까지 8년 동안 일리노이주 하원의원으로 활동했다. 돈이 없어서 의회에 첫 등원할 때는 입을 옷을 사기 위해 링컨은 돈을 빌려야 했고 침대도 외상으로 사야했다. 링컨이 모범으로 삼은 인물은 토머스 제퍼슨 대통령이었다. 기질 면에서도 이해 측면에서도 조지 워싱턴 대통령보다는 제퍼슨에 더 마음이 이끌렸다.

링컨은 의원으로 일하면서 세상은 강자에게만 유리하다는 사실을 깨닫고 가난하고 힘없는 사람들을 돕기 위해서 변호사가 되기로 하였다. 명문대 출신도 합격하기 어려운 변호사 시험을 독학으로 공부하여 1837년 28세에 합격하였다. 변호사가 된 링컨은 많은 사람들을 도울 수 있었으나 볼품없는 학벌, 집안 배경 등으로는 정치인으로 성공할 수 있는 여건이 안 되었다.

링컨은 정치적으로 야심을 가진 부유한 집안의 딸 메리 토드(Mary Todd)와 1842년에 결혼하였는데, 링컨은 결혼식장에 모습을 드러내지 않았다. 링컨의 결혼 생활은 아주 불행했다. "링컨 생애의 가장 큰 비극은 암살을 당한 게 아니라 그의 결혼생활이었다"라는 말이 있을 정도였다. 링컨의 아내는 '남편에게 으르렁거리는 여자였고, 천박한 바보였고, 경제관념이 없었고, 잔소리가 심한 여자였다.' 링컨은 23년 동안 매일 불행한 결혼 생활을 하면서도 남북전쟁과 노예해방을 위해 고군분투하였다. 미국 역사상 링컨 대통령만큼 존경 받고 사랑 받은 사람은 없었다. 그리고 아마도 미국 역사상 링컨의 아내만큼 지독하게 비난 받은 여인도 없었을 것이다.

부인 메리 토드와의 불화가 끊이지 않았음에도 불구하고 링컨이 일리노이주 의원이 되고 연방 하원의원과 상원의원이 될 수 있었던 것은 그녀와 친정에서 크고 작은 도움을 주었기 때문이었다. 링컨의 부인은 처녀 시절부터 정치적 야심이 매우 커서 주위 사람들에게 "나는 남편을 미국 대통령으로 만들거야"라고 말하곤 했다고 한다.

1846년에 링컨은 연방하원 의원에 당선되었다. 선거가 끝난 뒤 공화당에서 받은 선거자금 200달러에서 199달러 25센트를 반납했다. 링컨은 말을 타고 선거운동을 하고 식사는 친구 집에서 했기에 선거비용이 필요 없었다. 선거비용으로 지출한 것은 어느 농부가 마실 것을 사 달라고 간청해서 선거비용 중에서 75센트를 주고 사이다를 사 준 것이 유일하다. 하지만 링컨은 약소국인 멕시코와의 전쟁을 벌인 정부를 비난하자 보수 세력들로부터 미움을 받아 재선에서 실패하였다.

1854년 노예제도를 반대하던 사람들이 모여서 공화당을 창당하였는데, 링컨도 참여하여 노예해방을 위해 본격적으로 활동하였다. 링컨은 1858년 일리노이주 연방 상원의원에 출마했는데, 당시 작은 거인으로 알려진 민주당의 거물인 스티븐 더글러스와 맞붙었다. 링컨은 노예제도가 얼마나 비윤리적인지를 알리려고 더글러스 후보에게 공개토론을 제안하였다. 더글러스는 노예제도는 농장주의 재산이므로 노예제도를 폐지하는 것은 국민의 재산을 빼앗는 것과 같다고 주장하였다. 이에 대해 링컨은 독립 선언문을 인용하며 노예제도는 악의 제도이므로 폐지해야 한다고 주장하였다. 그러나 링컨은 열광적인 노예 폐지론자는 아니었다.

두 사람은 해박한 법률 지식과 명쾌한 논리로 설전했지만 결론이 나지 않았다. 두 사람이 7회에 걸쳐 벌였던 수준 높은 토론이 전국적으로 화제를 모으면서 링컨의 명성이 알려지기 시작하였다. 당시 노예제도를 놓고 더글러스와 벌인 논쟁은 미국의 정치사에 가장 유명한 토론으로 평가된다. 더글러스는 노예제도에 대해 주민의 자의적인 결정이 옳다고 주장했으며, 링컨은 연방의회가 권한을 가져야 한다고 주장했다. 일곱 차례에 걸쳐 이루어진 이 토론은 '링컨-더글러스 토론'으로 회자되었다. 링컨은 선거에서 더글러스에 근소한 차이로 패했지만 공화당의 간판스타가 되었다. 선거 패배후 뷰캐넌 대통령이 오리곤의 주지사 자리를 제의했는데 거절하고, 링컨은 정의를 앞세우며 정치에도 계속 관여하는 순회 변호사로 소일했다. 그 과정에서 링컨은 부인이 만족할 만큼의 돈도 벌고 그간 쌓인 빚도 청산했다.

1860년 링컨은 대선에 출마하기 위해 공화당 후보 경선에 참가했다. 당시 당내에서 유력한 경선 후보자였던 뉴욕의 상원의원인 윌리엄 수어드(W. H. Seward)가 쉽게 승리할 것으로 예상했다. 당시에는 대부분의 사람들은 후보의 영광이 뉴욕 주지사 출신의 미남형 외모를 한 수어드나 오하이오 현직 주지사인 체이스에게 돌아갈 것이라고 생각했다. 하지만 경선이 계속될수록 링컨의 정직하고 솔직하면서 탁월한 소통 능력과 인간적 매력에 호감을 느낀 사람들이 늘어나면서 기적 같은 대역전이 일어났다.

공화당 후보 링컨은 민주당의 스티븐 더글러스와 대선에서 다시 맞붙었다. 북부의 산업 자본가들은 노예해방과 보호무역을 내세운 링컨을 적극 후원하였다. 하지만 링컨의 지지율은 그리 높지 않았다. 사실은 더글라스가 링컨을 백악관으로 보낸 장본인이다. 왜냐하면 더글러스는 민주당을 분열시켜 세 명의 후보가 링컨을 상대로 싸우게 했기 때문이다. 링컨은 민주당이 분열되면서 손쉽게 승리할 줄 알았으나 대통령 당선자 득표율(39%)이 40%를 넘지 않았다. 미국 선거사상 유일한 대선 득표율이었다. 링컨이 남부에서 얻은 표는 2만 4천표에 불과했다. 링컨은 일반투표에서 39%를 획득했지만, 선거인단 선거에서 압승을 함으로써 대통령에 당선되었다. 링컨은 미국 역사상 최초로 건국 당시의 13주 이외의 지역에서 태어난 대통령이자 공화당 출신 첫 대통령이었다.

　링컨은 선거운동 기간 내내 내전의 발발 가능성에 홀로 괴로워했으며, 당선 후 취임할 때까지 4개월 동안은 링컨의 생애에서 가장 심한 시련의 기간이었다. 당선자 주위에서 노예문제로 크고 작은 총격전이 일어나는 등 사방이 불타고 있었기 때문이었다. 한 신문은 링컨의 당선을 '외국 뉴스'라는 제목으로 게재하였고, 남부의 한 주지사는 무기구입을 공식적으로 주장했고, 일부 연방의원들이 사직하였다. 당시 현직 대통령 뷰캐넌(James Buchanan)은 임기 한 달 전 사직서를 내던졌고, 유럽에서는 미국 연방 유지 가능성이 없다는 여론이 일어났다. 건국의 아버지들이 세운 견고한 탑에서 돌이 하나씩 떨어져 나가고 있었다.

　대통령이 되기까지 링컨의 삶은 결코 순탄하지 않았으며 실패와 좌절의 연속이었다. 12살 때 어머니를 잃고, 19살 때 누이를 잃고, 26살 때 약혼녀를 잃고, 41살 때는 차남을 그리고 53살 때에는 3남을 잃는 등 파란만장한 생을 살았다. 그럼에도 링컨은 좌절하지 않고 실패에서 교훈을 얻었고, 패배를 긍정적인 사고로 받아들였다. 희망의 리더십으로 온갖 어려움과 난관을 극복하고 마침내 미국 제16대 대통령에 당선되었다.

링컨은 백악관에 들어갈 수 없을 것이라는 수십 통의 협박 편지를 받았으며, 취임 연설 도중 총격의 우려에도 불구하고 링컨은 무사히 워싱턴에 입성했다. 링컨이 취임 연설 도중 총격을 당하지 않을까 염려했다. 워싱턴의 수많은 정계 인사들은 취임식 행사 참석을 꺼려하기까지 했다. 이상하게도 그는 생전에 암살 가능성에 대해 가끔 이야기하곤 했다고 한다. 1864년 링컨은 "만약 내가 암살자의 손에 죽어야 하는 것이 하나님의 뜻이라면, 나는 분명 그것을 받아들여야 한다. 그 때까지 나는 내가 알고 있는 나의 의무를 다해야 한다. 그리고 나머진, 하나님께 맡길 것이다"라고 말했다.

링컨은 총 아홉 번의 선거에 출마했고, 이 중 여섯 번 당선되었다. 첫 출마인 1832년 일리노이주 의회 의원 선거에서는 낙선하였고 이후 1834년, 1836년, 1838년, 1840년 연속 당선되어 총 네 차례 주의회 의원을 역임하였고, 1846년 연방 하원 의원 선거에 출마해 당선되어 1849년까지 한 번의 임기를 수행하였다.

1860년 대통령 선거에 공화당 후보로 출마해 당선되어 제16대 대통령이 되었다. 1864년 재선되었으나 1865년 재임 시작 3개월 만에 암살당했다.

불협화음의 내각을 인내로 끌고 나아가다

대통령 취임 후 각료들을 임명하였는데 링컨은 마음고생을 많이 했는데, 기본적으로 두 가지 이유 때문이었다. 하나는 정치적 기반이 없었던 것이고 다른 하나는 조직 관리 경험이 없었던 것이었다. 정규 교육을 제대로 받지도 못한 가난한 집안 출신으로 정치적 기반이 없이 대통령으로 당선된 링컨을 남부는 물론 북부 지역의 상류층들은 대놓고 무시하였다. 하지만 링컨 대통령은 특유의 유머와 설득으로 난관을 극복해 나아갔다.

링컨이 무언가 관리 경험을 해 본 것은 전혀 없었고 뱃사공, 측량기사, 가게 점원, 프로레슬러 등이 전부였다. 그나마 어떤 조직이나 기관을 운영을 해 본 것은 고향 세일럼(Salem)의 오두막에서 잡화점을 해본 것 그것도 그 지역에서 한 것 빼고는 없었다. 그가 우체국장을 4년 하였으나 모자 안에 편지를 넣어가지고 배달한 것이 전부였다. 이 정도가 시골 출신 정치인 링컨이 했던 업무 경험의 전부였다.

안타깝게도 링컨은 남북전쟁을 수행하는 과정에서 장군들의 약한 충성심과 무능력으로 심한 고초를 겪었고, 내각 각료들 사이에서도 서로를 미워하며 화합하지 못해 불협화음이 심했다. 링컨 대통령은 불편한 심기에도 불구하고 자신에게 굴욕감을 주고 무례하게 대하는 자들을 훌륭하고 관대하게 처리하며 모두를 품고 이끌고 나아갔다.

링컨 내각은 민주당 출신 각료 4명, 공화당 각료 3명으로 구성되어 있었는데, 왜 민주당 출신이 공화당 출신보다 많으냐? 고 질문했을 때 링컨은 "나 자신이 공화당원이니까 동일한 숫자가 됩니다"라고 대답하였다. 전임자인 제15대 제임스 뷰캐넌(J. Buchanan) 대통령이 무조건 충성하는 측근들로 내각을 채우고 남부 위주의 정책을 폈던 것과는 대조적이다. 링컨은 자신의 가장 큰 정치적 적수였던 수어드(W. H. Seward)를 국무장관에 임명하였고 임기 내내 신임하였다. 수어드는 링컨 사후 앤드루 존슨 대통령 정부에서도 국무장관으로 계속 봉사했다. 수어드는 1867년 3월 알래스카를 러시아로부터 720만 달러로 매입하는데 성공한 인물이다.

국무장관 수어드(W. H. Seward)는 내각에 있는 사람들을 무시하고 간섭해서, 각료들로부터 깊은 원망을 샀다. 체이스(S. P. Chase) 재무장관은 수어드를 경멸했고, 스탠턴(E. M. Stanton) 육군장관을 싫어했고, 블레어(M. Blair) 체신장관을 지겨워했다. 블레어는 수어드를 '부도덕한 거짓말쟁이'라고 비난했고 스탠턴과 체이스에게도 그런 불한당과는 얘기조차 하지 않을 거라고 하면서 국무회의에도 참석하지 않았다. 베이츠(E. Bates)는 법무장관이었다. 햄린(H. Hamlin) 부통령은 해군장관 웰스(G. Welles)와 말도 하지 않았다. 웰스는 수어드와 스탠턴을 더 싫어했다. 폭력적이고 무례한 스탠턴은 체이스, 웰스, 블레어를 싫어했다.

링컨 대통령의 첫째이자 가장 어려운 임무는 상충하는 목적과 기질을 가진 각료들을 단결시키는 것, 링컨 자신의 능력을 그들에게 확신 시키는 것, 그래서 아직은 명목상으로만 보유하고 있는 자신의 지도력에 진심으로 복종시키는 것이었다. 링컨은 고삐를 느슨하게 쥐고 달렸다. 일상적인 대화를 하듯이 토론을 주재했다. 모든 사람이 하는 말을 끝까지 들으면서 자기가 이해하는 것과 이해하지 못하는 것을 구분했으며, 마지막에는 자기가 생각하기에 편리하다고 여기는 것만 앞으로 끄집어내는 한편, 불필요하다고 여기는 것은 무시했다. 부하들이 자신의 권한을 침범하는 것을 절대로 허용하지 않았는데 그래서 그는 전쟁 중 육군부를 매일 방문하였다.

내각의 거의 모든 각료들은 자신이 링컨보다 더 뛰어나다고 생각했다. 처음부터 링컨은 자신에게 직면해 있는 거대하고 냉엄한 책임을 해결하는데 미숙하다는 것을 통감하고 있었다. "나 혼자서는 이끌어 나가지 못하지만, 그렇다고 수어드가 이끌도록 하진 않겠소. 나를 이끄는 통치자는 나의 양심과 하느님뿐이며, 내 밑에 있는 사람들 모두가 앞으로 그걸 배워 나갈 것이요"라고 말한 적이 있다. 링컨 대통령은 체계적인 것과는 완전히 거리가 멀었다. 모든 불편한 심기에도, 링컨은 그 당시 자신의 인생에서 가장 홀륭하고 관대하게 일을 처리했다.

　링컨의 뛰어난 리더십은 자기의 정적(政敵)이었던 인물을 포함하여 당대 최고의 인재들에게 각자 최적의 직책을 주는 방식이었다. 스탠턴은 항상 성급하고 변덕스러웠다. 링컨이 이러한 스탠턴을 육군장관으로 임명한 것은 가장 현명한 인사 가운데 하나였다. 스탠턴은 군에 만연한 나태와 게으름, 허풍만 떨고 있는 쓸모없는 장교들 때문에 무척 화가 나 있었다. 그렇다보니 장교들을 사정없이 몰아붙이며 엄하게 관리했다. 스탠턴은 참견하기 좋아하는 국회의원들에게 욕설을 퍼부으며 모욕을 주었다. 스탠턴이 간섭받는 것을 무지 싫어한다는 것을 알게 되자, 링컨은 대체로 스탠턴이 하려는 대로 하도록 놓아두었다. 스탠턴과 수어드를 포함하여 링컨을 욕하고 경멸했던 대부분의 사람들이 결국에는 그를 존경하게 되었다.

　관리 경험이 전혀 없었던 링컨이 미국 연방을 지키기 위해 남북전쟁을 수행하고 난제 중의 난제였던 노예해방을 만난을 겪으면서 이뤄내는 과정에서 고뇌하며 받은 고통은 말로 형언하기가 힘들었을 것임이 분명하다. 스스로의 양심을 믿고 하나님께 간구하며 역사적 과업을 이뤄낸 링컨 대통령이야 말로 미국 역사에서는 물론 세계사에서도 찾아보기 힘든 위대한 최고 경영자이었다.

분열된 연방을 구하기 위해 남북전쟁을 결심하다

　링컨은 1861년 3월 4일에 대통령에 취임했다. 그의 첫 취임사는 남북전쟁을 예견하고 노예해방 관련 원칙도 천명하였다. "…남부에도 북부에도 나중은 어떻게 되든 연방을 탈퇴하려고 기회를 엿보는 사람이 있다는 사실에 대해 긍정도 부정도 하지 않겠습니다. …전국의 동포 여러분! 조용히 이 중대한 문제를 잘 생각해 주시기 바랍니다. 가치 있는 일은 세월이 간다고 해서 없어지는 게 아닙니다. 불만을 품고 있는 동포 여러분!. 내란 발발의 열쇠는 내 손에 있는 것이 아니라 여러분의 손에 있습니다. 정부는 여러분을 공격할 생각이 없습니다. 여러분이 진격해 오지 않는 한 전투는 없을 것입니다. 여러분은 하나님께 연방정부를 파괴하겠다는 선서를 하지 않았지만 나는 하나님께 '정부를 유지하고 수호하고 방위하겠다'는 선서를 한 사람입니다. …우리는 적이 아니라 친구입니다. 우리가 적이 되어서는 안 됩니다. 격분이 끓어오르는 일이 있더라도 애정의 유대를 끊어서는 안 됩니다"라고 진심으로 호소하였다. 취임사가 아니라 호소문이었다.

하지만 노예를 많이 소유하고 있었던 남부의 주들은 위기감을 느끼기 시작하였다. 남 캐롤라이나(South Carolina)주를 시작으로 6개 주가 연방에서 탈퇴하여 1861년 2월에 남부연합을 결성하고, 미연합국(Confederate States of America)이라는 이름으로 독립 국가를 선포하였다. 그리고 상원의원이자 노예제도를 옹호한 데이비스(J. F. Davis)를 대통령으로 선출하였다. 데이비스는 웨스트포인트 육군사관학교 출신으로 농장주였으며 멕시코 전쟁에 참여한 퇴역 대령이었다. 미국은 건국된 지 84년 만에 두 개의 국가로 분열될 위기에 처했다.

링컨 대통령은 미국의 분열을 막기 위해 자신의 최고 목적은 연방을 유지하는 것이지 노예제도 문제는 아니라고 설득하였으나 허사였다. 링컨은 남부 주들의 연방 탈퇴를 내란(內亂)으로 규정짓고 연방을 유지하기 위해 남부연합에게 무력 사용도 불사하겠다고 경고했으나 소용이 없었다. 링컨에 맞서 국가까지 세운 남부연합은 링컨을 거부하고 그들만의 국가를 원했다. 남부연합은 군대를 조직하여 1861년 4월 12일 남 캐롤라이나주에 있는 연방정부군의 진지인 섬터 요새(Fort Sumpter)를 공격하면서 남북전쟁

(1861~1965)이 시작되었다.

남북전쟁(南北戰爭) 초기에 북부군은 전쟁 준비가 제대로 되지 않았고 전술도 부족하여 남부군에게 밀렸다. 남부군이 연달아 승리하면서 파죽지세로 북부를 점령하기 시작하였으나 군수물자가 부족하여 계속 공격하지 못했다. 그 후 북부는 모든 시설을 총동원하여 군수물자를 대량으로 생산하였고, 200만 명이 넘는 군대를 보충하였다. 게다가 링컨은 노예제도 폐지에 대해 불만을 가진 남부의 여러 주 대표들을 만나 연방에 남아주기를 호소하는 등 솔직하고 탁월한 설득력을 보여주었다. 링컨의 솔직담백한 호소에 미주리주, 서버지니아주, 켄터키주 등은 노예제를 찬성하는 남부에 있으면서도 연방을 탈퇴하지 않았다. 링컨은 남부의 주들이 연방에서 탈퇴하지 않도록 하는 뛰어난 위기관리 능력을 발휘하였다.

남북전쟁은 1861년 4월 12일부터 1865년 4월 9일까지 미합중국(북부연방)과 미연합국(남부연맹) 간에 벌어진 전쟁이었다. 미국의 독립전쟁 이후 벌어진 내전으로 미국 최대의 위기였으며 엄청나게 많은 사상자를 냈다. 미국의 북부와 남부는 식민지 시절부터 경제, 사회 등이 여러 가지 면에서 서로 달랐다. 북부가 이민에 개방적이고 상공업 중심으로 발전하고 있었다면, 남부는 보수적이며 대농장을 기반으로 하는 농업이 주요 산업이었다. 남부에서 노예는 중요한 생산요소였으나, 북부의 여러 주에서는 이미 노예제도를 폐지한 상태였다. 남북전쟁은 남부와 북부 간 정치적 견해, 노예제도, 지역감정 등이 빚어낸 처절한 동족상잔의 비극이었다.

남북 전쟁 당시 북부의 인구는 2,250만 명, 남부는 백인 550만 명, 흑인 노예 400만 명이 이었다. 전쟁에 참가한 인원은 남군은 106만 명, 북군은 280만 명으로 모두 386만 명이 48개월 간 교전하였다. 전쟁 중 사망한 사람은 남군 20만 명, 북군 36만 명, 합계 56만 명이었다. 부상자 수는 남군

14만 명, 북군, 28만 명, 합계 42만 명이었다.

사망자와 부상자수를 합친 사상자 수는 남군 34만 명, 북군 63만 명, 합계 97만 명에 달했다. 남북 전쟁에서 전사자 56만 명은 1, 2차 세계대전에서 미군 사상자보다 훨씬 더 많았다. 미군은 1차 대전에서 12만 6천 명, 2차 대전에서 40만 7천 명 등 모두 53만 7천 명이 전사했다. 북부는 남부에 비해 공장 수는 5배, 노동자 수는 11배, 자본은 4배, 철도망의 길이는 2배가 많았다.

링컨은 남북전쟁 중 총사령관 문제로 계속 어려움을 겪었다. 장군 6명을 차례로 해임한 끝에 1864년 그랜트(U. S. Grant) 장군을 총사령관으로 임명하여 남부군 리(R. E. Lee) 장군의 항복을 받아내고 승리하였다. 리 장군은 동부지역에서 많은 승리를 거두기도 했으나, 게티즈버그 전투에서 많은 사상자를 내고 후퇴하였다. 4년간 이어진 남북전쟁은 1865년 4월에 남부의 수도 리치먼드(Richmond)가 함락되자 남부군이 항복함으로써 종결되었다. 링컨 대통령과 그랜트 장군은 패장 남부 사령관 리 장군을 깍듯이 대하고 자존심을 지켜주었다.

링컨 대통령이 남북전쟁에서 승리할 수 있었던 것은 그랜트 장군 발탁과 대통령과 장군 두 사람의 헌신의 결과였다. 남북전쟁 초기에는 전세가 남군이 더 우세했다. 사실 전쟁 초기 링컨은 리 장군에게 북군의 총사령관이 돼 달라고 정중히 요청하기도 했으나 거절당했다. 그랜트 장군과 리 장군은 미국 육사의 동기였다.

링컨 대통령은 그랜트 장군의 전략적 능력과 과감한 결단력을 바탕으로 한 지휘와 전투 능력을 높이 평가하여 그랜트 장군을 당시 최고의 계급인 중장으로 진급시켜 북군 총사령관으로 임명하였다. 링컨은 조직적 사고력의 소유자로 디테일에 강했고 군사에도 밝아 작전을 직접 지휘하기도 했다. 하지만 링컨은 그랜트 장군을 임명한 후 작전에 일체 간섭하지 않았다. 링컨은 노예해방을 선언하여 도덕적 우위를 확보했는데, 이는 남부와 경제적 원원 관계에 있었던 최강국 영국이 남부 편에 서지 못하도록 발을 묶는 데 커다란 역할을 하였다. 이 무형적 해상봉쇄 조치는 북군의 남북전쟁 승리에 결정적 역할을 했다.

링컨 대통령이 그랜트 장군을 총사령관으로 임명하려고 하자 주위에서 반대가 심했다. 그는 153cm의 단신이고 볼품도 없고 술주정꾼이고 정실에 약해 아는 사람들만 쓰는 등 문제가 많은 장군이었다. 그랜트 장군은 흠이 많은 인물이었지만, 링컨은 그랜트 장군이 중대한 전투에서 승리를 거두는 것을 직접 보아왔기에 총사령관으로 임명하였다. 링컨은 그랜트 장군의 강점을 높이 평가하고 발탁하였다. 링컨은 "그랜트 장군의 위대한 점은 침착하면서도 목표에 집요하게 매달린다는 점이다. 그는 쉽게 흥분하지 않으면서도 불독처럼 용맹스럽고 끈질기다. 그의 이빨에 한 번 물리면 그 누구도 끄집어낼 수가 없다"고 말했다. 링컨과 그랜트는 성격이 거의 대조적이었다. 그럼에도 링컨 대통령의 인물을 알아보는 혜안이 빛을 크게 발했다.

결국 링컨은 단점을 기준으로 사람을 선택한 것이 아니라 장점을 평가해 사람을 선택했다. 그랜트 장군은 전투에서 결단력과 신속한 작전 계획으로 유명했다. 그의 유명한 전술 원칙은 "동선을 고정시키지 말라"는 것이었다. 그는 계속해서 적을 공격하고 압박하여 전쟁에서 승리하는 것이었다. 링컨은 그랜트가 전쟁터에서 승리하는 군인이라는 강점에 주목하였다. 링컨은 그랜트를 술주정뱅이라고 험담하는 장군들로부터 지켜주고, 능력을 믿고 인정해 준 은인이었다. 그랜트 장군은 남북전쟁에서 승리한 후 링컨의 후광에 힘입어 18대 대통령으로 8년간 봉사하였으며, 미국 지폐 50달러의 주인공도 되었다.

링컨의 위대함은 전쟁 후 단 한 명도 남부의 군인 또는 주민을 전범으로 몰아 투옥하거나 처형하지 않았다는 데 있다. 미국 연방의 보존과 보호가 가장 큰 책무였기에 링컨 대통령은 패배한 남부에 대해 어떠한 질책도 하지 않았다. 남부 각 주가 주민의 10%만 미국 연방에 대해 충성을 서약하면 미국 연방에 복귀하도록 조치했다. 링컨 대통령이 남북의 분단 방지와 미국 연방의 존속을 얼마나 염원했는지를 읽을 수 있는 내용들이다.

자유와 평등, 민주주의를 상기시키다

링컨 대통령이 1863년 11월에 남북전쟁의 치열한 격전지였던 펜실베이니아주 게티즈버그(Gettysburg) 국립묘지 봉헌식에서 한 연설문은 읽는데 2분 정도 소요되고 글자로는 272 단어에 불과한 짧은 글이었다(연설문 전문은 〈자료 1〉의 〈링컨 대통령의 게티즈버그 추모 연설문〉을 참조). 당시 명 연설은 최대한 어려운 단어로 길고 복잡하고 온갖 수식어로 질질 끌면서 2시간을 넘기는 것이 기본이었음을 감안할 때 링컨의 연설은 그야말로 획기적인 것이었다. 주요 내용은 미합중국 독립 선언서에 나타난 평등의 원칙과 자유, 민주주의를 상기시키는 것이었다. 링컨 대통령의 게티즈버그 연설은 미국 역사상 가장 많이 인용되고 가장 위대한 연설로 손꼽힌다.

게티즈버그 연설의 주요 내용은 "여든하고도 일곱 해 전, 우리의 선조들은 자유 속에 잉태된 나라, 모든 사람은 평등하다는 믿음에 바쳐진 새 나라를 이 대륙에 건설했습니다"로 시작되었다. 마지막은 "이곳에서 싸웠던 그들이 지금까지 훌륭하게 발전시킨 미완의 과제에 매진하는 것은 살아 있는 우리의 몫입니다. 명예롭게 전사한 분들의 숭고한 희생과 헌신이 절대 헛되지 않도록 굳게 결의합시다. 그리고 하나님의 보호 아래 이 나라는 노예해방과 같은 새로운 자유의 탄생을 이루어 낼 겁니다. 그리고 국민의, 국민에 의한, 국민을 위한 정부가 지상에서 영원히 사라지지 않도록 하는 일입니다"로 마무리된다.

링컨 대통령의 게티즈버그 연설은 역사에 남는 명연설이었다. 그 배경과 행간(行間)을 살피는 것이 중요하다. 링컨 대통령에 앞서 하버드대학교 총장을 지낸 에버렛(E. Everett) 박사가 2시간여에 걸쳐 한 긴 축사는 전혀 회자되지 않고 2분 분량의 링컨의 연설은 크게 감동을 주고 많은 칭송을 받아왔다. 게티즈버그 연설의 핵심은 미국 건국이념에 대한 링컨의 되새김이었고, 군 통수권자로서 게티즈버그 전투가 갖는 승리의 의미나 그에 대한 기쁨은 전혀 찾아 볼 수가 없었다. 남부를 향한 경고도 없었고 항복을 종용하지도 않았다. 심지어 '남부'라는 단어도 없었고 '나'라는 단어가 한 번도 등장하지 않았다. 다만 모든 영광을 북군의 전사자들에게 돌렸다. 이 모든 것은 평상시 링컨 대통령이 가졌던 자세와 생각을 반영한 것이다.

〈자료 1〉

링컨 대통령의 게티즈버그 추모 연설문

(1863년 11월 19일)

80년 하고도 7년 전에 우리 선조들은 자유 안에서 잉태되고 모든 사람들은 평등하게 창조되었다고 하는 명제에 바쳐진 새로운 나라를 이 대륙 위에 건설했습니다.

지금 우리는 이렇게 잉태되고 이렇게 바쳐진 이 나라든 또는 어떠한 나라든 오랫동안 지속될 수 있을 것인지 여부를 시험하면서 대규모의 내란을 치르고 있습니다.

우리는 이 나라가 살아남을 수 있도록 하려고 자신의 목숨을 여기서 바친 사람들을 위한 마지막 안식처로서 그 전쟁터의 일부를 바치려고 왔습니다. 우리가 이렇게 하는 것은 적절하고도 마땅한 것입니다.

그러나 넓은 의미에서 우리는 이 땅을 바칠 수 없습니다. 축성할 수 없습니다. 신성하게 만들 수 없습니다. 여기서 싸운 용감한 사람들은, 살아 있든 고인이 되었든, 그들 모두가 우리의 첨가하거나 감소시키는 빈약한 힘을 훨씬 능가하여 이 땅을 신성하게 만들었습니다.

온 세상 사람들은 우리가 여기서 말하는 것을 별도로 주목하지도 않고 오래 기억하지도 않을 것입니다만, 그들이 여기서 한 일은 결코 잊을 수가 없습니다.

여기서 바쳐져야 할 것은 오히려 살아 있는 우리들입니다. 우리는 여기서 싸웠던 그들이 이토록 고매하게 여기까지 멀리 진전시킨 미완성의 과업에 여기서 바쳐져야만 하는 것입니다. 오히려 우리는 우리 앞에 남아 있는 위대한 과업에 여기서 바쳐져야만 합니다.

그 과업이란 이 영예로운 고인들이 최후의 헌신 전체를 바친 대상인 그 대의명분에 대해 우리가 그들로부터 더 많은 헌신을 이어받는 일, 그들의 죽음이 헛되게 되지 않도록 우리가 여기서 굳게 결심하는 일, 이 나라가 하나님 아래 자유의 새로운 탄생을 달성하도록 하는 일, 그리고 국민의, 국민에 의한, 국민을 위한 정부가 지상에서 사라지지 않도록 하는 일입니다.

사실 게티즈버그 전투는 3일 간에 5만1천 명의 사상자가 발생할 정도로 처절하고 치열한 전투였다. 북군에게는 승리를 위해 꼭 필요한 전투였지만 많은 병사가 전투로 인해 죽거나 다칠 것이 분명했고, 만약 전투에 패배할 경우 전쟁의 패배로 이어질 수

있었기 때문에 전투에 앞서 링컨 대통령과 현장의 북군 사령관 조지 미드 장군은 고민할 수밖에 없었다. 그 엄중한 상황에서 링컨 대통령은 미드 장군에게 공격 명령과 함께 한 통의 편지를 보냈다. 편지 내용은 "존경하는 조지 미드 장군, 이 작전이 성공한다면 그것은 모두 장군의 공로입니다. 그러나 만일 실패한다면 그 책임은 모두 나에게 있습니다. 만일 작전이 실패한다면 장군은 대통령의 명령이었다고 말하십시오. 그리고 이 편지를 모두에게 증거자료로 공개하십시오"였는데 이 편지는 링컨 대통령의 리더십의 진수를 보여준다.

링컨은 대통령으로서 '단순하지만 오직 한 가지 책임'은 미국인들이 만든 연방을 '보존하고, 보호하며 방어하는 것'이라고 밝혀 왔으며, 미국 연방이야말로 '세계에서 유사하거나 더 나은 것이 없는 미국인들의 자부심'이라고 강조하였다. 링컨하면 노예해방을 떠올리지만 링컨의 최대 관심사는 미합중국의 유지였다. 당시만하더라도 미국은 각 주의 연합체로 하나의 나라라는 의식은 거의 없었다. 링컨은 하나의 나라로서 미합중국을 완성하고 유지하려 했다.

링컨은 노예문제가 도덕 이전에 미국의 정체성에 관한 문제라고 생각했다. 노예제를 악(惡)의 제도로 규정한 링컨은 대통령은 남북전쟁이 일어나자 노예해방 선언문에 서명하였다. 링컨은 노예해방을 선언하면서 자신이 살아오면서 가장 옳은 일을 했다고 확신하였다. 남북전쟁 중 북부군이 남부로 진격하면서 해방된 노예가 300만 명에 달했다. 남북전쟁이 끝난 1864년 12월에 수정헌법 제13조를 공표함으로써 공식적으로 노예제도를 폐지시켰다.

노예들은 자유인이 되었으나 당장 생활이 막막해지자, 노예생활을 하던 농장의 노동자로 남아있기도 했다. 노예제도가 폐지된 후에도 흑인에 대한 차별은 계속되었다. 하지만 공화당 급진파가 정국을 이끌던 시절엔 남부주의회에 흑인이 진출하기도 하였다.

당시 링컨은 게티즈버그 연설은 실패하였다고 생각했다. 링컨은 절친한 친구 워드 레몬(Ward Lemon)에게 "연설은 완전히 실패로 끝났어, 이를 씻어 버릴 수는 없을 거야. 사람들은 실망한 게 분명해"라고 했다. 링컨은 특유의 겸손함으로 어느 누구도 자신의 연설을 주목하지도, 오랫동안 기억하지도 않을 것이라고 했다. 하지만 게티즈버그에서 죽은 용감한 병사들은 절대 잊히지 않을 것이라고 생각했다. 링컨의 게티즈버그 연설은 단순한 연설이 아니었다. 그것은 평생 고난을 통해 고양되고 위대해진 훌륭한 정신에서 나온 신성한 표현이었다. 또한 마음 깊은 곳에서 우러나온 산문시였으며, 위엄 있는 아름다움 그 자체였고, 심오한 서사시의 낭랑한 울림이었다.

강대국을 위한 산업기반을 마련하다

링컨은 남북전쟁으로 혼란스러운 상황에서도 미국을 통합시켜 강대국으로 가기 위해 역사에 남을 많은 일을 하였다. 가장 대표적인 것이 대륙횡단 철도 건설이었다. 그는 대륙 횡단 철도가 분열된 연방을 이어주는 연결고리이자 강력한 국가로 발전할 수 있는 디딤돌이 될 것이라고 판단하였다. 광활한 서부를 개발하기 위해서 또 끊임없이 밀려드는 이민자들을 위해서 철도는 반드시 필요한 교통수단이었다. 그리고 미국의 철도 공사 기술은 나날이 발전하여 대륙 횡단 철도 공사를 할 수 있었다.

링컨은 1862년 대륙횡단철도 법안(Pacific Railroad Act)에 서명함으로써 동부와 서부를 연결하는 철도 건설을 시작하였다. 그는 남북전쟁이 끝나면 미국을 통합시킬 수 있는 수단이 대륙횡단 철도라는 사실을 잘 알고 있었다. 링컨이 사망한 후 1869년 5월에 대륙횡단 철도 건설이 마무리되자 미국은 동과 서를 통합하는 새로운 시대를 맞았다.

링컨은 1862년 자영농지법(Homestead Act)을 제정하였다. 이는 미국에 사는 주민은 누구든지 5년 동안 서부지역에서 집을 짓고 땅을 개간하여 거주하면 토지를 무상으로 가질 수 있게 하는 법이었다. 이 법에 따라 미국인은 누구나 무상으로 토지를 갖게 하는 엄청난 유인책이 마련되었다. 이 법으로 공유지를 사유화하여 160만 명의 자영농이 생겨났으며, 이들이 불하받은 전체 농지 면적은 2억 7천 에이커(약 110만 ㎢)였고 미국 전체 농지 면적의 약10%에 달했다. 이러한 방식으로 자영농을 늘려 나가는 것에 대해 노예를 이용하여 대규모 농장을 운영하던 남부에서는 결사적으로 반대하였다. 남부의 주들이 미연방에서 탈퇴한 후에 자영농지법이 의회를 통과하였다.

자영농지법으로 투기꾼이 들끓고 죄 없는 인디언들이 땅을 빼앗기기도 했지만 자영농지법의 제정은 성공적이었고, 미국의 농업 발전에 커다란 영향을 미쳤다. 결과적으로 미국에서 농업 기계화가 일찍 시작되었고, 농업 경쟁력이 강화된 것도 자영농지법에서 비롯되었다.

링컨은 토지공여법(Land Grant Law)을 발효시켜 토지를 무상으로 공여(供與)할 수 있도록 하여 미국 주립대학을 설립하게 하는 등 고등교육 추진의 기초를 열었다. 토지공여법은 미국의 산업 발전과 사회변화에 대응하기 위해 농업·공학·군사·과학 교육을 강화하고, 적어도 한 주에 하나의 주립대학을 건립하는 것을 목표로 대학 당 3만 에이커의 땅을 무상으로 공여하는 것을 내용으로 했다. 사실 이 법은 저스틴 스미스 모릴(J. S. Morrill) 하원의원이 1957년에 제안하여 1859년 의회를 통과되었으나 전임 대통령 뷰캐넌은 거부권을 행사했었다. 모릴이 1861년에 다시 제안했고 1862년 링컨이 서명함으로써 발효되었다. 토지공여법의 혜택을 받은 대학은 주립대학들은 물론 MIT와 코넬대를 포함해 76개 대학으로 오늘날 미국 고등교육의 핵심을 이루고 있다.

또, 링컨은 알래스카(Alaska)를 매입하여 자원을 확보하고 영토를 대폭 넓혔다. 러시아가 1853년~1856년 간 오스만(Ottoman) 제국 등 연합군과 벌인 크림전쟁(Crimean War)에서 패하면서 재정난이 가중되었고, 캐나다에 주둔해 있는 영국군이 알래스카를 점령할까봐 염려하였다. 러시아는 알래스카를 영국에 빼앗기기보다는 미국에 파는 것이 더 낫다고 생각했다. 러시아는 1867년 3월 알래스카를 720만 달러(현재 16억 7000만 달러)를 받고 미국에 팔았다. 알래스카는 약 170만㎢로 남한의 17배나 되며, 미국은 약 2만m² 당 1센트로 그야말로 헐값에 매입했다.

사실, 미국이 알래스카를 매입한 것은 링컨이 암살당한 후 제17대 대통령을 승계한 앤드루 존슨(A. Johnson) 정부에서 이루어졌다. 그런데 매입을 성사시킨 주인공은 링컨 대통령이 임명하여 존슨 정부에서 1861년부터 1869년 까지 국무장관을 지낸 윌리엄 수어드(W. H. Seward)였다. 하지만 미국 상하원 의원들은 물론 존슨 대통령도 반대하였다. 이들은 알래스카가 본토에서 너무 멀리 떨어져 있고 육지로 연결도 안 되며, 아무짝에도 쓸모 없는 황무지를 지나치게 비싸게 매입하려 한다고 비난하였다. 하지만 수어드는 한 세대가 지나면 알래스카의 가치를 알 수 있다면서 소신을 굽히지 않았다.

실제로 30년 후인 1897년 알래스카에서 금광이 발견되었다. 알래스카에는 석유, 석탄, 천연가스 등 지하자원과 목재 등 천연자원이 어마어마한 것으로 드러났다. 특히 석탄은 전 세계 매장량의 10분의 1을 차지하고 있다. 링컨 대통령은 윌리엄 수어드가 자신의 정치적 경쟁자였음에도 불구하고, 그의 미래에 대한 혜안과 강력한 추진력 등을 높이 평가하여 그를 국무장관으로 임명했다. 수어드는 링컨의 기대를 저버리지 않고 알래스카를 매입하였다.

노예해방에 이르는 고뇌와 노예해방선언에의 긴 여정

1850년 미국에는 약 320만 명의 노예가 있었고, 이는 미국 전체 인구의 1/8에 해당했다. 젊고 건장한 흑인 남자 노예는 1,200~1,800달러에 거래되었다. 100명 이상 노예를 소유한 대지주는 1,800명, 50명 이상 노예를 소유한 지주가 6,000명이었고, 노예를 소유한 지주는 모두 255,000명이었다.

링컨은 대통령 첫 취임 연설에서 "저는 직간접적으로 미국에 존재하고 있는 노예제도에 개입할 생각이 없습니다"라고 했다. 링컨이 노예해방 선언을 발표하기 전 18개월 동안은 거의 매일 총격전이 일어났고, 국민들은 불안해 했고 수많은 부상자들이 신음했다. 이 기간 내내 급진주의자들과 노예해방론자들이 링컨에게 당장 노예제를 폐지할 것을 촉구했다. 이들의 요구에 대해 링컨은 "이번 전쟁에서 저의 최고 목표는 연방을 지키는 것이며, 노예제를 존속하는 것도, 폐지하는 것도 아닙니다. 만약 노예를 해방하지 않고 연방을 지킬 수 있다면, 저는 그렇게 할 것입니다. 제가 노예제와 유색 인종들에 대해 취하는 조치는 연방을 지키는 데 도움이 된다고 생각하기에 하는 것입니다. 제가 삼가고 있는 것은 연방을 지키는 데 도움이 되지 않다고 생각하기 때문입니다. 대의(大義)를 손상시킨다고 생각되는 것은 언제든지 더 적게 하고, 대의에 도움이 더 된다고 생각되는 것은 언제든지 더 할 것입니다"라고 답했다.

링컨은 만약 자신이 연방을 지키고 노예제 확산을 막을 수 있다면, 노예제는 머지않아 자연적으로 소멸될 것으로 생각했다. 하지만 만약 연방이 붕괴된다면, 노예제는 수세기 동안 존속될지도 모른다고 생각했다.

링컨의 결정 중 가장 유명한 것은 미국이 남과 북으로 갈리는 것을 막기 위해 노예해방 선언에 서명하고 남북전쟁을 감행한 것이다. 흔히 많은 사람들이 노예해방하면 링컨이고, 링컨하면 노예해방으로 생각하고, 링컨이 노예해방에 가장 앞장서고 자신의 삶을 노예해방에 바친 것으로 알고 있는데 이는 사실이 아니다. 링컨은 물론 노예해방론자였다. 그러나 그가 대통령으로 재직하던 당시에 노예해방이 결코 국가의 최우선 과제가 아니었다. 링컨은 자신에게 주어진 가장 큰 과업은 미국이 남과 북으로 분열되는 사태를 막는 것이었다. 그래서 그는 남북전쟁을 결심하고 만난(萬難)을 겪으면서 전쟁에서 승리해 하나 된 미합중국을 지켜냈다. 그 덕분에 대부분의 역사가들이 링컨을 역대 미국 대통령 중 최고로 꼽는다.

링컨이 노예해방을 선언하게 된 배경을 완전히 이해하려면 노예제도의 역사, 미국 남부의 경제 성장, 수없이 많은 관련 입법자들의 생각, 서부 개척사, 남북 전쟁 등을 전부 훑지 않으면 안 된다. 노예해방이라는 주제를 다루기 위해서는 몇 권의 책을 엮는 것도 모자랄 지경이다. 노예해방을 두고 링컨이 무엇을 고민했는지, 어떤 과정을 거쳐 최종 결정을 하는지를 간략히 정리해 본다.

그리스, 로마와 중세의 노예무역에 이어 사실 노예 거래는 15세기부터 시작되었고 대항해 시대를 거쳐 근대의 식민지 쟁탈 과정에서 노예무역이 등장했다. 미국 노예제도는 독립전쟁 이전 식민지 시대부터 존재했으니 미국 노예 제도의 원죄는 영국 국왕에게 있었다. 천부인권 사상이 확산되면서 유럽에서 노예제도가 점차 폐지되어 사라졌으나 독립된 미국은 정반대의 길을 걸었다. 독립전쟁 이후 공업이 발달한 북부는 1780~1804년 사이 노예해방 법령을 대부분 통과시켰으나, 남부의 경우 1790년대부터 노예수가 늘어났는데 이는 농업이 중심인 남부 경제의 특성 때문이었다.

건국의 아버지 초대 대통령 조지 워싱턴은 300여 명의 노예를 소유했으나 유언장을 작성할 때 자신이 소유한 노예를 해방시키는 조항을 넣기도 했다. 제3대 대통령 토머스 제퍼슨도 노예를 소유하였으나, 그는 노예제도 폐지를 주장하였다. 영국과 독립전쟁에서 승리한 후 건국의 아버지들이 제정한 미국 헌법은 노예제도 수용을 전제한 것이었다. 헌법이 기초될 때 원래의 초안에는 노예제도를 허용하는 조항이 들어 있었다. 하지만 이 조항에 대해 반대가 극심하자 헌법에서 최종적으로 채택된 문구는 고의로 애매하게 작성되었다. 링컨이 노예해방보다 하나의 미국 유지에 우선순위를 두었던 것과 마찬가지로, 건국의 아버지들도 노예제도 폐지 보다 미국을 건국하는데 우선순위를 두었기 때문이었을 것이다.

노예제도가 미국의 '원죄(原罪)'임에도 불구하고 미국 건국 후 90여 년 동안 노예문제는 도덕적 논란거리였기보다는 정치적 논란거리였다. 하도 복잡한 문제였던 지라 그 누구도 근본적으로 해결할 도덕적·정치적 의무를 갖고 해결할 엄두를 내지 못했다. 건국의 아버지들도 예외가 아니었다. 1787년 여름 필라델피아에 모였던 거의 대부분의 사람들이 노예제 폐지보다는 헌법을 제정하고 연방을 지키는 일에 훨씬 더 많은 관심이 있었다. 건국의 아버지들은 노예제도가 문제가 있음을 알고 정면으로 대응하지 않았다 그리고 선거에서 흑인도 1표 백인도 1표로 하는 기준을 택하지 않고 노예의 가치를 백인의 가치의 3/5으로 계산해 주는 산식에 의해 타협해 버렸다.

새로운 주들이 연방에 가입할 때마다 노예주와 비노예주 중 어느 쪽으로 하는가 하는 문제가 야기되어 논쟁이 더욱 격렬해 졌다. 1820년에 연방의회가 소위 '미주리 타협'을 통과시킴으로 미주리(Missouri)주는 노예주로, 메인(Maine)주는 비노예주로 만들고, 북위 36도 30분 북쪽에서는 노예제도가 금지되었다. 이후 39년 동안 많은 이주민들이 서부로 이동하면서 더 많은 주들이 연방에 가입하면서 지역 간 분쟁은 더욱 악화되었고 노예제 폐지론자와 존치론자 사이의 입장도 각기 더 완고해졌다.

링컨은 통상 급진적 개혁가, 노예제 폐지론자, 평등주의자, 건국의 아버지들의 정신을 이어받은 혁명가 등으로 묘사되기도 하지만, 핵심을 보면 링컨은 이들 중 그 어디에도 해당하지 않았다. 링컨은 정부 제도를 신봉했고, 법률은 철저히 따랐으며 무엇보다 연방을 신성시했다. 1838년에 링컨은 생애 최초로 정치연설을 하는데 그 연설에서 그는 "시민의 첫 번째 의무는 국법을 준수하며 아주 사소한 것 하나라도 어기지 않는 것입니다. (중략) …악법이라 한들, 그런 것이 정말로 있다면, 최대한 빨리 개정되어야 하겠지만 개정되기 전까지는 종교적 교리와 같이 받들어져야 마땅합니다"라고 말했다. 최초 정치연설 16년 후인 1854년에 노예제도를 미국 전역에 확산시켰던 캔자스-네브래스카(Kansas-Nebraska Act) 법이라는 악법이 나타났을 때 링컨은 상원의원 선거연설 중 인종문제, 노예제도, 연방주의, 자유, 헌법에 대해 새로운 신념을 밝혔다.

노예제도에 대해 링컨은 "노예제란 그 자체가 추악한 부정이므로 혐오합니다. 참된 자유의 벗들이 우리의 진실성을 의심하도록 만들기 때문에 혐오합니다"라고 말한다. 링컨은 자신에게 지상의 모든 권력이 주어져도 기존의 제도를 어떻게 할지는 모르겠다고 고백하며, 자신이 당장 바라는 것은 "모든 노예를 해방하여 그들이 태어난 땅으로 보내는 것입니다"라고 말했다. 흑인을 고향으로 돌려보내는 것이 흑인에게나 백인에게나 유일하게 실질적이고 공정한 해법이기 때문이라 설명하였다. 건국의 아버지들이 노예제를 금지하지 않은 유일한 까닭은 '현실문제' 때문이었음을 역설하며, 식민지에 노예제를 도입한 진짜 책임은 영국 왕이 져야 마땅하다고 연설했다.

영국이 식민지에의 노예제도 도입에 일차적 책임이 있었지만 사실 영국은 1833년 노예를 해방하는 법률을 통과시켜 노예제도를 폐지하였다. 따라서 미국에서 노예해방이 본격적으로 논의되는 시점에서 영국만이 노예제도가 불법이었고 미국을 포함 다른 모든 나라에서 노예제도가 합법적으로 허용되고 있었다.

이어 링컨은 "노예제도에 대해 도덕적 정당성을 주장하기보다는 기존의 법적 권리와 현실의 문제로 되돌려 놓읍시다. 독립선언서를 다시 채택하십시다"라고 말하였다. 1854년 연설 어디에서도 링컨이 노예제도의 폐지를 주장하지 않음을 주목할 필요가 있다. 1862년 여름이 되기까지 그가 일관되게 고수한 입장은 즉각적인 노예해방이 불가능하다는 것이었다. 헌법을 개정하지 않으면 노예해방이 불가능한데 당시 헌법 개정은 논의할 가치가 없다고 보았기 때문이다. 링컨은 단지 노예제도의 확산을 반대할 뿐이었다.

링컨의 가장 큰 지적(知的) 고민이자 정책적 딜레마는 미국 독립선언서에 적혀있는 고귀한 다섯 단어 "All men are created equal(모든 인간은 평등하게 태어났다)"라는 의미와 노예제를 인정한 헌법과 그로 인해 분열되고 있는 국가 사이에서 어떻게 중심을 잡아야 하는가 하는 것이었다.

1854년 상원의원 선거에서 패배한 후 1858년 다시 도전을 하면서 훗날 '둘로 나눠진 집'으로 알려진 연설에서 링컨은 "저는 이 정부가 오래 버틸 수 없다고 생각합니다. 반은 노예를 부리고 반은 자유를 품은 채 오래 버틸 수 없을 것입니다. 둘로 나눠진 집은 무너지지 않을 수 없습니다"라고 하면서도 "저는 연방의 노예제도에 직접적으로든 간접적으로든 손을 댈 생각이 없습니다"라고 하며 현실적 어려움을 지적하였다. 그러면서도 "흑인이라고 해서 독립선언서에 열거된 천부인권들, 생명권, 자유권, 행복 추구권 등을 갖지 못한다고 할 까닭은 하나도 없습니다"라며 노예제 폐지의 당위성을 강조하였다. 선거 유세 토론에서 많은 갈채를 받았음에도 링컨은 불행하게도 또 다시 낙선하였다.

1861년 3월 4일 대통령 취임식에서 링컨은 노예제도를 폐지할 생각이 추호도 없음을 남부인들에게 다시 확인 시켰다. "우리 헌법에 명시된 모든 조건을 계속해서 실행하며, 연방은 영원히 존속할 것입니다"라 하며, 헌법이 연방분리 역시 허용하지 않음을 강조했다. 노예제도의 부당함에 대해서 침묵을 지키는 링컨에 대해 정치적 압력이 거셌다.

1862년 초부터 몇 달 동안 링컨은 혼자 노예해방 계획을 준비하기 시작했다. 3월 6일 링컨은 '유상의 노예해방에 관한 상하원 합동결의안'을 요청하는 메시지를 의회에 보냈다. 링컨의 방안은 자발적으로 노예제를 폐지하는 주에 재정적 보상을 한다는 것이었다. "해당 주들에게 금전적 지원을 하여 주 정부의 재량으로 노예제도 폐지에 따른 공적·사적 불편을 보상하도록 하는 것입니다"라며 재정적 이득에 반응을 보일 것으로 기대했다. 링컨의 제안은 언론에서 대단한 지지를 얻기도 했다. 뉴욕타임스는 "실천적 지혜와 견실한 정책이 어우러진 걸작"이라 했고 뉴욕트리뷴지는 "에이브러햄 링컨을 미국 대통령으로 주신 신께 감사한다"라고 극찬했다.

하지만 노예제를 인정하던 남부의 주 중에서 북부의 노예금지 지역에 인접해 있던 경계주(a border state)들의 반응은 신통치 않았다. 주 대표들이 링컨을 믿지 않았고 의회가 필요한 재원을 마련할 지에 대해서도 의심스러워하고 위헌(違憲)의 소지가 제기되면서 링컨의 금전적 보상에 의한 점진적인 노예해방 방식은 빛을 보지 못했다.

남북전쟁에서 북군의 연속적 패배, 치솟는 실업률, 유럽 국가들의 남부연합 합법 정부 승인 여론 등으로 뒤숭숭한 상황에서 1862년 4월 미국 의회가 직할지인 수도 워싱턴 DC의 노예를 해방하는 법안을 통과시켰다. 링컨으로서는 환호할 일이었다. 수도에서 노예해방 법안을 통과시키자 의회는 물론 전국적으로 공화당을 지지하기 시작했다. 공화당은 링컨에게 전면적 노예해방을 강력히 촉구했고, 링컨은 경계주들에게 자신의 점진적 유상 노예해방 방안을 수용하라고 경고했다.

공화당 의원들은 북군이 점령하고 있는 남부연합 지역에서 노예를 해방한다는 법안을 만들었다. 링컨은 연방의회에 노예해방의 권한이 없다고 보았고, 설령 권한이 있다고 해도 그러한 역할을 맡아서는 안 된다고 생각했다. 마침내 링컨은 중대 결심을 하고 1862년 7월에 내각을 소집해 자신의 뜻을 밝혔다. 1862년 9월 22일 링컨 대통령은 비상대권 소유자로서 남부연합 노예해방 선언문을 발표하였다. 1863년 1월 1일부터 시행될 〈노예해방선언(The Emancipation Proclamation)〉을 읽은 후 환호하는 군중을 향해 링컨은 "저는 다만 신께서 제 실수를 막아주시길 바랄 뿐입니다"라고 말했다. 그리고 문서에 서명할 때는 "이 문서에 서명할 때보다 내가 옳은 일을 하고 있다는 확신이 든 적이 없다"고 했다.

노예해방선언은 반란을 일으킨 주의 노예해방을 선언한 것이지 연방에 속해있는 노예주에 적용된 것은 아니었다. 노예해방 선언 후 경계주들이 자발적으로 노예제도를 폐지함으로써 노예해방이 완결되었다. 하지만 불행하게도 링컨은 살아서 그 완결 순간을 볼 수 없었다. 링컨이 사망한 후에, 미국에서는 무고한 사람이 다시는 노예의 족쇄를 차지 않았다. 링컨이 살고, 일하고, 살해된 이후, 미국에서는 하나님으로부터 생명이란 선물을 받은 사람은 누구나 모두 자유인으로 태어났다.

관용과 사랑을 앞장서서 실천하다

많은 사람들은 자신과 생각이 다르거나 비난하는 사람들을 무시하거나 배제하려고 한다. 그런 연유로 지도자들은 가끔 자신의 정적들을 무참하게 제거하기도 한다. 하지만 비범한 지도자들은 그것을 생각의 차이, 다양성으로 받아들이고 조직을 더욱 발전시킬 수 있는 기회로 인식하고 잘 활용한다. 링컨은 인재를 등용하고 정책을 추진하는데 있어 고정 관념, 특정 정파, 충성심 등에 얽매이지 않고, 정책을 성공적으로 수행하는데 누가 가장 적합한 지, 아닌 지를 판단 기준으로 삼았다. 링컨은 국정을 운영하는데 반드시 필요하다고 생각되는 인재는 출신 배경이나 사회계급, 정당이나 파벌에 관계없이 등용하였다.

링컨은 사사로운 이해관계보다는 국정 운영이라는 대의를 위해 특유의 포용력과 통합의 리더십을 보여주었다. 실제로 좋은 집안에서 태어나 정규 교육을 제대로 받은 윌리엄 수어드(W. H. Seward)는 정치적 경쟁자인 링컨을 수시로 비난하였다. 링컨은 수어드의 비난에 개의치 않고 그가 정직하고 엄격하며 모든 일은 원칙대로 처리하는 스타일이라는 걸 잘 알았고, 이를 높이 평가하여 국무장관으로 임명하였다. 수어드는 남북전쟁 중에 영국, 프랑스 등이 남부연합을 지원하지 못하게 하여 북부연합이 승리하는데 크게 기여했다. 그는 남북전쟁 중에 링컨이 가장 신임하는 조언자 중 한 사람이 되었다. 그는 후에 알래스카를 매입하는데 주도적 역할을 하였다. 링컨은 민주당 소속인 스탠턴(E. M. Stanton)의 투철한 사명감을 보고 국방장관에 임명했다. 링컨을 무능하다고 비난하고 무시했던 에드워드 베이츠(E. Bates)를 법무부 장관에 임명하고, 서먼 체이스(S. Chase)를 재무장관으로 기용하였다.

링컨의 측근들은 링컨을 공개적으로 비난하고 무시했던 사람을 장관으로 임명해서는 안 된다고 결사적으로 반대하였다. 그러자 링컨은 참모들에게 "나를 무시하고 비난하고 다녔던 정적을 제거하려고 한다. 하지만 정적은 마음속에서 없애버려야 한다"라고 말했다. 링컨은 자신을 비난하고 무시하던 정적이라 하더라도 관용과 사랑으로 감싸고 녹여서 친구를 만들어야 한다고 생각했다. 링컨 대통령이 한 때는 정치적 정적으로 자신을 공개적으로 비난하고 무시하였던 이들을 장관으로 임명하자, 그들도 처음에는 링컨을 진심으로 대하지 않았고 제대로 복종하지도 않았다. 하지만 시간이 흐르면서 링컨에게 솔직하게 직언할 수 있는 가장 충실한 참모가 되었다. 링컨은 민주당은 물론 공화당 내의 보수파와 급진파를 대표하는 사람을 나란히 장관으로 임명하여 국정을 원활하고 효율적으로 운영하였다. 링컨의 이 같은 인사권은 협치를 위한 단순한 몸짓은 아니었다. 정적들도 이 같은 링컨의 포용력에 감동했다.

링컨은 현대의 지도자들이 본받아야 할 리더십을 모두 갖춘 보기 드문 대통령이었다.

첫째, 링컨은 대통령이 되기 훨씬 전부터 윤리적이고 정직하였다. 링컨은 "정직한 에이브(Honest Abe)"라는 별명이 붙을 만큼 정직했다. 링컨의 정직성은 그를 정치인으로 성공할 수 있게 하였고 지도자로서 인정받게 하였다.

둘째, 링컨의 카리스마는 잘 알려져 있다. 링컨 대통령은 그동안의 이념과 생각을 완전히 바꾸고 정치적, 윤리적인 카리스마로 무장한 채 노예해방 선언을 직접 발표했다. 이것은 누구에게 물어서 해답을 구할 문제가 아니었기 때문이다. 링컨은 사람들이 하고 싶어 하지 않는 일이라 하더라도, 반드시 해야 할 일이라면 자신의 카리스마를 발휘하여 추진하였다.

셋째, 링컨은 국민을 섬기는 봉사자의 자세 즉, 섬김의 리더십을 지녔다. 1865년 1월 링컨은 어느 공공건물 개관식에 참석하여, "건물의 깃발을 올리는 것은 대통령이 할 일이지만, 유지하는 것은 국민"이라고 말했다. 이 말은 링컨은 오직 깃발을 올리는 일꾼(servant)이고 그것을 유지하는 것은 국민이라는 뜻이다. 대통령은 국민 아래에 있고 국민을 위해 봉사해야 한다는 것이다. 멸사봉공의 정신이 그의 머릿속에 있었던 것이다.

한 인간으로서, 한 지도자로서 링컨의 위대함은 남북전쟁에서 승리 한 후 그가 보여주었던 자비롭고 지혜로운 행동이다. 그는 관용과 자비가 가장 빠르고 가장 효과적인 치유책이라는 것을 알고 있었던 것이다. 링컨은 책임 있는 리더십을 몸소 실천했다. 링컨이 평생 실천한 언행일치는 바로 책임을 지는 것이었다. 1863년 1월 노예해방을 선언하자 여기저기서 비난이 빗발치듯하였다. 링컨은 남부는 말할 것도 없고 민주당 의원들과 심지어 내각의 장관들과 공화당 의원들 사이에서 쏟아진 모든 비난을 받아들였다. 노예 해방 선언을 실행하겠다는 책임의식으로 야당은 물론 여당의원을 끈질기게 설득하여 1865년 1월 수정헌법 13조를 간신히 통과시켜 노예제도를 폐지시켰다.

링컨 대통령은 소통의 달인이었다. 링컨은 백악관에서 거의 하루 종일 시민들을 만났다. 그리고 시간이 나면 병원에 들렀고, 또 시간이 조금이라도 남으면 워싱턴을 떠나는 군인들을 배웅했다. 미국 대통령들 중에 가장 많은 사람들을 허물없이 만난 인물이 링컨이었다. 그는 만나는 사람들의 눈높이에 맞춰서 소통하려고 노력하였다. 미국 화폐의 1달러짜리에는 건국의 아버지 조지 워싱턴이 들어가 있으며, 2달러 지폐 속 주인공은 미국의 3대 대통령 토머스 제퍼슨이다. 미국 화폐의 5달러짜리에는 분열 직전의 미국을 살려낸 에이브러햄 링컨의 초상화가 들어가 있다.

링컨 대통령의 두 번째 취임사는 상대적으로 짧았다. 두 번째 취임사를 두고, 옥스퍼드대학 총장을 역임한 캔(커젠) 백작(Earl Ken)은 "인간의 연설 중에서 가장 고결한 황금과 같은, 아니 거의 신성한 경지에 이른 연설'이라고 칭송했을 정도였다. 이사야 15장이 펼쳐져 있는 성경에 입을 맞춘 다음, 어느 드라마의 주요 등장인물이 말하는 것같이 연설을 시작했다. 어떤 통치자도 국민에게 이렇게 연설한 적은 없었다. 미국 역사상 그처럼 마음속 깊은 곳에서 우러나오는 연설을 한 대통령은 일찍이 없었다"고 극찬했다.

연설의 마지막 부분은 인간의 입에서 나온 말 중에서 가장 훌륭하고 아름다운 발언이었는데 "누구에게도 원한을 품지 말고, 만인을 사랑하는 마음으로, 하느님이 우리에게 보여주신 그 정의로움에 대한 굳은 확신으로, 우리에게 주어진 일을 완수하기 위해 노력합시다. 우리들 사이와 모든 국가들 사이에 정의롭고 영구적인 평화를 이루어 소중히 지켜나가기 위해 매진합시다." 이 연설문은 스프링필드에서 거행된 링컨의 장례식에서 다시 낭독되었다.

링컨이 사망한 후 6년 밖에 더 살지 못한 12살의 넷째이자 막내아들 토머스 링컨은 아버지의 관 옆에서 "아버진 지금 천당에 있지요? 그렇지요? 그렇다면 난 기뻐요. 아버진 사실 이 세상에서 행복하지 않았거든요"라고 흐느꼈다. 러시아의 대문호 레오 톨스토이는 "우리 모두는 링컨을 인류 역사상 가장 위대한 성자로 영원히 기억할 것입니다"라고 평했다.

링컨이 즐겨 읽은 책들과 저술한 책들

링컨은 책이건 신문이건 가릴 것 없이 인쇄된 것이라면 무엇이든 빌려 읽었다. 링컨은 어딜 가나 책을 가지고 다녔다. 잡화점 점원으로 일하던 링컨은 문학 동호회를 조직해 이를 통해 사람들과 책에 대한 토론을 했고, 자신의 생각을 말로 표현하는 연설법에 대해서도 배워나갔다. 잡화상을 할 때 링컨은 우연히 가재도구 상자 안에서 법률서적 4권을 발견하고 그 책들을 모두 읽고는 홀딱 빠져버렸다. 그러고는 변호사가 되겠다고 결심했다.

어머니가 돌아가신 후 아버지가 새어머니와 결혼을 했는데 새어머니가 약간의 책을 가지고 왔다. 《성경(The Bible)》, 《이솝우화(Aesop's Fables)》, 《로빈슨 크루소》, 《천로역정(Pilgrim Progress)》, 《아라비안나이트(Arabian Night)》, 《신밧드의 모험(The Adventures of Sindbad)》 등이었다. 링컨은 이들 책들을 읽고 또 읽었다. 존 번연의 《천로역정》을 손에 든 "그의 눈은 반짝거렸고, 그날 낮에는 먹지 못하고 밤에는 잠들지 못했다"고 한다. 그는 특히 《성경》을 늘 손 가까이 두고 틈나는 대로 펼쳐 보았다. 그의 수많은 연설과 글 속에서 《성경》의 구절과 사상들이 자주 인용되었고, 《이솝우화》를 통해 도덕적 교훈을 배웠으며, 이야기의 힘을 이해하게 되었다. 이 두 권의 책은 링컨의 문체와 대화 방식, 남을 설득하는 방법 등에 깊은 영향을 끼쳤다.

파슨 윔즈(Parson Weems)가 쓴 《워싱턴 전기(Washington Biography)》에 완전히 매료된 링컨은 늦은 밤까지 이 책을 탐독했다. 링컨이 빌려서 읽은 책들 가운데 《스콧(William Scott)의 웅변술 교습서》만큼 그가 실제적인 도움을 받은 책은 없다. 《스콧의 웅변술 교습서》는 고대 로마의 연설과 셰익스피어 작품에 나오는 연설 등을 모아놓은 책이다. 키케로(Marcus Tullius Cicero)의 《필리피카이(Iustini Historiae Philipicae)》, 《데모스테네스(Demosthenes)의 연설집》 그리고 셰익스피어의 작품 중에서 영웅들의 행적을 읽었다. 일을 하러 들판으로 나갈 때도 항상 책을 가지고 갔다. 링컨은 종종 밭에 가면서 퀼스(Francis Quarles)의 《Quarles' Emblems》이라는 책을 가지고 갔다. 이 과정에서 링컨은 농담을 즐기고 연설을 연습했다.

링컨은 스코틀랜드 시인 로버트 번스의 작품, 《로버트 번스의 시(Poems by Robert Burns)》를 즐겨 읽었으며, 그의 시에서 인간의 감정과 사회적 이슈에 대한 통찰을 얻었다. 지역 경찰관에게서 《인디애나의 개정 법령집》을 빌렸는데 독립선언서와 헌법, 1787년 북서부 조례가 담긴 이 책은 훗날 그의 철학과 정치사상의 초석이 되었고, 《벤자민 프랭클린의 자서전(The Autobiography of Benjamin Franklin)》을 통해 자수성가의 정신과 실용적 지혜를 배웠고, 토머스 페인의 《상식(Common Sense)》은 독립과 민주주의에 대한 링컨의 생각에 큰 영향을 주었고, 조지프 애디슨의 《카토의 비극(Cato, a Tragedy)》은 링컨에게 고전적인 공화국의 가치와 도덕적 용기를 상기시켰고, 워싱턴 어빙의 《콜럼버스의 생애와 항해(The Life and Voyages of Christopher Columbus)》를 통해 탐험과 발견의 정신을 존경하게 되었다.

링컨을 압도한 건 셰익스피어의 작품이었다고 한다. 셰익스피어의 희곡을 매우 좋아했으며, 특히 《햄릿》, 《맥베스》, 《리어왕》 등을 자주 읽었다. 그는 셰익스피어의 언어와 인물 묘사에 깊은 감명을 받았다. 링컨은 다른 모든 작가들의 작품을 합친 것보다 셰익스피어의 작품을 더 많이 읽었다. 링컨이 가장 즐겨한 토론 주제는 셰익스피어였으며, 시간이 나면 사람들 앞에서 셰익스피어의 작품을 직접 낭독하기까지 했다.

백악관에 입성한 후 남북전쟁으로 인한 심적인 부담과 고민이 이마에 깊은 고랑을 남길 때마다 링컨은 셰익스피어에 몰두했다고 한다. 그의 우수한 영어 산문체는 독서에서 비롯된 것이었다. 하지만 이 능력은 훗날 링컨이 성공해서 본연의 재능을 발휘할 때까지는 겉으로 드러나지 않았다.

링컨은 명석하고 화술이 능한 연설가였다. 미사여구는 사용하지 않았고 가벼운 유머를 즐기는 것은 그가 좋아하는 이솝 이야기를 닮았다. 그의 또 다른 애독서는 유클리드(Euclid)의 《기하학 원론(The Elements of Euclid)》이었는데 그의 글이나 연설 논조가 간단명료하고 정확한 것은 이 책을 읽은 덕분이었다고 한다.

링컨의 독서 목록은 그가 얼마나 다양한 주제에 관심을 가졌는지, 그리고 독서를 통해 얼마나 많은 것을 배웠는지를 보여준다. 독서는 링컨이 한번도 경험하지 못했던 새로운 미지의 세계로 안내했고, 다양한 세계를 경험하게 하여 그를 변화시켰을 뿐 아니라 미래의 꿈과 비전을 가지게 했다.

링컨 대통령에 대한 그리고 관한 책은 지금까지 1만여 권이 출간되었다. 에이브러햄 링컨 대통령은 조지 워싱턴 대통령과 마찬가지로 직접적인 책 저술보다는 연설, 편지, 문서 등을 통해 그의 생각과 사상을 남겼고, 이들 글과 연설을 모은 많은 서적들이 출판되었다. 로이 P. 바슬러(Roy P. Basler)가 편집한《에이브러햄 링컨 모음집(The Collected Works of Abraham Lincoln)》은 링컨의 연설, 편지, 기타 문서를 모은 9권의 시리즈로 링컨의 중요한 글들이 체계적으로 정리되어 있다. 돈 E. 페랜바허(Don E. Fehrenbacher)가 편집한《링컨의 웅변과 저술(Lincoln: Speeches and Writings 1832-1858)》과《링컨의 웅변과 저술(Lincoln: Speeches and Writings 1859-1865)》두 권의 책은 링컨의 연설과 저작물을 연대순으로 정리하여 담고 있다. 앤드루 델반코(Andrew Delbanco)가 편집한《The Portable Abraham Lincoln》은 링컨의 연설, 서신, 그리고 중요한 문서들을 간추려 모은 것이고, 필립 반 도렌 스턴(Philip Van Doren Stern)이 편집한《The Life and Writings of Abraham Lincoln》은 링컨의 생애와 글들을 포함하고 있다.《Lincoln Papers at the Library of Congress》는 미국 의회 도서관이 소장하고 있는 링컨의 개인 서신, 공식 문서, 메모 등을 포함한 방대한 컬렉션이다. 일리노이대학이 진행하는《The Papers of Abraham Lincoln》란 프로젝트는 링컨의 모든 문서를 디지털화하여 제공하는 것을 목표로 하고 있다.

에이브러햄 링컨 대통령의 명언들

"강자를 약하게 만들어서는 약자를 강하게 만들 수 없습니다. 검약을 강조하여 번영을 가져올 수 없습니다. 임금을 자급하는 사람을 끌어내서는 임금 생활자를 도울 수 없습니다."

"재치란, 사람들이 자기 자신을 파악하고 있는 그대로 사람들을 묘사하는 재능입니다."

"악덕이 없는 사람들은 미덕도 거의 없었다는 것이 나의 경험입니다."

"법을 어기는 행위는 자기 아버지가 흘린 피를 짓밟고, 본인의 권리를 찢어버리고, 자기 자식의 자유를 빼앗는 짓이라는 점을 모두가 기억하도록 합시다."

"패배한 남군들도 이제 우리 동포입니다. 그들의 패배에 환호해서는 안 될 것입니다."

"전쟁으로 만신창이가 된 암흑기에 나는 울면 안 되기 때문에 웃습니다."

"정직은 지도자가 갖추어야 할 가장 근본입니다. 정직이 최고의 정책입니다."

"용서하지 못하는 사람을 마음속에서 없애야 합니다. 원수는 죽여서 없애는 것이 아닙니다. 원수는 사랑으로 녹여서 없애는 것입니다."

"이쪽에 반쯤의 타당성밖에 가지고 있지 않은 일에 대해서는 크게 양보하고, 자신만만한 일일지라도 조금은 양보하십시오."

"정직한 변호사가 되지 못할 것 같으면, 변호사가 되지 말고 정직한 사람이 되십시오."

"나는 승부에 집착하지 않습니다. 그러나 나는 진리에 집착합니다. 나는 성공에 매달리지 않습니다. 그러나 나는 빛을 붙잡고 살아갑니다. 나는 누구든지 올바로 서 있는 사람들과 함께 걸을 겁니다. 그가 올바로 살아가는 동안 그를 위해서 있을 겁니다."

"만일 나에게 나무를 넘어뜨릴 시간이 주어진다면 나는 도끼를 가는 데 시간을 쓸 겁니다. 나는 천천히 걸어 갈 겁니다. 그러나 나는 결코 뒤로 물러서지 않을 겁니다."

"반드시 성공해야겠다는 결심이 그 무엇보다 중요합니다."

"국가는 거기에 거주하는 국민의 것 입니다. 국민들이 정부에 염증을 느끼게 되면 그들은 언제든지 그것을 개선할 헌법에 보장된 권리를 행사하거나, 전복시킬 수 있는 혁명을 행사할 수도 있습니다."

"국민의, 국민에 의한, 국민을 위한 정부는 이 땅에서 영원히 사라지지 않을 겁니다."

"국민의 일부를 처음부터 마지막까지 속일 수는 있습니다. 또한 국민의 전부를 일시적으로 속일 수도 있습니다. 그러나 국민 전부를 끝까지 속이는 것은 불가능합니다."

"나는 국민을 굳게 믿는다. 진실을 알려주면 어떤 국가적 위기를 만나도 그들을 믿을 수 있다. 중요한 점은 그들에게 진실을 전하는 일이다."

"성공적 거짓말쟁이가 될 정도로 기억력이 좋은 사람은 없다."

"작은 거짓말쟁이는 한 사람을 속인다. 중간 거짓말쟁이는 많은 사람을 속인다. 큰 거짓말쟁이는 나라를 속인다. 그러나 세월을 속일 수는 없다."

"나는 계속 배우면서 나는 갖추어 갑니다. 언젠가는 나에게도 기회가 올 것 입니다."

"나는 내가 할 수 있는 한의 최선의 것, 내가 아는 한의 최선의 것을 실행하고 또한 언제나 그러한 상태를 지속시키려고 합니다."

"내가 좋은 일을 하면 기분이 좋고, 내가 나쁜 일을 하면 기분이 나쁘다. 이게 나의 종교이다."

"노예를 해방시키지 않고 연방을 수호할 수 있다면 그렇게 할 것이고, 노예를 해방시켜야 연방을 수호할 수 있다고 해도 그렇게 할 것이며, 일부 노예만 해방시키고 나머지를 그대로 두어야 연방을 수호할 수 있다면 그렇게 하겠습니다."

"노예제가 나쁘지 않다면 세상에 나쁜 것은 하나도 없습니다."

"누구든지 노예제도를 찬성하는 주장을 들을 때마다, 그 사람을 개인적으로 노예를 시켜 보면 어떨까 하는 강한 충동이 생깁니다."

"나는 어릴 때, 가난 속에서 자랐기 때문에 온갖 고생을 참으며 살았습니다. 그러나 소년시절의 고생은 용기와 희망과 근면을 배우는 하늘의 은총이라 생각하지 않으면 안 됩니다. 헛되이 빈고(貧苦)를 슬퍼하고 역경을 맞아 울기만 하지 말고, 미래의 밝은 빛을 향해 분투노력하며 성공을 쟁취해 나갑시다."

"나는 기회가 올 것에 대비하여 배우고, 언제나 닥칠 일에 착수할 수 있는 태도를 갖추고 있습니다."
"나는 천천히 걸어가는 사람이다. 그러나 뒤로는 가지 않는다."

"나에게 밤낮으로 무서운 긴장이 생겼기 때문에, 만일 내가 웃지 않았다면 나는 이미 죽은 지가 오래 되었을 겁니다."

"나이가 40을 넘은 사람은 자기 얼굴에 책임을 져야 합니다."

"내가 대통령이 된 것은 나의 어머니가 준 성경 때문이었습니다. 내가 성공을 했다면, 오직 천사와 같은 어머니의 덕입니다."

"내가 바라는 것이 있다면, 내가 있음으로 해서 이 세상이 더 좋아졌다는 것을 보는 일입니다."

"노동을 소중히 여깁시다. 노동의 빛은 아름다운 겁니다. 노동은 온갖 덕의 원천이기 때문입니다."

"사람이 얼마나 행복하게 될 것인지는 자기의 결심에 달려 있습니다."

"어떤 일을 할 수 있고, 해야 한다고 생각하면, 길이 열리게 마련입니다."

"일이란 기다리는 사람에게 갈 수도 있으나, 끊임없이 찾아 나서는 자만이 획득합니다."

"전능하신 하나님께서 먹기만 하고 일을 하지 않는 부류의 인간을 만드셨다면, 그 인간은 아마도 입만 있고 손은 없을 겁니다. 또 다른 부류로 일만 하고 먹지는 못하게 되어 있는 인간을 만드셨다면, 아마도 그 인간은 손만 있고 입은 없었을 것 입니다. 입과 손을 동시에 만드신 하나님의 뜻이 어디에 있겠습니까?. 일하면서 먹고, 먹으면서 일합시다. 어느 한 쪽에만 치중하는 불구자가 되지 맙시다."

"나는 만나는 사람마다 교육의 기회로 삼았다."

"타인의 자유를 부인하는 자는 그 자신도 자유를 누릴 가치가 없습니다."

"하나님이 자기를 만드셨기 때문에 자기는 가치 있는 사람이라고 확신하는 사람을 비참한 사람으로 만들기는 어렵습니다."

"하나님께서는 틀림없이 일반 서민들을 좋아하십니다. 그렇지 않다면, 그분께서 그들은 이토록 많이 창조하시지는 않으셨을 것입니다."

"세상에는 자유라는 말에 대한 올바른 정의가 없습니다. 우리는 모두 자유를 지지한다고 선언하지만, 우리 모두가 의미하는 것이 반드시 동일하지는 않습니다."

"나는 한 가지 절실한 소원이 있다. 그것으 내가 이 세상에 살았기 때문에 이 세상이 조금 더 나아졌다는 것이 확인 될 때까지 살고 싶다는 것이다."

"나는 내가 죽고 난 뒤에 꽃이 필 수 있는 곳이면 어디든 엉겅퀴를 뽑아내고 꽃을 심었던 사람이라는 말을 듣고 싶다."

▧ 정치적 경쟁자 스탠턴을 사랑과 관용으로 감싼 링컨 ▧

에드윈 스탠턴(E. M. Stanton)은 링컨의 정치적 경쟁자로 선거기간 내내 링컨을 공개적으로 비난하고 무시하였다. 주위에서 링컨과 스탠턴은 노예제에 대한 입장이 같으므로 둘이서 함께 합쳐 스티븐 더글러스(Stephen Douglas)를 상대하라고 권유하였다. 하지만 스탠턴은 시골 출신의 신출내기 변호사인 링컨과 함께 하여 더글러스를 상대할 수 없다고 노발대발하였다.

스탠턴은 링컨은 팔이 길어서 고릴라와 같다고 인신공격을 하기 까지 하였다. 스탠턴은 링컨은 정규 교육을 제대로 받지 못해 모든 것이 미숙하다고 무시하면서, 만약 링컨이 공화당 후보로 대통령이 된다면 이는 국가적 재난이라고 말하기도 하였다. 하지만 링컨은 스탠턴의 비난을 전혀 개의치 않았다.

링컨이 대통령에 당선되자 스탠턴을 국방장관으로 임명하였다. 일부 참모들은 링컨의 정적이었던 스탠턴을 제거하자고 권유하였다. 하지만 링컨은 "나를 수백 번 무시한들 어떻습니까?. 그는 사명감이 투철한 사람이라 국방장관에 제격입니다"라고 말하면서 참모들의 말을 듣지 않았다.

스탠턴은 링컨이 자신을 국방장관으로 임명하자, 그가 자신을 모욕하기 위해서라고 생각했지만, 나라를 구하겠다는 일념으로 받아들였다. 링컨은 스탠턴이 업무에 대한 사명감이 투철하다는 사실을 알고 그를 신뢰하여 국방장관에 임명했던 것이다.

이러한 사실을 알게 된 스탠턴은 링컨에 충성심을 보이며 자신의 능력을 최대한 발휘하여 링컨의 강력한 지지자로 남았다. 훗날 스탠턴은 링컨이 피격당해 후송되자 한달음에 달려와 그의 곁을 끝까지 지켰고 그가 사망하자 "이곳에 가장 위대한 사람이 누워 있습니다. 그는 이제 역사로 남으려 합니다"라고 유명한 말을 남기며 그를 끌어안고 대성통곡하였다.

윈스턴 처칠(Winston Leonard Spencer Churchill, 1874~1965)

7 | 제2차 세계대전을 승리로 이끈 윈스턴 처칠

영욕을 함께 한 위대하고 존경받는 지도자

윈스턴 처칠(Winston Leonard Spencer Churchill, 1874~1965)은 영국은 물론 세계적으로 존경받는 정치인, 군인, 작가, 화가이다. 처칠은 제1차, 제2차 세계대전을 경험했으며, 1922년부터 1924년까지 총 2년을 제외하고 1900년부터 1964년까지 의원, 장관, 두 번의 수상(1940~1945, 1951~1955)을 역임하며 평생을 영국 의회에서 보냈다.

제2차 세계대전 당시 아돌프 히틀러(A. Hitler)와 맞서 싸우면서 불굴의 용기와 리더십으로 불안에 떨던 영국 국민들에게 용기와 희망을 주었으며, 뛰어난 리더십과 선견지명을 발휘해 전쟁의 전세를 뒤집어 연합국의 승리를 이끌어냈다. 처칠은 그림을 그리며 스트레스와 우울증으로부터 벗어날 수 있었다. 그림 실력도 뛰어나 여러 나라에서 전시회를 열기도 했다.

처칠은 스스로 자신을 잘 아는 인물이었다. 청소년 시절에는 의욕도 야망도 없는 낙제생이었고, 상습적인 지각생이었다. 생활기록부에 따르면 그는 '그는 품행이 나쁜 믿을 수 없는 학생으로, 의욕이 없고 다른 학생들과 자주 다투며, 상습적으로 지각하고 물건을 제대로 챙기지 못하며 야무지지 못하였다.' 영국에는 저명 정치인의 이름을 따서 학교이름을 짓는 전통이 거의 없는데도 처칠의 이름을 딴 초등학교만 10개가 넘는다고 한다.

성적도 하위권이었지만 역사와 영어 과목만은 뛰어났다. 역사에 많은 흥미를 가져 주로 역사공부를 했으며 역사적으로 훌륭한 인물들을 찾고 그들의 경험을 자신의 행동지침으로 삼았다. 역사 공부를 통해 얻은 역사적 사례를 중심으로 여러 매체에 글을 발표하며 자신의 문장 실력을 다듬고 높여갔다. 처칠은 제1차 세계대전 때는 해군장관을 역임했고, 제2차 세계대전 때는 수상을 맡았다. 양차 세계대전 동안 전쟁을 진두지휘하며 얻은 경험은 그가 작가로 활동하는데 커다란 도움이 되었다.

결국 처칠은 자신의 경험을 바탕으로 《제2차 세계대전(The Second World War)》이라는 책을 썼고, 이 책은 그에게 노벨문학상이라는 영예를 안겨줬다. 6년 동안 겪은 경험을 바탕으로 쓴 방대한 이 저서는 〈밀려드는 전운〉, 〈사랑스러운 영국인〉, 〈대동맹〉, 〈대전의 분기점〉, 〈가장 길었던 날〉, 〈승리와 비극〉 등 여섯 권으로 되어 있는 방대한 자료의 집대성이다. 스웨덴 한림원은 처칠에게 노벨문학상을 수여하게 된 사유는 "역사적 및 전기적 서술의 대가로서, 그리고 고귀한 인간적 가치를 수호하는 탁월한 웅변에 대해서(for his mastery of historical and biographical description as well as for brilliant oratory in defending exalted human value)" 수상자로 선정함이었다. 처칠은 노벨 문학상 수상작 《제2차 세계대전》 외에도 수많은 기고문과 한 편의 소설, 두 권의 전기, 세 권의 회고록 그리고 역사에 관한 서적도 집필했다.

처칠은 해가 지지 않는 대영제국의 최전성기에 살았고, 제2차 세계대전 승리의 주역이었지만, 세계 패권이 미국에 넘어가 영욕(榮辱)이 교차하는 시대를 겪었고 동서 냉전이 심화되는 시기까지 살았다. 그의 삶이 곧 영국이었다. 처칠은 영국 외에도 미국, 프랑스 등 20여개 국가로부터 약 2천여 개의 훈장을 받았을 정도로 높이 평가되었다. 체코, 프라하에는 처칠 광장이 있고, 노르웨이에는 처칠 거리가 있다. 제2차 세계대전에 참전했던 아이젠하워(D. D. Eisenhower) 미국 대통령이 "처칠보다 더 위대한 사람을 만난 적이 없다"고 평가할 정도로 세계에서 높이 평가받고 있다.

하지만 일부에서 제2차 세계대전에서의 처칠의 역할이 지나치게 과대평가 되었으며, 제국주의자로서 식민지를 탄압했다고 지적되기도 한다. 그럼에도 처칠은 여전히 영국에서 존경받는 정치인이다. 2002년 BBC가 영국인 1백만 명을 대상으로 조사한 '위대한 영국인 100명' 가운데 뉴턴(I. Newton)과 셰익스피어(W. Shakespeare)를 제치고 처칠이 1위를 차지한 것이 이를 잘 말해준다. 처칠은 2003년에 영국, 프랑스, 독일, 이탈리아 등 6개국 대상 조사에서 19세기 이후 가장 위대한 유럽인으로 선정되었다.

처칠은 히틀러의 전쟁에 맞서고 스탈린의 공산주의에 반대하면서 세계사의 거대한 흐름을 두 번이나 바꾼 유일하고 위대한 정치인이었다. 처칠은 노사정위원회 설치, 실업보험 도입 등 복지국가의 기초를 닦았으며 대외적으로는 유연하기도 하고 완고한 모습을 보였던 정치인이었다. 천재성, 끈질김, 불굴의 의지를 지닌 처칠은 위기의 순간에도 국민들이 결속력을 다지게 했으며, 무엇을 해야 하는지 확실히 알고 혜안으로 국민들을 이끈 지도자였다.

정치인 처칠은 두루뭉술한 태도와는 거리가 먼 인물이었다. 히틀러를 "나쁜 놈(the Bad man)"이라고 비난하는가 하면, 자유당의 맥도널드(Ramsey McDonald) 수상이 자주 정책을 번복하자 "줏대 없는 인간(The Boneless Wonder)"이라며 막말을 서슴지 않았다. 오죽하면 "처칠은 입으로 생각한다"라는 말이 돌 정도였지만 그의 행동은 달라지지 않았다.

비난을 무릅쓰고 당적을 옮기다

처칠은 1874년 11월에 유명한 정치인 집안에서 태어났다. 할아버지는 아일랜드 총독을 지냈으며 아버지는 재무장관을 역임하는 등 겉으로 보기에는 귀족 명문가였으나 부친과 미국인인 모친의 사이가 좋지 않아 어린 시절 그다지 행복하지는 못했다. 처칠은 말까지 더듬는데다가 학교 성적도 시원치 않았다. 고등학교를 졸업하고 3수 끝에 겨우 샌드허스트 육군사관학교(Royal Military Academy Sandhurst)에 입학하여 공동체의 규칙과 리더십을 배웠다. 수학 성적이 바닥이라 수학이 필요하지 않은 샌드허스트 사관학교의 기병사관에 간신히 입학하였으나 졸업할 때는 상위 10위였다고 한다.

졸업 후 기병으로 쿠바, 인도, 남아프리카 등에서 활동하면서 군인 생활을 하였다. 남아프리카에서 대영제국과 네덜란드계 보어족 간에 일어났던 보어 전쟁(Boer War)에 장교이자 종군기자로 참전하여 당시 처참한 전쟁 상황을 생생하게 전달하면서 널리 알려지기 시작했다. 전쟁 중 포로로 잡혔다가 탈출하여 영웅대접을 받기도 했다.

1899년 23세의 처칠은 보수당원으로 하원의원 선거에 출마했으나 낙선했고, 그 다음 해 보궐선거에서 하원의원에 당선되었다. 1904년에 처칠은 보수당이 보호주의 색채를 강화하자 보수당을 버리고 자유당으로 갔는데 이는 좀 더 진보적이고 자유스러운 분위기의 자유당과 성향이 맞는다고 판단하였기 때문이었다. 1924년까지 자유당에 몸을 담고 자유당 내각의 통상, 식민, 해군장관 등을 역임하며 자유당의 핵심 인물로 등장하였다.

제1차 세계대전 중에 해군장관이었던 처칠은 독자적으로 오스만 제국의 수도인 이스탄불(Istanbul)을 점령하려다 참패하여 장관직에서 물러나 중령으로 최전방에 참전하였다. 그는 사병들의 복지를 개선하여 사기를 높였고, 특유의 유머로 사병들의 정신적 고통과 스트레스를 해소해 주기도 하였다. 처칠은 최전방에서 진정한 리더의 역할과 책임을 몸소 체험하였다. 그 후 처칠은 자유당 내각에서 군수, 육군, 공군, 식민 등의 장관직을 맡았다.

자유당이 노동당과 연합하면서 급진적인 노선을 강화하자 처칠은 공산주의, 노동운동 등에 대한 정치적 견해 차이로 갈등하다가 1924년에 자유당을 떠나 보수당에 복귀하였다. 보수당 당적으로 처칠은 1940년과 1951년에 수상을 역임하였다. 그는 주위의 시선을 아랑곳하지 않고 자신의 생각대로 행동했다. 배신자라는 비난이 빗발쳤음에도 불구하고, 처칠은 자신에게 더 중요한 것은 영국의 미래와 국민이라고 생각하고 전혀 개의치 않았다.

처칠은 잦은 당적 변경, 고집스러운 독불 장군 기질, 분노를 조절하지 못하는 불같은 성격 등으로 정적이 많았으며 평생 공격의 대상이 되었다. 그는 자유당의 비난을 회피하려고 하지 않았고 더 커다란 목표를 추구하였다. 보수당에서 재무장관을 맡아 자유무역주의를 주장하고, 노동자들이 총파업을 할 때 강경하게 대응하였다. 그는 또 영국의 경제력이 약화된 것을 모르고 세계 금융시장에서 파운드화의 가치를 지킨다는 명목으로 금본위제도로 복귀했다가 영국의 수출에 커다란 타격을 입히기도 하였다. 인위적인 파운드화의 강세는 섬유, 철강 등 주력산업의 가격 경쟁력을 떨어뜨려 영국 경제를 한순간에 나락으로 빠뜨리기도 하였다.

어려운 전쟁 와중에 수상이 되다

스탈린(J. V. Stalin)이 소련을 장악하여 공산주의 체제를 구축하자, 유럽의 정치 지도자들은 전 유럽이 공산화되는 것을 막아내기 위해서는 독일이 역할을 해주어야 한다고 판단하였다. 하지만 독일은 패전국으로 전쟁 배상금, 고물가 등으로 혼란스러웠으며, 히틀러의 나치당이 장악하고 있었다. 그럼에도 영국의 보수당에서는 히틀러와 협상을 통해 평화조약을 체결해야 한다고 주장하였다. 영국의 체임벌린(Arthur N. Chamberlin) 수상은 경제 상황 등을 이유로 독일에 대한 강경책은 불가능하다고 판단하고 히틀러와 평화조약을 체결하는 등 외교적 유화책을 펼쳤다. 체임벌린은 히틀러가 더 이상 전쟁을 일으키지 않을 것으로 보았다.

하지만 처칠은 유럽의 공산화를 막기 위해서는 파시즘을 용납해서는 절대로 안 되며, 유럽의 미래를 위해 가장 시급한 일은 히틀러 나치즘의 확산을 막는 것이라고 역설했으나 받아들여지지 않았다. 처칠은 내각에서 사퇴하여 10여 년 간 유럽을 여행하며, 유럽 국가들의 실상을 파악하였다. 그는 나중에 이 10년간의 긴 휴식이자 여행이 수상으로서의 가치관과 국가관을 확립하는 데 많은 도움이 되었다고 술회했다. 히틀러는 정권을 잡자마자 1919년 6월 평화회의 결과에 따라 프랑스 베르사유 궁전에서 31개 연합국과 독일이 맺은 베르사유 조약(Treaty of Versailles)을 파기하고 군수산업과 중공업을 집중 육성하고 고속도로와 같은 인프라를 구축하였다. 독일의 경제 생활이 나아지면서 많은 국민들이 히틀러를 추종하며 열광하기 시작하였고, 히틀러는 국민들의 호응을 받으며 전쟁을 준비했다.

히틀러가 1939년 9월 폴란드를 침공하면서 제2차 세계대전이 시작되었다. 제2차 세계대전은 독일·이탈리아·일본 등 3국을 중심으로 한 추축국과 미국·영국·프랑스·중화민국 등 연합국이 맞서면서 일본이 항복할 때까지 6년간 이어진 전쟁이다. 제2차 세계대전의 피해는 공식적으로 집계되지 않고 있으나 전쟁 비용은 약 1조 달러, 사망자 수는 7천만 명에서 1억 명으로 추정되기도 한다. 2차 세계대전이 일어나자, 나치 독일과 유화정책으로 일관하다가 실패한 체임벌린 수상이 사퇴하고 1940년 처칠이 수상이 되었다. 1900년 하원의원이 된 이래 40년 만에, 은퇴해서 여생을 즐길 65세에, 영국이 가장 어려운 시기에, 처칠은 수상이 되었다.

히틀러는 폴란드를 비롯해 체코, 네덜란드를 함락시키고 곧바로 프랑스도 침략했다. 처칠은 제2차 세계대전 중에 영국 수상에 취임한 지 얼마 지나지 않아 1940년 5월 프랑스 됭케르크(Dunkirk)에서 연합군을 철수시켜야만 했다. 처칠은 9일 동안 860척의 배를 모아 영국군·벨기에·프랑스군 등 34만여 명의 병사를 철수시켰는데 이를 됭케르크의 기적이라고도 한다. 됭케르크는 2017년에 영화로 제작되기도 했다.

나치가 프랑스를 함락시킨 후에 다음 목표는 영국이었다. 나치 독일 정권의 2인자 헤르만 괴링(H. Goering)은 3주 안에 독일 공군력으로 영국을 무너뜨릴 수 있다고 확신하면서 1940년 6월부터 영국을 공습하기 시작하였다. 영국 국민들은 공포와 불안에 떨어야만 했다.

두려움과 공포에서 벗어나 희망을 가지게 하다

처칠은 일찍이 히틀러의 야욕을 간파하고 줄곧 영국 정부의 유약함을 비판해왔다. 처칠은 1940년 5월 10일 의회에서 역사적인 연설을 하였다.

"저는 오늘 비극적인 사실을 말하려 합니다. 유럽은 히틀러에게 굴복했습니다. 이제 다음 차례는 영국입니다. 하지만 저는 국민들에게 해줄 것이 없습니다. 오히려 국민들에게 요구하고 싶은 것이 있습니다. 그것은 바로 영국 국민의 피와 땀과 그리고 눈물입니다. 앞으로 기나긴 투쟁과 고난과 시련의 세월이 우리를 기다릴 것입니다. 우리의 확고한 정책은 보장되지 않는 기만적인 강화조약이 아닌 전쟁입니다. 수많은 목숨을 잃을 수도 있는 전쟁을 하는 목적은 승리입니다. 파시즘에 굴복당하지 않는 자유민의 승리입니다. 어떤 대가를 치르고서라도 반드시 승리해야 우리는 생존할 수 있습니다. 나는 확신합니다. 우리의 단결된 힘이 기필코 승리를 쟁취할 수 있을 것입니다."

그리고 처칠은 영국 국민을 단결시켜 힘을 하나로 모으는 일에 앞장섰다. 우선 영국 왕실과 정부 요인을 외국으로 피신시키고, 대영제국 박물관의 수많은 보물과 문화재를 캐나다로 옮기려는 계획을 백지화시켰다. 영국 국민 모두가 동등한 입장에서 히틀러의 공습에 대항하기 위함이었다. 그것은 영국 국민들이 단결하게 하고 용기를 주었다.

처칠 수상이 취임 연설을 한 지 3주도 지나지 않은 6월 22일에 프랑스도 독일에 무릎을 꿇고 말았다. 이제 영국은 홀로 독일과 맞서 싸워야 했다. 이 듬해인 1941년 6월 소련이 참전할 때까지 처칠의 영도 하에 영국은 홀로 버텼다. 미국은 참전할 생각이 없었던 그 시점에서 영국이 승리할 가능성은 전혀 없었다.

1940년 9월 11일 나치 공군이 런던을 공습한 지 나흘 후 BBC 라디오를 통해서 처칠은 카랑카랑한 목소리로 연설했다. 감정이 실린 열띤 음성이 아닌, 건조하고 침착한 음성이다. 처칠은 공포에 질린 영국인들에게 현재의 전황이 아주 불리하고, 영국이 히틀러에 홀로 맞선 대가로 많은 것을 잃게 될 것이며, 국가 자체가 일촉즉발의 위기에 처해 있음을 있는 그대로 털어놓았다.

"우리는 다음 주를 영국 역사상 가장 중요한 시기로 간주해야 할 것입니다. 해군 제독 드레이크 경(Sir F. Drake)이 최후의 결전을 앞두고, 넬슨(H. Nelson) 제독이 나폴레옹의 군대와 대치하던 그 며칠과 같습니다. 앞으로 일어날 상황은 과거 그 어느 때보다 인류의 생명과 미래, 문명에 대해 더 큰 규모로, 더 치명적인 결과를 몰고 올 것입니다. 우리의 의무를 상기하고 분발합시다. 앞으로 1000년간 대영제국과 영연방이 지속된다면, 사람들은 지금 이때야말로 가장 좋았던 시절(the finest hour)'이라고 말할 것입니다."

처칠의 솔직한 연설은 공습의 공포와 두려움에 떨고 있던 런던 시민들이 의연하게 대처할 수 있는 마법과 같은 힘을 발휘했다. 나치의 9개월간 공습으로 4만 3천여 명의 사상자를 내고, 시민 4분의 1이 집을 잃었음에도 불구하고 의연하게 버텼고, 영국 공군은 나치의 공격을 막아냈다. 예상외로 끈질긴 영국 국민과 공군의 저항에 부딪혀 나치는 런던 공습을 단념할 수밖에 없었다. 처칠은 영국 혼자서라도 히틀러와 전쟁을 하기로 결심하고 미국과 소련이 참전할 때까지 혼자서 버틴 강단 있는 정치인이었다. 처칠은 영국 국민들에게 영감을 주어 국민들이 원하지 않는 일도 기꺼이 하도록 하게 하였다. 처칠은 솔선수범하고 실천하는 리더십, 공생하는 리더십으로 영국 국민을 이끈 것이다.

루스벨트와 스탈린을 반(反)독일 전선에 서도록 하다

1940년 6월 22일 프랑스는 겨우 한 달여 전투 끝에 나치 독일과 정전협정을 맺었다. 영국 정부 일각에서는 독일과 협상하여 히틀러의 획득물은 인정해 주되 영국은 침략하지 않도록 하자는 주장도 있었다. 새로 수상이 된 처칠은 이러한 주장을 단호히 거부했다. 그러나 처칠 수상은 영국 혼자만의 힘으로는 절대로 독일에 이길 수 없음을 잘 알고 있었다.

처칠은 동맹국이 필요했으며 미국의 참전을 간절히 바랐다. 그래서 루스벨트 대통령과의 관계에 특별히 공을 들였다. 중대한 문제는 외무성(外務省)

을 통하지 않고 직접 루스벨트에게 편지를 냈다. 전쟁 중에 처칠이 루스벨트에게 보낸 문서는 950통, 루스벨트 대통령의 답장은 800통이었다고 한다. 중립주의적 정서가 팽배해 있는 미국을 전쟁에 끌어들이는 것은 결코 쉽지 않았다. 처칠의 간곡한 정성과 끈질긴 설득 끝에 1941년 2월 8일 영국이 전쟁을 수행하는데 결정적인 도움을 준 '무기대여법(Lend-Lease Act)'이 미국 하원에서 통과되었다.

무기대여법은 영국이 절실하게 필요한 핵심 무기와 보급물자를 미국이 지원해 주는 것이다. 대공황으로 엄청난 고통을 당하고 있었던 미국 국민들 대다수가 영국에게 무기를 보급하는 것에 반대했기 때문에 루스벨트로서도 참으로 많은 고민을 했다. 무기대여법의 통과는 미국 고립주의 전통에 종지부를 확실히 찍는 것이었다. 루스벨트로서도 미국을 지키는 최선의 길은 영국이 계속 싸우도록 돕는 것이라고 확신하게 되었다. 처칠의 연설과 의지에 위안을 받은 것은 영국인들만이 아니었고 루스벨트 대통령과 수많은 미국 국민들도 그러했다. 처칠로부터의 편지를 읽고 또 읽으면서 루스벨트는 혼자서 무기대여법 추진을 결심하였다고 한다. 그리고 루스벨트는 노변담화 중 가장 많이 회자된 '민주주의 무기고'라는 담화에서 영국에 무기지원의 필요성을 자세히 그리고 설득력 있게 설명했다.

처칠 수상은 무기대여법이 미 의회를 통과하자 "기록된 역사를 통틀어 가장 이타적인 행동"이라 칭찬했다. 만약 무기대여법에 의한 무기와 물자지원이 없었다면 전쟁은 1941년 중반쯤에 나치의 승전(勝戰)으로 종결되었을지도 모른다. 1945년 봄까지 효력을 발휘했던 무기대여법에 따라 미국은 영국에 314억 달러, 소련에 113억 달러 등 도합 500억 달러(현재 가치 약 1조 달러)를 지원하였다.

1941년 8월 14일 루스벨트를 만나 전쟁에 대한 두 나라의 공동 목표를 제시한 '대서양 헌장'을 채택했음에도 처칠은 미국의 참전 약속은 얻어내지 못했다. 다행히 12월 7일 일본이 진주만을 기습하자 미국이 참전 선언을 했다. 미국의 참전 소식을 듣고 처칠은 "히틀러는 이제 끝났다. 무솔리니도 끝났다. 일본은 으스러질 것이다. 이제 남은 것은 압도적 힘으로 밀어붙이는 것뿐이다"라고 환호했다고 한다.

진주만 공습 직후 처칠은 대서양을 건너 미국과 캐나다에서 3주간 머물면서 전쟁 수행을 위한 각종 합의를 이끌어 내었다. 12월 26일에는 미국 의회에서 연설을 했다. 처칠과 헤어지는 자리에서 루스벨트는 "끝까지 저를 믿으십시오"라고 말했다고 한다.

독일을 패배시키기 위해 처칠이 필요했던 또 하나의 동맹국 소련의 스탈린은 다루기가 쉽지 않은 상대였다. 스탈린은 영국의 무기 원조에만 관심이 있었고 보내준 원조 자체에 대해서는 그다지 고마움도 표하지 않았다. 처칠은 소련과 동맹의 전략적 중요성을 정확히 인식하고 있었기에 스탈린과 소통하며 설득했다. 1942년 8월 처칠은 건강이 좋지 않음에도 모스크바로 날아갔다. 제2전선 구축이 늦어질 것이라는 나쁜 소식을 가지고 갔기에 스탈린으로부터 강한 항의를 받고 심지어 모욕까지 당해야 했다. 헤어지는 순간에는 스탈린도 만남의 의의를 평가하고 상호 이해에 대해 감사를 표했다.

1943년 9월 21일 처칠은 영국 의회에서 연설할 때 스탈린을 염두에 두고 "동맹관계의 단점을 살펴 볼 때에는, 동맹관계의 장점이 얼마나 뛰어난지를 잊지 말아야 합니다"라고 말했다. 처칠은 독일을 이기기 위해서는 피곤함도, 개인적인 모욕도, 신변의 위험도 그 어느 것도 전혀 개의치 않았다.

자부심을 가지도록 동기를 유발하다

노벨 문학상을 받을 정도로 탁월한 문장력을 지닌 처칠은 연설문을 스스로 작성하였다. 처칠의 연설이 많은 사람들에게 감동을 주었던 것은 국민들이 듣기 좋은 미사여구를 많이 사용하는 것이 아니라 현실을 직시하고 역사적인 사실을 근거로 했기 때문이었다. 처칠은 영국 국민들이 영국의 역사에 큰 자부심을 가지고 있다는 점을 파악했고, 제2차 세계대전이라는 고난을 영국 선조들도 경험했던 고통과 투쟁의 역사로 부각시키려고 노력했다. 이는 영국 국민들이 자긍심을 가지고 대의를 위해 맞서 싸우게 하는 동기를 유발시킬 수 있었다.

처칠은 결단을 주저하거나 책임을 남에게 돌리려고 하지 않았으며, 전쟁터에서 일어난 절망적인 소식도 솔직하게 알리려고 했다. 그리고 이러한 사실을 토대로 더욱 강한 용기를 요구했다. 처칠의 연설에는 "우리는 승리할 것이며 반드시 승리해야 한다"는 결의는 가득하나 어떤 방식으로 히틀러와 싸워 이길 것이라고 구체적으로 설명하지 않았다. 처칠은 영국의 힘만으로는 독일을 물리칠 수 없고, 미국과 소련이 참전해야만 전쟁에서 이길 수 있다는 사실을 이미 알고 있었다. 그럼에도 불구하고 제2차 세계대전이 일어나 미국이 참전하기 전까지 19개월 동안은 처칠도 확신할 수 없는 승리를 장담하며 전쟁을 이끌어 나갔다. 처칠은 긍정의 리더십으로 영국 국민들에게 희망을 주었다.

처칠은 미래가 불확실한 상황에서도 지도자로서 국가와 국민을 위해 용기와 웃음을 잃지 않았다. 처칠은 전쟁으로 장래가 암울한 영국을 이끌고 있는 자신이 넘어진다면, 영국은 역사의 뒤안길로 사라질 것임을 누구보다 잘 알고 있었다. 어느 날 처칠이 연단 위에 오르다가 넘어지자 청중들이 일

제히 웃음을 터뜨렸다. 그러자 그는 "여러분이 웃을 수 있다면 나는 한 번 더 넘어질 수 있다"고 말하며 다시 한번 더 넘어졌다고 한다. 그 연설의 다음에 그는 아무 말 없이 연단을 내려왔으며 청중들은 더 열성적으로 박수를 쳤다고 한다.

처칠은 중절모에 시가를 물고 한 손으로 V자를 나타내는 포즈를 즐겨했다. V자는 원래 욕을 의미했는데 그 V자를 승리(victory)의 의미로 바꿔 영국 국민들에게 이길 수 있다는 신념과 용기를 주었다. 지도자의 유머는 국민들을 여유 있고 풍요롭게 하며 긍정의 에너지로 가득 차게 한다. 처칠은 뛰어난 유머 감각의 소유자였으며 자신의 장점을 적절하게 이용할 줄 알았다. 처칠이 지니고 있는 긍정의 리더십은 그를 더욱 위대하게 만들었다. 처칠은 많은 어려움에도 불구하고 긍정의 에너지를 발산하면서 비범한 리더십을 발휘했다.

처칠은 "유화주의자는 자신은 절대 잡아먹히지 않으리라 믿으면서 악어를 키우는 사람이다"라고 말하면서 히틀러와 파시즘에 강력하게 대항했다. 제2차 세계대전을 승리로 이끌었음에도 불구하고 종전(終戰)을 불과 2개월 앞두고 총선에서 참패하여 종전 협상에서 배제되는 등 정치적으로 커다란 타격을 입기도 했다. 처칠은 1951년 다시 수상이 되어 1955년까지 수상직을 수행하면서 냉전 문제 등을 해결하기 위해 주요 강대국 간의 '정상회담(summit meeting)'을 제안하기도 했는데, 이 말은 오늘날 각국 정산 간 회담의 대명사로 자리 잡았다.

용기와 혜안으로 국가를 위해 평생을 바치다

처칠은 장점보다 단점이 더 많은 사람이었다. 키는 166센티를 겨우 넘는 단신에 뚱뚱한 체구에 얼굴은 불독과 같아 호감이 가는 인상은 아니었다. 게다가 어릴 때 앓은 폐렴이 자주 재발해 고통 받았으며, 심장발작도 자주 일으키고 우울증도 심했다. 처칠은 명연설가로도 유명하지만 사실 말더듬이었다. 처칠은 책을 소리 내어 읽으면서 말더듬이 버릇을 스스로 고쳤다. 처칠을 가장 괴롭힌 것은 우울증이었는데, 그는 평생을 우울증과 같이 살았다고 말할 정도로 심각했다. 수상으로 밤낮없이 일에 몰두하면서도 잠자리에 들어선 베개를 껴안고 소리 내어 울었다고 한다. 많은 단점을 지닌 처칠이었지만 부단히 노력하여 극복했는데, 그 극복의 근본적인 힘은 굽히지 않는 용기였다. 단점은 극복하고 용기를 잃지 않았다.

1951년 처칠이 77세의 나이에도 불구하고 두 번째로 수상으로서 국가와 국민에게 봉사하겠다고 선서한 것은 만용과 노욕이 아닌 지도자로서의 소명의식이 있었기 때문이었다. 그는 다른 사람들의 비난이나 평판을 개의치 않았다. 그가 가장 지키려고 한 것은 국민의 지지와 선거에서 많은 표가 아니라 국가 발전을 위한 원칙과 목표 의식, 그리고 말보다 앞서는 행동이었다.

제2차 세계대전 직후 영국 총선에서 처칠 수상이 패배한 것은 엄청난 충격이었다. 영국 유권자들의 배신이었다. 1945년 5월 나치 독일이 무조건 항복하고 종전이 이루어질 때 까지는 처칠의 영도 하에 온 국민과 의회가 단결했다. 카리스마도 있고 인기도 최고조에 달했음에도 불구하고 보수당의 처칠은 노동당의 애틀리(Clement Richard Attlee)에게 참패했다. "정치적 지진"이라고 묘사될 만큼 영국 정치 역사상 가장 놀라운 일이 발생한 것이다.

이는 전시 중인 1942년에 윌리엄 베버리지(William Beveridge)가 제안한 《비버리지 보고서(Social Insurance and Allied Services)》에 기초한 노동당의 복지정책 공약 때문이었다. 중산계급과 노동자 계급을 대변하는 보편적 복지

제도의 틀을 제시하자 유권자들이 처칠을 버리고 애틀리를 택했다. 베버리지는 사회문제의 5대 악으로 결핍(want), 질병(disease), 나태(idleness), 무지(ignorance), 불결(squalor)을 들고 사회보장의 궁극적 목표를 궁핍의 해소라고 하였다. 영국 유권자들이 노동당의 사회주의 퍼주기 정책에 혼을 뺏겨 전시의 영웅 처칠 수상을 헌신짝처럼 버리듯이 버렸던 것이었다.

처칠은 현실을 냉철하게 판단하고 미래를 내다볼 줄 아는 혜안을 지닌 동시에 멈추지 않는 호기심과 못 말리는 엉뚱함을 동시에 지녔다. 그는 엄청나게 정력적이고 때로는 귀찮은 독불장군이었다. 처칠의 이러한 단점들이 인간적인 매력으로 비춰지기도 했지만 처칠은 모시기가 아주 어려운 상사였다. 처칠의 고집스럽고 좌충우돌하는 성향이 과묵하고 진지한 영국 국민들에게 쉽사리 받아들여지지 않았다. 처칠 수상에 대해서 쌓인 불만은 1945년 7월 총선에서 나타났다. 영국을 구하고 2차 세계대전을 승리로 이끄는데 커다란 공헌을 했음에도 불구하고 총선에서 보수당이 애틀리의 노동당에 참패하자, 처칠 수상은 물러났다.

처칠은 수상에서 물러나 1946년 3월 미국 남부 미주리주(Missouri)의 웨스트민스터(Westminster)대학교에서 명예박사 학위를 수여받고 행한 연설에서 유럽에 철의 장막(Iron Curtain)이 드리워졌다고 비난했다. 철의 장막은 제2차 세계대전 이후 소련을 중심으로 한 공산국가와 자유주의국가 간의 경계선을 의미한다. 처칠은 소련의 팽창주의에 대항하기 위해 단결을 호소하기도 하였다.

처칠은 1951년 총선에서 승리하여 수상직에 복귀하였으나 77세의 고령으로 더 이상 국정을 수행하기에는 무리였다. 두 번째로 수상이 된 그는 더 이상 예전의 처칠이 아니었다. 처칠은 기억력 감퇴와 난청에 시달렸으며, 그 뛰어난 연설은 듣기 어려워졌고 안타깝게도 가끔 횡설수설하기도 했다.

1955년 외무장관이자 부총리였던 앤서니 이든(R. Anthony Eden)에게 수상직을 물려주고 평민으로 돌아갔다. 그 후 10년간 조용히 지내다가 1965년 1월 24일 90년에 걸친 자신의 웅장한 삶을 마쳤다.

하지만 처칠은 여성 참정권과 인도의 독립 등을 반대했고, 일본의 군사력을 과소평가했다고 지적 받기도 하였다. 그럼에도 불구하고 영국인 뿐만이 아니라 전 세계 모든 지도자들이 처칠이 보여준 비범한 용기와 긍정적인 리더십을 본받으려하는 지도자 중의 지도자였다.

장관 시절의 성공한 정책과 실패한 정책

1906년 보수당을 누르고 압승한 자유당 정부에서 상무장관이 된 처칠은 재무장관 로이드 조지(David Lloyd George)와 더불어 국가 개입을 통한 진보적인 사회복지제도를 전면적으로 도입했다. 이때 페이비언협회(Fabian Society)의 사민주의 사상가들과 교류하면서 처칠은 사회안전망을 구축하기 위해 노력하였다. '최소 기준'이란 원칙을 마련했는데 실업보험, 장애보험, 17세까지의 의무교육, 가난을 구제하기 위한 공공 일자리 창출 그리고 철도의 국유화 등 5가지였다. 처칠은 이 5가지 최소 기준을 '사회안전망의 촘촘한 그물(the meshes of our safety net)'이라고 불렀고 이때 사용한 사회 안전망(safety net)이라는 용어는 오늘날까지도 사회복지 제도를 지칭하는 말로 쓰이고 있다.

자유당 내각으로서는 1900년에 새롭게 창당한 노동당에 노동자들의 지지를 빼앗기지 않기 위해서 적극적인 실업 대책을 마련하는 것이 절실했다. 보수당 내각이 실업 대책으로 관세율 인상 등 영국 산업에 대한 보호주의 강화로 접근해 온 반면, 자유당 내각은 노동자들의 권리 강화로 대응했다. 당시에도 정보 부족으로 노동시장에서 일자리와 구직을 원하는 노동자가 제대로 연결되지 않는 미스매치가 있었다. 처칠은 이러한 문제를 해소하여 실업률을 낮추고 아울러 경제적 효율성을 높이고자 했으며 이를 위해 국가가 나서야 한다고 생각했다.

처칠은 전국에 노동센터를 설치해서 근로자를 원하는 수요자의 수요 정보와 일자리를 원하는 노동자의 공급 정보를 한곳에 모아서 이를 연결해 주는 서비스를 제공했다. 처칠의 노동 정보 공유 프로그램은 영국 정부가 역사상 처음으로 실업 문제가 개인의 게으름이 아니라 노동시장이 제대로 작동하지 않은 데 원인이 있음을 공개적으로 인정한 것이나 다름없는 매우 획기적인 정책이었다.

1924년에 처칠은 당적을 자유당에서 보수당으로 옮겼다. 1924년 선거에서 압승해 수상이 된 볼드윈(Stanley Baldwin)은 모두의 예상을 깨고 처칠을 내각의 가장 중요한 자리인 재무장관에 임명했다. 재무장관을 역임했던 아버지에 이어 재무장관이 된 처칠 앞에는 제1차 세계대전 이후 몰아닥친 불황을 해결하고 금본위제 복귀 여부를 결정해야 하는 중대한 현안이 놓여 있었다. 이 두 가지 현안은 경제적으로 상충되기에 하나를 택하면 다른 하나를 포기해야 했다. 즉 불황을 탈출하기 위해서는 금본위제 도입을 늦추어야 했고, 금본위제를 채택하면 불황이 더 깊어지는 딜레마에 처해 있었다.

재무장관 처칠 앞에는 금본위제 복귀에 더하여 3가지 주요 현안 과제가 등장했다. '소득세 인하', '석탄노조 파업중재', '세제개혁' 등이었는데, 후세에 긍정적인 평가를 받은 것은 소득세 인하 정책뿐이다. 재무장관 처칠이 두고두고 후회한 정책은 바로 영국이 제1차 세계대전 전의 파운드화와 금의 교환비율(parity)로 돌아가는 금본위제 복귀 결정이었다. 당시 유명했던 케인즈는 영국이 금본위제로 복귀함에 따라 그렇지 않아도 불황에 빠진 경제 상황을 더욱 악화시켰고 높은 실업률을 불러왔다고 처칠 재무장관을 비난했다.

영국이 제1차 세계대전 종전 후 경제를 살리는 대신 금본위제 복귀에 정책의 우선순위를 둔 데는 중앙은행인 영란은행과 세계금융의 중심지 역할을 했던 런던 은행가들의 입김이 결정적으로 작용했다. 금본위제로의 복귀는 파운드화에 대한 신뢰를 높여 영국이 다시 국제시장에서 영향력을 회복하는 데 절대적으로 중요한 주춧돌이었다.

영란은행 총재였던 노먼(Montagu Norman)과 영국 재무부의 관료들은 전쟁 전 영국 런던이 맡았던 국제금융 중심지의 역할을 미국 월가에 내주는 것을 막기 위해 금본위제로 조기에 복귀하기를 원했다. 케인즈는 제1차 세계대전 이후 많은 유럽 국가들이 미국에 빚을 크게 지고 있고, 금의 대부분이 미국으로 이동한 상황에서 만일 영국이 파운드화를 금에 연결시킨다면, 그 순간 파운드화는 금이 아니라 달러에 종속되고 말 것이라고 경고했다.

하지만 처칠은 금본위제야말로 정치인들이 경제정책을 정치적인 목적으로 이용하지 못하게 할 수 있는 가장 좋은 제도라고 주장하는 찬성론자들의 손을 들어주었다. 그 결과 영국의 금본위제 복귀는 영국에게 영광을 되돌려주지도 못했을 뿐만 아니라 오히려 영국의 금융시장을 미국 월가에 종속시켰으며, 영국은 심각한 불황을 맞아 결국은 금본위제를 포기할 수밖에 없는 상황으로 몰렸다. 영국의 금본위제 복귀가 미국의 경제정책에도 영향을 미쳐 훗날 대공황의 단초를 제공했다.

사실 당대의 정치가 처칠과 당대 최고의 경제학자 케인즈는 거의 모든 주제를 놓고 많은 논쟁을 했다. 우파 정치인 처칠과 좌파 학자 케인즈가 충돌하지 않는다면 오히려 이상했을 것이다. 주어진 과제에 대하여 사사건건 의견이 다르고 그 차이가 심했기에 서로 사이가 좋지 않았다. 처칠은 자신의 정책에 반대 입장만을 취하는 케인즈를 반격하는 과정에서 "일곱 명의 경제학자들을 한 방에 넣어두고 어떠한 문제에 대한 해결책을 제시해 줄 것을 요구하는 경우, 사람 수보다 더 많은 여덟 가지의 해결책이 제시될 것이다"라고 말한 것으로 전해지고 있다.

처칠이 즐겨 읽은 책들과 저술한 책들

윈스턴 처칠은 다독가로도 유명하다. 처칠의 독서 목록은 그의 폭넓은 지적 호기심과 다양한 관심사를 반영하며, 그의 독서는 그가 세계적인 지도자로서 성공적으로 역할을 수행하는 데 중요한 역할을 했다.

에드워드 기번의 《로마 제국 쇠망사(The History of the Decline and Fall of the Roman Empire)》를 통해 처칠은 역사적 교훈과 정치적 통찰을 얻었고, 프랜시스 베이컨의 철학과 정치 관련 저서들은 처칠의 사고방식에 커다란 영향을 미쳤다. 존 스튜어트 밀의 《자유론(On Liberty)》을 읽은 후 밀의 자유주의 철학은 처칠의 정치적 견해와 인권에 대한 생각에 깊은 영향을 주었고, 《플루타르코스의 영웅전(Parallel Lives)》에 나타난 고대 그리스와 로마의 인물들의 생애와 업적을 읽고 처칠은 리더십과 도덕적 교훈을 배웠다.

처칠은 셰익스피어의 희곡과 소네트(sonnet)를 자주 읽었으며, 그의 연설과 글에서 셰익스피어의 언어와 주제를 자주 인용했다. 처칠은 알프레드 테니슨의 시를 통해 영감을 얻었으며, 그의 연설에서 테니슨의 시를 종종 인용했다. 어니스트 헨리 센고어의 역사서, 《세상과 인간의 역사(The World Crisis)》에서 처칠은 영국 역사와 정치적 사건들에 대한 중요한 통찰을 얻었다.

아버지인 랜돌프 처칠이 쓴 《조지프 체임벌린의 생애(The Life of Joseph Chamberlain)》에 나타난 조지프 체임벌린의 정치적 경력과 사상은 처칠에게 많은 영향을 미쳤으며, 레오 톨스토이의 대작, 《전쟁과 평화(War and Peace)》는 처칠에게 전쟁과 평화, 인간의 본성에 대한 깊은 통찰을 제공했다. 찰스 다윈의 《종의 기원(On the Origin of Species)》에서의 진화론은 처칠의 과학적 사고와 인류의 발전에 대한 이해를 확장시켰다.

처칠은 제2차 세계대전을 지휘하고 수상, 장관, 의원으로 봉사하면서 도합 37권에 달하는 방대한 저술을 했으니 수퍼맨(superman)임이 틀림없다.

《말라칸드 야전부대 이야기(The Story of the Malakand Field Force)》는 처칠이 젊은 군인 시절 인도 북서부에서 영국 군대와 함께 활동했던 경험을 다룬 책이다. 처칠의 첫 번째 저서로 그의 뛰어난 글쓰기 실력을 보여준다. 《강변의 전투(The River War)》는 1898년의 수단 원정과 오무르만 전투를 다룬 책이다. 군사적 분석과 현장 경험이 결합된 작품으로, 당시의 정치적, 군사적 상황을 잘 보여준다. 《사브롤라(Savrola)》는 처칠이 쓴 유일한 소설로, 가상의 국가 라루니아에서 벌어지는 혁명을 배경으로 한 정치 드라마이다. 정치적 권력과 개인의 역할에 대한 처칠의 생각을 반영한 작품이다.

《랜돌프 처칠 경(Lord Randolph Churchill)》은 부친인 랜돌프 처칠 경에 대한 전기이다. 아버지의 정치 경력과 그의 사상 그리고 그가 당대에 미친 영향을 다루는데, 개인적인 관점과 정치적 분석이 결합된 전기이다. 《세계 위기(The World Crisis)》는 제1차 세계대전에 대한 처칠의 회고록인데 전쟁의 원인, 전개, 그리고 자신이 겪었던 경험을 상세히 기록했다. 6권으로 구성된 이 책은 처칠의 개인적 시각과 당시의 주요 사건들에 대한 깊이 있는 분석을 제공한다. 《말버로우 일대기(Marlborough: His Life and Times)》는 자신의 할아버지인 말버로우 공작 존 처칠에 대한 전기이다. 전 4권으로 말버로우

공작의 군사적 업적과 생애를 다루며, 처칠의 역사적 연구와 글쓰기 능력을 잘 보여준다.

《영어권 사람들의 역사(A History of the English-Speaking Peoples)》는 영국과 영어권 국가들의 역사를 다룬 방대한 저작이다. 로마 시대의 영웅 카이사르 이래 제1차 세계대전까지의 역사를 기술한 역사를 4권에 담은 이 책은 처칠의 역사적 통찰과 문학적 재능을 보여주는 대표작 중 하나이다.《제2차 세계대전(The Second World War)》은 수상으로 전쟁을 진두지휘하며 얻은 자신의 경험을 바탕으로 쓴 제2차 세계대전에 대한 처칠의 회고록으로, 제2차 세계대전에 대하여 전쟁의 원인, 전개, 그리고 종전까지의 과정을 상세히 기록했다. 모두 6권으로 구성된 이 책은 처칠의 개인적 시각과 전쟁의 주요 사건들에 대한 깊이 있는 분석을 제공한 결과 이 책은 그에게 노벨문학상이라는 영예를 안겨줬다.

《나의 어린 시절(My Early Life)》은 처칠의 어린 시절과 젊은 시절을 다룬 자서전이다. 그의 교육, 군사 경력, 초기 정치 활동을 다룬다.《소일거리로서의 그림 그리기(Painting as a Pastime)》는 처칠의 회화 취미에 대한 에세이이다. 그는 그림을 그리는 것의 즐거움과 그것이 그의 삶에 어떤 영향을 미쳤는지를 설명하는데 그의 예술적 취미와 창의적인 면모를 잘 보여주는 책이다.

윈스턴 처칠이 저술한 방대한 저서들은 그의 다채로운 생애와 넓은 관심사를 반영한다. 그의 글을 통해 역사적 사건들에 대한 그의 독특한 시각과 통찰을 깊이 있게 이해할 수 있다.

윈스턴 처칠 수상의 명언들

"절대로 포기하지 마시오. 절대로 포기하지 마시오. 절대, 절대, 절대, 절대로! 엄청난 일이건 작은 일이건, 크건 하찮건 상관 말고, 명예로움과 분별에 대한 강한 확신이 있는 경우들이 아니라면, 절대 포기하지 마시오."

"우리의 정책이 무엇이냐고 물으신다면, 다음과 같이 답변하겠습니다. 육, 해, 공군을 가리지 않고, 하나님께서 주신 모든 힘을 가지고 이제껏 인류가 저질러 온 수많은 범죄 목록 속에서도 유례없었던 극악무도한 폭정에 맞서 싸우는 것이라고… 그것이 우리의 정책입니다. 우리의 목적이 무엇이냐고 물으신다면, 한 단어로 대답하겠습니다. 그것은 승리입니다. 어떤 대가를 치르더라도 승리, 어떠한 공포가 닥쳐와도 승리, 갈 길이 아무리 멀고 험해도 승리. 승리 없이는 생존도 없기 때문입니다."

"영국은 약해지거나 실패하지 않을 것입니다. 우리는 끝까지 싸울 것입니다. 우리는 프랑스에서 싸울 것입니다. 우리는 바다와 대양에서 싸울 것입니다. 우리는 자신감과 힘을 길러 하늘에서 싸울 것입니다. 우리는 어떤 대가를 치르더라도 영국을 지켜낼 것입니다. 우리는 해변에서 싸울 것입니다. 우리는 상륙지점에서 싸울 것입니다. 우리는 들판과 거리에서 싸울 것입니다. 우리는 언덕에서 싸울 것입니다. 우리는 절대로 항복하지 않을 것입니다."

"역사상 이렇게 많은 사람들이 이렇게 소수의 사람들에게 이렇게 많은 것을 빚진 적이 없었다."

"자본주의의 고질적 결함은 풍요의 불평등한 분배이고, 사회주의의 태생적 미덕은 고통의 평등한 나눔이다."

"만약 대영제국과 그 연방이 천년을 이어간다면, 후대의 인류는 바로 지금이 가장 영광스러운 순간이었다고 말할 것입니다."

"성공은 영원하지 않고, 실패는 끝이 아니다. 중요한 것은 굴복하지 않고 계속해 나아가는 용기이다."

"이것이 끝이 아닙니다. 끝의 시작조차도 아닙니다. 차라리 시작의 끝이라고 할 수 있겠습니다."

"더 멀리 과거를 볼수록 더 멀리 미래를 볼 수 있다."

"전쟁에는 결단, 패배에는 투혼, 승리에는 아량, 평화에는 선의가 필요합니다."

"정치라는 것은 전쟁 못지않게 사람을 흥분시키는 것이며, 똑같이 위험하기도 한 것이다. 전쟁에서는 단 한 번 죽으면 되지만, 정치에서는 여러 번 희생당해야 하는 것이 다를 뿐이다."

"평화는 강자의 특권이다. 약자에게는 평화를 누릴 자격이 없다."

"금융의 세계에서 마음에 드는 것은 건전하지 않고, 건전한 것은 마음에

들지 않는다."

"영국과 프랑스는 불명예와 전쟁 사이에서 선택해야 했다. 그들은 불명예를 선택했다. 그리고 그들은 전쟁을 겪을 것이다."

"어떤 연인도 내가 루스벨트를 연구한 것처럼 연인의 변덕스런 기분을 연구하지 않았다."

"발톱을 드러낸 커다란 '러시아 곰'과 거대한 '미국 코뿔소' 사이에 있는 불쌍하고 볼품없는 '영국 당나귀', 그러나 '당나귀'만이 집으로 가는 길을 정확히 알고 있었다."

"돈을 잃는 것은 적게 잃는 것입니다. 명예를 잃은 것은 크게 잃은 것입니다. 그런데 용기를 잃는 것은 모두를 잃는 것입니다."

"경쟁의 세계에는 두 마디 말 밖에 없습니다. 즉 '이기느냐 지느냐'라는 말밖에 없습니다."

"내가 의무감과 신념에 따라서 행동하고 있는 한, 어떠한 욕을 먹더라도 아무렇지 않습니다. 그런 상태에서 욕을 먹는다는 것은 나에게 해가 되는 게 아닙니다. 오히려 나에게 유익하다고 느낄 정도입니다."

"비판이란 것이 별로 달가울 것이 아닐지 모르지만 경우에 따라서는 꼭 필요합니다. 그것은 인체에서 고통이 하는 일과 똑같은 기능을 합니다. 잘못된 상황에 대해 관심을 가지라고 환기시켜주는 것입니다. 그게 바로 비판입니다."

"어떤 대가를 치르더라도 승리를 해야 하고, 어떤 공포 속에서도 승리를 해야 하고, 그 길이 아무리 멀고 험해도 승리해야 합니다. 승리가 없이는 생존이 없기 때문입니다."

"우리는 정부가 국민을 소유하는 것이 아니고, 국민이 정부를 소유하는 나라라면 어느 나라든지 기꺼이 환영합니다."

"위험이 다가왔을 때 도망치려고 생각해서는 안 됩니다. 그렇게 되면 도리어 위험이 배가 됩니다. 그러나 결연하게 위험에 맞선다면 위험은 반으로 줄어 듭니다. 무슨 일을 만나거든 결코 망쳐서는 안 됩니다."

"희망이 없으면 절약도 없습니다. 우리가 절약하고 아끼는 이유는 무엇일까요. 미래를 위해서입니다. 미래가 없다면 되는대로 살아갈 것입니다. 미래의 건설을 위해서 한 푼이라도 절약을 해야 합니다. 절약하는 마음이라는 밭에 희망이 찾아옵니다. 절약과 희망은 연인 사이니까요."

"네게 적이 있다면 그건 참 잘 된 일이니 네가 살아오는 동안 무엇엔가 분연히 일어났었음을 말하는 것이기 때문이다."

"모두에게 친구인 사람은 어느 누구의 친구도 아니다."

▨ '알몸 외교'로 미국을 전쟁에 끌어들인 처칠 수상 ▨

처칠은 불독(bulldog) 같은 인상으로 유머 감각이라고는 하나도 없을 것 같이 보이지만, 상황에 따라 유머를 잘 활용하는 노련한 정치가였다. 제2차 세계대전 중 모든 유럽 국가들이 히틀러에게 점령당하고 영국만 겨우 버티고 있었다. 처칠은 미국이 참전해야만 승리할 수 있다고 생각하였다. 하지만 미국의 루스벨트 대통령은 중립을 고수하면서 참전 결정을 미루고 있었다.

처칠은 워싱턴으로 루스벨트 대통령을 만나러 갔다. 처칠은 백악관의 게스트 룸에서 목욕을 하고 기분 좋게 벌거벗은 나체로 한가롭게 있었다. 그 때 누가 문을 두드리기에 들어오라고 하였다. 곧바로 루스벨트가 들어와서 처칠의 알몸을 보고는 당황해하면서 미안하다고 사과를 하면서 나가려고 하였다. 그러자 처칠은 주요 부위를 가리고 있었던 타올을 치우면서 "대통령 각하, 보시다시피 영국은 미국에게 아무것도 숨기는 것이 없습니다"라고 말하였다. 루스벨트는 처칠의 솔직한 모습에 반하였다. 협상은 원만하게 진행되어 미국은 참전을 결정하였다. 이 사건을 계기로 굳건한 미·영 동맹을 구축하여 제2차 세계대전을 승리로 이끌었다는 점에서 이를 처칠의 '알몸 외교'라고도 한다.

그 후 루스벨트는 이 순간을 가끔 회상하면서 혼자서 웃었다고 한다. 루스벨트는 후에 자신의 여비서에게 소년처럼 웃으면서 "여보게, 나는 갑자기 처칠 수상의 벌거벗은 장면이 생각나네. 그는 온 몸이 핑크빛과 흰색이었네"라고 말하였다. 후에 루스벨트는 처칠에게 "내가 당신과 같은 시대를 살고 있다는 것이 기쁨"이라고 말했다고 한다. 2023년 6월 미국 워싱턴 백악관에서 만난 바이든 대통령과 영국의 수낵 수상은 제2차 세계대전 당시 루스벨트 대통령과 처칠 수상에 관한 일화를 소재로 농담을 주고받으며 회담하기도 하였다.

BBC 영국방송에서 대국민 연설 중인 윈스턴 처칠 수상

마거릿 대처(Margaret Thatcher, 1925~2013) 수상

8 | 침몰직전의 영국을 구출한 마거릿 대처

침몰 직전의 영국 경제를 되살린 수상

마거릿 대처(Margaret Thatcher, 1925~2013)는 유럽 최초의 여성 보수당 당수로 1979년 총선거에서 승리한 이후 3선(1979년 5월~1990년 11월)을 연임한 여걸(女傑)이었다. 대처는 1970년대 초반까지 저성장·고실업, 고임금·저생산성 등 고질적인 영국병(British disease)이 만연해 있던 영국 경제를 과감한 구조개혁으로 되살렸다. 작지만 강력한 정부를 추구하면서 개인과 기업의 경제적 자유를 강화하는 신자유주의를 추구하였다. 대처가 추진한 구조개혁은 후에 OECD가 회원국들에게 권고한 구조개혁의 지침서가 되었다.

대처는 그동안의 국유화와 복지정책 등을 폐기하고 민간의 자율적인 경제활동을 중시하는 경제정책을 추진하였는데, 이러한 통치 철학을 대처리즘(Thatcherism)이라고 부른다. 역사상 수많은 지도자들 중 이름에 이즘(ism)이란 접미사가 결부되어 대처리즘이라는 용어가 탄생한 것은 세계 최초이다.

대처는 내각의 엄격한 규율, 강력한 통화주의 정책, 법과 원칙에 근거한 노사관계 등으로 침몰해 가던 영국 경제를 되살리고, 포클랜드 전쟁에서 승리하여 영국의 국제적 위상을 높였다. 로널드 레이건 미국 대통령과 함께 신자유주의와 보수주의를 추구하면서 경제를 되살렸다. 대처가 경제적으로는 자유를 보장하면서 공산주의와 사회주의에는 강력하게 대응하자 소련에서는 그녀를 '철의 여인(Iron Lady)'이라고 부르기도 했다.

영국 최초의 여성 수상이 되다

마거릿 대처는 1925년 10월 13일 영국 중부의 작은 마을인 그랜섬 (Grantham)에서 태어났으며, 결혼 전의 이름은 마거릿 힐다 로버츠(Margaret Hilda Roberts)였다. 부친 알프레드 로버츠(Alfred Roberts)는 잡화상의 주인으로 학력은 높지 않았으나, 지식에 대한 갈망이 커서 독서광이 될 정도로 책을 많이 읽었다. 시의회 의원을 거쳐 그랜덤시의 시장을 역임했다.

마거릿이 특별한 배경도 없이 여성이라는 난관을 극복하고 수상까지 되면서 신자유주의적 사고를 가질 수 있었던 것은 부친의 종교와 가르침 때문이었다. 마거릿은 부친이 식료품점 가게 점원에서 식료품점 주인이 되고, 정치에 입문해서 시장이 된 아버지로부터 많은 영향을 받았다. 마거릿은 자립과 자조 정신을 어릴 때부터 배웠으며, 아버지의 노력과 성공을 보면서 개인이 어떻게 노력하느냐에 따라 인생이 달라진다는 걸 배웠다.

이러한 영향을 받은 마거릿은 정부가 개인의 처지를 일일이 돌봐줄 필요는 없다는 사고방식을 정치철학으로 갖게 되었다. 또, 집안에서 대대로 믿어온 감리교의 가르침에 따라 남에게 기대지 말고, 뭐든 자기 힘으로 하고 늘 반듯하게 모범적으로 하라는 엄격한 가르침이 보수적인 성향을 띠게 하였다. 대처는 총선에서 승한 후 1979년 5월 4일 다우닝가 10번지 수상관저 계단을 오르다가 갑자기 뒤돌아보며 "제가 선거에서 승리한 것은, 그리고 선거 때 호소한 것은 모두 어렸을 때 아버지가 가르쳐 주신 것이었습니다"라며 부친께 감사와 존경을 표했다.

부친은 마거릿에게 어린 시절부터 정치적 경험을 쌓게 하였다. 겨우 열 살의 나이에 처음으로 선거운동, 선거인 명부, 후보 지명 등 정치의 기본과정을 경험하게 하였다. 그 후 부친이 시의원과 시장에 출마하면서 어린 시절부터 정치에 대한 참여와 경험을 쌓아 나갔다. 대처의 이념적 성향에 가장 큰 영향을 준 인물은 그녀의 아버지 알프레드 로버츠였다.

1943년 10월 마거릿은 옥스퍼드대학교에 입학해 화학을 전공하였다. 강의실과 실험실을 오가며 열심히 공부하였으나 그녀의 지도교수들은 그녀가 화학보다는 다른 것에 더 흥미가 있다는 것을 알고 있었다. 당시에는 소수였던 보수주의협회 동아리에 가입하여 활동했고 1946년에는 보수주의학생연합 의장으로 선출되었다. 졸업 후 플라스틱 회사에 연구원으로 취직했다. 마거릿은 1944년에 하이에크가 쓴 《노예의 길(Road to Serfdom)》을 친구들과 함께 열심히 읽었는데 그녀의 정치사상에 두고두고 큰 영향을 미쳤다.

1950년에 여성 후보로서는 전국 최연소로 보수당 유일한 여성 후보로 출마했으나 선거에서 패했다. 낙선하였으나 보수당 중앙당은 마거릿을 주목할 만한 정치 신인으로 여겼다. 이때 만난 장교 출신으로 유능한 사업가 데니스 대처(Denis Thatcher)와 1951년 12월에 결혼하여 마거릿 대처가 되었다. 결혼 1년 후 남녀 쌍둥이를 출산했는데 대처는 대화를 통해 자식들을 애정을 쏟으며 교육시켰다.

대처는 가정생활을 하면서 정치를 하는데 필요한 법률 공부를 하여 1954년 변호사 자격을 취득하였고, 1959년 34세의 나이에 보수당 소속으로 하원의원에 당선되었다. 1961년~1964년에 연금 및 국가보험 정무담당 차관을 역임하였고, 1970년 총선에서 보수당이 승리하여 히스 내각이 출범하자 대처는 교육부 장관으로 입각하면서 널리 알려지기 시작했다.

대처는 다른 정치인과 달리 유머 감각이 부족한 편이었으며, 말이 거창하거나 화려하게 하지 않고 필요한 말만 했다. 너무 딱딱하고 원칙만 강조하는 정치인같이 보이기도 했다. 그럼에도 대처가 인정받을 수 있었던 것은 필요한 말만 하고, 주로 관련 통계를 인용하여 사실에 근거한 연설을 하면서 많은 사람들로부터 신뢰를 얻을 수 있었기 때문이다. 게다가 여성이면서 열성적이고 당찬 이미지를 지녔다.

1974년 선거에서 보수당이 패배하고 1975년 2월 보수당 당대표 선거가 실시되었다. 원래 대처는 히스 대신 키스 조셉 사회복지부 장관을 당대표로 추대할 계획이었으나 조셉이 문제성 발언으로 구설수에 올라 당내·외 반발에 직면해 출마를 포기했다. 이에 대처가 당대표 선거에 나서 전 수상 히스를 물리침으로써 보수당 당수로 선출되어 영국 최초로 여성 당수가 되었다. 4년 뒤 1979년 총선거에서 노동당의 제임스 캘러헌(L. J. Callaghan) 수상을 누르고 대처는 영국 최초의 여성 수상이 되었다. 이때 대처의 나이는 54세였고, 하원의원에 처음으로 당선된 지 20년 만이었다.

대처는 1979년부터 1990년까지 12년간 수상으로 봉사하였다. 1990년 보수당 내에서 유럽 정책을 둘러싼 갈등으로 사임하였으며 1992년 상원의 종신 의원으로 임명되었다. 2013년 4월 8일에 88세로 영면하였다.

대처리즘으로 영국의 고질병을 치유하다

1970년대 영국은 과도한 사회복지와 노조의 막강한 영향력으로 임금은 급격하게 상승하였고, 생산성이 저하되어 경제는 침체되고 있었으며, 높은 실업률과 인플레이션 등으로 경제생활은 점점 더 피폐해져 갔다. 게다가 비능률의 정부, 과도한 복지 지출, 무거운 세금 등으로 기업하려는 의지가 사라지고 있었다. 특히 걸핏하면 벌어지는 노동조합의 파업 등으로 사회 전반에 기업하려는 의욕이 상실되고 있었다. 소위 말하는 영국병(British disese)이 걸리고 있었다. 급기야 1976년에는 선진국이라 자부하던 영국이 선진국 중 최초로 IMF로부터 구제 금융을 지원받기도 했다. 당시 영국의 1인당 국민소득은 3,600달러로 프랑스의 5,100달러, 이탈리아의 4,400달러 등에 뒤지면서 2류 국가로 침몰하고 있었다.

이러한 상황을 극복하기 위해서 새로운 대안이 필요하다는 인식이 확산되었는데, 이때 등장한 구세주가 대처 수상이었다. 대처 수상은 그동안 만연해 있던 지나친 사회복지 정책·국유화·강력한 노조 등이 만성적인 저성장은 물론 여러 가지 사회적 부작용을 낳았다고 판단하고 경제구조를 저비용·고효율로 전환하고 시장경제 원리를 중시하는 경제 구조개혁에 착수하였다.

대처는 자신의 의지와 철학, 신자유주의(新自由主義) 사조에 근거한 경제정책을 추진했는데, 이를 대처리즘(Thatcherism)이라고 한다. 대처리즘은 신자유주의 정책에 기반하고 있는데, 주된 내용은 경제 안정화, 정부개혁, 노동개혁, 민영화, 금융개혁 그리고 규제개혁이었다. 대처는 큰 정부·높은 세금·만연한 관료주의 등 비효율적인 것들을 타파해야 한다고 역설하면서 정부 지출을 줄이고 법인세를 인하하였다.

구조개혁의 가장 큰 걸림돌이었던 공무원을 1979년 73만 5천 명에서 1990년에 57만 6천 명으로 15만 9천여 명을 줄였다. 집권 기간 중에 전체 국영기업의 75%에 해당하는 48개 공기업을 민영화하였다. 1984년 대처 정부가 174개의 국영 탄광 중 20곳을 폐업하고 2만 명의 탄광 노동자를 해고하겠다고 발표했다. 그러자 전국의 탄광 노조들이 대대적으로 파업을 벌였다. 하지만 법과 원칙에 따라 강경하게 대응하면서 노조 내부의 분열을 유도하고 석탄 재고를 풀어 국민들의 불편을 최소화하였다.

대처는 긴축재정과 정부 규모 축소, 세금 인하, 성과제도 도입, 물가 인상 억제, 규제 완화 등의 조치로 경제 성장을 회복시키고 인플레이션을 억제하였다. 대처는 시장경제 시스템을 과감하게 도입하여 영국병을 치유하고자 했다. 대처는 보수주의를 추종하기보다는 사상, 출판, 신념의 자유를 보장하는 등 자유주의를 지향하였다. 이와 같은 대처리즘은 후임 토니 블레어(Tony Blair) 수상 시절에 영국 경제가 호황을 누릴 수 있는 밑바탕이 되었다고 평가된다. 영국 주간지 이코노미스트(Economist)지는 1979년 특별 기사를 통해 영국에서 괴물(Leviathan)이 사라졌다고 대처 수상의 업적을 높이 평가했다.

대처는 공산주의와 사회주의를 강력하게 반대하였다. 1976년 1월 한 모임에서 소련에 대한 비난과 공격으로 가득 찬 연설을 했는데 다음날 소련에서 대처를 '철의 여인(iron lady)'이라 불러 이후 이는 대처의 별칭이 되었다. 일부에서는 민영화 남발, 빈부격차 확대, 제조업 붕괴 등을 이유로 대처 수상을 비난하기도 하지만, 특유의 정치력과 카리스마를 지닌 대처가 있었기 때문에 영국 경제를 좀 먹고 있던 영국병을 치유하고 선진국의 자리에 계속 설 수 있게 했다는 사실은 높이 평가된다.

포클랜드 전쟁 승리로 국제적 위상을 높이다

포클랜드(Porkland island)는 아르헨티나에서 640km, 영국에서 1만 2천

km 떨어진 작은 섬으로 1816년 아르헨티나가 스페인으로부터 독립할 때 얻었다. 하지만 1800년대 영국이 강제로 병합하고 이 섬을 영국의 식민지로 삼았다. 대처 정부는 포클랜드에 별 관심을 가지지 않았고, 아르헨티나에 매각한 후에 임대하는 것을 고민하기도 하였다.

1982년 4월 아르헨티나 군부 독재는 포클랜드를 기습적으로 점령하였다. 아르헨티나 군부는 포클랜드를 침공하더라도 대처 정부는 평화를 사랑하고 자원이나 의지가 부족해 강력한 대응을 하지는 않을 것이라고 판단하였다. 당시 아르헨티나는 정치·경제적으로 혼란스러운 상태이어서 국민의 불만을 해소시킬 수 있는 방법으로 침략을 강행하였다.

대처 내각에서 일부 각료들은 아르헨티나와 협상하기를 원했다. 하지만 다른 각료들은 이번에 제대로 대응하지 않으면 세계질서를 좌우했던 최강대국 영국의 지위는 영원히 사라지게 될 것이라고 협상을 반대하였다. 영국의 영토라는 주권을 수호하기 위해서라도 전쟁을 해야 한다고 항변하였다. 1979년 총선에서 영국의 부활을 강조한 대처도 전쟁을 해야 한다고 생각하고 있었다.

대처 정부는 전시(戰時) 내각을 구성하고, 항공모함과 잠수함, 전함 등 모두 127척을 포클랜드 해역으로 보냈다. 2,700여 명의 병력을 수송하기 위해 상선과 호화유람선까지 징발했다. 하지만 영국은 수적으로 불리했다. 영국은 42대의 공군기가 있었지만, 아르헨티나는 제공력이 뛰어난 전투기 50대 등 122대의 전투기를 보유하고 있었다. 이들 전투기에는 영국 전함을 침몰시킬 수 있는 미사일도 장착되어 있었다. 아르헨티나는 1만 명의 군인도 징집했다. 미 해군도 영국의 포클랜드 탈환은 군사적으로 불가능하다고 보았다.

하지만 군인정신으로 똘똘 뭉친 영국군의 허를 찌르는 선제공격으로 아르헨티나는 74일 만에 항복했다. 포클랜드 전쟁에서 승리함으로써 1983년 선거에서 승리하게 되어 자신이 추진하는 각종 개혁 조치들을 과감하게 추진할 수 있게 되었다. 1983년 그리고 1987년 선거에서도 연거푸 승리하였다. 당시 경제가 살아나고 야당이 허약하기도 했지만, 포클랜드 전쟁에서 승리하지 못했더라면, 대처 수상이 개혁적으로 추진한 많은 정책들이 성공하지 못했을 것이다.

포클랜드 전쟁에서 승리하자 영국 국민들 사이에는 애국심과 자긍심이 되살아났고, 대외적으로는 쇠퇴해 가던 영국의 이미지를 되살릴 수 있었다. 아르헨티나는 군부가 포클랜드를 점령했을 때 애국심이 들끓었으나, 전쟁에 패한 뒤 대통령은 실각하였다.

영국은 아르헨티나와 74일 간의 단기전에서 승리하면서 대처의 리더십과 영국이 여전히 건재하다는 것을 세계에 알릴 수 있었다. 대처는 내부적으로 개혁을 가속화 할 수 있는 동력을 확보했다. 게다가 영국의 오랜 고질병이었던 아일랜드공화국군(IRA)과의 갈등에서도 강경과 유화책을 동시에 쓰면서 1985년에 이들과 타협하여 북아일랜드 협정을 맺었다.

대처가 가장 존경하는 인물은 단연 처칠 수상이었다. 처칠의 진정한 후계자가 되고 싶었던 대처는 포클랜드 전쟁에서 승리하면서 처칠과 비슷한 능력을 보여줬다고 할 수 있다. 대처와 처칠 사이에는 공통점이 많다. 두 사람 모두 영국이 위대한 나라라고 생각했으며, 애국심을 강조했으며, 영국의 전통에 자부심을 느꼈다. 대처는 처칠의 유명한 공식인 "전쟁에서는 결의, 패배에서는 도전, 승리에서는 아량, 평화에서는 선의"를 가끔 인용했다.

대처의 별명은 TINA, 탄광노조와 결전을 벌여 승리하다

대처 수상은 노사문제 핵심을 "일반 노조원들은 순진하고 정직하고 부지런하게 일합니다. 문제는 노조 지도층인데, 그들이 모든 문제를 일으킨다"라고 진단했다. 그래서 대처는 노조 지도자(union boss)가 파업을 결정하려면 노조원 전체의 비밀투표에 의한 동의를 받아야 되도록 법을 고쳤다. 그랬더니 대부분의 근로자가 가담치 않았고, 간혹 파업이 일어나기는 하지만, 피해가 있으면 그들에게 책임을 지웠다. 요는 노조 지도층의 독재적 권위를 분쇄했다.

대처가 수상이 되던 1979년 겨울 영국의 경제·사회적 상황은 매우 참담했다. 자동차·운수·병원·청소 등 사회 기간부문에서 1978년부터 시작된 파업이 장기화되어 나라 전체에 비관주의가 넘쳐나고 국민들은 절망했다. 당시 상황을 영국인들은 '불만의 겨울(winter of discontent)'이라 불렀다. 운송망이 마비되어 경제 활동을 제대로 할 수 없었고, 청소부들이 파업해 도시 곳곳에 쓰레기 더미가 쌓였다. 병원 파업으로 환자들은 병원에서 쫓겨나거나 난방이 되지 않는 병원에서 추위에 떨어야 했다. 노인들은 과연 살아서 이 겨울을 넘길 수 있을 지를 걱정했다. 노조원들이 시신 매장과 화장까지 방해함에 따라 죽은 자들이 갈 곳을 찾아 헤매는 지경이 되었다.

사실 1970년대 영국은 노조의 파업으로 날이 새고 날이 밝았다. 노조의 횡포에 정권이 바뀔 정도로 노조의 힘이 막강했다. 정부는 노조 달래기에 급급했고 임금은 급격하게 상승했다. 과도한 복지정책으로 재정적자가 계속 확대되었다. 철도·통신 등 주요 기간산업들이 국유화(國有化)나 공기업이 되어 경쟁력을 잃고 있었다. 이 모든 것의 결과로 인플레가 발생하고 실업자가 늘어났다. 영국의 최종 종착역은 1976년에 선진국 최초로 IMF로부터 구제 금융을 받는 수모를 당하는 것이었다.

1974년 보수당의 히스 수상은 "이 나라를 다스리는 것이 노조냐 정부냐?"를 물으며 실각했고, 1979년 '불만의 겨울'이라는 사상 초유의 사태에 노동당의 켈러헌 수상도 노조에게 "이제 국민들이 참는 것도 한계에 와 있다"라는 말을 남기며 정권을 대처 수상에게 넘겼다. 정권을 넘겨받은 대처는 중병을 앓고 있는 나라를 수술해야 했지만 결코 쉽지 않았다. 대처 수상은 노조의 힘을 약화시키기 위해 치밀하게 준비하여 전투를 전개하였다. 운이 좋게도 포클랜드 전쟁에서 승리함으로써, 수상에 대한 국민의 지지도가 80%에 달함에 따라 한층 더 자신감을 갖고 결전에 임하게 되었다.

영국병의 중요 요인인 동시에 자신의 개혁정책을 좌절시킬 최대의 장애물인 노조와 대적하기 위해 대처 수상은 먼저 노조의 특권을 규정한 법률을 고쳐나갔다. 파업과 협약체결을 위한 조합원 투표를 반드시 비밀투표로 하게 했고, 기업이 비조합원을 채용하기를 거부하는 행위를 금지시켰다. 파업 찬반 투표에서 승인을 받은 파업에 한해서 면책특권을 인정해주고, 동조파업이나 지원파업 등 2차 파업을 주도한 조합간부들에 대해서는 면책특권을 박탈했다. 대처 수상은 1980~1988년간 고용법(Employment Act)을 4번 개정하고 노동조합법(Trade Act)을 1번 개정했다.

법적 준비를 마친 다음 대처는 석탄 공급과 비축을 시작했다. 우선 연간 생산량의 절반에 해당하는 5,700만 톤의 석탄을 비축하고, 필요할 경우 폴란드·호주·프랑스 등으로부터 수입하기 위한 계획도 수립했다. 비축된 석탄의 원활한 수송을 위해 비노조원 운전기사도 충분히 확보했다. 마지막으로 지방단위로 분산되어 있는 경찰력을 유기적으로 조직해서 필요시 언제든 현장에 투입할 수 있게 했다.

마침내 대처 정부는 석탄산업 합리화 계획을 발표했다. 채산성이 없는 20여개의 탄광을 폐쇄하거나 통합하고 광부 2만여 명을 정리해고한다는 내용이었다. 발표 직후 노조위원장 아서 스카길(Arthur Scargill)은 "대처로부터 영국을 구해낼 혁명 전위대를 지휘한다"고 하면서 1984년 3월 총파업에 들어갔다. 그 파업은 무려 1년간 계속되었다. 파업 과정에서 폭력에 연루되어 체포나 기소된 건수가 1만 건을 넘었고 그 중에는 살인 3건, 상해 468건, 협박 290건, 방화 15건, 절도 380건, 경찰관에 대한 폭력 및 집무방해가 2,000건에 달했다. 대처 정부와 노조간 대치가 얼마나 치열했는지를 보여주는 수치들이다. 노조 파업에 따른 경제적 손실은 국내총생산의 1%가 넘는 30억 파운드에 달한 것으로 추정되었다.

대처 수상은 파업에 단호하게 대처했다. 노조가 찬반 투표를 거치지 않았기에 불법 파업이란 이유로 법원은 탄광 노조의 재산을 동결했고, 노조위원장 등 파업 주동자 3명에게는 20만 파운드의 벌금을 부과했다. 이 과정에서 파업 지지파와 반대파 간에 분열이 야기되기도 하여 스카길 노조위원장은 1년여 파업 끝에 1985년 3월 3일 "희생이 너무 크기 때문에 더 이상의 파업 속행은 불가능하다"며 항복했다. 영국 최대 노조인 탄광노조가 항복하자 다른 노조들도 강경태도를 버리고 정부가 제시한 임금 인상안을 수용했다.

탄광노조와 결전에서 승리를 바탕으로 대처 수상은 임기 말까지 지속적으로 노동법을 개정하여 노조의 특권을 배제하면서 노동개혁을 완성시켰다. 대처 정부는 치안과 질서 유지를 위해 법과 원칙에 따라 강력하게 대응하기도 하면서, 이면에서는 타협과 협상을 하기도 했다. 사실 탄광 노조와 정면 대결하면서도 온건파 노조와 제휴하기도 했다. 대처는 법과 원칙에 따른 노사관계라는 새로운 틀을 만들었다. 대처 정부의 노력에 힘입어 파업에 따른 손실이 1979년 2,950만 일에서 1986년에 190만 일로 급감하였다.

노조에 지나치게 강경하게 대응하는 대처 수상의 자세에 대해서 누군가든 충고를 하면 그녀는 "대안이 없습니다(There Is No Alternative)"라고 단호하게 말했다. 그로부터 그녀의 별명은 'TINA(There Is No Alternative, 대안은 없습니다)'가 되었다. 대처의 유산 가운데 가장 중요한 것은 아마도 노동조합의 세력을 약화시킨 것일 것이다. 대처의 강력한 노동개혁으로 노동시장이 효율적으로 작동하고, 임금이 정부의 간섭이나 통제에 의해서가 아니라 시장 상황에 따라 변화되었고, 그 결과 고용은 오히려 증대되었다.

민영화를 '수출'하고 공공부문을 과감히 개혁하다

대처의 공공부문 개혁의 3가지 과제는 예산을 삭감하여 작은 정부를 지향하고, 정부 운용방식을 개선하여 강력한 정부를 만들고, 민영화를 추진하여 공공부문의 효율성을 제고하는 것이었다.

노동당의 케인스주의와 시장 개입주의는 정부지출 확대, 재정적자 확대, 그리고 인플레 유발을 초래했다. 예산을 삭감하여 작은 정부를 지향하기 위해 대처는 집권 하자마자 다음 회계연도 예산을 40억 파운드 삭감하고, 이 삭감은 이후 모든 회계연도에도 적용된다고 발표하였다. 작은 정부를 추진하려는 근거는 작은 정부가 기업의 활동을 활성화시키고 개인의 자유를 확대하여 경제를 살린다는 것이었다.

대처는 작지만 강력한 정부를 실현하기 위해서 정부 운영방식을 개선하고, 정부의 일하는 틀을 다시 짜도록 했다. 정부 운영 방식을 개선하기 위해 첫째 정부 기능과 운영 수단의 효율성 여부를 조사하고, 둘째 통제 중심의 예산관리방식에서 각 부처 장관이 소속기관에 상당한 수준의 자율적 예산 운영권을 주도록 하여 기업운영과 같은 관리방식을 도입하도록 했으며, 셋째 중앙정부가 관장하던 단순 서비스와 행정 서비스는 전문기관에 맡기고,

넷째 청소나 자동차 면허 발급 등과 같은 특정 서비스는 민간에 맡겨 정부 예산을 절감하도록 했다.

정부의 일하는 틀을 다시 짜기 위해 첫째 정해진 심사항목에 따라 정부의 기능을 정밀하게 진단했으며, 둘째, 정부운용의 효율성을 높이기 위해 공무원 수를 줄이고 관료제도를 개선하도록 했으며, 셋째 민영화를 추진했으며, 넷째 탄력적이고 개방적인 공무원제도를 도입했다.

대처리즘의 가장 결정적 요소이자 전 세계에 가장 강력한 영향을 미치게 된 조치는 바로 공기업 민영화(民營化) 조치였다. 영국에서 공기업 민영화의 효과가 얼마나 컸는가는 이를 나타내는 표현 즉 "영국이 세계 최초의 민영화 수출국가가 되었다"에서 읽을 수 있다. 대처가 집권하기 전에는 '국유기업의 독점화 방지'나 '국유기업의 효율성 제고' 등의 표현이 일상적이었다. 하지만 시대적 상황에 잘 어울리는 이름을 고민하다가 처음에는 비국유화(denationalization)로 했다가 민영화(privatization)로 최종 확정되었다. 민영화라는 말은 과거에는 존재하지 않았는데 대처 정부에서 사용하기 시작하면서 전 세계적으로 널리 알려지게 되었다.

사회주의 열풍에 힘입어 진행된 국유화로 대처가 집권했을 당시 영국 공공지출은 GDP 대비 50%를 넘었고 공기업에 고용된 사람은 206만여 명으로 전체 고용 인구의 10%나 차지하였다. 영국 정부는 적자에 허덕이는 공기업을 세금으로 보전(補塡)해야 했다.

대처 정부는 민영화의 목적을 분명히 하고 세 가지 목표를 세웠다. 첫째 고객의 이익을 위해 정부 사업과 서비스를 최대한 경쟁시켜 효율성을 촉진하게 하고, 둘째 대중자본주의를 실현하기 위해 가능한 한 국민의 주식 소유를 확산시키고, 셋째 정부가 매각하는 사업에서 최대의 가치를 얻도록 하는 것이었다. 사실 이 세 가지 목표는 공기업의 효율화를 논의할 시절에는 생각도 하지 못했던 목표들이었다.

민영화의 가장 큰 성과는 기업들이 정부의 간섭에서 벗어나 자율적으로 경영하여 이익을 높일 수 있었고, 노조와의 협상이 비교적 자유로워졌다는 점이다. 민영화로 정부 독점에서 벗어나 민간부문에 새로운 일자리를 제공했고, 신기술 도입과 경쟁 촉진으로 기업의 경쟁력이 높아졌다. 민영화된 기업이 이윤극대화를 실현하려고 노력했기 때문에 고객에게 질 좋고 다양한 서비스를 제공할 수 있었다.

정부소유의 임대주택을 세입자들에게 매각하여 중산층을 두텁게 했고, 국영기업의 주식을 매각하여 개인의 주식 소유를 확대하여 대중자본주의 기초를 강화했으며, 국민들이 많은 주식을 갖게 해 민주적 자본주의 기초를 튼튼히 하는 데도 기여했다. 주식 매각을 통해 공기업의 만성적 부채를 줄였고, 국고 수입 증대로 재정적자를 해소할 수 있었다.

영국 공기업의 민영화 과정에서는 경제와 금융 분야 최고의 전문가들이 참여하였다. 민영화 과정에서 정치논리는 완전히 배제시키고 철저한 공개 경쟁을 통해 가치를 제대로 평가 받게 했다.

민영화가 성공을 거두자 1980년대에 아르헨티나·이탈리아·포르투갈·스웨덴·핀란드·인도네시아·폴란드·오스트리아·중국 등이 '민영화 기법'을 배우려고 했다. 그 결과 영국의 민영화는 전 세계로 수출되었다. 이리하여 대처는 '영국을 세계 최초의 민영화 수출 국가로 만든 통치자'로 기록되었다.

학교 자율성과 학부모 선택권을 위한 교육개혁

1970년 에드워드 히스가 이끄는 보수당이 헤럴드 윌슨의 노동당을 누르고 집권하자 대처는 과학교육부 장관에 임명되었다. 대처의 유일한 각료 경험이 교육부 장관직이었고 3년 8개월 봉직했다. 1970년대 영국에서는 교육에서 수월성(秀越性)보다는 평등지상주의가 팽배했고, 교육부 관리들은 대체로 사회주의적 성향을 보였고, 교육정책은 중앙정부가 아니라 지방자치단체의 관할이었다. 이러한 상황에서 대처 장관의 권력에는 한계가 있었다.

대처 장관은 교육부 예산을 GNP의 4%에서 6%로 늘리고, 초등학교 지원을 강화하고, 의무교육 연한을 확대하고, 기술전문대학을 설립하였다. 이 과정에서 대처는 자신이 하고 싶은 정책을 강력하게 추진하지 못했고, 뒤에 자신이 반대한 정책을 추진할 수밖에 없었던 경우도 있었다. 대처가 줄곧 생각해 온 정책을 펼치는 것은 수상이 되고 난 후 그것도 거의 임기 후반기에 추진할 수 있었다. 대처는 일을 열성적으로 객관적으로 공정하게 추진했기에 1974년 선거에서 보수당이 패배해 자리에서 물러날 때 초기에 적대적이던 교육부 관리들이 성대한 파티를 열어줬다.

1979년과 1983년에 이어 1987년에 세 번째로 총선에서 승리하자 대처는 장관 시절에 이루지 못했던 교육개혁에 착수하였다. 무엇보다 교육이 평등을 구현하는 수단이 된 현실과 소비자 주권이 무시되는 현실을 개탄하며 이를 시정하려했다. 학교에 시장(市場)의 힘을 도입하고자 학부모에게 학교를 선택할 수 있는 권한을 부여했다.

영국의 교육수준에 대한 커다란 불만에서 대처의 교육개혁이 출발했다. 교사의 비율이 높아지고 교육비 지출도 증가하였지만 교육의 수준은 향상되는 기미가 전혀 보이지 않았다. 먼저 학교 교육의 문제가 지방교육청의 관료주의와 평등주의적 이데올로기 때문이라고 진단했다. 이러한 진단에 따른 처방은 두 가지인데 하나는 교육의 질과 교육 표준을 중앙정부로 하여금 담당하도록 하는 것이고, 다른 하나는 학부모에게 학교를 선택할 수 있는 권한을 부여하는 것이었다. 즉 거주지와 무관하게 어느 공립학교에나 입학할 수 있는 자유입학제도를 도입하고자 했다

학부모의 선택권과 교육의 다양성이라는 목적을 실현하려는 의도를 담은 법률로서 1988년에 교육개혁법이 제정되었다. 이 법률은 학교의 운영 구조, 교원인사, 교육 재정, 학부모의 비밀투표를 통한 학교의 전환 등을 담았다. 그동안 학교 운영 방식은 지방교육청과 학교장이 주도권을 행사하는 구조였으나. 이를 철저하게 배제하고 교육부와 학교운영위원회가 중심이 되도록 했다.

'국고지원으로 운영되는 학교(GM 스쿨)'가 새로 탄생하였다. GM 스쿨은 지방교육청의 재정지원을 받는 것이 아니라 중앙에서 재정지원을 받는 구조로 바뀌었다. 그리고 GM 스쿨은 일반 학교보다 재정지원을 많이 받았다. 재정지원에서 중요한 요소는 학생 수를 기준으로 예산을 지원하는 방식이었다. GM 스쿨은 일반학교가 학부모들 간 투표를 통해서 지방교육청 산하에 남아 있을 것인지 아닌지를 다수결로 결정하고, 교육성이 이를 승인하는 방식이었다. GM 스쿨은 사립학교에 다니기 어려운 중산층의 자녀들이 사립학교보다는 못하지만 일반 공립학교보다 우수한 교육을 제공할 것이라는 기대 속에 출발했다. 1989년 18개 학교에서 출발하여 1997년 1,200여개로 증가하였다.

학부모의 학교 선택권을 보장하기 위해서 대처 정부는 각급 학교에 보다 많은 권한과 책임을 주도록 하였다. 학교가 지역사회에 뿌리를 내릴 수 있도록 학교 자체의 노력도 강조했다. GM 스쿨의 이사들에게는 학교예산을 관리할 수 있는 권한이 부여되었는데, 이사들은 교장을 포함한 직원들을 임명하도록 하고, 입학허가에 관해서는 중앙 정부의 정책과 조화시켜 교과과정을 결정하고, 학교와 자산을 관리할 수 있게 했다.

1988년 이전에는 전국적인 교육과정은 존재하지 않았으며, 교실 수업은 개별교사에게 맡겨져 있었다. 1988년 제정된 교육 개혁법에 따라 교과 과정은 중앙정부가 담당하면서 전국적인 커리큘럼을 설정하도록 했다. 교육과정은 11년의 의무교육 기간을 4단계로 나누고 각 단계별로 무엇을 가르쳐야 한다는 식의 구체적 규정이 아니라, 특정 단계를 마칠 때마다 학생들이 성취해야 할 기준을 안내하는 것으로 했다.

　　대처의 교육정책 중 크게 성공했다고 평가받는 것은 학부모가 이사회 이사가 되고 예산 결정권과 교사 임명권을 교장과 이사회에 일임한 것이었다. 소비자 위주의 교육이 가져다 준 부수적 효과는 과도한 권력을 행사했던 지방교육위원회와 교원 노조의 힘이 약해진 것이었다.

　　국가교육과정에서 대처 수상은 역사 교육을 중시했다. 수상 자신은 역사가는 아니지만 역사가 무엇인가에 대해서는 명쾌한 견해를 갖고 있었다. 즉 역사란 과거의 사건에 대한 평가이며, 역사를 배우는 것은 사건에 대한 지식을 필요로 한다. 사실에 대한 충분한 정보를 흡수하지 않고, 또 명확한 연대기 속에서 사건을 위치시키지 않는 한, 그와 같은 사건을 이해하기는 불가능하다. 따라서 대처 수상은 독립된 교과로서 역사를 가르쳐야 한다고 생각했다. 또한 영국사의 비중을 강화하고 카리큘럼 전반에 걸쳐 연대기적 틀을 명확히 설정하도록 했다. 역사 교육의 중요성에 대해서는 영국의 대처 수상보다 훨씬 이전에 미국의 3대 대통령 토머스 제퍼슨도 마찬가지로 과거를 앎으로써 스스로가 미래를 판단할 수 있다는 인식하에 역사 교육을 강조했다.

확고한 원칙과 강력한 리더십으로 영국을 이끌다

대처는 국가를 경영하는데 있어서 확고한 원칙과 리더십을 강조하는 《국가경영(Statecraft)》이라는 자서전에서 자본주의가 효과적으로 작동하기 위해서는 다섯 가지 조건이 중요하다고 강조하였다. 사유재산은 반드시 존재해야 하고, 사회가 법의 지배를 받아야 하며, 기업 친화적 문화가 있어야 하며, 근로의욕을 부추기는 조세제도와 최소한의 규제가 있어야 하며, 경쟁관계에 있는 다양한 국가들이 있어야 한다는 것이었다.

대처 수상의 리더십과 열정은 그녀가 받은 5가지 훈장(勳章)으로 상징된다. 그 훈장은 영국병을 고친 훈장, 포클랜드 전쟁을 승리로 이끈 훈장, 추락한 대영국의 국제적 위상을 높인 훈장, 권좌로부터의 용퇴 훈장, 바쁜 와중에 어머니로서, 아내로서 역할을 해낸 인간 훈장 등이다.

대처 수상은 역대 영국 수상들 가운데 가장 담대한 수상, 가장 옷을 잘 입은 수상으로 평가된다. 그녀는 여성 정치인에게 외모가 무기(武器)라는 것을 알고 있었기에 그것을 십분 활용했다. 하루 4시간 정도 수면을 취했는데 잠을 아껴 번 시간의 일부를 머리 손질에 할애했다고 한다. 임기 후반기에 대처가 즐겨 사용한 이미지는 전통적이고 가정을 사랑하는 평범한 주부의 모습이었다. 남자들이 강력한 여자에 대해 느끼는 거부감을 경감시키려는 의도였다. 남편의 아침을 손수 준비하고 마트에 들러 장을 보고 세탁소에 들르는 주부의 일상적인 모습을 보여주며 수백만 여성들로 하여금 자신과 동일시하는 효과를 유도했다.

대처의 리더십은 단기적이거나 정치적 이해관계를 떠나, 장기적이고 분명한 국가 비전을 제시하고 강력하게 추진했다는 점에서 높이 평가된다. 대처는 합의(合意)의 지도자가 아니었고 확신(確信)의 지도자였다. 대처는 아무리 인기가 없어도 그것이 영국을 위해서 옳은 정책이라고 판단되면 끈질기고 확실하게 추진했다. 대처는 집권 초기에 구조조정으로 실업자가 300만 명을 돌파하자 내각에서 비판의 목소리가 나왔음에도 전혀 흔들리지 않았다. 많은 비난과 지적에도 불구하고 대처가 보여준 가장 위대한 지도자적 자질은 그녀가 단기적으로 정치적 이익에 좌우되지 않았다는 사실이다.

대처는 영국이 2류 국가로 전락하기 직전에 영국 국민들이 과거와는 다른 식으로 생각하고 행동하게 만들었다. 대처는 영국 국민들이 새로운 제도와 변화를 받아들이도록 했다는 점에서 영국의 역사를 새로 만든 지도자였다. 대처는 영국을 위한 새로운 시대를 연 지도자였다. 대처 스스로도 "나는 모든 것을 바꾸었습니다"라고 말했다. '대처주의 혁명'은 영국의 경제 및 사회구조를 근본적으로 변화시켰다. 물론 이러한 변화는 지도자 한 사람의 힘만으로 가능한 것이 아니다. 당시 영국 경제가 침몰하면서 직면한 좌절감과 개선해야 하겠다는 문제의식 등이 대처의 과감한 개혁정책을 지지했던 것이다. 그러나 대처의 확고한 원칙과 강력한 리더십이 없었다면 그러한 변화는 불가능했을 것이다.

유능한 참모, 세계 석학과 함께 하다

1976년 에드워드 히스(E. Heath)를 물리치고 영국 여성으로서는 처음으로 보수당 당수가 되리라고는 대처 자신은 물론 보수당 다른 동료 의원들 중 어느 누구도 예상하지 못했다. 언젠가는 가능한 일이었으나 1976년 보수당 당수가 된 것은 기적에 가까운 일이었다.

영국에서는 수상이 되기 위해서는 먼저 당수가 되어야 하는데 히스 수상을 이어 갈 미래의 당수, 미래의 수상으로 각광 받는 인물이 이미 있었다.

그 인물은 대처의 정치 선배 키스 조셉(Keith Joseph)이었다. 조셉은 1918년 생으로 34세인 1952년에 하원의원에 당선되었고 1970년 히스 내각에서 대처가 교육부 장관을 할 때 사회복지부 장관을 함께 했었다.

정치 경력이 대처보다 7년 앞선 선배로, 조셉 역시 자유주의자였다. 히스 수상이 노동당과 타협하는 등 정체성이 불분명해지자 조셉과 대처는 자연스레 가까워졌다. 노동당의 반시장주의와 사회주의 정책에 대응하기 위해 1974년 조셉은 보수당 내에 정책연구 센터(Center for Policy Studies, CPS)를 설립해 자신이 소장을 맡고 대처 의원에게 부소장을 맡겼다.

1976년 보수당 당수 선거에서 야망이 있었는지는 확실하지 않지만, 조셉은 당수 도전자의 한 사람으로 점쳐지고 있었다. 그런데 예상치 못한 설화(舌禍)가 발생했다. 당시 쟁점이 되고 있던 한 문제, 즉 결혼하지 않은 빈곤층 독신 여성이 어린 나이에 어머니가 될 수 있느냐 하는 문제에 대해, 조셉이 대중 연설에서 인종 차별적 발언을 하는 바람에 결국 그는 보수당 당수 선거에 입후보 하지 않기로 했다. 대처도 절망했다. 그러나 조셉과 대처는 당수직을 히스에게 넘겨줄 수 없다는데 의견을 같이했다.

대처는 그녀 나름대로 야망이 있었다. 그러나 그녀가 꿈꾼 최고의 직책은 재무부장관이었다. 그럼에도 대처의 입에서는 "키스, 만약 당신이 입후보하지 않겠다면 내가 하겠어요"라는 말이 튀어나왔다. 그날 밤 대처가 남편에게 자신의 계획을 말했을 때 남편의 반응은 "아무래도 당신 제 정신이 아닌가 보오"라고 대답했다. 결국 대처가 입후보해 히스에게 승리하여 보수당 최초의 여성 당수가 되었다. 이때 당수가 됨으로써 대처는 3년 후 영국 최초의 여성 수상이 될 수 있었다.

대처가 당수가 된 이후부터 조셉은 대처의 1급 후견인이자 조력자이자 참모가 되었고 대처 수상을 세계인이 존경하는 지도자로 만들어 내고자 최선을 다했다. 사실 대처는 정치 선배를 막강한 참모로 두어서 보수당 당수가 되었고 영국 수상이 되었다. 대처 수상은 조셉을 산업부 장관으로 임명했다. 대처 자신도 "조셉이 없었다면 나는 여성 당수가 될 수 없었을 것이고 수상이 되어서도 해낸 일을 이루지 못했을 것이다. 조셉은 나의 가장 절친한 정치적 친구였다"고 회상했다.

조셉은 이미 1955년에 설립된 영국 유수의 연구기관인 경제문제연구소(Institute of Economic Affairs, IEA)와 돈독한 관계를 맺고 있었는데, 대처가 당수가 되고부터 많은 도움을 받았다. 그리고 대처로 하여금 IEA에 적을 둔 세계 유수의 자유주의 석학들과 교류하게 하여 대처를 새로운 지도자로 키워냈다. 1974년 조셉은 IEA의 책임자 랠프 해리스(Ralph Harris)에게 도움과 지원을 요청했다. 조셉은 공부할 수 있는 책, 참고도서 목록, 비판한 글, 신문가사 등 모든 것을 요청했고, 그는 모든 자료를 읽고 요약하여 대처를 도왔다.

당시 IEA에는 1974년 노벨경제학상 수상자 프리드리히 폰 하이에크(Friedrich von Hayek) 교수와 1976년 수상자인 밀턴 프리드먼(Milton Friedman) 교수를 포함한 세계 유수의 자유주의자들이 적극 참여하고 있었다. 당시에는 참신한 아이디어에 목말라 있었는데 IEA가 의제(agenda) 설정을 이미 해놓았기 때문에 조셉과 IEA는 서로의 필요성이 맞아 떨어졌다. 프리드먼 교수는 "IEA가 없었다면 과연 대처 혁명이 가능했을까? 나로서는 매우 의심스럽다"라고 술회하기도 했다. 한 가지 흥미로운 사실은 대처 수상은 다양한 분야에서 널리 자문을 구했다. 하지만 자문 교수들 속에 케임브리지대학과 옥스퍼드대학의 경제학 교수들의 이름은 발견되지 않는다는 것이다. 두 대학 경제학 교수들이 거의 모두 좌파 케인지언이었고 큰 정부주의자였기 때문이었다.

대처 수상은 경제 문제에 대한 정책 개발과 논의를 목적으로 E-Committee 란 한 자문 기구를 운영했다. 이 위원회는 대처의 경제 정책에 중요한 자문 역할을 했으며, 다양한 경제 전문가와 정책 입안자들이 참여했다.

E-Committee의 주요 역할과 기능은 정책 개발, 자문 및 논의, 경제 분석 및 연구였다. 이 위원회는 자유시장 원칙에 기반한 정책을 제안하여 경제를 활성화하려 했고, 경제 성장과 효율성 증대를 목표로 한 정책을 개발했다. 위원회는 다양한 경제 전문가와 정책 입안자들이 참여하여 심도 있는 논의를 진행하여 다양한 관점과 아이디어를 모아 최선의 정책을 도출하려 했다. 경제 데이터를 분석하고, 연구 보고서를 작성하여 정책 결정에 필요한 근거를 제공했다.

마거릿 대처 수상은 위원회의 논의를 바탕으로 정부의 경제 전략을 조정했고 경제 정책에 대한 최종 결정을 내렸다. E-Committee에는 경제학자, 재정 전문가, 산업 전문가 등 다양한 배경을 가진 사람들이 참여했다. 이들은 각자의 전문성을 바탕으로 정책 제안을 하고, 논의에 기여했다. 주요 참여자는 외부 전문가로 런던 정치경제대학교(London School of Economics, LSE)의 앨런 월터스(Sir Alan Walters) 교수, 리버풀대학교(Liverpool University) 경제학과 교수 패트릭 민퍼드(Patrick Minford), LSE 교수인 리처드 레이어드(Richard Layard)와 제프리 오언(Geoffrey Owen), 노먼 포터(Norman Poter) 런던대학교(University of London) 교수, 케임브리지대학교(Cambridge University) 교수 테리 번햄(Terry Burnham) 등이었고, 주요 외국 경제학자로는 밀턴 프리드먼(Milton Friedman), 프리드리히 하이에크(Friedrich Hayek), 제임스 뷰캐넌(James Buchanan) 등이 참여했다. 그리고 내각의 주요 장관들도 부처별 관련 업무를 두고 논의에 참여하였다.

대처가 즐겨 읽은 책들과 저술한 책들

'철의 여인'이라는 별명을 가진 마거릿 대처 수상은 다독가로 알려져 있다. 그녀의 정치적 철학과 정책 결정에 영향을 미친 책들은 주로 경제, 정치, 철학, 역사에 관련된 것이 많았다. 대처가 애독한 책들 중 중요한 세 책 《노예의 길》, 《선택의 자유》, 《국부론》은 그녀의 경제정책에 지대한 영향을 미쳤다. 특히 프리드리히 하이에크의 《노예의 길(The Road to Serfdom)》은 대학 시절에 읽고 감명을 받은 책으로 자유시장경제와 개인의 자유에 대한 신념을 확고히 해 주었다. 밀턴 프리드먼의 《선택의 자유(Free to Choose)》를 통해 대처는 경제 이론과 시장 경제의 중요성을 배웠고, 애덤 스미스의 《국부론(The Wealth of Nations)》은 대처리즘 즉 시장 자유화와 민영화 정책의 중요한 이론적 기반이 되었다.

대처 수상은 윈스턴 처칠을 존경하였으며 처칠의 저서들을 통해 리더십과 정치적 통찰을 배웠다. 에드먼드 버크의 《프랑스 혁명에 대한 성찰(Reflections on the Revolution in France)》에 논술된 버크의 보수주의 철학은 대처의 정치적 견해와 보수당 이념에 커다란 영향을 미쳤다. 마르쿠스 아우렐리우스의 《명상록(Meditations)》은 대처에게 스토아 철학과 자기 성찰에 대한 중요한 교훈을 주었다.

레오 톨스토이의 대작 《전쟁과 평화(War and Peace)》는 대처에게 전쟁, 평화, 인간 본성에 대한 깊은 통찰을 제공했다. 대처는 제인 오스틴의 소설들을 즐겨 읽었으며, 인간관계와 사회적 관습에 대한 깊은 이해를 읽어냈다. 윌리엄 셰익스피어의 희곡과 소네트를 통해 대처는 인간 본성과 정치적 상황에 대한 이해를 넓혔다. 클레망스 데미이의 《군사 지침서(The Military Instructions of the Marquis de Saxe)》를 통해 대처는 전략적 사고와 리더십에 대한 통찰을 얻었다.

대처는 자서전, 정치 철학, 그리고 자신의 정부 정책에 대한 책들을 저술했다. 대처의 저서들은 그녀의 정치 철학, 정책, 그리고 개인적 경험을 이해하는 데 중요한 자료들이다. 《다우닝가의 이야기(The Downing Street Years)》는 대처의 자서전 중 첫 번째 책으로, 그녀의 수상 재임 기간(1979~1990)을 다룬다. 이 책은 자신의 정치적 결정, 경제 정책, 외교 관계 등을 상세히 설명한다. 수상 시절의 주요 사건들 즉 포클랜드 전쟁, 광부 파업, 그리고 소련과의 관계 등을 다루면서 자신의 정치 철학과 리더십 스타일을 잘 보여준다. 《권력에 이르는 길(The Path to Power)》은 자서전 중 두 번째 책으로, 자신의 어린 시절부터 정치에 입문하고 보수당의 리더가 되기까지의 과정을 보여준다.

《국가경영(Statecraft: Strategies for a Changing World)》은 자서전 중 세 번째 책으로 자신의 정치 철학과 국제 문제에 대한 견해를 다룬다. 냉전 이후의 세계 질서, 유럽 연합, 경제 정책, 그리고 테러리즘 등의 주제를 논의하며, 대처의 국제 정세에 대한 통찰과 강력한 신념이 잘 반영되어 있으며, 대처가 퇴임 후 세계를 어떻게 바라보았는지 알 수 있다. 《자신의 글로 본 마거릿 대처(Margaret Thatcher: In Her Own Words)》는 대처의 연설, 인터뷰, 그리고 글들을 모은 책으로, 그녀의 정치적 견해와 철학을 직접적으로 알 수 있다. 《마거릿 대처 연설집(The Collected Speeches of Margaret Thatcher)》은 대처의 주요 연설들을 모은 책으로, 연설을 통해 그녀의 리더십 스타일, 정책 목표, 그리고 정치적 철학을 잘 이해할 수 있다.

《아이들을 크게 성장시키자(Let Our Children Grow Tall: Selected Speeches)》는 대처가 수상이 되기 전, 보수당의 리더로서 했던 연설들을 모은 책으로 그녀의 정치적 비전과 초기 정책 방향을 잘 보여준다. 《영국의 부활(The

Revival of Britain: Speeches on Home and European Affairs)》은 대처가 영국과 유럽에 관한 연설들을 모은 책으로, 그녀의 경제 정책과 유럽 연합에 대한 비판적 시각을 잘 보여준다.

마거릿 대처 전 수상에 관한 영국 정부의 공식 자료는 주로 영국 국립 문서 보관소(The National Archives)와 마거릿 대처 재단(Margaret Thatcher Foundation)을 통해 제공된다.

마거릿 대처 수상의 명언들

"내가 선거에 이긴 것은 그리고 선거에 호소한 것은 모두 어릴 때 아버지께서 제게 다 가르쳐 주신 것이다."

"오늘날 교육의 문제 중 하나는 자기 아이들과 충분히 대화를 하지 않는 것이다. 아이들과 함께 보내는 시간의 길이보다 그들에게 헌신하고 그들에게 보내는 관심이 더 중요하다."

"교육의 관건은 기회입니다. 그리고 기회는 불평등해질 기회입니다. 아이들의 유일한 기회가 평등해지는 것이라면 그것은 결코 기회가 아닙니다. 기회는 평등의 반대입니다."

"나의 이상은 대부분의 사람들처럼 먼저 나의 가족-개인의 존엄성을 믿는 나의 크리스천 가족에 의해서, 그리고 우리들 각자는 자신의 행동에 대해서 책임을 져야 한다는 가르침에 의해서 형성되었다."

"성공이란 무엇인가? 우선 자신이 하는 일에 흥미를 느껴야 하며, 그것으로 충분하지 않다는 것을 알고, 더 열심히 노력해서 어느 정도 목적의식을 가지게 되는 것을 나는 성공이라고 생각한다."

"당신이 약한 사람을 원한다면 나를 원하지 않겠죠. 그런 사람들은 많이 있습니다."

"다른 사람에게 미움 받지 않으려고 한다면 언제나 타협할 준비가 되어 있을 것이다. 그렇지 않은가? 그리고 당시는 아무것도 이룰 수 없을 것이다."

"인기가 있는 것이 중요한 것이 아니다. 당신이 옳다고 생각하는 바를 실천할 용기가 있으면 대중은 당신을 존경할 것이다."

"정부가 할 일은 사람의 재능이 꽃을 피울 수 있는 틀을 만드는 것이다."

"나는 우리 모두가 불평등할 권리가 있다고 믿는다."

"자본주의는 세상에서 가장 자연스러운 것이다."

"민주주의 시대에 도덕적 원칙과 상관없이 정치를 하는 것은 불가능하다."

"나는 원칙을 포용하는 방식으로 정치에 접근하는 편을 더 좋아한다. 원칙이 정치를 질식시키지 않는다면 말이다. 나는 선의와 강철 같은 비정함이 동반되는 원칙을 좋아한다."

"공산주의에 대해서는 최고의 것만 믿고, 반공주의에 대해서는 최악의 것만 믿는 좌파 지식인들에 대해 거의 경외감이 느껴질 지경이다."

"인류의 진보는 개인의 재능을 꽃피우는데서 출발합니다. 그 재능이 발휘되기 위해서는 재능을 가진 사람들에게 되도록 많은 기회와 자유를 주지 않으면 안 됩니다."

"평등을 자유보다 앞세우는 사회는 결국 평등도 자유도 달성하지 못하게 될 것이고, 자유를 첫째로 내세우는 사회는 보다 큰 자유와 보다 큰 평등을 달성할 것이다."

"좌파의 실수는 부를 창출해서 개인들에게 분배 또는 재분배하는 것이 국가라고 믿는다는 점이다."

"국가가 모든 국민에게 필요한 것을 제공해 줄 것이라고 주장하는 나라에서는 자신이 설 자리가 없으며 사람들이 자기희생을 할 필요도 없다."

"국가라는 괴물에 맞서 개인의 권리를 지키겠다는 강력하고 열정적인 의지를 가지고 정치에 뛰어들었다."

"대영제국이 광대한 식민지를 잃고 난 이후 영국의 대학이 저지른 잘못은 새로운 국가적 사명에 눈을 감은 것이다."

"데탕트 옹호자들은 평화를 원한다면 전쟁을 준비하지 말아야 하고, 안전을 원한다면 위협을 하지 말아야 하며, 협조를 원한다면 타협을 해야 한다."

"인플레이션을 잡으려면 고통스러운 결과를 감수해야만 한다. 인플레이션을 억제하기 위해 더 많은 돈을 찍어내는 식으로 대응한다면, 결국 물가는 엄청나게 뛰고 실업률도 치솟아 엄청난 혼란이 일어날 것이다. 결국 냉엄한 경제원리가 작동하게 될 것이고, 우리는 그것에 따를 수밖에 없다. 대안은 없다."

"영국에서 주요 기업을 정부가 소유하게 되면서, 생존의 문제가 정부의 문제가 되어 버렸다."

"돌아가고 싶으면 당신들이나 돌아가시오. 나는 돌아가는 짓 따위는 하지 않습니다."

"길 중간에 서 있는 것은 매우 위험합니다. 양쪽에서 오는 자동차에 치일 위험이 있으니까요."

"내게 '무엇'을 할 것인지 말하지 마십시오. 무엇을 해야 하는지는 잘 알고 있습니다. '어떻게'를 말해 주십시오."

▨ 영국을 구하고도 엇갈린 평가를 받는 수상 ▨

2013년 4월 8일 87세로 마거릿 대처 전 영국 수상이 사망하자 그녀에 대한 평가는 상당히 엇갈렸다. 많은 나라의 지도자들이 대처의 업적을 높이 평가하며 애도하였다. "위대한 지도자이자 위대한 수상, 위대한 영국인을 잃었다"(데이비드 캐머런 영국 수상), "전 세계는 위대한 자유의 투사를 잃었고, 미국은 진정한 친구를 잃었다"(오바마 미국 대통령), "대처는 강력한 의지를 갖춘 위대한 지도자였으며 나라와 국민을 위해 자신을 바친 존경받는 정치인이었다"(아베 일본 수상), "세계 정치사의 뛰어난 지도자였으며, 유럽 냉전의 분단을 극복하는데 중추적인 역할을 했다"(앙겔라 메르켈 독일 수상), "영국 역사에 중요한 족적을 남긴 위대한 인물"(프랑수아 올랑드 프랑스 대통령) 등의 찬사가 이어지며 대처 수상의 죽음을 크게 애도했다.

하지만 대처가 영국병을 치유하는 과정에서 불이익을 당한 집단 즉 근로자와 노조, 일부 언론, 좌파 지식인들은 대처가 사망하자마자 독설을 퍼부었다. "대처는 인간 정신을 파괴하고 사회를 분열시켰으며, 이기심과 탐욕이 판치게 하였다", "대처는 자유시장의 상징이었지만 이들이 얻은 이익은 소수에게만 돌아갔다", "대처는 영국 수상 중에서 가장 분열적이고 파괴적인 사람이었다", "대량 해고, 공장 폐쇄, 공동체 파괴 등이 그녀의 유산이다", "대처는 싸움꾼이었고 그녀의 적은 노동자들이었다", "오늘날 우리 사회가 엉망진창이 된 것은 그녀가 추진한 정책 때문이다" 등이다. 심지어 보수당에서 대처의 장례식을 국장으로 치르려고 하자 그녀가 좋아하는 민영화로 장례식을 치르자고 비아냥거리기도 하였다.

그럼에도 불구하고 대처는 강력한 신념과 소신을 가지고 영국병을 치유하고 침몰 직전의 영국 사회를 되살려 냈다는 점에서 그녀의 리더십은 높이 평가된다. 대처는 국민들에게 인기 없는 정책이라도 국가를 위한 것이라면 포기하지 않았다. 대처는 영국을 위해 도움이 된다고 판단되면 타협을 하거나 쉬운 길을 선택하는 편법을 동원하지 않았다.

대처는 적당한 타협을 거부했다. 대처는 "자동차가 다니는 길 중간에 서 있는 것은 매우 위험하다. 어느 한쪽에 서야 한다"고 설파하며 구조개혁을 강력하게 실천했다. 그 과정에서 피해를 입은 근로자와 노조 등으로부터 혐오에 가까운 비판을 듣기도 하고, '악랄한 마녀'라는 별명을 얻기도 했다.

하지만 대처 수상의 신념과 소신은 분명했으며, 비전과 메시지가 정확한 지도자였다. 수상으로서 국정의 목표가 정확히 어디를 향하고 있는지를 국민에게 솔직하게 알리고 동참을 호소했다. 영국은 대처의 행동하는 리더십으로 영국병이라는 늪에서 탈출할 수 있었다.

저자는 1988~1989년 1년 동안 영국 외무성의 지원으로 요크대학교(University of York)에 안식년을 보냈다. 현지에서 영국 의회에서 대처 수상이 의원들과 벌이는 논쟁을 보면서 감탄하지 않을 수 없었다. 대처 수상의 논리가 너무니 정연했고 그녀의 웅변역시 대단한 호소력이 있었고 자신감이 넘침을 느낄 수 있었다. 임기를 얼마 남기지 않은 시점에서도 당시 논쟁의 중심에 있던 지역주민세 속칭 인두세(poll tax) 도입을 강하게 추진했다.

대처가 추진했던 인두세는 지방정부의 재산세를 폐지하고 각 지역의 주민 모두에게 소득 수준이나 재산 규모에 관계없이 같은 금액으로 일정액의 세금을 부과하는 것이었다. 당시 영국의 대학생들이 모두 길거리 시위에 나서는 것을 보았다. 소득세도 안내던 대학생들에게 매년 일정액의 세금을 내라고 하니 불만을 표출했던 것이다. 대처는 지방정부의 재정운영에 근본적 개혁을 도모하기 위해 인두세를 도입하고자 했다. 다른 나라와 마찬가지로 영국도 지방정부의 주된 세원은 재산세였는데 재산세는 재산이 있는 사람만이 세금을 납부하고, 재산이 많을수록 세금을 더 많이 납부한다. 당시 지방의회는 대개의 경우 노동당이 다수당이었다. 재산이 없는 주민, 조금 있는 주민, 많이 가진 주민 모두 1표의 투표권을 가지고 있기에 재산세 증세를 두고 주민투표를 하면 언제나 증세 안이 통과되었다. 재산이 없는 주민과 조금 있는 주민이 다수였기에 주민투표에서는 재산을 많이 가진 주민에게 재산세 부담을 늘리는 정책이 언제나 통과되었다. 즉 지방정부는 부자들에 대한 증세를 통해 흥청망청 낭비를 하고 있었다.

대처는 지방정부의 방만한 재정운영을 방지하고 근본적 개혁을 도모하기 위한 방안으로 인두세 도입을 제안했다. 주민 모두가 같은 금액의 인두세를 부담하면 지방정부의 낭비가 자동적으로 제어될 수밖에 없다. 꼭 필요한 지출이 아니고는 주민들 다수의 동의를 받기 어렵기 때문이었다.

사실 인두세는 역사적으로 오래된 세금이고 많은 나라에서 시행된 세금이다. 그리스 로마 이슬람 제국에서 인두세가 징수되었으며 영국에서도 14세기 후반에 징수된 적이 있다. 우리나라의 주민세 개인 분은 개인의 세 부담 능력과 관계없이 지역에 따라 동일한 금액을 부과하기에 인두세이다.

키스 조셉(Keith Joseph, 1918~1994) 경과 마거릿 대처 수상

9 │ 대처의 명참모: 대처리즘의 설계자 키스 조셉

후배 대처를 당수로 옹립한 선배 의원

역사상 수많은 위대한 지도자들이 탄생하였다. 위대한 지도자 주변에는 항상 훌륭한 참모들이 포진했다. 위대한 지도자와 훌륭한 참모가 잘 만나 남다르게 역사에 족적을 남기는 사례는 적지 않으나, 동업의 길을 걷던 선배가 스스로 후배에게 주군의 자리를 물려주고, 자신이 참모가 된 후 주군을 잘 보좌해 당과 나라의 운명을 바꾼 사례가 있었는가? 개인 간의 작은 일들을 두고는 이러한 사례들이 가끔 일어났을 것으로 짐작된다. 하지만 국가 수상이라는 자리를 놓고 이러한 일이 일어나는 사례는 아마도 없을 것이다.

역사상 수많은 위대한 지도자들 중 이름의 끝에 이즘(ism)이란 접미사가 붙어 그 지도자의 전체를 상징하는 뜻으로 사용되고 있는 것은 대처 수상의 경우가 세계 최초일 것이다. 대처 수상의 성 대처(Thatcher)에 이즘(ism)이라는 접미어를 붙여 대처리즘(Thatcherism)이라는 말이 탄생되고 이는 곧 대처 수상의 통치 철학을 상징한다. 이 대처리즘을 대처보다 먼저 구상한 사람이 키스 조셉(Keith Joseph, 1918~1994) 경이다. 참으로 믿기 쉽지 않는 사실이다. 조셉은 대처보다 7살이나 더 많았고, 정치인으로서도 조셉이 대처보다 3년 먼저 하원의원이 된 선배이다.

조셉은 영국이 퇴락과 쇠퇴 속에 꼼짝도 못 하는 현실을 목도하고 그 영국을 구하기 위해 혼신의 노력으로 정치 프로그램을 마련하였다. 이 프로그램은 그의 가장 중요한 학생이자 동료였던 마거릿 대처에 의해 정부 정책으로 구체화 되어 침몰되어 가는 영국을 구하게 되었다. 당 내·외의 재력과 지력을 총동원하여 아이디어를 도출해 낸 프로그램은 충격적인 내용을 담고 있어 조셉은 보수당 내에서 '미친 승려(mad monk)'라는 소리를 듣기도 하였다. 그는 온갖 야유와 방해를 받으면서도 여러 대학에서 150회 이상 강연을 하였다. 강연 내용이 당시로서는 '충격적'이었다.

사실 키스 조셉은 대처 수상만큼 잘 알려지지 않았음은 물론 외국인들은 키스 조셉이란 사람이 있었는지조차도 거의 알지 못한다. 대처는 조셉에 대해 "키스가 없었다면 나는 야당(보수당)의 지도자가 될 수 없었을 것이고, 수상이 돼서 해낸 일은 아무것도 없었을 것이다"라고 회상했고 "조셉은 나의 가장 절친한 정치적 친구였다"고 덧붙였다.

금수저 키스 조셉의 순탄한 정치행로

키스 조셉(Keith Joseph, 1918~1994)은 런던 태생으로 정치인·지식인·변호사이며, 아이디어의 기획가라는 점에서 선동가로 불리기도 한다. 그의 부친 사무엘 조셉(Samuel Joseph) 남작은 성공한 사업가이자 정치인이었다. 그의 아버지는 거대한 건설 회사인 보비스(Bovis)를 경영하였고, 1942~1943년까지 런던 시장을 역임했으며 임기 말에 남작이라는 작위를 받았다. 키스 조셉은 런던의 독립 사립학교인 몬트 하우스(Mont House)와 하로우 스쿨(Harrow School)을 다녔고, 옥스퍼드대학교 매그달렌 칼리지에 입학하여 법학을 전공하였다. 옥스퍼드대학에서 법률을 가르치라는 제의가 있었지만 사양했다. 하지만 지식인으로서의 삶에 매력을 느낀 그는 1946년에 올소울 칼리지(All Souls College)의 노벨상 펠로우로 선출되었다. 아버지가 1944년 사망하자 26세의 키스는 남작 작위를 물려받았다

청년이자 정치 초년병 시절 조셉은 그의 정치적, 이념적 발전에 큰 영향을 미친 여러 경험과 활동을 했다. 이러한 경력과 관심사는 그가 나중에 신자유주의와 뉴라이트 운동의 중심적 인물이 되는 데 초석이 되었다. 특히 옥스퍼드에서 교육을 통해 논리적 사고와 법률적 분석 능력을 길렀는데, 이는 커다란 정치적 자산이 되었다.

제2차 세계대전에 참전한 조셉은 왕립 포병대에서 대위로 복무했고, 작은 부상을 입기도 했다. 전쟁이 끝난 후, 그는 런던 시티(금융가) 참사회의원으로 선출되었다. 1955년 국회의원 선거에서 125표 차로 낙선했으나 다음 해 보궐선거에서 보수당원으로 38세에 하원의원으로 당선되었다.

조셉은 1956년 하원의원 등원 처녀 연설에서 "인플레의 치유책을 수요를 조절하는 데서 찾을 것이 아니라 공급을 늘리는데서 찾아야 한다"고 주장했다. 이러한 주장은 20년 후 자신이 열렬히 추진하게 될 아이디어들의 싹이었고, 훗날 미국 레이건 대통령이 내세웠던 공급중시경제학(supply-side economics)의 원조에 해당하는 것이었는데, 당시에는 어느 누구도 제대로 인식하지 못했다. 나아가 그는 "기업 경영은 적절한 보상을 받아야 한다"고 덧붙였다.

조셉은 보수당의 주요 인물로서 다양한 역할을 수행하며 여러 가지 업적을 남겼다. 1956년 하원의원으로 처음 당선되어 1987년까지 활동했는

데 네 명의 수상, 즉 해롤드 맥밀런(Harold Macmillan), 알렉 더글러스 홈(Alec Douglas-Home), 에드워드 히스(Edward Heath), 마가렛 대처(Margaret Thatcher) 등의 내각에서 장관을 지냈다. 1959년 이후, 조셉은 맥밀런 정부에서 주택부와 무역위원회에서 여러 가지 직책을 맡았다. 1962년 그는 주택 및 지방정부 장관으로 임명되었고, 1965년까지 매년 40만 채의 주택을 새로 짓기로 하는 대규모 주택 건설 프로그램을 도입했다. 주택담보대출 예금을 지원함으로써 자가 주택 가구의 비율을 늘리기를 원했다. 더글러스 홈 내각에서 조셉은 1963년부터 1964년까지 주택 및 지방정부 장관을 역임했다.

1970년부터 1974년까지 히스 내각에서 사회복지부 장관으로 활동했는데, 그는 이 시기에 사회복지 정책의 개혁을 시도하였으며, 특히 장애인과 노인 복지에 대한 관심을 가졌다. 대처 수상 내각에서 1979년부터 1981년까지는 산업부 장관을 역임하며 당시 영국의 산업 구조조정을 추진하였고, 1981년부터 1986년까지 교육과학부 장관으로 재직하며 교육 개혁에 힘썼다.

히스 수상의 유턴(U-Turn)과 키스 조셉의 개종

히스 수상은 1970년 총선에서 보수당이 지금까지 해 왔던 반(反)시장적 정부 개입주의 정책을 더 이상 하지 않겠다고 공약하여 선거에 승리하였다. 그러나 히스는 골수 보수당원이 아니었다. 선거 공약과는 달리 공공부문은 계속 팽창일로였고, '성장을 위한 돌진으로' 예산 규모를 확대하였는데 확대 예산은 경제성장보다는 인플레이션 상승에 더 기여했다. 1973년과 1974년 사이에 모든 것이 완전히 달라졌다. 1974년에는 석탄 노동자들의 파업으로 정부가 항복하는 지경에 이르렀고 끝내는 정권을 노동당에 내

주고 말았다.

조셉은 하원의원이 되고 여러 보수당 수상 밑에서 장관직을 수행하면서 보수당 내에서 중진의원으로 성장해 갔다. 그러나 점차 당의 정체성에 대해 많은 회의를 갖기 시작하였다. 보수당의 좌경화를 막고, 당을 보다 경제적 자유주의와 개인의 책임을 중시하는 방향으로 전환시키는 것이 중요하다고 통감하기 시작했다. 그리하여 여러 가지 방안을 고민하면서 돌파구를 찾기 시작했다. 1970년대 중반부터 동지들은 규합하고 외부의 전문가들과 토론을 거쳐 1970년 말에는 상당히 뚜렷한 청사진을 거의 완성시켰다. 이 청사진이 마거릿 대처가 수상이 됨에 따라 빛을 발하게 되었다.

조셉은 히스 내각의 각료였으나, 자신이 속해 있는 보수당의 경제 정책, 특히 사회주의적 경향의 경제 정책에 대해 강력하게 반대했다. 보수당 히스 정부의 경제 정책이 좌파 노동당의 경제적 개입주의와 케인스주의를 따른다고 비판했다. 1972년에서 1974년에 히스 정부의 경제 정책에 대해 불만을 강하게 표출했다. 그는 정부의 산업 정책과 가격 통제, 그리고 재정 적자 증가를 비판하며, 이러한 정책들이 시장 경제의 원칙과 자유주의 경제 이론에 반한다고 주장했다. 이로 인해 당내에서 큰 논쟁이 일어났다.

조셉은 보수당의 경제 정책에 대한 강한 불만을 제기하며 당의 방향을 재설정하기 위해 적극적으로 나섰다. 그는 경제 자유화, 정부 지출 축소, 복지국가 축소 등을 주장하며 보수당 경제정책의 근본적 변화를 촉구했다. 하지만 동료 의원들이 볼 때 조셉은 새로운 이념과 아이디어에 빠져 횡설수설하는 사람으로 보였다. 그리하여 누군가는 그에게 가장 알맞은 자리는 '사상(이념) 장관(Minister of Thought)'이라고 말하기도 하였다. 이는 조셉의 당내에서의 역할이 세세한 정책을 만들어 내는 것이 아니고 당의 정체성을 확립하는 것임을 빗대어 말한 것이다.

암울한 시기에 눈앞에 펼쳐지는 위기를 보면서 조셉은 당과 스스로에게 말할 수 없는 분노를 느꼈다. 이 절망 속에서 조셉은 스스로 보수주의로의 개종(conversion)이라 부르는 경험을 했다. "내가 보수주의자라고 생각하고 있었다. 하지만 내가 전혀 그렇지 않다는 확신하고 있다." 그의 결론은 "정부가 잘하지 못하는 것은 문제가 아니다. 문제는 정부가 너무 많은 일을 한다는 것이다. 문제의 근원은 정부가 지나치게 개입하려고 한다는 것이었다. 적(敵)이 국가의 통제라는 것을 깨닫고 조셉은 바뀌어야 할 것은 정치 문화라고 결론지었다. 그리고 그것을 해내는 방법은 지적인 게릴라 전쟁이었다. 이러한 목적을 히스 당수에게 말했을 때 히스는 말귀를 못 알아들었고 옆 자리에 앉아있던 교육부 장관 대처는 아무런 표정을 짓지 않았다고 한다.

조셉은 "기업가가 사업을 하는 것은 잘못된 일이 아니다. 사회를 위해 부(富)를 창출하는 것은 바로 기업가들이다"라고 말했다. 이 말은 당시 영국 사회 전반에서는 물론 보수당 내에서도 심하게 말하면 씨알도 안 먹히는 주장이었다. 지인들로부터 '미친 승려(mad monk)'라는 별명까지도 얻어가며 조셉은 정부와 시장에 관한 토론회를 개최하였고, 시장경제에 반하는 혼합경제에 대한 반론 자료로 묶어냈으며, 이러한 것들을 정치 프로그램화했다.

자유시장경제를 지향하는 IEA에 도움을 청하다

조셉의 출발점은 1955년 설립되어 케인스주의가 풍미하던 시절에 독자적으로 자유주의 시장경제론을 펼치고 있던 싱크탱크인 경제문제연구소(Institute of Economic Affairs, IEA)에 도움을 청하는 것이었다. 조셉은 1960년 이후 IEA에서 이따금씩 일을 했던 터였다. IEA는 양계업으로 돈을 번 농부가 낸 기금으로 설립되었고 운영 책임자는 전직 대학 교수 출신의 랠프 해리스(Ralph Harris)였다. IEA는 반(反)페이비언협회(Fabian Society)로 케인스주의와 집산주의를 반대하는 것을 목적으로 설립되었다. 창설 당시 또 다른 참여자는 아서 셀던(Arthur Seldon)으로 런던경제정치대학(London School of Economics and Political Science)에서 자유주의 경제학을 공부했었다. 조셉은 1974년 새롭게 시작하고 싶은 마음에서 IEA 책임자 해리스 소장에게 가르침과 도움을 요청했다.

IEA와 접촉하면서 조셉은 경제학자와 철학자들의 저서를 많이 접했다. 특히 자유 시장 경제와 관련된 서적들이 그의 관심사였다. 예를 들어, 프리드리히 하이에크의 《노예의 길(The Road to Serfdom)》이나 《자유헌정론(The Constitution of Liberty)》 그리고 밀턴 프리드먼의 《자본주의와 자유(Capitalism and Freedom)》 그리고 《선택의 자유(Free to Choose)》와 같은 책들은 조셉의 사상에 영향을 미쳤다.

흥미로운 사실은 조셉은 IEA가 발간한 수많은 책들을 읽고 자신의 사상과 정책을 정리한 여러 저서를 집필했다는 점이다. 조셉의 주요 저서로는 사회주의와 새로운 좌파에 대한 비판과 분석을 담은 《사회주의와 신좌파(Socialism and the New Left)》(1974), 당시 경제정책에 대해 논의하며 자유 시장 경제의 중요성을 강조한 작품인 《위대한 논쟁(The Great Debate)》(1977), 복지국가의 위기와 그 해결책에 대해 논의한 《복지국가의 위기(The Crisis of the Welfare State)》(1980) 등이다. 필자는 1980년대 교수 시절 마지막 두 책을 원서로 읽었는데 책의 저자가 영국의 대단한 정치가 키스 조셉인 줄은 몰랐었다. 조셉은 또한 여러 정책 논문과 정치적 에세이들을 작성하였다. 그의 연설 '사회적 시장경제(The Social Market Economy)'(1974)는 중요한 문서 중 하나이다.

1970년대와 1980년대 영국에서 전개된 '새로운 보수주의(New Right)' 운동의 중심에는 IEA가 있었다. 조셉은 일찍부터 IEA와 인연을 맺어 보수당의 정체성을 확립하고 보다 시장 친화적 정책을 구상하는데 IEA를 적극 활용했다. IEA는 경제 자유주의와 시장 경제를 지지하는 연구를 많이 수행했고 조셉은 IEA의 연구 결과를 활용하여 자신의 정책 아이디어를 개발하고, 보수당의 정책 방향을 설정하는 데 참고했다. 예를 들어, IEA의 민영화 연구를 바탕으로 CPS에서 민영화 정책을 구체화하고, 이를 보수당의 공식 정책으로 발전시켰다. IEA는 자유 시장 경제의 이념을 확산시키는 데 중점을 두었는데, 조셉은 이를 적극 활용하여 보수당 내에서 경제 자유주의 이념을 확산시키는 데 활용했다. 그는 IEA의 출판물과 세미나를 통해 보수당 의원들과 정책 결정자들에게 경제 자유주의의 이점을 설파하고, 이념적 지지를 확보했다.

당시 시대가 아이디어에 목말라있었는데 IEA가 의제(agenda) 설정을 이미 해놓았기 때문에 조셉과 IEA는 서로의 필요성이 맞아 떨어졌다. 프리드먼 교수는 "IEA가 없었다면 과연 대처혁명이 가능했을까 나로서는 매우 의심스럽다"라고 술회한바 있다. 한 가지 흥미로운 사실은 대처 수상은 널리 자문을 구했음에도 그 자문 교수들 속에 캠브리지대학과 옥스퍼드대학의 경제학 교수들의 이름은 발견되지 않는다는 것이다. 두 대학 경제학 교수들이 거의 모두 좌파 케인지언이었고 큰 정부주의자였기 때문이다.

보수당 내에 정책연구소 CPS를 설립하다

보수당이 총선에서 패한 후 1974년 9월에 조셉은 대처 의원을 포함 여러 동료 지인들과 함께 정책연구소(Center for Policy Studies, CPS)를 보수당 싱크탱크로 설립했다. CPS는 영국 노동당 계열의 연구소 페이비언협회(Fabian Society)를 모델로 삼은 것으로 오피니언 리더들에게 영향을 미침으로써 정치와 문화를 바꾸고자 했다. 그들의 목표는 보수당을 개종시키는 것이었다. CPS 설립에는 히스 당수의 승낙이 필요했는데 조셉이 제안했을 때 히스는 미심쩍은 상태에서 승낙을 했다. 서로 다른 생각을 하고 있었는데 설립 후 조셉은 원래 자신이 생각했던 방향으로 CPS를 끌고 갔다.

　CPS를 설립한 후 조셉은 자신이 소장 직을 맡고 대처 의원에게 부소장 직책을 맡겼다. 이 싱크탱크는 보수당 역사상 처음으로 설립된 연구소로 당의 이념적 방향 설정과 정책 개발에 중요한 역할을 했다. CPS의 주요 참여자들은 주로 경제 자유주의와 보수주의를 지지하는 학자, 정치인, 경제 전문가들이었다. CPS의 주요 참여자들을 살펴보면 CPS의 공동 설립자로서, 조셉은 CPS의 이념적 방향과 연구 과제를 설정하는 데 중요한 역할을 했고, 또 다른 공동 설립자인 대처는 이후 영국의 수상이 되어 CPS의 연구 결과와 정책 제안을 실제로 구현하는 역할을 했다. 대처의 지도력 아래 CPS의 수많은 아이디어들은 대처리즘(Thatcherism)의 핵심을 이루며 실제로 집행되었다.

　CPS의 공동 설립자 중 한 명인 알프레드 셔먼(Alfred Sherman)은 저널리스트이자 정치 평론가로, CPS의 초기 연구와 전략 개발에 중요한 기여를 했으며 CPS의 연구 프로그램을 관리하고, 다양한 정책 보고서를 작성했다. 기업인 출신의 존 호스킨스(John Hoskyns)는 CPS의 초기 멤버 중 한 명으로, 이후 대처의 정책 수석 보좌관으로 활동했고, 정부 개혁과 경제 전략 개발에 중요한 역할을 했다. 경제학자이자 IEA의 설립자인 해리스는 CPS와 긴밀히 협력하며 자유시장 경제와 민영화를 지지하는 정책 연구에 기여했다.

또 다른 중요한 경제학자 셀던은 IEA와 함께 CPS의 경제정책 연구에 기여했다. 그는 자유 시장 경제와 규제완화를 강조하는 연구를 수행했다. 보수당 정치인으로 이후 재무장관이 된 나이젤 로선(Nigel Lawson) 그리고 이후 외무장관과 부총리를 역임한 제프리 하우(Geoffrey Howe)도 창립 멤버였다.

CPS의 처음 이사회에서 이사들은 특별한 한 가지 사실을 확인하였다. '키스 경이 연설을 해야 한다는 것, 그것도 많은 연설을.' CPS는 수많은 책과 팸플릿을 발간하고, 세미나, 만찬, 오찬을 통해서 아이디어를 홍수처럼 쏟아내고, 장려하고, 후원했다.

CPS는 창설 5년 후 마거릿 대처가 영국 수상이 됨으로 해서 진가를 발휘하였고 막강한 영향력을 행사했다. CPS는 영국 보수당의 이념 재정립과 정책 혁신에 중요한 역할을 했다. 이 CPS는 시장 경제, 민영화, 정부 규제완화, 공공지출 축소 등의 주제를 다루며, 이러한 정책들을 대처 정부에서 실제로 구현하는 데 기여했다. CPS의 연구와 제안은 1980년대 영국의 경제와 사회 구조에 큰 변화를 가져왔으며, 대처리즘의 이론적 기반을 제공했다. CPS는 오늘날에도 여전히 활동 중이며, 보수주의와 경제 자유주의를 지지하는 정책 연구와 제안을 계속해서 하고 있다.

당시 CPS의 연구책임자이자 조셉의 지적 동반자였던 셔먼은 "우리의 일은 문제시 되지 않는 것들을 의심하는 것이었다. 생각할 수 없는 것들을 생각하고, 새로운 단서에 불을 비춰보는 것이었다"고 술회했다. 이 과정의 초기에 조셉은 IEA로부터 받은 도서목록을 CPS 참여자들에게 내밀었다. 참고도서 목록 맨 앞에는 하이에크 교수가 집필한 《노예의 길》이 들어있었다. 조셉과 그의 동료들에게 《노예의 길》은 성서나 다름없었다. 하이에크 교수의 저술을 읽고 조셉과 그의 동료들은 지난 30여 년 동안 영국을 지배했던 사회주의 망령과 국가 통제주의가 영국병을 초래했다고 확신했다. 목표는 부(富)의 창출이었고, 보조금에 의한 고용 창출일 수 없었다.

대처 의원은 이 모든 과정을 CPS의 부소장으로 지켜보며 참여했다. 사실 대처 의원은 대학 시절에 이미 하이에크 교수의 《노예의 길》을 읽고 크게 감명을 받은 바가 있었다. IEA와 CPS를 통해 대처 의원은 자유주의를 새로이 제대로 인식하게 되었고 보수당의 정체성의 중요성을 확인하였다. 조셉과 해리스의 세뇌를 통해 케인스주의적 거시경제 운영보다 프리드만 교수의 통화주의적 경제운용이 인플레 억제에 더 유효하다는 사실을 알게 되었다.

이렇게 열과 성을 다해 모두가 매진하고 있었으나 당시 선진국 영국이라는 나라에서도 1970년 중반의 정치적 지적 토양은 참으로 척박했다. '시장경제'란 말 자체도 사용되지 않았고 오직 정부와 민간이 결합된 '혼합경제(mixed economy)'란 말만 통용되고 있었다. '자본주의'란 용어는 자본주의의 문제투성이를 지적할 때만 사용되었지 '자본주의 시장경제체제'란 말은 교과서에서도 언론매체에서도 사용되고 있지 않았다. 조셉과 그의 동료들은 '시장경제'란 말을 쓸 것인지에 대해 진지하게 논의하였으나 "그 말을 썼다가 괜히 5세기 전반 유럽을 침공한 훈족의 왕 아틸라(Attilla the Hun)라는 딱지가 붙지나 않을까 하는 두려움"에서 결국 포기하였다. 애덤 스미스의 나라인 영국에서 1970년 대 중반에 '시장경제'란 말은 쓰기가 이처럼 어려웠다는 것은 당시 영국에서 얼마나 사회주의 좌파의 열풍이 거셌는지를 보여 준다.

IEA는 주로 이론적 연구와 교육에 중점을 두었으며, 경제정책에 대한 학문적 연구를 통해 자유 시장 경제의 원리를 확산시키는 역할을 했다. 반면 CPS는 보다 직접적인 정책 제안과 정치적 전략을 개발하는 데 주력했다. CPS는 보수당의 정책 형성과 실행에 실질적인 영향을 미치기 위한 구체적인 제안을 많이 내놓았다. 따라서 IEA는 이론적 기반을 제공하고, CPS는 이를 실질적인 정책으로 전환하는 역할을 맡았다.

선배 정치인 조셉과 운 좋은 야망의 정치인 대처

조셉 경은 그의 정책과 사상으로 인해 종종 논란의 중심에 서기도 했지만, 영국 보수당의 현대화와 경제 개혁에 큰 영향을 미친 인물로 평가받았다. 그는 1970년대 중·후반에 '새로운 보수주의(New Right)' 운동을 주도하며, 전통적인 보수주의에서 벗어나 경제적 자유주의와 개인의 자유를 강조하는 방향으로 당의 이념을 전환시켰다. 그는 노동조합의 권한 축소와 규제 완화를 통해 경제를 활성화하고, 개인의 책임과 자유를 중시하는 정책을 선도했다.

대처가 영국병으로 침몰해 가던 영국 경제를 치유하고 선진국가로 위상을 되찾을 수 있었던 것은 키스 조셉이라는 정치 선배 역할이 매우 컸다. 조셉은 1918년 생으로 38세인 1956년에 하원의원이 되었고, 대처는 1925년 생으로 34세인 1959년에 하원의원이 되었다. 1970년 총선에서 승리해 집권한 히스 내각에서 장관직을 맡았는데 조셉은 사회복지부 장관에 임명되고 대처는 교육부 장관에 임명되었다.

조셉은 보수당 내에서 케인스식 좌파정책의 청산을 주장하고 자유시장 경제의 창달을 주장한 인물이다. 사실 대처는 자유주의의 중요성과 원칙에 대해 잘 몰랐는데 조셉이 그녀에게 자유주의를 전수했다. 문제는 보수당도 케인스식 정책에 깊이 물들어 있어 보수당의 정책이 노동당의 정책과 별 차이가 없었다는 점이었다. 1970년 총선에서 히스 당수는 노조를 제어하겠다는 공약을 제시했으나 오히려 노조에 끌려가 정권을 내주는 결과가 초래되었다. 이러한 일련의 과정을 지켜보면서 조셉은 고민에 고민을 거듭하며 해결책을 모색하고 큰 구상을 하게 된다.

조셉은 대처보다 선배 정치인이었다. 히스 수상이 노동당과 타협하는 등 정체성이 불분명해지자 조셉과 대처는 자연스레 가까워졌다. 히스가 총선에서 패해 보수당이 야당이 되자 조셉은 보수당 내에 CPS를 설립해 자신이 소장을 맡고 대처에게 부소장을 맡겼다. 1976년 보수당 당수 선거에 조셉은 도전자의 한 사람으로 비춰졌다. 그러나 과연 그가 자신의 표현대로 "맨 앞에" 서고 싶은 야망이 있었는지는 확실하지 않았다.

예상치 못한 일이 발생했다. 당시 쟁점이 되고 있던 한 문제 즉 결혼하지 않은 빈곤층 독신 여성이 어린 나이에 어머니가 될 수 있느냐 하는 문제에 대한 연설로 엄청난 항의를 받게 되었다. 빈곤층 미혼 독신 여성이 어머니가 되는 것이 본인과 국가를 위해 좋지 않은 것 같았다. 조셉은 산아 제한을 지지했다. 조셉은 이 연설로 인해 인종 차별주의자에 우생학 지지자라는 비난을 받게 되었다. 언론이 그의 집 앞에 진을 쳤고 가족은 끔찍한 고통을 당했다.

어느 날 오후 조셉은 비공식 당수 경선 운동 관리자인 대처 의원 사무실에 나타나 "미안하오. 더 이상 뛸 수가 없소이다. 입후보하지 않기로 결심했소"라고 폭탄선언을 했다. 대처도 절망했다. 그러나 조셉과 대처는 당수직을 히스에게 넘겨줄 수 없다는데 의견이 일치했다.

대처는 그녀 나름대로 야망이 있었다. 그녀가 꿈꾼 최고의 직책은 재무부장관이었다. 그럼에도 대처의 입에서는 "키스, 만약 당신이 입후보하지 않겠다면 내가 하겠어요"란 말이 튀어나왔다. 그날 밤 대처가 남편에게 자신의 계획을 말했을 때 남편의 반응은 "아무래도 당신 제 정신이 아닌가 보오"였다. 며칠 후 대처가 히스 당수에게 찾아가 입후보해 당수 경선에 나서겠다는 결심을 말하자 히스의 반응은 "꼭 해야겠으면…" 하며 차가웠다. 히스가 재선되리라는 사실이 확실했음에도 대처는 자신이 꼭 해야 한다고 결심했다. 대처는 조셉보다 언론에 강했다. "저들이 키스를 어떻게 파멸시키는지를 보았다. 그래도 나는 어쩌지 못할 거야"를 외치며 좌파로부터의 공격은 물론 히스를 비롯한 당내의 공격 그리고 남성우월주의자들로부터 가해지는 공격 모두를 견뎌냈다.

결국 조셉의 도움을 받아 대처가 입후보해 히스에게 승리했고 대처는 보수당 당수, 최초의 여성 당수가 되었다. '본능이 강한' 대처가 보수당 당수가 되었다. 이때 당수가 됨으로써 대처는 3년 후 영국 최초의 여성 수상이 되었다. 대처가 당수가 된 이후부터 조셉은 대처의 1급 후견인 조력자 참모가 되었고 대처 수상을 세계인이 존경하는 지도자로 만들어 냈다. 사실 조셉 때문에 대처는 보수당 당수가 되었고 영국 수상이 되었다.

선각자, 선배 정치인, 참모로서의 조셉의 공헌

1970년대 중반 조셉은 눈앞에 펼쳐지는 영국의 위기를 보면서 자신의 당 보수당과 스스로에게 엄청난 분노를 느꼈다. 조셉은 문제의 근원을 국가의 개입주의에서 찾았고, 적(敵)은 바로 국가통제주의라고 확신했다. 이미 대처와 함께 설립한 CPS는 보수당 내 의원들의 소통과 담소의 기관으로 놔두고, 외부의 유수한 연구소를 물색하다 IEA가 자신이 원하는 연구소임을 알게 되었다. IEA는 1955년에 설립된 연구소로 영국 내에서 자유주의와 자유시장경제를 대변하는 최고의 유수 연구기관이다.

조셉은 히스 정부의 정책에서 무엇이 잘못되었는지 그리고 보수당의 리더십에 무슨 문제가 있는지에 대해 심각히 고민하기 시작했다. 조셉의 출발점은 IEA이었다. 이 연구소는 우파 중심적 싱크탱크로서 케인스주의가 영국을 지배하던 시절에 고립된 섬으로 존재하며 자유시장경제체제를 옹호하고 있었다. IEA는 "골치 아픈 방해꾼" 소리를 들으며 아무런 구속 없는 복지국가에 대해 반혁명(counter-revolution)의 정신으로 맞서 싸웠다.

뒷날 대처 수상의 열렬한 응원자가 된 IEA에는 1974년 노벨경제학상 수상자 프리드리히 폰 하이에크(Friedrich von Hayek) 교수와 1976년 수상자인 밀턴 프리드먼(Milton Friedman)교수를 포함 유수한 자유주의자들이 이미 적극 참여하고 있었다. 하이에크 교수는 오스트리아 출신으로 영국에서 자유주의지 가운데 가장 뛰어난 인물이었다. 케인스의 유명한 저서《화폐, 이자, 및 고용에 관한 일반이론》이 출판되자마자 케인스와 논쟁을 벌인바 있다. 프리드먼 교수는 그의 통화이론을 통해 IEA를 영국 유수의 연구기관으로 만들었다.

당시 시대가 아이디어에 목말라 있었는데 IEA가 의제(agenda) 설정을 이미 해놓았기 때문에 조셉과 IEA는 서로의 필요성이 맞아 떨어졌다. 프리드먼 교수는 "IEA가 없었다면 과연 대처혁명이 가능했을까 나로서는 매우 의심스럽다"라고 술회한 바 있다. 한 가지 흥미로운 사실은 대처 수상은 널리 자문을 구했음에도 그 자문 교수들 속에 캠브리지대학과 옥스퍼드대학의 경제학 교수들의 이름은 발견되지 않는다는 것이다. 두 대학 경제학 교수들의 대부분이 좌파 케인지언이었고 큰 정부주의자였기 때문이다.

대처의 리더십으로 빛을 본 조셉의 구상

조셉은 IEA와 인연을 맺으면서 이념과 정책을 보다 체계적으로 배우게 되었다. 조셉은 하이에크가 교수가 쓴《자유헌정론(Constitution of Liberty)》,

《노예의 길(Road of Serfdom)》과 프리드먼 교수가 쓴 《선택할 자유(Free to Choose)》 등에 영향을 크게 받았고 이들 저서들을 대처에게 넘겨줬다. 사실 대처는 대학 시절 하이에크 교수의 《예종의 길》을 읽은 적이 있었다. 특히 조셉은 밀턴 프리드먼의 통화주의 이론에 관심을 가지면서 대처가 이를 따르도록 설득했다. 조셉은 대처 정부에서 산업부 장관을 하면서 대처리즘을 추진하는데 핵심 역할을 하였다.

대처는 자신이 태생적으로 자유주의자였지만 조셉과 IEA와 연관된 석학들의 도움을 받아 더 충실한 자유주의 지도자가 되었다. 대처 수상의 가장 중요한 유산은 깊은 절망에 빠져있던 영국 사회를 일으켜 세웠다는데 있다. 조셉이 없었다면 대처 수상이 없다 할 만큼 선배 정치인, 선각자, 조력자, 참모로서의 조셉의 공헌은 이루 말할 수 없이 크다. 이 모든 것에도 불구하고 대처 수상은 스스로 만들어진 용감하고 대담한 지도자였다. 대처가 IEA로 찾아와 하이에크 교수를 만나고 떠난 뒤 IEA 직원들이 하이에크 주위로 몰려들었을 때 노교수의 입에서 "참 아름다운 여자야"란 말이 튀어나왔다.

1979년 보수당 당수 대처는 총선에서 승리하고 대영 제국의 첫 번째 여성 수상이 되었다. 히스 수상이 1974년 총선에서 패배하고 히스 당수의 전통적 보수와의 결렬이 있은 지 5년 만에 대처가 수상이 되었다. 정권을 잡은 보수당 정부는 노동당으로부터 생각했던 것보다 더 비참한 경제 상황을 물려받았다는 사실을 깨달았다. 키스 조셉이 희망한데로 보수당을 완전히 탈바꿈시키려는 노력도 엄청 어려웠다. 대처는 "나한테 여섯 명의 강한 사람과 진실을 주면 헤쳐 나갈 수 있다"라고 말하곤 했다. 그러나 그 여섯 명을 구하기 힘들었고 자신의 내각 안에서도 대처는 소수파였고 내각을 완전히 통제하지 못했다.

대처는 자신이 만든 경구, '대처의 법칙'을 즐겨 사용했다. "예상치 못한 일이 일어난다"는 것이 그 경구의 의미이다. 집권 첫 3년은 참으로 견디기 힘들었다. 1982년 4월 2일 아르헨티나의 군이 포클랜드 섬을 침공했다. 몇 가지 수긍할만한 이유를 들며 대처 내각에서 일부 각료들은 아르헨티나와 협상을 원했다. 하지만 대처는 협상을 단호히 반대하였다. 아르헨티나와 74일 간의 단기전에서 승리하면서 대처의 리더십이 확립되고 내부적으로 개혁을 가속화할 수 있는 동력을 확보했다. 진짜 시험대는 1983년의 총선이었다. 노동당 일부 온건 지도자들이 강경 골수 좌파와 분리하여 사회민주당을 창당해 야당이 분열하였다. 그 결과는 보수당의 압승이었다. 대처의 법칙이 대처를 살려냈고 대처의 각종 개혁은 탄력을 받았다.

대처는 11여 년간 수상직을 수행하면서 사회 각 분야에서 땜질식 개혁이 아닌 국가 개조 수준의 혁신과 사회를 재건하기 위해 노력하였다. 정치인들이 대중의 여론과 높은 인기만 얻기 위해 정치를 한다면 쉽고 편하고 재미있을 것이다. 당장 골치 아픈 문제와 위기는 전임자 탓으로 돌리고, 다가올 시련과 부담은 후임자에게 넘기면 된다. 하지만 대처는 여론과 인기보다는 침몰해 가는 영국을 재건시키기 위해 몰두하였다.

대처는 아무리 인기가 없어도 옳은 정책이라고 판단되면 장기적이고 분명한 비전을 제시하고 강력하게 추진하는 지도자였다. 대처는 영국병을 치유하면서 자신의 소신과 신념을 굽히지 않았고, 수상에게 주어진 권한을 최대한 강력하게 사용하였다. 대처가 영국 역사에서 엘리자베스 1세 이후 가장 강력한 권력을 행사한 여성으로 평가받는 이유이다.

대처 수상과 조셉 경이 함께 추구한 '새로운 보수주의'

조셉 경의 이념은 주로 경제 자유주의와 보수적 가치에 기반한 '새로운 보수주의(New Right)'로 요약될 수 있다. 대처 수상은 1979년부터 11년간 수상직을 수행했다. 대처는 타고난 자유주의자, 타고난 시장주의자였기에 키스 조셉 경의 권고를 누구보다 제대로 정확히 이해할 수 있었고, 다소 부끄럼을 타는 조셉과는 달리 당차고 담대했기에 조셉의 아이디어를 과감하게 정책으로 실행에 옮겼다. 조셉의 아이디어는 다음과 같이 체계화시킬 수 있는데 대처 수상의 수많은 경제 및 사회와 관련한 정책들은 다음의 체계화와 정확히 맞아 떨어진다.

1. 경제 자유주의
a. 시장 경제 지지
조셉은 자유 시장경제를 강력히 지지했다. 그는 정부의 경제 개입을 최소화하고, 시장의 자율성과 경쟁을 중시했다. 이를 통해 경제 효율성과 성장을 촉진하고자 했다.
b. 민영화
그는 공공 부문에서 민간 부문으로의 전환을 강조했다. 정부가 소유하고 운영하는 기업과 서비스를 민영화하여 효율성을 높이고 경쟁을 촉진하는 정책을 지지했다.
c. 공공지출 축소
정부의 공공 지출을 줄이고 재정 건전성을 유지하는 것을 중요시했다. 이는 과도한 복지 지출을 포함한 모든 형태의 공공지출을 줄이는 방향으로 나아갔다.

2. 보수적 사회 정책

a. 개인의 책임과 자율성

조셉 경은 개인의 책임과 자율성을 강조했다. 그는 복지국가의 지나친 확장이 개인의 자립심과 책임감을 약화시킨다고 보았다.

b. 전통적 가치

전통적인 가족 구조와 사회적 규범을 중시했다. 그는 강한 가족 유대와 사회적 도덕성을 강조하는 보수적 가치를 지지했다.

3. 국가의 역할

a. 작은 정부

정부의 역할을 최소화하고 작은 정부를 지지했다. 그는 정부가 최소한의 역할만 수행하고, 개인과 시장의 자유를 최대한 보장해야 한다고 믿었다.

b. 규제 완화

그는 경제와 사회 전반에 걸친 규제를 완화하여 창의성과 기업가 정신을 촉진하려 했다.

4. 교육과 복지 개혁

a. 교육의 자율성과 경쟁

교육 부문에서 자율성을 높이고 경쟁을 촉진하는 정책을 지지했다. 이는 교육의 질을 높이고, 다양한 교육 기회를 제공하는 데 기여했다.

b. 복지 시스템의 개혁

복지 시스템의 효율성을 높이고, 복지가 필요 없는 사람들에 대한 지원을 줄이는 방향으로 개혁을 추진했다. 이는 복지 시스템의 지속 가능성을 높이고, 복지가 필요한 사람들에게 더 집중된 지원을 제공하는 데 목적이 있었다.

키스 경의 새로운 보수주의 사상은 마거릿 대처의 정책에 그대로 이입되어 큰 영향을 미쳤으며, 이는 '대처리즘(Thatcherism)'으로 불리는 경제 자유화, 민영화, 규제 완화 등의 정책으로 구체화되었다. 키스 경의 이념과 구상은 영국 보수당의 현대화와 경제 개혁에 큰 영향을 미쳤으며, 그의 사상은 오늘날에도 여전히 중요한 정치적 유산으로 남아 있다. 마거릿 대처와 키스 조셉 두 사람 추구한 것은 신념과 확신의 정치였지 여론의 정치가 아니었다. 대처와 조셉이라는 두 위대한 정치인의 신념에 반해 영국 투표자들은 투표를 하였고 그들은 새로운 역사를 창조해 보답하였다.

키스 조셉은 1974년 연설에서 사회주의 정책에 대해
"30년간의 개입, 30년간의 선한 의도, 30년간의 실망"이라 하며 비판했다

1988년 5월 31일, 붉은 광장에서 로널드 W. 레이건
(1911~2004) 대통령과 미하일 고르바초프 대통령

10 │ '악의 제국' 소련 체제를 무너뜨린 로널드 레이건

미국 경제와 미국 국민의 자존심을 회복시킨 대통령

로널드 윌슨 레이건(Ronald Wilson Reagan, 1911~2004)은 영화배우 출신으로 캘리포니아 주지사를 역임하고 미국의 제40대 대통령(1981~1989)을 지냈다. 레이건은 1980년 대선에서 당시 70세라는 고령임에도 불구하고 민주당의 지미 카터(Jimmy Carter) 대통령과 경쟁에서 승리하였다. 레이건은 미국 대통령 선거 사상 프랭클린 루스벨트 다음으로 많은 선거인단의 압도적 지지(489 대 49)를 받았다.

레이건이 대통령으로 취임할 당시 미국 경제는 경기침체와 물가상승이라는 스테그플레이션(stagflation) 상태에 빠져 있었고 실업률도 최악의 상황이었다. 국가와 공공기관에 대한 국민의 신뢰는 심각하게 추락하고 있었고 미국 국민은 전신쇠약(malaise)에 빠져 있었다. 게다가 베트남 전쟁(Vietnam War)에서 패배하면서 군사력은 무기력해져 글로벌 리더십을 상실하고 있었다. 레이건은 뛰어난 언변을 앞세워 국민들과 소통을 중시하며, 미국을 다시 위대하게 만들자고 주장하였다.

레이건은 영국의 마거릿 대처 수상과 함께 1980년대 신자유주의를 구축한 쌍두마차 지도자였다. 레이건 대통령은 레이거노믹스(Reaganomics)라는 정책으로 경기 불황을 극복하였다. 레이건은 법치를 중시하며 필요한 일은 회피하지 않고 정면으로 승부하였으며, 국민들과 원활한 소통을 한 대통령이었다. 그는 강력한 군사력으로 공산주의 세력과 테러를 억제하였으며 미국에 대항한 거대한 '악의 제국' 소련을 붕괴시켰다.

지도자 레이건은 미국 국민에게는 모두가 자유롭고 풍요하게 살아가는 나라를 만들겠다는 비전을 제시하고, 세계인들에게는 모두가 자유롭고 평화롭게 살아가는 세상을 만들겠다는 비전을 제시했다. 첫 번째 비전은 자유와 번영의 길을 가로막는 거대한 미국 정부와 맞서 싸우는 것이고, 두 번째 비전은 자유와 평화의 길을 가로막는 전체주의 소련과 맞서 싸우는 것이었다. 미국에서 작은 정부를 실현함으로써 그리고 소련을 붕괴시킴으로써 두 비전 모두를 실현시킨 위대한 지도자가 레이건 대통령이었다.

레이건은 미국의 보수층과 공화당 지지자들의 정신적 지주이며 신자유주의를 상징하는 대통령으로 평가된다. 하지만 레이건 행정부는 대규모 감세, 군비 증강 등으로 재정적자를 야기하였고, 국채 발행, 달러 가치 상승 등으로 경상수지 적자를 악화시켰다고 지적되기도 한다. 하지만 레이건은 침체된 미국 경제를 되살리고 미국인의 자존심을 회복시켰다는 점에서 여전히 높이 평가된다.

레이건 대통령은 미국인들에게 '할 수 있다'와 '미국은 위대하다'라는 정신을 심어 주었으며 외교·군사력을 강화하여 미국의 리더십을 되찾은 지도자이다. 그는 두 번의 임기 동안 미국 경제에 활력을 불어넣었고 군사력을 견고하게 재건했으며 미국인의 자존심을 고양했다. 미국뿐만 아니라 세계도 바꿔 놓았다. 자유 진영 승리에 동력을 걸어 소련의 붕괴를 이끌어 냈고 냉전(冷戰)을 종식시켰다. 레이건은 명료하고 유창한 언변으로 기자회견을 자주 열었고, 의회를 상대로 적극적으로 대화하고 국민들과 소통을 중시했다는 점에서 '위대한 소통의 대가'라고 불리운다.

리처드 워슬린(Richard Wirthlin)은 1980년과 1984년 대통령 선거에는 레이건의 선거 전략 책임자였는데 자신의 저서 《가장 위대한 소통자(The Greatest Communicator)》에서 유권자들이 레이건을 선호했던 이유를 네 가지로 요약했다. 첫째 유권자들 각자가 스스로 레이건과 동일시했고, 둘째 레이건은 프로그램보다는 가치에 대해 말했는데 유권자들이 그의 가치를 좋아했고, 셋째 유권자들이 레이건을 신뢰했고, 넷째 레이건은 자신의 믿는 바를 말했는데 유권자들이 레이건의 말에 진정성이 있음을 알게 되었기 때문이었다.

레이건 대통령은 고급 지성이 부족했지만 자신의 약점을 고급 성품으로 보완해서 국민들의 사랑을 받았다. 미국인들의 레이건에 대한 향수는 여러 곳에서 발견된다. 워싱턴 DC의 내셔널 공항은 로날드 레이건 공항으로 개명되었고, 워싱턴 DC에 있는 연방정부 빌딩은 로날드 레이건 빌딩으로, 최신예 항공모함의 이름은 로날드 레이건호로 명명되었다. 이들 명명은 모두 그의 생존 시 이뤄진 것으로 매우 이례적인 현상이다.

반공주의자 배우, 공화당 지원 선거유세로 명성을 얻다

로널드 레이건은 1911년 2월 6일 일리노이(Illinois)주 템피코라는 작은 마을의 그리 넉넉지 못한 가정에서 태어났다. 레이건은 애정을 듬뿍 쏟는 어머니로부터 신앙심을 배우며 자랐다. 어머니는 레이건을 자상하고 도덕적이며 낙관적인 성격을 지니게 했고 독실한 기독교 신자로 키웠다. 어머니는 근면하고 검소하고 자조적이고 도덕적으로 생활하면 장래 레이건이 국가와 인류를 위해 꼭 필요한 사람이 될 것이라 가르쳤다. 전통적 가치관을 중요시하는 어머니를 본받아 레이건은 스스로 선택하여 기독교 세례를 받기도 하였다.

그는 고등학교 시절에 학생회장, 편집장을 하면서 수영, 미식축구팀, 육상 선수 등으로 활약하였다. 가정 형편상 대학에 가는 것이 불가능하였다. 하지만 대공황의 어려운 시기에도 불구하고 교내·외의 아르바이트와 빈곤학생 장학금으로 어렵게 유래카(Eureka) 대학을 가까스로 졸업했다. 대공황으로 구직난이 매우 심한 시절 레이건은 대학 졸업 후 운 좋게 지역방송사에 취직해 라디오 아나운서로 스포츠 경기를 중계방송하였다. 그는 뛰어난 말솜씨로 경기장에서 실제로 경기를 보는 것처럼 생생하게 중계방송을 하면서 인기를 얻었고, 잘생긴 외모 덕분에 영화배우가 되었다.

1937년 캘리포니아 로스엔젤레스(L.A.)로 이사하여 영화배우를 하면서 수많은 영화와 드라마에 출연하였다. 그는 비록 일류 배우는 되지 못했지만 영화배우로서 비교적 인기가 높았고 특히 배우들 사이에서 신망 있는 사람으로 대접받았다. 정상급 스타는 아니었지만 잘 생긴 외모와 뛰어난 말솜씨로 인기가 높아 모두 59편의 영화에 출연하였다. 그는 민주당에 입당하여 영화배우협회장을 하면서 반공운동에 앞장서기도 했다. 1938년 29세였던 레이건은 매혹적인 일류배우 제인 와이먼(Jane Wyman)과 결혼하였다. 당시 23세였던 와이먼은 세 번째 결혼이었다. 1941년 12월 일본의 진주만 폭격으로 미국이 제2차 세계대전에 참전하게 되자 레이건은 공군에 입대하였다. 군 복무 중 400여 편의 군사 훈련용 영화를 찍었다. 레이건은 자신의 노조활동을 몹시 싫어하던 부인 와이먼이 다른 배우와 불륜을 저지르자 1948년 이혼했다.

1950년에서 1954년까지 미국에서 공산주의자들을 색출하기 위한 열풍이 전국을 휩쓸었는데, 이를 매카시즘(McCarthyism)이라고 한다. 메카시 선풍이 전국을 휩쓸 때 용공분자로 몰려 할리우드에서 쫓겨날 위기에 처한 낸시 데이비스(Nancy Davis)란 삼류 여배우가 조합장인 레이건을 찾아와 도움을 청했다. 낸시는 스미스대학 연극학과 출신의 3류 배우로 고군분투하고 있었다. 와이먼에 버림받고 우울한 시간을 보내던 레이건에게 낸시가 희망과 자신감을 심어줘 41세의 레이건은 29세의 낸시와 1952년 결혼하였다. 부인 낸시는 레이건이 평생에서 마음을 터놓고 대화한 유일한 사람이라 할 정도로 의가 좋았다고 한다. 레이건은 이혼 경력의 소유자로 미국의 대통령이 된 최초의 사람이다.

배우 시절 레이건은 미국배우조합 회장직을 맡았었는데 당시 미국 좌파들이 영화계를 장악하려 소동을 부렸다. 이 소동을 통해 그는 마르크스주의자들의 위험성과 실체를 경험했다. 지속적인 협박과 위협, 폭력에도 불구하고 할리우드의 여러 조합들을 잘 이끌어 공산주의자들의 계략을 막아냈다. 이때의 경험을 토대로 레이건은 마르크스주의를 '세계 악의 진원' 그리고 '인간 자유의 절대 적'으로 간주하고 평생 거대한 싸움을 이끌었다.

결혼 후 레이건은 자동차 회사 GE 홍보를 위해 제작한 TV 단막극이 CBS를 통해 1954~1962년간 방영되면서 전국적인 유명 인사가 되었다. 8년간 GE 홍보대변인을 하면서 기업의 사정을 알게 되어 정부 규제를 반대했고, 근로자들의 소득세 증세를 반대했다. 이 과정에서 진보 성향에서 보수 성향으로 바뀌었다.

민주당 당원이었던 레이건은 프랭클린 루스벨트, 해리 트루먼 등 민주당 출신의 대통령 후보를 지지하기도 하였다. 캘리포니아주 상원의원 선거에서도 민주당 후보를 지지하기도 했다. 그 후 레이건은 점차 좌경화되는 진보 성향의 민주당을 버리고 전통적 가치관을 수호하는 보수 성향의 공화당으로 돌아섰다. 1962년 공화당원인 레이건은 캘리포니아 주지사 선거에서 공화당의 닉슨(R. Nixon)을 후보를 지지했다.

그는 1964년 공화당의 대통령 후보였던 배리 골드워터(B. Goldwater) 선거 캠페인에서 보수 대변인으로 활동하면서 정치권에 알려지기 시작했다. 레이건은 연설을 통해 미국 보수주의의 신조인 자유 시장, 반(反)공산주의, 세금 감면, 작은 정부 등을 주장하였다. 특히 정부의 규모와 간섭을 줄이고, 미국인과 기업에 대한 과중한 세금을 줄여, 미국 경제를 살리자고 주장했다. 나아가 전체주의인 공산주의는 반드시 해체되어야 한다고 주장했다. 이 지지 연설 덕분에 레이건은 무명의 정치 지망생에서 벗어나 하루아침에 공화당의 새로운 정치 스타로 주목을 받게 되었다.

비록 골드워터가 대선에서 참패하고 공화당의 인기가 곤두박질쳤으나 레이건은 흙 속에 묻힌 진주처럼 공화당 인사들의 기대를 받기 시작했다. 공화당의 열렬한 지지자들이 레이건 주위에 몰려들었는데 특히 캘리포니아 공화당 보수주의자들이 레이건을 찾아와 그를 캘리포니아 주지사로 만들고 싶어 했다. 지지자들의 성원에 힘입어 55세 정치 신인 레이건은 주지사에 도전하기로 결심하고 1965년 자신이 걸어온 삶을 기록한《나의 나머지는 어디에 있나?》를 출간하였다.

1966년 정치 신인이었던 레이건은 캘리포니아 주지사 선거에서 3선 경력의 민주당 제리 브라운(J. Brown)에 압승하였다. 브라운은 레이건을 하찮은 배우로 인신공격을 하고 흑색선전도 마다하지 않았다. 레이건은 374만 표를 얻어 274만 표를 얻은 브라운을 100만 표나 앞섰다. 보수주의자 레이건은 주지사가 되고 난 후 미국의 전통적 가치를 회복하는데 최우선을 두었다. 전통적 가치는 개인주의, 청교도 정신, 자유주의 등이 중심이 된 숭고한 정치이념이었다. 레이건은 주 정부 규모를 줄이고 조세를 감면하고 복지제도를 축소하는 등의 개혁으로 주 정부의 재정을 흑자로 바꾸었다. 1969년 캘리포니아대학교에서 반전운동을 하던 시위대를 해산시키기 위해 주 방위군을 투입하는 등 강경하게 대응하였다.

레이건이 농성하던 학생들을 지지하던 교수 대표들과 서로 맹비난하는 장면이 방송에 비춰지면서, 그의 결기 있는 모습이 공화당 유권자들에게 무너져 가는 미국을 되살릴 수 있는 정치인으로 각인되기 시작했다. 1970년 59세의 나이에 캘리포니아 주지사 재선에 도전했다. 1966년 선거 때보다는 낮은 지지율인 53%의 득표로 재선에 성공했다. 주지사 연임 중 레이건은 강력한 복지개혁을 추진했다. 복지개혁에 적용한 원칙은 "일할 능력이 있는데 일하지 않는 사람에게는 복지비를 과감히 삭감하고, 근로 자격이 있는 사람에게는 복지비를 주지 말며, 근로 능력이 없는 사람에게 주는 복지비는 손대지 말라"라는 세 가지였다.

현직 대통령과의 대선에서 압승하다

레이건은 1968년과 1976년 공화당 대통령 후보 경선에 도전했으나 각기 닉슨(R. M. Nixon)과 포드(G. R. Ford)에게 패했다. 1968년 경선에서는 정치 신인으로 역부족이었고, 1976년 경선에서는 대의원 투표 1,187표 대 1,070표의 안타까운 석패였다. 1980년 레이건은 세 번째 도전에서 공화당 후보로 지명되어 현직 대통령이었던 민주당의 제임스 카터(James E. Carter, Jr)와 경쟁하여 승리하였다. 당내 화합을 도모하기 위해 예비선거에서 최대의 경쟁자였던 조지 부시(George Bush)를 부통령 후보로 지명하였다.

당시 스테그플레이션(stagflation)에다가 실업률이 급증하는 등 미국 경제가 어려워지고 있었다. 게다가 대외적으로 1979년 이란의 이슬람 종파 중 하나인 시아파(Shia Islam)의 미 대사관 점령, 소련의 아프가니스탄(Afganistan) 침공 등에 대해서 카터 정부가 제대로 대응하지 못한다는 비난 여론이 들끓고 있었다. 이때 레이건은 '미국을 다시 위대하게 만들자(Let's make America great again)'라는 슬로건으로 대통령에 출마하였다. 레이건은 보통 사람들이 은퇴 생활을 즐기는 70세의 나이에 대통령에 도전하여 성공하였다.

레이건은 언제나 마음만 먹으면 무엇이든지 할 수 있고, 모든 것이 좋아질 것이라는 낙관적인 신념과 자신감을 지니고 있었다. 이러한 낙관적 자신감은 미래를 희망적으로 기대했던 아버지와 모든 것을 긍정적인 입장에서 바라보았던 어머니의 교육 때문이었다. 레이건은 풍부한 유머와 정치적 순발력이 아주 뛰어났다.

1984년 재선을 앞두고 벌어진 민주당의 먼데일(W. F. F. Mondale) 후보와의 2차 대선 토론에서 당시 사회자가 레이건에게 너무 고령이라 대통령직을 수행하는데 어려움이 있지 않겠느냐고 질문하였다. 그러자 레이건은 "전 나이를 가지고 문제를 삼지 않을 것을 이 자리에서 약속드립니다. 그리고 상대 후보가 너무 젊고 경험이 부족하다는 걸 절대 정치적으로 공격하지 않겠습니다"라고 재치 있게 받아쳤다. 1차 토론에서 횡설수설해서 유권자들을 불안하게 했던 분위기를 단번에 뒤 집은 것이다.

레이건은 1980년과 1984년 대선에서 압승했다. 1981년 카터 대통령과의 선거에서는 50개 주 중 44개 주에서 승리했고, 1984년 멘데일 후보와의 선거에서는 49개 주에서 승리하여 압승했다. 두 번의 선거에서 얻은 선거인단 수를 합하면 1024 대 64로 압도적으로 승리한 셈이었다.

레이건은 대통령이 된 후에도 기자회견을 자주 가지는 등 소통에도 적극적이었다. 그는 분위기를 바꾸는 탁월한 능력에다가 단순 명료하고 유창한 말솜씨로 인기가 높았다. 레이건은 프랭클린 루스벨트 이후 대중과의 의사소통에서 최고의 능력을 보여준 대통령으로 평가받고 있다.

보수주의: 국가의 성공을 위한 레이건의 믿음과 처방

레이건 대통령은 보수주의의 아이콘(icon)이었고 보수주의자의 모델이었다. 레이건 하면 보수주의이고 보수주의 하면 레이건이었다. 사실 레이건이 1980년대에 등장하기 전인 1960대와 1970대년에 일군의 언론인들과 정치평론가들이 중심이 되어 신보수주의(neo-conservatism, neo-con) 기치를 내걸고 미국 정치 지형의 변화를 도모하였다. 네오콘의 기반 위에 레이건은 자신 고유의 보수주의를 확립하여, 미국의 정치·경제·외교·국방·사회·종교·개인에 이르기까지 구석구석에 심대한 영향을 미치고 커다란 변혁을 가져왔다.

보수주의는 정치적, 경제적, 사회적으로 다양한 영역에서 나타난다. 정치적으로 보수주의자들은 전통적인 가치나 제도를 보호하려고 하며, 급진적인 변화나 혁신을 꺼리는 경향이 있다(보수주의를 포함 대표적 이념에 대한 간략한 설명은 본장의 말미에 수록된 〈자료 1〉 〈보수주의 진보주의 자유주의란?〉을 참조). 경제적으로는 자유시장경제 원칙을 중시하고, 정부의 개입을 최소화하려는 경향이 있다. 사회적으로는 종교적 가치나 가족의 중요성을 강조하고, 사회적 질서를 유지하려고 한다.

레이건에게 보수주의란 무엇이었을까? 1983년 10월 헤리티지재단(Heritage Foundation) 연설에서 "저는 보수주의의 정의가 무엇이냐는 질문을 종종 받았습니다. 지식인들이 보수주의를 다양하게 정의해 왔지만, 저는 이 질문에 대해 '정확히는 알 수 없지만 제가 보면 압니다'"라고 설명했다. 자신이 보수주의이고 자신이 보수주의를 가장 잘 안다는 매우 강한 설명적 주장이었다.

1977년 2월 연설에서 레이건은 "각자의 방식대로 그들의 삶을 만들어 가는 평범한 사람들이 공통으로 가지고 있는 상식과 예절, 바로 이것이 오늘날 미국 보수주의의 핵심이다. 보수주의는 한 세대, 혹은 열 몇 세대 정도에 걸친 경험을 바탕으로 한 것이 아니라 인류가 지금까지 경험해 온 모든 것을 종합해 발견한 것들을 근거로 삼고 있다. …이렇기 때문에 보수주의 원칙은 옳을 수밖에 없다. …우리 보수주의자들이 어떤 정치 사안에 대해 무언가를 알고 어떤 원칙을 적용한다고 말할 때, …그 원칙은 종종 쓰라린 고통이나 희생 혹은 슬픔을 겪으며 얻은 자산이다"라고 말했다.

《레이건 일레븐》(폴 켄고르 지음, 조평세 옮김)란 저서를 참고하여 '인류 역사가 지켜온 11가지 원칙'으로 잘 정리된 레이건의 보수주의를 그의 가치관과 기본적인 정책 기조를 중심으로 살펴본다. 11가지 원칙은 '자유', '신앙', '가정', '인간 생명의 신성과 존엄성', '미국 예외주의', '국부들의 지혜와 비전', '낮은 세금', '제한된 정부', '힘을 통한 평화', '반공주의', 그리고 '개인에 대한 믿음' 등이다. 자유는 보수주의의 핵심 가치이고 신앙은 가치의 원천이다. 가정과 생명은 가치관이 담긴 그릇이다. 예외주의와 국부들의 비전은 자유민주공화국의 종주국 그리고 자유의 등대인 미국 자체에 대한 원칙이다. 낮은 세금과 제한된 정부는 보수주의의 기본적인 정책 기조이며 강력한 힘을 통한 평화와 반공주의는 보수주의에 바탕한 대외정책을 강조하는 것이다. 개인에 대한 믿음과 존중은 보수주의의 기본자세이다.

레이건은 줄기차게 '자유'를 외치고 또 외쳤으며 그의 모든 정책 기저에는 언제나 자유가 중심에 있었다(자유의 의미와 중요성에 대한 간략한 포괄적 설명은 본장의 말미에 수록된 〈자료 2〉〈자유란 무엇이고 왜 중요한가?〉를 참조).

그는 자유가 아예 없는 공산권의 인민을 위해 마침내 철의 장막을 붕괴시켰으며, 레이건의 자유에 대한 강조는 "자유 아니면 죽음을 달라"는 패트릭 헨리(Patrick Henry)의 외침을 통해 건국의 아버지들의 지혜와 비전을 소환하고 있다. 레이거노믹스의 중요한 축은 작은 정부, 규제 완화, 세금 인하인데 이들 세 축 모두 자유를 진작시키는 것이다. 정부가 커질수록, 규제가 강화될수록, 세 부담이 늘어날수록 개인과 기업이 향유하는 자유는 축소된다. 레이건의 외교정책은 단순히 전쟁을 예방하는 것이 아니라 자유의 확장을 목표로 했다. 링컨 대통령이 노예해방을 위해 남북전쟁을 불사한 것은 노예제가 비도덕적이기 때문이 아니고, 노예가 천부적 인권인 자유를 향유하지 못하는 것이 문제라고 생각했던 그 자유를 레이건 대통령도 공유했었다.

자유주의는 정부의 역할을 최소화하고, 개인의 자유를 극대화하려 한다. 정부의 개입을 최소한으로 줄이고, 개인의 자율과 자유를 극대화하는 것을 목표로 한다. 보수주의는 개인보다는 공동체와 가족의 가치를 중시하며, 사회적 연대와 공동체의 유대감을 강조한다. 정부는 질서와 전통을 유지하기 위해 필요하며, 사회의 안정성을 위해 일부 개입이 필요하다. 이리하여 레이건은 '신앙'이 없는 자유는 방종을 낳고 선이 아닌 악을 초래한다고 보았다. 신앙인들은 은총을 받아 자유인들을 이타적으로 만들어 이웃을 사랑하고 섬기게 한다. 레이건에게 신이 모든 지식의 근원이었고, 배움이란 자유와 신앙의 관계를 배우는 것을 의미했다.

레이건은 '가정'을 '가장 기초적인 사회적 단위', '사회에서 가장 중요한 단위', '모든 제도 중 가장 지속적인 제도', '미국 사회의 초석', '사회 발전의 엔진' 등으로 칭송했다. 가정을 통해서 아이들이 삶과 사회 전체에 질서와 안정을 주는 도덕 가치와 전통을 배워야 한다고 했다. 동성 결혼을 허용하고, 결혼의 정의마저 바꾸려하고 그리하여 가정을 파괴하려는 진보주의자들의 만행을 레이건은 지속적으로 규탄했다. 레이건은 도덕 교육의 책임이 부모와 가정에 있다고 믿었다.

레이건은 창조주 신이 각 가정에 보내 준 태아 즉 인간을 외면하지 않았다. 생명권은 인간의 모든 자유 중 가장 근본적인 것이다. 레이건은 수태의 순간부터 인간은 생명권을 갖는다고 믿었다. 태아의 존엄은 신이 인간에게 부여한 것이기 때문이었다.

레이건은 미국 예외주의의 상징이었고, 예외적으로 특별한 미국이라는 나라의 탁월한 대변인이었다. 레이건은 미국을 '모든 인류의 등대', '마지막 최상의 희망', '언덕 위에 빛나는 도성' 등으로 묘사했다. 레이건은 미국이 흠이 없고 완벽한 나라라고 주장하지는 않았다. 비록 미국이 완벽하지 않음에도 레이건에게 미국은 선(善)했고 특별했으며 유일했다. 그래서 그에게 미국은 예외적이었다. 첫 번째 취임사에서 레이건 대통령은 "우리는 하나님의 도움으로 우리가 직면한 문제들을 해결할 수 있으며 해결해 낼 것입니다. 우리가 그렇게 믿지 않을 이유가 무엇입니까? 우리는 미국인입니다"라고 힘주어 말하며 호소했다.

오바마 대통령을 빼고는 역대 미국 대통령들은 모두 건국의 아버지들(founding fathers) 즉 국부(國父)들 연설에서 언제나 인용하고 언급했다. 레이건은 특별히 국부들을 크게 신뢰했으며 자주 그리고 모든 주제마다 인용했다. 역대 대통령들이 국부들을 인용한 횟수를 보면 5회(포드 대통령), 30회(카터 대통령), 60회(조지 H. W. 부시 대통령), 100회(닉슨 대통령, 클린턴 대통령), 160회(케네디 대통령), 240회(존슨 대통령)였는데 레이건은 850회나 국부들을 인용했다. 레이건이 가장 많이 인용한 국부는 토머스 제퍼슨(300회), 에이브러햄 링컨

(200회), 그리고 조지 워싱턴(195회)이었다. 레이건은 미국의 건국정신과 원칙들을 후손들에게 전달하고자 하였고 '위대한 소통자'인 그는 그 역할을 훌륭히 수행하였다.

낮은 세금과 제한된 정부 두 원칙은 사실 1964년 배리 골드워터 대통령 후보 지원 연설에도 등장했던 것들이었으며 레이건의 경제정책의 핵심 기조였다. 누진세 형태의 연방 소득세는 1913년에 도입되었다. 도입 당시 최고 세율은 7%였는데 우드로 윌슨 대통령은 1921년에 73%까지 인상했다. 프랭클린 루스벨트 대통령은 다시 94%까지 폭증시켰다. 레이건은 1950~60년대 연설에서 누진세 제도가 마르크스의 공산당에서 베낀 것이라 규탄했다. 마르크스가 제안한 10개 개혁 중 첫 번째가 사유재산제의 폐지였고 두 번째가 누진소득세였다. 레이건은 1981년에 소득세의 최고 한계세율을 70%에서 50%로 인하했고 1986년에는 다시 28%로 인하했다. 차등적으로 과세되는 과세구간을 16개에서 2개로 축소시켰다. 이 결과 실업률 감소, 인플레 및 금리 인하, 다우존스지수의 상승, 남녀 소득 격차의 축소 등의 붐과 번영으로 레이거노믹스(reagonomics)의 성공을 의미했다.

레이건은 오래 전부터 미국 정부가 마땅히 해야 하는 것보다 훨씬 더 많은 것에 관여하고 필요 이상으로 너무 많은 일을 하고 있다고 생각했다. 레이건은 반정부(anti-government)가 아닌 반거대 정부(anti-big government)를 추구했다. 작은 정부(small government), 제한된 정부(limited government)가 그의 신조였다. 200년 전 독립과 건국을 이루어 낸 그 정부가 문제라고 하지 않고 국민의 삶에 깊숙이 개입하고 퍼주기 복지로 선심을 베푸는 큰 정부, 무소불위의 정부를 다스려야 한다고 판단했다. 연방관보의 쪽수가 1980년에 87,012쪽이었던 것이 1988년엔 13,833쪽으로 대폭 축소되었다. 레이건은 원하는 만큼 정부지출을 줄이지 못했는데 소련을 이기기 위해 막대한 방위비가 지출되었기 때문이었다.

레이건은 대부분의 영역에서 정부 지출을 줄였지만 국방에서는 예외로 방위비를 대폭 증대했다. 이는 '힘을 통한 평화'라는 그의 보수 원칙 때문이었다. 레이건은 군사력 증강만이 전쟁 가능성을 감소시키고 평화의 가능성을 증대시킨다고 확신하고 있었다. "국방은 평화를 위협하는 것이 아닙니다. 자유가 있는 평화를 보증하는 것입니다" "군사적 열세에 있는 것은 충돌을 피하게 하지 않습니다. 오히려 충돌을 부르고 패배를 보장하지요. 우리의 아들과 딸들을 전쟁에 보내지 않기 위해서 국방을 키우는 것입니다" 등은 레이건의 확신에 찬 신념을 정확히 보여준다.

충실한 반공주의만큼 레이건의 신조를 잘 보여주는 것은 없다. 레이건에게 공산주의는 자신이 믿는 다른 10개의 신조에 완전히 반대되는 것이었다. 레이건은 공산주의를 질병, 정신질환으로 묘사했으며 공산주의만큼 짧은 시간에 많은 생명을 앗아간 질병은 없었다고 주장하기도 했다. 1918~1919년 스페인 독감으로 2천만 명 이상이 사망했다. 1917~1991년 사이 공산주의가 1억~1억 4천만 명의 생명을 앗아갔다. 제1·2차 두 세계대전에서의 총사망자는 공산주의로 인한 사망자의 절반에 불과했다. 공산주의자들은 종교를 파괴하고 종교인들을 탄압하고 고문했다. 공산주의 지도자들은 독재자였고 폭군이었는데 모택동이든 피델 카스트로든 폴 포트든 스탈린이든 예외가 없었다.

지금까지 설명한 레이건의 모든 신념의 중심에는 '개인에 대한 믿음'이 있었다. 사실 좌파와 우파를 구분하는 핵심은 개인을 중요시 하는지 집단을 중요시 하는 지에 달려있다. 자유주의자, 보수주의자 등 우파에게는 모든 논의의 중심에 개인이 있으며, 진보주의자, 사회주의자 등 좌파는 항상 집단을 강조한다. 레이건 보수주의자에게는 모든 개인은 특별하고 유일무

이하며 세상에 가치를 더하는 자이다.

지금까지 언급한 레이건의 신조인 11가지 가치는 레이건 개인의 신조이지만 보수주의 이념의 정수(精髓)이다. 국적을 불문하고 시대를 불문하고 인간을 인간답게, 국가를 국가답게 만드는 신조이자 철학이다. 레이건 대통령의 위대함은 자신의 신조를 정확히 정립한 후 자신의 신조에 의거 미국이라는 거대한 국가를 구하고 발전시켰다는 점이다. 레이건은 자신의 신조인 보수주의가 세상에 빛을 비출 것이라 확신했고, 그의 헌신의 결과로 공산주의가 지구상에서 사라졌다.

레이거노믹스로 미국 경제를 강대하게 하다

레이건은 대통령에 취임하자마자 1981년 2월 18일 상하원 합동 연설에서 네 가지 경제정책을 발표하였다. 첫째, 1982년도 연방예산 414억 달러 삭감을 요구하였다. 이는 그동안 뉴딜정책과 민주당 정부가 추진했던 풍요로운 사회를 만들기 위해 지나치게 확대된 사회복지 프로그램을 줄이기 위해서였다. 둘째, 소득세를 매년 10%씩 3년간 모두 30%를 삭감하고, 기업에 투자공제와 감가상각비를 허용하여 투자 활성화를 유도하기로 했다. 셋째, 기업의 이윤을 축소시키고 경제성장을 둔화시키는 각종 규제를 완화하거나 철폐하여 기업들이 활발하게 활동하게 했다. 넷째, 인플레이션을 억제하고 금리를 안정시키기 위해 통화 공급을 억제하자고 요구했다.

레이건은 미국의 경제가 활성화되고 강력한 힘으로 위대한 미국을 재건하기 위해서는 정부지출 축소, 소득세 감세, 기업에 대한 규제 완화 및 폐지, 안정적인 금융정책 등이 필요하다고 주장하였다. 레이건은 자신의 경제개혁 프로그램을 '미국을 위한 새로운 시작: 경기회복을 위한 프로그램

(America's New Beginning: A Program for Economic Recovery)'이라 불렸는데 이는 곧 레이거노믹스(Reaganomics)라는 이름으로 바뀌었다.

레이건은 공화당 내부에서도 많은 논란과 반대가 있었음에도 불구하고 경제회복을 위해서 방만한 정부지출을 축소하고 소득세를 인하하며 정부의 규제를 완화하고 인플레이션을 억제하기 위해 통화량 공급을 조절하는 등의 정책을 과감하게 추진했다. 그 결과 실업률은 감소하고 경제가 활성화되면서 상당기간 호황을 누릴 수 있었다.

레이건은 정책의 큰 방향을 제시한데 이어 부문별로 구체적 방향을 제시하였다. 방만한 정부지출 축소와 관련하여 9개 세부 항목을 제시했다. 즉 '사회안전망'을 유지할 것, 부수적으로 발생한 혜택을 삭감할 것, 상류층과 중산층에 대한 지원금을 감축할 것, 국가 수익정책에 대해 재정적 제약을 적용할 것, 사용자에게 명백하게 귀속시킬 수 있는 비용을 회복시킬 것, 공공부분 자본투자정책을 재조정할 것, 연방정부의 초과비용과 인건비를 줄일 것, 보상정책에 대해 적정한 경제적 기준을 적용할 것, 항목별로 구분되어 있는 복지비를 그룹지급방식으로 바꿀 것 등 9과제였다.

레이건이 내린 처방은 아주 간단했다. 사람들을 그냥 내버려 두었고, 웬만한 권한은 위임하였으며, 정부의 규제를 대폭 완화시켰다. 연방정부의 재정지출을 축소해 정부개입을 줄이고, 감세를 통해 민간의 활력을 제고하는 등 작은 정부를 추구하였다. 그 결과 연소득 7만 5천 달러 이상의 고소득층이 20.2%에서 25.57%로 늘어났고, 연소득 1만 달러 미만의 저소득층은 8.8%에서 8.3%로 줄어들었다. 연평균 경제 성장률은 2.9%에서 3.5%로 높아졌으며, 물가상승률은 13.5%에서 4.1%로 낮아졌다. 실업률은 집권 초기 9.7%%에서 5.5%로 낮아졌다. 레이건은 재임기간 중 1,650만 개의 새로운 일자리를 만들어 냈다.

당파를 초월한 인사와 강력한 법치주의를 실현하다

레이건은 국정을 운영하는데 반드시 필요하고 능력 있는 인재는 정당을 가리지 않고 등용하였다. 자신의 고향 출신 인사들은 가급적 배제하는 등 인재들을 공평하게 등용하였다. 장관의 절반은 공화당 출신을, 나머지 절반은 민주당 출신을 임명했다. 레이건은 철저한 검증을 통해 등용된 인재는 끝까지 믿고 신뢰했다. 한 예로, 카터 정부에 임명된 연방준비제도 이사회 의장인 폴 볼커(P. A. Volker)가 인플레이션을 억제하기 위해 고금리 정책을 실시하였다. 그러자 단기적으로 기업과 부동산 등의 자산가치가 폭락하고 경기 불황이 나타나면서 레이건 정부와 볼커에 대한 비난이 급등하였다. 그럼에도 레이건은 볼커를 끝까지 신임하였다. 레이건 취임 당시 15%에 달했던 물가 상승률이 1983년에는 3%로 하락하면서 안정세를 유지하기 시작했다. 이러한 과정을 거치면서 경제버블을 방지하고 구조조정을 하여 호황을 누릴 수 있었다.

레이건은 불법 파업하는 노조들은 무관용으로 단호하게 대처하였다. 1981년 8월 미국 항공관제사 노조(PATCO) 불법 파업에 대한 대응이 대표적이다. 미국 노동조합연맹(AFL-CIO) 소속인 항공관제사 노조는 연봉 인상과 근로시간 단축 등을 요구하면서 파업을 결의하였다. 레이건 대통령은 1947년에 제정된 노사관계법인 태프트-하틀리법(Taft-Hartley Act)에 의거하여 비상사태를 선포하고 48시간 내 직무에 복귀하지 않으면 파면하겠다고 경고했다. 항공 관제사들은 미국 공공노조에 속해 규정상 파업이 불가능했기 때문이다.

레이건은 자진해서 복귀한 노조원을 제외한 나머지 1만 1,350명은 모두 해고시키고 연방 공무원 자격까지 박탈하였다. 그리고 감독관들과 군통제관들이 임무를 대신하게 한 후에 새로운 통제관을 채용하여 훈련시켰다. 항공관제사 노조는 대선에서 레이건을 지지한 노조 중 하나였고, 배우노조 조합장도 지낸 레이건은 미국 대통령 중 유일하게 미국 노동조합연맹의 평생회원이었다. 그럼에도 불구하고 레이건은 노조의 불법 파업에는 단호하게 대응하였다. 강력한 법치주의로 노조의 '떼법' 행태를 뿌리 뽑은 것이다.

'악의 제국' 소련 전체주의 체제를 무너뜨리다

영국 대처 수상이 펴낸 자서전 《국가경영(Statecraft)》의 표지를 넘겨 안쪽을 보면 "이 책을 로널드 레이건에게 바친다. 세계는 그에게 너무나 많은 빚을 지고 있다"라는 헌사(獻辭)가 나온다. 이는 레이건 대통령이 세계의 사람들이 자유롭고 평화롭게 살아가는 세상을 만들어 준 것에 대한 대처 수상의 헌사이다. 대처는 1992년 한국에 와서 고려대에서 행한 인촌 기념 강연에서 "냉전에서 자유세계가 승리한 것에 대한 공로를 주장할 만한 사람이 있다면 그는 바로 레이건 대통령일 것입니다"라고 힘주어 말했다.

레이건 대통령이 취임했던 1980년대 초반에 미국의 저명한 학자들, 특히 좌파 학자들은 소련이 내부적으로 앓고 있는 본질적 문제를 전혀 인식하지 못하고 소련의 미래에 대해 낙관적인 전망을, 일부는 장밋빛 전망을 내놓고 있었다. 저명한 역사학자 아서 슬레진저(A. M. Schlesinger)는 1982년 모스크바를 방문한 후 "거의 모든 것이 풍족했다"라고 말했고, 하버드대학 존 케네스 갈브레이스(J. K. Galbraith) 교수는 "러시아 체제가 성공을 거둔 이유는 서구의 상업경제와는 대조적으로 인력을 완전히 이용하고 있기 때문이다"라고 했고, 노벨 경제학상 수상자인 MIT의 폴 사무엘슨(P. Samuelson) 교수는 세계적 베스트 셀러인 그의 《경제학》교재에서 "30년 내 소련이 미국을 능가할 것이다"라고 1980년대 중반에 예언했다.

하지만 레이건은 소련 전체주위 체제가 무너지기 일보 직전이라 믿고 있었고, 레이건의 눈에는 "우리는 승리하고 그들은 패배한다" 외에는 아무 것도 보이지 않았다. 일반 미국인들, 언론, 동료 정치가들, 심지어 그의 측근 참모들 어느 누구도 레이건의 안목에 동의하지 않았다. 역사는 레이건이 100% 옳았음을 정확히 보여준다. 사실 공산주의 소련의 본질과 위협을 레이건 보다 더 일찍 깨달은 인물은 이승만 대통령이었다. '악의 제국' 소련 체제를 무너뜨린 것이 레이건 대통령이었지만 레이건 보다 50년이나 앞서 이승만은 공산체제의 위험과 문제점을 정확히 인식하고 공산주의에 대해 분노했다.

1983년 3월 8일 전국 복음주의 교회연합 연차 총회에서 레이건 대통령은 "우리 모두 전체주의적 어둠을 살아가는 이들의 구원을 위해 기도하십시다. (중략) …순진한 유화정책이나 적에게 희망적인 생각을 가진 행위는 어리석은 짓입니다. 이는 역사가 주는 교훈에 대한 배신이며 우리의 소중한 자유를 부수는 행위입니다. (중략) …저는 여러분이 핵무기를 반대하는 토론에서 오만과 무신경한 무관심의 유혹을 떨쳐내실 것을 부탁드립니다. 자신을 이 모든 문제와 무관하다 주장하며 양비론을 펼치고, 역사의 사실과 악의 제국의 확장주의적 충동을 무시하고, 군비 경쟁을 단순히 크나큰 오해라며 정의와 악의 투쟁에서 피하지 말 것을 부탁드립니다"라고 하며 미국 정부의 핵무기 정책 지지를 호소하고, 소련을 '악의 제국(evil empire)'라고 칭하였다. 사실 레이건은 몇몇 종교지도자들이 핵무기 동결 운동을 하는 것에 몹시 화가 나서 한 연설이었다.

소련을 악의 제국이라 표현한 것에 대해 세계가 놀랐다. 이 연설은 세계 전 언론의 머리기사를 장식했다. 미국 국무부는 향후 외교정책의 기본 노선이 교회연합 총회연설에서 나올 줄 상상하지 못했다. 소수의 참모들을 포함 몇몇 공화당 지도부도 레이건이 너무 지나쳤다고 생각했다. 하지만 레이건이 보기에 소련 전체주의는 죽어가는 시스템이었고, 냉전에서의 승리는 눈앞에 있었다. 레이건에게는 선견지명이 있었고 확신이 있었다.

레이건 대통령은 재임 중인 1987년 6월 17일 베를린 연설에서 미하일 고르바초프 당시 소련 서기장에게 "고르바초프 씨, 이 문을 여십시오. 이 장벽을 허무십시오!"라고 촉구하고, 서베를린(West Berlin) 시민들에게는 "이 장벽을 무너뜨립시다"라고 외쳤다. 1961년 8월 13일에 세워진 베를린 장벽은 1989년 11월 9일 밤에 붕괴되었다. 레이건이 베를린에서 연설한 지 2년 5개월 후 그리고 그가 대통령직에서 물러난 지 8개월이 조금 지난 시점에서 베를린 장벽이 무너졌다.

대통령직을 물러난 후 1992년 12월 옥스퍼드대학 학생회 초청 강연에서 레이건은 "저는 나치의 흥망과 뒤이은 냉전, 그리고 핵무기의 악몽을 보았습니다. 50여 년 동안 모든 어린이들을 공포에 떨도록 만들었습니다. 그 동안 우리 세대는 전체주의를 물리쳤습니다. 그 결과로 여러분의 세상은 더 나은 미래를 향해 손짓할 수 있게 되었습니다. 이제 여러분은 여러분의 길을 걸으며 무엇을 할 것입니까?"라고 하였다.

1983년 전국 복음주의 교회연합 연차 총회에서의 연설에서 시작하여 1987년 베를린 장벽 연설에 이르기까지 수 많은 연설에서는 물론 자신의 외교정책에서 소련 전체주의 체제를 붕괴시키는 것이 자신의 필생의 사업임을 숨기지 않았다. 옥스퍼드대학 학생들에게 한 연설은 자신의 임무가 한 발의 총성도 없이 완성되었음을 알린 것이었다. 레이건 대통령은 참으로 웅장한 드라마를 연출했으며 역사에 큰 족적을 남겼다.

레이건은 강경한 보수주의자로 강력한 군사력을 바탕으로 평화를 추구하였다. 레이건은 민주주의 국가를 침략하는 공산주의 국가에 대해 강력하게 대항하고 압박하였다. 그는 중앙아메리카의 엘살바도르(El Salvador)를 지원하였고, 그레나다(Grenada)를 침공하여 카리브 해역의 공산화를 저지하기도 했다. 레이건이 공산주의 진영에 유화적인 태도를 보였음에도 불구하고 소련이 아프가니스탄을 침공하는 등 팽창정책이 계속되자 불쾌하게 여겼다. 소련을 '악의 제국'이라고 부르며, 이들에게 평화나 화해를 기대하지 말고 투쟁해야 한다고 주장하였다.

레이건 대통령은 미국이 소련보다 우위를 차지하기 위해 미국을 방어해야 한다고 주장하면서 전략방어계획(SDI, Stragtegic Defense Initiative)이라는 프로젝트를 추진하였다. SDI는 소련이 가지고 있는 대륙간탄도미사일(ICBM, Intercontinental Ballistic Missile)의 위협으로부터 미국을 보호하기 위한 방어 체계였다. SDI는 레이저나 인공위성을 활용해 미사일을 격추시키는 것으로, 이는 당시 공상과학 영화로 인기를 끌었던 스타워즈(Star Wars)에서 착안한 것이다. SDI가 실현되어 미국이 소련의 미사일과 핵무기를 파괴할 수 있다면 소련은 더 이상 핵무기로 자유진영을 위협할 수 없게 된다고 보았다.

당황한 소련은 폴류스(Polyus)라는 우주선을 개발하여 미국의 인공위성을 모두 격파하려는 계획을 추진하였다. 폴류스는 길이 37m, 80톤에 이르는 거대한 인공위성으로 레이저 포와 핵탄두를 적재할 수 있고 전파와 레이저를 흡수하여 방어할 수 있는 우주선이었다. 소련은 이러한 인공위성을 개발하기 위해 엄청난 예산을 투입했음에도 자원과 인력 부족으로 실패하자 포기하였다.

레이건은 소련이 감당할 수 없는 군비경쟁을 통해 소련경제를 황폐화시켜 악의 제국을 무너뜨리고자 하였다. 레이건은 당시 미·소 간의 전면 핵전쟁을 방지하는 유일한 전략인 '상호확증파괴(Mutual Assured Destruction, MAD)' 전략을 거부했다. 서로를 파멸시킬 수 있는 아슬아슬한 대결을 계속 끌고 갈 수 없다고 판단했다. 레이건은 평화를 위한 여정에서 군비를 급격히 증대시켜 압도적 군사적 우위를 점하는 전략을 펼쳤다. 소련은 미국과 군비 경쟁을 할 만한 경제력과 기술력을 갖고 있지 못했다. 레이건과 고르바초프 사이에 이뤄진 일련의 군축 조치들은 고르바초프의 선의에서 나온 것이 아니었고 레이건의 강요에 고르바초프가 어쩔 수 없이 수용한 결과였다.

레이건은 '데탕트'나 '봉쇄' 같은 개념에 오래 전부터 거부감을 갖고 있었다. 왜냐하면 데탕트나 봉쇄는 소련 체제가 미래에도 계속 존재할 것이라는 것을 전제하기 때문이었다. 레이건은 소련과의 공존을 거부했고 '우리는 무조건 승리한다'는 관점에서 문제를 바라보았다. 소련 공산체제는 인간의 광기로부터 탄생된 사생아라 보았고 인간의 본성에 반하기에 지구상에서 없어질 것이라 확신하고 있었다. 소련에 대한 레이건의 거친 말들은 자신의 계획을 이행하는 동시에 소련을 지속적으로 압박하기 위한 하나의 방법이었다.

역사는 레이건 대통령이 옳았음을 증명했다. 레이건은 전쟁 없이 내전을 끝낸 대통령, 역사상 가장 진정한 핵무기 감축을 이룩한 대통령, 핵전쟁의 공포를 종식시킨 대통령이었다. 레이건 대통령이 이룬 가장 큰 업적은 인류 역사에서 인간의 자유를 최대한 보장하는 세상을 건설하였다는 점이었다.

각고의 노력 끝에 '위대한 소통자'라는 별명을 얻다

레이건 대통령은 임기 초부터 국민들과 호흡하는 능력으로 언론과 워싱턴 DC의 전문가들로부터 '위대한 소통자(great communicator)'라는 별명을 얻었다. 배우 출신 정치인이 매우 능숙하게 적절한 어구들을 구사한 타고난 연설가라는 사실에 모두들 놀랐다. 서민적인 습관, 감미로운 목소리, 거침없어 보이는 자신감, 여러 해 동안의 연기 경력 등 이 모든 것이 합쳐져 뿜어 나오는 그의 연설에 모두 탄복했다.

레이건이 연설가로 성공하게 된 데는 두 가지 요인이 있다. 하나는 레이건이 글쓰기에 매우 정통했다는 것이고, 다른 하나는 단순하지만 일관된 자신만의 세계관을 확실히 갖고 있었다는 것이다.

연설 자체에 못지않게 레이건은 연설문 작성 자체에 뛰어났다. 글쓰기와 스피치에 대한 열정은 유레카대학(Eureka College) 시절로 거슬러 올라간다. 대학 시절 프랭클린 루스벨트 대통령의 유명한 1933년 취임 연설문을 다 외우고 다녔다. 1950년대 제너럴 일렉트릭(GE)사의 입장을 대변하는 홍보 대사 시절 전국을 누비며 노동자들에게 연설을 하였는데 레이건은 수십 장의 색인 카드에 각각의 연설문을 적고 계속하여 외웠다. 캘리포니아 주지사 시절에도 연설문을 직접 작성하는 습관을 버리지 않았다. 글쓰기에 레이건 만큼 많은 시간을 할애한 대통령은 없다고 한다.

미국 역사를 통틀어 레이건 대통령보다 자신의 신념과 이념에 대한 깊은 이해와 충실함을 가졌던 대통령은 찾아보기 어렵다. 그의 수많은 연설 모두에서 핵심적 메시지는 매우 간단명료하고 그 내용도 많지 않은 몇 가지 원칙과 방향에 기초하고 있다.

대통령 취임 이후 레이건은 의회의원들 그리고 언론과 협조적 관계를 유지하기 위해 특별한 노력을 기울였다. 주지사 시절에 얻은 교훈을 바탕으로 의회와의 협력을 매우 중시하였다. 작은 정부 구현이라는 정책에 따른 공공사업이나 국책사업의 감소는 의원들에게 초미의 관심사이었기에 여소야대인 당시 의회에서 레이건은 의원들을 접촉하는 것 외는 다른 대안이 없었다. 개별적으로 또는 집단별로 의원들을 수시로 백악관에 초청해 식사하고 환담했다. 레이건은 취임 후 첫 100일 동안 49회의 만남을 통해 467명의 의원들을 만났다고 한다. 이는 전임 카터 대통령이 4년 동안 만났던 의원 수 보다 더 많은 것이었다.

의회 설득에 가장 중요한 상대는 하원의장 토머스 오닐(T. O'Neill)이었다. 의회에서 거대한 산과 같은 존재로 레이건의 경제개혁 정책에 반대하며 민주당 내 반대여론을 주도하고 있었다. 취임 후 오닐 하원의장 부부를 백악관에 초청해 첫 만찬을 한 다음날 오닐은 레이건의 정책에 반대한다며 레이건의 뒤통수를 쳤다. 레이건은 사사건건 심하게 반대하는 오닐 의장을 좋은 지도자로 평가하지 않았다. 그러나 레이건은 기자 회견 중 오닐을 비난하는 말은 한 마디도 하지 않았다고 한다.

레이건 대통령은 역대 대통령 중에서 언론과 협조적 관계를 가장 잘 유지했다. 그는 자주 그리고 정기적으로 기자간담회를 열었고 기자들의 질문에 솔직하고 친절하게 대답했다. 기자들을 존경으로 대했다. 기자들을 만날 때는 핵심 참모들을 배석시켜 기자들의 질문에 대해 보충 설명을 하도록 해, 기자의 궁금증을 완전히 해소해 주도록 노력했다. 워싱턴포스트의 편집국장은 "우리는 어느 대통령보다 레이건에 대해 호의적이었다"고 고백하기도 했다.

미국의 대통령들은 각자 최우선시 하는 정책은 통상적으로 취임 6개월 이내, 적어도 1년 이내에 관련 법안을 의회에 통과시킨다. 레이건이 공약한 주요 정책 중의 하나는 당시 50%인 소득세 최고세율을 30%까지 내리는 것이었다. 이 감세안을 의회에서 통과시키기 위해 의회와 언론 그리고 국민의 설득 작업을 적극적이고 조직적으로 하였다. 1981년 1월 21일에 취임한 후 자신의 감세안을 하원의원 잭 캠프(J. Kemp)와 상원의원 윌리엄 로스(W. Ross)를 통해 캠프-로스법으로 성안한 후 설득 작업에 나섰다.

레이건은 5월 11일에 하원의원 모두를 백악관에 초대했다. 이어 5월 14일에는 상원의원 모두를, 6월 11일에는 사업가들을, 6월 19일에는 기자들을, 6월 23일에는 민주당 의원들만을 백악관으로 초청했다. 7월 22일에는 워싱턴 이외의 지역의 신문 편집인과 방송기자들을, 그리고 23일에는 주 의회 지도자들과 주 정부 주요 관리들을 백악관으로 초청하여 식사하며 세제개혁안에 대해 설명했다. 24일에는 하원을 직접 방문하여 양당을 불문하고 영향력 있는 인물들을 만나 설득했다. 세제개혁안 의회 통과를 위한 마지막 노력으로 드디어 레이건은 27일 TV 카메라 앞에 서서 국민들에게 적극적 지지를 호소했다.

마침내 7월 29일 레이건의 세제개혁안이 의회를 통과했다. 하원의 다수당인 민주당의 당론은 세제개혁안 반대였다. 상원에선 찬성 89표 반대 11표였고, 하원에선 찬성 238표 반대 195표였다. 오닐 하원의장은 레이건 대통령에게 전화로 개혁안의 의회 통과를 축하해 주었다. 남부지역 민주당 의원 48명이 당론을 거부하고 레이건의 세제개혁안을 지지했던 것이다. 훌륭한 정책을 제시하고 모든 관련 당사자들을 적극적으로 설득한 결과로 얻은 값진 입법 승리였다.

레이건 대통령이 오늘날에도 위대한 지도자로 평가받고 있는 것은 미국이 대내외적으로 가장 암울하고 어려웠던 시기에 '할 수 있다' '미국은 위대하다'라는 미국 정신을 되살렸기 때문이다. 레이건은 긍정적이고 낙관적인 사고와 신념으로 자유민주주의와 시장경제만이 번영된 미래를 가져다 줄 것이라고 보았다. 레이건은 자유가 개인과 기업의 번영을 가져온다고 강조하면서 미국이 가야 할 비전과 정책을 제시하였다. 그리고 그 비전과 정책을 쉬운 말로 누구에게나 언제 어디서나 설명하고 설득했다.

레이건의 정치적 정적들은 그를 2류 배우 출신이라고 조롱하면서 과소평가했지만 레이건은 오히려 그것을 역이용하였다. 누구와 만나든 자신을 감추지 않고 긍정적이고 진정성 있게 대했다. 레이건 대통령은 미국 국민들에게 새로운 희망을 주었고, 자유라는 이름으로 미국을 구해냈고, 미국을 세계 최대의 강대국으로 다시 탄생시킨 지도자였다.

퇴임을 앞두고 레이건 대통령은 1989년 1월 11일 백악관에서 국민들에게 고별연설을 했다. 자신의 성공적인 업적으로 경제회복과 국민들의 자신감 회복을 꼽았다. 퇴임연설에서 그가 가장 강조한 말은 "정부가 팽창하면 자유는 축소된다"였다. 국가채무를 줄이지 못한 점에 대해서는 솔직히 인정했다. 자신의 임기 중에 하지 못한 일은 후임 부시 대통령이 잘 해결할 것이라 했다. 실제로 부시와 고르바초프는 1989년 12월 2일에 만나 냉전 종식을 선언했고, 2년 뒤 소련은 해체되어 역사의 무대 뒤로 사라졌다. 레이건은 1992년 퇴임한 소련 서기장 고르바초프를 완공된 자신의 기념도서관으로 초대했으며, 1992년 공화당 전당대회에서 마지막 공식 연설을 했다.

1994년 11월 5일에는 직접 손으로 쓴 편지를 통하여 레이건은 자신이 알츠하이머 질병에 걸렸음을 알렸고 자신이 걸린 알츠하이머에 대한 도전 각오와 미국과 미국 국민 그리고 낸시에 대한 뜨거운 사랑을 표했다. 그 후 레이건과 낸시는 치매연구소를 설립했다. 알츠하이머 진단을 받은 지 10년이 지난 2004년 6월 5일 미국 보수의 아이콘 레이건 대통령은 향년 93세의 나이로 영면했다.

레이건이 즐겨 읽은 책들과 저술한 책들

레이건은 그의 사상과 리더십 스타일에 많은 영향을 미친 다양한 책들을 읽었다. 레이건의 독서 목록에는 역사, 정치, 철학, 자서전 등이 포함되어 있으며, 그의 정치적 신념과 가치관 형성에 중요한 역할을 했다. 레이건은 신앙심이 깊었으며《성경(The Holy Bible)》을 자주 읽고 인용하곤 했다. 성경의 가르침은 그의 도덕적 가치와 정책 결정에 큰 영향을 미쳤다.

레이건은 프리드리히 하이에크의《노예의 길(The Road to Serfdom)》에서 자유시장경제와 정부의 과도한 개입에 대한 위험성을 배웠고, 밀턴 프리드먼의 《선택의 자유(Free to Choose)》를 읽고 경제적 자유와 시장경제의 중요성에 대해 자신의 생각을 확고히 했다. 알렉시스 드 토크빌의《미국의 민주주의(Democracy in America)》를 읽고 레이건은 민주주의와 미국의 독특한 정치적 문화를 이해하게 되었고, 클레온 스카우센의(W. Cleon Skousen)의 《발가벗겨진 공산주의자(The Naked Communist)》를 통해 레이건은 공산주의의 위협을 이해하였고, 이 책은 그의 대외정책에 영향을 미쳤다.

레이건은 미국 지도자들의 자서전을 두루 섭렵했다.《벤자민 프랭클린의 자서전(The Autobiography of Benjamin Franklin)》에서 실용적 지혜와 자기계발에 대한 교훈을 얻었고, 조지프 칸이 쓴《링컨 대통령의 덕목(Lincoln's Virtues: An Ethical Biography)》을 읽고 링컨의 생애와 윤리적 가치를 이해하고 자신의 리더십 스타일을 더욱 발전시켰다. 로버트 A. 하인라인의 과학 소설《자유의 무법자(The Moon is a Harsh Mistress)》는 레이건에게 개인의 자유와 정부의 제한적 역할에 대한 통찰을 제공했다.

시어도어 루스벨트와 프랭클린 루스벨트 두 대통령의《라이프 타임 시리즈(The Roosevelt 'Lifetime' Series)》 전기를 통해 그들의 정책과 리더십에 깊은 관심을 가졌으며 많은 것을 배웠다. 프랭클린 D. 루스벨트와 엘리노어 루스벨트의 생애와 업적을 다룬 《언터처블 시리즈(The Untouchable Series)》도 레이건에게 큰 영향을 미쳤다. 두 좌파 대통령 시어도어 루스벨트와 프랭클린 루스벨트가 자신과 이념과 정책을 달리하지만 그들의 삶과 리더십 자체는 배우고자 했던 레이건은 자세는 크게 평가할만하다.

레이건 대통령은 평생 3권의 자서전을 펴냈다. 그의 첫 번째 자서전은 1965년에 발간한 《나의 나머지는 어디에 있나?(Where's the Rest of Me?)》이다. 레이건의 어린 시절부터 시작하여 할리우드 배우 시절까지의 이야기를 담고 있다. 특히 그의 영화 경력, 영화배우조합에서의 활동, 그리고 정치에 입문하게 된 배경을 상세히 다루고 있다. 제목 "Where's the Rest of Me?"는 레이건이 주연을 맡았던 1942년 영화 'Kings Row'에서의 유명한 대사에서 따왔다. 두 번째 자서전은 1990년에 발간된 《한 미국인의 삶(An American Life)》으로 레이건의 전 생애를 다루고 있다. 특히 대통령 재임 중의 주요 사건들, 정책 결정 과정, 그리고 냉전 시대의 종식에 대한 이야기들이 상세히 서술되어 있다. 레이건 대통령이 재임 중 매일 기록한 일기를 모은 책 《레이건 일기(The Reagan Diaries)》는 2007년에 발간됐는데 대통령으로서의 일상생활과 업무에 대한 생생한 기록으로 레이건의 개인적인 생각과 철학, 가치관을 잘 보여준다. 중요한 역사적 순간들에 대한 직접적인 기록이다.

자서전은 아니지만 레이건이 직접 집필한 책에는 세 권이 더 있다. 하나는 1989년에 펴낸 《내 마음 말하기(Speaking My Mind: Selected Speeches)》인데 레이건 대통령의 중요한 연설들을 모은 책으로 그의 정치 철학과 비전을 이해하는 데 중요한 자료이다. 두 번째는 2001년에 출간된 《자신의 손으로 쓴 레이건(Reagan, In His Own Hand: The Writings of Ronald Reagan that Reveal

His Revolutionary Vision for America)》은 대통령이 되기 전과 후에 레이건이 직접 쓴 에세이, 메모, 그리고 원고를 모은 책이다. 이 책은 그의 정치적 비전과 철학을 깊이 이해할 수 있는 자료로 그의 사상적 뿌리와 정치적 원칙을 생생하게 느낄 수 있다. 2011년에 출판된 세 번째 책 《레이건 비망록(The Notes: Ronald Reagan's Private Collection of Stories and Wisdom)》은 레이건이 개인적으로 모아둔 메모와 노트들을 엮은 책이다. 이 메모들은 그의 유머 감각, 철학적 생각, 그리고 다양한 주제에 대한 그의 견해를 보여준다.

로널드 레이건에 대한 다양한 전문가들의 저서들은 그의 삶, 경력, 정치적 유산을 깊이 있게 탐구하고 있다. 중요한 저서들은 다음과 같다. 브랜드스(H. W. Brands)가 2015년에 쓴 《레이건의 삶(Reagan: The Life)》은 상세한 연구와 분석을 바탕으로 레이건의 정치적 성장 과정과 그의 정책 결정 과정을 깊이 있게 다룬다. 브링클리(Douglas Brinkley)가 2007년에 쓴 《레이건의 일기(The Reagan Diaries)》는 레이건 대통령이 재임 중 기록한 일기를 편집하여 출간한 책으로 대통령으로서의 일상, 주요 사건들에 대한 레이건의 생각과 반응을 생생하게 보여준다.

《레이건: 한 미국인의 여정(Reagan: An American Journey)》은 레이건의 생애를 연대기적으로 서술하며, 그가 어떻게 미국 대통령으로서의 자리를 얻게 되었는지를 탐구하는 책인데 스피츠(Bob Spitz)가 2018년에 집필했으며, 레이건이 제너럴 일렉트릭(GE)에서 근무하면서 보수주의자로 변모하게 된 과정을 중점적으로 다룬 《레이건의 학습(The Education of Ronald Reagan: The General Electric Years and the Untold Story of His Conversion to Conservatism)》은 2006년 에반스(Thomas W. Evans)가 쓴 책으로 레이건의 정치적 신념 형성과 그의 초기 경력에 대한 깊이 있는 분석을 제공한다. 2005년 셜리(Graig Shirley)가 집필한 《레이건 혁명(Reagan's Revolution: The Untold Story of the

Campaign That Started It All)》은 1976년 레이건의 대통령 선거 캠페인에 중점을 두고, 그가 어떻게 보수주의 운동의 중심 인물로 자리 잡게 되었는지 탐구하며, 전 소련 대사였던 맽록(Jack F. Matlock Jr.)이 2004년에 펴낸《레이건과 고르바초프: 냉전은 어떻게 종결되었나?(Reagan and Gorbachev: How the Cold War Ended?)》는 레이건 대통령과 미하일 고르바초프 소련 지도자 사이의 관계를 중심으로 냉전 종식 과정을 다룬다.

　레이건의 생애, 경력, 그리고 대통령 재임 시기의 주요 사건들을 다루는 로널드 레이건에 관한 중요한 공식 자료집들에서《미국 대통령들의 공문서: 레이건 편(Public Papers of the Presidents of the United States: Ronald Reagan)》은 레이건 대통령의 공공 연설, 서한, 행정 명령 및 기타 주요 문서들을 포함한 1981년부터 1989년까지의 공식 기록이고,《레이건 서류철(The Reagan Files)》은 레이건 재단과 도서관에서 제공하는 다양한 공식 문서와 기록을 포함하여 각종 메모, 서신, 보고서 등 다양한 자료들이 포함되어 있다.

로널드 레이건 대통령의 명언들

　"서로 평화롭게 살자고 그들을 설득할 수 있는 최선의 방법은 그들이 전쟁에서 결코 우리를 이길 수 없다는 것을 확신시키는 것이다."

　"고르바초프 서기장, 만약 당신이 평화를 추구한다면, 만약 당신이 소련과 동유럽을 위한 번영을 추구한다면, 만약 당신이 해방을 추구한다면, 이 문으로 오시오! 고르바초프 씨, 이 문을 여시오! 고르바초프 씨, 이 장벽을 허물어 버리시오!."

"핵전쟁은 승리가 불가능하며, 벌어져서도 안 된다."

"공산주의자란 마르크스와 레닌을 읽는 사람이다. 비공산주의자란 마르크스와 레닌을 이해하는 사람이다."

"우리 국민이 연방정부를 가지고 있는 국가이지 그 반대로 연방정부가 국민을 가지고 있는 것이 아닙니다. 비대한 정부는 지배받는 국민의 승인을 넘어서 비대해졌다는 표시인 것입니다"

"자유가 말살되는 데에는 단 한 세대도 걸리지 않는다. 자유는 우리 후손들에게 혈통을 통해서 유전되는 것이 아니다. 자유는 쟁취해야 하며 지켜야 되고 후손들도 그런 자유를 누리라고 물려주는 것이다."

"소련 농업에 잘못된 네 가지가 무엇입니까? 봄, 여름, 가을, 그리고 겨울입니다."

"소련과 미국 헌법은 모두 표현의 자유를 보장한다. 차이가 있다면 미국은 표현 이후의 자유도 보장한다는 것이다."

"현재의 위기 상황에서 정부는 문제를 해결하는 해결사가 아니고, 정부 자체가 문제이고 많은 문제를 야기 시킨 당사자이다."

"경제 위기의 주범은 장미 빛 예측에 따라 재정을 방만하게 지출한 연방정부이다."

"정부란 커다란 아기와 같아서 식욕은 왕성하지만 배설에 대해서는 책임을 지지 못한다."

"납세자란 연방 정부를 위해 일하지만 공무원 시험을 치르지 않아도 되는 사람이다."

"불경기란 당신의 이웃이 실직할 때를 말한다. 불황이란 당신이 실직할 때를 말한다. 경기회복이란 지미카터가 실직할 때를 말한다."

"배우가 어떻게 대통령이 될 수 있나요?"라고 물은 데 대하여 레이건은 이렇게 응답하였다. "대통령이 어떻게 배우가 안 될 수 있나요?."

"직업으로서 정치는 나쁘지 않습니다." "인기를 잃더라도 언제든 책을 쓸 수 있기 때문입니다."

"미래는 나약한 자들이 아니라 용감한 자들이 만들어 낸다."

"나는 이제 인생의 황혼을 향한 여정을 시작한다. 그러나 나는 미국이 언제나 빛나는 아침을 맞을 것이라 믿는다."

"세상에는 이것저것 많이 안다고 자부하는 '여우같은 인간'과 많은 것은 모르지만 중요한 것 한 가지를 알고 있는 '고슴도치 같은 인간'이 있다. 나는 비록 미사일의 투사 중량(throw weight)은 모르지만 냉전의 작동원리를 이해하는 고슴도치형 인간이다."

"진정한 적은 대기업이 아니라 비대한 정부이다."

"자유란 스스로 자신의 결정을 내릴 수 있는 것을 의미한다."

〈자료 1〉
보수주의 진보주의 자유주의란?

이념은 기본적으로 우파와 좌파로 구분되며 우파에는 보수주의자, 고전적 자유주의자가 있으며, 좌파에는 현대적 자유주의자, 사회주의자, 사민주의자, 공산주의자 등이 있다. 고전적 자유주의와 현대적 자유주의는 전혀 반대의 가치관과 정책기조를 갖고 있는데 둘을 뭉뚱그려 자유주의라 표현하여 엄청난 혼란과 혼동이 초래되고 있다. 같은 영어 liberalism이 영국에서는 (고전적)자유주의이고 미국에서는 진보주의 즉 (현대적)자유주의이다.

레이건의 보수주의를 제대로 이해하기 위해 보수주의·자유주의·진보주의가 추구하는 가치관과 기본적인 정책 기조를 먼저 간략히 살펴본다. 같은 우파 이념인 보수주의와 자유주의 사이에도 관점과 정책에서 무시하지 못할 차이가 있으며, 우파의 자유주의와 좌파의 진보주의 사이에는 관점과 정책에서 각자 완전히 다른 방향을 지향하고 있다.

보수주의(conservatism)는 역사적 전통과 사회적 질서를 중시하며 기존의 사회 구조와 관습을 지키고 유지하려는 경향이 있다. 급격한 변화보다는 점진적이고 신중한 변화를 선호하며 급진적인 개혁이 아니라 기존 체제 내에서의 점진적인 개선을 지지한다. 권위와 계층 구조를 존중하며, 사회적 계층의 중요성을 강조하고, 권위 있는 지도자나 제도에 대한 신뢰가 크다.

공동체와 가족의 가치를 중시하며, 사회적 연대와 공동체의 유대감을 강조한다. 정부는 질서와 전통을 유지하기 위해 필요하며, 사회의 안정성을 위해 일부 개입이 필요하다. 시장 경제를 지지하지만, 일부 규제와 정부 개입을 허용한다.

진보주의(modern liberalism)는 개인의 자유와 권리를 최우선시하고, 사상 표현 종교 등의 자유를 중시하며, 개인의 자율성을 강조한다. 불평등과 부정의를 시정하기 위한 사회 개혁을 지지하며, 정부의 개입을 통해 사회적 약자를 적극 보호하고 지원하려 한다. 문화적, 사회적, 경제적 다양성을 존중하며, 다양한 가치와 생활 방식을 인정하고 존중한다. 정부는 개인의 자유와 평등을 보장하기 위해 필요하며, 사회적 불평등을 해결하기 위해 적극적인 역할을 해야 한다. 시장 경제를 지지하되, 사회적 약자를 보호하기 위해 정부의 개입이 필요하다.

자유주의(classical liberalism)는 개인의 자유를 최우선시하며, 그에 따른 개인의 책임을 강조한다. 자율적 행동의 결과에 대한 책임이 개인에게 있음을 강조한다. 모든 형태의 강제력에 반대하며, 개인의 권리를 절대적으로 보호한다. 사유 재산권과 계약의 자유를 중시한다. 정부의 개입을 최소한으로 줄이고, 개인의 자율성과 자유를 극대화하는 것을 목표로 한다. 경제적 자유를 강조하며, 자유 시장경제를 지지한다. 시장의 자율적 조절을 중시하고, 정부의 역할을 최소화하고, 개인의 자유와 자율성을 최대한 존중해야 한다. 자유 시장경제를 절대적으로 지지하며, 정부의 경제 개입에 반대하며 작은 정부를 지향한다.

자유란 무엇이고 왜 중요한가?

우리나라 학교 교육의 근원적 문제점 중의 하나가 자유의 정확한 의미가 무엇이고 왜 자유가 중요한지 그리고 자유가 어떠한 역할을 하는지를 정확히 강조해서 가르치지 않는다는 점이다. 참으로 한탄스러운 것은 어느 교육과정에서도 심지어 대학에서조차 자유의 의미와 중요성에 대해 가르치지 않는 다는 점이다

자유는 개인이 외부의 강제나 억압 없이 자신의 의지와 선택에 따라 행동할 수 있는 상태를 의미한다. 자유는 인간 삶의 기본이기에 중요하며, 다양한 이유로 인간의 삶과 사회에 필수적인 가치이다. 자유는 개인이 자신의 잠재력을 최대한 발휘하고, 자아를 실현하는 데 중요한 역할을 한다. 자유로운 환경에서는 사람들이 자신의 흥미와 재능을 발견하고, 이를 발전시킬 수 있다.

자유는 인간의 존엄성을 지키는 데 필수적이다. 각 개인은 자신의 삶을 스스로 결정할 권리가 있으며, 이는 인간으로서의 기본 권리이다. 자유로운 환경에서만이 인간이 새로운 아이디어를 자유롭게 탐구하고 실험할 수 있기에 과학, 예술, 기술 등 다양한 분야에서 창의를 북돋우고 혁신을 촉진한다. 자유는 민주주의의 핵심 요소이고, 정치적 안정을 보장한다. 경제적 자유는 시장의 효율성을 증대시키고, 경쟁을 통해 품질을 향상시키며, 소비자와 기업 모두에게 더 나은 선택을 제공한다. 이는 경제 성장과 발전에 기여한다. 자유는 다양한 사상과 문화를 존중하고, 이를 통해 사회적 다양성을 증진시킨다.

철학자 이사야 벌린(Isiah Berlin)은 자유의 개념을 소극적 자유와 적극적

자유로 구분해 설명했다. 소극적 자유(negative liberty)는 외부의 간섭이나 강제로부터의 자유를 의미한다. 이는 개인이 외부의 방해 없이 자신의 의지대로 행동할 수 있는 상태를 말하며, 개인의 선택과 행동이 외부의 강제에 의해 방해받지 않도록 보호함을 뜻한다. 소극적 자유는 주로 "무엇으로부터의 자유"로 이해된다. 표현의 자유, 종교의 자유, 언론의 자유 등이 소극적 자유의 대표적인 예이고 이러한 자유는 정부나 다른 권력 기관이 개인의 행동을 제한하지 않는 것을 의미한다.

적극적 자유 (positive liberty)는 자신의 삶을 스스로 통제하고 자기실현을 할 수 있는 능력을 의미한다. 단순히 간섭이 없는 상태를 넘어서, 개인이 자신의 목적을 달성하고 잠재력을 최대한 발휘할 수 있는 상태를 말한다. 적극적 자유는 주로 "무엇을 할 수 있는 자유"로 이해된다. 교육을 받을 권리, 기본적인 생활을 유지할 수 있는 경제적 권리 등이 적극적 자유의 사례이다. 이러한 자유는 개인이 자신의 능력을 최대한 발휘할 수 있도록 필요한 자원과 기회를 제공받는 것을 의미한다. 적극적 자유는 개인이 자신의 목표를 달성하고 자기 주도적으로 삶을 영위할 수 있도록 필요한 조건과 지원을 강조한다.

똑같은 자유라는 단어와 개념을 사용해도 좌파와 우파가 지향하는 자유는 전혀 다르다. 자유주의 보수주의 등 우파의 자유 개념은 소극적 자유주의이고, 진보주의 사회주의 사민주의 등 좌파의 자유 개념은 적극적 자유주의이다. 우파는 좌파의 적극적 자유만을 강조하면 정부나 다른 기관이 개인의 삶에 과도하게 개입할 위험이 있기에 오히려 자유가 자유를 제한하는 사태가 야기됨을 우려한다. 좌파는 우파의 소극적 자유만으로는 사회적 경제적 불평등 문제를 해결할 수 없기에 가난한 사람은 외부의 강제 없이는 기본적인 생활을 유지할 수 없음을 우려한다.

이제 왜 자유가 중요한지를 살펴보자. 개인이든 국가든 모두 개선·진보·번영하기를 갈구한다. 그 개선·진보·번영의 원천이 자유에 있음을 아는 사람이 많지 않다. 존 스튜어트 밀은 《자유론》에서 "확실하고도 그치지 않는 유일한 개선의 원천은 자유다"라고 했고, 프리드리히 하이에크는 《노예의 길》에서 "개인의 자유를 위한 정책이야말로 진정으로 유일한 진보정책이다"라고 강조했다.

행복을 추구하는 것이 인간의 본성이며 사람은 각자 자신의 삶의 주인이기에 간섭과 통제를 받지 않고 자유로울 때 행복하다. 자유란 말을 싫어하는 사람은 다양성을 싫어하고, 생각하는 자체를 귀찮아하고, 다른 누군가가 세상만사를 모두 결정해 주길 원한다.

미국의 독립과 건국은 "자유 아니면 죽음을 달라"는 기치에 바탕을 두고 있다. 링컨 대통령이 노예해방을 위해 남북전쟁을 불사한 것은 노예제가 비도덕적이기 때문이 아니고 노예가 천부적 인권인 자유를 향유하지 못하는 것이 문제라고 생각했기 때문이다.

최근 우리는 자유가 확대되기보다는 자유가 제한 받는 시대에 살고 있다. 큰 정부를 지향하고 있기 때문이다. 정부가 커질수록 자유는 제한된다. 법률의 수가 늘어날수록 그리고 예산규모가 확대될수록 정부는 커지고 개인과 기업의 활동은 제한을 받기에 자유는 축소된다. 국가 번영의 길은 자유 확대와 작은 정부에 있다.

일부 사람들은 평등을 자유보다 중시한다. 이는 잘못된 주장이다. 왜냐하면 평등을 자유보다도 앞세우는 사회는 결국 평등도 자유도 달성하지 못하게 될 것이기 때문이다. 자유를 첫째로 내세우는 사회는 보다 큰 자유와 보다 큰 평등을 동시에 달성한다. 한반도의 남한과 북한이 좋은 사례이다.

▨ 위급한 상황에서도 재치 있는 유머로 소통한 레이건 대통령 ▨

레이건 대통령의 병원 응급실 유머는 지금까지도 널리 회자되고 있다. 1981년 3월 30일 워싱턴의 힐튼호텔에서 연설을 마치고 리무진으로 향하던 레이건은 기자들의 질문을 받기 위해서 잠시 멈췄다. 그 때 한 정신질환자가 쏜 총알이 레이건의 왼쪽 겨드랑이를 뚫고 들어갔다. 레이건은 곧바로 인근의 조지 워싱턴 대학병원으로 이송되었다. 레이건은 대량 출혈로 심각한 상태였다. 레이건은 수술을 담당한 의사에게 물었다. "당신은 공화당원입니까?" "오늘, 우린 모두 공화당원입니다." 또 간호사들이 지혈을 하기 위해 레이건의 몸에 손을 대자 "우리 낸시(아내)에게 허락을 받았나?"라고 농담을 하기도 했다. 병원 의료진은 1시간 10분 만에 총알을 제거하였다. 수술 직후 만난 아내 낸시 여사에게 레이건은 "여보, 고개를 수그려서 총알을 피한다는 것을 깜빡했어"라고 다독인 일화도 있다.

레이건은 응급실에 모인 보좌관들과 경호원들에게 "할리우드 배우 시절 내 인기가 이렇게 폭발적이었다면 배우를 때려치지 않았을 텐데"라고 말해 응급실을 뒤집어 놓기도 했다. 생사를 다투는 위급한 상황에서도 상대방을 꼼짝 못하게 만드는 레이건의 재치 있는 유머와 용기는 연일 미국 언론의 주목과 찬사를 받았다.

이날의 저격 사건은 레이건에게 정치적으로 커다란 힘을 실어주는 중요한 전환점이 되었다. 무엇보다도 오랜 배우 생활로 갈고 닦은 원숙한 이미지와 재치 넘치는 위트는 정치적 반대자들로부터 호감을 얻게 만들었다. 레이건은 위기의 순간에도 번뜩이는 유머와 재치로 국민들에게 흔들리지 않는 안정감과 자신감을 심어주었다. 집권 8년간 경제적 위기를 극복하고 미·소 냉전에서 승리할 수 있었던 최대 무기는 유머와 그의 뛰어난 대외 소통 능력이었다.

III

경제 기적의 지도자와 명참모

1976년 5월, 포항제철 제2고로에 불을 붙이는 박정희 대통령(1917~1979)과 박태준 회장

11 │ 한강의 기적을 일으킨 혁명가 박정희

혁명으로 가난을 물리친 위대한 지도자

　박정희 대통령(1917~1979)은 군인이자 정치인이자 혁명가이다. 1961년 5·16 군사혁명을 주도하여 3선 개헌과 유신 등을 통해 18년간 집권하였다. 박정희 대통령은 46세에 대통령이 되었으니 역대 대통령 중에서 최연소 대통령이었다. 박정희는 식민지 시대에는 일본군 장교였고, 해방 이후에는 군인 장교로 활동하면서 남로당에 가입한 사실이 적발되어 사형 선고를 받기도 했다. 하지만 6·25전쟁으로 다시 군인으로 복귀하였다가 5·16 군사혁명을 일으켜 집권하면서 조국 근대화와 민족중흥을 위해 헌신하였다.

　박정희는 장면 정권의 무능과 부패 척결, 사회 혼란 해소 등을 이유로 군사 쿠데타(Coup d'État)를 주도하여 18년간 통치하면서 경이적인 경제적 성과를 일궈냈다. 박정희 대통령은 경제개발 5개년 계획, 중화학 공업 육성, 새마을운동 등으로 국민들을 가난에서 벗어날 수 있게 했으며, 우리도 '할 수 있다'라는 도전정신을 심어주었다는 점에서 높이 평가된다. 우리의 경제개발 5개년 계획과 새마을운동은 오늘날 전 세계 후발 국가들의 롤 모델이 되고 있다. 그러나 산업화 과정에서 유신체제로 민주화가 억압당하고, 국민과 언론을 탄압하다가 정권 내부에서 피로도와 불만이 쌓이면서 후배이자 참모인 중앙정보부장의 총에 맞아 서거하였다. 우여곡절이 있기는 하였으나 박정희 대통령은 온갖 난관과 역경을 극복하고 박정희 대통령 특유의 용병술, 리더십, 그리고 특유의 정책으로 '한강의 기적'을 일으켜 국민들을 가난에서 구제한 혁명가이다.

박정희는 1917년 11월 14일 경상북도 구미에서 가난한 농민의 막내로 태어났다. 대구사범학교를 졸업하고 초등학교 교사로 재직하다 1940년 4월 1일 일본 만주국 육군군관학교에 입학하여 2년 후 240명의 졸업생 중에서 수석으로 졸업하였다. 1942년 10월 1일 박정희는 일본 육군사관학교에 편입하여 1944년 박정희는 300명 중 3등으로 졸업한 후 박정희는 만주국 육군 소위로 임관되었다. 만주국의 일제 관동군 포병 장교로 근무하다가 일본 패망 후 한국 광복군 장교로 활동하기도 하였다. 일본 패망 후 1946년 5월 8일 박정희는 미군 수송선을 타고 귀국했다. 1946년 9월 조선경비사관학교(육군사관학교) 제2기생으로 입학했는데 1947년 2월에 소위로 임관되었다.

국군 장교로 활동하면서 당시 우익에 피살된 형의 친구이자 사회주의자의 권유로 남로당에 이름을 올렸다가 여수·순천 사건에 연루되었다는 혐의로 체포되어 무기징역을 선고받았다. 군의 상사와 동료들의 구명 운동으로 풀려나 육군 본부에서 문관으로 근무하다가 6·25 전쟁이 일어나자 현역으로 복귀하였다. 1953년 11월 육군 준장으로 승진하였으며 1957년 3월에 소장으로 진급하여 사단장으로 부임하였다. 이승만 대통령이 하야하고 1960년 7월 민주당 정권이 집권하면서 박정희의 사상에 대한 논란이 불거졌고 육군본부 작전참모부 부장에서 제2군 사령부 부사령관으로 좌천되었다.

이승만 대통령이 하야한 후 민주당(대통령 윤보선, 장면 내각)이 정권을 잡은 다음에도 정국은 물론 사회적으로 더욱 혼란스러워졌다. 정치적으로는 민주당과 신민당 간의 정치적 갈등은 말할 것도 없었고 민주당 내부에서도 갈등이 계속되었다. 매일 수십 건의 데모가 일어났다. 4·19혁명 이후 5·16 군사혁명이 일어나기 전까지 1년간 약 2천여 건의 데모가 있었다. 연일 각종 데모가 끊이지 않자, 데모를 그만하자는 데모도 일어났다.

게다가 데모 중에 반미구호가 등장하자 주한 미군 사령부에서는 공산주의자들의 반미운동이 확산될까 우려하였다. 특히, 일부 공산주의 정치인들과 학생들은 민족 자주와 통일을 주장하면서 남한의 체제를 위협하기에 이르렀다. 그럼에도 장면 정권은 분출하는 국민들의 욕망과 혼란을 제대로 수습하지 못해 나라는 거의 무정부 상태였고 경제는 피폐해져 국민들은 가난과 굶주림에서 허덕였다. 이러한 상황에서 가난과 굶주림에서 벗어나겠다는 목표로 일어난 쿠데타는 많은 사람들의 지지를 얻었다. 쿠데타에 반대하던 주한 미군이 실시한 여론조사에 의하면 응답자 중 60% 이상이 쿠데타를 지지했다고 한다.

1961년 5월 16일 새벽에 박정희 소장은 장교 250여 명, 사병 3,500여 명과 함께 한강을 건너 서울의 주요 기관을 점령하였다. 군사혁명위원회를 조직하여 전권을 장악하고, 군사혁명을 일으키게 된 이유와 6개 항의 '혁명 공약'을 발표하였다. ①반공을 국시의 제일로 삼고 반공 태세를 재정비하여 강화하고, ②미국을 위시한 자유 우방과 유대를 공고히 하며, ③모든 부패와 구악을 일소하고 청렴한 기풍을 진작시키며, ④민생고를 시급히 해결하고 국가 자주 경제의 재건에 총력을 경주하며, ⑤국토 통일을 위하여 공산주의와 대결할 수 있는 실력을 배양하며, ⑥양심적인 정치인에게 정권을 이양하고 군은 본연의 임무로 복귀한다는 것이었다. 박정희는 혁명과업의 상당 부분을 완수했지만 군인으로 돌아가지 않았다.

제2차 세계대전 이후 전 세계에서 수많은 군사 쿠데타가 일어났다. 나라를 구하고 백성들을 빈곤으로부터 구한다는 이유로 쿠데타를 일으켰으나, 대부분이 독재자로 전락하여 권력과 부를 독차지하려고 하였고, 국가 경제를 더욱 후퇴시켜서 국민들의 생활을 더욱 어렵게 하기도 하였다. 역사에 따르면 수많은 군사 쿠데타 중에서 진정으로 나라와 백성을 구제한 혁명이 5개 정도 있다고 주장된다. 일본의 메이지 유신(明治維新), 튀르키예의 케말 파샤(Kemal Pasha), 이집트의 나세르(J. A. An-Nāsir), 페루의 벨라스코(J. Velasco), 그리고 대한민국의 박정희다.

박정희는 조국 근대화와 민족중흥을 국가 목표로 삼고 앞장서서 국민들을 이끌었다. 박정희의 통치 철학은 가난 추방이었고, 그의 경제 철학은 경제발전이었으며, 경제발전은 국가안보와 통일의 기초이자 민주주의의 초석이었다. 박정희 대통령은 재임 18년 동안 1인당 국민소득을 68달러에서 1,852달러로 끌어올림으로써 누구도 부정할 수 없는 '한강의 기적'의 주역이 되었다.

박정희 대통령은 재임하면서 경제 규모는 30.5배, 국민소득을 27배나 증가시켰으며, 중진국으로 진입할 수 있는 기반을 마련하였다. 게다가 국민들로 하여금 도전정신과 자부심을 가질 수 있게 했다. 그 결과 국민소득이 1만 달러를 달성하는데, 일본은 100년, 미국은 180년, 영국은 200년이 걸렸지만, 우리는 30년 만에 해냈다. 박정희 대통령의 통치술에 대해서는 경제체제에 상관없이 많은 나라의 지도자들이 한결같이 박정희 대통령을 존경스럽고 본받을 지도자로 꼽았으며, 박정희식 경제 모델을 벤치마킹했다. 그는 절대 빈곤으로부터 백성을 구하고 나라를 일으켰기에 국민의 은

인으로 추앙된다.

　박정희 대통령은 세계에서 가장 낙후되고 희망이 없는 나라를 가장 역동적인 나라로 탈바꿈시켰다. 1961년 한국의 1인당 소득이 82달러였었는데 1,546달러로 증대했고, 국민총생산의 경우 1961년의 20억 달러에서 1979년 630억 달러로, 수출은 같은 기간 중 4,100만 달러에서 150억 달러로 증대했다. 남과 북의 1인당 GNP가 82달러 대 320달러로 북한이 월등히 앞섰으나 박대통령 집권 9년 만인 1970년 남북의 1인당 GNP는 1970년에 역전됐다. 1961년 한국의 1인당 국민소득 82달러는 세계의 독립국가 125개국 중 101위로 우간다, 방글라데시, 에티오피아, 토고, 파키스탄과 엇비슷했고 북한의 320달러는 50위였다.

　대부분의 정치 지도자들이 그러하듯 박정희 대통령도 한강의 기적 창출자와 독재자라는 평가가 엇갈리기도 한다. 박정희의 리더십은 서구 민주주의의 잣대로 보느냐, 개발 도상국가를 건설하기 위한 강압적인 리더십으로 보느냐에 따라 크게 달라진다. 후발 개도국이 국가를 건설하는 과정에서 안보와 경제와 정치는 서로 연관되어 있다. 후발 개도국이 국가를 성공적으로 발전시키기 위해서는 자유민주 정치가 어느 정도 제한될 수밖에 없기 때문이다. 박정희 대통령을 평가하는데 있어 산업화와 민주화 중에서 어느 것을 더 중시하느냐에 따라 평가가 달라지는 이유이다.

　많은 사람들의 비난에도 불구하고 박정희 정부가 장기간 통치할 수 있었던 것은 더 많은 사람들이 산업화를 더 요구했기 때문이었다. 지금도 그렇지만 당시에는 대부분의 사람들이 민주화가 뭔지도 몰랐고, 먹고사는 것을 더 중시하였다. 게다가 장면 내각 시절에 자신의 잇속만 채우기 위한 정치인들로 인해 사회는 더 혼란스러워지고 국민들의 생계는 더욱 어렵게 되었다. 이러한 상황에서 많은 사람들이 먹고사는 문제, 즉 산업화를 더 중시한 것은 당연했다. 민주화가 모든 사람들에게 밥을 먹여주는 것은 아니고, 배가 불러야 민주화고 자유화를 외칠 수 있는 것이다. 그럼에도 일부 민주투사들은 민주화를 이유로 나라를 혼란스럽게 했고 백성들의 생계를 어렵게 했다. 이러한 상황에서 국민들이 잘 먹고 잘 살 수 있는 강력한 리더십을 지닌 지도자를 요구하는 것은 혁명 역사에서 자주 볼 수 있다.

우리는 박정희 대통령을 좀 더 올바로 이해하기 위해서는 다음을 고민할 필요가 있다. 박정희가 아니었다면 경제개발이 가능했을까?. 박정희는 정경유착을 했는가? 박정희는 노동자를 착취했는가? 박정희는 지역감정을 조장했는가? 한일 국교 정상화가 매국이고 친일파의 원조이며 굴욕 외교인가? 반공을 강조하는 것이 반민주이며 독재자인가? 무엇이 새마을운동을 성공시켰는가? 문화와 예술 진흥을 통해 민족을 중흥시켰는가? 등이다. 역사는 과거에서 과거를 보고, 현재에서 현재를 봐야 한다. 그래야 객관적 평가가 가능하기 때문이다.

인간 박정희는 참으로 청렴했다. 죽은 후 남긴 것은 5·16 혁명 당시 소유하고 있던 집밖에 없었고 부패했다는 비난을 받은 적이 없다. 집념이 강하고 자신감이 넘치는 지도자였다. 사심(私心) 없는 자기희생적 지도자로서 국민의 신뢰와 존경을 받았다. 삶은 검소하였지만 비전은 원대했다. 모든 것을 잘 파악했고 그리고 확실하게 장악했다. 뛰어난 지능을 가졌고 무엇이든지 신속히 학습할 수 있는 능력을 지녔다. 방종에 빠지지 않고 나라를 위해서 모든 정열을 바쳤다.

난관과 시행착오를 특유의 통치력으로 극복하다

박정희 군사정부가 정권을 잡은 초기부터 모든 정책을 성공적으로 완수한 것은 아니었다. 무력으로 집권한 군사정부는 국가재건최고회의(國家再建最高會議)를 만들어 모든 개혁 작업을 관리하면서 신속하고 과감하게 추진하였다. 군사혁명 정부는 부정부패를 몰아내고 가난과 절망에 빠진 국민들을 구제하여 민심을 얻는 것이 시급하다고 판단했고 충만한 개혁 의지로 용감하게 결단하고 추진하였다. 그러나 집권 초기에 의욕만 앞세워 추진한 크고 작은 정책들이 졸속이거나 실패한 것들이 적지 않았다. 화폐개혁, 제1차 5개년 경제개발계획, 증권 파동, 워커힐 사건, 새나라 자동차, 인천 제철소 투자 등이 대표적이다.

이 중에서 가장 대표적으로 실패한 것이 화폐개혁이었다. 군사정부는 제1차 경제개발5개년계획을 성공적으로 추진하기 위해서는 재원이 필요했는데, 화폐개혁을 통해서 그 재원을 마련하기로 하였다. 화폐개혁을 하면 당시 시중에 돌고 있는 화교(華僑) 자금과 검은돈을 제도권으로 끌어들여 자금을 충당할 수 있다고 판단했다. 하지만 군사정부는 화폐개혁에 대한 지식이 없었으며, 그것이 얼마나 충격적인 정책인지를 전혀 알지 못했다. 군사정부는 미국의 원조에 의존하고 있는 나라가 주요 경제정책을 결정할 때는 미국의 협조가 있어야 한다는 사실도 알지 못했다. 그렇지 않아도 쿠데타 정권을 탐탁지 않게 여기던 미국에서는 부산과 인천항의 잉여 농산물 하역 작업을 중단시키고 화폐개혁을 철회하지 않으면 식량 원조를 중단하겠다고 엄포를 놓았다. 결국 화폐개혁은 엄청난 부작용만 초래하다가 전면 백지화하였다.

제1차 5개년경제개발계획도 군사정부가 미국의 지지를 제대로 얻지 못한 상태에서 지나치게 성급하게 추진하다가 시행착오를 반복하였다. 박정희 대통령은 집권 6개월 후에 미국을 방문하여 케네디 정부에 자금 지원을 요청했으나 보기 좋게 거절당했다. 모든 걸 군사작전하듯이 밀어붙이려고 하였고, 엉성하게 짜인 계획에 자금도 없어 제대로 되는 일이 없었다.

하지만 박정희 대통령은 이러한 실패와 시행착오, 학습 등을 통해 자신의 생각을 나름대로 정리하였다. 박정희는 경제에 관한 지식이나 식견은 없었지만, 가난에서 벗어나야 하겠다는 집념은 대단하였다. 조국 근대화와 민족중흥을 위한 박정희식 경제발전 모델이 점차 윤곽이 그려지기 시작하였다.

박정희 대통령은 국가 발전을 위한 집념과 과감한 추진력, 독특한 리더십을 지녔다. 박정희 대통령의 용병술은 누구도 흉내 낼 수 없을 정도로 탁월했다. 그는 사람을 보는 눈이 뛰어났고, 발탁한 사람들 하나하나가 국정 운영의 기둥으로 제 역할을 했다. 적재적소에 사람을 썼고, 기용한 사람은 믿고 맡겼다. 박정희 대통령은 상대가 누구든 늘 경청하는 자세를 가졌다. 특히 친인척이 이권이나 인사에 개입하는 것은 철저하게 막았다. 그는 무엇이든지 신속히 학습할 수 있는 능력을 지녔다. 모든 것을 제대로 파악하고 확실하게 장악했으며, 집념이 강하고 자신감이 넘치는 지도자였다.

박정희 대통령의 통치 방식은 독창적이면서 독특하였다. 그는 조국 근대화와 민족중흥이라는 국가 목표를 달성하기 위해 자신만의 독특한 국정 운영 방식으로 단계별로 추진해 나갔다. 그는 국정 목표를 정하면 이를 실천 가능한 계획을 수립하여 실행에 옮겼다. 이때 대통령은 국가 시스템을 최대로 활용하였고 필요시에는 전문가들의 조언을 구했다. 정책을 결정하면 우선 가장 중요한 목표를 수치화하고, 이 목표를 달성하기 위해 각 부처의 역할을 구체화하고, 인사를 적재적소에 배치하여 역량을 집중할 수 있게 하고, 집행과정을 제도적으로 확인하고 점검하여, 수정과 독려를 되풀이하였다.

박정희 대통령은 모든 정책의 목표 설정을 확실하게 한 다음, 목표 달성

여부를 확인하기 위해 반드시 현장을 방문하는 현장 중시의 리더십을 발휘하였다. 그의 통치 기간 중 수 많은 정책들이 성공할 수 있었던 것은 그만이 갖고 있던 독특한 통치 방식 때문이었다. 특히 대통령은 명령은 5%이고 확인과 감독은 95%라고 생각하고 지시에 이어 현장 확인을 더 중요하게 여겼다. 박 대통령의 최대공로는 '하면 된다는 정신(can-do-spirit)'을 심어준 것이다.

박정희 대통령은 국가 목표를 달성하기 위해서 매년 실천 가능한 시정 목표를 정하고 연두기자회견을 통해 발표하여, 국민들의 역량을 한 곳으로 모을 수 있게 하였다. 시정 목표는 우리나라를 둘러싼 국제 정세와 상황을 고려하여 결정하였는데, 이는 정부와 국민들이 반드시 완수해야 될 목표이자 국민들의 삶의 지표가 되었다. 예를 들어, 1965년도 시정 목표는 '수출', '증산', '건설'이었고, 1975년도 시정 목표는 '국가안전 보장의 공고화', '경제 난국의 타개', '국민총화 체제의 확립'이었다. 그는 국가의 장기 목표를 달성하기 위해 매년 시정 목표를 정한 후 이를 추진해 나갔다. 경제개발5개년계획, 수출 진흥 계획, 식량 증산 10개년 계획, 전원개발 5개년 계획, 산림녹화 10개년 계획, 전자 공업 육성 5개년 계획, 국군 현대화 계획 등이 그것이다.

대통령은 국정 목표를 달성하기 위해 다양한 방식을 활용하였다. 주로 연두기자회견(연두교서), 중앙정부 부처와 각시도별 연두 순시 및 보고, 국가 시책에 부합하는 휘호 수여, 훈시 등이다. 그는 매년 1월 초에 연두기자 회견을 열어 TV와 라디오 등을 통해 정부의 목표와 정책 방향을 발표하였다. 연두 기자회견을 통해 정부가 한 해 동안 추진하려고 하는 국정 목표를 국민들에게 알리고 이해시켜서 국민들의 관심과 역량을 결집시키기 위한 목적에서 매년 열었다.

연두 기자회견이 끝나면 그는 국정 목표와 정부 시책을 추진하는 중앙 부처와 지방정부를 방문하여 업무를 보고 받았다. 연두 순시를 통해 정책 추진 과정에서 드러난 문제점과 애로사항을 파악하여 정책을 수정하기도 했고, 참석한 공무원들을 격려하여 그들이 사명감과 자부심을 갖게 하였다. 대통령의 연두 순시와 업무 보고는 1962년부터 한 번도 거르지 않고 이루어졌다. 외국에서도 대통령의 연두 순시 및 업무 보고에 대해 아주 훌륭하고 효율적인 제도라고 평가하였다.

박정희 대통령은 국정 목표와 국민들이 가져야 할 행동과 자세 등을 인식시키고 국민들의 동참을 유도하였다. 박정희 대통령은 구호, 휘호 등을 통해 국민들과 함께 국정을 추진하였다. 그는 간결하고 독특한 붓글씨로 휘호를 써서 국민들이 국정 운영 방향이 무엇인지, 정부가 해야 할 내용이 무엇인지를 상기할 수 있게 하였다. 취임 직후부터 새해에 국정의 중심이 될 내용이나 국가가 지향해야 할 주요 목표를 휘호로 내렸다. 박정희 대통령은 정부와 국민들에게 새해의 국정 운영방침을 알려주고, 모든 구성원들을 대통령이 가고자 하는 방향으로 이끄는 뛰어난 통치력을 발휘하였다.

노벨상 감 새마을운동과 박정희 경제학

60대 이하는 전혀 모르는 것이지만 우리나라 70대 이상 연령층이 향수에 젖어 어슴프레 기억하는 것이 박정희 대통령 시절의 새마을운동이다. 새마을운동을 설명하기 전에 외국의 저명한 두 분 학자의 관찰과 새마을운동의 세계적 명성을 먼저 살펴보자.

천재 경제학자로 노벨 경제학상을 수상한 미국 컬럼비아대학 제프리 삭스(Jeffrey Sachs) 교수는 "한국의 성공에서 가장 흥미로운 것은 새마을운동이다. 전 세계 개발도상국들이 새마을운동을 배우고 있다. 새마을운동은 세계 빈곤퇴치의 모범 사례이다. 가난한 국가들이 새마을운동으로 빈곤을 퇴치한 한국을 본받으면 2015년까지 지구촌의 빈곤이 절반으로 줄어들고, 2025년이면 대부분의 빈곤을 퇴치할 수 있을 것이다"라고 극찬하였다. 《강대국의 흥망》을 저술한 역사학자 미국 예일대 폴 케네디(P. M. kennedy) 교수는 "세계 최빈국의 하나였던 한국이 박정희의 새마을운동으로 불과 20년 만에 세계적인 무역국가가 되었음을 경이롭게 바라볼 수밖에 없다. 개발도상국 중 대표적 승자로 한국의 박정희 시대를 지목한다"라고 하여 한강의 기적이 새마을운동 덕분임을 강조하였다.

박정희 대통령의 치적 가운데 가장 널리 세계적으로 유포된 것은 새마을운동이다. 100개국이 넘는 나라에서 국가의 발전 모델 본보기로 삼았으며, 2013년엔 이순신의 난중일기와 더불어 새마을운동 기록물이 유네스코 세계기록유산 등재 결정이 이뤄졌다. 새마을운동은 UN과 덩샤오핑이 벤치마킹한 사업이었다. 반기문 UN 사무총장은 취임 후 새마을운동을 본떠 새천년 마을계획(Millennium Villages)이란 아프리카 빈곤퇴치 프로그램을 추진하였으며, 중국의 덩샤오핑은 새마을운동 관련 서적들을 중국어로 번역해 당 간부들에게 나눠주며 적극 활용하도록 독려했다고 한다.

조선일보는 2008년 한국갤럽에 의뢰해 '건국 60주년 특별 여론조사'를 실시했다. 건국 60년 동안 우리 민족의 가장 큰 업적은 새마을운동(40.2%)이 꼽혔고 2위는 1988년 서울 올림픽개최(30.1%), 3위는 경제개발 5개년 계획 및 중화학 공업 육성(29.9%)이었다. 경부고속도로 건설(18.8%)과 2002년 월드컵 개최 및 4강 달성(15.1%)이 각각 4~5위였다. 박정희 대통령이 추진한 새마을운동, 경제개발 5개년 계획 및 중화학 공업 육성, 경부고속도로 건설이 1위 3위 4위로 박 대통령의 치적의 대단함을 웅변으로 보여주고 있다.

박정희 대통령은 1969년 8월 초 수해 현장을 시찰하기 위해서 부산으로 가던 도중 철도변에 있던 경북 청도군 청도읍 신도1리 마을을 보게 되었다. 아주 잘 정돈되고 깨끗한 마을을 보고 기차를 후진시켜서 시찰하였다. 살림은 울창했고 말끔하게 개량된 지붕과 잘 닦인 마을 안길에 깊은 감동을 받았다. 더욱 놀라운 것은 수해 현장을 마을 사람들이 합심하여 복구를 진행 중이었다. 그 마을은 1957년부터 독자적으로 마을 환경을 개선해 왔다. 이 마을 관련 모든 것이 박대통령에게 보고되었고 신도1리는 새마을운동의 효시가 되었다.

1970년 4월 22일 전국지방장관회의에서 박 대통령은 신도 마을을 수차례 소개하며 새마을운동이 닻을 올렸다. "하늘은 스스로 돕는 자를 돕습니다. 농민들이 자발적으로 나서서 4,000년 묵은 가난을 몰아내도록 의욕을 불러 일으켜야 합니다. 먼저 농촌의 생활환경을 바꾸는 '새마을 가꾸기' 사업부터 벌려봅시다"라고 역설했다. 1970년 5월 새마을운동에 대한 추진 방안을 마련하였다. 농촌을 발전시키겠다는 염원과 성공적인 마을 가꾸기 사례 등을 토대로 박정희 대통령은 새마을운동을 전개하였다.

박정희 대통령은 1971년 전국 33,267개의 리와 동에 시멘트 335부대씩 지원하였다. 그리고 지원받은 시멘트로 동네를 적극적으로 개선한 마을을 선별하여 시멘트, 철강 등을 추가로 지원하고 전기를 가설해 주는 등 인센티브를 주었다. 마을간 선의의 경쟁을 유도하여 새마을운동에 적극 동참하게 하였다. 1차 연도에 실적이 좋았던 16,000개 마을에 시멘트와 철근 1톤씩을 배분했다. 새마을 사업의 관심도와 실적을 올리기 위해 참여도에 따라 기초마을, 자조마을 그리고 자립마을 등 세 유형으로 구분하고 경쟁을 불러 일으켰다.

잘 하는 마을에는 더 많은 지원을 해주자 자연히 서로 경쟁의식이 생겨 더욱 열심히 노력하게 되었다. 또한 우수 마을에 대해서는 포상금을 두둑이 주고 마을에 전기를 설치해 주는 등 문화생활을 지원하기도 했다. 마을의 좁은 도로를 넓히고 교량을 건설하거나 둑을 개보수하여 마을의 근대화가 이뤄지기 시작했다. 1975년에는 전국 농가의 초가지붕이 사라지고 함석과 슬레이트 그리고 기와 등으로 대체되었다. 1979년에는 전국 농가에 상수도가 설치되었고 식수가 원활히 공급되어 콜레라나 장티푸스 같은 전염병도 사라지게 되었다.

박 대통령은 수시로 새마을운동 현장을 시찰하여 실태를 점검하고 파악하였다. 1972년 4월에는 새마을 노래를 직접 작사, 작곡하여 매일 아침저녁으로 방송하게 함으로써 새마을운동을 각인시켰다. 내무부와 대통령 비서실에 새마을 담당관실을 설치하여 추진 과정을 직접 살폈으며 마을 지도자 연수원을 설치하고 교육을 실시하였다. 새마을 교육은 새마을운동의 목적과 내용을 이해시키고, 새마을운동을 잘 추진한 마을을 발굴하고, 성과를 낸 마을의 새마을 지도자의 경험을 듣고, 사례에 대해서 분임 토의하는 방식으로 진행하였다. 새마을 교육에서는 지도자와 사회 지도층, 공무원들이 합숙 교육을 하면서 새마을 정신을 전국적으로 확산시켰다.

새마을운동은 농촌 마을의 환경정비부터 시작하였다. 주로 마을 입구의 도로 확충, 마을 안길 넓히기, 공동우물 파기, 주택 및 지붕 개량, 화장실 개량, 소하천 정비 등을 추진하였다. 이로써 농어촌의 주거환경이 획기적으로 개선되었다. 특히 농한기에는 가마니 짜기, 새끼 꼬기 등을 독려했고 이를 정부에서 전량 구입해 주었다. 그러자 농한기의 골치꺼리였던 도박, 술주정 등 퇴폐적인 모습들이 사라졌다.

주민들은 농촌 환경개선 사업에 머물지 않고 "우리도 한번 잘 살아보자"는 마음가짐으로 소득증대 사업에 관심을 가지기 시작하였다. 새마을운동

은 농촌의 환경 개선은 물론 주민들의 사고를 혁신적으로 바꾸었으며 소득
도 증대되었다. 실제로 농가의 연평균 소득은 1970년 25만원에서 10년 후
인 1979년 223만원으로 10배 정도 증가하였다. 새마을운동은 도시와 직
장으로 확대되어 전 국민이 근면(勤勉), 자조(自助), 협동(協同)을 생활화하는
의식개혁 운동으로 발전해 나갔다. 새마을운동은 가난한 농촌을 구하기 위
한 사상 및 계몽 운동이었다.

　일부에서 새마을운동은 박정희 대통령이 장기 집권하기 위한 전략에 불
과하다고 비난하기도 하였다. 새마을운동은 1969년 3선 개헌을 통과시킨
다음 해에 시작되었으며, 새마을운동이 한창 진행 중이던 1972년 10월에
는 비상계엄을 선포하고 국회를 해산시키고 유신을 선포했기 때문이다. 게
다가 박정희 대통령도 새마을운동을 유신과 같은 선상에서 보기도 하였다.
이러한 상황에서 새마을운동은 유신을 통한 장기 집권을 정당화시키기 위
한 민중 동원 캠페인에 불과하다는 것이다. 새마을운동 초창기에는 박정
희 대통령과 공무원들이 앞장서서 주민들을 독려하기도 했으나 점차 생활
이 개선되고 소득이 증대하면서 주민들이 자발적으로 참여하기 시작했다.
새마을운동은 농어촌이 잘살기 위한 계몽운동으로 유신은 전혀 관계가 없
었다.

　새마을운동이 왜 성공하였을까? 두 가지 요인이 작용했다. 첫째 요인은
차별적 지원이었다. 보통 정부의 재정지원에 의한 정부의 개입은 부정적
효과를 낳는다. 그런데 정부 지원에도 불구하고 새마을운동이 놀라운 성
과를 창출한 것은 정부가 지원을 차별적으로 해 더 잘 하려는 유인이 작용
했었기 때문이었다. 둘째는 이웃 마을과 새마을 혁신을 경쟁하는 '기업가'
로서 새마을 지도자를 양성한 때문이다. 행정체계 속의 이장(里長)과 별개로
각 마을에는 새마을로의 혁신을 주도하는 '새마을 지도자'를 두었다. 새마

을운동이 마을을 공유재산과 공동사업의 주체로 즉 '법인'으로 재편성했는데 새마을 지도자는 '법인'의 지도자였다. 행정을 담당하는 이장(里長)이 아니라 새마을 지도자가 마을혁신 경쟁을 주도했다는 것은 국영기업이 아니라 민간기업이 중화학 공업화를 수행했던 것과 비슷하다.

새마을운동은 박정희 대통령이 직접 고안해서 시작했을 뿐 아니라 스스로가 새마을 지도자를 자처하였다. 새마을 정신을 고취시키기 위해 새마을 노래도 직접 작사·작곡하기도 했다. 박정희 대통령은 국민들의 정신세계를 아우르기 위해 근면, 자조, 협동 등을 강조하면서 박정희판 도덕 재무장 정신 운동을 하려고 했다.

다소의 논란이 있었지만 결과적으로 크게 성공하였다. 새마을운동을 통해 농촌의 소득이 증대되고 마을이 정비되고 살기 좋은 농촌으로 발전하면서 전국적으로 호응을 얻기 시작했다. 국민들이 '하면 된다'는 자신감을 가지면서 새마을운동은 전국적으로 확산되었고, 이는 경제개발5개년계획과 더불어 한국이 근대화하는 견인차 역할을 하였다. 새마을운동은 수십 년이 지난 지금도 각종 여론조사에서 대한민국 정부 수립 이후 국가 발전에 가장 커다란 영향을 미친 정책으로 꼽힌다. 박정희 대통령이 주도한 새마을운동으로 농촌들은 물론 도시들도 획기적으로 발전하였다.

세계적 전략가이자 미래학자 허만 칸(Herman Kahn)은 1976년에 출판된 저서 《1979년 이후의 세계에서》 한국의 경제개발계획과 새마을운동을 언급하면서 "한국이 10대 경제대국이 될 것"이라고 예측했다. 1994년 경향신문사가 여론조사에 해방 이후 우리나라에서 가장 잘된 정책이 무엇이냐고 물었는데, 응답자의 78%가 새마을운동을 꼽았다. 4년 뒤 조선일보의 조사에서 45.6%, 동아일보의 조사에서 50.5%가 새마을운동이 역대 정부의 가장 훌륭한 업적으로 평가했다.

박정희 기념재단이사장을 역임했던 좌승희 박사는《새마을운동은 왜 노벨상감인가》란 제목의 책을 출판하여 새마을운동이 노벨상을 받기에 충분하다고 역설하였다. 성과주의, 경제적 차별화 원리, 그리고 차별적 인센티브 시스템에 대한 연구에 대한 기여로 모두 5명의 경제학자에게 2002년 2017년 2019년에 노벨경제학상이 수여되었다. 그들보다 40여 년도 전에 박정희 대통령은 성과주의, 경제적 차별화 원리 그리고 차별적 인센티브 시스템에 기반하여 새마을운동을 추진하였고 이처럼 새마을운동이 세계가 놀랄만한 성과를 창출하였는데도 왜 새마을운동에 대해 노벨경제학상위원회가 이를 인지하지 못하는지에 대해 좌승희 박사는 다수의 저술을 통해 통탄하고 있다. 좌승희 박사가 주창하는 '박정희 경제학'의 요체는 "'스스로 돕는 기업과 새마을을 우대한다'는 '경제적 인센티브 차별화 정책'으로 기업과 새마을을 육성하여 고성장과 일자리 창출, 포용적 동반성장을 이끌고, 비교우위는 물론 지역균형개발을 고려한 산업공단과 도시의 종합개발로 지역균형발전을 이끌었다. '하늘은 스스로 돕는 자를 돕는다'는 성과와 효율을 생명으로 하는 '진성 자본주의 경제의 원리를 현실의 경제정책으로 구현함으로써 국민 모두를 '하면 된다'는 성취의 열망이 충만한 '자조하는 국민'으로 변신시켰다"는 것이다.

박정희 대통령 이후 우리나라 경제정책은 "박정희 경제학과는 반대로 성장보다 분배를 강조하고 균형과 평등을 강조하면서 성과와 효율을 중시해야 할 경제성장 정책이 공평한 지원이라는 이름하에 스스로 돕는 자를 폄하하는 '평등주의적 사회정책'으로 변질되는 과정"이라는 것이 좌승희 이사장의 통탄이다. "오늘날에는 기업정책 뿐만 아니라 수월성과 효율성을 강조해야 할 대부분의 국가 경제정책분야에 있어서도 정부의 지원정책이 성과와 수월성을 무시하는 '평등지원정책'으로 변질되었다. 이런 변화의 흐름은 질적 수월성을 추구해야할 고등교육정책, 과학기술육성정책 등 R&D정책 분야"에 깊게 침투한 것이 오늘날 우리 경제의 고질적 문제인 저성장과 분배 악화의 씨앗이라 것이 좌승희 박사의 진단이다.

지난 30여 년간 우리 경제는 계속 쇠퇴의 길을 걷고 있다. 지도자도 정책 관료들도 쇠퇴에 대해 속수무책이다. 참으로 안타깝다. 박정희 대통령이 정확한 이론과 정책으로 세계가 부러워하는 기적을 창출했었다. 세계의 역사에 답이 있고 대한민국의 역사에서 교훈이 정확히 자세하게 그리고 체계적으로 제시되어 있다. 박정희 경제학을 다시 부활하기만 하면 된다.

경제개발 5개년 계획, 한강의 기적을 이루다

박정희 대통령은 제1차 경제개발 5개년 계획을 추진하면서 재원이 없으면 아무것도 할 수 없다는 사실을 절감하였다. 달러를 벌어들이는 길은 수출 밖에 없다고 판단하고 '수출 제일주의', '수출만이 살길이다' 등을 국정 목표로 삼았으며 수출 증대를 위해 국가의 모든 역량을 총동원하였다. 박정희는 1964~1970년까지 수출 제일주의를 천명하고 수출 목표를 10억 달러로 세웠다. 이 목표가 달성되면 국민들의 생활고가 어느 정도 해결되고 경제 자립을 위한 기초가 마련된다고 보았다.

1973~1980년에는 전 산업 수출화를 내걸고 100억 달러의 수출을 목표로 하였다. 이러한 목표가 달성되면 국민1인당 GNP가 1천 달러가 되어 의식주 문제가 해결되고 중화학 공업 국가가 된다고 내다보았다. 이와 같은 수출 목표를 달성하기 위해 경제관료, 공무원, 기업가, 노동자들은 외화를 벌어들이기 위해 쉬지 않고 밤낮으로 일하였다.

수출을 증진하기 위해서 박정희 대통령은 1965년 2월부터 수출진흥확대회의를 개최하였다. 대통령이 직접 주재하였으며 경제부처 장관, 주요 경제단체장, 은행장, 수출업계, 학계 등의 대표적 인사들이 모여 수출을 확대하기 위한 방안을 논의하고 문제점을 해결해 나갔다. 오로지 수출과 경제발전만을 위한 수출진흥확대회의는 수출 진흥에 절대적인 공헌을 하였다. 박정희 대통령은 매달 열리는 수출진흥확대회의에 15년간 한 번도 빠지지 않고 참석하여 수출을 독려하고 확인하였다.

수출진흥확대회의에서 수출 전략 품목을 정하고 추진하였다. 그 과정에서 정부와 기업인들은 중소기업들의 수출을 위한 다양한 의견을 수렴하면서 지혜를 모았는데, 그 중에서 가장 대표적인 것이 가발 수출이다. 머리카락을 그대로 수출하기보다는 가발을 만들어 수출할 경우 훨씬 더 많은 이득을 얻을 수 있다는 중소기업의 건의를 받아들여 가발 수출을 적극 지원하였다. 그 결과 미국의 가발 시장은 한국이 독점하다시피 하였다. 1970년 가발 수출액은 당시 전체 수출액 10억 달러의 10%를 차지하였다. 당시 가발은 우리나라 단일품목 수출품 가운데 의류, 합판에 이어 세 번째로 큰 규모였다.

모든 경제 주체들이 수출 증대에 매진한 결과 1964년 11월 30일에 수출액 1억 달러를 달성하였는데, 이날을 수출의 날로 지정하고 초과 달성한 기업인들에게 산업훈장을 수여하였다. 금탑, 은탑, 동탑, 철탑 등으로 구분하여 기업인들이 더욱 분발하도록 촉구하였다. 박정희 정부의 계획적이고 강력한 수출 지원정책에 힘입어 수출 증가율이 연평균 40%에 달했는데, 이는 세계 역사상 유례가 없는 일이다. 이러한 노력으로 5·16 군사혁명 당시 연간 4천만 달러에 불과하던 수출액이 1971년에는 10억 달러, 1977년에는 100억 달러, 1979년에는 150억 달러를 초과 달성하였다. 수출 증대를 위해 박정희 대통령이 몸소 앞장서서 진두지휘를 하고 모든 경제 주체들이 혼연일체가 되었기 때문에 가능하였다.

경제개발 5개년 계획은 정부가 앞장서서 국가의 경제 발전을 위해 5개년 단위로 수립, 실행하는 것이었다. 개발도상국이나 사회주의 국가에서 많이 사용된다. 박정희 정부가 한국 경제를 중진국 수준으로 발전시킬 수 있었던 것은 4차에 걸친 경제개발 5개년 계획을 과감하게 수립하고 시행했기 때문이다. 박정희 소장은 구데타로 정권을 잡은 후 국가재건 최고회의 의장으로 취임하자마자 장면 내각의 경제개발 5개년 계획을 보완하여 실행하였다. 경제기획원 장관을 부총리로 격상시키고, 각 부처에 분산되어 있는 경제정책 수립 기능을 흡수하여 경제개발을 총괄하도록 하였다.

박정희의 경제개발 5개년 계획은 이승만 정부에서 세웠던 경제개발 3개년 계획(1960-1962)이 장면내각이 출범하면서 경제개발 5개 계획(1961~1966)으로 수정되어 계승되었고, 5·16 군사 쿠데타로 집권한 박정희가 실행한 것이다. 정권이 바뀌었으나 경제개발을 위한 정책의 일관성은 유지되었다. 요즘의 정권처럼 과거 정부의 정책을 무조건 폐기시켰다면 한강의 기적은 일어나지 않았을 것이다. 박정희는 국익을 위한 것이라면 과거 정부의 정책도 과감히 사용하는 지도자였다. 박정희 정부에서 1962년부터 1966년까지 1차 계획을 시작으로 1981년 4차 계획을 거치면서 중진국으로 도약할 수 있었다. 그 과정은 수많은 시행착오의 연속과 난관의 극복 과정이었다. 경제개발 5개년 계획의 핵심 방향은 공업화를 중심으로 한 수출 입국 성장 전략이었다.

제1차 경제개발 5개년 계획(1962~1966)은 경제개발을 국정의 중심과제로 삼고 극심한 가난에서 탈출하여 자립 경제를 달성하기 위한 기반을 마련하는데 있었다. 주요 정책으로는 전력·석탄 등 에너지 공급원을 확보하고, 사회간접자본 시설을 확충하여 경제개발의 토대를 마련하는 것이었다.

초기에는 풍부한 노동력을 이용하여 경공업 중심으로 발전시켰다. 그리고 농업 생산력을 확대하여 농업소득을 증대시켰으며, 수출을 늘려 국제수지의 균형을 달성하고 과학기술을 진흥시켰다. 또한, 이 시기에는 월남전 파병, 파독 광부와 간호사 등으로 외화를 벌 수 있게 되었다.

남북한이 대치한 상황에서 박정희 정부는 경제적 우위를 확보하는 것이 시급한 과제였다. 1960년 12월 당시만 하더라도 남한의 1인당 GNP는 82달러, 북한은 195달러였다. 남한의 경제가 북한보다 3~5년 정도 뒤처져 있었다. 박정희는 혁명정부라는 취약한 권력 기반을 강화하고 정통성을 확보하기 위해서 경제적 성공이 반드시 필요했다. 하지만 경제여건이 너무 취약했고 자원과 경험이 부족하였고, 의욕만 지나치게 앞세우다가 많은 시행착오를 겪기도 했다. 게다가 농산물 흉작, 정치적 혼란, 미국의 농산물 원조 중단(1963), 자금 부족 등 장애요인이 한두 가지가 아니었다. 수많은 난관에도 불구하고 정부 주도의 수출 증대와 공업화에 집중투자하면서 연평균 8.5%의 성장을 달성하였다.

제2차 경제개발 5개년 계획(1967~1971)은 식량 자급화와 산림녹화, 화학·철강·기계공업의 건설에 의한 산업의 고도화, 10억 달러의 수출 달성, 고용확대, 국민소득의 비약적 증대, 과학기술의 진흥, 기술 수준과 생산성 향상등에 목표를 두었다. 이 목표를 달성하기 위한 소요 자금 중 외자가 14억2100만 달러였다. 이 중 6억 달러는 1965년 12월 한일 국교 정상화를 계기로 유입되었다. 1968년 2월에 경부 고속도로가 착공되었다.

이후부터는 산업 구조의 근대화가 추진되고 북한 경제를 추월하기 시작하였다. 공업구조가 고도화하면서 철강, 기계, 화학공업이 궤도에 오르기시작하였다. 박정희는 당시 라틴아메리카 등 개발도상 국가들의 전형적인핵심 성장 전략이었던 수입 대체산업 육성에서 과감하게 벗어나 수출주도의 중화학 공업을 추진하였다. 수출주도전략이 효과를 나타내면서 자립 경제와 기업의 국제화 기반이 확충되었다. 이 기간 중 연평균 경제 성장율은 11%였다. 하지만 식량은 여전히 부족하였다.

제3차 경제개발 5개년 계획(1972~1976)은 중화학 공업화를 추진하여 안정적 균형을 이룩하는 데 두었다. 하지만 1971년 8월 닉슨(R. M. Nixon) 대통령의 달러 방어 정책으로 인한 국제경제 질서의 혼란, 1973년 10월 중동 전쟁에 따른 석유파동 등으로 우리 경제는 심각한 타격을 입었다. 1972년 10월 유신 헌법 등으로 정치적 불안이 계속되는 가운데 오일 쇼크로 극심한 스태그플레이션과 외환위기, 금융시장 경색 등이 동시에 일어나면서 국제시장에서는 한국의 부도설이 나돌기도 하였다. 박정희 정부는 전력, 석유 등의 공급을 줄이고, 에너지 절약 운동을 펼치기도 하였다. 긴급 명령 조치를 통해 8·3 사채 동결 조치로 기업의 의욕을 고무시켰다. 어려운 고비에도 불구하고 외자도입의 급증, 수출 드라이브 정책, 중동 건설경기 등으로 난국을 극복하여 제3차 계획 기간 중 연평균 9.7%의 성장률을 달성하였다.

제4차 경제개발 5개년 계획(1977~1981)은 성장, 형평, 능률의 기조 하에 소득분배, 산업간 불균형을 극복하여 균형성장을 목표로 하였다. 사회개발을 통하여 형평을 증진시키며, 기술을 혁신하고 능률을 향상시킬 것을 목표로 하였다. 1977년엔 의료보험 제도를 도입하였다. 1977년 100억 달러 수출 달성, 1인당 국민총생산(GNP) 1천 달러가 되었다. 하지만 1978년에는 물가고와 부동산 투기, 생활필수품 부족, 각종 생산 애로 등의 문제점이 나타나기도 하였다. 1979년 제2차 석유파동이 일어나면서 경제 여건은 더욱 어려워졌고, 그해 10월 26일 박정희 대통령은 참모에 의해 시해되었다. 1980년에는 정국 혼란과 사회적 불안, 흉작 등이 겹쳐 마이너스 성장을 겪었으나 다행히 1981년에는 경제가 다시 회복세를 보였다. 1977년부터

1979년간 연평균 경제 성장률은 10.6%였다.

집념과 리더십으로 국가발전을 이루다

박정희 대통령은 경부고속도로를 건설하기 위한 계획을 세웠을 뿐만 아니라 직접 감독하고 확인하였다. 그가 1967년 7월 7일 경부고속도로 건설 계획을 발표하자, 야당 지도자와 정치권, 언론, 교수 등은 신랄하게 비난하였다. 심지어 여당 의원과 정부 관료들도 재정난을 걱정하며 반대하였다. 수많은 비난과 반대에도 아랑곳하지 않고 박정희 대통령은 조국이 근대화하기 위해서 고속도로가 반드시 필요하다고 판단하고 특유의 리더십을 발휘하였다. 총 428km의 경부고속도로를 1968년 2월에 착공하여 2년 5개월 후인 1970년 7월에 준공하였는데, 이는 세계 고속도로 역사상 가장 짧은 기간이다.

이는 박정희 대통령의 구상과 집념과 미래를 내다보는 선견지명, 현장 중시의 리더십과 공사에 참여한 기업과 근로자, 군부대 등이 일심동체가 되어 마치 군사작전 하듯이 밀어붙인 결과였다.

경부고속도로가 건설되자 전국은 1일 생활권으로 발전하였고, 우리 경제가 단기간에 고속 성장을 할 수 있는 토대를 마련하였다. 경부고속도로는 국토의 대동맥으로 한강의 기적을 대표하는 상징물이 되었다. 2022년 회계연도 국가결산 보고서에 의하면 국가의 유·무형 자산 중에서 경부고속도로의 가치는 12조 2천억 원으로 1위를 차지하였다. 박정희 대통령은 재임 중 최초의 고속도로인 경인 및 경수고속도로를 시작으로 모두 9개의 고속도로를 건설하였다.

포항제철 건설은 박정희 대통령의 과감한 결단력과 지도력, 적절한 인재

등용이라는 리더십과 용병술을 보여주었다. 그는 부존자원이 없는 한국이 수출 중심의 자립형 경제구조로 발전하기 위해서는 철강 산업이 반드시 필요하다고 보았다. 제철소 건설은 이승만 정부의 숙원사업이었으나 자금과 기술 부족, 정치적 혼란 등으로 추진하지 못했다. 박정희 대통령도 의욕은 넘쳤으나 자금과 기술이 없었다. 세계은행과 주요 선진국들은 후진국이었던 한국의 경제 실정과 기술력으로는 선진국 산업인 제철이 불가능하다고 지적하면서 자금을 빌려주지 않았다. 국내에서는 먹고살기도 어려운데 경부고속도로에 이어 또 포항제철을 건설하려고 하느냐는 비난이 일기도 하였다.

온갖 시행착오를 거듭하다가 다행히 일본 제철회사로부터 제철소 건설 및 운영에 필요한 기술을 제공받았다. 제철소 건설에 필요한 자금은 1965년 한일 협정에 의해 확보된 대일청구권(對日請求權) 자금으로 일부 충당하기로 하고 일본의 양해를 얻었다. 1970년 4월에 착공하여 약 1천 2백억 원이 투입된 포항제철은 3년만인 1973년 6월에 완공하였다. 그러자 그동안 무모하다는 비난, 의구심, 염려 등이 희망과 가능성으로 바뀌었다. 포항제철이 완공되면서 철강 제품을 저렴하게 제때 공급할 수 있게 되었고 조선, 자동차, 군수품 등 중공업이 급성장할 수 있게 되었다.

박정희 대통령은 국가 발전을 위해서 무엇을 해야 하는지를 알고 있는 선견지명과 과감한 결단력과 추진력을 지닌 지도자였다. 당장은 힘들더라도 때를 놓칠 수 없다는 판단에 따라 포항제철 건설을 과감하게 추진하였다. 대내외적으로 부정적 시각과 자금 부족 등의 어려움 속에서도 당시 철의 사나이로 불리는 박태준(朴泰俊)의 투철한 정신과 강력한 리더십이 그의 과업을 실현하는데 커다란 도움이 되었다. 박정희 대통령의 용병술과 박태준의 리더십이 오늘날의 포스코(POSCO)가 있게 하였다.

박정희 대통령은 1970년 1월 국방부를 순시하면서 국방력 배양을 위한 방위산업 육성과 국방과학 기술 연구가 시급하다고 강조하였다. 1968년 1월에는 30여 명의 무장 공비가 청와대를 습격하고 11월에는 120여 명의 무장 공비가 울진, 삼척 지역에 침투하는등 북한의 도발이 심해졌기 때문이었다. 그런 와중에 닉슨 독트린(Nixon Doctrine)과 더불어 주한미군 7사단이 철수하였다. 당시 남한군의 무기는 대부분이 재래식으로 북한보다 열세였으며 항상 남침의 위협이 있었다. 1970년 8월 국방과학연구소를 설립하여 무기를 개발하기도 하였다. 하지만 단기간에 최신형 무기 생산이 불가능하다는 걸 깨닫고 다소 시간이 걸리더라도 돌아가기로 한 것이었다.

박정희 대통령은 1973년 1월 연두 기자 회견에서 중화학 공업 육성 계획을 발표하였다. 철강, 비철금속, 기계, 조선, 전자, 화학 등을 전략업종으로 선정하였고, 업종별로 특화된 공단을 전국에 지정하였다. 그리고 8년간 총 88억 달러를 투입하여 1981년까지 1인당 국민소득 1,000달러와 수출 100억 달러를 달성하기로 하였다. 당시의 남한의 경공업 중심의 경제성장은 한계가 있었고 후발국들로부터 추격을 받고 있는 상황이었다. 하지만 중화학 공업 육성 전략은 단순한 경제정책이 아니었다. 중화학 공업 육성뿐 아니라 방위산업, 즉 무기 공장을 만드는 것까지 포함하였다. 즉 중화학 공업 육성은 곧 안보정책이었다. 당시 창원 기계공업 단지는 아예 무기를 생산하기 위해서 만든 신도시였다.

국내외 학자들과 언론에서는 중화학 공업에 지나치게 과잉 투자할 경우 한국경제가 망할 수도 있다고 비난하기도 하였다. 박정희 대통령은 수많은 반대와 비난을 무릅쓰고 과감하게 추진하였다. 중화학 공업은 엄청난 도전이자 위험 부담이 아주 큰 일종의 벤처사업이었다. 중화학 공업에 집중 투자하면서 대기업 중심의 산업구조가 가속화되고, 특혜시비와 정경유착 등에 대한 시비가 일기도 하였다.

1979년 10년 26일 박정희 정권이 붕괴되자 그동안 추진해 오던 중화학 공업 육성 정책은 추진 주체가 사라지면서 하루아침에 천덕꾸러기로 전락하였다. 박정희 정부가 그동안 이루어 놓은 수많은 업적들이 중화학 공업 투자 실패로 날아갔다고 아쉬워하는 사람들도 있었다. 하지만 시간이 지나고 구조조정을 거쳐 1980년 중반에 들어서면서 한국경제가 새롭게 도약하는데 중화학 공업이 결정적인 역할을 하였다. 중화학 공업은 이후 우리 경제가 지속적으로 성장하는데 견인차 역할을 했다. 2023년 우리나라가 무기 수출액은 약 140억 달러이고 세계에서 8번째로 무기 수출을 많이 하는 나라이다.

정치적 파멸을 무릅쓰고 한일협정을 체결하다

박정희 정부는 1965년 6월 22일 한일협정을 전격적으로 체결하였다. 1951년 미국의 종용으로 한일회담이 시작된 지 13년 8개월 간 서로 밀고 당기다가 두 나라가 정치 외교적 합의를 한 것이다. 그러자 매국 협정, 굴욕 외고, 저자세 외교, 매국노라는 비난이 일기도 하였다. 학생, 야당, 어민 등이 나서서 박정희 정권 퇴진을 요구하기에 이르렀다. 한일협정이 시작되기 전부터 대학생들을 중심으로 대규모 시위가 발생하기도 했다.

한일협정이 체결되자 한일 협정 반대 운동은 차츰 정권 타도 운동으로 바뀌었고 야당 지도자들도 가세하였다. 1964년 6월 3일 1만여 명이 거리 투쟁에 나서는 6·3사태로 이어졌다. 결국 박정희 정부는 휴교령과 계엄령을 선포하였다. 많은 국민들이 반대하는 한일협정을 체결하면서 박 대통령은 정치적 위기를 맞았다. 그래도 박 대통령은 국익을 위해 한일협정을 포기하지 않았다.

우리의 힘으로 해방되지 못한 한국은 해방 이후에도 주도적인 역할을 할 수 없었다. 당시 한국은 일본의 식민지였다는 이유로 한국에 남아있던 일본인들의 재산은 미군정을 중심으로 처리되었다. 또, 1951년 미국 주도로 체결된 샌프란시스코 평화조약에서 한국은 전승국의 자격을 얻을 수 없었고 전쟁 배상금도 청구할 수 없게 되었다. 게다가 중국이 공산화되고 냉전 체제가 강화되면서 미국의 일본에 대한 정책도 변하게 되었다.

미국은 일본을 재건시켜 공산주의에 대항하는 전진기지로 키우겠다는 전략으로 선회했다. 일본에 제2차 세계대전의 패전국에 대한 책임을 묻기보다는 반공을 위한 역할을 부여한 것이다. 샌프란시스코 평화조약에는 일본을 포함하여 49개 국가가 서명했으나, 일본의 역할 변화를 적극 반영함으로써 전후 처리가 제대로 이루어지기 어려워졌다. 이 조약에는 필리핀, 베트남, 인도네시아, 캄보디아 등과 같이 일본에 항전한 국가들이 서명했다.

한국과 대만은 샌프란시스코 평화조약에 참여하지 못했다. 한국은 일본의 식민지였다가 독립된 국가였기 때문이다. 이에 따라 한국은 샌프란시스코 평화조약 제14조에 따른 배상을 받을 수 없었다. 대신 일본과 청구권 협정을 맺었다. 여기서 배상이 불법 행위에 대한 회복이라는 의미라면, 청구권은 상호간 청산하지 못한 채권이나 자산 등에 대해 상대방에게 요구할 수 있는 권리를 뜻한다. 따라서 한일 청구권 협정은 본질적으로 일본의 불법행위에 대해 명확히 규정하고 이를 바로잡기 위한 성격을 갖지 못했다. 따라서 오랜 협상 끝에 우리가 받아낸 무상 3억 달러와 유상 2억 달러는 양국이 상대방에 갖고 있는 재산권과 채권 등을 소멸시키는 포괄적인 합의를 위한 자금으로 볼 수 있다. 이러한 이유로 그 이름을 '한일 청구권·경제협력

협정'이라고 한다.

박정희 정부가 수많은 반대에도 불구하고 한일협정을 전격적으로 체결하게 된 것은 몇 가지 대내외적 압박 요인 때문이었다. 우선, 한국은 미국의 지속적인 원조를 받아야만 했고, 이를 위해선 반공의 전초기지 역할을 충실히 수행해야 했다. 그리고 쿠데타에 대한 명분을 쌓기 위해서 경제발전이 시급했고, 경제발전을 위한 자금이 절실했다. 한반도에서 공산세력을 견제하기 위해 미국이 한·일 간 관계 개선을 요구했기 때문이다. 이 같은 요구에 부응하기 위해 박정희 대통령은 1964년 1월 연두교서를 통해 일본과의 관계 개선을 위해 적극적으로 협상에 나서겠다고 밝혔다. 박정희 대통령은 북한이 소련과의 유대를 강화하고 중국이 성장하면서 동북아 정세가 한국에게 불리하게 돌아갈 수 있음을 우려하고 일본과 결속을 강화하여 이에 맞서야 한다고 보았다. 박정희 대통령은 자유주의 국가 간 연대를 강화하여 안보를 유지하기 위해 국내의 반일감정을 억누르고 한일 협정을 체결한 것이다. 박정희 정부의 한일 협정에 대해서는 여전히 논쟁 중이지만, 한일협정은 명분과 실리라는 불가피한 타협의 결과였다. 외교사적으로 본다면, 한일 협정은 오랜 기간 치열한 외교 전쟁의 결과물이었다.

한일청구권 협정은 당시 1인당 국민소득이 100달러도 안 되는 국력으로 막강한 강대국 일본과 집요하게 싸워 얻어낸 성과라고 할 수 있다. 한국은 이를 통해 경제 개발을 위한 자금과 안보를 챙길 수 있었다. 처음 일본이 제시한 대일 청구권 금액은 5천만 달러였다. 오랜 협상 끝에 무상 3억 달러, 유상 2억 달러, 상업차관 1억 달러 이상을 약속했으나, 결국 상업차관을 3억 달러까지 늘려 8억 달러를 받았다. 당시 샌프란시스코 평화조약을 통해서 필리핀은 5억 5천 달러, 베트남은 4천만 달러를 각각 받았다.

당시 우리나라가 일본으로부터 무상으로 받은 3억 달러는 1965년 6월 당시 환율로 804억 원 정도다. 기획재정부에 따르면 1965년 한국 정부의 예산은 848억 원 수준으로, 당시 전체 예산의 95%에 달했다. 대일 청구권 자금 중 일부는 포항제철소, 경부고속도로, 소양강 다목적댐 건설, 시외전화 시설 확충 등 국가기간 산업에 사용되었다. 이 중 포항종합제철에 전체 대일 청구권의 23.9%의 자금이 투입되었다.

당시 박정희 대통령의 한일협정은 불안정한 국제 정세에 대응하고, 우리나라가 극심한 가난에서 벗어나서 먹고사는 문제를 해결하기 위해 자금 도입이 절실했다는 점 등을 이해할 필요가 있다. 박 대통령은 한일협정이 정치적 파멸을 부를 수도 있음에도 불구하고 고뇌에 찬 결단을 할 수 밖에 없었다.

민주화의 실질적 최대 공로자는 박정희 대통령

최근 대부분의 식자들과 정치지도자들이 "우리는 먼저 '산업화'에 성공했고 이어 '민주화'에 성공했기에 이제 '선진화'를 지향하면 된다"고 주장하고, 언론이나 일반인들도 대체로 이 주장을 그대로 수용하는 편이다. 그러면서 박정희 대통령의 유신체제로 그가 독재자였으며 인권을 탄압해 대한민국 민주화에 크게 역행한 것으로 지적받고 비난받기 일쑤이다.

역사의 발전 과정을 산업화·민주화·선진화의 과정으로 인식하고 개념화하는 것 자체가 잘못된 것이다. 그리고 박정희 대통령이 민주화에 역행했다는 주장 자체도 매우 잘못된 인식과 진단이다. 대한민국 건국 이래 지금까지 우리의 역사가 아니 어쩌면 우리 5천년 역사가 민주화의 역사고, 산업화의 역사고, 선진화의 역사이지 않은가? 셋 중 어느 하나도 아직 완결 완성된 것이 없으며 모두 현재 진행형이고 앞으로도 그러할 것이다.

우리나라의 현대사를 산업화·민주화·선진화의 세 단계로 인식하는 것은 역사학파나 마르크스(K. Marx)주의의 역사발전 단계론적 사고와 맥을 같이 한다. 변증법적 유물론과 역사적 유물론에 입각하여 인류사회가 원시 공동사회-고대 노예사회-중세 봉건사회-근세 자본주의사회-공산주의사회로 발전해 나간다는 마르크스의 과학적 세계관이 지나치게 순진하고 잘못된 견해였던 것과 마찬가지로 우리의 최근 역사를 산업화·민주화·선진화라는 세 발전단계로 인식하면 큰 오류를 범하게 된다.

먼저 민주화(democratization)에 대해 살펴보자. 유신체제로 대표된 굴곡된 비(非)민주적 통치체제에 대한 국민적 저항을 우리는 '민주화 운동'이라 불러왔다. '문민정부'와 '국민의 정부' 탄생으로 민주화가 완결된 것으로 생각하기도 한다. 1980년대에 '군사독제'에 항거해 대통령 직선제가 쟁취되고 유신체제가 사라진 것을 우리는 민주화라 인식한다. 이 과정에서 '닭장'과 '철장'을 오간 사람들을 '민주화 투사'라 부르고 그들 일부에게 국민의 세금으로 보상하고 포상까지 하였다.

대한민국의 민주화의 진짜 주인공은 건국과 전쟁의 와중에서 목숨 걸고 나라를 지키기 위해 고군분투(孤軍奮鬪)하신 분들이다. 대한민국을 건국한 자체가, 즉 이승만 대통령을 중심으로 자유민주주의 헌법을 기초로 해서 대한민국을 건국한 자체가 우리의 5천년 역사에서 가장 큰 민주화 작업이었다. 이후 박정희 대통령과 전두환 대통령 시대를 거치면서 탄생된 다소 굴곡된 정치체제를 바로 잡은 것이 한국 민주화의 핵심이고 이를 대단한 것이라고 인식하는 것은 올바른 인식이 라 할 수 없다.

인류 역사에서 공산주의가 정점(頂點)에 달했던 제2차 세계대전 직후에 그 극심한 혼란 속에서도 자유민주주의 국가를 수립한 위업이 없었다면 1980년대 민주화가 가능하였겠는가? 정부 수립 후 3년이 안된 시점에서 공산세력이 무력 도발을 했을 때 이를 격퇴시킨 그 고군분투가 어쩌면 건국 이후 우리나라 민주화의 두 번째 초석이 아닌가? 언제나 남한을 적화시키겠다는 야욕에 불타있던 북한 공산 세력에 대항해 박정희 대통령이 경제력과 군사력을 키우지 않았더라면 오늘날 대한민국이 자유민주주의 국가로 존재하기는 할까?

80년대의 민주화 투쟁을 대한민국 민주화 과정의 가장 중심에 놓는 것은 문제가 있는 인식이다. 민주화라는 숭고한 활동에 대해 보상이 지급되었는데 애국활동을 돈으로 보상하는 나라가 과연 지구상에 몇 나라나 되는지 되묻지 않을 수 없다. 그 민주화를 외친 세력들이 반민주적 행태를 일상화하고 있는 작금의 작태는 그들의 민주화 외침이 얼마나 개념 없는 민주화였는지를 여실히 보여주고 있다.

산업화(industrialization)라는 말 자체는 분명한 개념이다. 그러나 산업화를 대한민국의 경제발전과 연계하여 사용할 때는 주의를 요한다. 박정희 대통령 시대에 산업화가 달성되었다고 보는 것이 통상적 인식인데 과연 그러한가?

단순히 산업구조의 변화만을 살피면 산업화는 1980년대 후반기까지 진행되었고 건국 이후 지난 60년 전체를 놓고 보면 우리 경제는 소위 말하는 '탈산업화(deindustrialization)' 과정이었다. 박정희 대통령 시절 산업화가 달성되었다는 것은 물론 단순히 산업구조가 변화되었다는 것을 지칭하지는 않을 것이다. 생존이 문제되었던 보릿고개를 넘어 삶의 질에 관심을 가질 만큼 소득이 증대한 현상을 산업화로 표현했음에 틀림이 없다. 그렇다면 그에 맞는 용어나 개념을 찾아야지 산업구조의 변화를 지칭하는 산업화란 용어나 개념을 사용하는 것은 아무래도 문제가 있다. 박정희 대통령은 산업화를 추구한 것이 아니고 단군 이래 우리의 가난과 빈곤을 해결하고자 했다.

생존이 문제되었던 보릿고개를 넘어 삶의 질에 관심을 가질 만큼 소득이 증대한 현상을 산업화로 정의했을 때 그 산업화는 저절로 민주화를 가져온다는 점을 이해해야 한다. 배고픔이 해결돼야 민주화가 가능하다. 민주화는 산업화를 가져오지 못하지만 산업화는 민주화를 가져온다. 인류의 역사가 확실히 보여주고 있다. 18세기 초중반에 산업화가 진행되었기에 18세기 후반 시민혁명이 전개되었다. 산업화로 소득이 증대되면 자연스레 민주화 욕구가 분출된다. 산업화로 탄생된 1980년 대 화이트 칼러 직장인들이 민주화 투쟁에 나섰다.

2000년대 초 오렌지 혁명과 2010년대 아랍의 봄이라는 민주화 운동이 있었으나 성공하지 못했는데, 두 경우 모두 소득 수준이 민주화를 외칠 단계에 이르지 못했기 때문이다. 사무엘 헌팅턴(Samuel Hutington), 로버트 달(Robert A. Dahl), 세이머 립셋(Seymour Martin S. Lipset) 등 민주주의 관련 세계적 전문가 세 명은 1인당 국민소득이 4천~7천 달러 수준이 돼야 민주주의가 융성하게 된다고 천명하였다.

미국 시카고 대학의 브루스 커밍스(Bruce Cumings) 교수는 박정희 대통령이 결코 독재자가 아니었다고 주장한다. "박정희가 인권탄압을 했으니 독재자이니 하는 것은 인정할 수 없다. 그는 진정으로 국력을 키웠다"고 주장했다

미국의 미래학자 엘빈 토플러(Alvin Toffler)는 "민주화란 산업화가 끝나야만 비로소 가능하다. 자유화란 그 나라의 수준에 맞게 제한된다. 이를 독재라고 매도하는 것은 말이 되지 않는다"고 말했다.

민주주의와 경제발전과의 관계에서 경제발전이 민주주의에 선행되어야 한다는 명제는 헨리 키신저 전 미국 국무장관의 질문과 답 즉 "러시아가 민주주의와 경제발전을 동시에 추구하다 어떤 결과를 초래했는지 잘 알고 있

잖은가? 박정희의 판단이 옳았음이 뚜렷이 증명되었다." 그리고 오버 홀트, 미국 전 카터 대통령 수석보좌관의 "박정희는 민주화 운동을 억압했으나 역설적으로 민주주의에 필수적인 중산층을 대거 양산시켜 민주주의 발전에 크게 기여했다." 두 서술에서 논쟁이 종결된다.

"내 무덤에 침을 뱉어라"라는 말은 일본 메이지 유신을 성공시킨 '유신 3걸(傑)' 중의 한 명인 오쿠보 도시미치(大久保利通)가 한 말이다. 박정희 대통령은 오쿠보의 부국강병 정책과 사명을 깊이 연구한 후 운동권 민주화 신봉자들, 호시탐탐 적화야욕으로 남한의 전복을 노리는 공산주의자들, 사농공상의 뒤쳐진 사고에 함몰되어 있는 유약한 먹물들에게 풍전등화의 나라를 지킬 수 있는 방법은 유신체제 밖에 없음을 알리고 그 길 밖에 없기에 "내 무덤에 침을 뱉어라"고 외치며 고독하게 유신을 선언했다. "나는 나에게 주어진 역사적 과업을 완수해야 한다, 훗날 내가 해 놓은 일에서 잘못이 있다면, 내 무덤에 침을 뱉어라"라고 외쳤으리라.

세계의 석학들이 본 박정희 대통령

"제2차 세계대전 후 인류가 이룩한 성과 가운데 가장 놀라운 기적은 바로 박정희 대통령의 위대한 지도력으로 경제발전을 이룩한 대한민국이다."
-미국 뉴욕대 피터 드러커 교수

"누구도, 심지어 슘페터도 한국이 첨단전자 기술 분야에서 미국, 일본과 어깨를 겨루리라 예상하지 못했다. 이 대추진(the big push·유신 체제에서 중화학공업화) 후 한국은 종합적인 산업구조를 발전시킬 수 있는 기반을 확보했다. 그것은 위대한 성공(a grand success)이자, 한국의 독립 선언이었다. 한국인들은 이후로 어깨를 펴고 자신만만하게 걸어 다니게 되었다. 바로 이것이 박정희를 전후(戰後) 한국에서 가장 인기 있는 지도자로 만들고 있다."

-미국 시카고대학 브루스 커밍스 교수

"박정희의 강력하고 단호한 리더십은 우리도 한번 잘살아 보겠다는 의지를 불러 일으켜 국민통합이라는 훌륭한 문화를 이루어냈다."

-미국의 미래학자 허먼 칸

"민주화란 산업화가 끝나야만 비로소 가능하다. 자유화란 그 나라의 수준에 맞게 제한된다. 이를 독재라고 매도하는 것은 말이 되지 않는다."

-미국의 미래학자 엘빈 토플러

"세계 최빈국의 하나였던 한국이 박정희의 새마을운동으로 불과 20년 만에 세계적인 무역국가가 되었음을 경이롭게 바라볼 수밖에 없다. 개발도상국 중 대표적 승자로 한국의 박정희 시대를 지목한다."

-미국 예일대 폴 케네디 교수

"박정희 정권 18년 동안의 목표는 자립 경제를 바탕으로 한 현대국가의 건설이었다. 박정희 대통령은 그 같은 목표를 성공적으로 달성했다."

-러시아 아세아 태평양 안보 연구소 알렉산드로 멘스로프 교수

"박정희 대통령은 개발 체제의 정점에서 조국 근대화를 위해 최선을 다했으며 그런 면에서 그는 '민족중흥의 아버지'라 할만하다."

-일본 다쿠쇼쿠대학 와타나베 도쇼 교수

"박정희의 역사적으로 가장 큰 공헌은 그의 뛰어난 지도력으로 한국을 저개발의 농업 국가에서 고도로 성장시켜 공업국가로 변모시킨 것이다."

-미 MIT 정치경제학과 엘리스 엠스덴 교수

"박정희의 조국 근대화에 대한 확고한 철학과 원대한 비전을 바탕으로 제도적 개혁을 단행하였다. 매우 창의적이고 능률적이었다."

"한국이 하나의 거대한 기업체라면 박 대통령은 CEO처럼 국가 경제를 관리했다. 조국 근대화에 대한 확고한 철학과 비전을 바탕으로 개혁을 단행했으며 그것도 매우 창의적이고 능률적이었다. 그는 조직 운영의 천재라고 할 수 있다. 한강의 기적은 그의 뛰어난 개인적 자질에 힘입은 바도 크지만, 무엇보다도 국민의 역량을 최대한 결집하여 효과적으로 투입할 수 있도록 하는 그의 탁월한 국가 경영 관리 역량에서 비롯된 것이라 할 수 있다."

-미국 하버드대 카터 에커트 교수

"박정희가 없었다면 오늘날의 한국도 없다. 박정희는 헌신적이었고 개인적으로 청렴했으며 열심히 일했다. 그는 국가에 일신을 바친 지도자이었다. 튀르키예의 아타튀르크, 중국의 덩샤오핑, 한국의 박정희는 매우 비슷하다. 모두 군인 출신으로 조국의 근대화를 이루어냈다. 엄청난 애국심과 강력한 비전을 가지고 경제발전을 이루어 냈다."

-미국 하버드대학교 에즈라 보겔 교수

"정권의 무능으로 무정부 상태와 혼란에 지친 국민들은 5·16 군사정변이 일어났을 때 오히려 적극 환영하는 분위기였다. 정권의 무능과 정치인들의 권력 다툼으로 사회는 무질서와 방종으로 치닫게 되었고, 그 결과 박정희 정권의 강력한 리더십으로 질서와 능률을 증가시키는 것을 정당화하게 했다. 뿐만 아니라 이승만 정부보다 더욱 악화된 경제난은 박정희 정권에게 경제개발의 동기를 부여 했으며 일본과의 관계 개선도 그러한 노력의 하나였다.”

-미국 펜실베이니아대학 로버트 올리버 교수

“한국의 성공에서 가장 흥미로운 것은 새마을운동이다. 전 세계 개발도상 국가들이 새마을운동을 배우고 있다. 새마을운동은 세계 빈곤퇴치의 모범 사례이다. 가난한 국가들이 새마을운동으로 빈곤을 퇴치한 한국을 본받으면 2015년까지 지구촌의 빈곤이 절반으로 줄어들고, 2025년이면 대부분의 빈곤을 퇴치할 수 있을 것이다.”

-미국 컬럼비아대학 제프리 삭스 교수

“박정희식 발전 모델이 한국에선 이미 지나간 역사가 됐을지 몰라도 세계의 많은 개발도상국에겐 여전히 중요한 사례다.”

-인바오윈, 중국 베이징대 교수

“중국의 덩샤오핑의 개혁은 박정희 모델 모방이다.”

-미국, RAND 연구소

세계의 저명인사들이 말하는 박정희 대통령

"러시아가 민주주의와 경제발전을 동시에 추구하다 어떤 결과를 초래했는지 잘 알고 있지 않은가? 박정희의 판단이 옳았음이 뚜렷이 증명되었다."

-전 미국 국무장관 헨리 키신저

"광둥성은 아시아 네 마리의 용, 즉 한국, 대만, 홍콩, 싱가포르의 경제발전, 사회질서, 사회정세를 반드시 따라붙어야 한다. 특히 박정희를 주목하라!"

"박정희는 나의 멘토이다."

-중국의 정치지도자 덩샤오핑

"박정희 정권 18년 동안의 목표는 자립경제력을 갖춘 현대국가의 건설이었다. 그는 성공했고 세계는 놀랐다. 박정희에 관해 모든 자료를 수집하라. 박정희 대통령에 관한 책이 있으면 한국어든 다른 언어로 쓰였던 모두 구해 달라. 박정희는 나의 롤 모델이다."

-러시아 대통령 블라디미르 푸틴

"많은 지도자들은 언론과 여론조사로부터 호의적인 평가를 받는데 관심과 정력을 소모한다. 그러나 박정희 대통령은 자신의 정력을 오직 일하는 데만 집중시키고 평가는 역사적 심판에 맡겼다. 아시아에서 위기에 처한 나라를 구한 세 지도자로 일본의 요시다 시게루, 중국의 덩샤오핑, 한국의 박정희를 꼽고 싶다."

"박정희 대통령이 눈앞의 이익만 쫓았다면 지금의 대한민국은 없다."

-전 싱가포르 수상 리콴유

"박 대통령이 아니었다면 오늘의 한국은 다른 양상을 띠게 되었을 것이다. 한국의 발전과 관련한 박 대통령의 공로에 대한 평가는 후세의 역사가 들이 하게 될 것이다."

-뉴욕 타임즈 북 리뷰의 허브 버코위츠

"박정희 대통령에 대한 나의 인식과 평가는 두 가지 측면에서 정립된 것이다. 하나는 그의 탁월한 정치적 경륜과 철학에 근거한 것이며, 다른 하나는 그의 훈훈한 인간성에서 느껴진 것이다. 그에게서 느낀 나의 감정은 자기 조국을 위해서 저처럼 노심초사하는 정치인이 있을까 하는 것이었다. 나는 그분을 세계적인 정치지도자로 지칭하는데 조금도 인색할 수가 없다."

-전 유엔군 사령관 리처드 스틸웰

"한국이 오늘과 같이 근대화되고 눈부신 성장을 하고 있는 것은 용기와 비전을 가진 탁월한 혜안을 가진 지도자가 있었기에 가능한 일이다. 그 훌륭한 지도자가 바로 박정희 대통령이다."

-필리핀 외교사절 단장 벤자민 티로나

"박 대통령과의 회견에서 나는 드골 장군의 애국심을 연상시키는 단호하면서도 자유주의적인 애국심을 이해하게 되었다."

-프랑스 피가로 편집인 막스 올리비에 라캉

"박정희 대통령은 원칙에 충실하고 행동이 확고하며 말이 진지하다. 그는 평화통일의 신봉자이며 거짓을 모르는 성실한 인품의 소유자였다."

-브라질 고등법원 판사 뉴톤 귀마래즈

"한국이 오늘과 같은 경제성장과 정치적 안정 그리고 외교적 자주성을 이룩하게 된 것은 박 대통령의 강력하고도 헌신적인 리더십 덕분이었다."

-이란 테헤란 저널 기자 토니히닌

"박정희는 민주화 운동을 억압했으나 역설적으로 민주주의에 필수적인 중산층을 대거 양산시켜 민주주의 발전에 크게 기여했다."

-오버 홀트, 미국 전 카터 대통령 수석보좌관

"박정희가 있었기에 한국은 공산권의 마지노선을 지켜낼 수 있었다."

-아이젠하워 전 미국 대통령

"박정희로 인해서 소련의 남한 공산통일의 기틀이 좌절되었다."

-제임스 캘러핸 전 영국 수상

"한국의 박정희 같은 지도자는 일찍이 본 적이 없다."

-린든 B. 존슨 전 미국 대통령

"박정희의 죽음은 한국에서 일어난 일들 중 가장 비극적인 일이었다. 이를테면 날개를 달고 승천하려는 호랑이의 날개가 잘린 것 같은…."

-다나카 카쿠에이 일본 총리

"박정희의 경제개발 정책은 중국 경제개발의 훌륭한 모델이었다."

-원자바오 전 중국 총리

"1965년 필리핀 1인당 GNP 270달러일 때 한국은 102달러, 2005년 필리핀 1천30달러였을 때 한국은 1만 6500달러가 됐다. 절대빈곤 국가를 산업화 국가로 만든 박정희의 지도력이 부럽다."

-아로요, 필리핀 전 대통령

"외국에 다녀보니 외국의 지도자들이 온통 박정희 대통령 얘기뿐이더라"

-대한민국 노무현 대통령

박정희 대통령이 즐겨 읽은 책들과 저술한 책들

소년시절 박정희는 병정놀이를 즐겼다. 동네 아이들을 모아 대장 노릇하는 아들을 보고 어머니는 "저 아이는 군인이 되려나 보다"라고 말하곤 했다. 소년 박정희는 두 명의 영웅을 알게 되었다. 이순신과 나폴레옹이었다. 당시 동아일보 편집국장이던 춘원 이광수가 1931년 5월 30일부터 이듬해 4월 2일까지 동아일보에 소설 '이순신'을 연재했다. 뒤에 군생활을 하며 이순신 장군의 《난중일기(亂中日記)》를 직접 읽었겠지만 춘원의 소설 '이순신'도 박정희 소년에게 멸사봉공(滅私奉公)의 정신을 가슴에 품고 항상 나라를 위하는 삶을 살아야 하겠다는 결심을 하게 했다.

책 읽기를 좋아하는 셋째 형 상희가 빌려 온 책 《나폴레옹 전기》를 발견해 읽은 후 충격에 빠졌다. 읽고 또 읽었다. "나의 사전에는 불가능이 없다"라는 신조로 프랑스를 이끌었던 나폴레옹의 도전정신에 비견되는 개척정신과 불굴의 도전정신을 이어받은 것이 박 대통령의 삶이었다. 대통령이 된 뒤에도 위인전을 많이 읽었는데 《알렉산더 대왕 전기》, 《플루타르크 영웅전》,《삼국지》 등을 되풀이해서 읽었다.

하지만 박정희 대통령이 성인이 돼서 어떤 책들을 즐겨 읽었는지에 대해 실제 자료나 구체적인 기록을 찾기가 쉽지 않았다. 그래서 박 대통령에 대한 책을 집필했거나 칼럼이나 기사를 많이 쓰셨던 지인들 몇 분에게 도움을 청했다. 지인들 중 두 분의 구세주가 나타나 크게 도움을 주었다. 한 분은 박정희대통령기념재단 이사장을 오래 역임했던 좌승희 박사이고 다른 한 분은 '조갑제 기자의 라이프 워크 시리즈'로 박정희 대통령의 전기 13권을 2015년에 집필한 언론인 조갑제 대표이다. 두 분께 감사를 표한다.

좌승희 박사는 박정희 대통령이 읽었을 책으로 《성경》,《자조론》,《방장기(方丈記)》 등 세 권을 귀띔해 주었다. 어릴 적에 주일학교에 계속 나갔고 웅변을 잘해 웅변대회에 자주 나갔는데, 웅변에서 성경 내용을 많이 인용했기에 박대통령이 어릴 때 《성경》을 가까이 했음이 분명하다고 했다. 또한 새마을운동, 경부고속도로 등의 축사에서 자주 강조한 것은 '자조론'이었기에 새무엘 스마일즈(Samuel Smiles)의 《자조론(Self-Help)》을 통독했을 것이라 했다.

1968년 9월 11일 부산-대구 간 고속도로 기공식 연설에서 박정희 대통령이 《방장기(方丈記)》을 언급했으니 연설문 전체를 읽어보라고 좌승희 이사장은 권유했다. 《방장기》는 1212년 가모노 초메이(鴨長明)란 스님이 쓴 일본 고전수필문학의 백미로 꼽히는 책이다.

경부고속도로는 1968년 2월 1일 기공식을 가진 지 2년 5개월만인 1970년 7월 7일 준공되었다. 왕복 4차선 428km 길이의 단군 이래 최대의 토목공사였다. 단군 이래 최대공사였던 경부고속도로 공사 중 부산-대구 간 기공식 연설에서 박정희 대통령은 "바람이 불면 쌀뒤주 장사가 돈을 번다"는 흥미로운 주장을 했다. 이는 경부고속도로가 향후 상상하지 못할 만큼의 큰 연쇄효과를 유발할 것이라는 것이었다. "옛날 일본의 어떤 스님이 쓴 《방장기》라는 책에 이런 말이 있어요." "바람이 불면 쌀뒤주 만드는 사람이 수지맞는다"는 겁니다. "무슨 얘기냐 하면, 우리가 살고 있는 이 사회는 그 구조가 대단히 복잡하기 때문에 사회에 어떤 하나의 현상이 일어나면, 그와 연결되어 일어나는 연쇄반응이 대단히 클 뿐 아니라 어떤 것은 우리가 미처 상상도 못 할 여러 가지 연쇄작용을 가져온다는 뜻이라고 생각합니다." 오늘날의 경제학적 표현으로 말하면 고속도로는 '산업연관효과'가 매우 크다는 것이었다.

왜 바람이 불면 쌀뒤주 만드는 사람이 수지가 맞는지를 《방장기》를 쓴 가모노 초메이 스님은 다음과 같이 설명한다. 바람이 불면 먼지가 많이 일어나고 먼지가 일어나면 눈에 안질(眼疾)이 생기고 장님들이 생긴다. 장님들은 '샤미센(三味線)'이라는 악기를 퉁기면서 생계를 유지하는데, 장님의 수가 증대하면 샤미센을 더 만들어야 되는데, 샤미센의 재료가 고양이 가죽이기에 결국 샤미센에 대한 수요 증대는 고양이를 더 죽이고, 고양이를 죽이기에 당연히 쥐가 더 늘어나게 된다. 쥐가 많이 늘어나면, 농가에 있는 쌀뒤주 안의 쌀이 축이 나게 된다. 그 결과 농민들은 모두 서둘러서 나무로 쌀뒤주를 많이 만들게 된다. 따라서 바람이 많이 불면 쌀뒤주 장사가 돈을 벌게 된다.

박정희 대통령 축사의 요지는 우리나라의 남북을 관통하는 대동맥(大動脈)인 경부고속도로를 완성했을 때, 어떠한 연쇄반응 또는 경제 효과가 일어나느냐 하면, 그것은 지금 우리가 대략 짐작할 수 있는 것도 많이 있을 것이고, 또 우리가 미처 짐작하지 못하는 효과도 많이 일어날 것이라는 것이었다. 고속도로 혜택은 엄청나고 모든 국민이 그 혜택을 볼 수 있다는 점을 강조하고 있었던 것이다.

조갑제 대표가 쓴 〈박정희를 만든 독서 습관〉이란 글의 첫 문단은 아래와 같다. "박정희 대통령의 집무실은 서재로 불리기도 했다. 그는 군인 출신이었지만 책 속에서 살았다. 이 서재 겸 집무실에는 약 600여 권의 책이 꽂혀 있었는데 소설이나 수필집, 시집은 단 한 권도 없었다. 《세계대백과사전》, 《파월한국군 전사》, 《난중일기》, 《박정희 대통령》(중국어 판), 《불확실성의 시대》, 《감사원 결산 감사 보고서》, 《성경》, 《성경사전》, 《崔水雲 연구》, 《단재 申采浩 전집》, 《白斗鎮 회고록》, 《지미 카터 자서전》, 《자본론의 誤譯(오역)》(일어판), 《金日成(일어판)》, 《사상범죄론,》《한국 헌법》, 《다국적기업》, 《정경문화》(잡지) 등이다."

그리고 대통령의 서재 겸 집무실에 대해서 총평하기를 "이 도서 목록이 풍기는 분위기는 실용주의자의 그것이었다. 관념적인 것과는 거리가 먼 실무적이고 물질적인 소재로 꽉 차 있었다. 집무실 비품들을 보면 재미있는 것들이 있었다. 계산자, 돋보기, 은단통, 소독솜통, 라디오, 정원수 정지용(整枝用) 톱, 그리고 부채와 파리채" 등이다

조갑제 대표는 나폴레옹이 박정희 대통령의 삶에 얼마나 큰 영향력을 미쳤는지를 두고, "박정희와 그의 우상 나폴레옹의 생애를 비교하면 놀라운 유사성을 발견할 수 있다고 주장한다. 박정희가 나폴레옹을 숭배하다가 그의 생애마저 복사하고 만 것이 아닌가 하는 생각이 들 정도이다. 식민지에서 출생했다는 것을 필두로 하여 두 사람의 공통점은 10여 가지나 된다. 훌륭한 어머니의 큰 영향력, 어린 시절의 병정놀이, 작은 키(박정희는 164cm, 나폴레옹은 167cm 정도), 사관학교 교육(나폴레옹은 두 곳의 사관학교를 다녔고, 박정희는 세 곳의 사관학교를 이수), 포병 출신, 쿠데타로 집권, 집권 기간도 나폴레옹은 16년, 박정희는 18년. 두 사람은 각기 근대 국가의 초석을 놓았다. 이혼 경력, 비극적 죽음 뒤의 재평가도 공통점이다."

"두 사람의 본질적인 유사성은 그들이 상징하는 시대정신이다. 나폴레옹은 프랑스 대혁명으로 고양된 국민의 에너지를 결집시켜 국민군을 조직하고 이를 배경으로 하여 전 유럽에 혁명정신을 전파하는 전쟁을 벌였다. 박정희는 4·19혁명으로 부풀려진 국민들의 기대와 열정을 장면(張勉) 정부가 제대로 관리하지 못하는 것을 기회로 삼아 정권을 탈취, 국가 근대화를 향해서 이 국민적인 에너지를 동원한 사람이다."

이어 조갑제 대표가 박 대통령의 사후에 청와대 직원들이 서재를 정리하면서 작성한 도서목록을 살펴보니 역사, 전사(戰史), 전기(傳記)와 관련된 책이 거의 전부였다. "특히 전기(傳記)가 많았다. 일본에서 나온 《김일성(金日成) 전기》를 비롯하여 《이당(以堂) 김은호(金殷鎬)》, 《학봉(鶴峰)전집》, 《난중일기》, 《율곡집(栗谷集)》, 《최수운(崔水雲) 연구》, 《안중근(安重根) 의사 자서전》, 《신채호(申采浩) 전집》, 《홍의장군 곽재우(郭再祐)》, 《천추의 얼 윤봉길(尹奉吉)》, 《퇴계학(退溪學) 연구》, 《롬멜 전사록(戰史錄)》, 《포드 대통령》, 《지미카터 자서전》, 《박은식(朴殷植) 전서》 등이다."

"박정희는 대통령이 된 뒤에도 알렉산더 대왕 전기 등 위인전을 많이 읽었다. 권력의 정상에 오른 사람만이 알 수 있는 고독과 보람을 그는 전기를 매개로 한 역사적 대인물들과의 대화를 통해서 나누어 가지고 있었던 것이다. 박정희는 나폴레옹 전기, 플루타르크 영웅전, 삼국지를 여러 번 되풀이해서 읽었다. 권력과 인간의 장대한 드라마를 몇 번이고 곱씹어 읽어감으로써 어떤 원리를 뽑아내려는 독서법이기도 했다."

"그의 사후(死後) 수습된 청와대 본관 1층 집무실의 도서 목록에는 시집과 소설이나 성경이 보이지 않았다. 시심(詩心)이 없고 신심(信心)이 없는 사람이라고 생각하는 것은 속단이다. 2층 침실 앞에도 서재를 겸한 거실이 있었다. 시집, 수필류 같은 부드러운 책들은 주로 여기에 꽂혀 있었다. 겉으로는 차디차게 보이던 박정희였지만 가슴속으로는 시심을 간직한 사람이었다. 그는 '나의 조국', '새마을 노래', '금오산아 잘 있거라'의 가사를 썼고 작곡도 했다. 국민들을 분기(奮起)시키고 신바람 나게 만드는 데 있어서 노래와 시의 힘을 아는 사람이었다. 그의 일기에 실린 시만 모아도 작은 시집이 하나 만들어질 것이다. 먼저 떠나보낸 아내를 그리워하는 시들을 읽어 보면 박정희는 퍽 감상적(感傷的)인 인간이란 느낌까지 받을 정도이다."

만주군관학교와 일본국 육군사관학교를 우수한 성적으로 졸업했기에 이들 학교에서 당시 최고의 교육을 받았을 것임이 분명하다. 니토베 이나조의 《일본의 덕과 품성》은 물론, 군사 전략과 병법에 관심이 많았을 수밖에 없었던 군인 박정희에게 《손자병법(孫子兵法)》, 《삼국지(三國志)》, 《병법삼십육계(兵法三十六計)》 등의 병법서들이 큰 영향을 미쳤을 가능성이 크다. 일본 메이지 유신의 중요한 인물 중 하나인 사카모토 료마의 생애를 다룬 책들과 명치유신 이후 미개의 일본을 문명과 개화의 일본으로 변환시킨 후쿠자와 유키치의 《학문의 권장》, 《후쿠자와 유키치의 문명론》 등은 자연스레 접했을 것이다.

혁명가 박정희는 1961년 5월 16일부터 불의의 사고로 영면한 1979년 10월 26일까지 일수로 6,737일간, 햇수로 19년간 한국을 통치하였다. 박대통령은 국민과 빈번히 소통하였다. 수많은 연설과 축사는 공식 자료이기에 잘 정리되어 있다.

먼저 박정희 대통령의 이름으로 출간된 저서를 살펴보자. 첫 저서는 1961년 국가재건최고회의(國家再建最高會議) 시절의 《지도자도(指導者道): 혁명과정(革命過程)에 처(處)하여》였다. 이어서 《우리 민족이 나갈길》(東亞, 1962), 《국가(國家)와 혁명(革命)과 나》(向文社, 1963), 《민족(民族)의 저력(底力)》(광명, 1971), 《민족중흥(民族中興)의 길》(광명, 1978) 등이 출간되었다. 2017년 출판사

기파랑이 앞의 1962~1978년에 출간된 4권을 박정희 대통령 탄생 100돌을 맞아 영인본과 평설본으로 다시 출간했다. 이때《박정희 시집》이 추가되었다.

저자를 박정희라 하고 제목이《한국 국민에게 고함》인 책이 2005년 동서문화사에서 발간되었는데 이는 평소 박정희 대통령을 존경했던 동서문화사 고정일 대표가 박 대통령의 여러 글과 말을 그대로 편집한 것으로 보인다.

박 대통령이 소위 시절 작성한 국군 최초로 야외기동 연습 계획서를 소개한 책자가《대대진지 공격 현지 전술 계획》(박정희대통령기념재단, 2019)이다. 박정희 대통령 자신이 직접 집필하고 자신의 이름으로 출간된 저술은 모두 8권으로 파악된다. 박정희 대통령에 대한 또는 관한 책들은 부지기수이다. 박정희대통령기념재단과 박정희대통령기념사업회가 체계적으로 선정 발간한 자료들을 정리해 본다. 두 기관이 발간한 자료의 집필자들 대부분이 박 대통령 재임 시 해당 주제를 직접 창안 집행했던 분들이다.

박정희대통령기념재단 발간물:

박정희학술원,《유신, 50주년 그때 그리고 오늘 상세보기》, 2022.

김안제, 박정희,《일본 천황을 부수다: 문경 교사 생활 3년의 이야기 상세보기》, 2019.

박정희대통령기념재단,《박정희대통령 탄생 100돌 기념사업 백서》, 2019.

강인덕 외 3인,《평화와 통일: 박정희에게 길을 묻다》, 2019.

김충남,《박정희의 국가건설혁명 상세보기》, 2019.

남정옥 외 3인,《박정희 대통령 100대 치적》, 2018.

민족중흥회,《박정희 대통령과 육영수 여사 추도사》, 2018.

김광모,《박정희 대통령 중화학공업 회상》, 2018.

박정희대통령기념재단,《박정희, 그리고 사람》, 2018.

김중근,《박정희 대통령과 제주도 발전: 1961~1978》, 2017.

박정희대통령기념사업회 발간물:

박정희대통령기념사업회,《내 一生 祖國과 民族을 爲하여》, 2012.

박진환,《분단된 한반도의 평화적 통일기반을 조성한 박정희 대통령》, 2012.

박진환,《한국경제 근대화와 새마을운동》, 2005.

박진환,《박정희 대통령과 식량증산》, 2000

이동우,《공장새마을운동의 성과》, 2000.

유양수,《朴正熙 大統領의 自主國防 政策 및 業績》, 2000.

유양수,《자주국방과 외교》, 2000.

박진환,《1960년대 초의 시대상황》, 2000.

정재훈,《문화재보호와 민족문화창달》, 2000.

황인정,《국가경영 전략과 개발행정: 박정희 시대를 중심으로》, 2000.

오원철,《자립경제와 산업혁명: 박 대통령의 공업화 시책》, 2000.

박진환,《박정희 대통령과 새마을운동》, 2000.

김형국,《3공의 치산녹화》, 2000.

최형섭,《과학기술개발》, 2000.

박진환,《박정희 대통령의 경제개발과 평화통일 기반》, 2000.

안경모,《20世紀 아시아의 領導者 朴正熙 大統領의 逸話: 國土開發部門》, 2000.

박정희 대통령의 연설문집:

대통령 비서실이 주관·정리한 박정희 대통령의 모든 연설문은 아래와 같다.

《박정희대통령 연설문집. 제01집》, 최고회의편, 1973.

《박정희대통령 연설문집. 제02집》, 제5대편, 1973.

《박정희대통령 연설문집. 제03집》, 제6대편, 1973.

《박정희대통령 연설문집. 제04집》, 제7대편, 1973.

《박정희대통령 연설문집. 제05집》, 자1968년 1월~지1968년 12월, 1969.

《박정희대통령 연설문집. 제06집》, 자1969년 1월~지1969년 12월, 1970.

《박정희대통령 연설문집. 제07집》, 자1970년 1월~지1970년 12월, 1971.

《박정희대통령 연설문집. 제08집》, 자1971년 1월~지1971년 12월, 1972.

《박정희대통령 연설문집. 제09집》, 자1972년 1월~지1972년 12월, 1973.

《박정희대통령 연설문집. 제10집》, 1973년 1월~1973년 12월, 1973.

《박정희대통령 연설문집. 제11집》, 1974년 1월~1974년 12월, 1975.

《박정희대통령 연설문집. 제12집》, 1975년 1월~1975년 12월, 1975.

《박정희대통령 연설문집. 제13집》, 1976년 1월~1976년 12월, 1977.

《박정희대통령 연설문집. 제14집》, 1977년 1월~1977년 12월, 1978.

《박정희대통령 연설문집. 제15집》, 1978년 1월~1978년 12월, 1979.

《박정희대통령 연설문집. 제16집》, 1979년 1월~1979년 10월, 1979.

大統領祕書室, 《朴正熙將軍談話文集, 自1961年7月-至1963年12月》, 1965.

박정희연구원, 《국가재건최고회의 의장 국정수행 일지(1961.5·16.~ 1963.11.25)》, 2020.

Ministry of Public Information, 《Profile of President Park Chung Hee》, 1966.

Ministry of Culture and Information, 《Biographical Data of His Excellency Park Chung Hee(박정희 대통령 영문 연표)》, 1969년 8월.

박정희 대통령의 30가지 명언들

분류	명언들
리더십 지도자	-위기 상황에서는 강력한 지도자가 나타나 국가를 이끌어야 합니다. -리더는 용기, 확신, 그리고 어려운 결정을 내릴 의지가 있어야 합니다. -리더는 다른 사람들의 의견을 기꺼이 들어야 하지만, 궁극적으로 최종 결정을 내려야 합니다. -리더는 기꺼이 위험을 감수하고 그들의 행동에 책임을 져야 합니다. -리더는 변화하는 환경과 도전에 적응할 수 있어야 합니다. -지도자는 사람들의 요구와 열망을 명확하게 이해해야 합니다. -리더는 사람들이 공통의 목표를 향해 일하도록 영감을 주고 동기를 부여할 수 있어야 합니다. -지도자는 국가의 이익을 개인의 이익보다 우선시할 용기가 있어야 합니다. -권력 추구 그 자체를 위한 추구는 위험한 게임입니다.
국가 발전	-한 나라의 힘은 국민들의 단결에서 나옵니다. -민주주의의 가장 큰 적은 무정부 상태입니다. -강하지 않은 나라는 취약한 나라입니다. -지식의 추구는 국가 발전을 위해 필수적입니다. -강한 경제는 강한 국가의 초석입니다. -국민은 국가의 힘의 원천입니다. -국가는 성공하기 위해 강한 정체성과 목표를 가져야 합니다. -강력한 교육시스템은 국가의 성장과 발전을 위해 필수적입니다. -한 국가의 천연자원은 현명하고 지속 가능하게 사용되어야 합니다. -국가는 빠르게 변화하는 세계에서 선두를 유지하기 위해 혁신적이고 적응력이 있어야 합니다. -한 나라의 문화와 전통은 보존되고 기념되어야 합니다. -공정하고 정의로운 사회를 위해서는 정의와 평등을 추구하는 것이 필수적입니다.
국가 안보	-평화를 추구하는 것은 숭고한 목표이지만, 국가의 안보를 희생시키는 것은 아닙니다. -국가의 군대는 위협으로부터 방어하기 위해 강하고 잘 준비되어 있어야합니다. -국가는 독립과 안보를 보장하기 위해 자급자족해야 합니다. -국가 안보에 대한 가장 큰 위협은 안일함입니다.
개인의 성공	-성공은 기꺼이 열심히 일하는 사람들에게 옵니다. -강한 직업윤리는 성공을 위해 필수적입니다. -탁월함을 추구하는 것은 결코 끝나지 않은 여행이지만, 갈 가치가 있는 여행입니다.

자료: 위인TV

〈자료 1〉

박정희 대통령의 100대 치적(1961~1979)

분야	주요 업적	비고
경제 개발	-구로산업단지, 1-3단지(1967) -부평산업단지, 4단지(1969) -주안산업단지, 5-6단지(1974) -마산 수출 자유 지역(1970) -이리 수출 자유 지역(1970)	
식량 자급 자족	-통일벼 개발(1971) -쌀 자급자족 달성(1976) -쌀막걸리 생산(1977)	
	-주민등록제도 도입(1962.5)	
북침 대비	-남북 공동 성명 발표(1972.2) -남북 적십자 회담(1972.8) -북한에 UN 동시 가입 촉구(1973.8) -국군의 월남 제1차 파병(1964.9) -국가안전보장회의법 제정(1963.12) -향토예비군 창설(1968.4) -학도 군사 훈련단(ROTC) 설치(1961.6) -민방위대와 학도호국단 설치(1975.9)	-청와대 기습 (1968.1) -울진·삼척 무장공비침투 (1968.11) -육영수 여사 피격 (1974.8)
방위 산업	-국방과학연구소 설립(1970.8) -카빈 등 시제품 개발(1971.11) -지대지 미사일(백곰) 개발(1978.9)	
한미 동맹 강화	-한미안보협의회의 설치 및 운영(1968.2) -한미 군사위원회 설치 및 운영(1978.7) -한미연합사령부(CFC)설치 및 운영(1978.11) -한미 연합 훈련(1961) -팀 스피리트 훈련(1976)	-푸에블로호 피납 (1968.1)
정부 부처	-경제기획원 설립(1961.7) -국세청 설립(1966.3) -과학기술처 발족(1967.3) -원자력청 발족(1967.3)	
국책 연구원	-한국과학기술연구소(KIST) 발족(1966.2) -한국과학원(KAIS)설립(1971.2) -대덕연구단지건설(1973.6) -한국개발연구원 설립(1972.3) -태양에너지연구소 발족(1978.6) -정신문화연구원 개원(1978.6)	
	-관악산 기상 레이더 건설(1969.11)	

도로, 철도, 항만 등	-경부고속도로 준공(1970.7) -호남고속도로(1970.12) -남해고속도로(1973.11) -영동고속도로(1975.10) -구마고속도로(1977.12) -동해고속도로(1975.10) -인천국제항만 완공(1974.5) -부산국제항 완공(1978) -중앙선 전철 공사 완공(1975) -수도권 고속전철화 공사 완공(1974.8) -지하철 1호선 완공(1974.8)	-2호선(1974) -3호선(1977) -4호선(1979) -5호선(1978)
중동 진출 기업	-현대건설(1978부터): 5,117백만 달러 -한국해외건설(1975): 1,974백만 달러 -대림산업(1979): 1840백만 달러 -동아건설(1978): 1,573백만 달러 -한양(1979): 1,061백만 달러	
산림녹화	-지리산 국립 공원 지정(1970) -개발 제한 구역(Green Belt) 지정(1971) -화전민 정리 5개년 계획(1974) -육림의 날 제정(1977.11) -자연보호 헌장 선포(1978.10)	-경주 등12개 국립공원
홍수 가뭄 예방	-소양강댐 완공(1973.10) -아산만 방조제 완공(1974.5) -안동댐 완공(1976) -삽교천 방조제 완공(1979.10)	-대청댐 착공(1975)
역사 민족정신 계승	-숭례문 국보 1호 지정(1962.12) -흥인지문 보물 1호 지정(1963.1) -경주 포석정 등 사적 지정(1963.1) -종묘제례악등 무형문화재 지정(1964.12) -세종대왕 기념관 건립(1970.11) -세종대왕 동상 건립(1968.5) -이순신 장군 동상 건립(1968.4) -현충사 준공(1969.4) -신사임당 동상 제막식(1970.10) -강화도 호국 유지적 정화사업(1977.10)	
문화 예술 증진	-문화예술진흥원 설립(1973.3) -국립 창극단, 무용단, 오페라단 창단(1962.1) -국립교향악단 창단(1969.3) -국립발레단 창단(1973.4) -국기원 준공(1972.11)	
기타	-고리 원자력발전소 1호기 가동(1978.7) -의료보험 제도 실시(1977.7) -국민교육헌장 선포(1968.11)	

자료: 남정옥·이희권·이희재·심경학, 《박정희 대통령 탄생 100돌 기념 박정희 대통령 100대 치적》, 박정희 대통령기념재단, 2018.

5·16 군사혁명 혁명공약(革命公約)

1. 반공(反共)을 국시의 제일의(第一義)로 삼고 지금까지 형식적이고 구호에만 그친 반공태세를 재정비 강화한다.

2. 유엔헌장을 준수하고 국제협약을 충실히 이행할 것이며 미국을 위시한 자유 우방과의 유대를 더욱 공고히 한다.

3. 이 나라 사회의 모든 부패와 구악을 일소하고 퇴폐한 국민도의와 민족정기를 바로잡기 위해 청신한 기풍을 진작시킨다.

4. 절망과 기아선상에서 허덕이는 민생고를 시급히 해결하고 국가 자주경제재건에 총력을 경주한다.

5. 민족의 숙원인 국토통일을 위해 공산주의와 대결할 수 있는 실력배양에 전력을 집중한다.

6. (군인) 이와 같은 우리의 과업이 성취되면 참신하고도 양심적인 정치인들에게 언제든지 정권을 이양하고 우리들 본연의 임무에 복귀할 준비를 갖춘다.

　(민간) 이와 같은 우리의 과업을 조속히 성취하고 새로운 민주공화국의 군건한 토대를 이룩하기 위하여 우리는 몸과 마음을 바쳐 최선의 노력을 경주한다.

〈자료 3〉

국민교육헌장

우리는 민족중흥의 역사적 사명을 띠고 이 땅에 태어났다. 조상의 빛난 얼을 오늘에 되살려, 안으로 자주독립의 자세를 확립하고, 밖으로 인류 공영에 이바지할 때다. 이에, 우리의 나아갈 바를 밝혀 교육의 지표로 삼는다.

성실한 마음과 튼튼한 몸으로, 학문과 기술을 배우고 익히며, 타고난 저마다의 소질을 계발하고, 우리의 처지를 약진의 발판으로 삼아, 창조의 힘과 개척의 정신을 기른다. 공익과 질서를 앞세우며 능률과 실질을 숭상하고, 경애와 신의에 뿌리박은 상부상조의 전통을 이어받아, 명랑하고 따뜻한 협동 정신을 북돋운다. 우리의 창의와 협력을 바탕으로 나라가 발전하며, 나라의 융성이 나의 발전의 근본임을 깨달아, 자유와 권리에 따르는 책임과 의무를 다하며, 스스로 국가 건설에 참여하고 봉사하는 국민 정신을 드높인다.

반공 민주 정신에 투철한 애국 애족이 우리의 삶의 길이며, 자유 세계의 이상을 실현하는 기반이다. 길이 후손에 물려줄 영광된 통일 조국의 앞날을 내다보며, 신념과 긍지를 지닌 근면한 국민으로서, 민족의 슬기를 모아 줄기찬 노력으로, 새 역사를 창조하자.

1968년 12월 5일
대통령 박정희

박정희 대통령이 행한 한 연설

내가 해 온 모든 일에 대해서, 지금까지 야당은 반대만 해왔던 것입니다. 나는 진정 오늘까지 야당으로부터 한마디의 지지나 격려도 받아보지 못한 채, 오로지 극한적 반대 속에서 막중한 국정을 이끌어왔습니다.

한일 국교 정상화를 추진한다고 하여 나는 야당으로부터 매국노라는 욕을 들었으며, 월남에 국군을 파병한다고 하여 "젊은이의 피를 판다"고 악담을 하였습니다. 없는 나라에서 남의 돈이라도 빌려 와서 경제건설을 서둘러 보겠다는 나의 노력에 대하여 그들은 "차관 망국"이라고 비난하였습니다. 향토예비군을 창설한다고 하여 그들은 국토방위를 "정치적 이용을 꾀한다"고 모함하고, 국토의 대동맥을 뚫는 고속도로 건설을 그들은 "국토의 해체"라고 하였습니다.

반대하여온 것 등등 대소사를 막론하고 내가 하는 모든 일에 대해서, 비방·중상·모략·악담 등을 퍼부어 결사반대만 해왔던 것입니다. 만일 우리가 그때 야당의 반대에 못 이겨 이를 중단하거나 포기하였더라면, 과연 오늘 대한민국이 설 땅이 어디겠습니까?

내가 해 온 모든 일에 대해서, 지금 이 시간에도 야당은 유세에서 나에 대한 온갖 인신공격과 언필칭 나를 독재자라고 비방합니다. 내가 만일, 야당의 반대에 굴복하여 "물에 물탄 듯" 소신 없는 일 만해 왔더라면 나를 가리켜 독재자라고 말하지 않았을 것입니다.

야당의 반대를 무릅쓰고라도 국가와 민족을 위해 도움이 되는 일이라면, 내 소신을 굽히지 않고 일해 온 나의 태도를 가리켜 그들은 독재자라고 말하고 있습니다. 야당이 나를 아무리 독재자라고 비난하든, 나는 이 소신과 태도를 고치지 않을 것입니다.

　또 앞으로 누가 대통령이 되든 오늘날 우리 야당과 같은 "반대를 위한 반대"의 고질이 고쳐지지 않는 한 야당으로부터 오히려 독재자라고 불리는 대통령이 진짜 국민을 위한 대통령이라고 나는 생각합니다.

1969년 10월 10일

대통령 박 정 희

▨박정희 대통령 단짝의 그리운 그 사람▨

5·16 혁명시절 최고회의 의장실에 무상출입 하게 된 나는 박정희와 30년 지기이었지만, 그때 나는 인간 박정희의 새로운 편모(片貌)를 보게 되었다. 내가 의장실에 처음으로 들어섰을 때의 첫 인상은 그 방이 어쩌면 그렇게도 초라할 수 있을까 하는 것이었다. 장식물이라고는 하나도 없고 특별한 기물도 없었다. 마치 야전사령관이 있는 천막 속을 방불케 하는 인상을 받았다. 특히 그가 앉는 의자는 길가에서 구두 닦는 아이들 앞에 놓인 손님용 나무 의자와 조금도 다를 바가 없었다.

게다가 그가 피우는 담배는 국산 '아리랑'이었다. 당시에 내가 피우던 담배는 국산으로는 최고품인 '청자'였고, 때로는 선물로 받은 양담배 '바이스로이'를 몰래 피웠는데… 그것도 저것도 아닌 '아리랑'을 그가 피우는 것을 보고 놀랐고 한편으로는 부끄럽기도 했다.

또 하루는 그 방에 들어갔을 때 마침 그는 점심을 들기 시작했는데, 이게 웬일인가! 단돈 10원짜리 냄비우동 한 사발과 단무지 서너 조각이 그날 식단(食單)의 전부였다. 마침 나는 친구들과 어울려 10원짜리 우동을 50그릇이나 살 수 있는 500원짜리 고급 식사를 마치고 온 터라 몹시 양심(良心)의 가책(呵責)을 받았다. "동서고금을 통해 한 나라의 최고 집권자가 이렇게 험한 음식으로 점심을 때우는 일이 어디에 또 있을까?" 하는 생각에 나는 깊은 감명(感銘)을 받았다.

朴 의장의 애국심은 지나치다고 보여질 때도 가끔 있었다. 朴 의장은 당시 장충단 공원에 있는 의장 공관을 쓰고 있었는데, 어느 눈비 내리는 겨울 아침에 국민학교 6학년인 장녀 근혜 양을 운전병이 지프차로 등교시켜 준 일이 있었다. 그날 저녁에 그 사실을 알게 된 朴 의장은 근혜 양을 불러다 꿇어 앉혀놓고, "그 차(車)가 니(네) 차냐? 그 차가 아버지 車냐?" 하고 힐책했다. 아무 말도 못하고 울고만 있는 딸에게 그는 "그 차는 나라 차야, 나라 차를 니(네)가 감히 등교용으로 쓸 수 있는가 말이다!"라고 말했다.

아득한 옛날, 대구사범 1학년 때 생각이 떠오른다. 박물 시간에 어느 식물 꽃 단면을 확대경을 보아가며 크고 세밀하게 그리는 작업을 한 일이 있었는데, 여러 급우들이 그린 것들 중에서 최고 평점인 'G'를 박(朴) 군이 차지했었다. 그는 일찍 경북 선산군 구미보통학교를 수석으로 졸업하여, 그와 같은 수석들만이 응시했던 대구사범의 9대 1이라는 입시경쟁을 돌파한 엘리트였고… 그 엘리트들 중에서도 'G'라는 평점을 받을 만큼 그의 두뇌는 비상했던 것이다. 그랬기에 천군만마를 질타하는 작전계획이라면 저 미국 육사 출신의 엘리트들조차 우리 朴 장군을 따를 수 없다고 하지 않았겠는가? 그랬기에 쓰러져 가는 이 나라의 구출을 위한 한강도강작전(漢江渡江作戰)에도 성공하지 않았던가?

정희야! 너와 나는 대구사범에 입학해서 본관 2층이었던 1년 2조(組) 교실에서 처음으로 만났지, 이름 글자로는 드물던 '희(熙)'를 우리 둘은 공유했기에, 나는 너에게 비록 성(姓)은 달랐어도 형제와도 같은 친근감을 느꼈었다. 내가 보던 너는 항상 모든 일에 총명했다. 게다가 너는 또 의분을 느끼면 물불을 가리지 않고 뛰어드는 용감한 사나이였다.

어느 날은 박물교실의 뒤뜰에서 대구 출신 S 군과 약골인 주재정 君이 싸웠는데, 깡패와 같았던 S는 주 군을 단숨에 때려 눕혀놓고, 그래도 모자라서 맥주병을 깨어 머리를 쳤는지라 유혈이 낭자(狼藉)했다. 모두가 겁을 먹고 도망쳤는데, 오직 우리 朴 군만이 뛰어들어 그 S를 때려 눕히고 주 군을 구출했었다. 그 용기와 그 지모와 그 애국심이 朴 군의 그날(5·16혁명)을 있게 했건만.

그에게 넘겨진 대한민국은 GNP 83弗의 세계 153개국 중 152번째로 못사는 나라였다. 헐벗은 백성들이 사월 남풍에 대맥(보리)이 누렇게 익기만을 기다리고 있는 형편이었다. 이른바, 우리 겨레의 비운이었던 보릿고개를 알았기에, 그는 10원짜리 냄비우동으로 점심을 때우면서도 그런 것조차도 못 먹는 불쌍한 동포들의 굶주림을 걱정했을 것이다.

또 체인스모커(chain smoker)인 그가 담배 없이는 아무 일도 손에 안 잡히니 피우기는 해야겠는데, 그 옛날 아버지와 할아버지가 궐련은커녕 한 봉지의 장수연(長壽煙)이나 희연(囍煙) 조차도 손쉽게 못 얻어 피우시던 일을 회상하면, 그 '아리랑'을 피우기조차 송구스럽게 생각하지 않을 수 없었을 것이다.

인간 朴正熙! 그는 이미 하늘나라로 가버렸으니 어찌 나의 이 추모의 정을 알리오. 오늘에 와서 그를 비방하는 일부 인사들도 많지만, 진정 그를 아는 사람이 몇이나 될까? 나는 그 당시 그를 가까이 모시면서 만사에 청렴결백했던 그를 보았지만 아무리 맑게 한다 해도, 후일의 가족을 위해 어느 구석진 곳에 그들의 생활비 정도는 나올 무엇인가는 마련해 두었으리라고 보고 있었다. 그런데 오늘에 와서 보니 그것도 아니었으니,

이 세상에 그처럼 결백한 집권자가 또 어디 있었을까, 박대통령의 비리를 찾아보려고 26년간 뒤지고, 까고, 파고, 훑어봐도 찾을 수가 없으니, 화풀이라도 하려는 듯 그가 쓴 광화문, 화령전, 운한각, 현판도 뜯어내고, 그 시절에 심어졌다 해서 나무까지 뽑아낸 좌파들! 장관자리에 앉음과 동시에 제 자식 취직자리부터 챙기는 썩어빠진 것들이 박 대통령을 매도하려 발버둥 친다.

좌파놈들아! 똑바로 알아라!

당신들 제아무리 폄훼하려 발광해도 박정희 대통령의 이름은 대한민국 중흥의 시조로써 역사에 길이길이 남을 것임을…. 박정희는 비록 비명에 갔지만 그는 죽어서 진정 그 가치를 세월이 흘러가면 갈수록 높이 평가받게 될 것임을….

김병희 전 인하공대 학장

전두환 대통령(1931~2021)

12 | '경제'를 '정치' 위에 두었던 지도자 전두환

업적 평가보다 온갖 곤욕을 치른 지도자

전두환 대통령(1931~2021)은 경남 합천에서 태어났으나 학창 시절은 대구에서 보냈다. 대구공업고등학교를 졸업한 후 1951년 육군사관학교 1기로 입학한다. 초창기 장군들에 대한 예우 차원에서 임시 육사 기수들을 1~10기로 쳐주는 바람에 정식 육사 1기가 11기로 밀려나 이후 공식적으로 육사 11기가 되었다. 1955년 육사를 졸업하고 두 번에 걸쳐 미국에서 군사 교육을 받았다. 1959년에는 미 육군 특전단(별칭 그린베레) 학교에서 특수전과 심리전을 공부했다. 이 과정을 이수하여 '포트 브레거(Fort Bragger)'가 됨으로써 북한의 어떠한 특수부대라도 제압할 수 있는 특전장교가 되었다. 1960년에는 미 육군보병학교의 '지옥훈련'으로 악명 높은 '레인저 과정(Ranger Course)'을 이수함으로써 '대한민국 최초로 특수전 교육을 마친 군인'이 되었다.

1959년 6관구 사령관 박정희 장군은 전두환 중위를 처음 만났을 때 마음에 들어 자신의 부관이 되라 제안했으나 전 중위는 "자신은 부관 체질이 못 된다"고 거절하였다. 5·16 혁명 당시 서울대 ROTC 교관이라 혁명에 직접 참여하지 못하고 당시 육사 교장 강영훈 장군의 만류를 뿌리치고 생도들을 이끌고 혁명을 지지한다는 시가행진을 하였다. 이 공으로 전두환은 박정희의 신임을 얻어 국가재건최고회의 비서관이 되었다. 이때 전두환의 나이는 30세, 계급은 대위였다.

1973년에 장군이 되었고, 1979년 10월 26일 박정희 대통령 시해 사건 당시 전두환 소장은 육군보안사령관으로 재직 중이었다. 비상계엄령이 선포되면서 국군보안사령관 겸 계엄사령부 합동수사본부장으로 10·26 사건을 수사하던 전두환 사령관은 군인들의 친목단체였던 '하나회'를 중심으로 12·12 군사반란을 일으켜 군부를 장악하였다. 1980년 5월 17일 비상계엄을 확대하여 5·18 광주민주화운동을 진압한 후 5월 31일에 '국가보위비상대책위원회(國家保衛非常對策委員會)'를 설치하여 내각을 장악하였다. 당시 경제·사회적으로 극도로 혼란스러웠고 무정부와 다름없는 상황에서 전두환은 본능적으로 대담하게 행동하여 권력을 잡았으나 사전에 준비가 전혀 되지 않았다. 하지만 구렁에 빠지기 시작한 경제를 살리기 위해 한 편의 드라마가 전개된 셈이다.

박정희 대통령 서거 후 1979년 12월 통일주체국민회의에서 대통령으로 선출된 최규하(崔圭夏) 정부가 출범하였으나 정치적 불안과 사회적 혼란, 마이너스 경제성장 등으로 정국은 한 치 앞을 내다 볼 수 없었다. 극도로 혼란스러운 상황에서 정권을 잡은 전두환은 난국을 수습하고 국민들의 불안을 달래기 위해서 비상계엄 상태에서 '국가보위비상대책위원회(국보위)'라는 임시 행정기구를 설치하였다. 급조된 국보위는 1961년 박정희 장군이 군사혁명 후 만든 '국가재건최고회의'와 흡사하였다. 박정희 혁명정부와 달리 사전에 아무런 준비 없이 권력을 잡은 전두환 정권은 정통성을 확보하고 국민들로부터 환심을 살 수 있는 정책들이 필요하였다. 국보위가 내세운 주요 목표는 안보체제 강화, 경제난국 타개, 충실한 정치발전, 사회악 일소 등을 통한 국가기강의 확립 등이었다.

신군부 중심의 국보위는 박정희 소장의 5·16혁명을 모방하여 정치활동정화법은 정치활동 규제법으로, 언론 규제는 언론 통폐합으로, 국토건설단은 삼청교육대로 이름을 바꾸어서 박정희의 국가재건최고회의를 흉내냈다. 국보위는 부정 축재와 국기 문란, 시위 주동 등의 혐의를 씌워 정치인, 교수, 언론인, 학생 등 수백 명을 잡아들이고, 과거 유신 정부의 핵심 세력들도 공직에서 물러나게 하였다. 국보위는 사회를 정화시킨다는 명분으로 공직자, 공기업 및 금융권 임직원 등 많은 인원을 숙정(肅正)했으며, 국민의 기대와 신뢰를 구축하기 위해 불량배, 조직 폭력배 등 3만여 명을 체포하여 삼청교육대에 보냈다. 여기에 그치지 않고 권력을 장악하는데 필요한 언론을 통제하기 위해 신문, 방송, 통신사 등 언론사를 통폐합하고 비판적인 기자들을 해직시켰다. 통행금지를 해제하고 교복을 자율화했으며 과외 금지법을 마련하고 대학생들의 졸업정원제를 도입하였다.

전두환은 우리나라 제11대, 제12대 대통령을 역임했다. 제11대는 1980년 8월 27일 통일주체국민회의에서의 선출에 의한 것으로 6개월여 재임이었고, 제12대는 1981년 2월~1988년 2월까지 7년간 재임했다. 전두환은 대통령으로 재임한 기간은 7년 6개월에 불과했으나 퇴임 후 사망할 때 까지 갖가지 곤욕을 치렀다. 백담사(百潭寺) 귀양을 비롯하여 여러 차례 감방과 법정을 오가기도 하였다. 회고록에서 통치 과정에서 발생한 피해자들에게 어떤 사과도 하지 않는 것을 두고 논란이 일기도 하였다.

외신에서는 전두환 대통령을 불가사의한 인물로 평가하기도 하였다. 많은 나라의 지도자들이 경제성장, 물가안정, 국제수지 균형 등 세 가지 정책 목표 중에서 하나도 제대로 달성하지 못하는데 비해 전두환 대통령이 재임 중 세 가지 목표를 모두 동시에 달성하는 것이 보기 드문 사례였기 때문이었다.

전두환 대통령은 과감한 결단력과 뛰어난 리더십으로 혼란을 극복하고 한국경제를 튼튼한 반석 위에 올려놓았다. 그럼에도 불구하고 국민들로부터 제대로 평가받지 못하고 있다. 전두환 정권은 안정화 정책과 더불어 국제적으로 불어 닥친 3저(저금리, 저유가, 저달러) 호기를 잘 활용하여 단군 이래 최대의 경기 호황기를 누리게 하였다. 당시 정치·사회적으로 극도로 혼란스러운 상황에서 공정거래법 도입, 산업합리화 조치, 만성적인 인플레이션 극복, 국제수지 흑자로 전환, 예산 동결에 의한 재정 건전성 확보 등 한국 역사상 누구도 흉내 낼 수 없을 정도로 많은 경제적 업적을 이루어 냈다.

전두환 대통령을 평가하는데 가장 큰 질곡은 5·18 광주사태 관련 사항이다. 국보위 상임위원장 전두환은 5·18을 전후한 시기에 극심한 사회 혼란을 수습하고 사회를 정화시키기 위해 동분서주했다. 광주사태에 개입할 시간도 없었거니와 계엄사령관 이희성 육군참모총장의 증언 그대로 개입할 처지도 아니었다. 그러나 광주사태에 대해 대통령으로서 책임에서 자유로울 수는 없다. 전두환 대통령과 직접 관련이 없는 남북 분단과 관련된 이념 갈등 그리고 남한 내 동서로 갈린 지역 갈등이라는 두 갈등으로 인해 광주 사태에 대한 역사적 진실 자체가 정확히 밝혀지지 않은 상황에서 광주 사태가 오늘날 갈등의 중심에 서 있는 오늘의 현실이 안타깝다.

전두환 대통령을 증오하는 이유를 곱씹어 보면 우리 국민 중 일부가 이승만, 박정희 대통령, 그리고 미국과 맥아더 장군을 증오하는 것과 맥을 같이 한다. 역사에 가정은 없지만 10·26 사태 이후 국보위원장 전두환과 대통령 전두환이 없었다면 우리의 역사가 어떻게 흘러가고 그리고 우리의 경제가 어떻게 전개되었을까?

경연의 활용과 더불어 뛰어난 리더십과 용인술

10·26사태가 일어나고 전두환 장군이 국보위 상임위원장을 맡으면서 부상하기 시작했다. 그는 지배 권력의 후계자도 아니고 준비된 국가 지도자도 아니었다. 그가 권력을 잡게 된 계기는 물론 박 대통령의 유고였다. 전두환은 권력 공백기에 신속하게 '작전'을 감행하여 스스로 대통령 자리에 올랐다. 자유민주주의의 정통성은 회복되지 못했고 비정상적 정치는 계속되었다. 국보위라는 국가 조직을 만들어 위기를 관리하기 위한 대체적인 계획과 기반을 구축했다. 그러나 '새로운 시대'를 이끌 수 있는 세부계획과 전문 인력은 없었다. 즉 소프트웨어를 생산해 내야 할 인적자원이 빈곤하였다. 신군부 정권은 구정치 및 행정 세력을 비토할 수밖에 없는 데다가 정통성이 결여된 정권이라 많은 전문가들이 기피하였다. 구시대 세력이 물러난 공백을 신속하게 대체할 인적자원이 다급히 필요했다. 그것도 될 수 있으면 때 묻지 않은 유능한 인물들이 필요했다.

대통령 전두환이 한강의 기적을 창출한 박정희 대통령만큼이나 경제정책에 성공할 수 있었던 배경은 크게 두 가지이다. 하나는 카리스마 넘치는 뛰어난 리더십이고 다른 하나는 용인술에 따라 발탁된 유능한 참모들의 헌신이다. 경제기획원 종합기획국장 김재익을 가정교사로 그리고 경제수석으로 발탁한 것이 세간에 회자되고 있으나 하나의 대표적 사례일 뿐이고 인재 등용에 전두환 대통령이 보인 열정은 실로 대단했었다.

전두환 대통령은 군 장교 시절부터 지도자로서의 리더십을 스스로 개발하고 보여줬다. 제1공수특전단 단장 전두환 중령은 부대원들에 대한 정신

교육의 하나로 국사학을 강의했는데 그 이유는 "우리나라의 역사를 읽으면 저절로 충성심이 우러난다"고 확신했기 때문이었다. 월남전 백마부대 '박 쥐부대' 연대장으로 지휘할 당시에는 "나는 허수아비가 아니다, 연대장의 안전이 중요하다면 소총수의 생명은 더 중요하다, 그들은 나를 기다리고 있다"라며 부하들보다 앞서 적진에 침투했다.

전두환은 "군인의 꽃이라 할 수 있는 제1사단장이 되었을 때 가장 먼저 한 일은 사단의 모든 장병들에게 일체감을 조성하는 것이었다. 우선 전 사단 1만 장병에게 모두 표창을 주고 악수를 해주리라 결심했다. 어느 병사에게는 경례만 잘 한 것으로 표창장을 수여하기도 했으며 1주일 특별휴가도 보내줬다. 열심히 하다가 낸 사고는 벌을 줄 수 없다며 오히려 격려하기도 했다"라는 회고가 있다. 전두환은 측근 참모들에게 "나는 부하에게 1백퍼센트 충성을 바친다, 그리고 나는 그 부하로부터 50퍼센트만큼의 충성을 기대한다"고 입버릇처럼 말했다고 한다.

육군사관학교 생도 시절 축구부 주장으로서 그리고 육사출신 장교모임인 하나회 보스로서 전두환은 언제나 자타가 공인하는 '대장'이었다. 박정희 대통령이 과묵하고 주변 사람들로부터 말을 듣기를 좋아하는 유형의 인물이었다면, 전두환 대통령은 말하기를 즐기는 유형의 인물이었다. 전두환은 자신이 등용한 참모들이 어느 자리에서 활동하든 간에 소신껏 정책을 펼칠 수 있게 해주었다. 이는 정치적 반발이나 반대 세력들을 대통령이 직접 방어해 주는 형식이었다. 군에서 자신을 따르던 측근들과 경제 전문가 집단이 충돌할 때 전두환 대통령은 많은 경우 정무적 판단을 하는 측근들을 억누르고 정책적 판단을 하는 전문가 참모들의 손을 들어 주었다.

용인술에서 전두환 대통령의 국무위원 선정은 다른 정권보다 뛰어난 인물들을 잘 선정하고 잘 활용했다고 평가되고 있다. 사회·경제·교육·과학문화·외교 등에서 뛰어난 인재들을 영입하여 적재적소에 배치하여 활용한 용병술은 어느 정권보다도 뛰어났다. 전두환 대통령 자신의 회고록과 몇몇 글에 기술된 것을 바탕으로 용인술과 인사정책을 정리해 본다.

지도자가 모든 국사(國事)의 내용을 속속들이 아는 것은 불가능하며 많은 경우 모든 내용을 자세히 알 필요가 없다. 본질적으로 현명한 판단이 가능한 기본적 소양을 갖추면 된다. 이와 관련하여 전두환 대통령은 "아무리 유능하고 뛰어난 지도자라 하더라도 천수천안(千手千眼)을 지닌 것이 아니므로 모든 것을 혼자서 다 할 수는 없는 일이다. 부하들을 적재적소에 배치해 능력껏 임무를 수행할 수 있도록 독려하고 뒷받침을 해준다는 것이 나의 지휘철학이었다"고 스스로 천명했다.

우리 역사에서도 지도자에게 기본적 소양을 함양하게 하는 제도가 공식적으로 있었는데, 그것은 다름 아닌 왕에 대한 경연(經筵)이었다. 경연은 고려시대 예종(1116년)부터 있었다. 임금이 반듯한 정치를 할 수 있도록 당대의 이름난 학자들로 하여금 임금에게 경서와 치국의 도리를 강론하게 하는 제도였다. 이 경연을 전두환 대통령이 비공식적으로 부활해 매우 적극적으로 활용했다. 전 대통령은 "나의 국정 학습은 첫째 각 분야별로 전문지식을 배우고 시대적 흐름과 당면 현안이 무엇인지 파악할 수 있고, 둘째 각 분야의 대표적 학자, 전문가들에게 나의 국정철학과 정책과제에 대한 이해를 구하며, 셋째 지금까지 접촉이 없었던 학자, 지식인들과 면담을 통해 나의 국정수행에 동참할 수 있는 인물을 발탁한다"라고 경연의 목적과 인재 발탁을 다음과 같이 설명했다.

"나의 국정학습은 취임 초에는 일과가 시작되기 전인 오전 7시부터 집무실 옆의 소접견실에서 1대 1로 마주 앉아 준비해 온 교재를 갖고 진행했다. 그 시절 나의 일과는 말하자면 '조강(朝講)'으로 시작되었다. 매주 한 번씩 정기적으로 진행된 강의는 주제를 정해놓고 했는데 수석비서관실과 사전 협의를 통해 시의에 맞는 내용을 택했던 것 같다. 어느 날은 꼼꼼히 읽으면서 예습을 했다.

몇몇 학자는 해외에서 발행된 최신 도서를 요약해 가져오기도 했다. 이 '조강' 경연에 참가한 인물이 경제 분야, 정치·사회학 분야, 역사·철학 분야, 과학 기술 분야, 예술 분야 등에서 100여 명이 훨씬 넘었는데 기인(奇人)을 포함하여 참으로 다양했다고 한다. "평소 내가 접하지 못했던 분야에 관한 강의를 흥미롭게 들었던 기억이 새롭다"고 회고했다. 각계의 지도층 인사인 이들에게 자신의 국정철학과 정부시책을 설명하고 이해를 구하는 기회로 활용하기도 했으며, "국정 수행 능력과 의지가 있다고 본 몇 분을 발탁해서 정부 요직에 기용하기도 했다."

경제팀을 꾸리게 된 배경과 과정을 살펴보면 전두환 대통령의 용인술이 얼마나 뛰어 났는지 알 수 있다. 먼저 자신이 처했던 암담한 처지에 대해 "대통령 취임을 전후해서 내가 받아 본 경제관련 보고서 가운데 밝고 희망적인 내용을 담고 있는 것은 단 하나도 없었다. 대책이라고 제시된 것도 막연하고 추상적이었으며 누군가 모든 책임을 떠안고 결단을 내려야만 하는 것뿐이었다. 앞을 보나 뒤를 보나 달리 책임을 나눠 질 사람은 없었다. 그러자 나에게 오기 같은 것이 발동했다. '그래 해보자, 하자'고 마음을 다 잡았다. 경제에 관한 지식도 부족하고 경험도 없지만 '내가 언제 아는 일만 하고, 해봤던 일만 했던가?' 자문하며 스스로 자신감을 일깨웠다"고 술회했다.

"경제수석비서관 선택은 자연적이었고 쉬웠다. 보안사령관 시절 나의 경제관련 개인교사였고 국보위에도 참여했던 김재익 전 경제기획원 기획국장을 자연스레 쉽게 결정했다. 보안사령관 역할을 제대로 하려면 경제문제도 어느 수준까지는 알아야겠다고 생각해 전부터 알고 지내던 장덕진 경제과학심의회의 상임위원에게 경제 가정교사를 추천해 달라고 부탁해서 천거 받은 사람이 김재익 박사였다"고 한다.

경제수석이 먼저 결정된 후 다음은 경제총수인 경제기획원장관과 국무총리를 인선하는 일인데 김재익 경제수석이 안정, 자율, 개방주의자이기에 이러한 정책 방향과 조화를 이룰 수 있는 인물을 골라야 했다. 내각의 경제팀장인 경제기획원장관에는 신병현 상공부 장관을 기용했다. 신병현 장관은 한국은행총재까지 지낸 금융전문가여서 보수적이고 안정적인 경제운용으로 김재익 수석과 호흡이 맞을 것으로 생각했기 때문이었다. 국무총리는 남덕우 전 경제부총리를 발탁했는데 그 배경으로 "내가 남덕우 전 부총리를 총리로 기용한 것은 '결자해지'라는 뜻과 아울러 파탄 직전의 경제위기를 돌파해 나가는 데 과거의 경험과 지혜가 필요하다는 판단이 작용했다"고 설명했다. 총리, 경제부총리, 그리고 경제수석의 발탁이 엄청난 고심을 거쳐 이뤄진 인선이었음을 알 수 있다.

전두환 대통령의 리더십의 진가는 경제수석과 경제 장관들과의 관계를 분명히 설정해 주는 것에서 드러난다. 김재익 수석에게 "대통령인 나를 대신해 지시하고 협의하는 것이니 경제 분야에 관한 한 김 수석이 대통령이나 마찬가지다. 그러니 앞으로 나의 지시나 의견을 관계부처에 전할 때에는 직접 장차관을 상대하고, 필요하면 장관을 직접 불러 협의하라"고 지시하였다. 김 수석을 통해 펼쳐나갈 새로운 경제시책이 박정희 대통령의 마지막 10여 년간의 정책기조와는 상반되는 것이어서 일부 부처에서 반론이나 이의를 제기하며 저항하는 경우도 예상됐기 때문이었다. 장관들에게도 김 수석에 대한 자신의 신뢰를 확인해 주며 적극 협조하도록 당부하였다. 그러면서도 김재익 경제수석에게는 "경제부처 장관에게 나의 지시를 전하고 업무협의를 하되 정책추진의 권한과 책임은 어디까지나 장관에게 있는 만큼 정책을 수행하는데 전면에는 나서지 말라"고 지시했다. 전두환 대통령 시절 어느 수석비서관도 정책 수행과 관련해 국민과 언론을 직접 상대하는 일에는 나서지 않았다.

과도 정부의 안정화 시책과 신군부의 안정화 논리

1970년대 야심 차게 추진했던 중화학공업 정책은 시간이 지나면서 여러 가지 문제점을 노출하였다. 일부 분야에서 중복·과잉 투자로 부실기업들이 속출했고, 과도한 통화 공급과 높은 임금 상승 등으로 인플레가 가속되었다. 1970년에서 1978년 사이에 소비자물가는 대략 2배 올랐고 평균 주택가격은 7배 상승하여, 서민들의 생활이 더욱 어려워졌고 주거 여건과 부의 분배도 악화되었다. 국내 물가가 상승하는데 환율은 경직화되어 수출 경쟁력과 성장잠재력이 약화되기 시작했다.

그동안 박정희 정부에서 '성역'과 '터부'로 인식되어온 중화학공업 투자 조정, 수출지원 축소, 가격 현실화, 가격 규제 품목의 축소, 금리 자율화 등이 주요 정책 의제로 등장했다. 이들 정책들이 새로운 의제로 등장하는 사실 자체가 박정희 정권에서 18년간 지속되어 온 성장 우선 전략이 안정 중심 전략에게 자리를 내어 준다는 것으로 당시에는 상상하기 힘든 코페르니쿠스적 발상의 대전환이었다.

박정희 정부시절 지나친 정부 개입으로 우리 경제가 활력을 잃어가자 1978년부터 경제부처에서 경제 안정화에 대한 논의가 일기 시작했다. 그러나 그와 같은 정책 방향 수정은 지금까지 추진된 박정희 대통령의 경제 정책 철학에 반(反)하는 것이었기 때문에 대통령의 승낙을 받는 일이 큰 문제였다. 취임 4개월 만에 신현확 부총리가 박대통령과의 줄다리기 설득 끝에 마침내 1979년 4월 17일 〈안정화를 위한 종합시책〉이 발표되었다.

안정화 시책은 박정희 대통령이 강한 집념으로 추진하던 중화학공업, 수출 확대, 농가주택 개량 등의 사업을 조정해서 민생의 안정을 위한 종합대책을 세우라는 지시에 의해 마련되었다. 세 개의 주제가 중심 내용이었다.

첫째가 경제 안정화 종합시책이었다. 이에는 ①가격 현실화 조기 실시와 독과점 대상 품목 대폭 축소로 안정 성장 기반을 확보하고, ②생산재 산업에 대한 편중 투자 조정과 내수 민생부분에 대한 투자 확충으로 생필품 공급을 증대하고, ③중화학 및 대형 투자 사업에 대해 투자사업 조정위원회를 설치하며, ④정책 금융 운용 방법을 개선하고 금리 기능 합리화를 위한 금융제도 개선안을 마련하고 ⑤부동산 투기 억제책과 저축 증대책을 마련하여 건전한 경제 풍토를 조성 등 5가지 시책이 포함되었다.

둘째는 생필품 특별 관리 대책이었으며 여기에는 ①물가 현실화를 포함 대중의 부담을 최소화하기 위해 25개 기본 생필품 특별 관리 대상을 지정하고, ②일반 농산물 수입물량을 적기에 확보하고 특별 관리 품목의 관세율을 영세율까지 조정 등 2개 시책이 포함되어 있었다.

셋째는 영세민 보호 대책이었는데 ①석탄 가격 인상분을 전액 정부에서 보조해 주고, ②영세민 자녀 수업료는 전액 정부에서 지원하며, ③영세민에 대한 구호 활동 확대 등 3개 시책이 주요 내용이었다.

10월 26일 박정희 대통령이 시해됨으로써 이러한 시책들은 다음 정부로 넘어가게 되었다. 안정화 시책을 추진했던 신현확 부총리가 전두환 정부의 국무총리로 자리를 옮기면서 안정화 정책은 전두환 정부 경제정책의 대세로 자리 잡게 된다. 10·26 이후 1980년 5월 국보위가 설치되기까지 정치체제의 불안정과 집권세력의 공백 속에 관료들이 경제정책의 중심이 되었다. 신군부 세력이 권력의 핵심에 진입했으나 경제 문제에는 신경을 쓸 여유가 없었기 때문이다. 사회 안정이 필요했기에 경제안정이 절대 필요했다. 최규하 대통령을 정점으로 하는 과도체제에서 이한빈 부총리가 취임했으나 경제정책의 실질적 축은 신현확 총리였다.

김재익 박사가 전두환 대통령의 경제수석으로 취임하기 전 두 가지 조치가 취해졌는데 하나는 환율의 평가절하와 금리인상이고 다른 하나는 오일 쇼크를 흡수하기 위한 유류가격 인상이다. 정부는 1980년 1월 21일 1974년 이후 달러당 485원으로 고수해 오던 환율을 580원으로 평가 절하하고 18.6%의 예금금리를 24%로 인상했다. 박정희 대통령 시절이라면 엄두도 못 냈을 수출 금융 지원 금리까지도 9%에서 15%로 인상했다. 금리와 환율의 급격한 인상은 금융시장에 상당한 충격을 안겼으나 안정화 정책과 일관성을 갖게 하는 조치였다.

1980년 1월 29일에는 기름 값을 59.4% 인상했는데 이는 1979년 7월 59.43% 올린 후 6개월 만의 추가 인상 조치였다. 연속적인 유가인상으로 물가가 1980년에 42.3% 오르는 등 경제에 주는 충격은 매우 컸다. 그러나 과감한 유가 현실화 덕분에 제2차 석유파동을 무리 없이 넘겼다. 유류가의 대폭 인상이 물가에 큰 영향을 미쳐 첫 몇 달은 고생을 하기도 했으나 나중에는 흡수해 버렸다. 세계은행도 유가를 과감히 인상해 오일 쇼크를 흡수해 경제운용을 한 한국의 경제정책을 높이 평가했다.

물가 안정의 기치를 내걸고 크게 성공하다

전두환 정부가 출범할 무렵 세계 경제는 2차 석유파동 여파로 후퇴하고 있었다. 설상가상으로 한국은 정치·사회적 불안이 커지면서 1980년 경제 성장률은 처음으로 마이너스 성장(-1.9%)을 기록하였다. 소비자 물가는 28.7%나 급등해 국민들은 극심한 물가고에 시달렸다. 전두환 대통령은 경제를 어렵게 하고 서민을 괴롭히는 물가를 잡기 위해서 강력한 물가안정 정책을 펼쳤다. 언론이나 일부 학자와 부처에서는 실현 불가능하다며 정권의 홍보에 불과하다고 치부하기도 했다.

신군부가 김재익 국보위 경제과학분과위원장의 안정화 논리를 수용하고 김재익이 경제수석이 됨에 따라 그의 주도 아래 안정화 정책이 강력히 추진되었다. 안정화 정책의 핵심은 안정·자율·개방이었는데 먼저 물가안정에 최우선 순위를 두고 전력투구 했다. 안정화 정책의 전개 과정에서 김재익 수석과 강경식 기획차관보는 각기 이론과 실무를 챙기며 이상적인 콤비로 일했고, 안정론자 신현확 부총리의 취임으로 안정화 시책은 본격적으로 추진하게 되었다.

사실 경제 안정화 정책이 추진되기 까지는 우여곡절이 적지 않았다. 신군부 실세들을 설득시키는 것도 쉽지 않았고 성장론이 몸에 밴 부처의 관료들의 저항도 만만치 않았다. 마침 1982년부터 시작되는 경제개발 5개년 계획의 준비 과정에서 기본 인식이 "성장 위주의 양적 팽창에 따른 고질적인 인플레 구조가 여러 가지 문제를 야기하기에 과감한 정책전환이 있어야만 경제성장과 발전이 지속될 수 있다"로 바뀌었다. 1981년 5월부터 제5차 5개년 계획에 대해 전두환 대통령에게 10회에 걸쳐 보고했다. 박정희 대통령 시절에는 한 차례 보고를 끝냈던 것이 10회까지 계속된 것은 전두환 대통령의 경제에 대한 열의도 한 몫을 했지만 김재익 수석이 그렇게 되도록 치밀하게 기획한 결과이기도 했다.

1980년대 전반(前半)에 집중적으로 추진된 경제안정화 정책은 1970년대 정부 주도의 중화학공업 정책에 따른 부작용을 완화하고 우리 경제의 균형과 안정의 기반을 다지는 중요한 노력이었다. 1980년대 초반에 집중적으로 추진된 물가안정 노력은 긴축적인 재정 및 통화·금융정책을 통한 수요 관리는 물론이고 소득정책과 품목별 가격정책을 포괄하였다.

정부의 1981년도 물가억제 목표는 20% 선이었다. 1980년 10월 어느 날, 김재익 경제수석은 경제기획원 물가정책국, 경제기획국, 예산실의 간부들을 청와대로 소집했다. 김재익 수석은 "물가를 한 자리 숫자로 안정"시킬 것을 요구했고 이에 실무자들이 난색을 표하자 화를 내기까지 하였다. 물가정책국의 간부들만 부르지 않고 경제기획국과 예산실의 간부까지 부른 것도 김 수석의 치밀한 계획이었다.

물가를 안정시키기 위한 과정에서 가장 큰 어려움은 추곡수매가 인상을 억제 하는 것이었다. 1981년 야당, 여당, 해당 부처에서 추곡수매가 45.6%~24% 인상을 요구하였다. 하지만 전두환 정부는 물가를 잡기 위해서는 농민들도 고통을 분담해야 한다고 강조하면서 14%만 인상시켰다. 야당은 물론 여당 의원들도 살농(殺農)정책이라고 반발했으나 꿈쩍도 하지 않았다

통화정책의 주요 수단으로 활용된 총통화(M2) 증가율은 1976~78년에 연평균 34%에서 1982~85년에는 17%로 축소되었다. 금리는 1980년 1월에 환율의 20% 절하에 따른 인플레 요인을 상쇄하기 위해 상당 폭 인상된 것을 제외하고는 물가안정에 맞추어 꾸준히 인하되었다. 1982년 '6·28 조치'에서는 금리를 1년 만기 은행정기예금의 경우 12.6%에서 8%로 인하하였다. 이것은 물가안정 기미가 확연해지는 때에 경제주체들의 인플레 심리를 크게 완화했다.

총수요 관리측면에서 재정의 긴축도 반드시 필요했다. 1982년 1월 예산실장을 새로 임명한 자리에서 전두환 대통령은 "나라 살림이 엉망이다. 힘

있는 부처는 살이 통통 쪄 있고, 힘없는 부처는 뼈만 남은 꼴인데, 이래서야 되겠는가? 이미 예산이 국회를 통과했지만 예산실장은 각 부처 예산을 다시 가져오게 해서 두부 모를 자르듯이 반듯하게 다시 편성하라"고 지시했다. 예산실은 이 지시에 따라 '예산 개혁 작업'이란 명분으로 정면 돌파했다. 예산 개혁 작업의 기준과 목표는 '영점 기준 예산제도(zero-based budget system)'의 도입이었다. 당초 예산의 2.8%에 달하는 2,644억 원의 예산을 삭감해 1982년 10월에 추가경정 예산안이 국회에 제출되었는데 확정된 예산을 삭감하려고 추경이 편성된 것은 재정 역사상 처음이었다. 김재익 수석은 1982년도부터 예산을 동결하려고 시도했다. 그가 1983년 10월 미얀마 아웅산에서 타계하였으나 1983년에 편성한 1984년의 예산은 한국 재정역사에 전무후무한 동결예산이었다.

소득정책은 주로 근로자 임금과 추곡 수매가 인상을 억제하여 물가를 조기에 안정시키려는 노력이었다. 민간기업의 임금을 정부가 직접 규제할 수는 없기 때문에 공무원의 봉급 인상 억제를 통한 간접적인 효과를 기대하였다. 공무원의 기본급 인상률이 1977~78년 중 연평균 26%에서 1983년에는 6%로 인하되었다. 민간기업 근로자의 보수 인상률도 같은 기간 중 34%에서 11%로 안정되었다. 추곡수매가의 인상률도 같은 기간에 22%에서 7%로 큰 폭 낮아졌다.

김재익은 온정주의적 반자본주의 정책을 매우 싫어했다. 당시에나 지금이나 인기 영합적 반자본주의 정책의 대표적 사례가 이중 곡가제에 의한 추곡수매 제도이다. 농부들에게 쌀을 비싸게 사서 시장엔 싸게 내놓는 건데 이 때문에 정부의 재정은 피폐해지고, 농부들은 무작정 쌀만 생산하는 그것도 쌀의 질보다 양으로 승부하고 있다. 김재익은 쌀값이 폭락해 결국 농촌이 망하게 된다고, 어서 빨리 철폐하고 농촌의 자생력을 위해 투자해야한다고 역설했다. 아직도 모두가 공멸하는 사회주의적 반시장 추곡수매 가정책이 아직도 시행되고 있다.

경제정책의 최우선 목표로 설정하여 종합적이고 일관성 있게 추진된 정부의 물가안정 노력은 큰 성과를 거두었다. 우리 경제의 인플레 체질을 개선하여 거시 및 금융 분야의 경제운용을 안정화, 자율화하는데 크게 기여하였다. 소비자물가 상승률이 1980년 28.7%, 1981년 21.3% 두 자리씩 상승하다가 1982년에 7.1%로 안정되기 시작하였다. 1983~87년에는 2.8%로 대폭 낮아졌다. 상상도 못했던 소비자 물가가 대폭적으로 하락하는 일이 현실로 나타났다. 당시에 전두환 정부가 물가를 한 자리 수로 안정시키리라고 예상했던 사람들은 아무도 없었다. 역사적으로 독재자들이 포퓰리즘으로 인플레이션을 일으키는 경우는 많아도 물가를 잡는 경우는 드물었기 때문이다.

긴축적인 수요관리에도 불구하고 큰 경기둔화 없이 비교적 단기간에 물가를 안정시킬 수 있었던 데에는 소득정책의 역할도 간과할 수 없다. 이것은 대통령의 물가안정에 대한 흔들림 없는 의지와 이에 대한 국민들의 신뢰가 있었기에 가능했다. 물가안정은 금리, 환율 등의 왜곡을 시정하여 거시경제를 안정적으로 운용할 수 있는 기반이 되었다. 명목금리의 단계적 인하에도 불구하고 실질금리는 오히려 높아져서 금융발전과 금융자율화에 진전을 이룰 수 있었다. 1980년대 후반 일본 엔화의 강세 등 대외여건의 호전 기회를 살려 획기적인 수출 증대와 국제수지 흑자로 연결시킬 수 있었던 것도 물가안정을 통한 채산성 향상에 힘입은 바 크다.

물론 운도 따랐다. 전두환 정부가 물가를 잡을 수 있었던 것은 강력한 긴축정책의 효과도 있었지만 더 근본적인 요인은 국제 원자재 가격이 하락했기 때문이었다. 원유 등 원자재 가격이 하락하면서 공공요금 인상 요인이 없어졌기 때문이었다. 그 덕분에 1983년 물가는 마이너스(-0.8%)까지 하락하였다.

전두환 정부의 안정화 정책이 결실을 맺기까지 수많은 우여곡절을 겪어야 했다. 엄청난 저항과 반발에도 불구하고, 비인기 정책인 물가안정을 강력하게 추진 할 수 있었던 것은 전두환의 말대로 국민들에 의해 선출된 대통령이 아니기 때문에 가능했을 수도 있다. 정치인 출신의 대통령은 유권자들의 압력으로 이와 같은 비인기 정책을 추진하지 못했을 것이다. 전두환은 국가 경제를 위해 필요한 정책은 과감하게 추진하게 하는 저돌적인 리더십을 지녔으며, 참모들을 절대적으로 신뢰하고 이들이 소신껏 정책을 펼칠 수 있도록 방어해 주었다.

3저 호황, 역대 최고의 경제 성장을 성취하다

전두환 정부는 초기에 강력한 긴축정책으로 물가는 안정시켰으나 경기는 좀처럼 회복되지 않았다. 이를 위해 컬러TV 방영, 공무원 자가용 운전 금지 해제, 양도소득세 완화 등 각종 경기 부양책을 펼쳤으나 별 효과가 없었다. 게다가 기업의 투자가 위축되고 수출도 목표를 달성하기 어려웠다. 경기 회복 조짐은 건설 부문에서만 일부 나타났고, 뭉칫돈은 향락산업으로 흘러 들어갔다. 정부의 인위적인 경기 부양책이 효과가 없었다.

그러다가 시간이 지나면서 국제시장에서 훈풍이 불기 시작하였다. 1985년 9월 G5 플라자 합의(Plaza Agreement)를 계기로 국제금리, 달러, 유가 등이 동시에 하락하기 시작하였다. 그럼에도 국내경제는 여전히 경기 침체와 외채 망국론에서 벗어나지 못하고 있었다. 1984년 말 우리나라 외채는 434억 달러로 당시 국민들이 3년간 내는 세금과 비슷한 규모였다.

1980년대 중반 당시 우리나라는 멕시코, 브라질, 아르헨티나에 이어 네 번째로 외채가 많은 국가였다. 일부 학자, 언론인, 정치인들은 외채 망국론을 거론하며 전두환 정부의 실정을 공격하였다. 국회의원 선거를 앞두고 외채 망국론이 최대의 화두가 되기도 하였다.

플라자 합의로 일본, 대만 등의 통화가치가 상대적으로 높이 평가되면서 우리나라 제품들이 해외시장에서 가격 경쟁력을 갖게 되었다. 게다가 1985~1986간 국제 원유가 배럴당 28달러에서 14달러로 하락하였고, 국제 원자재 가격도 10% 이상 하락하여 제조원가를 절감시킬 수 있었다. 또 국제금리도 20%선에서 한자리로 하락하였다. 국제 유가, 금리, 원화 등이 동시에 하락하는 3저 현상이 나타나기 시작하였다.

전두환 정부는 3저 호기를 최대로 활용하기 위해 기업에 자금 및 세제 지원 등의 조치를 취했다. 그 결과 1986~1988년까지 우리나라의 연평균 경제성장률은 12.1%를 달성했고 실업률도 4.0%에서 2.5%로 감소했다. 1986년에 사상 처음으로 경상수지가 46억 달러 흑자를 기록했고, 1988년 경상수지 흑자가 무려 국민총생산(GNP)의 8%인 145억 달러에 달하기도 했다. 4년 연속 경상수지 흑자 영향으로 1985년에는 총외채가 468억 달러(GNP의 51.3%)에서 1989년 294억 달러로 줄어들면서 외채 망국론은 사라졌다. 전두환 정부 후반기는 3년 연속 두 자리 수 경제 성장을 달성하며 단군 이래 최대의 경제 호황을 누릴 수 있었다. 물가 안정, 국제수지 흑자, 높은 경제성장률을 동시에 달성한 것이다.

일부에서는 1986~1988년에 걸친 최대의 경기 호황은 전두환 정부의 공적이 아니라 3저 현상이라는 외부요인 때문이라고 폄하하기도 한다. 하지만 당시 3저 현상은 세계적인 현상이었음에도 우리나라만 10% 대의 높은 경제성장을 달성할 수 있었다. 이는 전두환 정부가 우리 경제가 도약할 수 있는 기반을 준비하고, 3저 현상을 잘 활용했기 때문이다. 우선 집권 초기부터 강력한 물가안정 정책으로 수출 경쟁력을 강화할 수 있었으며, 기업 구조조정으로 금융기관의 자금 지원이 원활했고, 게다가 박정희 정부가 붕괴되면서 애물단지로 취급받았던 중화학 공업이 구조조정을 거쳐 경쟁력을 회복하면서 수출을 주도했기 때문이다.

3저 현상을 잘 활용할 수 있었던 것은 전두환 정부가 큰 틀에서 정책방향을 제대로 잡고 일관되게 추진하였고 기업과 근로자, 국민들의 분발이 있었기에 가능했다. 이 모든 것들의 앞에는 일사분란하고 저돌적인 리더십을 가진 전두환 대통령이 있었기 때문이었다.

전무후무하게 1984년 예산을 동결하다

전두환 정부는 물가를 확실하게 안정시키기 위해 1984년 예산을 동결하기로 하였다. 물가를 안정시키기 위한 예산 동결에 수많은 반발과 정치적 위험을 감당해야만 했다. 예산 동결은 정치적으로 민감한 사안으로 1985년 국회의원 선거를 앞둔 여당과 정치인들의 입장에서는 정치적 자살행위나 다름이 없었기에 거칠게 반발하였다. 건국 이후 처음으로 국방예산을 삭감시키자, 일부 장군들이 경제기획원 예산실을 찾아와 행패를 부리기도 하였다. 전두환은 행패를 부린 장군들을 지방으로 좌천시키고, 예산실 실장을 격려하였다.

많은 저항과 반발에도 불구하고 1984년 예산을 동결시켜 5,500억 원의 흑자를 내도록 편성하였고, 이로써 한국은행 차입금을 갚았다. 예산동결은 공무원 봉급 동결, 기업의 임금 인상 억제, 추곡수매가 인상률 억제에도 영향을 미쳤다. 예산을 동결시킴으로서 그동안 고물가의 주범이었던 적자재정을 없애고 경제를 안정화 시킬 수 있는 기반을 마련하였다. 정치적 위험을 무릅쓰고 과감하게 단행한 예산동결 조치로 우리의 재정상태가 오랫동안 양호한 상태를 유지할 수 있게 하였다.

대한민국 재정정책 70년 사에 있어서 전대미문의 1984년도 예산의 동결은 혁명에 가까운 발상이었다. 김재익 수석은 당초 1982년부터 예산을 동결할 생각이었으나 예산실 등의 반대로 물러났다가 1983년에 1984년도 예산 편성에서 세출예산을 동결하기로 대통령의 결심을 받아내는데 성공했다. 사실 1982년에 영점기준예산편성 방식을 도입하여 이미 확정된 1982년도 세출예산을 일부 삭감했었다.

1984년도 일반회계 예산을 전년도 수준으로 동결한 것은 우리나라 재정 역사에서 전무후무한 결단이었다. 예산은 행정부에 편성권이 있고 국회가 심의 확정하도록 법에 규정되어 있다. 당시 시대적 상황을 놓고 보면 사실 예산 동결은 상상도 할 수 없다. 월남 패망과 닉슨 독트린 등으로 자주국방이 불가피한 상황과 미국과의 협정에 의해 GNP의 6%를 방위비에 의무적으로 배정해야 하는 상황이었다. 이러한 상황에서 예산동결은 국방비 이외의 예산은 동결을 넘어 예산의 대폭적 삭감을 의미했기에 농민, 건설업자 등 이해 당사자들의 저항도 엄청나게 거셌다. 추곡 수매가 동결에 따른 농촌 민심의 악화, 봉급 동결에 따른 공무원 사기 저하 등 어느 것 하나 쉽지 않은 상황에서 대통령과 참모는 안정화의 기치를 들고 예산 동결을 단행했다.

1984년 예산동결을 포함한 일련의 재정긴축정책은 재정지표에 큰 변화를 가져왔다. 1984~1986년의 동결과 긴축으로 1974~1981년의 기간 중 통합재정지출 및 순융자의 연평균 증가율은 실질 기준으로 11.8%이었으나 1981~1986년의 기간 중에는 2.2%로 크게 낮아졌다. GNP 대비 비율로

1982년에 27.6%에 달했던 통합재정 규모는 1980년대 초반의 긴축 안정화 정책에 힘입어 1988년에 22.2%까지 하락하였다. 중앙정부 일반회계의 대 GNP 비율은 1982년의 17.6%에서 계속 하락하여 1988년에는 13.7%에 이르렀다. 같은 기간에 통합재정 수입의 증가율이 12.3%에서 6.4%로 하락하였기에 재정건전화는 세입 확대가 아닌 지출 억제에 따른 결과였다.

통합재정수지 적자 규모의 대 GNP 비율은 1970~82년 기간 중 2~4%의 비교적 높은 수준이었지만 1987~88년 기간에는 통합재정수지 통계가 작성된 이래 최초로 흑자를 시현했다. 1980년대 전반의 적극적 재정긴축의 결과는 국가채무에도 큰 영향을 미쳐 중앙정부 채무의 대 GDP 비율은 1997년 외환위기 직전까지 계속 하락하였다.

경제성장률이 1980년 -1.9%에서 1984년 9.9%, 1985년 7.5%, 1986년 12.2%, 1987년 12.3%로 크게 높아졌다. 예산동결을 포함한 재정의 긴축정책 그리고 임금억제 정책에 힘입어 물가가 크게 안정되었다. 1980년의 도매물가 상승률 38.9%가 1984년 0.7%, 1985년 0.9%, 1986년 -2.2%로 안정되고 1980년 28.7%, 1981년 21.4%에 달하던 소비자 물가 상승률이 1982년 7.2%, 1983년 3.4%, 1984년 2.4%, 1985년 2.5%, 1986년 2.8%로 급락하였다. 특히 1986년에 경상수지가 흑자를 기록한 후 1987~88년 동안에 경상수지 흑자가 GDP의 8~9%에 달했다.

정부가 1980년대 초에 택한 재정건전화 노력은 정부의 세입 확대가 아닌 정부의 세출 억제에 의존했다는 점에서 이례적이다. 오늘날 한국이 OECD 국가 중 낮은 국가부채 비율을 유지하는 것은 전적으로 1980년대 초에 추진한 긴축재정 덕분이다. 사실 1982~1985년의 경우 경기적인 측면에서 보면 재정확장이 필요한 상황이었음에도 장기적 경제안정화를 위해 재정긴축을 단행해 단기적 안정화를 희생한 시기였다. 그 결과는 단군 이래의 최대 호황 경제였다. 1986~88년 3년의 연평균 성장률은 12%에 달했고, 국제수지 역시 만성적인 적자에서 흑자로 바뀌어 3년간 경상수지 흑자가 286억 달러에 달했다. 성장, 물가, 국제수지라는 세 마리의 토끼를 모두 잡게 된 것이다. 1980년대 초의 안정화 시책의 성공은 정부의 솔선수범이 기업과 가계로 경제주체 모두에게 파급됨으로써 가능하게 되었다.

공정거래법과 소비자보호기본법을 도입하다

국보위의 가장 두드러진 업적은 공정거래법을 도입한 것이다. 정상적 절차로는 불가능한 공정거래법이 '국보위 입법회의'라는 초헌법적 기구에 의해 가능해진 것이다. 당시 신군부는 자신들의 집권을 정당화하려는 여러 방안들을 물색하고 있었는데 '화끈한 경제개혁' 건수로 공정거래법 제정 안건을 채택했다. 이 과정에 국보위 경제과학분과위원회 위원장 김재익 박사의 역할이 컸다.

공정거래법 도입은 독점규제법의 형태로 1960대에 제기되었다. 1966년 독점 규제 법안이 국회에 제출되었다가 폐기된 적이 있었고, 1969년과 1971년에도 각각 유사한 시도가 좌절되었다. 번번이 부처 간의 갈등과 대기업들의 반발에 의해 실패했다.

공정거래 개념이 처음으로 도입된 것은 1975년에 재정된 '물가 안정 및 공정 거래에 관한 법률'이다. 물가 안정에 공정 거래적 요소를 가미한 것이다. 가격 규제에 의존하는 물가 관리는 누가 봐도 불합리했기에 '물가 잡기'를 벗어나야 했다. 진정한 공정거래의 개념은 자율 경제 기조와 공정한 시장 경제를 지향하는 것이었기에 특혜와 지원으로 성장해 온 기업으로서는 환경의 큰 변화를 의미하는 것이었고 사고의 대전환을 강요받는 것이었다.

독점 규제 및 공정 거래에 관한 법률이 1980년 12월 31일 제정·공포되고 그 후 전두환은 1981년 3월 대통령에 취임하자마자 공정거래위원회를 출범시켰다. 전경련 등 재계에서는 국제 경쟁력을 떨어뜨린다고 강력하게 반발하기도 했다. 하지만 공정거래는 기업 경영의 투명화와 전문화에 기여하면서 우리 기업들이 국제 경쟁력을 강화시키는 계기가 되었다.

1980년대 자율·경쟁·개방의 경제정책은 소비자 보호 정책을 다룰 수밖에 없었다. 관 주도 성장 추구 정책기조에서 소비자 보호는 뒷전일 수밖에 없었다. 여성단체 중심으로 불량 상품에 대한 소비자 불만 처리나 불량 식품 추방이 주된 관심이었고, 소비자 피해 구조 문제도 개별적 행정 단속 법규들에 의해 처리되었다. 1980년 헌법 개정에서 소비자 보호 관련 조문이 처음 삽입되고 1981년 1월 소비자 보호 기본법이 제정되어 매년 소비자 보호 종합시책이 발표되었다. 임기 말인 1987년 7월 정부 출연기관인 한국소비자보호원을 출범시키면서 전두환 대통령은 우리나라 소비자 보호에 큰 족적을 남겼다. 한국소비자보호원은 소비자 보호와 권익 향상은 물론 훗날 우리 기업 제품의 품질 향상에 기여하는 제도가 되었다.

정보통신 선진국의 발판을 마련하다

1970년대 말까지 우리나라 전화기는 관급제였다. 정부가 규격을 정하고 몇몇 업체가 생산했으며, 대부분의 전화기는 흑색이었고 디자인도 단순했다. 1980년 9월, 당시 여러 전자 업체들은 컬러 TV를 생산해 놓았으나 비경제적 논리에 의해 시판과 방영이 금지되고 있었다. 단편적인 정부의 규제 때문에 전자 업체들은 극심한 경영난에 빠져 있었다. 당시 우리나라 대부분의 사람들은 반도체가 무엇인지, 컴퓨터가 무엇인지, 데이터통신이나 정보산업이 무엇인지 잘 몰랐다.

김재익 박사는 박정희 대통령 시절인 1975년 경제기획원 경제기획국장 시절 기계식 전화로 인한 통신난 해소 문제를 접하게 된다. 당시 체신부는 전화설치 업무만 담당했기에 통신 분야에 대한 장기구상은 경제기획원의 몫이 되었다. 김재익 국장은 전화 적체를 해소하는 방안은 기계식 전화기를 전자식 전화기로 교체하는 것이 유일한 대안이라 판단했다. 참으로 혁신적 발상이었다.

후에 초대 정보통신부 장관에 오른 통신전문가 경상현 박사의 도움을 받아 자신의 견해를 정리한 뒤 자신의 상사 남덕우 부총리에게 보고했다. 1976년 2월에는 경제장관 회의의 의결을 거쳐 한국과학기술연구원(KIST)에 전자교환기 도입에 대한 타당성 검토를 의뢰하기에 이른다. 체신부도 반대했고 기계식 전화기 생산업체는 물론 연관된 수많은 기업들이 들고 일어났다. 이로 인해 김재익 국장은 중앙정보부에 불려가 곤욕을 치르기도 했다. 김재익 국장의 건의로 한국통신연구소(KTRI)가 1977년에 신설되었다. 결국 박정희 대통령이 갑자기 서거하면서 김 국장의 통신혁명 구상은 그 씨앗만 잉태했을 뿐 싹이 트지 못했다.

경제수석으로 발탁된 후 김재익 수석은 1980년 자신의 통신개혁 구상을 구체화할 적임자 물색에 나선다. 후에 과학기술부장관이 된 당시 국방과학연구소 오명 박사와 9월에 첫모임을 갖는다. 오명 박사로부터 정보통신산업이 '미래 산업의 핵'이라는 사실과 앞으로 개인용 컴퓨터(PC)와 더불어 통신, 반도체, 소프트웨어 산업이 동시에 발전될 것이라는 설명을 접하면서 그 자리에서 김 수석은 오명 박사에게 청와대에서 함께 일할 것을 제의했다.

오명 박사는 1980년 10월 청와대 경제수석실 2급 경제과학비서관으로 일하기 시작했다. 오명이 중심이 되어 전자산업 분야 최고 전문가들과 관련 공무원들 20여 명이 모여 '전자산업 육성 대책반'이 결성된다. 대책반은 3개월 동안 연구 끝에 1982년 1월에 한국의 산업구조를 혁신적으로 바꾸는 계기가 된 '전자공업 진흥 기본계획'을 성안·발표하기에 이른다. 이를 두고 1982년을 '제1차 통신혁명의 해'라고 불린다. '제2차 통신혁명의 해'는 1997년이었다. 기본계획은 당시 9.5%에 불과하던 산업용 전자기기 생산 비중을 26%로 올리고 3대 집중 추진과제로 전자교환기 혁신, 반도체 산업 진흥, 그리고 컴퓨터 산업 진흥이었다. 이병철 회장이 이른바 '동경 선언'을 하며 반도체 산업에 뛰어든 것은 1년 후인 1983년이었다.

당시에 생소한 통신산업에 과감하게 투자할 수 있었던 것은, 김재익이라는 선각자, 그를 도와준 오명 장관을 비롯한 전문가들의 수고도 컸지만, 전두환 대통령이 오랜 군인 생활을 하면서 통신의 중요성을 누구보다도 잘 알고 있었기 때문이었다. 현 시점에서 보아도 팀원을 믿고 지켜 주는 훌륭한 지도자와 많이 알고 성실하며 목표의식이 뚜렷한 전문가들이 하나가 된다면 얼마든지 국가에 봉사할 수 있다는 사실을 증명해 주는 역사의 좋은 예이다. 물론 김 수석이 순직한 후에도 초기 전자통신 혁명은 계속 이어졌다. 그것이 가능했던 것은 김재익 수석과 뜻이 맞았던 전문가들이 계속 통신혁명 작업을 이어가고, 전두환 대통령이 그 맥을 계속 살려 나갔기 때문이다.

개방화, 올림픽 유치, 한강 개발로 국격을 높이다

이승만 대통령 박정희 대통령을 거치면서 우리나라는 수출은 최대한 늘리고 수입은 가능한 억제하는 정책을 취해 왔다. 그러다보니 국민들도 수출은 선(善)으로 수입은 악(惡)으로 생각하는 경향이 있었다. 1980년대 초반까지만 하더라도 국산품을 애용하는 사람은 국내 산업을 보호하기 위한 애국자로 간주되었고, 외제품을 쓰는 사람은 매국노나 범죄자 취급을 받았다. 당시만 하더라도 수출은 늘리고 수입을 줄이는 것만이 우리경제가 살 길이었다. 그럼에도 불구하고 우리나라의 국제수지 적자가 늘어나 외채는 쌓여만 갔다.

전두환 정부에 들어서 이러한 고정관념을 변화시키는 정책적 시도가 진행되었다. 즉 그동안 추진해 왔던 수입규제와 수출지상주의에서 벗어나 물가안정과 대외 개방정책을 통해 경제의 활로를 개척해야 한다는 주장이 일기 시작하였다. 개방화를 통해 우리 경제를 더욱 성장시키고 조만간 도래할 개방화 시대에 대비하여 경제적 충격을 완화하자는 것이었다. 하지만 수입개방에 대한 찬반 논란이 여기저기서 거세게 일기 시작하였다. 수입개방화에 대해서 재무부와 상공부, 한국개방연구원(KDI)와 산업연구원(KIET) 등이 각각의 논리와 이해를 앞세워 자신들의 목소리를 높였다. 일부에서는 당시 수입자유화 과정에서 벌어진 치열한 논쟁은 단순한 이기주의가 아니라 서로가 논리와 이론을 내세워 벌였던 생산적인 정책 대결이었다고 평가하기도 한다.

특히 언론과 기업들은 앞장서서 수입개방을 반대하였다. 언론에서는 '미제 홍수', '수입품 봇물 터져' 등과 같은 자극적인 제목으로 개방론을 반대하였다. 그동안 정부의 수입규제 정책으로 사업을 수월하게 해왔던 기업들이 경쟁력이 약한 국내기업을 망하게 하는 조치라고 거세게 반발하였다. 정부가 앞장서서 수입 규제를 완화하는 것은 이치에 맞지 않는다고 반발하였다. 하지만 개방정책의 핵심은 개방화를 통해 국내 기업들의 경쟁력을 강화하자는 것이었다. 당시 우리나라는 세계 4대 채무국으로 외채 망국론이 일고 있던 와중에 이해관계에 얽혀있는 기업과 정부 부처, 연구기관, 언론들이 결사적으로 반대하였다.

수입자유화에 관한 논쟁은 재계의 입장을 대변하는 보수파와 개방화를 주장하는 개혁파들간 지루한 논쟁으로 개방화가 제대로 이루어지지 않았다. 그러던 중 1983년 10월 아웅산 테러로 김재익이 사망하였다. 같은 해 11월 보호무역정책을 주도했던 로널드 레이건 미국 대통령이 한국을 방문하였다. 그는 한국에 자동차, 컴퓨터, 카메라 등 30여개 품목에 대해 수입을 개방할 것을 요구하였다. 시장개방을 통해 국내 기업들의 경쟁력을 높이려고 했으나 강대국의 압력에 의해 반강제적으로 시장을 개방하게 된 것이다. 당시 개방화는 거부할 수 없는 추세였다.

어쨌든 수입자유화가 시행되면서 시장에 양질의 제품이 나오면서 가격이 안정되었고, 그동안 공급자(기업) 중심의 시장경제가 소비자 중심의 시장경제로 변화할 수 있었다. 소비자 주권 강화되기 시작하였다. 수입자유화로 전근대적인 방식으로 제품을 생산판매하던 기업들이 냉혹한 국제기준을 따라야만 했다. 국제기준을 준수하면서 경쟁력을 강화한 기업들은 글로벌 기업으로 성장할 수 있게 되었다

하지만 전두환 정부는 초기부터 개방정책을 표방하였고, 전문가 관료에 모두 개방론자들을 포진시켜서 수입개방의 당위성을 설파하고 국민을 설득시키는 노력을 대대적으로 전개하였다. 이 또한 전 대통령 스스로 수입개방에 대한 이해가 확고했고, 수입개방을 위한 정책이나 인사를 일관성 있게 강력 추진하였기에 가능하였다. 일관된 개방화 정책이 3저 호황과 맞아 떨어지면서 수입은 나쁜 것이라는 인식도 크게 바뀌었다. 전두환 대통령의 국제 경제정세를 파악하기 위한 노력과 역량, 일관성 있는 추진력, 용병술이 돋보이는 대목이다.

전두환 대통령 취임과 동시에 올림픽 유치를 다시 추진하기로 결심하고, 서울시에 올림픽 유치 신청서를 제출하도록 하였다. 올림픽은 박정희 대통령이 1979년 10월에 내외신 기자회견을 통해 하계 올림픽 유치 계획을 발표하였으나, 10·26으로 흐지부지되었다. 전두환 정부가 올림픽을 유치하겠다고 하자 정부 부처, 언론, 학계는 물론 심지어 체육계에서도 회의적인 반응을 보였다. 당시 일본에서 올림픽 유치를 준비하고 있어서 일본을 이기기가 어려울 뿐 아니라 유치 신청에서 승리하더라도 엄청난 비용이 들어가기 때문이었다. 일부 언론들은 전두환 정부가 독재통치를 위한 우민정치의 일환이라고 지적하기도 하였다. 전두환 정부가 국민들을 3S(Screen, Sports, Sex)에 빠지게 하여 독재로부터 면피하려고 한다는 것이다.

전두환 정부는 각계의 반대에도 불구하고 현대 정주영 회장을 올림픽 유치 추진위원장으로 임명하고, 경제 논리보다는 국가발전전략 차원에서 올림픽 유치를 추진하였다. 정주영 회장은 모든 역량을 총동원하여 나고야를 52대 27로 꺾고 유치에 성공하였다. 전두환 대통령의 결심과 리더십, 정주영의 저돌적인 추진력으로 성공할 수 있었다. 160개국의 자유진영 국가와 공산진영 국가가 모두 참여하여 보이콧 없는 88서울올림픽은 성공적으로 개최되었다. 더욱 중요한 것은 경제적으로 따질 수 없는 엄청난 무형의 가치를 얻었다는 점이었다. 서울 올림픽은 아시아에서 일본에 이어 두 번째로 개최되었다. 게다가 분단 상태의 개도국에서 성공적으로 개최함으로써 한국의 이미지를 제고하는데 크게 기여하였다. 하지만 대통령직에서 물러난 전두환은 일부 야당과 언론의 반발로 88서울올림픽 개막식에 참석하지 못했다.

전두환 대통령은 한강의 하천공간을 종합적이고 다목적으로 이용·개발하기 위하여 한강종합개발사업을 추진하는데 1982년 9월에 착공하여

1986년 9월 준공되었다. 이 사업의 주된 내용은 ①수로를 고정화·안정화시키는 저수로 정비를 통한 치수(治水)기능 확대, ②하천공간의 고도이용을 기하는 고수부지 조성 및 공원화를 통한 휴식 공간의 확보, ③안전하고 쾌적한 동서교통망을 확보하는 올림픽대로 건설(강변도로 확장), ④수질오염을 막아 한강물을 정화하기 위한 분류하수관로(分類下水管路)와 하수처리장 건설, ⑤유람선과 수상 레저·스포츠시설 등 수자원 이용 등이다. 총사업비 9,560억 원에 달했는데, 전두환 대통령은 일본에서 받은 40억 달러 중 10억 달러를 할애·투입해 당시 시궁창 수준의 한강을 오늘날의 아름다운 예술품으로 바꾸었다.

올림픽을 개최하기 위해 정비한 한강종합개발사업은 그동안 한국이 가난하고 분단되고 언제 터질지 모르는 전쟁위험이 있는 나라로만 알고 있던 외국인들에게 한강의 기적이 무엇인지를 알려주는 계기가 되었다. 88서울올림픽은 한국의 경제·사회·문화적 위상을 높였으며, 국민들에게 뭐든 하면 할 수 있다는 자신감과 자부심을 갖게 해 주었다. 전두환 대통령의 저돌적인 추진력과 리더십이 아니었으면 불가능하였을 것이다.

국민경제교육을 대대적으로 실시하다

1980년대 초반 전두환 정부는 국민 등 민간 경제주체들에 대한 경제교육을 강조하였다. 통제와 억압을 일삼던 전두환 정부가 국민들에게 경제교육을 시킨다는 것은 획기적인 발상이었다. 전두환 정부 초기에 추진된 경제 안정화 시책은 단기적으로 국민의 고통과 인내를 요구했기에 국민의 이해 없이는 성공하기 어렵다고 인식되었기 때문이다.

'성장 우선'이라는 고정 관념이 국민의 의식을 지배하고 있었기에 안정화 정책 자체가 수용되기 어려웠고, 인플레 심리에 찌들려 있는 국민들이 투기에 나선다면 물가안정을 물거품이 되고, 정책을 입안·집행하는 공무원들도 세뇌시키지 않으면 과거의 관례에 따라 습관적으로 행동할 것이기에, 정부정책을 국민들에게 직접 설명하고 이해를 구하는 것이 필요했다. 그 수단으로 등장한 것이 국민경제교육이다. 이에 전두환 대통령은 김재익 수석의 건의를 받아들여 신병현 부총리에게 전 국민을 상대로 대대적으로 경제교육을 실시하라고 지시했다. 본격적으로 경제교육이 실시된 것은 1981년 추곡 수매가 결정과 관련된 것이었다. 추곡수매가를 적정 수준에서 묶는 일이 급선무였기 때문이었다.

1981년 11월에 경제기획원 내에 전담조직으로 과 단위의 국민홍보기획단이 설치되었고, 1982년 10월에는 국 단위의 경제교육기획관실로 확대 개편되었다. 전두환 대통령도 세세한 부분까지 챙겼는데 "초등학교 졸업자도 이해하기 쉽게" 교육 자료를 만들도록 요구했다. 책자와 슬라이드를 통해 공무원, 군인, 교사, 예비군에 이르기까지 전 계층을 대상으로 실시하였다. 군의 사병들의 경우 경제교육을 받고 합격해야만 정기 휴가를 갈 수가 있을 정도였다. 언론계와 종교계 인사들은 물론 시장군수구청장도 경제교육의 대상이었다. 비판적 경향이 대종인 대학생들에 대한 경제교육도 실시되었다.

KDI 박사들도 고위 경제공무원들과 함께 지방 상공인 조직, 부녀회, 군대, 민방위 등의 모임에 경제교육 강사로 나서야 했다. 매스·미디어를 통한 교육에도 역점을 두었고, 심지어 TV 드라마에서도 자연스럽게 물가안정에 관련된 멘트가 삽입되도록 유도하는 등 실로 전방위적인 국민경제교육이 실시되었다. 경제백서에 의하면 1982년의 경우, 책자, 슬라이드, 동영상 등 221종이 제작되어 618만 부가 배포되었으며, 14만 2천 회에 걸쳐 진행된 교육 프로그램에 연인원 3,600만 명이 참여하였다.

추곡 수매가 억제, 예산 동결, 강력한 임금 억제 등 지금 같아서는 엄두도 못 낼 시책들이 전두환 정부 초기에 이뤄질 수 있었던 밑바탕은 경제교육에 있었다고 평가해도 무리가 없다. 오늘날에도 정책입안자와 국민 간에는 소통이 필요하고 중요하다. 불행하게도 소통과 정책 홍보의 중요성에 대한 인식 자체가 없는 현실이 안타깝다.

국민연금제도와 최저임금제를 도입하다

전두환 정부는 국민의 생활 안정과 복지 증진을 위해 1986년 12월 국민연금법을 공포하고, 선진 복지국가의 상징이라고 할 수 있는 국민연금제도를 도입하였다. 사실 국민연금제도는 박정희 정부가 1973년 국민연금복지법을 발표했으나 유가파동 등으로 시행을 연기하였다. 이 제도를 전두환 정부가 살려낸 것이다. 국민연금제도의 도입에는 KDI 원장과 경제기획원 장관을 지낸 김만제 박사의 공헌이 가장 컸다. 1973년 국민연금복지법의 제정을 선도했으나 당시 오일 쇼크로 보류된 후 1984년 KDI 팀이 전두환 대통령에게 보고를 하며 실시를 요청하자 전 대통령은 단호하게 거부하였다. 1986년 유럽 4개국 순방 후 귀국 비행기 안에서 김만제 경제기획원 장관이 국민연금제도 도입을 건의해 마침내 승낙을 받아냈다.

1987년에 국민연금관리공단을 설립하고, 1988년에는 10인 이상의 사업장 근로자를 대상으로 국민연금제도를 시행하였다. 2023년 말 현재 국민연금 가입자는 2,238만 명, 연금 수급자는 663만 명에 달한다. 이제 제도 도입 35년이 지남에 따라 국민연금은 노후생활의 큰 버팀목이 되고 있다. 전두환 정부가 국민연금을 도입하게 된 배경은 참모들의 끈질긴 설득 때문이었다. 국가의 미래를 위한 용기가 있고 선견지명이 있는 참모들을 잘 기용하여 대통령의 진가를 높일 수 있었다.

전두환 정부는 1986년 12월 최저임금법을 입법하여 사회적 약자를 보호하는 방안을 마련하였다. 근로자 임금의 최저수준을 보장하여 근로자의 생활 안정과 노동력의 질적 향상을 기하기 위해서였다. 최저임금은 초기에는 영세 사업자들의 경영난 등을 이유로 제대로 운영되지 않았다. 이러한 부작용에도 불구하고 최저임금제는 근로자들의 최저한의 임금을 보장하는 버팀목으로써 저임금 근로자들을 보호하는 장치로 정착되었다.

이처럼 전두환 정부는 분배정책의 핵심이라고 할 수 있는 국민연금제도와 최저임금제도 등을 과감하게 도입하였다. 국민연금이나 최저임금제는 박정희 정부에서 구상되었으나 제대로 추진되지 못하다가 전두환 정부에서 적극 추진하였다. 이러한 정책들을 이익집단들의 반발과 정치적 이해관계에 따라 지연되거나 표류되지 않고 적극 추진할 수 있었던 것은, 전두환의 강력한 리더십이 있었기 때문이라고 할 수 있다.

시도에 그친 금융실명제 도입

금융실명제(金融實名制)는 금융기관과 거래를 함에 있어 실지 명의에 의한 금융거래를 실시하고, 그 비밀을 보장하여 금융거래의 정상화를 기하기 위한 제도이다. 전두환 정부에서 부동산 투기가 계속 확산될 수 있었던 것은 1982년 5월 이철희·장영자 부부가 최고 권력층과의 친분을 과시하면서 7천억 원 규모의 어음사기를 저지른 사건이 한 몫 하였다. 단군 이래 가장 큰 규모의 금융사기 사건이 발생하자, 그 대책으로 전두환 정부는 금융실명제를 제시한 것이다. 소위 '이철희·장영자 사채파동으로 제5공화국의 정의사회 구현 기치가 크게 훼손되자 민심 수습을 위한 초강수 조치로 금융실명제 카드를 빼들었다.

전두환 대통령이 내세웠던 정의사회 구현을 무참하게 박살낸 이철희·장영자 부부의 사기 사건은 물가 안정과 건전 재정에 몰입하고 있었던 김재익 수석으로서는 청천벽력(靑天霹靂)이었다. 이 와중에도 김 수석은 사건의 본질을 꿰뚫고 그 전부터 고민했던 금융실명제 카드를 꺼내 전두환 대통령에게 건의했다. 지하자금 양성화에도 도움이 되고 공평과세 차원에서도 명약인 금융실명제가 바로 정의사회 구현에 딱 부합된다는 점을 부각시켜 대통령을 설득했다.

강경식 재무장관이 앞장서고 김재익 수석이 동조해 전두환 대통령의 결심을 받아냈다. 극비리에 준비해 1982년 7월 3일 기습적으로 발표된 금융실명제 구상(금융실명거래에 관한 법률)은 ①1983년 1월 1일부터 모든 금융거래는 실명으로 하고, ②금융소득은 종합과세하며, ③1983년 6월 말까지 기존의 무기명과 차명은 실명으로 전환하고, ④실명이 아닌 3,000만 원 이상의 금융자산에 대해서는 과징금으로 5%를 내야 자금출처 조사를 하지 않는 것 등이었다.

그러나 세 가지 요인으로 실명제 실시가 무산됐다. 첫째는 정치적 이유로 여당인 민정당이 실명제를 실시하면 정치자금 확보가 어려워 정권을 유지할 수 없다고 강력히 반대했기 때문이었다. 둘째는 실무적인 것으로 당시의 전산시스템으로는 실명제를 기술적으로 제대로 감당할 수 없었다는 점이었다. 셋째는 경제적 이유로 실명제를 실시하게 되면 그렇지 않아도 부진한 당시 경제에 심각한 타격을 주리라는 우려 때문이었다.

'정치로부터 경제의 독립' 즉 경제를 정치보다 위에 두고자 권력자 전두환을 줄곧 설득해 왔던 김재익 수석으로는 안타까운 상황에 처했다. 경제

우위를 강조하는 전 대통령 때문에 불만에 쌓여있던 군부 실세인 청와대 수석 두 사람을 포함 소위 3허 세력의 전방위적 공세에 전두환 대통령의 의지가 흔들려 결국 "여론이 너무 안 좋아 결심을 번복할 수밖에 없다"며 물러섰다. 1983년 실시를 목표로 했던 실명제가 1986년 이후로 미뤄졌다.

금융실명제를 실시할 수 없는 상황이라면, 금융실명제 법안을 국회에서 통과시키되 부칙에서 그 시행을 뒤로 미루는 방법이 더 나은 길이라고 건의하여 대통령의 내락을 받았다. 금융실명제가 완전히 철회되는 것 보다는 어떻게 해서든 명맥이라도 살려놔야 한다는 절박한 심정에서 강경식 장관은 대통령과 당정 고위인사들을 설득시켰다. 그 후 강경식 장관은 당시 대통령 긴급명령에 의해 실명제 실시를 도모하지 않은 것을 자신의 큰 판단 착오였다고 실토했다.

금융실명거래에 관한 법률이 국회에서 만들어지기까지 했으나 부칙에 실시 시기가 명기되지 않아 사실상 무산되었다. 금융실명제는 노태우(盧泰愚) 정부에서도 시행하려고 했으나 부작용을 우려해 시행하지 못하다가, 1993년 8월 12일 김영삼(金泳三) 정부가 전격적으로 시행해 오늘에 이르고 있다.

전두환 대통령이 즐겨 읽은 책들과 저술한 책들

전두환 대통령이 재임 중이나 그 후에 즐겨 읽었던 책들에 대한 구체적인 목록은 공개된 바가 없다. 몇 분의 증언에 의하면 전두환 대통령이 책을 즐겨 읽었다고 하는데 그 구체적 내용에 관해서는 자료를 찾을 수 없었다.

전두환 대통령이 집필한 책은 두 종인데 첫 번째는 《전두환 회고록》으로 자신의 생애와 정치 활동, 대통령 재임 기간 동안의 경험 등을 기록한 회고록이다. 모두 세 권인 이 책은 전두환 대통령의 개인적인 견해와 당시의 정치적 상황을 이해하는 데 중요한 자료이다. 두 번째 책은 《청년 전두환의 꿈과 좌절》로 전두환 대통령의 청년 시절과 군 복무 초기의 경험을 다루고 있다. 이 책은 그가 어떻게 군사 지도자로 성장했는지를 이해하는 데 도움이 된다.

전두환 대통령에 관한 정부의 공식 자료에는 《전두환 대통령 연설문집》이 있고 여타 다양하고 중요한 자료들은 대통령 기록관, 국가기록원, 국회도서관, 정부 발간 백서 등에 산재되어 있다. 특히 《5·18 민주화운동에 대한 백서》에는 당시의 상황에 대한 정부의 입장이 기록되어 있다.

전두환 대통령의 명언들

"5공화국은 역대 정권 중에서 처음으로 평화적 정권 이양을 통해 민주주의가 자랄 토양을 마련했다. 절체절명의 위기에서 대한민국호의 승객들을 구해냈다. 5공화국은 국가 위기 상황에서 마주치게 된 국가적 운명이었다."

"물가안정을 위해 정부가 앞장서서 허리띠를 졸라 매는데, 여당인 민정당이 반대하면 어떻게 하는가? 예산동결로 선거에서 진다면 그런 선거는 져도 좋다."

"각하는 어떻게 해서 비인기 정책인 물가안정 시책을 그처럼 밀어붙일 수 있었습니까?"라고 기자가 물었을 때 전두환 대통령은 "나는 선출된 대통령이 아니지 않습니까!"라고 답했다.

"일부에서는 경기 회복을 위해 돈을 더 찍어 내거나 금리 인하와 환율 인상을 주장하고 있으나, 나는 일시적이고 졸속한 경기 부양은 꾀하지 않겠다. 돈을 마구 찍어서 우선 필요한 부분에 나누어주면 나도 인심을 얻고 얼마나 좋은가? 그러나 그렇게 하다 보면 마침내 쌀 한 가마니를 사기 위해 돈을 한 가마니 지고 가는 일이 생길 수도 있다. 이 시점에서 가장 중요한 것은 물가 안정이다."

"물가를 안정시키라고 한 것은 내가 지시한 겁니다. 작년에는 의외로 물가가 안정되었습니다만 금년은 아주 좋습니다. 최근에는 원유 값까지 내린다고 하니 더욱 합심하면 일본 수준으로 갈 수 있습니다. 금년 물가가 5% 안으로 잡히면 인플레 심리가 없어져 부동산 투기도 없어질 겁니다."

"도시 사람들이 얼마나 약습니까. 농민들에게 쌀 수매가격을 10% 올려준다 칩시다. 그러면 도시 사람들이 가만히 있겠습니까? 무슨 수를 써서라도 자기들이 파는 물건 값을 쌀값이 올랐다는 핑계로 20%를 올리려할 겁니다. 그렇게 되면 누가 손해를 봅니까. 그걸 알아야지요."

"전직 대통령은 국가에 중대사가 있을 때 국가원로로서 한 마디 하면 국민이 경청할 수 있는 그런 큰 얘기를 해야지, 여야 간의 정쟁 등 현실 정치에 일일이 참견하고 발언을 해서는 안 된다. 발언해야 할 일과 침묵할 때가 따로 있다. 주막 강아지처럼 시도 때도 모르고, 사람 가릴 줄도 모르고 짖어대서는 안 된다."

"역사적 사실과 유적은 영광스러운 것이든 굴욕적인 것이든 그대로 보존해야 한다. 국민은 영광스러운 사적에서 긍지와 자부심을 얻고, 굴욕적인 사건에서 교훈을 얻을 수 있기 때문에 역사적 유적은 어떤 것이든 소멸시켜서는 안 된다. 국민들에게 교훈이 될 수 있도록 병자호란 때 인조대왕이 청장(淸將)에게 항복했던 장소인 삼전도를 훌륭하게 복원하라."

"공교육이 우선이다. 사교육이 흥하는 순간 제대로 된 인재를 기대하기 힘들다."

"국민이 믿을 수 있는 그런 정치를 해야 되. 그때그때 필요한 대로 거짓말하고 그러면 안 되지."

"외부로부터의 침략이 아니라 하더라도 내부의 분열과 갈등으로 나라의 존립마저 크게 위협을 받게 될 것입니다. 이는 백수의 왕인 사자도 다른 맹수의 공격 때문에 죽는 것이 아니라 내부의 병균이나 기생충에 죽는 것에 비유할 수 있을 것입니다."

"우리가 정착시켜야 할 민주주의는 자유민주주의 이념을 바탕으로 하되, 우리의 생존과 안전을 보장할 수 있어야 하고, 국정운영상의 비능률을 제거할 수 있는 제도적 장치를 갖추고 있어야 하며, 자유경쟁 원칙하에 고도의 경제발전을 뒷받침할 수 있어야 하고, 우리의 고유한 민족전통과 문화배경에 합치되어야 합니다."

"복지사회의 기반조성을 위해서는 자유경제체제에 바탕을 두고 지속적인 경제발전을 이룩해 나가는 것이 절대 필요합니다. 경제발전은 사회복지의 기본전제가 되기 때문입니다."

"지속적인 경제성장과 발전이야말로 복지국가 건설의 밑거름이 될 뿐만 아니라, 우리가 지금까지 추구해 왔고, 앞으로도 계속 추구해야 할 튼튼한 자주국방의 초석이 된다고 믿습니다."

"지난 반세기의 대한민국의 역사는 긍정적으로 평가되어야 하며, 의도적으로 매도만 되어서는 결코 안 될 것입니다."

"앞으로는 정권을 긍적적으로 승계함으로써 이를 바탕으로 민족의 정체성을 높이고 좀 더 밝은 미래를 향하여 나아가야겠습니다."

"자기 자식도 제대로 교육 못 시킨 교직원은 교단에서 학생들을 가르칠 자격이 없다."

▨ 수입자유화와 웃지 못할 일들 ▨

전두환 대통령의 결심과 의지만으로 수입개방을 설파하는 것이 결코 쉬운 일이 아니었다. 당시 개방화에 앞장섰던 참모들은 많은 우여곡절을 겪어야만 했다. 그 중 몇 가지를 소개한다.

첫째, 수입자유화를 주장하던 한국개발연구원(KDI)이 세미나에서 1978년까지 쌀을 제외한 모든 품목의 수입을 완전 자유화하고 관세도 대폭 내려야 한다고 강조했다. 농산물도 수입개방을 결사적으로 반대하던 농민단체들이 KDI 현관에 말로 설명하기 어려울 정도로 고약한 냄새가 나는 쇠똥을 투척하였다. 쇠똥과 다른 물질을 혼합한 신형 사제 폭탄(?)은 새우젓 폭탄만큼이나 고약한 냄새가 나는 것이었다.

둘째, 수입개방론자로 KDI원장으로 있다가 상공부로 옮겼던 김기환 차관은 다음과 같이 회고하였다. "처음에는 기가 막혔다. 명색이 차관인데 아무리 시켜도 직원들이 차관의 말을 들은 체 만 체 하였다. 수입개방 예시제를 한다고 하고, 그 세부 계획을 보자고 국장들에게 여러 차례 말했으나 준비가 덜 되었다면서 차일피일 미루었다. 사람을 찾으면 아예 내방으로 오지도 않았다. 그러던 중 하루는 국장들이 찾아와서 '상공부를 죽이려고 이러십니까?'라며 집단항의하는 일도 있었다. 하는 수 없이 명색이 차관인 내가 수입품목을 책상에 전부 늘어놓고서 직접 줄을 그어가며 수입예시 품목을 만들어야만 했다."

셋째, 1986년 상공부 통상진흥국장이 해외 공관장을 대상으로 수입자유화에 관한 특강을 하였다. 통상진흥국장은 특강 중에 "이제는 국산담배만 피울게 아니라 양담배도 피워야 한다. 컴퓨터나 전자산업은 당분간 더 보호해야 하지만 양담배 같은 소비재는 개방해서 외국의 통상압력에 대처해야 한다"고 말했다가 큰 봉변을 당했다. 당시 공관장들은 애국심과 국가관이 투철한 장성 출신이 많았는데, 이들이 들고 일어났다. "저런 한심한 국가관을 가진 고위 관료는 당장 목을 쳐야 한다"는 주장이 정보기관에 전달되어, 통상국장은 보안사로 호출되어 곤욕을 치렀다. 이들 해외 공관장들도 수출은 애국이고, 수입은 매국노라는 사고가 오래전부터 뿌리박혀 있었기 때문이었다. 개방화 시대가 다가와 있다는 사실을 제대로 알지 못했다.

김재익(1938~1983) 경제수석과 부인 이순자 교수

13 | 전두환의 명참모: 자유주의로 무장한 경세가 김재익

핵심 보직의 국외자가 '경제 대통령' 경제수석이 되다

김재익 박사는 전문적으로 훌륭한 경제학자였고, 뛰어난 전략가, 담대한 실천가였으며, 그리고 자유주의로 무장한 경세가였다.

김재익(1938~1983)은 서울 출생이다. 초등학교 시절에 6·25로 부친이 타계하시고 큰아버지들이 실종되는 아픔을 겪었다. 가난한 환경임에도 불구하고 신사임당 같은 어머니 밑에서 맹모삼천지교의 교육을 받으며 자랐다. 그는 경기고등학교 2학년 때 검정고시를 거쳐 1956년 서울대학교 외교학과에 입학해 1960년에 학사 학위를 취득하였다. 원래는 공대로 진학할 생각이었으나 색약(色弱)인 탓에 마지못해 외교학과를 선택하였다. 대학 졸업후 한국은행에 수석으로 입행했고, 서울대학교 대학원에서 학업을 병행하여 1964년 국제관계학 석사학위를 받았다. 하와이대학교의 동서문화센터(East West Center) 장학생으로 1968년 하와이대학에서 경제학 석사를 마치고, 1968~1973년에 스탠포드대학에서 통계학 석사와 경제학 박사학위를 취득했다.

박사학위 취득 후 한국은행에 적을 둔 채 김정렴 대통령 비서실장의 추천으로 1973년 9월부터 청와대 비서실로 들어가 김용환 경제수석 밑에서 자문역을 했다. 1974년 10월 남덕우 서강대 교수가 경제부총리가 되면서 김재익은 장관 비서실장으로 기용되었다. 김재익이 스탠포드대학에서 박사학위 중인 1986년에 남덕우 교수가 초빙교수로 스탠포드대학에 1년 체재 때 교우했던 인연 때문이었다.

남덕우 경제부총리는 김재익의 능력과 열정을 높이 평가하고 장관 비서실장에 임용한 뒤, 1976년엔 경제기획원의 핵심 요직이자 엘리트 경제 관료들이 선망하는 경제기획국장에 임명하였다. 그의 능력을 높이 산 남덕우 부총리가 일반직인 경제기획국장 자리를 별정직도 가능하도록 하여 그를 그 자리에 앉혔다.

경제기획원에서 김재익은 중요한 인물 두 사람을 만난다. 한 사람은 기획차관보로 있던 강경식이었고 다른 한 사람은 당시 장관 자문관이었던 김기환 박사였다. 강경식은 재무부 장관, 김기환은 상공부 차관을 역임하며 김재익 수석과 더불어 개방화 안정화 정책의 기조를 마련하고 금융실명제 수입자유화 등을 추진하였다. 이들은 이후 '경제 자율화의 삼총사'라 불린다.

전두환이 정권을 잡으면서 김재익은 1980년 6월 국보위 경제과학분과 위원장을 거쳐 9월 청와대 경제수석으로 임명되었다. 불행하게도 김재익 경제수석은 1983년 10월 9일 미얀마 아웅산 묘소에서 향년 45세에 순직했다. 김재익은 도합 10여 년간 공직자로 국가에 봉사했다. 만약 그가 45세의 젊은 나이에 순직하지 않았더라면 대한민국의 경제 아니 대한민국이 어떻게 되었을까?

김재익 수석의 참모로서의 역할과 업적을 이해하고 평가하기 위해서는 10·26 이후 전두환 장군이 대통령이 되는 과정을 살피는 것이 중요하다. 육군 소장인 전두환은 1979년 3월부터 보안사령관으로 재직 중이었는데 10월 26일에 박정희 대통령이 서거하자 곧장 합동수사본부장으로 시해 사건 조사에 착수했다. 10·26사태 직후부터 최규하 국무총리가 대통령 권한 대행을 하다 1979년 12월 26~1980년 8월 16일 동안 제10대 대통령으로 재임했다. 최규하 대통령 재임 중 전두환은 중앙정보부장 서리를 하면서 1980년 5월 국가보위비상대책위원회를 설치하고 그 상임위원장 직책을 맡는다. 1980년 8월 27일~1981년 2월 24일 제11대 대통령, 1981년 2월 25일~1988년 2월 24일 제12대 대통령이 됨으로서 전두환 대통령은 도합 7년 6개월 동안 국정을 책임졌다.

김재익은 관료 생활을 하면서 뛰어난 논리력과 순수한 인품을 높이 평가받았다. 하지만 경제정책 결정 과정에서는 항상 따돌림을 당했다. 김재익이 제안하는 특유의 발상이나 개혁 성향은 선배나 동료 관료들로부터 무시당하고 돈키호테 같은 인물로 취급하였다. 경제기획원에서 선배나 동료 관료들은 김재익을 세상물정을 잘 모르는 백면서생으로 간주하고, 그의 경제 관료로서의 능력을 긍정적으로 평가하지 않았다.

1979년 10·26 당시 김재익은 경제기획원 경제기획국장이었다. 김재익은 자신의 참신한 구상과 철학을 현실경제에 실현시키기는커녕, 관료 사회의 두꺼운 벽에 부딪혀 숱한 시련과 좌절을 견디다 못해 10·26 직전 관료 생활을 청산하고 국책연구원 생활을 해야겠다는 생각을 굳히고 KDI(한국개발연구원)행을 결심하기에 이른다.

그는 관가를 떠나기로 마음먹고 사표를 제출하던 날 본인 의사와 관계없이 국보위 위원으로 차출되며 새로운 전기를 맞게 된다. 1980년 5·17 비상계엄 선언 후 국가보위비상대책위원회 전두환 상임위원장은 자신의 가정교사 김재익을 발탁해 국가보위비상대책위원회의 경제과학분과 상임위원장, 국가보위입법회의 경제분과위원장을 맡겼다. 이때부터 전두환과 김재익 간에 수어지교(水魚之交)의 관계가 형성되고 새로운 역사가 열리게 되었다. 김재익은 국보위 경제과학분과 상임위원장을 하며 전두환 위원장을 돕다가, 전 위원장이 1980년 9월 제11대 대통령으로 취임하자 경제수석 비서관으로 임명되었다.

우리나라 역사에서 대통령과 참모 간의 찰떡궁합 사례를 찾으면 누구나 언제나 전두환 대통령과 김재익 수석을 꼽는다. 《삼국지(三國志)》《제갈량전(諸葛亮傳)》을 보면, 유비와 제갈량과의 사이가 날이 갈수록 친밀해져 식사도 심지어 잠도 같이 자는 것을 보다 못해 관우(關羽)와 장비(張飛)가 불평하자, 유비가 두 사람에게 "나에게 공명(孔明)이 있다는 것은 고기가 물을 가진 것과 마찬가지다. 다시는 불평을 하지 말도록 하게(孤之有孔明 猶魚之有水也 願諸君勿復言)"라고 타일렀다. 이리하여 수어지교(水魚之交)란 말이 나왔다. 떼어 놓을 수 없는 매우 친밀한 관계를 말하는데 역사적 사례는 중국 역사에서 유비와 제갈량, 유방과 소하 등이 있고, 대한민국 사례로는 1970년대 박정희 대통령과 오원철 경제수석, 그리고 80년대 전두환 대통령과 김재익 수석이 그런 관계였다.

김재익 수석은 5공 초기 경제정책의 기틀을 만들었고 그의 영향력은 '절대적'이었다. 경제정책에 관한 한 전두환 대통령은 김재익 박사의 제자였다. 김재익은 제자를 알기 쉽게 그리고 제대로 가르쳤고 제자 전두환은 열심히 배웠다. 제자는 스승의 교리를 현실 정책에 반영하려고 노력했다. 한국 역사에 훌륭한 지도자와 훌륭한 참모가 만나서 단군 이래 최대의 호황을 구가하는 역사가 만들어졌다.

김재익의 경제관료 생활은 불과 10여 년이었고 전두환 대통령과의 교분은 1980년 5월부터 1983년 10월까지 3년 6개월의 짧은 기간이었다. 흔히 지도자는 유능한 참모들의 머리를 빌리면 된다고 말하기도 하는데, 그보다 더 중요한 것은 유능한 참모를 알아보는 지도자가 존재해야 한다는 점이다. 대통령이라고 해서 모든 사안을 알 수 없고, 전문 지식을 가질 수도 없기 때문에, 일일이 대안을 직접 제시할 수도 없다. 따라서 해당 분야를 가장 잘 알고, 이를 국가 발전에 잘 활용할 줄 아는 사람을 제대로 찾아서 쓰면 된다.

비록 전두환 정부가 무력으로 권력을 잡기는 했어도, 전두환 대통령이 경제 분야에서 큰 업적을 남길 수 있었던 것은 김재익이라는 뛰어난 인재를 알아볼 수 있었던 안목과 식견이 있었기 때문이다. 전두환 대통령과 김재익 수석 간의 관계는 우연이었다. 옛날부터 잘 알던 사이도 아니고 민주화 시대 몇몇 지도자들에게서 나타난 가신관계는 더욱 아니었다. 김재익 수석의 신화는 그를 믿고 경제정책을 맡기고 방패막이 되어준 전두환이라는 지도자가 있었기 때문에 가능했다.

전두환 대통령이 김재익에게 경제수석 비서관 자리를 제의했을 때 김재익은 "제가 원하는 대로 일할 수 있게 해주신다면 일하겠습니다. 다만 정치자금에 대해서는 저한테 일체 얘기하지 말아 주십시오. 그리고 제가 생각한 정책은 앞으로 엄청난 저항에 부딪힐 텐데, 각하께서 그걸 감당하실 수 있겠습니까?"라고 자신의 조건을 제시했다. 이에 대해 전두환 대통령은 그 유명한 말 "여러 말 필요 없어. 경제는 당신이 대통령이야!"로 신뢰와 확신을 주었다.

회자되는 '경제 대통령'이라는 말을 두고, 지만원 박사는 김재익을 향해 전두환이 했다는 말은 와전된 것이라고 주장한 바 있다. 경제기획원 경제기획국장을 거쳐 1급인 경제협력차관보 밖에 하지 못한 김재익 박사를 전두환 대통령이 청와대 경제수석으로 앉히자 김 수석은 얼마 전까지만 해도 상관으로 모셨던 장관과 차관이 어려워 제 때에 대통령 뜻을 전달하지 못하고 절절맸다. 바로 이때에 전 대통령이 김재익 수석에게 용기를 주기 위해 "야, 김재익, 네가 대통령이라고 생각하고 과감하게 장·차관을 상대하라구!" 했을 뿐 경제를 김재익 수석에게 완전히 맡긴다고 하지 않았다고 지만원 군사평론가는 주장한다.

10·26 당시 전두환은 보안사령관이었는데, 주요 업무 중 하나는 대통령에게 핵심 정보를 보고하는 자리였다. 그런데 보고해야 하는 내용 중에는 경제 문제가 많았는데, 직업 군인이라 경제는 문외한이었다. 이에 전 사령관은 다양한 사람들을 찾아내 아침 공부를 시작했다. 10·26이 일어나자 학자로서 연구에나 전념할 요량으로 경제기획원을 떠날 참으로 김재익은 짐을 챙기고 있었는데, 1980년 5월 말 전두환 장군이 국보위 상임위원장이 되자마자 김재익을 연희동 자택으로 불러 매일 아침 2시간씩 경제 과외 공부를 시작했다. 이때의 또 한 사람의 경제부문 가정교사가 당시 경제과학심의회 상임위원이었던 박봉환이었다. 김제익 수석으로부터 자유주의와 안정화 정책을 전수받아 40년의 인플레를 종식시키고 단군 이래 가장 높은 경제성장을 이룩했다.

전두환 대통령 재임 시 경제정책을 입안하거나 관리했던 핵심적 참모는 김재익 경제수석이었다. 박봉환 재무부 차관, 강경식 재무부 장관, 김기환 상공부 차관 등이 시장주의와 개방주의 등의 경제철학을 공유하며 김재익 수석과 호흡을 맞추었다. 리더십과 용인술에 일가견이 있었던 전두환은 자신이 잘 모르는 일은 전문가를 통해 해결하는 방법을 잘 알고 있었다.

사실 김재익은 경부 고속도로를 만들고 포항에다 제철소를 건설해 내는 테크노크라트는 아니었다. 그는 국가와 사회와 시장이라는 틀을 어떻게 혁파하고 개조하는가에 뛰어난 역량을 지녔던 경제 전략가(戰略家)였다. 다른 것은 다 빼고 온갖 불평불만과 고초를 겪으면서 전자통신 시스템을 바꾼 것 하나만 가지고도 그를 높이 평가할 수 있다.

우리의 미래 세대들이 먹고 살길을 깔아 놓은 것이다. 그는 이코노미스트였지만 비판자이기보다 생산자였다. 그의 생산적 사고와 활동은 어쩌면 토인비의 역사관과도 일맥상통하는지도 모른다. 인류의 역사는 도전과 응전의 연속이라고 보는 역사관이다. 나쁜 판이든 좋은 판이든, 판은 벌어지게 되어 있다. 그가 어떤 체제에서도 변화를 추구할 수 있는 입장을 가지고 있었던 것은 그것을 어떻게 올바른 방향으로 틀어 가느냐가 중요한지를 알고 있었기 때문이었다.

김재익의 인격과 인간성

김재익은 걸출하게 뛰어난 두뇌의 소유자였으며, 그의 인간됨과 인간성은 특별히 훌륭했으며, 그가 가졌던 사상과 철학은 당대 여타 학자와 크게 달랐다. 공직자를 평가하거나 논평할 때는 정책이나 업적에 대해 서술하지, 인간됨이나 사상에 대해서는 별로 언급하지 않는 것이 통상적이다. 그러나 김재익의 경우 대부분이 그의 인격과 인간성이 늘 부각되고 심지어 그의 잘생긴 용모와 훤칠한 키에 대해서도 언급되고 있다.

대한민국 건국 이래 수많은 경제 참모들 가운데 '경제 대통령'이라는 칭호를 들은 사람은 김재익 수석뿐이었다. 경제 분야에서 김재익 수석의 영향력은 엄청났고 전두환 대통령으로부터 무한의 신뢰를 얻었다. 전두환은 김재익을 지키기 위해 혁명동지이자 개혁 주도세력들도 내 칠 정도였다. 김재익 경제수석이 그토록 막강한 영향력을 행사할 수 있었던 까닭은 김재익이 근본적으로 권력에 관심을 갖지 않았고, 스스로 어떤 형태의 권력도 추구하지 않았기 때문이었다.

기자들의 기사, 관료들의 회고, 그리고 김재익에 관한 책 등에 등장하는 김재익에 대한 묘사를 열거해 보자. '전통적 인간상의 전형', '고독한 천재', '성인군자', '시대의 선각자', '시장경제의 선도자', '대한민국 최초의 자유주의 관료', '현실을 모르는 이상주의자', '외유내강(外柔內剛)의 전형적인 인물' 등 수없이 많다. 이들 묘사만으로도 김재익이 어느 정도의 어떤 인물인지 저절로 짐작이 간다. 한마디로 그는 대단히 비범한 인재였다.

김재익 경제수석은 언제나 겸손했고, 자신을 낮추고 상대방을 배려할 줄 아는 사람이었다. 김재익을 만났던 대부분의 사람들이 그를 추억하며 언급하는 단어는 겸손이었다. 그는 경제 분야에 대해서 해박한 지식을 가지고 있으면서도 자만하거나 뽐내지 않았다. 김재익은 특히 아랫사람에게도 겸손했다. 김재익의 겸손은 타고난 겸손이었다. 김재익은 항상 순수했고 욕심이 없었다.

그는 순수했기 때문에 자신의 경제적 사고와 이념을 강력하게 추진할 수 있었다. 그래서 가끔 수모를 경험하면서도 항상 자신의 모습을 지켰다. 그는 뛰어난 경제 이론가였지만 자신의 이론을 알아주지 않는다고 해서 섭섭하게 생각하지 않았다. 그의 이론이 현실을 모르는 탁상공론에 불과하다고 조롱을 받을 때도, 항상 자신의 입장을 굳건히 지켰다. 특정 집단이 자신을 협박하거나 공격을 해도 자신의 소신을 굽히지 않고 정책을 추진하였다.

김재익 경제수석은 일과 관련하여 가급적 많은 인재들의 의견을 들었고, 유익한 정보는 모두 같이 공유하려고 했다. 인재들이 제안한 것은 대통령에게 제대로 전달될 수 있게 하였고, 그들을 대통령에게 안내해 직접 보고하도록 하였다. 김재익 경제수석은 대통령의 측근이었지만, 결코 대통령을 자신의 틀에 갇혀두려 하지 않았다. 김재익 경제수석은 살아생전 단 한 번도 자신의 사적 이익을 위해서 인사권을 휘두른 적이 없었다. 김재익 수석이 인사를 발탁하는 방식은 철저히 업무 위주였다. 그에게 사적인 청탁은 먹히지 않았다.

인사 청탁과 관련하여 유명한 에피소드가 회자된다. 즉 그의 홀어머니께서는 자신의 아들이 떠난 지 40여 일 만에 아들을 따라갔는데, 부인 이순자 교수가 시어머니 유품을 정리하는 중에 수백 장의 이력서를 발견했다고 한다. 지인들이 아들인 김 수석에게 건네 달라며 보내온 인사 청탁성 이력서들이었는데 끝내 한 장도 아들에게 전달하지 않고 어머님 본인이 몰래 보관했던 것이었다.

김재익은 노력과 이해를 바탕으로 한 설득의 명수였다. 아무리 어렵고 복잡한 이론도 그의 입을 거치면 누구나 이해하기 쉬운 명제들로 정리되었다. 경제를 전혀 몰랐던 전두환이 국보위 시절에 김재익을 가정교사로 두고 유독 그를 아꼈던 이유도 바로 명쾌하고 이해하기 쉬운 설명 때문이었다. 김재익의 브리핑 능력은 남녀노소는 물론 국적도 가리지 않고 널리 알려졌다.

김재익 수석은 말솜씨 또한 좋았다. 웅변조가 아니라 조용하면서도 설득력이 있어 한참 이야기하다 보면 어느새 김재익 수석의 논리에 빠져드는 경우가 많았다. 한국 경제관리로선 특이한 존재였는데 특히 외국인들에게 높은 평가를 받았다. 명쾌한 논리로 한국경제를 너무도 쉽게 잘 설명했기에 외국 투자가들이나 관리들, 또 언론계 사람들이 특히 좋아했다고 한다.

김재익은 기본에 충실하고 원리원칙에 따르는 원칙주의자였다. 지나치게 충실하려 했기에 종종 다른 관료들로부터 이상주의자라는 비난을 받기도 했다. 이는 자신이 확신하는 경제적 논리나 신념에 대해서는 아무런 타협도 없이 강력하게 주장했기 때문이었다.

자유시장경제를 신봉하였던 김재익 박사가 군부정권의 경제수석이 되었다는 사실에 많은 사람들이 의아해했다. 이는 당시 전두환 정권이 반강제적으로 정권을 잡았기 때문이다. 부인 이순자 교수의 회고에 이런 대목이 있다. 한 친구가 "김재익이는 김일성이 밑에 가서도 일할 사람"이라고 비난했다. 부인은 분하고 억울해서 집으로 돌아와 울었다. 무슨 영문이냐고 묻는 남편에게 그 이야기를 했다. 김재익은 한동안 침묵하더니 부인에게 "만약에 내가 김일성을 설득시켜 그 사람의 생각을 바꾸어 놓을 수 있다는 확신이 있으면 해야지"라고 단호하게 말했다고 한다.

김재익은 능력이 뛰어난 만큼 업무에 매우 열정적인 인물이었다. 평소에 생각하고 있던 경제적 사고와 이념을 실현할 정치적 수단이 없었던 김재익은 전두환 대통령의 힘을 통해 구현하고자 했다. 당시 대학생인 아들이 "왜 독재정권에 협력하려고 하느냐?"고 항의하자 김재익은 "시장경제를 뿌리내리게 하여 독재정권을 견제하려고 그들과 함께 하려는 것"이라고 대답했다고 전해진다.

"경제의 개방화와 국제화는 결국 독재체제를 어렵게 하고, 시장경제가 자리 잡으면 정치의 민주화는 자연히 따라온다"는 것이 그의 신념이었다. 시장경제와 개방화는 장기적으로 독재체제를 어렵게 하는 한편 경제가 성숙되면 정치 민주화는 자연히 이루어진다고 보았다.

자유주의로 무장한 경세가

어느 누구든 당사자의 사고가 형성되거나 생각이 바뀌는 데는 크게 두 가지 요인이 작용한다. 하나는 그가 어떠한 사람을 만나 교우하느냐이고 다른 하나는 그가 어떤 책을 읽고 영향을 받았느냐 하는 것이다. 김재익 박사의 사고 형성에 어떤 인물이 영향을 미쳤는지는 알려진 것이 없다. 그가 책을 많이 읽었다는 것은 알려졌지만 읽었을 수많은 책들 가운데 어떤 책들이 그에게 가장 큰 영향을 미쳤는지는 알려진 바가 없다. 김재익 박사는 저서를 남기지 않았다. 그가 남긴 것은 그가 만난 수많은 사람들과 수없이 많이 가졌던 대화이고 정부의 공식 정책 자료들이다.

스탠포드대학에서의 김재익 박사의 전공 분야는 계량경제학이었다. 고등학교 시절부터 수학을 좋아했고 유난히 숫자에 밝았던 김재익이 계량경제학에 끌렸을 법하다. 하와이대학과 스탠포드대학에서 경제학을 배우면서 계량경제학 이외 어떤 주제에 관심을 가졌었고, 또 자신의 인생관 세계관 그리고 사상에 큰 영향을 미친 교수가 있었는지, 있었으면 누구인지 확인이 되지 않는다. 스탠포드대학에는 김 박사의 지도교수인 계량경제학의 대가 아메미야 다케시(雨宮健) 교수를 포함 당대 최고의 쟁쟁한 경제학 각 분야 대가들이 포진해 있었다. 지도교수 외에 어느 교수의 무슨 과목을 수강했는지 확인되지 않는다.

가장 궁금한 사항은 위대한 자유주의 사상가 루트비히 폰 미제스(Ludwig Elder von Mises) 교수를 김재익 수석이 언제 어떻게 누구를 통하여 알게 되었는가이다. 불행하게도 확인할 방법이 없다. 세 가지 가능성을 추론해 볼 뿐이다. 첫째는 스탠포드대학 대학원에서 수강한 강의에서 접하게 되어 심취하게 되는 것이고, 둘째는 강의실 밖에서 누군가가 권유해서 미제스의 책을 탐독하는 경우이고, 셋째는 도서관에서 우연히 미제스의 저서를 발견했거나 신간 소개에서 미제스의 책을 접하여 아는 것이다. 김재익 수석이 학위를 마칠 무렵에 미국에서 경제학 강의를 들었던 필자의 경험에서 보면 첫 번째 가능성은 낮아 보인다. 왜냐하면 미제스가 1945년부터 1969년까지 객원교수로 재직했던 뉴욕대학이나 몇몇 대학을 제외하고 당시나 지금이나 경제학과 과목에서 자유주의 사상에 대한 강좌가 개설되는 것은 상상하기 힘들기 때문이다.

많은 지인들이 그가 스탠퍼드대학 유학 시절 책으로 미제스를 접하게 되었다고 증언한다. 김재익이 미제스에 심취했다는 사실은 그가 유신정부 시절 경제기획국장으로 일하면서 미제스의 저서를 복사해 경제기획원의 부하직원들과 출입 기자들에게 건네주며 읽기를 권했다는 당사자들의 회고가 있다. "기자들에게는 물론 대통령 주변의 막료는 물론 학계의 친구들에게도 김 국장이 해당 책을 살포하다시피 했다"고 한다.

두 가지 의문이 제기된다. 하나는 왜 미제스 책을 배포했을까? 하는 것이고, 다른 하나는 미제스의 수많은 책 중 어느 책을 읽기를 권했을까? 하는 것이다. 열성적 자유주의자가 자유주의에 문외한인 일반인들에게 책을 추천한다면 필자(나)도 미제스의 저술 중에서 선택할 것이다. 미제스의 제자인 하이에크 교수도 자유주의 원조로 수많은 저술을 냈지만 내용이 전문적이라 일반인이 읽기가 쉽지 않다. 자유주의 관점에서 미제스의 저술보다 더 나은 책이 없기에 미제스 책을 배포했을 것으로 판단된다.

미제스의 책들 중 어느 것을 권장했는지는 지인들의 증언이 있다. 기자들의 증언들에는《반(反)자본주의 심리》와《자본주의 정신과 반자본주의 심리》라는 두 책자가 등장한다. 미제스의 방대한 저술 목록을 찾아보면《반자본주의 심리(The Anti-Capitalistic Mentality, 1956)》는 있으나《자본주의 정신과 반자본주의 심리》는 보이지 않는다. 한국경제연구원에서 1984년 번역 발간한 미제스의 저서로《자본주의 정신과 반자본주의 심리》가 있는데 이 책자는 미제스의 저서 중《현재와 미래를 위한 경제정책(Economic Policy: Thoughts for Today and Tomorrow)》과《반(反)자본주의 심리》을 통합해 만든 책이다. 흥미로운 것은 미제스의 똑같은 두 저술을 묶어 김태홍 교수가 《자유 경제의 철학》이란 제목으로 1983년에 번역 출간했다는 사실이다.

미제스의 두 책자 《반(反)자본주의 심리》와 통합본 《자본주의 정신과 반 자본주의 심리》 중 김재익 국장이 어느 책을 권유했을까? 내용을 살펴보면 저절로 답이 나온다. 《반(反)자본주의 심리》의 집필 목적은 노동자가 착취당 해 기아와 극빈자로 전락할 수밖에 없다는 지식인들의 자본주의에 대한 증 오가 틀린 것임을 보여주는 데 있다. 미제스는 《반(反)자본주의 심리》에서 반자본주의의 심리적 원인, 사실 왜곡의 실체, 물질주의의 의미, 불평등의 본질과 실체 등을 세밀하게 다루면서 반자본주의 심리는 잘못되었다고 강 조하고 있다.

이 주제가 중요한 것은 틀림이 없지만 김재익 박사로서는 1970년대 후 반부터 현재와 미래의 우리나라 경제정책이 어떠해야 하는지가 주된 관심 이었을 것이다. 그렇다면 《현재와 미래를 위한 경제정책》이 자연스러운 선 택이 될 수밖에 없다. 《현재와 미래를 위한 경제정책》의 내용이 자본주의, 사회주의, 간섭주의, 인플레이션, 외국인 투자, 정치와 사상 등을 다루고 있 는데 이들 주제야말로 1980년대 초반 한국의 경제정책 전문가들이 골몰했 던 정책 과제들이다.

결론은 김재익 국장이 읽기를 권유했던 미제스의 저술은 《현재와 미래 를 위한 경제정책》과 《반(反)자본주의 심리》의 통합본이다. 다만 풀리지 않 는 한 가지 의문은 《현재와 미래를 위한 경제정책》을 왜 '자본주의 정신'으 로 번역했는가이다.

미제스 교수와 그의 자유주의 저서들

김재익 수석이 심취했던 미제스는 과연 누구이고 그의 저술에는 어떤 것들이 있는가? 루트비히 하인리히 애들러 폰 미제스(Ludwig Heinrich Edler von Mises, 1881~1973)는 오스트리아의 경제학자, 사회학자, 논리학자, 역사학자, 철학자이다. 12세 때 미제스는 유창한 독일어, 러시아어, 폴란드어 및 프랑스어를 구사하고 라틴어를 읽고 우크라이나어를 이해할 수 있었다.

1900년 빈대학교(University of Vienna)에 입학하여, 1906년 법학 및 경제학 박사 학위를 받았다. 입학 당시만 하여도 정부개입을 선호하는 좌파였으나 오스트리아 경제학파의 창시자인 카를 멩거(Carl Menger)와 뵘 바베르크(Boehm Bawerk)를 만나 가르침을 받고 자유주의자가 되었다. 1909년부터 1934녀까지 상무성에서 경제고문을 하면서 빈대학에 출강했다.

미제스는 1934년 나치 정권을 피해 스위스 제네바로 가서 1940년까지 국제대학원(Graduate Institute of International Studies)의 교수로 재직했다. 제2차 세계대전의 발발 후 록펠러 재단의 도움을 받아 1940년에 미국으로 이주해 1945년 뉴욕대학교의 객원 교수가 되어 빈대학에서 했던 것처럼 개인 세미나를 정기적으로 열다 1969년 은퇴했다. 1973년에 서거했다.

미제스는 한 명의 노벨상 수상자(F. A. 하이에크), 두 명의 미국경제학회 회장(고트프리트 하벌러와 프리츠 매클럽), 국제적으로 명성 있는 많은 경제학자들(오스카 모르겐슈테른, 머리 로스바드, 이스라엘 커즈너 등)을 제자로 배출했다. 이러한 오스트리아 학파의 학자들이 미제스의 사상을 계승·발전시키고 있다. 1947년 미제스는 하이에크, 뢰프케 등과 함께 자유시장을 지지하는 경제학자와 사회과학자의 국제적 모임인 몽페르린 협회(Mont Pelerin Society)를 창설하여 자유주의 전파에 진력하였다.

미제스는 25권의 책과 250여 편의 논문을 저술했다. 25권의 저서 중 중요한 것은 《화폐와 신용 이론(The Theory of Money and Credit)》(1912), 《국가, 정부, 경제》(1919), 《사회주의(Socialism: An Economic and Sociological Analysis)》(1922), 《자유주의(Liberalismus)》(1927), 《화폐 안정과 경기변동정책》(1928), 《경제학의 인식론적 문제들(Epistemological Problems of Economics)》(1933), 《개입주의: 경제적 분석(Interventionism: An Economic Analysis)》(1941), 《관료제(Bureaucracy)》(1944), 《인간행동론(Human Action: A Treatise on Economics)》(1944), 《만능정부》(1944), 《자유를 위한 계획(Planning for Freedom)》(1952), 《반(反)자본주의 심리(The Anti-Capitalistic Mentality)》(1956), 《과학이론과 역사학(Theory and History: An Interpretation of Social and Economic Evolution)》(1957), 《경제과학의 궁극적 기초(The Ultimate Foundation of Economic Science)》(1962), 《오스트리아학파의 경기변동 이론(The Historical Setting of the Austrian School of Economics)》(1969) 등이다.

경제이론 측면에서 기념비적 저술은 《화폐와 신용이론》, 《경제학의 인식론적 문제들》, 《인간행동론》, 《경제과학의 궁극적 기초》, 《오스트리아학파의 경기변동 이론》 등이나 김재익 수석이 관심을 가지고 읽었을 법한 저서는 《사회주의》, 《자유주의》, 《개입주의: 경제적 분석》, 《자유를 위한 계획》, 《반(反)자본주의 심리》 등인데 이들 중 어느 것을 읽었는지 그리고 애독했는지는 확인이 되지 않는다.

미제스의 저술에서는 물론 그를 따르는 학자들의 저술에서 나타나는 자유주의의 핵심적 개념들은 개인주의, 개인의 권리, 자생적 질서, 법치주의, 제한된 정부, 자유시장경제, 경쟁의 자유, 사적 소유, 거래에 의한 생활 향상, 이해관계의 자연스런 조화, 평화 등이다. 김재익 수석이 1979년에서 1983년까지 추진한 크고 작은 정책들의 기저를 들여다보면 이들 자유주의의 핵심 개념들이 자리 잡고 있음을 알 수 있다. 스스로 자신을 생각을 종합적으로 정리해 하나의 '성서(bible)'를 집필할 시간적 여유가 없었기에 김 국장은 미제스의 저술을 들고 나오지 않았을까 유추해 본다. "총칼과 돌과 최루탄으로 뒤덮인 난세의 전쟁터에 그는 한 권의 책을 무기로 들고나온 것이다"라는 지인의 회고가 인상적이다.

"그가(김재익) 미제스를 통해 자신의 메시지를 전달한 이유는 분명하다. 자칫 절벽을 향해 밀려갈지도 모르는 잠재적 불안 때문이었다. 군부독재는 정의(正義), 형평(衡平)을 강조하고 무단적 조치를 선호하게 된다. 그렇게 되면 두 가지 함정에 빠질 위험성이 높다. 사회주의 사상이 뿌리를 내리게 된다. 아니면 영구집권의 독재체제의 틀이 굳어지게 된다. 정치의 파멸이 문제가 아니다. 경제의 기반 붕괴로 피폐화의 길을 걷게 되는 것이 역사의 기록이다. 그가 한 권의 책을 읽어주길 바란 것은 이걸 말하려 했던 것 같다"는 또 다른 지인의 회고이다.

자유주의자 김재익의 경제 철학

김재익은 자유시장경제에 대한 소신과 확신을 가지고 있었다. 줄기차게 정부의 권한을 제한하고 시장의 자율적 기능을 복원하고자 했다. 김재익은 경제 질서가 강제적인 권력의 힘이 아닌 시장의 자율적인 시스템 속에서 움직여야 한다고 굳게 믿고 이를 실천해 나갔다. 김재익은 정치적 민주주의는 바로 자유시장경제를 기반으로 성장하는 것이라고 믿었다.

먼저 김재익이 국보위 상임위원장 전두환의 가정교사 시절부터 대통령 전두환의 경제수석 시절까지 가지고 있었던 경제 철학을 살펴보자. 김재익은 경제 결정권은 정부가 갖는 것이 아니라 시장에 돌려줘야 한다는 사고와 신념을 가지고 있었다. 이 기본을 실현하기 위해서는 빚(부채)을 지지 않는 정부가 전제돼야 한다고 봤다. 당장 고통이 따르더라도 정부가 재정 적자라는 유혹에서 벗어나야 한다는 것이다. 이는 한국경제가 정부의 개입이 아닌 시장경제를 통해 발전해야 한다는 믿음에서 나온 것이었다.

전두환을 만나 김재익은 특유의 설득력으로 세 가지를 주입시킨다. 첫째, 경제질서는 강제적으로 만들 수 있는 것이 아니고 수요와 공급에 의해서 자생적으로 형성된다. 둘째, 경제는 실물이다. 아무리 임금이 올라도 물가가 오르면 소용이 없다. 인플레는 간접적으로 세금이다. 셋째, 경제의 3대 주체인 가계·기업·정부는 적자운영을 해서는 안 된다. 전두환과 김재익은 공적으로 대통령과 수석의 관계였으나 국가 정책을 놓고는 학생과 제자의 관계로 김재익 수석은 전두환 대통령의 절대적인 신임을 받았다.

김재익 수석은 우리나라 경제가 안정을 이루면서 성장 가능한 방안을 모색하였다. 당시 우리나라는 정치권력이 시장의 자율적 기능을 저해·조정하고 있었다. 정치권은 시장에서 권력을 마음대로 행사하면서 눈에 보이는 단기적 성과를 나타내는데 있어 가장 빠른 방법을 선호하였다. 1970년대까지만 하더라도 우리나라 정치는 독재에 가까웠고 경제 시스템은 정부가 주도하는 계획경제에 가까웠다.

김재익 경제수석은 한국 역사상 처음으로 경제가 정치보다 우위에 있다는 사실을 일깨워 주었다. 1948년 대한민국 정부 수립 이후 김재익 경제수석이 등장하기 전까지만 하더라도 한국에서 경제는 정치의 종속물에 불과하였다. 사회 모든 시스템이 정치 중심으로 돌아갔다. 정치가 경제보다 우위에 있다고 보았기에, 경제는 체계적으로 운영되지 못하고 그때그때 정치적 이슈에 따라 움직이고 있었다. 그러다보니 경제가 체계적으로 운영되지 못했고, 국민들의 생활은 더욱 어려워졌다.

김재익 경제수석은 경제가 체계적으로 자율적으로 운영되게 하면 정치 분야에서 발생하는 부조리까지 모두 해결해 줄 수 있다고 믿었다. 김재익은 경제적 민주주의가 정치적 민주주의를 가져올 것이라고 보았다. 정치가 경제에 손을 댈 수 없는 체계적인 시스템을 만들어 가면, 우리 정치도 민주화되고 독재정치도 끝날 것으로 보았다. 그는 철저한 민주주의 신봉자였으며 자유주의자였고, 반전제주의, 반독재주의자였다.

김재익 경제수석은 우리나라에 시장경제를 도입하고 뿌리내리게 하라는 과제를 남겨주었다. 김재익이 등장하기 전까지만 하더라도 우리나라 경제 시스템은 대부분 정부가 주도하였다. 경제 성장과 발전은 정부주도로 이루어졌다. 경제학 교과서에도 나오듯이 자본주의 시장경제의 핵심은 사유재산제도를 인정하는 것과 시장의 자율적 기능 존중하는 것이다. 하지만 우리나라 경제는 사유재산권이 무시되기가 일쑤였고 생산자와 소비자의 선택의 자유 또한 무시되기 일쑤였다.

우리나라 경제 정책의 주된 핵심은 1970년대 성장론 위주의 정책에서 1980년대에는 안정론 중심으로 전환되었다. 그 중심에 김재익 수석이 있었다. 김재익 수석이 안정론자라 해서 성장을 등한시 한 것으로 이해하면 이는 잘못된 인식이다. 그는 자율·개방·안정을 통해 완전히 바뀐 틀 속에서 한 차원 높은 성장을 추구했던 것이지 결코 성장을 도외시했던 것이 아니었다.

그러면 여기서 하나의 의문이 제기된다. 김재익이 어떻게 해서 자유주의자 시각에서 경제를 보게 되었는가? 즉 김재익 수석이 자유시장경제주의자가 되었는데 어떤 요인이나 배경이 작동하였는가? 1970년대 말까지에는 우리나라 경제정책 논의나 수립에서 '자유시장경제'란 말 자체가 없었다. 사실 경제학의 아버지 애덤 스미스(Adam Smith)를 탄생시킨 영국에서도 마거릿 대처가 수상이 되기 전까지는 영국 국민들에게도 시장경제란 말 자체가 보편적이지 않았다. 우리나라에서 개발연대 20년간 동안 경제 관료들은 자유시장경제란 말 자체를 들은 적이 거의 없었다. 오늘날은 좌파세력에서도 자유시장경제란 말을 입만 열면 사용하나 입놀림(lip service)에 불과하다.

김재익은 전두환을 만나면서 세 가지를 강조했다. 첫째, 경제질서는 수요와 공급에 의해서 자생적으로 이루어진다. 둘째, 경제의 실물성이다. 아무리 임금이 올라가도 물가가 올라가면 소용이 없다. 셋째, 가계·기업·정부는 적자운영을 해서는 안 된다. 전두환은 김재익의 강의를 통해서 자기 나름의 경제관을 갖게 되었고 사람들을 만나면 자기의 경제에 대한 소견을 밝히는 것을 좋아했다.

김재익은 전두환이 고마웠고 호감마저 갖게 되었다. 그는 전두환에게 헌신적인 정성을 기울이게 되었다. 전두환의 신임은 너무나도 두터워 전두환 정권의 탄생에 결정적 역할을 한 허화평 정무수석과 허삼수 사정수석으로부터 경제수석 김재익이 괴로움을 당하자 전두환이 격노하면서 두 허씨를 청와대에서 떠나도록 했다. 이런 그의 성공에는 그의 순수한 인품과 역할에 대한 정확한 이해도 한 몫을 했다.

어떻게 인플레와 싸워서 승리했나?

1980년 10월 어느 날, 김재익 경제수석은 경제기획원 물가정책국, 경제기획국, 예산실의 간부들을 청와대로 소집했다. 나중에 전두환 정부의 상징(trademark)이 된 '물가안정'을 위한 기본 구상을 논의하기 위한 첫 실무회의로 세 부서의 핵심 국장과 과장이 참석했다. 그날 회의는 대체로 김재익 수석이 물가안정에 대한 그와 대통령의 철학을 경제기획원의 관련 핵심 담당자들에게 설명하고 공감을 구하는 동시에, 관련 정책에 대해 정확한 방향을 제시하고 전달하기 위한 회의였다. 우선 참석 대상부터 종전과는 달랐다. 물가정책국 만이 아니라 경제기획국, 예산실을 함께 부른 것이었다.

김 수석은 먼저 "내년부터 물가안정 목표를 한자리 수준으로 유지하겠다"는 결론부터 말했다. 그러자 바로 물가정책국 과장이 반론을 제기하며 "한마디로 불가능합니다. 최소한 두 자리 수준 상승은 불가피합니다"라고 말했다. 다른 참석자들도 비슷한 생각을 하면서 난색을 표했다. "물가에 대한 전망은 거의 모든 주요 품목의 가격 관례를 하고 있는 물가정책국의 추정 방법이 가장 정확하다"고 덧붙였다. 개별 품목별로 가격 상황과 상승 요인을 모두 다 파악하고 있으므로 이 중 일부 부득이한 부분은 인상을 허용하고 나머지는 통제해 나가는 전통적인 가격 안정 수단을 전제로 예측에 따른 것이라는 설명까지 물가정책국 과장이 추가로 설명했다.

겉으로 드러내지는 않았으나 김 수석에 대해 냉소적이었다. 이들은 물가정책국·경제기획국·예산실이라는 핵심부서의 핵심 베테랑들이었기에 이심전심으로 공감하고 물가정책의 실무경험이 전혀 없는 백면서생의 이상론으로 치부했었다.

그러나 김 수석은 단호했다. "물가상승을 한 자리 숫자로 잡기 위해 모든 정책 수단을 다 동원하겠다"고 했다. 그러면서 김재익 수석은 개별 부서별로 지침을 내렸다. 우선 경제기획국은 "물가안정에 최우선 순위를 두고 모든 정책을 여기에 맞추라"고 주문했다. 예산실에는 "예산의 편성과 집행을 획기적으로 긴축하라"고 요구했다. 물가정책국에게는 "모든 관련 정책과의 관계를 보다 더 중시하고 근원적으로 물가가 안정될 수 있도록 정책 대안을 제시하는 동시에 가격의 직접규제는 불가피한 최소한도에 그치라"고 지침을 주었다. 김 수석의 최종 결론은 "이러한 정책 방향이 총체적으로 상호작용하여 1~2년 후에는 반드시 한 자리 숫자의 물가 상승을 실현해야 하며, 할 수 있다"는 것이었다.

김 수석에게 "경제는 당신이 대통령이야!"라고 대통령이 직접 이야기할 정도로 전 대통령의 신임을 받고 있음을 익히 알고 있었기에 그리고 대통령의 가정교사로서 백지 상태의 대통령 머리에 경제정책을 안정 위주로 끌고 가는 그림을 그려 넣어 준 사람이 바로 김 수석이었기에, 아무도 이런 김 수석의 안정 위주의 경제정책 방향에 대해 드러내 놓고 이의를 제기할 수 없었다. 참석자 모두가 김 수석 지침과 결론에 대해 반신반의했다. 물가정책의 기조가 종전과는 크게 달라지는데 대해 충격을 받았고, 앞으로 각자가 할 일의 중압감을 크게 느끼며 수석실을 나왔다.

참석했던 물가정책국 한 과장은 "물가정책이 가야할 방향에 대해 큰 암시 내지 지침을 받는 압도적 경험이었다"고 심정을 토로했고, "청와대 회의는 시장주의자로서의 그의 진면목을 접하는 한 사건이었다"고 술회했다. 당일 청와대 물가안정 회의에 참석한 경제기획원의 과장, 국장은 최소 15년 이상 관료의 꽃인 기획원에 근무한 공무원으로 두 가지 충격을 받았을 것이다. 하나는 공직에 발을 들여놓은 이래 성장론이 몸에 배었는데 이제 새로운 안정론의 시대가 도래했다는 충격이고, 둘째는 시장주의 자유주의 시대가 도래했다는 충격이다. 모르긴 해도 참석자 중 시장주의 자유주의를 제대로 알고 있지 못한 사람은 두 번째 충격을 인지조차 못했을 것이다.

물가 안정 정책은 모두가 예상한 것 보다 크게 성공적이었다. 정책 전환의 효과는 1년여의 시차를 두고 나타났다. 10·26 혼란기인 1979년 18.7%, 정국이 소용돌이쳤던 1980년 39.0%, 1981년 20.4%의 높은 상승률을 보이던 물가(생산자물자)가 1982년 4.7%, 1983년 0.2%로 떨어졌다. 믿을 수 없을 정도로 급격한 안정세였다. 물론 해외 원자재 가격의 안정 등 외부 요인도 있었지만, 안정 위주의 경제정책 방향이 초래한 결과임이 분명했다. 이런 식의 물가안정이 가능하리라고는, 전통적 가격규제 위주의 물가정책에 익숙한 당시의 실무자들이나 부총리 등 고위 정책당국자 누구도 아마 생각조차 하지 못했을 것이다.

김재익 경제수석이 경제기획원 물가정책국, 경제기획국, 예산실의 간부들을 청와대로 소집해 지시하고 설득한 내용만 보면 다소 고압적인 경제수석의 냄새가 난다. 사실 인플레를 잡는 데는 미시적 조치가 큰 몫을 하였으나 보다 더 큰 구상이 동시에 진행되고 있었다. 김재익이 인플레이션을 잡기 위해 추진한 것은 개방화 정책이었다. 인위적인 가격 안정책으로는 한계가 있다고 봐 값싸고 질 좋은 외국 제품을 다량 들여와야 근본적으로 물가를 안정시킬 수 있다고 판단했다. 그래서 그는 "(이제는) 수출보다는 수입을 해야 한다"고 주장했다. 20년간 수출 지상주의에 목매던 박정희 시대 경제정책을 180도 전환했다. 김재익은 과감한 수입 자유화 정책 시행했고 통화긴축 재정긴축을 지속적으로 추진했다. 그 결과로 "전두환이 다른 건 몰라도 물가는 확실히 잡았다"는 말이 회자되었다.

미제스를 숭상했던 자유주의자 김재익 수석이 군인 출신 전두환 대통령이 쉽게 빠질 수밖에 없는 사회주의적 비시장적 정책의 유혹을 초기에 단절시키고, 성장론에 젖어있던 관료들에게 자유·안정·개방·자율을 기치로 시장의 그림을 그려 넣는 것을 자신의 사명으로 생각했기에, 물가안정이 가능했었다고 결론지으면 지나친 비약일까?

양적인 성장이 아니라 질적인 성장이 그리고 안정화로 체질을 바꾼 후의 고도성장이 더 중요하다는 철학을 갖고 김재익 수석은 물가 안정을 위한 구조개혁에 매진했다. 그의 뼈를 깎는 노력 덕택에 오늘날까지 전두환 대통령의 업적은 물가 하나만은 확실히 잡았다는 평가가 남아있다. 무단적(武

斷的)인 냄새가 풍기는 강한 조치를 발동하지 않고 경제원론적인 대응으로 안정화 작업을 이끈 상황은 묘하기까지 하다. 군부가 장악한 정권이 가장 시장적 접근을 했으니 말이다. 아마도 매일 매일 김재익 수석은 어금니를 깨물었으리라. 이것은 과거의 다른 유능한 경제 참모와는 다른 심모원려(深謀遠慮) 형의 면모를 김재익이 보여준 대목이다.

부가가치세 도입에 방점을 찍다

전두환 정부에서 핵심 참모로서 활약하기 이전에 김재익 박사는 박정희 대통령 시절에 이미 역사에 빛나는 크나큰 기여를 한 적이 있다. 1977년 7월에 우리나라에 부가가치세제가 도입되는데, 이 과정에서 청와대 대통령 비서실장 김정렴, 경제수석 김용환, 재무장관 남덕우 등의 최고위층에게 부가가치세의 본질과 구조 그리고 도입의 필요성을 제대로 교육 인식시킨 사람이 바로 김재익 박사였다. 우리나라 부가가치세 도입 논의에 마무리 방점을 찍은 인물이 김재익이었다.

부가가치세는 재화나 서비스의 생산 및 유통 단계에서 발생되는 부가가치에 대해 부과되는 조세이다. 부가가치세제는 1967년 EC(유럽공동체)가 자체 지침을 통해 1971년까지 모든 회원국에 도입하도록 권고한 세제이다. 이에 따라 프랑스가 1968년 부가가치세를 최초로 도입했으며, 1973년에 이탈리아가 마지막으로 도입했다.

부가가치세에 대해 세계적으로 관심이 고조되고 유용성이 인정되자 우리나라에서도 1971년부터 부가가치세 도입에 관한 논의가 시작되었다. 정부 차원의 연구·검토와 자료수집이 진행되었다. 1972년에 아일랜드의 부가세 도입을 총지휘한 IMF 소속 재정전문가 다이에그난(James C. Diagnan)

박사를 초청한데 이어, 1973년에는 제2차 세계대전 후 일본의 세제개혁사 절단장을 역임한 샤프(Carl S. Shoup) 박사 그리고 IMF의 테이트(Alan A. Tait) 국장을 초청해 정책자문을 받기도 하였다.

김재익 박사는 대학원 시절부터 부가가치세에 상당한 공부를 하였던 것 같다. 그리고 부가가치세를 고위 정책 당국자들에게 설명해 도입을 강력히 권유하기 위해 스스로 치밀하게 준비를 했던 것 같다. 김재익은 1973년 9월~1974년 8월 동안 김용환 경제수석의 자문관을 하던 시절에 재무부 장관과 상공부 장관을 거쳐 1969~1978년에 박정희 대통령 비서실장을 지낸 김정렴 실장과 김용환 경제수석 그리고 남덕우 재무부 장관에게 부가가치세 도입에 관해 쉽게 체계적으로 설명했다.

김재익 박사는 수석이나 장관뿐만 아니라 자신이 먼저 나서서 실무자들도 만나 설득했다. 재무부 세제국 서영택 직접세 과장을 만나 부가가치세 제도의 이론적 장점을 일목요연하게 정리해서 자세하게 설명을 해주면서 "이 제도가 도입이 되면 우리나라 조세 제도에 혁명을 가져올 수 있다"고까지 말하고, "우리가 같이 이 부가가치세 제도 도입에 힘을 모으자"고 제안했다고 한다.

남덕우 재무부 장관과 김재익 박사의 공동 노력에 의해 우리나라에 선진 세제인 부가가치세가 1977년에 도입되었다. 일본보다 12년이나 앞섰다. 남덕우 재무부 장관은 당시의 간접세가 영업세·물품세·유흥음식세 등 8개의 세목으로 구성되어 있고, 각각의 세금에 따라 과세기준과 과세 방법이 다양하고 복잡해서, 장부나 거래 기록이 없는 중소기업이나 영세사업자가 납세하는 것은 물론 세정 당국이 징세하는 것도 어렵다는 것을 인지하고 오랫동안 고민을 하고 있었다. 유럽 국가들이 모든 간접세를 부가가치세로 통합했다는 것을 잡지에서 읽은 적이 있었던 남덕우 재무부 장관은 김재익 박사에게 유럽의 부가가치세에 대하여 아느냐고 물었다. 사전에 준비를 하고 있었던 김재익 박사는 "모든 거래 단계마다 부가가치가 발생하므로, 영수증 발행의 일정률을 세금으로 흡수하는 제도"라고 설명하며, 부가가치세의 본질, 도입 목적, 도입 시 세수 규모, 수반되어야 하는 세무행정, 경제적 효과 등에 대해 자세히 설명하였다.

남덕우 재무장관은 네 명의 전문가를 유럽경제공동체에 파견해 실정을 파악하도록 했다. 1974년 여름에 최진배 세제국장, 강동구 국제조세과장, 김재익 박사, 서강대 김종인 교수 네 명이 팀이 되어 출장에 나섰다. 출장팀은 복명에서 부가가치세 세율을 단일 세율로 할지 복수세율로 할지 그리고 영수증 문제 등 세무행정을 어떻게 가져가야 할지 등에 대해 자세히 보고하였다. 실시 시기를 놓고 학자 두 사람과 실무자 두 사람의 견해가 달랐다. 최 국장과 강 과장은 납세자의 이해를 구하고, 영수증 제도를 확립하고, 세무공무원을 훈련하는데 시간이 필요하므로 충분한 준비 후 실시하자는 의견이었고, 김 박사와 김 교수는 조속히 입법 조치를 취해 시행한 후에 미비점은 시행 후 점차 보완하면 된다는 의견이었다.

남덕우 장관은 최종적으로 실무자의 손을 들어줬다. 장관은 1974년에 법안을 만들고 1975년 정기 국회에 상정해 법안을 통과시키고 1976년부터 시행하는 것으로 마무리 지었다. 남덕우 장관이 1974년 9월 부총리 겸 경제기획원 장관으로 자리를 옮기면서 부가가치세 도입은 후임 김용환 재무부 장관에게 인계되어, 1년 더 치밀한 준비과정을 거쳐 1976년에 법안이 국회를 통과하였으며 마침내 1977년 7월 1일부터 부가가치세가 시행되었다.

모르긴 하여도 김재익 박사의 철저한 사전 준비에 의해 최고위 결정자들의 인식 전환이 없었다면 우리나라의 부가가치세 도입은 훨씬 더 훗날 일이었을 것이다. 김재익이 부가가치세제 도입에 전력을 기울인 것은 우리나라 세정에 관해 분명한 소신이 있었기 때문이다. 세금은 투명하고 간결해야 한다는 것이었다. 세금이 투명해야 납세자들이 납세 거부를 하지 않고, 조세체계가 단순해야 납세 과정이 투명해지고 공정한 과세가 가능해진다고 보았던 것이다. 김재익은 부가가치세가 이 모든 장점을 가지고 있기에 부가가치세 도입에 그렇게 목매었던 것이다. 이런 저런 현실적인 이유를 내세우며 거세게 반대하는 사람들에게 특유의 명쾌한 설명으로 한명, 한명의 동의를 얻어내며 완결을 보았다.

지인들이 말하는 김재익 수석

"김재익도 예외는 아니다. 그는 현실을 냉혹하리만큼 직시하는 사람이었고, 그의 이론과 처방은 현실을 토대로 이루어졌다. 단지 그는 현실을 호도하거나 순간적으로 대응하기 위해 서 미봉책을 쓰는 그런 사람은 아니었다. 문제를 근원적으로 해결하려고 하였기 때문에 고통과 아픔의 세월이 필요하였고, 그 세월을 참지 못하는 사람들은 그를 현실을 모르는 이상주의자라고 매도하였다."

"김재익을 생각하면서 역사적인 인물 중 누구와 비교할 수 있을까 생각하기도 한다. 여러 가지 면에서 율곡과 비교되는 인물이 김재익이었다. 우선 둘 다 빼어난 경제적 이론가였다. 율곡 당시에 그에 필적할 만한 이론가가 없었듯이, 김재익 당시에 그에 비견할 만한 이론가가 없었다. 나라의 근본을 경제로 삼고, 경제로 나라를 일으키려는 자세도 같았다. 맑고 깨끗한 인품으로 오로지 국가를 위해서 헌신하다 40대의 젊은 나이에 세상을 떠난 것도 같다. 훌륭한 어머니를 둔 것도 비슷했다. 다른 것이 있다면 율곡은 자기의 사상을 기록으로 남겼는데 김재익은 그러지를 못했다. 김재익이 한국 경제에 대한 자기의 생각을 기록으로 남기지 않았다는 것은 너무도 아쉬운 일이다. 또 하나 차이가 있다면 김재익은 통치권자의 절대적인 신임을 받으며 자기의 사상과 생각을 실천에 옮길 기회를 가졌지만, 율곡은 그러한 기회를 갖지 못했다. 율곡은 선조에게 자기의 생각을 3년만 실천해 보고 그래도 효과가 없으면 자신의 목을 베어도 한이 없겠다고 했다. 그래도 선조는 그러한 기회를 주지 않았다. 이러한 면에서 김재익이 율곡보다 운이 좋았다고 할 수 있을 것이다."

-백완기, 고려대 행정학과 교수, 김재익의 절친

"해맑은 호수면 같이 잔잔하며 성실한 그 말소리, 소리 없이 닥치는 지진처럼 조용하면서도 힘찬 용기로 미는 그 추진력, 고인은 확실히 우리 세대에 보기 드문 인격의 소유자였다. 지행(知行)이 일치(一致)된 예외적인 거인(巨人) 관료(官僚)였다. 분명히 이 나라에서 〈김재익 경제(經濟)〉의 한 시대(時代)를 획(劃)했던 지성(知性) 관료(官僚) 거봉(巨峰)이었다."

-김진현, 전 과학기술처 장관

"지인들의 증언에 따르면 그는 젊은 부하에게조차 경어를 사용할 만큼 겸손하면서도 최고 권력자에게 직언을 마다하지 않는 강직함을 겸비했다. 시장경제 체제를 뿌리내리겠다는 일념에 온몸을 던진 열정파였다. 또한 명석한 두뇌와 미래를 내다보는 혜안을 가진 지성인이었다."

"역사를 통찰하고 이를 실천해 나가는 추진력으로 봐서는 그는 진정 활화산의 마그마 같은 존재였다고 주위 사람들은 증언한다."

-고승철, 이완배, 《김재익 평전》 저자

"재익은 과학을 사랑한 경제학자였다. 그는 정치학을 공부하고 경제학 박사가 되었지만 그가 항상 과학을 동경하고 과학자들을 선망했던 것을 나는 잘 안다. 1957년인가, 우리가 동숭동 문리대 교정에서 이야기를 나눴을 때 그는 물리학을 전공하던 나에게 '자네, 나하고 전공을 바꾸세'라면서 부러운 듯이 나에게 제안했다."

-정근모, 전 과학기술처 장관

"그의 경제이론은 한국 실정에 맞게끔 나름대로 화인 튜닝(fine tuning·미세조정)을 거친 것이며 특별히 통화론자나 공급중시학파 등 어느 하나의 학설에 얽매이지 않았던 것으로 평가받고 있습니다. 우리나라에서 둘도 없이 청렴하고 강직한 공무원이었고, 어느 누구도 경제이론에 관한 논쟁에서 그를 꺾지 못했습니다. 이처럼 탁월한, 타의 추종을 허락하지 않았던 그의 경제적 시각은 이따금씩 다른 사람들로부터 경쟁적인 질시를 받는 요인도 됐습니다."

-남덕우 전 총리

"김 박사는 정말 머리도 우수하고 논리가 정연한 분이었다. 한 치의 틀림도 없이 수학 문제를 푸는 방식으로 부가가치세 제도의 이론적 장점을 입에 침이 마르도록 몇 시간을 설명하며 나를 설득하려고 했다."

"김 박사는 재무부 담당 부서의 조세 전문가를 상대로 설득 작업을 시작했던 것이다. 그 첫 번째 상대가 바로 당시 재무부 세제국 직세과장이었던 나였고, 이어서 세제국장, 세정 차관보 등 조세 전문가, 정부 부처 담당 실무자들을 무시하지 않고 조용조용히 설득하기 시작했던 것이다. 이론의 당위성과 현실의 장벽 사이의 싸움이었다. 김 박사는 결코 흥분하지도 않고,

또 대통령과 경제수석을 등에 업고 실무 간부들에게 권위적인 지시나 큰 소리 한 번 내지도 않고 오로지 자기 의견을 이해시키고 설득시키려고 혼신의 노력을 기울였다. 정말 하나의 정책 결정을 두고 훌륭한 논쟁을 만들어간 셈이다. 학자 출신이 정부에 들어와서 자신의 소신과 정책 의지를 관철시켜 나가는 방식과 절차는 매우 합리적이고 민주적이었다고 본다. 특히 남을 설득하고자 하려면 설득하고자 하는 사람에게 신뢰감을 주어야 하는데, 이 점에서도 김 박사는 누구에게나 특별한 신뢰감을 주었다고 본다."

-서영택, 전 국세청장, 전 건설부 장관

"김재익은 국민경제라고 하는 복잡하기 이를 데 없는 루빅큐브를 아주 잘 맞출 줄 아는 이코노미스트였다. 6면체의 어느 한 알맹이만 마음대로 돌리다 마는 뜨내기 이론가는 더더욱 아니었다."

"김재익의 안정 경제 다이어그램은 대단히 복잡한 하나의 국민경제 체계였습니다. 그가 생존 시 한국 경제가 처한 입장을 설명하고 나가야 할 방향을 제시하기 위해 말문을 열 때면 으레 칠판 가득히, 혹은 책상 위의 흰 종이가 몇 장씩 빼곡히 차도록 요목(要目)을 기록하고 상호 관련된 흐름을 자세한 그림으로 그리는 것을 본 사람이 많았습니다."

"그의 머릿속에는 경제 성장, 국제수지, 물가 안정이란 세 개의 명제가 자리하고 있음이 분명했습니다. 그리고 경제의 성장, 국제수지의 개선, 물가 안정의 실현 등을 위한 보조 수단 내지 필요 요건들이 석유화학 계열의 그림처럼 정연하게 그려져 있었습니다. 그래서 그에게 '경제의 어느 다른 구석의 문제점을 모르고 하는 소리'라고 하는 사람은 간혹 면전에서 정색을 하고 다시 설명하려 드는 그의 도전을 받곤 했습니다."

-이계익, 전 교통부 장관

"아, 인간의 때 묻지 않음이란 이런 것이구나, 진실됨이란 이런 것이구나, 순수함이란 바로 이것이구나, 이것이 인격이구나. 나는 이런 재익을 보면서 비로소 인격이란 것을 알고 인격을 실감했다. 그것은 배워서 되는 것도 아니고, 닦아서 되는 것도 아니다 심지어는 어려운 극기를 통해서 되는 것도 아니다. 어떤 인간적인 노력도 고의성(故意性)이란 것이 드러나게 되어 있고, 작의(作意)라는 것이 느껴지게 되어 있다. 미상불 재익은 타고난 것이라 할 수 있다. 타고나지 않으면 거울에 구슬 구르듯 모든 작의, 모든 고의성이 흘러내릴 수가 없다.

-송복, 전 연세대 교수

"그의 성품은 높은 산에서 흘러 내려오는 맑은 물 같았습니다. 청년 시절의 그 고결함이 40대 후반까지 조금도 변색되지 않았지요. 그는 청와대 경제수석비서관이라는 걸 전혀 내색하지 않을 정도로 늘 겸손했습니다. 이런 생각은 그를 겪어본 사람은 누구나 다 같은 식으로 느끼고 있을 겁니다. 그는 자신을 위한 욕심을 가지지 않은 사람입니다. 오히려 남을 위한 일에 희열을 느끼는 이타적인 인물이었지요."

-정훈목, 전 현대건설회장

"내가 1981년 한국에 다시 부임하였을 때입니다. 당시 전두환 대통령의 경제 담당 수석비서관이었던 그 분(김재익)이 나에게 전화를 걸어 오찬에 초대했을 때 나는 이를 얼마나 영광으로 생각했는지 여러분은 아마 짐작이 갈 것입니다. 그분은 내가 한국을 떠나 있는 14년 동안 한국이 얼마나 눈부신 발전을 이룩했나를 알아야 한다면서 그 초대의 취지를 설명해 주었습니다. 3시간에 걸친 그날의 오찬은 나의 생애를 통해 가장 중요한 시간의 하나로서 내 기억에 남을 것입니다. 어째서일까요? 그때 그 분이 한국민이 그렇게도 짧은 기간 내 어떻게 그들의 조국을 신생 공업국가로 만들었는가를 아주 명확하게 설명해줬기 때문입니다. 한국민은 한국의 경제 문제에 관한 그 분의 포괄적이며 정확한 브리핑이 미국의 외교관, 국회의원, 그리고 실업가들의 극찬을 받았다는 사실을 또한 알아야 할 것입니다. 어떤 분은 나에게 그 분의 브리핑이 세계 그 어느 나라에서의 브리핑보다 더 훌륭하다고 전했습니다.

-Bernard J. Lavin, 전 주한미국공보원 원장

"김 박사가 남을 설득하는데 탁월한 능력을 가졌다는 것은 그를 아는 사람에게는 너무나 잘 알려진 사실이다. 한국을 찾은 수많은 외국 언론인, 세계은행 등 국제기구의 경제학자들 중 그가 추진하고 있던 정책에 대해 의구심을 갖고 있었던 사람들도 김 박사의 논리와 통계에 밝은 설명, 그리고 너무나 겸손한 그의 태도를 접하고 나면 꼼짝없이 설득되고 말았다. 어느 날 평소 김 박사의 정책에 대해 많은 이견을 갖고 있던 당시 〈아시아 월스트리트 저널〉의 서울 지국장은 나를 보고 "내가 오늘은 김 수석을 만나 내 반대 의견을 꼭 관철하려고 찾아갔는데 결국 또 그 사람의 설명을 듣고 보니 그가 옳았다는 것을 인정할 수밖에 없었어요"라고 억울하다는 듯이 실토한 적이 있었다."

-김기환, 전 상공부 차관

"김 국장이 이야기를 하면 듣는 사람들이 모두 압도당했습니다. 그의 목소리가 우렁차다거나 제스처가 화려했기 때문이 아닙니다. 논리 정연한 주제 전개, 듣는 사람이 무엇을 물어봐도 막히지 않고 대답해 주는 박학다식,

진지하고 성실한 자세 등 때문입니다. 그의 목소리는 차분하면서도 낭랑하다고 할까요. 어쨌든 그의 이야기를 한참 듣고 있노라면 그의 중심으로 빨려 들어가는 느낌이 들 정도입니다.

-맹정주, 경제기획원 기획국장 시절 부하 직원

김재익에 관한 책들

김재익 수석이 즐겨 읽은 책들과 저술한 책들이 무엇인지 탐색도 해보고 검색도 하였으나 안타깝게도 찾을 수 없었다. 명석한 두뇌에 학구열이 남달리 높았기에 엄청난 독서를 하였을 것임에 틀림이 없다. 지인들도 고등학교 시절부터 김재익 수석이 많은 책을 즐겨 읽고 친구들에 읽은 책의 내용을 말해주곤 했다고 하나 그 구체적 내용이 무엇인지에 대해서는 필자가 조사한 바에는 단 1권도 확인할 수 없었다.

대학을 함께 다녔던 지인들은 김재익의 지식욕과 독서의 폭 그리고 수강신청 과목의 다양성에 대해 이구동성으로 지적한다. 외교학과 학생 김재익이 수강한 과목은 무척 다채롭다. 1학년 때 독일어, 2학년 때 프랑스어와 경제원론, 3학년 때엔 불문학과 철학에 심취했다. 4학년 시절에는 천문학개론, 재정학 등을 수강했다. 버트란드 럿셀의 서양철학사를 열심히 읽고 플라톤과 아리스토텔레스를 잘 요약하여 친구들에게 알리 쉽게 설명해 주었다고 한다.

공직에서 공식 정책 자료의 생산에 의한 정책의 수립과 집행으로 격무에 시달렸기에 그리고 너무 이른 나이인 45세에 타계하셨기에 김 수석은 책을 저술할 시간이 없었다. 그랬기에 그는 다른 사람의 저서들을 추천했다. 기획국장 시절 이한빈 전 경제부총리가 196년대 스위스 주재 한국 대사로 근무할 때 저술한 책《작은 나라가 사는 길: 스위스의 경우》(1965)를 기획국 모든 직원들이 읽도록 배포했다. 자신을 관료로서 한국 최초의 자유주의자로 변신하게 만든 미제스의 저술 몇 가지(《사회주의》,《자유주의》,《개입주의: 경제적 분석》,《자유를 위한 계획》,《반(反)자본주의 심리》,《현재와 미래를 위한 경제정책》) 등을 몇 학자나 출판사로 하여금 번역 출판하도록 설득했다.

공직자 김재익에 관해서는 여러 사람들이 많은 글을 썼다. 신문과 잡지에 기고된 글들도 상당 수 있으나 책만을 다루기로 한다. 김재익에 관해 발간된 책은 15주기에 발간된 2권, 20주기와 30주기와 각기 발간된 1권씩 하여 모두 4권이다. 세상에 자신을 드러내기를 꺼렸던 김재익의 겸손한 성품 탓에 그의 육성이 담긴 인터뷰 기록물도 없다고 한다.

1998년 김재익 서거 15주기에 발간된 2권 중 하나는 국문이고 다른 하나는 영문 책자이다. 국문 책자《시대의 선각자 김재익》은 부인 이순자 교수와 유족 그리고 지인들이 김재익을 추모하는 글을 모은 책이다. 주된 내용은 김재익이 추진했던 정부 정책보다는 인간 김재익에 관한 글들이 대부분이다. 크라우스(Lawrence B. Krause) 교수와 김기환 박사가 함께 편집한《경제발전 과정에서의 자유화(Liberalization in the Process of Economic Development)》는 김재익 수석이 강조했던 '자유화'를 중심과제로 삼아 국내 학자 3명과 해외학자 10명이 김재익 수석을 기리기 위하여 기고한 전문적 글들을 모은 책이다.

김재익 수석 20주기 추모 기념집인《80년대 경제개혁과 김재익 수석》은 김재익과 함께 일했던 사람들이 김재익을 떠올리며 쓴 글들의 모음이다. 부인 이순자 교수의 남편에 대한 회상에 이어 남덕우 총리의 김재익과의 인연을 포함하여 금융실명제, 안정화 시책, 정보화 정책, 국제화, 행정가로서의 김재익, 전략가에 대한 회상, 경제수석의 역할, 기술 진보 등에 관해 김재익 수석의 지인들과 경제정책을 함께 추진했던 분들이 그를 회고·추모하고 있다.

"대한민국은 그를 여전히 그리워한다."며 고승철, 이완배 두 기자가 집필한 《김재익 평전》은 김재익 수석에 관한 종합 완결판의 책자이다. 1997년 한국의 외환위기를 예견하지 못해 큰 자책감을 느꼈고, 2007년의 미국 발(發) 국제 금융위기 사태도 미리 알지 못해 경제 저널리스트로서 부끄러웠다는 고승철 기자는 무능한 경제 언론인으로서 지은 죄를 보속하려《김재익 평전》을 '제대로 정리'하고자 하는 것이 책 집필의 목적이라 했다. 김재익의 '삶 전체를 조망한 최초의 기록'이라 과히 말할만한 책자이다.

《김재익 평전》은 김재익 경제수석의 일평생 업적과 그 맥락에 대한 기록이다. 홀어머니를 모시고 살아온 '소년 김재익'의 씩씩한 모습부터 45세로 요절하기까지 그의 전 생애를 온전히 담고 있다. 또 인간적인 면모를 여러 일화와 부하직원·동료·부인 등의 증언을 통해 기록하고 있다.

김재익 하면 제5공화국 전두환 대통령이 연상되고, 단군 이래 최대 성장을 가져왔다는 전두환 대통령하면 그의 참모 김재익이 자연스레 언급된다. 전두환 대통령이 김재익 경제수석에게 한 것으로 회자되는 "경제는 당신이 대통령이야"가 제목이 된 책이 있다. 중앙일보(중앙경제) 이장규 기자가 쓴 《경제는 당신이 대통령이야-전두환 시대 경제비사》이다. 제5공화국의 대형 경제사건과 주요 정책결정의 뒤안을 재조명한 '전두환 경제학' 보고서이다. 원래 중앙경제신문에 1년 넘게 연재했던 기획물 '제5공화국 경제비사'를 대폭 보완하여 1991년에 첫 출간한 책인데, 다시 제5공화국 시절 경제의 큰 '일'들과 정책의 배경 및 맥락을 재조명하여 2008년에 증보 개정했다.

김재익에 관한 책은 아니나《경제는 당신이 대통령이야》에는 김재익이 추진했던 주요 정책들의 줄거리뿐 아니라 정책을 둘러싼 역학관계와 전개 과정이 박진감 있게 기록되어 있다. 어려운 정책을 밀고 나가는 대통령의 리더십과 통치술, 등장인물들의 에피소드도 흥미진진하다. 제5공화국 경제비사를 다룬 이 책의 백미는 김재익과 사공일 등 전두환을 둘러싼 경제 브레인들의 불꽃 튀는 정책 대결이다. 안정화정책, 중화학투자조정, 금융실명제, 공정거래제도 등을 둘러싸고 당대의 경제 전략가들이 벌이는 투쟁이 흥미롭게 서술되어 있어 김재익을 다시 관조하게 해 준다.

김재익 수석의 명언들

"우리 민족이 이처럼 아름가운 강산을 갖고 있으면서 왜 그렇게 고생만 하다가 끝내 나라까지 잃어 버렸겠습니까? 그게 다 따지고 보면 경제정책을 세운 사람들이 그릇된 경제 철학과 이론에 따라 위정자들에게 올바른 정책 건의를 하지 못한 탓 아니겠어요?"

전두환 대통령으로부터 경제수석 자리를 제의 받고 한 말

"각하, 제가 경제수석으로서 일하는 데 한 가지 조건이 있습니다."

"저의 경제 정책은 인기가 없습니다. 기존의 기득권 세력들도 결코 이런 정책을 환영하지 않을 것입니다. 당연히 저항도 만만치 않을 것입니다. 하지만 반드시 누군가 해야 할 일이기 또 합니다. 어떤 저항이 있더라도 게 말을 믿고 정책을 끌고 나가 주시겠습니까?"

김재익 수석이 가장 즐겨 쓴 용어는 "앙심 먹고⋯였다"고 한다. 아래 말들이 대표적 사례이다.

"우리는 앙심 먹고 돈을 안 풀기로 했다. 대통령은 매일 이를 깨물며 작심 을 한다."

"우리는 가격 통제를 앙심 먹고 안 하려 한다."

"우리는 앙심 먹고 세금을 더 거둬들이려 한다."

"이제는 20대 재벌기업을 지원하는 정책을 앙심 먹고 철수하려 한다."

"청와대가 특정 기업(20대 대기업)에 융자를 하도록 지시를 내린 기록을 보 았다. 은행장도 관이 주도해서 뽑는다. 도대체 의사결정에 비집을 틈이 없 다. 그러니 이제 금융의 국영체제는 끝나야 한다고 앙심 먹고 있다."

"우리는 이제 개방화로 간다. 물론 초기 단계는 무역자유화이고, 다음은 자본자유화다."

"교역을 개방하더라도 은행은 외국자본이 지배하도록 해서는 안 된다."

"그 1천 500배에 달하는 3만여 개의 중소기업이 뛰놀 마당을 만들어야 한다. 대기업에만 금융이다. 세제다 해서 지원하다 보니 '여백'이 없다. 제5 차 5개년 계획은 조선, 자동차 정도만 언급하고 나머지는 크게 '여백'을 두기로 했다. 이걸 위해서는 은행이 민영화되어야 한다."

"외채에 대해서는 대학생들의 거부 반응이 있다. 경제 종속으로 망국의 위기를 부른다는 논리다. 이건 잘못된 판단이다."

"정말 이 세상에는 참 좋은 사람들이 어디에나 많아요."

"살기 위해 죽어야 한다. 죽기 위해 살 수는 없지."

"술을 끊어야 할 알코올 중독증 환자에게 최후의 한 잔술을 허락하는 것이 어떻게 친절이고 자비인가?"

"각하, 단순히 물가만 잡자고 이 법안을 추진하는 것이 아닙니다. 독과점 기업들을 적절히 규제해야 우리 정부가 추진 중인 정의사회 구현이라는 대명제를 실현할 수 있습니다. 독과점 규제는 절대 미룰 수 없는 절박한 과제입니다."

"각하, 현재 시중 은행의 자본금이 약 700억 원 정도입니다. 그런데 이번 사건에서 드러난 사기 금액 규모가 6,000억 원 이 넘습니다. 그리고 서민들이 평생을 벌어도 모을까 말까 한 돈을 장영자는 단 며칠 만에 탕진하기도 했습니다. 이것은 단순히 개인 비리가 아닙니다. 사회 시스템 전체의 문제입니다. 근본적인 문제 해결 방안이 필요합니다." "근본적인 해결 방안이 뭔가?" "지하에서 유통되고 있는 음성 자금을 양성화하는 것입니다. 그 방안이 바로 금융실명제입니다."

"시장 개방은 국내 기업을 쓰러뜨리는 것이 아닙니다. '경쟁의 위협'을 주자는 것일 뿐입니다. 그렇게 해서 성공한 나라는 서독이 있습니다. 서독은 외국인 투자를 자유화해서 나태한 국내 기업의 엉덩이를 걷어차 정신이 번쩍 들게 했습니다. 따라서 이제 살아남을 기업이 할 일은 '한국 기준'이 아니라 비정한 '국제 기준'에 자신을 맞추어야 하는 것입니다. 특혜 대신 혼자 힘으로 뛰어야 합니다."

"나는 우리나라가 미국이나 일본 같은 경제대국이 될 수는 없다고 본다. 하나의 모델이 있다면 그건 스웨덴이다."

"권력이란 돈과 인사권이야. 그걸 쥐기 위해 독재를 펴는데 정치가 경제에 손을 댈 수 없는 체제를 서서히 만들어 나간 다면 결국 우리 정치도 민주화되고 군정도 끝날 것이야. 나는 정치 민주화의 수단으로 경제민주화를 생각하고 있고 그래서 군사 정권에 참여하고 있는 거야."

"경제가 발전해서 국민소득이 올라가면 필연적으로 정치의 민주화가 이루어질 것이며 이렇게 되면 소련도 시베리아 개발에 한국을 초청하게 될 것이고, 우리의 통일에도 좋은 영향을 줄 것이다."

"우리나라에 경영학을 공부하는 사람은 많을수록 좋다고 생각한다. 그러나 경제학은 극단적으로 말해서, 똑똑한 한두 사람이 있으면 되지 않겠냐?"

"한국 경제의 장기 전망에 관한 낙관론의 또 다른 중요한 논거는 국민과 정부 간의 관계를 들 수 있습니다. 한국인들은 자신들과 자손들의 생활수준을 향상시키기 위해 힘든 일도 꺼리지 않습니다. 또 한국 정부는 지난 수년 동안 내외 환경의 변화에 실용주의적인 방법으로 경제 정책을 적용시키는 능력을 보여 있습니다. 현재의 경제 정책 개혁 작업이 그 단전인 예입니다."

루트비히 폰 미제스의 명언들

"어떤 이론의 입증은 그 이론을 누가 후원하느냐가 아니라 그 이론의 추론(推論)에 달렸다."

"모든 합리적 행동은 경제적이다. 모든 경제적 활동은 합리적인 행동이다. 모든 합리적인 행동은 일차적으로 개인적인 행동이다. 생각하는 것은 오로지 개인이고, 사고하는 것은 오로지 개인이다. 행동하는 것도 오로지 개인이다."

"모든 복지국가와 계획의 옹호자는 잠재적으로 독재자다."

"진리의 기준은 그것이 작동한다는 것이다. 아무도 그 사실을 인정할 준비가 안 되어 있더라도 말이다."

"종교의 영역에서, 사람들이 오로지 한 가지 계획만을 채택해야 한다는 생각에 헌신했을 때 그 결과는 유혈 전쟁이었다. 종교의 자유를 인정하자 전쟁은 멈췄다."

"인류에게 유익한 유일한 경제정책은 어떤 구속도 없는 자유방임, 자유시장, 사적 재산권의 무제한적인 사용을 허용하는 정책이다. 정부의 역할은 영토 안에 있는 개인과 재산을 보호하는 데 엄격히 한정해야 한다."

"경제적 자유는 개인이 사회에 참여하기 위해 그가 원하는 방식을 선택할 수 있다는 것을 의미한다."

"개인이 그의 삶을 자신의 계획에 따라 꾸려나갈 수 있을 때, 그는 자유롭다. 자신의 운명이 상층부 권력자의 계획에 의해 결정된다면, 그는 자유롭지 못하다."

"역사가 우리에게 가르쳐주는 것이 있다면, 그것은 사유재산은 문명사회와 떼려야 뗄 수 없을 정도로 연결되어 있다는 점일 것이다."

"국가는 개인의 삶의 방식과 관련된 사안에 간여하지 말아야 한다는 원칙을 우리가 포기하면, 그 순간부터 우리의 삶은 아주 조그마한 것까지 규제당하고 제한받는 것으로 끝맺는다."

"개인적인 문화를 습득할 수 있는 선천적 능력을 지닌 모두가 야만인으로 되지 않을 수 있는 유일한 체제는 사유재산과 제한된(limited) 정부의 사회체제이다."

"서구 문명사회의 기적과 같은 모든 성취들은 자유나무에서 자란 열매들이다."

"자본주의는 선동이나 전도를 필요하지 않는다. 자본주의 성취는 그 자체로 드러내 보일 뿐이다. 자본주의는 물자를 보급해 준다."

"인간은 잘못하기 쉽고 도덕적으로 취약하기 때문에 자유방임으로 내버려 두면 안 된다고 하면, 같은 이유로 모든 종류의 정부행위도 거부되어야 한다."

"자본주의와 사회주의 간에 선택하는 사회는 이 두 사회체제 간에 선택하는 것이 아니다. 그 사회는 사회협력과 사회분열 간에 선택하는 것이다."

"시장경제가 경제계획으로 대체되면 그것은 모든 자유를 없애버리고 개인에게는 단지 복종할 권리만 남게 한다."

"자유란 실제 실수할 자유를 의미한다."

"자유사회의 특징은 그 사회의 구성원들이 여러 가치판단들에 동의하지 않더라도 그 사회는 기능을 수행할 수 있다는 것이다."

"시장경제는 시민들의 경제계획에 폭력을 사용하지 않기 때문에, 그것은 평화로운 경제협력을 지켜준다. 어떤 종합계획(master plan)이 각 시민의 계획들을 대체하게 되면, 분명 끝없는 다툼이 일어날 것이다."

"사적 재산은 개인에게 국가로부터 자유로운 영역을 만들어 준다."

"자유는 언제나 국가로부터의 자유로움이다."

"집단주의의 주요 특징은 개인의 의지와 도덕적 자결권(self-determination)을 유념하지 않는다는 점이다."

"자본주의 하에서 사적재산은 소비자들의 자결권 완성이다."

"자본주의의 발전은 모두가 보다 양질로 그리고 보다 값싸게 소비자에게 봉사할 권리를 갖는 데에 있다."

"제조업과 상업에서 독점이 발생하는 근본적인 이유는 자본주의 경제의 어쩔 수 없는 경향 때문이 아니라, 자유로운 거래와 자유방임에 반하는 정부의 개입 정책 때문이다."

"아주 자유로운 국가에서 국가의 유일한 과제는 대내외 적들의 공격으로부터 생명과 재산을 보호하는 것이다."

"그러므로 자유주의 프로그램을 한 단어로 압축한다면, 그것은 재산(property), 즉 생산수단의 사적 소유라 할 수 있을 것이다. 자유주의에 요구하는 모든 다른 것들은 이 근본적인 요구로부터 나온다."

"자유방임은 사회적 분업에서 개인들이 어떻게 협력할지를 그들이 선택하도록, 그리고 기업가들이 무엇을 생산할지를 그들이 결정하도록 내버려두는 것을 의미한다."

"자유주의의 핵심적 가르침은 사회적 협력과 분업은 생산수단의 사적 소유 체제에서만, 즉 시장 사회 또는 자본주의에서만 이루어질 수 있다는 점이다. 자유주의의 모든 다른 원칙들은 사적 재산에 기반을 둔 사회에서만 실현될 수 있다."

"자유방임은 시장의 작동에 정부가 간여하지 않는 것을 의미한다. 왜냐하면 그러한 간여는 반드시 생산을 제한하여 사람들을 더욱 가난하게 만들기 때문이다."

"사회적 협력은 생산수단의 사적 소유 기반 위에서만 기초가 형성될 수 있다."

"사회의 지속적 존재 여부는 사적 재산에 달려 있다."

"재산권의 모든 침해와 자유기업을 향한 모든 제제는 노동생산성을 손상시킨다는 것이 그 진실이다."

"좋은 정부가 대중의 물질적 복지를 개선하기 위해 할 수 있는 모든 것은 새로운 자본의 점진적인 축적과 그것의 활용에 어떤 장애물이 없도록 하는 제도 구축을 확립하고 유지하는 것이다."

"경제적 삶에 있어서의 국가 개입은 경제적 삶을 단지 파괴할 뿐이다."

"정부 개입은 원하는 목적과는 반대의 결과를 낳는다. 그것은 상황을 더 악화시키지 더 좋게 만들지 못한다."

"정부 개입정책의 핵심은 몰수와 분배이다."

"시장경제에서 구성원들에게 주어지는 경제적 자유가 제거되는 순간, 모든 정치적 자유와 권리장전들은 헛소리가 된다."

"시장경제가 없는 곳에서 가장 잘 만들어진 헌법과 법률들은 죽은 글자로 남아있을 뿐이다."

"자유주의는 사람들에게 공포와 결핍으로부터 해방된 삶을 확보해주고자 한다."

"주권은 다른 사람에게 해를 끼치는 데 사용되지 말아야 한다."

"인간의 살아있는 의지를 그가 원하지 않는 것에 봉사하도록 강요하려는 모든 시도들은 실패하고야 만다."

"자유주의가 재산보호를 목표로 한다는 것과 자유주의가 전쟁을 거부한다는 것은 똑같은 원칙을 다르게 표현한 것에 불과하다."

"사람들 간의 평화를 갈구하는 자들은 누구나 국가만능주의와 싸워야 한다."

"보호주의 철학은 전쟁의 철학이다."

"인류가 지금까지 견뎌야 했던 최악의 해악들은 나쁜 정부들에서 나온 것들이었다."

"합리적 경제 계산은 사회주의 하에서는 불가능하며, 사회주의로 대체하고자 하는 시도는 단지 시민들을 궁핍화시킬 뿐이다."

송복 교수가 쓴 묘비명

살아서는 향기를 멀리멀리 풍기고
맑음을 날로날로 더해가던 그대
이제 하늘나라에서도 그 씨를 뿌려 가리라
아, 그러나
그대는 너무나 총명했기에 그대가 아쉽고
그대는 너무나 다정했기에 그대가 그립고
그대는 너무나 인자했기에 그대를 잊을 수 없노라!

송복 교수의 회상

적어도 내가 생각하는 전두환 정권의 가장 큰 과오는

김재익의 상실이다.

어차피 한 정권의 공과야 후세에 다시 평가되겠지만

적어도 내가 생각하는 전 정권의 가장 큰 실책은

그를 일찍 죽게 한 것이다.

그는 우리 시대 우리가 만날 수 있었던 드물고 고운 인재다.

그 인재를 그렇게 가게 하다니,

그 다시 구하기 어려운 보물을,

그 다시 찾아내기 어려운 자원을,

그렇게 탕진하다니,

그 능력의 100분의 1도 써먹지 못하고

그렇게 허무하게 우리 곁을 떠나게 하다니…

그 아깝고 안타까움을 삭힐 길 없어

일만 생기면 이렇게

사설(辭說)처럼 늘어놓곤

그를 그리워한다.

이상우 교수의 회상

학은 하늘 높은 곳에 뜻을 두고 있어 늘 자유롭다.
연꽃은 진흙탕 속에서도 때 묻지 않은 꽃을
피워 주위를 감동시킨다.

전쟁과 가난, 부조리와 부패,
혼돈 속에서 살아온 우리 세대에서
김재익처럼 주위의 혼탁한 물에 젖지 않고
자기 뜻과 자기 상(相)을 지켜내면서
살아온 사람이 몇이나 될까?

그래서 김재익이 살아온 45년의 삶이
더욱 돋보인다.
동갑 친구이면서도 내가 항상 그를 존경하고
그에게서 배움을 얻은 것은

그의 학 같은, 연꽃 같은 삶의 자세 때문이었다.

1978년 경제기획원 경제기획국장 시절 외국 기업들 앞에서 한국 경제에 대해 설명하던 김재익

루트비히 빌헬름 에르하르트(Ludwig Wilhelm Erhard, 1897~1977)

14 | 라인강의 기적을 창출한 루트비히 에르하르트

패전국가 독일의 경제기적을 주도한 수상

루트비히 빌헬름 에르하르트(Ludwig Wilhelm Erhard, 1897~1977)는 제2차 세계대전이 끝난 후 미 점령군에 의해 바이에른(Bayern)주 정부의 경제장관을 역임했다. 1948년 미국과 영국 점령지구 경제국장으로 화폐개혁을 단행해 통화를 안정시켰고, 전쟁 중에 실시한 모든 가격통제제도를 폐지해 시장을 회복시켰다. 그 후 기독교민주연합(기민연)으로 1949년 아데나워 초대 내각에서 14년간 연방 경제장관으로 봉사하였다. 그는 사회적 시장경제를 도입하여 독일 경제가 제2차 세계대전의 폐허를 딛고 일어선 고도성장 즉 '라인강의 기적'을 창출하는데 주도적인 역할을 하였다.

에르하르트는 정당이나 다른 어떤 조직에 억매이지 않고 국민과 수상이 직접 소통하는 국민 수상을 꿈꾸었다. 그는 당을 장악하기보다는 국민들에게 직접 호소하기를 좋아했는데, 이로 인해 정치적 기반이 매우 취약하였다. 낙관적 리더십을 지닌 에르하르트 수상은 전후 독일의 초대 경제장관으로 독일의 경제 기적과 더불어 모두가 잘 사는 사회적 시장경제 토대를 구축하였다는 점에서 높이 평가된다. 에르하르트는 박정희 대통령에게 우리나라의 경제발전 전략을 제시하고, 최초로 차관을 제공하고 경제고문을 파견하는 등 우리나라의 경제 발전에도 기여한 정치인이다.

에르하르트는 1897년 2월 독일의 바이에른 주의 소도시 휘르트(Fürth)에서 섬유제품을 도·소매하는 집안에서 태어났다. 그가 사회적 출신이나 계층보다는 근면과 실용을 중시하는 성품을 지니게 된 것은 아버지의 영향이다. 아버지는 천주교도, 어머니는 개신교도였는데 에르하르트는 어머니를 따라 개신교식으로 교육받았다. 아버지는 적극적인 성격이었는데 반해 어머니는 조용하고 소극적인 성격이었다. 부모 간 다른 종교는 다양한 종교와 계층의 사람들을 널리 이해하고 관용을 베풀 수 있는 환경으로 작용하였다.

에르하르트는 두 살 때 척추소아마비를 심하게 앓아서 목숨을 잃을 뻔하였다. 척수소아마비에 걸려 장애인이 되었음에도 불구하고 제1차 세계대전에 참전하였다. 전쟁터에서 심하게 부상을 당해 가업을 이어받을 수가 없었으며 육체적으로 할 수 있는 일은 아무것도 없었다.

고등학교(Gymnasium) 졸업장이 없었던 에르하르트는 뉘른베르크(Nurnberg) 상과대학에 청강생으로 어렵게 입학하였으나 점차 학문에 흥미를 가지기 시작했다. 초대학장이며 자유주의 시장경제주의자였던 리거(Wilhelm Rieger) 교수의 지도로 경영학과 경제학에 눈을 뜨게 되었다. 그는 대학에서 자유시장경제, 특히 통화금융론에 관심이 많았다. 뉘른베르크대학에서 경영학 석사 학위를 받고 1922년 프랑크푸르트(Frankfurt)대학으로 옮겼다. 뉘른베르크에서 같이 석사학위를 받은 루이제(Luise)는 같은 동네의 누나였는데 1923년 결혼했다.

1925년 프랑크푸르트대학에서 경제학 박사학위를 취득하였다. 지도교수는 전직 의사였던 자유주의적 사회주의자인 오펜하이머(Franz Oppenheimer)였다. 논문의 주요 내용은 정부가 소비재 생산을 촉진하되 기업들이 카르텔과 독점을 통해 지나치게 비대해지는 것을 막아야 한다는 것이었다. 완전한 국유화와 자유화를 반대하는 이 논문은 후에 에르하르트의 경제정책으로 실현될 수 있었다.

모교인 뉘른베르크대학 경제연구소에서 근무하며 교수가 되길 원했으나 여의치 못했다. 에르하르트는 매부의 도움을 받아 개인 연구소인 독일 소비연구소(Das Institut für Konsumforschung)를 설립하여, 나치 정권의 경제적 재정적 혼란에 대해 분석했다. 제2차 세계대전 종전 후에는 자유로운 시장경제가 복원돼야 한다는 글을 자주 발표하였다.

에르하르트는 당시 독일에서 보기 드문 사회적 시장주의자였다. 그는 당시 발트 오이켄(Walter Eucken)과 빌헬름 뢰프게(Wilhelm Röpke)가 주장하는 질서자유주의에 따라 그 틀이 형성된 사회적 시장경제를 추진하였다. 그는 시장이 잘 작동하기만 하면 시장 자체가 사회적인 것으로 시장 기능을 회복시키고, 사회적 불평등을 해소시킬 수 있다고 보았다. 그리고 평등은 경제정책이 추구할 목표가 될 수 없다고 주장했다. 에르하르트는 정부가 빈곤을 없애기 위해 제도를 도입하거나 재분배를 위해 세금을 인상하는 것보다는, 시장에서 자유로운 경쟁을 보장하고 시장에 자유롭게 참가할 수 있게 하는 것이 더 바람직하다고 보았다.

에르하르트는 시장의 자유로운 작동을 보장하기 위해서는 강력하고 효율적인 정부가 필요하다고 보았다. 정부가 시장에 개입하여 기업들이 카르텔이나 독점과 같은 활동을 하지 못하게 해야 하고, 고령이나 질병 등으로 시장에서 배제된 사회적 약자들을 위한 사회보장 조치를 취해야 한다고 강조했다. 이것이 사회적 시장경제의 기본구상이었다. 라인강의 기적을 창출한 에르하르트의 경제정책을 《죽은 경제학자의 살아있는 아이디어》의 저자 부크홀츠(Tedd G. Buchholz)는 20세기의 가장 성공한 경제정책이라 칭송했다.

에르하르트는 기독교 민주당의 아데나워 정부에서 1949년부터 1963년까지 14년간 연방 경제장관으로, 1963년부터 1967년까지는 연방 수상을 역임하면서 사회적 시장경제를 차근차근 추진하여 서독 경제의 성장과 번영을 이끌었다. 하지만 에르하르트는 당에서 지지기반이 약화되고 연정이 붕괴되면서 3년 만에 수상에서 물러나야 했다.

용기와 신념으로 통제·계획경제를 거부하다

에르하르트는 히틀러의 나치를 "정신적으로 미숙하고 정치적으로 무지하다"고 경멸해 나치당에도 나치교수연맹에도 가입하지 않았다. 그는 1942년 독일산업연구소를 설립하여 나치 정권의 경제적 재정적 혼란에 대해 체계적으로 분석하며 종전 후 독일의 경제시스템에 대한 구상을 했다. 1944년에는 〈전비(戰費) 조달과 국채(國債) 정비〉라는 제목의 전후 경제재건 보고서를 작성하여 라이프치히 시장 괴르델레르(Carl Friedrich Gördeler)에게 보내기도 하였다. 1945년 5월 8일 나치 독일이 항복하자 미국·영국·프랑스·소련이 독일을 분할 통치하게 된다. 미국과 소련의 의견 불일치로 결국 독일은 독일연방공화국(서독)과 독일민주공화국(동독)으로 분할되었다.

종전 후 1945년 5월 48세인 에르하르트는 미 점령사령부에 의해 고향인 휘르트(Fürth)의 경제책임자로 발탁되었고 능력을 인정받아 10월에는 바이에른(Bayern)주 정부의 경제장관이 된다. 주 정부의 경제장관 재임 시 능력을 인정받은 에르하르트는 점령 미군들과 신뢰관계를 구축하며 자신의 정치여정을 개척해 나갔다. 주 의회 선거과정에서 아무런 당직도 없었기에 그는 1946년 공직에서 물러났다. 에르하르트는 뮌헨대학 경제학과 베버 (Alfred Weber) 교수의 연구모임 회원으로 활동하고 자유주의 학자들과 교류하면서 오이켄의 질서자유주의를 접하게 된다. 그는 혼자서 경제 및 통화 개혁에 관한 구상을 다듬었다.

제2차 세계대전에서 패한 독일은 전쟁 기간 중 약 500만 명이 희생되었고 이중 50만 명이 폭격으로 사망했다. 1,000만 명의 난민이 돌아다녔고, 가옥이 40%나 파괴되었으며, 국민의 60%가 영양실조에 걸리는 등 매우 혼란스러웠다. 점령사령부는 전시 상황의 통제경제 정책을 유지했다. 식량과 소비재는 쿠폰 형태로 배분되었으며, 원료나 원자재 생산과 공급은 규정에 따라 할당되었다. 생필품 가격과 임금은 동결됐으며, 수·출입도 마음대로 할 수가 없었다.

패전 후 독일에서는 암시장과 물물교환이 성행하고 물가는 천정부지로 상승하였다. 살인적인 인플레로 커피나 담배가 화폐 대신 사용됐다. 물자가 부족하고 혼란한 상황에서는 정부가 경제를 통제하는 것이 더 효과적이라는 주장에 힘이 실렸다. 당시 사회민주당과 노동조합은 물론 기독교민주당의 좌파 인사들이 사회주의 경제 시스템을 옹호했기 때문이다.

제2차 대전 후 건국 초기에 서독이 시장경제 체제를 경제 질서의 근간으로 삼으리라는 보장은 없었다. 사민당은 계획경제, 국가통제, 중앙집권 등을 목표로 하고 있었고, 기민련은 계획경제를 통해 재건이 가능하다는 입장이었다. 당시에 많은 독일 국민들은 자유로운 경쟁시스템과 가격, 소비자들의 선택의 자유와 주권을 보장하는 시장경제 체제는 국민들을 불안하게 할뿐 그다지 매력적이지 못한 것으로 인식하고 있었다. 당시 독일에서 많은 사람들이 자유시장경제가 도입될 경우 개인의 미래가 불확실해질 수 있다는 두려움을 가지고 있었기 때문이었다.

전반적으로 계획경제를 옹호하는 분위기 속에서 에르하르트는 시장경제를 통해서만 서독의 경제를 회복시키고 사회적 안정을 이룰 수 있으며, 모두를 위한 복지가 가능하다고 주장하면서 주목받기 시작하였다. 에르하르트는 사람들이 미래에 대한 두려움 때문에 자유시장경제를 좋아하지 않는다고 보았다. 경제는 인간의 심리와 밀접한 관계가 있다는 것을 깨달았다. 그는 자연·경제·도덕적 이해관계에 가장 바람직한 것이 자유시장경제 질서라는 사실을 국민들에게 이해시키는 것이 무엇보다도 중요하다고 판단하고 전국을 돌아다니며 설득하였다.

독일 건국 초기에 정부의 시장개입을 제한하고 사유재산을 중시하는 자유시장경제가 관철될 수 있었던 것은 전적으로 에르하르트의 공적이라고 할 수 있다. 그는 이미 패전 후의 독일 경제를 재건시키기 위한 연구를 통해 자유시장경제가 더 효율적이라는 사실을 믿고 있었다.

1948년 4월 에르하르트는 미국·영국 점령지역의 경제국장으로 발탁되었다. 그는 1945년 5월 고향인 휘르트의 경제책임자 경험, 10월 바이에른 주 정부의 경제장관 경험, 나아가 혼자서 마련한 경제 및 통화 개혁에 관한 구상을 바탕으로 화폐개혁과 규제개혁을 포함한 경제 자유화 조치를 과감히 추진하였다. 기존의 화폐를 독일 마르크화로 바꾸기 전날인 1948년 6월 20일에 에르하르트는 점령사령부와 사전 상의 없이 1936년 이래 유지되어 오던 가격 및 경제 통제에 관한 조치들을 대부분 철폐해 버렸다.

규제초치들의 변경을 위해서는 연합국 측의 '승인'을 받도록 되어 있었기에 미군 점령부가 항의했다. 강한 항의에 대해 에르하르트는 "변경에 대해서 당신들의 승인을 받아야 하는 것은 맞습니다. 그런데 이번에 내가 한 일은 규제조치들의 '변경'이 아니고 아예 '철폐'시켜 버린 것입니다"라고 응수하였다.

당시 서독의 경제 책임자였던 에르하르트는 점령군의 의도와는 달리 생필품 배급을 중단하고 식량, 연료, 집세 등을 제외한 모든 상품에 대한 가격통제를 철폐하였다. 그리고 전격적으로 화폐개혁을 단행하였다. 에르하르트는 도이체 마르크(Deutsch Mark)라는 신화폐의 발행을 주장했고, 미군정은 이를 받아들였다. 1948년 화폐개혁 시행 직전에 미군정 사령관 루시어스 클레이(Lucius Clay)가 그를 불러 "반대여론이 많다"고 지적하자, 에르하르트는 "내 주변에도 반대자가 있다, 나를 믿어 보시라"고 대답했다. 1948년 6월 21일 화폐개혁이 단행되었다. 하지만 이러한 시책들로 초기에는 부작용이 나타나기도 하였다. 화폐개혁을 통해 물가가 자유로워지면서 상품가격이 상승하고 임금은 가격 상승을 따라가지 못했다. 치솟는 물가와 화폐개혁에 대해서 반대 시위가 여기저기서 일어나면서 에르하르트에 대한 불신임이 제기되기도 하였다.

시일이 어느 정도 지나자 에르하르트가 실시한 화폐개혁과 경제 자유화 조치는 놀라운 결과를 가져왔다. 인플레이션은 거짓말처럼 통제되었고, 암시장이 사라졌다. "암시장이 갑자기 사라졌다. 가게들의 진열장엔 상품들이 가득 찼고, 공장 굴뚝에는 연기가 났으며, 길거리에는 화물차들이 내달렸다. 폐허의 고요함은 사라지고 곳곳에서는 건설현장의 요란한 소리가 들렸다." 한 마디로 천지가 개벽했다. 여기에 미국의 마셜플랜(Marshall Plan)이 추진되면서 독일의 경제는 급속도로 성장하기 시작했다.

에르하르트의 또 다른 처방은 세제 개혁이었다. 최고 세율이 적용되는 소득 금액세 기준을 대폭 내렸다. 그는 6,000마르크 이상 소득에 대해 95%의 세율을 적용하던 것을 25만 마르크 이상으로 대폭 인상 조정했다. 최고 한계소득세율을 95%에서 15%로 인하했다. 그리고 소비에 활력을 불어 넣기 위해 중산층에게 소득세를 대폭 줄여줬다. 이들 감세정책 또한 성공했다.

서독의 경제기적은 1948년 통화개혁과 더불어 가격 통제를 폐지하면서 시작되었다. 영국의 더 타임스(The Times)지가 독일의 경이로운 경제발전을 다루면서 '라인강의 기적(Miracle on the Rhine)'이라는 헤드라인을 단 이후 우리나라에서도 라인강의 기적(Das Wunder am Rhein)으로 통칭하나, 정작 독일에서는 라인강의 기적이라는 용어는 거의 쓰이지 않으며, 통상 경제기적(Wirtschaftswunder)이라고 표현한다. 경제성장론 학자들에게 독일의 경제기적은 1950년대 영국과 미국의 경제성장률이 각기 2.3%와 1.2%이었던데 반해 서독의 경제 성장률이 6.6%에 달했던 사실을 의미한다. 영국 성장의 3배 규모, 미국 성장의 5배 규모가 10년여 진행되었다는 것은 실로 대단한 일이었다.

화폐개혁이 성공적으로 정착되고 경제가 높은 성장을 보이자 에르하르트에 대한 지지율도 상승했다. 높은 성장률을 시현한 가격 통제의 철폐나 화폐개혁은 에르하르트의 확신이 있었기 때문에 가능하였다. 아데나워는 많은 학자들이 계획경제를 주장함에도 불구하고 에르하르트가 사회적 시장경제를 도입하기 위해 일관되게 맞서서 보여준 용기와 신념을 높이 평가하였다.

대표적 자유주의자인 하이에크 교수는 에르하르트에 대해 "수많은 박식하고 훌륭한 분들을 많이 만나 보았지만, 무엇이 옳고 무엇이 그른 것인지를 본능적으로 인지해 내는 능력에 있어서는 에르하르트가 단연 최고였다. 그는 독일의 자유로운 사회 재건에 엄청난 역할을 해냈다"고 극찬했다.

독일 특유의 사회적 시장경제를 추진하다

에르하르트가 사회적 시장경제에 관심을 갖게 된 것은 프랑크푸르트대학에서 지도교수 오펜하이머(F. Oppenheimer)를 만나면서부터이다. 지도교수는 의사를 하다가 경제학을 공부하여 프랑크푸르트대학에 재직 중이었다. 오펜하이머는 의사 시절 가난한 근로자들을 진료하면서 사회주의자가 되었다. 하지만 그가 주장한 자유주의적 사회주의(Liberaler Sozialismus)는 사회주의도 자본주의도 아니었다. 지도교수는 경제적·정치적 자유를 통해 어느 정도 유토피아적 사회주의(Utopischer Sozialismus)를 추구하며, 국유화와 계획경제가 배제된 자유로운 경쟁과 시장에 바탕을 둔 경제체제를 지향하였다. 인간의 심리를 중시하고 자유경쟁에 대한 이상을 지닌 지도교수의 사고는 에르하르트로 하여금 사회적 시장경제에 관심을 갖게 했다.

에르하르트에 의해 기초된 독일 기독교민주당의 기본강령에 따르면 "'사회적 시장경제'는 자유롭고 근면한 인간이 성과를 얻어서 최대의 경제적 효용과 사회적 정의를 실현시키는 경제 질서를 내용으로 한다"고 되어 있다. '사회적 시장경제'에서는 독점을 방지하고 자유로운 경쟁을 보장하기 위한 정부의 개입을 필요로 한다. 하지만 정부의 개입은 공정한 경쟁 질서를 확립하는 것에 한정해야 하며, 경제과정 및 민간의 경제활동 그 자체에는 개입하지 말아야 한다고 한계를 분명히 하고 있다.

에르하르트가 주장한 사회적 시장경제는 중앙정부의 통제와 계획경제를 반대한다. 중앙정부에 의해 통제되는 경제는 합리적인 가격기구가 아니므로 자원을 효율적으로 배분하지 못하고, 생산과 소비를 감소시킨다고 보았다. 게다가 통제경제에서는 필연적으로 전체주의나 생산수단을 국유화하는 집산주의를 초래하여 국민의 자유가 박탈될 수 있기 때문이다.

사회적 시장경제는 자유방임 경제와는 다르다. 지나친 자유방임 경제는 경제주체들이 카르텔이나 독점을 발생시켜 시장가격을 조작하고, 시장에서 독점력은 공권력과 함께 개인의 자유를 침해할 수 있다고 보았다. 따라서 사회적 시장경제는 공익을 이유로 개인의 자유를 침해하려는 정부의 권력과 독점으로부터 국민을 보호할 수 있다는 것이다. 사회적 시장경제 체제에서 정부의 개입은 공정한 경쟁질서 구축에 한정돼야 하며, 경제 과정이나 민간의 경제활동에는 개입하지 말아야 한다는 것이다.

에르하르트는 노조가 노동력의 독점단체이며, 이것이 지나치게 강대해져 독점권을 행사하게 되면 기업에 대한 반독점 정책과 마찬가지로 정부가 간섭하지 않을 수 없다고 보았다. 그는 "대부분의 노조는 경제성장을 통해 장래에 더 큰 과실을 먹으려 하기 보다는 현재의 조그만 과실을 즉시 먹고 싶어 분배만을 강하게 요구하는 경향이 있다"고 했다. 에르하르트는 이를 "대단히 유치한 사고방식"이라고 비판했다.

에르하르트는 사회적 시장경제에서 대외무역의 신장은 한 나라의 동맥과 세계경제라는 동맥을 상호 연결하면서 세계전체의 복리증진에 기여한다고 보았다. 우리가 우리의 시장을 개방할수록 외국도 우리에게 문을 열어 올 것이기에 두 나라 모두에게 이득이 된다. 경제적 국가주의에 의한 통상정책은 세계경제를 파괴하며, 그 정책 수단이 되는 것은 보호무역주의와 외환통제로서 궁극적으로는 강제경제 그 자체이다.

사회적 시장경제는 당시 소련·동독 등 동유럽 공산국가에서 채택한 계획경제와는 전혀 다르며, 또 1930년대 대공황이 일어나기 전의 자유방임의 시장경제와도 다르다. 중국의 덩샤오핑의 개혁·개방 이래 표방하고 있는 사회주의적 시장경제와도 다르다. 중국의 사회주의적 시장경제는 기본적으로 사회주의를 그대로 유지하면서 제한적으로 시장경제 요소를 도입하는 것이기에 독일의 사회적 시장경제와 전혀 다르다.

최고의 복지 정책은 경제성장이다

에르하르트는 《모두를 위한 복지(Wohlstand für Alle)》라는 저서에서 사회 보장과 복지정책에 대해 자신의 견해를 밝혔다. 사회적 시장경제에 의하면 국가의 기본 경제체제는 자본주의로, 경제 운용은 시장 원리와 민간 기업에 맡기지만, 공정한 시장 질서를 확립하거나 각종 복지 및 사회보장 제도를 위해서는 정부가 개입할 필요가 있다는 것이다.

에르하르트는 경제성장 정책이 최고의 복지정책이며, 정부에 의한 복지정책은 재정팽창을 유발하고 인플레를 야기하므로 복지 지원은 가능한 최소한으로 유지해야 한다고 주장했다. 그는 모두를 위한 복지국가를 만들기 위해서는 경제성장이 더 중요하다고 보았고, 정부가 주도하는 복지국가는 대단히 비합리적이며 비경제적이라고 주장했다.

에르하르트는 정부가 사회복지 정책의 일환으로 주택이나 의료서비스 등을 국민들이 아주 싼 가격이나 무료로 이용하게 하면 좋을 것 같지만, 이는 매우 비경제적이라고 주장하였다. 정부에서 이러한 재화나 서비스를 공급할 경우 형평을 더 중시하므로 낭비와 비효율을 초래하기 쉽기 때문이었다. 정부의 비효율과 낭비는 결국 국민들에게 세금 부담만 가중시킨다고 보았다. 정부와 관료들은 이러한 낭비와 비효율을 해소하려 하기 보다는 공익을 위해 어쩔 수 없다고 변명하면서 세금 인상 등 간편한 해결책만 찾으려고 한다는 것이었다.

에르하르트는 사회보장이나 복지정책을 확대해야 한다고 주장하는 정치인이나 사람들과 가까이 하지 않았다. 그는 이러한 사람들은 스스로 아무 것도 하지 않으면서 모든 걸 남의 것에 의지해서, 즉 정부에 의지해서 조용하고 안이한 삶을 살아가고자 하는 교활한 태도를 숨기고 있는 사람들에 불과하다고 보았다. 에르하르트는 자신의 생활을 정부에 의지하려는 사람이 늘어나고, 정부가 사회복지 정책을 지나치게 확대하면, 바람직한 국가의 미래는 기대하기 어려워진다고 지적했다. 그러면서 국민들은 가능한한 정부에 의존하려 하지 말고 스스로 책임지고 해결해야 한다고 호소했다.

스스로는 아무것도 하지 않으면서 오로지 자신의 생활을 가능한 한 국가의 손에 맡기려는 사람이 늘어나고 "국가에 의한 사회복지정책이 과도해진 복지국가는 계급이 없는, 그러나 혼이 없는 기계화된 사회를 만든다"는 것이 에르하르트의 결론이었다.

에르하르트는 복지정책의 확대를 경계한 것에 더하여 노조의 활동에도 규율이 있어야 함을 강조하였다. 에르하르트의 통찰은 노조를 노동력의 독점 공급단체로 인식한 데 있다. 기업의 독점에 대해 정부가 우려하고 간섭하는 것과 마찬가지로 노조의 독점에 대해서도 정부가 우려하고 간섭해야 한다는 것이다. 노조가 힘이 강해지면 임금이 생산성 이상으로 오르고, 그 결과 기업의 경쟁력이 저하되면, 경제 성장이 지체된다는 것이 에르하르트의 생각이었다. 최종적으로 에르하르트는 과도한 임금인상이 인플레와 연결될 수 있음을 우려했다.

아데나워와 에르하르트 수상은 두 사람 모두 기독교민주연합 출신으로 사회적 시장경제 철학에 의거하여 경제를 운영했다. 그 결과 1948~1969년 기간에 독일경제가 번창했다. 1969~1982년 기간에는 사회민주당의 빌리 브란트 수상과 헬무트 슈미트 수상이 집권하였는데 아데나워와 에르하르트가 경고했던 사회보장제도의 지나친 확대와 경직된 노동시장 탓에 전후의 경제기적이 사라지고 독일이 경제가 크게 쇠퇴했다. 이러한 독일 경제의 쇠퇴를 영국의 〈이코노미스트(Economist)〉지는 독일을 '유럽의 환자(sick man of Europe)'라고 표현했다.

박정희 대통령에게 경제 발전을 조언하다

군사 혁명으로 집권한 박정희 대통령은 미국 케네디(J. F. Kennedy) 대통령에게 차관을 요구했으나 보기 좋게 거절당했다. 군사정변을 곱지 않게 보고 있던 케네디 정부가 한국에 자금을 빌려주면 군사혁명을 인정하는 꼴이 되기 때문이었다.

박정희 대통령은 당시 패전국이자 분단국가임에도 고도의 경제성장을 하고 있던 서독에서 차관을 빌리기로 했다. 1961년 우리나라 차관사절단은 우여곡절 끝에 에르하르트 장관을 만나 1억 5천만 마르크(3천만 달러)의 상업차관을 빌리는 데 성공했다. 그런데 지급보증을 해주겠다는 은행이 없어 차관이 물거품이 되기 직전이었다. 이때 나온 방안이 독일에서 필요로 하는 광부와 간호사를 보내주고, 이들의 급여는 독일 상업은행(코메르츠방크)을 통해 한국으로 송금하는 대신, 이 은행에서 지급보증을 서주기로 해 차관을 도입할 수 있게 하는 것이었다.

1963년 12월부터 1977년까지 독일에 파견된 광부는 8천여 명, 간호사는 1만 2천여 명이었다. 이들이 한국으로 송금한 돈은 연간 5천만 달러로 한때 한국 GNP의 2%를 차지하였다. 정든 고향을 떠나 말도 통하지 않는 물설고 낯선 땅에서 목숨 걸고 일한 광부와 간호사들이 보내온 달러는 우리 경제가 성장할 수 있는 종자돈이었다. 광부와 간호사들의 헌신이 없었다면 우리는 돈도 빌릴 수 없었고 경제 발전도 없었다.

에르하르트 수상은 우리나라의 경제발전을 위해 조언을 해 주고 차관을 제공하는 등 특수한 관계를 지녔다. 1964년 12월 박정희 대통령이 독일을 방문해 차관을 부탁하자, 에르하르트는 일본과 협력해야 공산국가의 위협에 대비할 수 있고, 경제발전도 수월하다고 하면서, 지도자는 과거나 현재가 아니라 미래를 보고 가야 한다고 조언하였다. 박 대통령이 이역만리 타국에 와 고생하는 광부들과 간호사들을 붙들고 함께 우는 모습을 TV를 통해 지켜본 에르하르트 수상은 감동한 나머지, "저런 민족과 지도자가 있는 나라라면 설령 내가 차관을 줬다가 떼이는 한이 있어도 절대 후회하지 않을 것이다"라고 외쳤다.

에르하르트는 한국 경제가 발전하기 위해서는 고속도로를 건설하고 자동차 공장을 세우고, 철강산업과 석유정제산업을 육성할 것을 권유하였다. 수출하기 위해서는 조선소도 필요하다고 역설했다. 이러한 산업은 많은 일자리를 창출하여 실업률도 줄일 수 있기 때문이었다. 에르하르트는 박정희 대통령과 회담 후 담보가 필요 없는 재정차관 2억 5천만 마르크를 제공하기로 하고, 1965년부터 1967년까지 한독경제 협력 3개년 계획에 합의하였다. 에르하르트 수상은 한국산 면직물 수입 쿼터를 100만 마르크에서 200만 마르크로 늘려주었다. 그는 또 앙숙 관계인 독일과 프랑스의 과거사를 언급한 뒤 한·일 국교 수립을 권유하였다.

경제 번영에도 연정 붕괴로 수상에서 물러나다

에르하르트는 경제학자이자 사상가로 기존의 정치가들과는 달랐다. 그는 아데나워처럼 권위주의적이지 않았고 많은 사람들의 의견을 경청할 줄 알았다. 뛰어난 문장력과 화려한 말솜씨로 유권자들의 마음을 사로잡았다. 에르하르트가 수상으로 취임한 후에 사회적 시장경제로 서독의 경제

재건이 어느 정도 이뤄졌다고 판단하고, 국가 발전을 위한 또 다른 어젠다(agenda)를 찾아 나섰다.

그는 정파나 이익집단들 간 갈등이 오히려 경제발전에 도움이 되는 사회를 꿈꿨다. 패전 후에 서독이 단기간에 고도의 경제성장을 할 수 있었던 이유 중 하나는 기득권이나 특권층이 없었기 때문이라고 보았다. 에르하르트는 낙천적인 리더십으로 보통 사람이 정치적으로 성공할 수 있다는 것을 잘 보여주었다. 그래선지 후대 독일의 정치 지도자들은 경제 위기가 닥칠 때마다 에르하르트 수상을 가장 먼저 떠올린다고 한다. 그는 패전국가로 실의와 좌절에 빠져있던 독일 국민들이 자유로운 세상에서 풍요롭게 살 수 있게 해준 위대한 지도자였다.

1963년 에르하르트는 연방 수상이 되면서 '모두를 위한 번영'이란 슬로건을 내세우며 독일 국민들의 마음을 사로잡았다. 에르하르트의 기독교 민주연합은 사회적 시장경제를 내세우는 정당으로 높은 지지를 받았다. 사회민주당은 공산주의를 지향하지는 않았지만 부분적으로 계획경제를 추구하고 당의 강령으로 삼아온 마르크스주의를 포기하고 사회적 시장경제를 인정하기로 하였다.

에르하르트는 국민들의 높은 기대 속에 1963년 10월 16일 수상으로 취임했으나 1966년 12월 1일까지 3년 만에 물러나야만 했다. 이에는 세 가지 요인이 작용했다. 먼저 에르하르트는 내각제 수상임에도 불구하고 당과 거리를 두는 등 비정치적인 성향을 지니고 있어, 그를 지지하는 세력이 거의 없었으며 아데나워와 당원들이 사사건건 시비를 걸었다.

또 다른 요인은 에르하르트 수상이 외교 문제에 적절하게 대응하지 못했기 때문이다. 당시 미국은 베트남 전쟁으로 국제적으로 위신이 떨어지고, 유럽에서는 프랑스 드골 등이 유럽 중심의 세계질서를 주장하였다. 에르하르트는 친미(親美) 행보를 고집하다가 당과 유럽 국가들로부터 비난을 받았다. 게다가 미군의 독일 주둔 비용을 놓고 미국과 갈등이 야기되기도 했다.

　마지막으로 서독 경제가 과거와 같이 큰 폭으로 성장하지 못하고, 실업률이 늘어나면서 불만이 커지기 시작했다. 많은 국민들은 에르하르트 수상에게 고도의 경제 성장을 기대했으나, 연방경제장관 시절만큼 경제여건이 좋지 못했다. 국민들이 기대하는 만큼의 경제를 성장시키지 못한 것이다. 특히 1966년 경기침체와 더불어 예산이 부족해지자 에르하르트는 증세(增稅)를 결정하였다. 그러자 당시 연정을 이루고 있던 자유민주당 소속의 장관들이 세금인상에 반발하여 모두 사임하였고, 기민당과 자민당 간의 연정은 붕괴되면서 에르하르트는 수상에서 물러났다.

에르하르트가 즐겨 읽은 책들과 저술한 책들

　루트비히 에르하르트는 제2차 세계대전 이후 서독의 경제 재건을 주도한 중요한 인물로, 그의 정책과 사상에 큰 영향을 미친 책들과 사상가들은 수적으로 많지는 않다. 에르하르트 자신이 경제학자였기에 한 명의 영국 경제학자, 한 명의 오스트리아 경제학자, 그리고 두 명의 독일 경제학자의 영향을 크게 받았다.

　애덤 스미스(Adam Smith)의 《국부론(The Wealth of Nations)》은 에르하르트의 경제정책 특히 자유 시장의 중요성과 경쟁 촉진을 통한 경제 성장의 기본 틀을 형성하는 데 기여했다. 프리드리히 하이에크(Friedrich Hayek)의 명저 《노예로의 길(The Road to Serfdom)》을 통해 접한 하이에크의 자유주의 경제이론은 에르하르트가 정부의 과도한 개입을 피하고 시장의 자율성을 유지하려는 정책을 추진하게 하는 데 큰 영향을 미쳤다.

발터 오이켄(Walter Eucken) 교수가 《기본 원리 경제 정책(Grundsätze der Wirtschaftspolitik)》에서 밝힌 질서 자유주의(Ordoliberalism) 이론은 에르하르트의 사회적 시장경제(Social Market Economy) 모형의 기반이 되었다. 에르하르트는 오이켄의 질서 자유주의 원칙을 기반으로 하여, 자유 시장 경제와 사회적 균형을 동시에 추구했다. 사회적 시장경제 개념을 처음 제안한 알프레드 뮐러-아르막(Alfred Müller-Armack) 교수는 저서 《종합 경제 이론(Wirtschaftslenkung und Marktwirtschaft)》에서 자유시장경제와 사회적 보호가 결합된 모델을 주장했고 에르하르트는 뮐러-아르막의 이론을 바탕으로 서독의 경제재건 정책을 설계하여, 시장의 효율성과 사회적 공정을 동시에 추구하는 경제 모델을 구현했다.

막스 베버(Max Weber)는 《프로테스탄트 윤리와 자본주의 정신(The Protestant Ethic and the Spirit of Capitalism)》에서 프로테스탄트 윤리가 자본주의 정신의 형성과 발전에 중요한 역할을 했다고 주장하며, 노동 윤리와 금욕주의가 경제 발전에 기여했다고 분석했다. 이 책은 에르하르트로 하여금 경제 정책을 통해 사회의 윤리적 기반을 강화하고, 경제 성장과 사회적 가치가 상호 보완될 수 있는 방안을 모색하게 했다.

에르하르트는 존 메이너드 케인스(John Maynard Keynes)의 경제 이론을 직접적으로 수용하지는 않았지만, 정부의 역할에 대해 일정 부분 인정했다. 에르하르트의 정책과 사상은 이러한 다양한 경제학적, 사회학적 이론들을 종합하여 형성된 것으로 그는 자유 시장의 원칙을 지키면서도 사회적 공정성을 중시하는 균형 잡힌 접근을 추구했다.

본 책자에서 다루고 있는 18분의 지도자들 중에서 박사 학위를 가진 분은 이승만 대통령과 에르하르트 수상 두 분뿐이다. 대학에서 교수로 강의를 한 사람은 에르하르트가 유일하다. 에르하르트(1897-1977)는 독일의 경제학자이자 정치인으로, 서독의 경제 기적(Wirtschaftswunder)을 이끈 주역 중 한 명이다. 에르하르트의 저서들은 그의 경제 이론과 정책을 이해하는 데 중요한 자료들이다. 그는 자유 시장 경제의 중요성을 강조하며, 독일의 경제 회복과 번영을 이끈 구체적인 전략과 정책을 제시했다.

에르하르트는 경제학자로서 모두 6권의 전문적 책자를 집필하였다. 그 6권은 《모두를 위한 번영(Wohlstand für Alle)》, 《사회적 시장경제 Soziale Marktwirtschaft)》, 《자유, 사회적 시장경제, 복지(Freiheit, soziale Marktwirtschaft, Wohlfahrt)》, 《자유경제법(Die freie Wirtschaftsordnung)》, 《목표는 자유다(Das Ziel heißt Freiheit)》, 《독일 경제정책(Deutsche Wirtschaftspolitik) 등이다. 그의 관심은 온통 자유, 시장경제, 그리고 번영에 쏠려있음을 알 수 있고, 그가 학자로서 그리고 공직자로서 무엇을 왜 추구했는지를 시사한다.

《경쟁을 통한 번영(Prosperity Through Competition〈Wohlstand für Alle〉)》은 에르하르트의 가장 유명한 저서로, 자유시장경제의 중요성을 강조한다. 그는 경쟁이 경제 번영을 가져오는 핵심 요소라고 주장하며, 독일 경제의 성공 사례를 바탕으로 자신의 이론을 설명한다. 《세계 시장에 독일이 돌아오다(Germany's Comeback in the World Market〈Deutschlands Rückkehr zum Weltmarkt〉)》는 제2차 세계대전 이후 독일 경제 회복의 구체적인 과정과 성공 요인을 설명하며, 에르하르트의 경제적 리더십과 비전을 잘 보여준다. 《독일 경제정책(Deutsche Wirtschaftspolitik)》은 에르하르트의 경제 정책과 그가 서독 경제를 재건하는 데 어떻게 기여했는지를 다룬다.

《경제정책과 책임(Economic Policy as a Matter of Responsibility〈Wirtschaftspolitik als Aufgabe〉)》은 경제 정책의 중요성과 책임을 강조한다. 에르하르트는 이 책에서 경제 정책이 단순한 기술적 문제가 아니라 사회적 책임을 수반하는 중요한 과제임을 강조하며, 정책 결정자들의 책임과 윤리에 대해 깊이 있는 통찰을 제공한다. 《성공을 위한 경제(The Economics of Success⟨Erfolg als Aufgabe⟩)》는 경제 성공의 조건과 요소들을 다루며, 경제 성공을 위한 실질적인 가이드라인을 제공한다.

《사회시장경제(A Social Market Economy⟨Soziale Marktwirtschaf⟩t)》는 에르하르트의 사회적 시장경제 이론을 상세히 설명한다. 그는 자유 시장경제와 사회적 책임을 결합한 이론을 제시하며, 이를 통해 경제적 번영과 사회적 안정을 동시에 달성할 수 있다고 주장한다. 《세계경제에서 독일(Germany in the World Economy⟨Deutschland in der Weltwirtschaft⟩)》는 독일 경제가 세계 경제에서 차지하는 위치와 역할을 다룬다. 여기서는 독일의 경제적 입지를 국제적 관점에서 분석하며, 글로벌 경제에 대한 에르하르트의 통찰을 제공한다.

에르하르트는 자서전 회고록, 서한집, 일기도 남기고 있다. 《회고록(Erinnerungen)》은 자신의 유년 시절부터 정치가로서의 경력, 특히 서독 수상으로서의 역할에 이르기까지 다양한 경험을 상세히 기록했다. 《에르하르트 서한집(Ludwig Erhard: Briefe der Jahre, 1945-1949)》은 제2차 세계대전 직후의 기간에 에르하르트가 주고받은 편지들을 수록하고 있다. 여기에는 그의 경제 정책에 대한 아이디어와 동료들과의 논의가 담겨 있다.

에르하르트의 저서와 기록들은 그가 독일 경제 부흥을 이끌었던 시기의 정치적, 경제적 상황을 이해하는 데 중요한 자료이다. 이를 통해 그의 리더십과 경제 정책이 어떻게 독일 경제 기적을 가능하게 했는지 알 수 있다.

루트비히 에르하르트 수상의 명언들

"자유란 하나이며 그것은 결코 나누어질 수 있는 것이 아니다. 정치적 자유, 경제적 자유, 인간적 자유는 통합된 하나의 통일체이다. 이 통일체 전체를 무너뜨리지 않으면서 그중 일부분만의 자유를 따로 떼어 내어 유보시킬 수 있다는 생각은 너무나도 터무니없는 철부지의 생각이다."

"사회주의 경제 또는 생산수단의 국유화를 강화해야 한다고 주장하는 사람들은 '기적을 믿는 사람들', '현실을 모르는 공상가들'이다."

"우리가 이룩한 성공의 비결은 바로 자유시장경제에서의 경쟁을 통한 경제의 역동성에 있다고 생각합니다."

"지난 6년 간 독일에서 일어난 일은 기적과는 다르기 때문에 이 개념을 전파하고 싶지 않다. …자유시장경제의 원칙에 따라 인간의 창의력과 자유, 그리고 에너지를 다시 사용할 수 있는 가능성을 부여받은 독일 국민들이 성실하게 노력한 덕분이다."

"경쟁이야 말로 시장경제의 원동력이며, 이 시장경제를 조정하는 것은 자유롭게 형성되는 가격입니다."

"저는 건강하고 경쟁력 있는 산업을 통해서만 우리가 번영할 수 있다는 확신을 가지고 있습니다."

"자연적·경제적·도덕적 이해관계에 가장 적합한 경제 질서가 바로 자유 시장경제 질서라는 것을 국민들에게 이해시키고 안심시키는 것이 무엇보 다도 중요하다."

"사람들은 우리가 이룩한 성과를 보고 경제 기적이라 말합니다. 저는 이 말을 별로 좋아하지 않습니다. 그것은 그동안 우리가 쏟았던 노력의 자연 스런 결과이며 우리가 흘린 땀의 결실이기 때문입니다."

"독일 경제의 오늘과 내일을 생각할 때 우리는 두 개의 중요한 결정을 해 야만 한다. 그 중 하나가 화폐개혁이다. 하지만 국민들을 좀 더 나은 삶으 로 이끌기 위해서는 화폐개혁 하나만 가지고는 부족하다. 통제경제가 철폐 되어야 한다. 현재의 빈곤을 균등하게 나누는 것이 아니라, 좀 더 많은 것을 생산해야 한다는 의미에서 통제경제는 철폐되어야 한다."

"전쟁의 폐허에서 오늘의 결실을 이뤄 낸 것은 바로 기업인 여러분들이 며, 여러분은 스스로를 자랑스러워할 자격이 충분합니다."

"파업은 우리 국민들의 아픔을 완화시켜주고 감싸 주는 것이 아니라 오 히려 고통을 가중시키는 것이기 때문에 저는 단호히 반대합니다."

"기업인들의 자유를 위해 저보다 더 강력하게 투쟁한 사람은 없을 것이 라고 감히 말씀드립니다. 경제정책과 관련하여 경제장관인 저는 기업인 여 러분들의 대변자입니다."

"국내적으로 경쟁이 어떤 규제 등을 통해 제한되어서는 안 되는 것과 마찬가지로 국가 간의 무역도 협상이나 협정 등을 통해 규제되어서는 안 됩니다."

"경제가 발전할 수 있도록 하는 경제정책이야말로 가장 좋은 사회보장 정책이며, 경제정책이 성공할수록 사회보장 정책은 필요가 없어진다."

"내 이론은 자유주의적 사회주의이다. 왜냐하면 이것은 노동자에 대한 착취를 근절한다고 하는 목표를 자유경쟁의 배제를 통해서가 아니라, 바로 그 자유경쟁을 사람들이 부당하게 오해함으로써 덧씌워져 있는 족쇄를 풀어버림으로써 달성될 수 있는 것이기 때문이다."

"노조도 노동력의 독점단체이며, 이것이 지나치게 강대해져 독점권을 행사하게 되면 기업에 대한 반독점 정책과 마찬가지로 정부가 간섭하지 않을 수 없다."

"대부분의 노조는 경제성장을 통해 장래에 더 큰 과실을 먹으려 하기 보다는 현재의 조그만 과실을 즉시 먹고 싶어 분배만을 강하게 요구하는 경향이 있는데, 이는 참으로 유치한 사고방식이다."

"임금을 높이라고 주장하면서 동시에 경제성장을 도모하라고 요구하는 자들을 경계하라."

"나는 노동자들의 파업은 우리 국민들의 아픔을 줄여 주고 감싸 주는 것이 아니라, 오히려 고통을 가중시키는 것이기 때문에 단호히 반대한다. 노동자들의 파업으로 국민들이 시급히 필요로 하는 수많은 소비재의 생산이 중단될 것이기 때문이다. 각자 민주 자유 시민으로서 자각하고 자신의 양심에 따라 행동해 주기를 부탁한다."

"의회의 다수결 원칙에 따라 추진되는 경제정책이 사회적·경제적 또는 정치적 이익집단들에 의해 무력화된다면, 민주주의는 한낱 우스꽝스런 코미디에 불과하게 될 것이다."

"우리는 인플레이션이 어떻게 국가의 경제 질서와 신뢰를 파괴하며, 양심의 가책을 조금도 느끼지 못하는 선동정치가와 정치 사기꾼들에게 힘을 실어주는지를 똑똑히 보았습니다. …인플레이션이야말로 한 민족의 물질적·정신적 위기상태가 정치적 야바위꾼들에 의해 어떻게 악용될 수 있는지를 분명히 보여 주었습니다."

"내가 수상이 되기 전 경제장관으로 있으면서 한국의 경제고문으로 갈 생각을 했었습니다. 그래서 한국의 경제부흥에 참여해 보고 싶었습니다. 또 앞으로 한국 경제재건 문제에 있어서 한국 정부가 저의 개인적인 지식과 도움이 필요하다면 언제든지 요청에 응할 겁니다."

▨박정희 대통령에게 한·일 수교를 권유한 에르하르트 수상▨

　1964년 12월 서독을 방문한 박정희 대통령은 에르하르트 수상을 만나서 경제적 지원을 부탁했다. 박정희 대통령은 한국의 어려운 실정을 설명하고 자금을 빌려달라고 몇 번이나 말하면서 눈물을 흘리기도 하였다. 그러자 에르하르트 수상은 "그만 우세요"라고 하면서, "각하, 일본하고 손을 잡으세요"라고 충고하였다.

　박정희 대통령은 이 말을 통역해 준 백영훈 교수에게 화를 냈다. "뭐? 돈 좀 빌려 달라는데 일본 얘기는 왜 꺼내?" 하자, 에르하르트 수상은 박 대통령의 표정을 보고 다시 말했다. "각하, 우리 독일과 프랑스는 역사상 42번이나 전쟁을 했습니다. 그런데 아데나워 수상께서 드골 대통령과 만나 악수를 하면서 이웃 나라끼리 손을 잡았소. 한국도 일본과 손을 잡으시지요." "각하, 지도자는 과거나 현재가 아니라 미래를 보고 가야 합니다. 두 나라 사이에 협력관계를 만들어야 공산국가로부터의 위협에 대비할 수 있습니다. 일본과 손을 잡으십시오"라고 말하였다.

　박정희 대통령도 지지 않았다. "독일과 프랑스는 서로 대등한 입장에서 싸웠지만, 우리는 항상 일본에 눌려 지냈습니다"라고 말했다. "우리는 일본과 대등한 입장에서 싸워본 적이 단 한 번도 없습니다. 몰래 힘을 키운 일본이 침략했을 뿐입니다. 그래놓고도 지금까지 사과도 한번 하지 않습니다. 이런 나라와 어떻게 손을 잡으란 말입니까?"

　"그래요? 일본이 사과는 해야지요. 독일은 프랑스와의 전투에서 지거나 이긴 적이 단 한 번도 없습니다. 아데나워 수상은 참 훌륭하신 분이었습니다. 독일과 프랑스가 그렇게 사이가 나빴는데 그 분은 드골 프랑스 대통령을 만나 악수를 하고 손을 잡았습니다." "각하, 지도자는 과거나 현재가 아니라 미래를 보고 가야 합니다. 두 나라 사이에 협력관계를 만들어야 공산국가로부터의 위협에 대비할 수 있습니다"라고 말하였다.

　박정희 대통령은 "일본에 눌려 싸웠는데도 말이오?"라고 되물었다. 에르하르트 수상은 인자한 표정으로 박정희의 손을 잡으며 말을 이었다. "예, 각하 눌려서 싸운 것이나 대등하게 싸운 것이나 모두가 과거의 일입니다. 일본과 손을 잡고 경제 발전을 이루세요. 그래서 우리 합심해서 살아갑시다. 우리가 뒤에서 돕겠습니다."

박 대통령은 에르하르트 수상의 말에 감격한 표정으로 수상의 손을 마주 잡으며 자리에서 일어났다. 에르하르트수상은 박정희 대통령과 회담 후 담보가 필요 없는 재정 차관 2억 5,000만 마르크(약 4,770만 달러)를 한국에 제공하기로 결정했다. 서독의 무상 차관은 우리나라 경제가 발전하는 데 크게 기여하였다.

덩샤오핑(鄧小平, 1904~1997)

15 | 중국을 가난한 국가에서 경제 대국으로 바꾼 덩샤오핑

굶주리던 인민을 구하고 중국을 부강하게 한 지도자

덩샤오핑(鄧小平, 1904~1997)은 사회주의 국가인 중국의 최고 통치자로 개방과 개혁을 추진하고, 시장경제를 도입하여 인민들의 삶을 크게 향상시켰으며 나라를 부강하게 만들었다. 마오쩌둥(毛澤東)의 공산당에 참여하여 세 차례 숙청을 당하고도 살아남았다. 키 157cm의 작은 체구로 거대한 중국을 통치하면서 중국에 대변혁을 가져왔다. 덩샤오핑은 넘어져도 다시 살아나기에 부도옹(不倒翁), 오뚝기, 키가 작기에 소병자(小甁子)·작은 거인(小巨人), 중국에 천지개벽을 가져왔기에 개혁의 아버지(改革之父), 강력하고 단호한 리더십 스타일을 반영해 철의 사령관(鋼鐵司令)으로 불리었다. 덩샤오핑은 중국 공산당의 대장정에 참여한 것을 기리기 위한 별명은 대장정의 일원(長征的成員)이었다.

덩샤오핑은 키가 아주 작았지만 최고 지도자인 그가 방에 들어서면 좌중을 압도하는 기운으로 자연스레 사람들의 이목을 집중시켰다. 그가 방에 나타나면 전류가 흐르는 것 같았다고 많은 사람들이 입을 모았다. 그는 중요한 문제를 해결할 때면 집중력이 뛰어나고 과감했다. 전시 군사령관의 천성적 침착함과 반세기 동안 권력의 핵심부에서 사활이 걸린 매우 중대한 일을 처리하며 길러진 자신감을 지니고 있었다.

덩샤오핑은 1978년 가을 중국 공산당 제11기 중앙위원회 제3차 전체 회의(3중 전회)를 통해 최고 지도자가 되면서, 사회주의 국가인 중국에서 개혁·개방을 추진하였다. 덩샤오핑의 개혁과 개방은 마오쩌둥 시대에 운영되었던 정부의 통제와 계획경제 등 비효율적인 것을 일부 완화시킨 것에 불과하다고 지적되기도 하지만, 사회주의 국가에서는 믿기 어려울 정도로 대담한 발상의 전환이었다. 농업개혁으로 농민들의 소득이 늘어났고 국영기업개혁으로 기업의 자주권이 확대되는 등 기업이 활성화되었다. 그 결과 1978년에서 1988년까지 중국경제의 연평균 경제성장률은 9.6%였고, 이 기간에 실질국민총생산은 2.3배나 증가하였다.

덩샤오핑은 냉정한 정치적 결단을 내릴 줄 알았고, 미래를 내다 볼 줄 알았으며, 현실을 인정하고 그 속에서 돌파구를 찾을 줄 아는 현명한 지도자였다. 덩샤오핑은 숙청과 재기를 반복하면서도 현실을 인정하고 인간적 매력과 유머를 잃지 않고 낙관적이고 긍정적 생활 태도를 지녔다. 덩샤오핑은 자신감, 자존감, 능력을 지닌 지도자였다. 마오쩌둥이 사회주의 국가인 중화인민공화국을 수립한 지도자라면, 덩샤오핑은 과감한 개혁·개방과 시장경제를 도입하여 중국과 인민을 부강하게 만든 지도자이었다.

덩샤오핑은 1904년 청나라 쓰촨성(四川省) 광안의 한 마을에서 부유한 지주 출신의 관료 집안에서 태어났다. 프랑스와 연계된 학교에 다녔던 탓으로 덩샤오핑은 16세이던 1918년 프랑스 파리에서 유학 생활을 하면서 공산주의 운동에 참여하여 카를 마르크스(K. Marx)를 공부하였다. 학교를 계속 다니지 못하고 자동차 공장, 철강 공장, 고무 공장에 다녔고 식당의 그릇

닭이와 기관차의 화부로도 일했다. 파리에서 후일 베트남의 지도자 호찌민(胡志明)도 만났다.

프랑스에 와있던 소수의 중국 학생들 사이에 공산주의가 퍼지게 된 것은 5월 4일 베이징에서 일어난 5·4운동이 계기가 되었다. 이 운동은 1919년 베르사유 조약이 조인된 후 더욱 심해진 외국의 중국 지배에 항의하는 운동이었다. 덩샤오핑은 파리에서 자신보다 6살 위인 저우언라이(周恩來)를 만나서 평생 동지로 지냈다. 저우는 일본 유학 시절 마르크스주의를 학습했고 프랑스로 온 후 미약하게나마 시작된 중국 공산주의 운동의 지도자가 되었다. 덩은 저우를 "형"이라고 불렀고 1960년대에 와서 저우는 문화혁명의 참화로부터 덩을 보호해 줬다.

1926년 2월 덩은 모스크바로 가서 극동 노동자 대학교와 중산(Sun Yat-sen)대학교에서 공부했다. 중국 공산주의자들의 목표는 중국의 현대화와 혁신이었다. 덩은 확실한 공산주의자가 되어 귀국했다. 덩은 뛰어난 조직력 덕분에 승승장구했다. 23세에 이미 공산당 중앙위원회의 사무총장이 되었고 한 지역의 조직을 담당했다. 당시 중국은 극심한 혼란에 빠져 있었다. 군벌들은 제각기 땅따먹기를 하고 있었고 국공합작은 권력 투쟁 속에 깨지고 말았다. 공산당 역시 심각한 분파투쟁으로 분열되었고, 자기들끼리 피를 흘리고 있었다. 저우언라이를 따르던 덩샤오핑은 마오쩌둥이 이끄는 분파와 연합했다.

프랑스에서 5년, 소련에서 1년을 보내는 동안 덩샤오핑은 마오쩌둥보다 세계 발전의 흐름에 관해 더 많은 것을 얻을 수 있었고 중국에 관해 더 많은 것을 이해할 수 있게 되었다. 소련에서 지낸 1년 동안 그는 최초의 사회주의 국가가 어떻게 현대화에 대응하는지를 관찰할 수 있었다.

마오쩌둥의 공산당이 장제스(蔣介石)의 국민당과 전투에서 패하자 추격을 피하고 훗날을 기약하면서 대장정(大長征, 延安長征)을 결행하였다. 덩은 1934~35년의 대장정에 참가했다. 마오쩌둥과 공산당원들은 1934년 10월부터 1935년 6월까지 18개 산맥을 넘고 17개의 강을 건너 1만 2,500km를 행군하였다. 덩샤오핑도 참가한 대장정은 죽음과 고난의 행군이었다. 약 10만 명의 홍군이 대장정에 참가했는데, 1년 뒤 서북지방의 산시성(陝西省) 옌안(延安)에 도착했을 때는 1만 명도 채 남지 않았다. 9만여 명의 군사들이 국민당의 추격, 추위와 굶주림 등으로 목숨을 잃었다.

하지만 대장정을 완수한 군사들은 정신적·육체적으로 공산주의 이론으로 무장된 최정예군으로 혁명의 중심 세력이 되었다. 이들은 대장정을 실행하면서 중국 전역에 공산당 이념을 심어 놓았다. 죽음을 불사한 대장정을 완수하면서 마오쩌둥은 공산당에서 지배적인 영향력을 행사할 수 있게 되었다.

덩샤오핑은 마오쩌둥과 함께 항일 무장투쟁, 대장정, 국민당과의 전투 등에 참 가하면서 중국 공산당의 핵심 인물이 되었고, 가장 뛰어난 군사 지도자 가운데 한 사람이 되었다. 덩샤오핑은 중화인민공화국이 수립되기 전까지 공산당의 팔로군(八路軍)에서 정치위원을 지냈다. 덩샤오핑은 화이하이 전투(淮海戰役)에서 60만의 군대로 100만 명의 국민당 군대를 물리치는데 핵심적인 역할을 하였다. 장제스는 공산당과의 전투에서 연달아 패하면서 1949년 1월 주석에서 하야하고 타이완으로 도주하였다. 1949년 10월 1일 중화인민공화국 수립에 커다란 공을 세운 덩샤오핑은 마오쩌둥의 총애를 받으면서 정치인으로서 기반을 다져나갔다. 중화인민공화국 수립 이후 덩샤오핑은 공산당의 최고위 지도자의 한 사람으로 등장했다. 당 사무총장으로 서열 4위에 올랐다.

덩샤오핑은 혁명가, 군인, 공산주의자, 정치가, 개혁가, 애국자 등 많은 역할을 수행한 인물이다. 1990년대에 와서 하나가 더 추가되었는데 사업가라는 별칭이다. 이 많은 역할을 수행한 1978~1995년 사이 중국의 대외무역은 260억 달러에서 3천억 달러로 늘어났다. 1인당 국민소득은 1978년에서 1987년 사이 그리고 1987에서 1995년 사이 각기 두 배 증가했다. 근대 역사에서 유례없는 일이다. 영국은 소득을 배로 늘리는데 60년이 걸렸고 미국은 50년이 걸렸다. 덩샤오핑은 개혁을 통한 노력으로 역사상 아무도 이룩하지 못한 일을 해냈다.

숙청과 재기의 오뚝이 삶을 반복하다

덩샤오핑은 전쟁과 당내 숙청으로 동료들이 죽어 나가는 것을 지켜보면서 더욱 단련되었다. 덩샤오핑은 평생 세 차례나 숙청당했다. 첫 번째는 장시, 소비에트(스탈린 코민테른의 지지하에 1931년 중국 공산당이 수립한 공화국)에서였고, 두 번째는 1966년 그가 맹렬한 비판의 대상이 되었던 문화대혁명 시절에 일어났다. 세 번째는 1976년인데, 그때 그는 강철 같은 의지를 길러낼 수 있었다.

중화인민공화국은 1953년 제1차 5개년 계획을 통해 중국을 산업 강국으로 발전시키고 본격적인 사회주의 체제를 확립하기로 하였다. 모든 개인의 재산은 국가에 소유되었고, 소농중심의 농업은 집단농장으로 전환되었으며, 기업들은 국유화되었다. 제1차 5개년 계획으로 인플레이션이 진정되었고 농업생산이 증대되는 등 중국경제는 고무적이었다. 마오쩌둥은 대외적으로 한국 전쟁에 참전하여 군사력을 과시하고 자신의 반대 세력을 제거할 수 있었다. 이에 힘입어 마오쩌둥은 공산주의 사회를 앞당겨 실현하려고 했다. 마오쩌둥은 소련의 발전 모델을 그대로 답습하였다기보다는 독자적이고 더 빠른 자력갱생을 실시하여 제3세계 국가들에게 발전과 혁명의 본보기가 되려고 했다.

마오쩌둥은 대규모 집단 농장인 인민공사(人民公社)를 창설하고, 노동력 중심의 철강 산업과 경제를 부흥시켜 10년 안에 영국과 미국을 따라 잡겠다는 목표를 세웠다. 하지만 철강 등 공업생산에 지나치게 집중한 결과, 농촌의 인구가 급격히 줄어들고 도시인구가 급증하면서 생필품이 부족하게 되었다. 노동력이 줄어든 농촌에서는 식량생산이 급격히 줄어들었고 흉작이 계속되었다. 게다가 소련과의 관계가 악화되면서 경제원조가 중단되어 수천만 명이 굶어 죽기도 했다. 대약진 운동의 상징이었던 철강 산업은 노동력만 집중시키고 기술 개발을 제대로 하지 않았기 때문에 생산된 철강은 조악해서 쓸모가 없게 되었다. 대약진 운동이 실패로 끝나 버린 것이다.

덩샤오핑은 마오쩌둥에게 깊은 충성심을 보였다. 하지만 대약진 운동이 시작되었을 때 그는 옆으로 비켜서 있었다. 대약진 운동은 '대중'의 열정을 이용하여 자본주의 국가들이 150년 동안에 걸려서 이룩한 것을 15년 안에 해내고 나아가 전국의 모든 지방에 대한 통제권을 확보하자는 것이었다. 경제 원리에 대한 근본적인 고려 없이 수행된 이 운동은 중국 경제를 진전시키기는커녕 농업과 산업 그리고 국내 교역조차 마비시켰다.

대약진 운동으로 수천만 명이 굶어 죽고 경제가 피폐해지자 마오쩌둥은 책임을 지고 국가 주석에서 사임했으나 군 통수권은 가지고 있었다. 류샤오치(劉少奇)가 주석으로 선출되어 무너진 경제를 회복하기 위해 채택한 자본주의 정책의 일부가 실효를 거두면서 새로운 실세로 떠오르기 시작했다. 게다가 1959년 중국 공산당 정치국 확대회의와 제8차 전체회의를 열었던 루산회의(廬山會議)에서는 마오쩌둥이 추진한 총노선은 옳았으나 대약진 운동과 인민공사는 잘못되었다고 비난이 쏟아졌다.

이에 마오쩌둥은 권력의 위기를 느끼고 부르주아 세력을 타파하고 자본주의를 타도해야 한다고 외치면서 홍위군(紅衛軍)을 앞세워 문화대혁명을 부추겼다. 홍위군은 문화대혁명을 위해 조직된 청소년 중심의 극좌파 공산주의자들이다. 1966년 5월부터 1976년 12월까지 벌어졌던 문화대혁명은 전근대적인 문화와 자본주의를 타파하고 사회주의를 실천하는 대중운동으로 확산되었다. 마오쩌둥은 공산당에서 정치적 입지를 회복하고 반대파들을 제거하기 위한 방편으로 홍위군을 이용하였다.

1966년 문화대혁명 운동이 일어나면서 류샤오치와 덩샤오핑 등은 주자파(走資派)로 몰려 숙청당했다. '주자파(走資派)'는 중국어로 '자본주의의 길을 걷는 파벌'이라는 의미로, 당시 중국 공산당 내에서 자본주의 성향을 지니거나 자본주의로 회귀하려는 경향을 보이는 사람들을 비판하는 데 사용되었다. 주자파는 문화대혁명 당시 자본주의 노선을 주장한 반대파들을 제거하기 위한 말이다. 덩샤오핑은 실각하여 장시성(江西省) 난창(南昌)시에서 3년 반 가까이 유배 생활을 했다. 당시 대학생이었던 덩샤오핑의 아들은 홍위병(紅衛兵)들에게 아버지의 잘못을 인정하라는 고문에 시달리다 북경대학의 창문에서 뛰어내려 평생 불구의 몸으로 살아야만 했다.

마오쩌둥이 다시 집권한 뒤 후계자 역할을 했던 린뱌오(林彪)가 갈등으로 쿠데타를 시도하다가 소련으로 망명하던 중 추락사하였다. 유배 중이던 덩샤오핑은 이러한 사실을 알고 마오쩌둥에게 편지를 보냈고 1972년 8월 복권되었다. 덩샤오핑은 1974년에 부총리로 복귀하여 피폐해진 경제를 맡았고, 1975년에는 중화인민지원군의 총참모장에 내정되었다. 하지만 마오쩌둥은 덩샤오핑이 문화대혁명에 대해 애매모호한 입장을 취했고, 그의 경제 정책도 마음에 들지 않았으며, 여전히 흑묘백묘론(黑猫白猫論)만 강조한다는 이유로 다시 실각시켰다.

덩샤오핑은 1976년 1월 8일 평생 동지였던 저우언라이 장례식장에 참석한 이후 공식 석상에서 사라졌다. 1976년 9월 9일 마오쩌둥이 사망하면서 다시 복권되었다. 문화대혁명으로 수천만 명의 인민이 학살당하고 수백만 명의 당원이 숙청 되었으며, 경제는 더욱 피폐해 졌고 혼란과 부정부패가 만연하였다. 문화대혁명은 1976년 마오쩌둥이 사망하고 후계자인 화귀평(華國鋒)과 4인방이 몰락하고 덩샤오핑이 부활하면서 공식적으로 종료되었다.

마오쩌둥의 죽음은 덩샤오핑을 해방시켜 주었다. 문화대혁명을 주도했던 4인방이 체포되자 덩샤오핑은 권력의 핵심부로 돌아왔다. 마오쩌둥이 지명한 화귀평(華國鋒)과 맞닥뜨리자 덩은 지금이야 말로 자신의 시대를 만들 기회라는 점을 깨달았다. 덩은 모든 수단을 동원해 화에게 대항했다. 1978년 말 화는 축출되었고 덩은 중국의 최고 지도자가 되었다.

개혁·개방으로 샤오캉 사회를 추구하다

덩샤오핑은 1977년 10월 공산당 전당대회에서 국무원 상무 부총리로 임명되었으며 인민해방군 총참모장으로 복직하였다. 그는 문화대혁명의 폐해를 수습하고 대학 입학시험을 통일하였으며 일본을 방문하여 산업시설을 시찰하였다. 그해 10월 문화대혁명을 부정하고 중국 사회주의의 현대화와 개혁·개방정책 등 실용주의에 입각한 개혁 조치들을 과감하게 단행하였다.

최고 지도자로서 덩샤오핑은 새로운 사상을 내놓는 것이 자신의 역할이라고 생각하지 않았다. 그는 자신의 역할은 새로운 시스템을 계획하고 추진하는 전복적(顚覆的) 과정을 설계하고 만들어 가는 것이라고 판단했다. 자신이 전대미문의 위험에 처해 있음도 잘 알고 있었다.

1978년 12월 18일 열린 중국 공산당 제11기 중앙위원회 제3차 전체회의(3중 전회)에서 169명의 중앙위원회 위원과 112명의 후보 위원들을 앞에두고 덩샤오핑은 '농업, 공업, 국방, 과학기술의 현대화'라는 4개 노선을 발표했다. 제한적인 시장경제 체제의 도입이었다. "사회주의의 잡초를 심을지언정 자본주의의 싹을 틔워선 안 된다"라는 모택동의 유지에 정면으로 도전한 것이었다. 사회주의 체제 안에 자본주의를 불러들이기 시작한 것이다. 덩샤오핑은 단호하고 결연하게 "개혁개방과 민생 개선을 하지 않으면 어디로 가든 죽음의 길뿐이다"라고 부르짖었다.

1978년 덩샤오핑의 4개 현대화 노선과 개혁·개방은 1911년 상해혁명 그리고 1949년 공산당 승리와 더불어 중국 역사에서 또 하나의 전환점을 기록했다. 일련의 중요한 결정들이 1978년 3중 전회 전과 후에 내려졌지만 그 3중 전회에서 근본적인 결정이 구체화되었다. 중국이 다시 시장경제로 향하게 된 것이다. 웅장한 계획이 있었던 것은 아니었다. 확실한 것은 분명하고도 구체적인 조치들이 취해졌고 전체적으로 볼 때 마오쩌둥주의와의 결별을 의미했다.

덩샤오핑은 유토피아나 구세주가 있는 낙원이 아니라 부유하고 강력한 중국을 만들기를 강력히 원했다. 덩은 민족주의자였고, 그에게 공산주의와 당은 그 목표에 이르는 도구였다. 덩은 "나에게는 두 가지 선택권이 있다. 나는 가난을 퍼뜨릴 수도, 부를 퍼뜨릴 수도 있다"고 말하며 중국 인민의 선택을 요청했다.

최초의 개혁은 농업에 초점을 맞추었다. 당시 중국의 농촌지역에는 인력이 넘쳐났으나 농업 생산량은 30년 전 공산주의가 승리를 거두었던 때보다 나아진 것이 없었기에 상당량의 식량을 외국에서 수입해야 했으며 그나마도 배급제로 운영되었다. 식량이 부족한 상황에서 인구는 계속 증가하고 있어 농업 개혁으로 식량 생산을 늘리는 일이 가장 시급하였다.

덩샤오핑은 농업을 개혁하기 위해 공산당의 상징이었던 중국 농업인민공사(인민공사)의 중앙 통제 방식을 과감히 철폐하고, 개별 농가들이 자율적으로 경영을 할 수 있게 하고, 잉여 농산물은 시장에서 판매할 수 있게 하였다. 더불어 향진(鄕鎭) 기업을 장려하여 농촌의 소득을 증대시켰다. 향진(鄕鎭) 기업이란 중국의 향(鄕, township)과 진(鎭, village) 단위에서 설립된 소규모 지방 기업을 의미한다. 향진 기업은 중앙 정부의 통제에서 비교적 자유로웠기 때문에 빠르게 성장할 수 있었다.

사회주의의 공동체 시스템과 집단 농장이 폐지되었다. 개인과 각 가정으로 하여금 경작하는 땅에 대해 책임을 지게 했다. 어떤 농작물을 재배할 것인지에 대해 개별 농민이 결정했고 농민들은 수확량 중 일정량을 국가에 내놓아야 했지만 나머지는 마음대로 처분할 수 있었다.

덩샤오핑 농업개혁의 성공에는 프리드리히 하이에크(Friedrich Hayek) 교수의 자문이 크게 작용했다. 덩샤오핑이 하이에크 교수를 만나 자신의 고민을 털어놨다. "인민이 식량이 모자라 굶어 죽고 있습니다. 무엇을 어떻게 해야 합니까?"라고 물었다. 하이에크 교수는 "질문에 대한 답은 간단합니다. 집단농장의 국유 토지의 사용권과 경작권을 농부들에게 나눠주고 농부들이 어떤 곡물을 심을지 그리고 시장에서 자유롭게 판매할 수 있게 하세요"라고 대답했다. 덩샤오핑은 하이에크 교수가 충고한대로 했고 그 결과는 3년이 지나자 식량 부족으로 굶어 죽는 인민이 사라졌다. 사유재산권과 선택의 자유가 기적을 창출했다.

기업에 도급제를 도입하여 기업의 자주권을 확대시키는 등 시장경제를 도입하였다. 이와 같은 개혁으로 노동자와 농민들이 적극적으로 생산 활동에 참여하면서, 공업과 농업 분야에서 빠른 성장률을 보이기 시작했다. 하지만 이러한 조치들은 강경파 공산주의자들의 격렬한 반대에 부딪치기도 했다. 덩샤오핑은 강력한 카리스마와 사전에 양성한 정치적 친위부대를 통해 이를 극복하였다.

농업과 공업 부문에서의 개혁 결과는 참으로 놀라웠다. 최초의 시범지역이었던 안후이성(安徽省)의 농업 생산량은 3년 만에 3배가 늘어난 곳도 있었다. 그 결과 1981년에는 식량을 자급자족할 수 있게 됐다. 농업 생산물에서의 시장체제 도입과 동시에 전체적인 물류 시스템도 만들어졌다. 농민들이 수송, 주택 건설, 수리, 농산물 시장에 뛰어들었고, 노동자를 고용하는 농민도 생겨났다. 시골에서의 성공은 농민들뿐만 아니라 도시 거주자들 사이에서도 개혁을 찬성하는 흐름을 만들어 냈다.

내부적으로 식량 문제가 어느 정도 해결되자, 덩샤오핑은 농업보다 한 단계 높은 제품 생산과 공업을 육성하기로 했다. 하지만 이를 내부적으로 추진할 생산 수단이나 자금이 없었다. 그래서 그는 이를 서방 국가에서 들여오기로 하고, 첫 단계로 1979년 1월 1일 미국과 전격 수교하였다. 미중 수교는 냉전 시기의 국제 정치에서 중요한 전환점이 되었으며, 중국의 경제 개혁과 개방 정책에도 중요한 영향을 미쳤다. 이후 미국과 중국 간의 경제, 문화, 학술 교류가 활발히 이루어지는 계기가 되었다.

미국과 수교한 후에 덩샤오핑은 자신이 구상한 경제개발 모델을 시험할 경제 특구를 지정하였다. 1980년에 선전(深圳), 주하이(珠海), 샤먼(廈門), 산터우(汕頭) 등 4곳에 경제특구를 만들었다. 경제특구는 사회주의 체제를 그대로 유지하면서 반드시 개혁해야만 하는 곳으로, 개혁과 개방에 실패해도 국가 전체에 큰 피해가 없는 곳을 지정하였다. 이들 경제특구는 모두 중국 남동쪽 해안가에 있어 물자 유통과 수송이 편리하였다. 이러한 곳에 경제특구를 지정한 것은 자본주의의 영향을 내륙으로 퍼지지 않게 하기 위한 의도도 있었다. 경제특구의 설립은 중국이 세계 경제와 통합되고 경제 발전을 가속화하는 데 커다란 역할을 했다.

덩샤오핑은 시험적으로 실시한 경제 특구가 성공하자 20여 곳으로 확대 지정하였다. 1984년에 다롄(大連), 톈진(天津), 상하이(上海), 광저우(廣州) 등 연해의 14개 도시를 개방하였고, 다음 해에는 창정(長江) 삼각주, 주장(珠江) 삼각주 등을 개방하였다. 1986년에 샨둥(山東)과 랴오둥(遼東) 반도를 개방하였고, 1988년에는 해남도 경제 특구를 설치하고 성(省)으로 승격시켰으며, 1990년에 상해 푸둥(浦東) 지구를 개방하였다. 이 지역들은 밀려드는 서방의 자본과 생산 기술, 시설을 활용하여 급속하게 성장하였다. 그 결과 1978~1990년 중국의 농업 생산은 5.5배, 공업 생산은 5.6배나 늘어났다. 국민총생산과 국민소득은 4.8배 증가하였다.

중국이 경제 개혁과 개방 정책을 통해 점진적으로 경제를 발전시키고 현대화하는 것을 목표로 덩샤오핑은 '삼보주(三步走)'라는 장기적 전략을 마련했다. 삼보주는 세 발자국이라는 의미로 3단계를 의미한다. 1979년 일본 수상이었던 오히라 마사요시(大平正芳)와 회담하면서 제시한 현대화 발전 전략이다.

1단계는 1981년부터 1990년까지로 목표는 국민총생산(GNP)을 두 배로 늘리고, 식량과 의류 문제를 해결하며, 기본적인 생활수준을 달성하는 것이었다. 실제로 1980년대 중국은 빠른 경제 성장을 이뤘으며, 농업 생산성 향상과 공업화의 기초를 닦았다. 이 기간 동안 농촌 개혁과 특구 설립을 통한 초기 개방이 이루어졌다.

2단계는 1991년부터 2000년까지로 목표는 국민총생산(GNP)을 다시 두 배로 늘려 비교적 풍족한 생활수준을 이루는 것이었다. 즉 인민의 생활수준을 중류 이상으로 끌어 올리는 '샤오캉(小康)'이 목적이었다. 1990년대 중국은 경제 성장을 지속했으며, 산업 구조 조정과 시장 경제 체제를 도입하여 개혁을 심화시켰다. 이 시기에 중국은 점차 세계 경제와 통합되기 시작했고, 2001년에 세계무역기구(WTO)에 가입했다.

3단계는 2001년부터 2050년까지로 목표는 21세기 중반까지 1인당 국민소득을 중진국 수준에 도달시키고, 현대화된 사회주의 국가를 건설하는 것이었다. 중국은 2000년대와 2010년대에도 급격한 경제 성장을 지속했으며, 기술 발전과 도시화를 통해 경제 구조를 고도화하였다. 중국은 현재 세계 2위의 경제 대국으로 성장했다. 앞으로 중국이 고속 성장을 통해 중진국에서 고소득 국가로 도약할지는 중국 지도자들의 몫이다.

덩샤오핑의 삼보주는 중국의 경제 발전을 위한 명확한 단계적 계획을 제시하여 중국이 시장 경제로 전환하고, 개혁과 개방을 통해 지속 가능한 경제 성장을 이룰 수 있도록 하는 중요한 전략이었다. 이 전략은 성공하여 중국이 빈곤을 극복하고, 세계 경제 강국으로 성장하는 데 중요한 역할을 하였다.

유연한 외교 정책으로 국제무대에 등장하다

제1차 아편 전쟁 이후 체결된 난징 조약에 따라 1842년 8월 29일 청나라가 영국과 불평등 조약을 체결하면서 홍콩(香港)은 1997년까지 99년간 영국에게 조차(租借)되었다. 홍콩 반환 시점이 가까워지자 영국은 협상을 하기 위해 1979년 베이징을 방문하였다. 영국은 홍콩에 엄청난 투자를 했기 때문에 1997년에 홍콩은 반환하되 관리는 계속하기를 원했다. 영국은 만약 홍콩이 사회주의 국가가 되면 그동안 투자한 자산을 모조리 잃어버릴 수도 있기 때문이다. 영국은 차선책으로 토지 매각 등을 통하여 투자한 자본을 회수하려고 했다. 그런데 영국이 그동안 투자를 모두 회수한다면 홍콩은 자멸할 수밖에 없었다. 그야말로 진퇴양난이었다.

덩샤오핑은 홍콩을 돌려받는 것이 주권국가로서 반드시 해야 할 일이며, 만약 홍콩을 돌려받지 못하면 인민의 지지를 받기 어려울 것으로 판단했다. 덩샤오핑은 홍콩을 반환받되 자본주의체제는 계속 유지시켜 영국 자본의 동요를 막을 수 있는 유연하고 실용적인 방안을 고민했다. 한 나라에서 자본주의와 사회주의라는 상반된 두 체제를 유지하기로 했는데, 이것이 '일국양제(一國兩制)'이다. 1984년 12월 19일 영국과 중국은 홍콩 반환에 대한 중·영 공동선언에 서명했다. 이 선언에 따라 홍콩은 1997년 7월 1일에 중국으로 반환되며, '일국양제' 원칙 아래 2047년까지 50년간 현재의 자본주의 체제와 생활 방식이 유지될 것임을 약속했다.

덩샤오핑이 홍콩 반환 문제에 얼마나 신경을 썼는지에 대한 하나의 에피소드가 있다. 1973년 3월 당시의 홍콩 총독 머리 맥클레호스(Murray MacLehose) 경이 덩샤오핑에게 홍콩 문제를 설명하기 위해 베이징으로 갔다. 공항에서 고위급 간부 한 사람이 총독을 영접할 것이라는 사전 고지를 받았던 그는 도착 후 그 사람이 바로 얼마 전 최고 지도자로 임명된 덩샤오핑이라는 사실을 알고 놀라고 기뻐했다. 이 이후 홍콩 반환 문제에 대한 양국의 합의는 모두 만족스럽게 진행되었다.

훗날 영국의 대처는 덩샤오핑의 일국양제 구상은 천재적 발상이었다고 회고했다. 덩샤오핑은 단호하면서도 유연한 모습을 보여주었고, 결과적으로 홍콩은 무사히 중국 땅이 되었다. 1997년 7월 1일 반환되는 홍콩 땅을 밟는 것이 소원이라던 덩샤오핑은 안타깝게도 반환 5개월을 남겨두고 사망하였다.

1949년 중국 공산당이 중화인민공화국을 수립하면서 미국과 중국의 관계가 단절된 이후 1971년의 핑퐁 외교에 이어 1972년 2월 리처드 닉슨 대통령이 중국을 방문하여 마오쩌둥 주석과 저우언라이 총리와 회담을 가진 후 상하이 공동성명이 발표되었다. 이 성명으로 '하나의 중국' 원칙이 인정되었다.

　　1978년 12월 15일 미국의 카터(J. E. Carter) 대통령과 중국의 화궈펑(華國鋒) 주석은 동시에 합의 사항을 발표했다. 주요 내용은 미국과 중국은 1979년 1월 1일부터 외교관계를 수립하고, 미국은 중국을 유일한 합법 정부로 인정하고, 1979년 3월 1일부터 대사를 교환하고 대사관을 설립한다는 것 등이었다. 이에 따라 미국은 대만과 1979년 3월 1일부터 공식적인 외교 관계를 단절하고 비공식 관계를 유지하기로 했다.

　　덩샤오핑은 1979년 1월 28일 중국 정권 수립 이후 처음으로 미국을 방문하여 미국 기업들을 둘러보면서 민주주의와 자본주의 경제를 직접 체험하였다. 덩샤오핑은 중국이 빈곤상태에서 벗어나기 위해서는 자본주의 요소를 과감하게 도입해야 한다고 판단했다. 그는 방미 중에 미국과 과학기술, 문화교류, 영사관에 관한 협정 등을 체결했다. 이 합의에 따라 휴스턴과 샌프란시스코에 중국 영사관, 광저우와 상하이에 미국 영사관이 설립되었다.

　　미국과 중국은 정식 수교 이후 동결 및 몰수 자산에 관한 협정을 맺었다. 1950년 한국 전쟁을 계기로 미국과 중공은 상대국의 자산을 동결하거나 몰수했는데, 1979년 5월 11일 미국과 중국은 협정에 서명함으로써 재산권 분쟁을 해결했다. 조약이 체결된 후, 미국은 중국 상품에 대한 최혜국 대우를 해주었다. 중국은 다른 나라보다 더 유리한 조건으로 관세를 물고 미국에 수출할 수 있게 된 것이다. 덩샤오핑은 미국과의 관계개선을 통해 개혁·개방, 시장경제를 과감하게 도입할 수 있게 되었으며, 미국은 중국과 수교를 통해 시장을 확대하고 공산국가들의 입지를 약화시킬 수 있게 되었다. 그는 미국과의 관계 개선을 통해 중국이 국제무대에 등장할 수 있었고 경제대국으로 부상할 수 있었다.

중국이 나아가야 할 길: 남순강화와 28자 방침

덩샤오핑이 추진하던 개혁·개방 정책이 반대 세력들의 저항으로 순조롭게 진행되지 않았다. 경제성장을 위해서 자본주의 요소를 도입하는 것이 불가피하다는 세력과 사회주의의 길을 고수해야 한다는 세력이 충돌하였기 때문이었다. 또한 개혁·개방을 정치적으로 결부시키면서 학생과 지식인을 중심으로 민주화에 대한 요구도 꾸준히 제기되었다. 이런 상황에서 1989년 6월 톈안먼 사태(天安門 事態)가 발생하자 덩샤오핑은 민주화를 요구하던 학생들과 시민들을 무력으로 진압했다.

덩샤오핑은 중국 인민들이 갈망하는 인권과 민주화보다 확고한 사회주의 체제를 구축하고 국가기강을 확립하여 중국을 발전시키는 것이 더 시급하다고 판단하고 희생도 마다하지 않았다. 학생들의 시위는 지난 10년 동안 너무 많은 개혁과 너무 적은 통제의 결과였다. 덩샤오핑은 포기할 수 없었고 포기하지 않았다. 그가 지난 14년 동안 애써 온 모든 것이 위험에 빠질 수도 있었다. 공산주의자로서 그는 세 번이나 자아비판을 당하는 치욕을 겪은 적도 있었다. 그는 적들이 비난했던 바로 그 영역에서 같은 방식으로 맞서기로 결심했다.

하지만 톈안먼 시위를 진압하는 과정에서 드러난 인민 학살과 민주화 거부는 미국 등 서방국가들에게 커다란 충격을 주었다. 중국의 비민주성과 인권유린의 실태가 적나라하게 드러난 것이다. 덩샤오핑의 무력진압은 중국은 경제적으로는 자본주의 요소를 받아들이지만, 정치적으로는 사회주의 국가라는 것을 전 세계에 천명한 것이었다. 이 사건을 계기로 미국과 유럽은 중국에 유·무형으로 제재를 가하기 시작했다. 일본도 중국이 자유주의 국제질서를 위협할 것이라는 중국위협론을 제기하면서 강한 경계심을 보였다.

게다가 그동안 민주주의와 사회주의 간 이념대립의 상징이었던 베를린 장벽이 1989년 11월에 붕괴되면서 일기 시작한 민주주의 바람은 중국에 위협 요인으로 다가왔다. 또 1991년 12월 소련이 해체되면서 이념 대립의 산물인 냉전이 종식되기 시작했다. 사회주의의 모태인 소련의 해체는 중국에게 정신적 충격이자 사회주의 체제에 대한 위협이기도 했다. 개혁·개방 이후 중국은 대내외적으로 최대의 위기를 맞은 것이다. 이 과정에서 중국의 일부 보수 세력들은 성자성사(姓資姓社: 자본주의냐 사회주의냐) 논쟁을 일으키기도 했다.

덩샤오핑은 대내외적으로 불리하고 엄중한 상황을 극복하기 위해서는 경제발전에 더욱 집중해야 한다고 판단했다. 대외적으로는 낮은 자세를 유지하면서 문제를 일으키지 않고, 국내적으로는 개혁·개방을 가속화해야 한다는 것이었다. 그의 반대파들이 덩이 후원했던 경제 특구를 비난하고 있었다.

88세의 덩샤오핑이 1992년 1월 18부터 2월 22일까지 우한(武漢), 선전(深圳), 주하이(珠海), 상하이(上海) 등을 순방하면서 개혁·개방의 필요성을 역설했는데, 이를 남순강화(南巡講話)라고 한다. 이는 기본적으로 성자성사(姓資姓社)를 비롯한 이념 논쟁을 정면으로 반박한 것이다. 주요 내용은 개혁·개방 노선을 강화하고 생산을 증대하고, 계획경제와 시장경제를 결합시키는 것이다. 한마디로 개혁·개방을 가속화하여 중국을 더욱 발전시키자는 것이 없다.

검은 고양이와 흰 고양이를 구분하지 않았던 덩샤오핑은 자본주의와 공산주의의 교리문답식 구분을 받아들이지 않았다. 덩은 "시장경제가 반드시 자본주의의 별명일 필요는 없다. 사회주의 역시 시장이 있다. 계획과 시장은 단순히 경제적 번영의 발판일 뿐이다… 모두가 번영과 부로 가는…"라고 외치며 그의 반대자들에게는 "당신들이 사회주의 파괴자가 될 수 있다"는 강한 메시지를 보냈다.

남순강화를 계기로 중국은 개혁·개방에 더욱 적극적으로 나섰고, 이는 중국의 본격적인 시장경제 체제를 구축하는 시발점이 되었다. 적극적인 개혁·개방에 나선 결과 이후 중국 경제는 비약적으로 성장하기 시작했다. 개혁개방의 가속화를 촉구한 '남순강화(南巡講話)' 후 중국 공산당 14기 전인대(全人代)는 사회주의 시장경제 체제의 확립을 당의 기본 노선으로 못 박았다. 이듬해에는 사회주의 시장경제를 개정 헌법에 국시(國是)로 명시했다. 2001년에는 세계무역기구(WTO)에 가입했다. 이후 자본가의 공산당 입당을 허용하는 법안과 사유재산을 보장하는 물권법을 차례로 통과시켰다.

덩샤오핑은 1992년 1월 남순강화를 발표하면서 당시 대내외적으로 위기를 맞은 중국이 국제정세에 대응하기 위한 28자 방침을 제시했다. 28자 방침은 중국이 대외관계에 대응하기 위해 덩샤오핑이 제시한 전략이다. 28자 방침은 냉정관찰(冷静觀察), 온주진각(稳住阵脚), 침착응부(浸着應付), 도광양회(韬光養晦), 선우장졸(善于藏拙), 결부당두(决不当頭), 유소작위(有所作爲)를 말한다. 28자 방침은 중국이 대외관계에서 국익이나 정체성에 손상이 되지 않는 범위에서 꼭 필요한 문제에 대해서 할 일을 하되, 전반적으로 낮은 자세를 유지하면서 국력을 길러야 한다는 내용을 담고 있다.

먼저 냉정한 관찰(냉정관찰)은 중국이 어떤 입장을 내거나 행동을 취하기 전에 국제정세가 어떻게 형성되었고 변화되어 가는지를 냉정하게 관찰해야 한다는 것이다. 동시에 스스로 내부 질서와 역량을 공고히 하고(온주진각), 중국의 국력과 이익을 고려해 침착하게 상황에 대처하며(침착응부), 밖으로 능력을 드러내지 않고 내부의 실력을 기르면서(도광양회), 능력이 없는 듯 낮은 기조를 유지하는 데 능숙해야 하고(선우장졸), 절대로 앞에 나서서 우두머리가 되려 하지 말며(결부당두), 꼭 해야만 하는 일은 한다(유소작위)는 것이다. 28자 방침 중에서 도광양회와 유소작위가 중국의 국제정세에 대한 방침을 가장 잘 나타낸다.

도광양회는 자신을 드러내지 않고 때를 기다리며 실력을 기른다는 의미다. 도광양회는 약자가 모욕을 참고 견디면서 힘을 갈고 닦을 때 자주 인용된다. 삼국지연의에서 유비가 조조의 식객 노릇을 할 때 살아남기 위해 일부러 몸을 낮추고 어리석은 사람처럼 행동하여 경계심을 풀게 하던 계책이다. 제갈량의 천하삼분지계(天下三分之計)도 도광양회 전략이다. 도광양회는 개혁·개방을 추구하던 덩샤오핑이 28자 방침에 사용하면서 널리 알려졌다. 도광양회는 당시 중국이 불리한 대내외적 상황을 고려해 낮은 자세로 실력을 기르는 데 집중해야 한다는 것이다. 덩샤오핑이 중국이 가야할 방향을 대내적으로 남순강화를 제시하고 대외적으로 도광양회를 제시하였다.

도광양회와 함께 비교적 많이 쓰이고 있는 말이 유소작위로, 중국이 해야 할 일은 적극적으로 참여해야 한다는 의미이다. 덩샤오핑이 28자 방침에 유소작위를 포함시킨 것은 급변하는 국제정세 속에서 도광양회를 견지해야 하지만, 국제문제에 대해서 중국이 아무것도 하지 않을 수는 없다는 현실을 고려한 것이다. 28자 방침에서 유소작위는 도광양회 기조 아래에 사회주의 대국으로서 중국이 국제 정치경제의 현실 속에서 해야만 할 최소한 또는 소극적인 역할을 해야 한다는 것으로 볼 수 있다. 이는 당시 중국의 국력과 정체성을 고려한 것이다.

남순(南巡) 당시 덩은 중국의 미래에 대해 특별한 메시지를 전달하고자 했다. 그는 광둥성이 중국 개혁의 머리요, 엔진이라고 말했다. 또한 개혁에 박차를 가해 앞으로 20년 안에 한국, 대만, 홍콩, 싱가포르 등 네 마리의 호랑이를 능가해야 한다고 강조했다. 1978년부터 1995년 사이에 중국 경제는 연 평균 9.3% 성장을 기록했다.

사회주의 시장경제로 높은 경제성장을 이루다

덩샤오핑이 추진한 개혁·개방 정책을 장쩌민이 계승하면서, 중국 경제는 연평균 8% 성장하는 등 세계에서 가장 높은 성장률을 기록했다. 도농(都農) 간 소득 격차, 빈부 격차 등 여러 가지 문제점들이 노출되기도 하였지만, 이제 중국인들은 1인당 1만 2천 달러의 소득을 향유하게 되었다. 사실 마오쩌둥이 통치하던 시기에 중국 경제는 지금의 북한보다 조금 더 잘사는 정도에 지나지 않았다.

덩샤오핑이 공산당의 반대와 비난을 무릅쓰고 개혁·개방, 시장경제 등을 과감하게 도입하여 중국을 경제대국으로 성장하게 하였다. 가난이 사회주의 때문이 아니라고 주장했던 덩샤오핑은 국가를 발전시키는 것은 어떤 사상에 있는 것이 아니라, 현실적이고 실용적이며 국민들의 삶을 위한 정책이 가장 좋은 것이라는 것을 보여주었다. 한마디로 등소평은 중국 인민들이 배불리 먹고 살 수 있게 한 위대한 지도자였다.

중국 경제가 비약적으로 발전하면서 도농 간 소득격차, 빈부 간 소득격차 등의 문제가 발생하자, 90세에 가까운 덩샤오핑은 자본주의 경제의 취약점인 부의 분배 문제에 대해서 날카롭게 지적했다. 빈부격차에 따른 부의 분배는 경제가 발전하지 못했을 때보다 더 중요하고 어려움이 따른다고 보았다. 만약 많은 재산을 소수만이 가지고 대다수 사람들은 가지지 못한다면, 부의 분배가 공평하지 못하게 되고, 그에 따른 양극화를 초래하기 쉽다. 빈부격차가 계속된다면 장기적으로 커다란 문제가 발생할 수 있으므로 적절한 방안을 세울 것을 주장했다. 덩샤오핑은 가난한 인민들도 잘 먹고 잘 살 수 있도록 배려하는 지도자였다.

덩샤오핑은 중국의 정치는 사회주의를 견지하더라도, 인민들이 잘 먹고 잘 살기만 하면 계획경제이든 시장경제이든 중요하지 않다고 했다. 그렇다고 덩샤오핑이 중국에 개혁과 개방 정책을 운영하면서 사회주의 사상과 이념을 버린 것이 아니었다. 사회주의 체제를 유지하면서 시장경제를 도입한 것이다. 덩샤오핑이 추구했던 사회주의 시장경제는 한 마디로 사회주의 정치체제를 기반으로 일부 시장경제를 반영한 것이다.

1992년 중국공산당 전국대표회의에서 덩샤오핑은 시장경제는 사회주의 국가의 경제 내에서 경제적 유인에 따라 자유로운 경제 활동을 하는 것이라고 주장하였다. 사회주의 시장경제는 사회주의의 기본 제도와 일치하므로 사회주의 시장경제가 사회주의 노선의 범주를 벗어나서는 안 된다는 원칙을 분명히 하고 있다. 덩샤오핑이 시장경제를 도입했지만 사회주의의 이상을 포기하지 않았다. 사회주의 체제를 기본으로 하면서 개혁과 개방, 시장경제를 운영하는 것이었다.

마오쩌둥·시진핑과 비교해 본 덩샤오핑

마오쩌둥, 덩샤오핑, 시진핑이라는 세 주석은 각각 다른 시대에 중국을 이끈 지도자들로, 각기 다른 정책과 통치 방침을 통해 중국에 큰 영향을 미쳤다.

　마오쩌둥은 1949~1976 기간 동안 중국을 통치했는데, 1949년 중화인민공화국을 설립하여 중국의 새로운 공산주의 정권을 수립했다. 1958~1962 동안엔 대약진 운동을 펼쳐 농업과 공업을 급속히 발전시키기 위해 대규모 농업 집단화와 공업화를 추진했다. 그러나 이는 심각한 경제적 실패와 대규모 기아를 초래했다. 1966~1976 기간에는 문화대혁명을 추진해 반혁명 세력을 제거하고 순수한 공산주의 사회를 만들기 위한 정치적 운동을 펼쳤으나 지식인 탄압, 문화유산 파괴, 정치적 혼란만을 초래했다. 정치적 권위주의와 개인숭배가 두드러졌고, 경제적 실험과 정치적 운동으로 인해 사회적, 경제적 불안정이 심화되었다고 평가할 수 있다.

　덩샤오핑은 1978년~1992년까지 통치했는데, 취임 초부터 개혁·개방을 기치로 시장 경제 요소를 도입하고, 외국 자본을 유치하며 경제를 개방하여 급속한 경제 성장을 이루었다. 농업 집단화에서 탈피하여 가구단위의 책임 농업제를 도입하고, 사유 재산권을 인정하여 농업 생산성을 높였다. 선전, 주하이, 샤먼 등지에 경제특별구역을 설치하여 외국 자본을 유치하고 경제 성장을 촉진했다. 정치적 유연성과 경제적 실용주의를 강조하여 중국의 경제 성장을 이끌었으며, 오늘날의 경제 대국으로 발전하는 기반을 마련했다.

　2012년에 취임한 시진핑은 공산당 내부의 부패를 척결하기 위한 대대적인 반부패 운동을 벌여 권력 강화와 정권의 정당성을 확보했다. 중국몽(中国梦), 즉 중국의 부흥과 강한 국가 건설을 목표로 하는 비전으로, 경제, 군사, 문화적 부흥을 강조해 왔다. 중국의 경제적 영향력을 확대하기 위한 글로벌 인프라 및 경제 협력 프로젝트로인 일대일로(一带一路)을 추진하여 아시아, 아프리카, 유럽을 연결하는 경제 벨트를 구축하고 있다. 시진핑은 중앙 권력을 강화하고 자신의 권력을 공고히 하며, 임기 제한 철폐 등으로 장기 집권 가능성을 열었다. 그는 중국의 국제적 영향력을 확대하고 경제적 발전을 지속시키는 데 주력하고 있으나 강력한 권력 집중과 권위주의적 통치가 두드러지며, 인권 문제와 언론 탄압에 대한 비판도 존재한다.

경제 정책을 중심으로 세 지도자를 살펴보면 마오쩌둥은 계획 경제와 집단화를 추진했으나 실패로 이어졌고, 덩샤오핑은 시장 경제 요소를 도입하고 개방 정책을 통해 경제 성장을 이루었으며, 시진핑은 덩샤오핑의 개혁 개방을 지속하면서도 국가 주도의 경제 계획과 국제적 경제 영향력을 강화하고 있다.

정치 통치 면에서 살펴보면 마오쩌둥은 권위주의적이고 이념 중심의 통치를 강조했으며, 덩샤오핑은 정치적 유연성을 바탕으로 경제적 실용주의를 추구했고, 시진핑은 중앙집권화를 강화하고 강력한 권위주의적 통치를 이어가고 있다. 사회 정책을 두고는 마오쩌둥은 문화대혁명을 통해 사회를 급진적으로 변혁하려 했으나, 사회적 혼란을 초래했었고, 덩샤오핑은 경제 발전을 통해 사회적 안정과 발전을 도모했으며, 시진핑은 사회 안정과 국가 통합을 강조하며, 특히 반부패 운동과 중국몽을 통해 국민적 단결을 추구하고 있다. 최근 시진핑은 초창기의 총기를 잃고 마오쩌둥의 교조주의로 흘러 정치적으로 1인 독재의 장기화와 경제적으로 사회주의 반시장 정책들을 추진하여 대내외적으로 신뢰를 크게 잃고 있다.

덩샤오핑이 즐겨 읽은 책들과 집필한 책들

덩샤오핑 평전을 쓴 에즈라 보걸에 의하면 덩샤오핑은 자신의 기억력에 의존했을 뿐 아무런 기록을 남기지 않았다고 한다. 공식적인 모임을 위한 연설은 초안 작성자들의 작성 기록에는 남아 있으나 그 외 대부분의 이야기와 회의 발언에 대한 원고는 남아 있지 않다고 한다. 그는 말수가 적고 말을 할 때도 매우 신중했다.

덩샤오핑은 폭넓은 독서를 통해 다양한 지식과 통찰을 얻었으며, 특히 정치, 경제, 군사 및 철학에 관련된 책들을 많이 읽었던 것으로 알려져 있다. 구체적인 책 목록은 공개된 바가 적지만, 다음과 같은 책들을 즐겨 읽었을 가능성이 크다.

마르크스주의 서적으로 카를 마르크스(Karl Marx)의 《자본론》 그리고 카를 마르크스와 엥겔스(Karl Marx와 Friedrich Engels)가 공저한 《공산당 선언》 등이 있고, 중국 고전 서적에는 손무의 《손자병법(孫子兵法)》, 사마천의 《사기(史記)》 등이 있고, 덩샤오핑은 중국의 경제 개혁을 위해 현대 경제학 서적들 특히 하이에크 교수의 명저 《노예의 길》, 《자유헌정론》 등을 읽었을 것이다.

덩샤오핑은 여러 중요한 연설과 글을 통해 자신의 생각과 정책을 표명했다. 그의 집필 활동은 주로 정책적이고 이념적인 내용을 담고 있다. 덩샤오핑의 사적을 연구하는 가장 기본적인 문헌은 2004년에 출간된 《덩샤오핑 연보(鄧小平年報)》이다. 총 두 권에 1,383쪽 분량으로 1975년에서 1997년 그가 사망하기까지 거의 매일 그의 활동을 기록한 중국 정부의 자료이다. 2009년에는 1904~1974 사이 덩샤오핑의 평생을 기록한 2,079쪽의 저술이 세 권으로 출간되었다.

덩샤오핑의 연설문, 논문, 서한 등을 모은 문집으로, 그의 사상과 정책을 이해하는 데 중요한 자료는 《덩샤오핑 문선(鄧小平文選)》으로 총 3권으로 구성되어 있다. 제1권은 1938년부터 1965년까지의 글과 연설을, 제2권은 1975년부터 1982년까지의 글과 연설을, 제3권은 1982년부터 1992년까지의 글과 연설을 각기 정리하고 있다. 덩샤오핑의 주요 연설을 모은 책인

《덩샤오핑 연설집》은 그의 정치적 견해와 비전을 담고 있다.

덩샤오핑의 막내딸 덩룽(鄧榕)은 복권되기 전의 부친에 대한 책을 두 권을 썼는데 《나의 아버지, 덩샤오핑》은 1949년 전의 덩샤오핑의 경력에 대한 내용을 담고 있으며, 《덩샤오핑: 문화대혁명의 세월(鄧小平: 文革歲月)》은 1969년에서 1973년까지 덩룽이 부모를 따라 베이징에서 장시성으로 하방되었던 시절의 내용을 담고 있다.

덩샤오핑 주석의 명언들

"정치 개혁과 경제 개혁은 상호 의존적으로 추진되어야 한다. 경제 개혁만 추진하고 정치 개혁을 소홀히 한다면 경제 개혁은 성공할 수 없다."

"현재 가장 중요한 문제는 식량생산을 늘리는 일이다. 증산만 된다면 단간풍(單幹風: 개인 경영의 농업)이라도 좋다. 흰 고양이거나 검은 고양이거나 쥐를 잡을 수만 있다면 좋은 고양이이다."

"현재 중국에서 모든 관계가 긴장되고 있다. 당과 대중, 간부와 대중, 소유제의 관계가 긴장되고 있다. 최근 3년간 소유제와 적극성이 파괴됐다. 천재(天災)는 주요한 원인이 아니며 인재(人災)가 주요한 원인이다."

"우리는 운동이 너무 많다. 그것도 모두 전국적인 것으로 끝까지 관철할 수 없을 것 같은 생각이 든다."

"계획경제라고 하면 사회주의고 시장경제라 하면 자본주의라고 생각하지 마라. 두 가지 다 정책수단이기 때문이다. 사회주의를 위해 시장경제도 활용할 수 있다. 우리는 쇄국정책을 해서는 안 된다."

"사상적으로 나는 마오쩌둥 사상의 기치를 높이 치켜들지 않았을 뿐 아니라 아예 깃발을 들지조차 않았다."

"지난 10년간 계속된 문화혁명은 우리 모두에게 고통을 안겨줬고 그 자체가 하나의 커다란 재난이었다."

"마오쩌둥 주석이 말한 많은 사상을 우리는 마땅히 계승해야 한다. 그리고 과오 역시 명확하게 말해야 한다."

"농촌과 도시에서 일부 사람들이 먼저 부유해지는 것을 허락해야 한다. 부지런히 일해서 부유해지는 것은 정당한 일이다."

"우리가 진행시키고 있는 현대화는 중국식 현대화다. 우리가 건설하고 있는 사회주의 역시 중국의 특색 있는 사회주의다."

"중국이 유일하게 살길은 개혁·개방뿐이다. 개혁을 하지 않으면 죽음이 기다리고 있을 뿐이다. 개혁에 반대하는 사람은 누구든 물러나야 할 것이다."

"자본주의가 하고 있는 많은 것들은 사회주의도 가져다 쓸 수 있는 것들이다. 가난이 사회주의는 아니다. 시장경제는 자본주의의 전유물이 아니다."

"경제특구는 외부와의 창구다. 기술의 창구이고 지식의 창구이며 대외 경제정책의 창구다."

"중국에 있어 모든 것을 압도할 수 있는 것은 안정뿐이다. 안정된 환경이 없으면 아무 일도 할 수 없다. 이미 얻은 성과도 잃게 된다."

"우리는 개혁을 실천하고 외부세계에 개방하는 데 있어 더욱 과감해야 한다."

▧ 덩샤오핑의 흑묘백묘론과 선부론 ▧

덩샤오핑은 개혁·개방 노선을 채택하고 사회주의 시장경제를 천명하면서, 흑묘백묘론과 선부론을 강조했다. 그런데 덩샤오핑이 주장한 흑묘백묘(黑猫白猫)론은 원래 황묘흑묘(黃猫黑猫)론에서 나왔다고 한다. 1962년 7월 중국공산주의 청년단 3차 대회에서 덩샤오핑은 "누런 고양이든 검은 고양이든 생산성 회복에 유리한 것을 써야 한다"고 말했다. 이러한 주장은 당시 사회주의 체제를 부정하는 것으로 비춰지기도 해 보수 공산세력으로부터 많은 비난을 받기도 했다. 덩샤오핑의 황묘흑묘론은 문화대혁명 기간 중에 마오쩌둥과 홍위병 등으로부터 많은 비난을 받고 숙청당하는 요인이 되기도 했다.

마오쩌둥이 사망한 후 1979년 미국을 방문하고 돌아온 덩샤오핑은 "검은 고양이든 흰 고양이든 쥐만 잘 잡으면 된다"라는 말을 하였다. '흑묘백묘 주노서 취시호묘(黑猫白猫 抓老鼠 就是好猫)'이다. 이는 공산주의든 자본주의든 상관없이 인민들이 보다 잘 살게 하면 그것이 제일이라는 의미이다. 흑묘백묘론은 덩샤오핑이 도입한 시장경제를 한마디로 표현하는 선언적 표어가 되었다.

덩샤오핑이 주장한 개혁·개방 정책은 선부론(先富論)을 기본원칙으로 한다고 할 수 있다. 선부론은 능력 있는 사람이 먼저 부자가 될 수 있으면 되고, 낙오된 사람을 도우라는 것이다. 실용주의를 중시한 덩샤오핑은 공산주의식 평준화를 거부하고 불균형 성장을 주장했다. 하지만 덩샤오핑의 선부론은 먼저 부유해진 사람들이 나중에 부유해지려는 사람을 이끌어 주어 최종적으로 공동부유를 실현해야 한다고 강조하였다. 공동부유(共同富裕)는 말 그대로 "모두가 같이 잘 살자"는 의미로 부의 균등한 분배를 의미한다. 하지만 개혁개방 이후 중국에도 계층 간, 도농 간 빈부격차가 확대되었다. 어쨌든 덩샤오핑의 흑묘백묘론과 선부론으로 중국경제가 비약적으로 발전하는 계기가 되었다.

IV

세상을 바꾼 지도자와 명참모

토머스 제퍼슨(Thomas Jefferson, 1743~1826), 렘브란트 펠레(Rembradt Peale) 유화(1805년 제작)

16 | 미국식 민주주의를 정립한 토머스 제퍼슨

해박한 지식과 명석한 두뇌, 독창적인 지도자

토머스 제퍼슨(Thomas Jefferson, 1743~1826)은 미국 3대 대통령(1801~1809)을 역임하였다. 제퍼슨이 대통령에 당선되면서 미국에서 최초로 평화로운 정권교체라는 정치적 혁명이 일어났다. 이는 초대 대통령 조지 워싱턴 8년과 제2대 대통령 존 애덤스의 4년 도합 12년 간의 연방파 집권이 공화파의 제퍼슨이 대통령이 되면서 종료되었기 때문이다. 공화파인 제퍼슨은 대통령 취임사에서 연방파가 집권하면서 나타난 실정(失政)에 대해 어떤 것도 지적하지 않았고 중립적인 입장을 고수했다.

제퍼슨은 변호사로 독립운동에 참여하면서 젊은 나이인 33세에 쟁쟁한 인사들을 제치고 미국 독립의 이상과 가치 그리고 향후 미국의 정체성과 운명을 함축적으로 담은 독립선언문을 1776년에 작성하였다. 제퍼슨은 독립선언문에서 해박한 지식과 독창적인 비전으로 개인의 자유와 인권을 강조하고 민주주의와 국민 참여를 강조했는데, 이는 이후 미국 민주주의의 핵심 원칙이 되었다.

《미국사》를 집필한 앙드레 모루아는 제퍼슨의 대통령 당선을 '제2의 미국 혁명'이라 불렀다. 제퍼슨의 취임과 더불어 정치사상이 현실화했기 때문이었다. 1대 대통령 워싱턴과 2대 대통령 애덤스가 자유를 신봉했으나 민주주의에 대해서는 그렇지 않았고, 3대 대통령 제퍼슨은 미국의 민중을 신뢰했다. 제퍼슨이 보여준 자부심의 품격은 국민이 국가에 대해서 완전한 자부심을 갖고 있지 않았음에도 그가 먼저 국민에게 믿음을 가졌고, 결국에는 국민이 그가 원한 자부심을 갖도록 유도한 점에서 위대했다. 제퍼슨이 워싱턴이나 애덤스와 보였던 차이는 제퍼슨의 성장 배경에서 찾아진다. 그는 '개척지에서 이웃을 사랑하고 그들의 사랑을 받아 온 개척자이자 농민'이던 부모 밑에서 성장했다.

제퍼슨은 미국의 정치에 대해 세 가지 신념을 습득했고 이들을 철저히 고수했다. 첫째 지방 분권 정치가 가장 바람직하다는 신념, 둘째 농촌문화가 도시문화보다 우수하다는 생각, 셋째 헌법으로 규정한 대법원의 권한에 대한 불안 등이었다. 주(州)를 희생하면서 중앙정부를 강화하는 것은 일종의 위장된 군주주의라고 생각했으며, 아무리 좋은 정부라도 관리들이 유권자와 멀리 떨어져 있으면 민중에게 필요한 여러 문제를 소상하게 관리·감독할 수 없으며, 연방사법제도는 기반을 굳힌 뒤 자신들을 지지하는 계급을 위해 음흉한 수법으로 정부를 삼켜버릴 것이라고 했다.

제퍼슨은 연방정부의 지나친 권력을 축소하고, 작은 정부와 개인의 자유를 강조하는 등 공화파의 이상을 추구하였다. 하지만 제퍼슨은 국익을 위해서는 정파를 초월하였다. 제퍼슨은 대통령 재임 중 루이지애나(Louisiana)를 매입하여 미국의 영토를 대폭 확대하고, 미 대륙을 가로지르는 탐험으로 영토를 확실하게 구축하였다. 지중해의 해적을 소탕하여 미국이 강대국임을 과시하기도 하였다. 그의 명석한 두뇌와 독창적인 아이디어는 철학,

자연과학, 농업, 건축학 등에 많은 영향을 미쳤다.

제퍼슨을 '몬티첼로의 성인'이라고 한다. 제퍼슨은 대통령에서 물러난 후 버지니아 몬티첼로(Monticello)로 돌아가 1819년에 버지니아대학교를 설립하고 교육에 헌신하였다. 1976년에 발행된 2달러 화폐 앞면에 제퍼슨의 초상화가 그려져 있다. 여전히 많은 사람들로부터 존경을 받고 있다. 제퍼슨은 대통령, 부통령, 국무장관으로 복무한 이력을 빼더라도 그의 업적은 빛나고 미국 최초이자 최고의 정치철학자로 잘 알려져 있다.

키 187cm의 제퍼슨은 1743년 4월 13일, 미국 버지니아주 서부의 앨버말(Albemarle)에서 10명의 자녀 중 셋째이자 장남으로 태어났다. 제퍼슨은 교육에 관심이 많았던 부모의 권유로 어릴 때부터 책을 가까이 하여, 10대 때부터 라틴어, 그리스어뿐만 아니라 수학, 과학, 철학 등에서 뛰어난 실력을 갖추었다. 그가 14세 때 부친이 갑자기 사망하면서 5,000에이커(약 300만 평)의 토지와 수십 명의 노예를 물려받았다. 그는 어릴 때 살던 집이 불이나자 그 곳에 건물을 지었는데, 이곳이 독특한 아이디어와 독자적인 건축학의 시초로 알려진 역사 기념물 몬티셀로(Monticello)이다.

제퍼슨은 대학에 입학해서 친구를 사귀기보다는 학업에 더 열중하여 철학, 수학, 형이상학을 공부하였다. 수학과 교수인 스멀(Willam Small)의 지적 자극을 받아 프랜시스 베이컨(F. Bacon), 존 로크(J. Locke), 아이작 뉴턴(I. Newton) 등의 철학과 정치, 사상을 배웠다. 프랑스어를 배우고 바이올린 연주도 배웠으며 와인 마시기를 좋아하였다. 제퍼슨은 모든 분야에서 궁금증을 가지고 하루 15시간씩 공부를 하였다고 한다.

1762년에 윌리엄 앤드 메리 대학(College of William and Mary)을 수석으로 졸업한 후 스멀 교수의 추천으로 저명한 변호사 위드(George Wythe)를 만났다. 도서 수집가인 위드를 만나 변호사 수업을 받으면서 위인들에 대해 관심을 가졌다. 위드 변호사의 영향을 받아 도서를 수집하기 시작했고 수집한 도서를 부지런히 읽었는데, 이 때에 제퍼슨이 읽은 책은 어림잡아 수천권에 달했다고 한다. 제퍼슨은 1767년에 변호사가 되어, 해박한 지식과 명석한 두뇌로 커다란 성공을 거두었다.

제퍼슨은 1769년부터 1775년까지 버지니아주 의회에서 일하면서 해마다 100여 개 이상의 소송을 맡기도 했다. 소송 의뢰인 중에는 버지니아주의 명문가들이 많았다. 제퍼슨은 26세인 1769년 식민지 버지니아주 의회(House of Burgesses) 의원으로 선출되면서 정계에 발을 들여놓게 된다. 존 애덤스나 알렉산더 해밀턴이 행정부를 중시했던 것과는 달리 제퍼슨은 의회가 정부의 중심이 되어야 한다고 보았다. 그는 장자 상속제를 폐지하고 종교 자유 법안을 마련했으며 사법제도를 합리화시키는 등 3년간 126개의 법안을 기초하였다. 지식을 보급하기 위한 교육 법안을 작성하면서 최초로 미국 대학에서 선택과목 제도를 도입하였다.

제퍼슨은 1772년 1월 24세의 부유한 미망인 마사 웨일즈(Martha Wayles)와 결혼하였다. 의원 활동을 활발히 하면서도 〈영국령 아메리카의 권리에 관한 소고(A Summary View of the Rights of British America)〉라는 제목의 팸플릿을 저술하였다. 이 팸플릿은 미국 혁명에 대한 제퍼슨의 기여 가운데 〈독립선언서〉에 버금가는 위대한 것으로 평가받고 있다. 뛰어난 문장가로 이름을 떨치기 시작한 제퍼슨은 1779년 6월 1일에는 "자유 아니면 죽음을 달라"고 외친 패트릭 헨리(Patrick Henry)의 뒤를 이어 버지니아주 제2대 지사로 취임했고 1년 임기 후 제퍼슨은 지사에 재임되었다.

제퍼슨은 농부이자 법률가였으며, 작가·음악가·철학자·건축가·과학자·발명가 등의 재능을 지닌 사람이었다. 제퍼슨은 역대 대통령 중 가장 다재다능한 사람(Renaissance man)이었다. 제퍼슨은 가문이나 풍채, 교양 등으로 보면 귀족적이었으나 때로는 게으름쟁이처럼 평민적이었고 검소한 모습을 보였다. 제퍼슨의 옷차림과 태도는 너무나 수수하고 점잖았다. 허영과 사치 그리고 자만의 기미를 전혀 찾아 볼 수 없었다. 한 번은 뒤축이 닳은 침실용 슬리퍼를 신은 채 영국 대사를 접견해 주위 사람들을 놀라게 했다. 그는 자신을 비난하거나 욕하는 사람에 신경을 쓰기보다는 인간의 본성과 지식에 더 깊은 관심을 가졌다.

제퍼슨은 부유한 사람, 권력을 가진 사람, 거만한 사람을 신임하지 않았다. 많은 사람들이 제퍼슨 대통령에게 각종 찬사를 보냈다. 사람들이 그를 '걸어 다니는 도서관', '가장 위대하고 지적인 대통령', '제국과 자유를 위한 주창자', '예언력이 있는 사람', '철학자 같은 대통령', '미래 미국의 운명에 대한 대변인', '대통령보다 이론에 더 뛰어난 사람', '다재다능한 철학자 왕', '자유의 성직자' 등으로 불렀다.

독립선언문의 초안을 작성하다

1607년 100여 명의 영국인들이 영국왕 제임스 1세의 허락을 받아 미 대륙으로 이주해 '제임스 타운'을 건설하고 1620년에는 102명의 청교도들이 제임스 1세의 박해를 피해 이주해 '플리머스(Plymouth)' 식민지를 건설했다.

영국은 각종 전쟁으로 부족한 재정을 메우기 위해 식민지 사람들에게 설탕 조례, 인지 조례 등을 만들어 과중한 세금을 부과하자 13개 식민지주 주민들이 분노하기 시작했다. 1773년 '보스턴 홍차 사건' 이후 식민지인들은 13개 주 대표들로 구성된 대륙회의를 개최하는 것을 필두로 총사령관 조지 워싱턴의 지휘 하에 영국과 독립전쟁을 벌였다. 1781년 요크타운 전투에서의 승리 후 프랑스, 네델란드, 에스파냐 등의 지원에 힘입어 마침내 영국은 1783년 미국 식민지 내 13개 주의 독립을 인정했다.

1775년~1783년 동안의 미국 독립전쟁 기간 중 33세의 젊은 나이에 제퍼슨은 13개 주의 대표들이 참석하는 대륙회의에 버지니아주 대표로 참석하였다. 제퍼슨은 벤자민 프랭클린(B. Franklin), 존 애덤스(J. Adams), 로저 셔만(R. Sherman), 로버트 리빙스턴(R. Livingston) 등과 함께 미국 독립선언문 기초 작업에 참여하였다. 애덤스가 제퍼슨의 문장력을 높이 평가했기에 제퍼슨이 초안을 잡고 애덤스와 프랭클린이 약간 수정한 후 독립선언문이 완성되었다.

독립선언문은 1776년 7월 4일 대륙회의에서 채택되었고 8월 2일 13개 주에서 온 56명의 대표자들이 서명함으로서 확정되었다. 이로서 미국의 13개 식민지주가 영국의 지배로부터 독립했다. 독립선언문은 미국식 민주주의의 결정체로 미국 역사상 가장 위대한 문서로 꼽히고 있다. 제퍼슨이 초안을 작성하여 수많은 논의 과정에서 여러 사람의 의견이 포함되었지만, 제퍼슨이 평소에 갖고 있었던 정치적 신념이 곳곳에 배어있다.

독립선언서는 계몽주의 자연법의 선구자인 존 로크(John Lock)의 이론에 바탕을 두고, 인간의 자연권과 계약에 의한 통치 원칙을 밝히고 있다. 주요 핵심은 다음과 같다. "…우리들은 다음과 같은 사실을 자명한 진리로 인정한다. 즉, 모든 인간은 평등하게 태어났고, 창조주는 양도할 수 없는 일정한 권리를 인간에게 부여했으며, 생명권과 자유권과 행복 추구권은 이러한 권리에 속한다. 이 권리를 보장하기 위해 정부가 조직되었다. 어떠한 정부라도 이러한 목적을 훼손하는 경우, 그러한 정부를 언제든지 변혁하고 해체하여 국민의 안전과 행복을 가장 효과적으로 보장할 수 있는 원칙에 입각하여, 권력을 갖춘 새로운 정부를 조직할 수 있는 권리가 바로 인민에게 있다. …선량한 식민지 민중의 이름과 권위로 식민지 연합이 천부의 권리에 따라 독립된 자유국가임을 선언한다."

〈독립선언서〉를 작성한 토머스 제퍼슨은 "로크를 (그대로) 베꼈다"라는 말을 들어가면서까지 독립선언서에서 자연권, 사회계약, 동의에 의한 정부의 수립과 같은 로크의 자유주의 사상을 극명하게 표현했다. 자유주의는 그 사상적 뿌리를 존 로크에 두고 있는 사상체계로서, 계약에 의한 정부의 형성, 인민의 양도할 수 없는 권리, 소유권의 보장, 폭정에 대한 저항권 등을 주요 내용으로 한다. 따라서 건국 초기 미국은 정치적으로는 자유주의, 경제적으로는 자유시장제체제였는데, 이는 자유주의와 자유시장체제가 자유를 찾아 신세계로 온 청교도들을 전통적 권위와 위계질서로부터 해방시켰기 때문이었다.

미국은 독립선언서를 발표한 후 약 8년간에 걸친 치열한 독립전쟁 끝에 1783년 9월 3일 파리조약을 통해서 완전한 독립국가가 되었다. 독립선언서가 발표될 당시에는 별 관심을 끌지 못했지만, 독립선언서가 미국에서 연방 헌법 다음으로 존중받고 있다.

우리가 통상 독립선언서라 부르는 문건의 원문 제목은 〈The Unanimous Declaration of the thirteen united States of America〉로 번역하면 〈아메리카 13개 주에서 공동 발표하는 만장일치 선언〉이다. 오늘의 미국 국명 United States of America와는 다르게 'united'란 단어가 소문자로 되어 있다. united는 단지 주들의 연결 단결을 형용하는데 쓰였을 뿐이다. 따라서 독립선언서는 미국의 독립선포가 아니고 북미 식민지 13개 주가 영국 식민 법률에 독립해 더 이상 영국 법률과 정치의 지배를 받지 않겠다고 선언한 글이다. 미국 헌법이 제정되기 전에도 13개 주에는 각자의 헌법이 있었다. 독립전쟁(1775~1783) 중인 1776년 7월 4일에 독립선언서가 발표되었다.

미국이 출범하기 전 제퍼슨은 1784년부터 1789년까지 프랑스 공사로 임명되어 프랑스 엘리트와 귀족들과 친분을 쌓았다. 그러나 정작 1789년 프랑스 혁명이 일어났을 때 혁명군을 지지했다. 제퍼슨이 프랑스에 체재하는 동안 미국의 건국이 마무리되었다. 건국을 위해서는 헌법 제정이 필요한데 1787년 5월~9월 동안 필라델피아에 55명의 대표가 모인 제헌회의가 개최되었고 연방제를 기초로 하는 헌법안이 작성 채택되었다. 채택된 헌법안이 각 주에 회부되어 13개 주 중 9개 주가 비준함으로써 헌법으로 효력이 발생하였다. 새 헌법에 따라 미국 연방의회가 구성되었고 1789년 4월 30일 조지 워싱턴이 대통령으로 선출되어 미국의 건국이라는 대장정이 완성되었다.

제퍼슨의 가장 자랑할 만한 업적은 그가 강력히 주장해 1786년에 통과시킨 "종교에 대한 세금은 불법이며, 그것은 단지 종교의 자유에 따라야 한다"는 내용의 '버지니아 종교자유 법안(Virginia Statute for Religious Freedom)'을 마련한 것이다. 이 법에 따라 영국 국교회가 폐지되고 모든 사람에게 종교의 자유가 인정되었다. 그래서 제퍼슨의 묘비명에 '버지니아 종교 자유법의 저자'라는 문구가 새겨져 있다. 버지니아 종교자유 법안에 이어 제퍼슨은 미국 헌법에 제1차 수정헌법을 삽입할 것을 강력히 주장했는데 그 내용은 미합중국 의회가 종교를 국교로 정하거나 자유로운 예배를 금지하거나 하는 법률을 제정해서는 안 된다는 것이었다.

연방파 해밀턴과 치열하게 논쟁하다

제퍼슨은 공화파였음에도 불구하고 능력을 인정받아 조지 워싱턴 미국 초대 대통령은 47세인 토머스 제퍼슨을 초대 국무장관으로 임명하고 제퍼슨은 1790년 3월 23일 국무장관에 취임하였다. 워싱턴 대통령은 연방파의 해밀턴(Alexander Hamilton)을 초대 재무장관에 임명하였는데, 제퍼슨과 해밀턴은 서로 너무도 다른 사람이었고 서로가 상대방을 인간적으로도 신뢰하지 않았다. 제퍼슨주의(이상주의)와 해밀턴주의(현실주의)를 각기 대표하는 제퍼슨과 해밀턴 간의 이념적·정책적 대결은 미국 건국 초기의 정치적 갈등의 핵심이었다. 미국은 화폐의 1달러짜리에 조지 워싱턴을, 2달러짜리에 토머스 제퍼슨을, 그리고 10달러짜리에 알렉산더 해밀턴을 넣어 이들의 미국 독립과 건국에의 공로를 기리고 있다.

건국 초기 미국에서 공화파와 연방파 간의 갈등은 오래전부터 있어왔다. 제퍼슨을 중심으로 한 공화파는 인간의 본성은 착하고 이성적이므로 억압과 무지로부터 해방된다면 이상적인 사회를 건설할 수 있을 것이라고 주장하였다. 반면, 해밀턴의 연방파는 인간의 본성은 사악하고 불완전하므로, 인간에 대한 정부의 엄격한 통제를 주장하였다. 이외에도 공화파와 연방파는 프랑스 혁명, 재정난 해소 방안, 채무 부담, 중앙은행 설립 등을 놓고 사사건건 대립하였다. 해밀턴을 중심으로 한 북부 출신의 연방주의자들과 제퍼슨을 중심으로 한 남부 출신의 공화파들이 오늘날 미국의 양대 정당인 민주당과 공화당의 기원이라고 할 수 있다.

제퍼슨은 중앙정부의 간섭과 통제로부터 주 정부의 자치권을 지켜내는 '주(州)권 국가(State Rights Nation)' 원칙을 고수하였다. 제퍼슨은 정부의 힘이 강해질수록 개인의 자유가 위축될 수 있다고 보고 정부의 영향력이 최소화되는 작은 정부가 더 바람직하다고 보았다. 미국이 다른 나라를 침공할 정도의 강력한 군대를 갖기보다는 방어에 필요한 최소한의 군대만 필요하다고 주장하였다. 또 연방 정부의 힘은 가능한한 작은 것이 미국의 장래에 더 도움이 된다고 생각하였다. 제퍼슨은 미국의 각 주들은 식민지 시기에도 거의 독립된 국가나 다름없을 정도로 상당한 자치권을 가지고 있었으므로 영국으로부터 독립한 후 연방 정부가 각 주를 통제할 수 있을 정도의 막강한 권력을 가질 필요가 없다고 생각하였다.

공화주의 체제를 선호한 제퍼슨은 귀족과 엘리트 계층을 옹호하는 보수주의자들을 경멸하고 농부와 노동자, 신분이 낮은 사람들에게 더 많은 관심을 가졌다. 그는 중상주의와 보호무역보다는 자유무역을 선호하였으며, 도시보다는 농촌문화가 더 우수하다고 보았다. 미국 남부의 농업지대를 기반으로 하는 수많은 농장주와 지식인들은 제퍼슨의 생각과 뜻을 같이하여 하나의 세력을 이루었는데 이를 공화파(반연방파)라고 한다. 공화파는 남부와 서부의 급진적인 농민세력과 채무자들을 대변하였다.

이에 비해 해밀턴은 중앙정부가 강력한 주도권을 갖고 강한 군대와 강한 경제로 '강성국가(National Greatness)' 건설을 강조하였다. 즉 강력한 중앙정부, 강력한 대통령 리더십을 바탕으로 빠른 시일 내에 정치적·경제적·군사적으로 안정되고 강한 나라를 세우는 것을 연방의 최우선 목적으로 설정했다.

해밀턴은 미국이 산업화로 부강한 나라가 되기 위해서는 강력하고 효율적인 연방 정부가 필수적이라고 보았다. 미국 대통령도 유럽의 국왕들처럼 강력한 권한을 가지고 있어야 연방 정부가 제대로 운영될 수 있으며, 미국이 튼튼한 경제력과 막강한 군사력을 가져야 유럽 국가들이 업신여기지 못할 것이라고 보았다. 해밀턴과 같은 생각을 가진 사람들이 모여서 하나의 정치세력을 이루었는데 이를 연방파라고 한다. 연방파는 주로 동북부와 중부의 해안 지대에 기반을 둔 보수적인 상공업자와 채권자들을 대변하였다.

제퍼슨과 해밀턴의 대립은 중앙은행 설립 문제를 둘러싸고 더욱 두드러졌다. 재무장관 해밀턴은 중앙은행을 설립하려고 했고 제퍼슨은 은행설립이 헌법에 명시되어 있지 않다고 하며 반대했다. 제퍼슨과 해밀턴은 프랑스 혁명이 일어나기 전부터 각기 친 프랑스적, 친 영국적 성향을 보이고 있었다. 해밀턴은 영국을 국가정치의 전범(典範)으로 삼고 있었다. 조지 워싱턴 대통령이 거의 모든 정치적 업무에서 해밀턴에게 크게 의존하자, 제퍼슨은 1793 12월 31일에 국무장관직을 사임하고 고향인 몬티셀로로 돌아갔다.

제퍼슨과 해밀턴은 주 정부의 부채상환 방식을 놓고도 치열하게 논쟁을 하였다. 제퍼슨의 버지니아주는 독립전쟁을 하면서 부채가 많지 않았다. 하지만 해밀턴의 공업중심의 뉴잉글랜드 등은 많은 부채를 지고 있었다. 해밀턴은 모든 주가 부채를 나누어서 갚아야 한다고 주장한 반면, 제퍼슨은 각 주가 각기 알아서 갚아야 한다고 주장했다.

오늘날 미국의 수도가 워싱턴 D.C.로 결정된 것은 1790년 제퍼슨과 해밀턴 간의 밀약이 있었던 결과이다. 건국 후 뉴욕시가 임시 수도로 지정되어 있었는데 미국의 영구 수도를 어디로 할 것인가에 대한 문제가 제기되었다. 펜실베이니아주와 버지니아주가 명예와 실리를 따져 수도를 자기 주로 끌어가려고 경쟁했다. 당시 독립전쟁 중 발생한 주정부의 채무를 연방정부로 이전하는 문제가 정치적 논쟁거리였는데 재무장관 해밀턴이 의회에 제출한 재정 법안이 의회에서 부결되었다.

이에 해밀턴은 제퍼슨에게 자신이 재정한 법안에 찬성해 주면 수도를 포토맥 강변으로 하는 것에 북부가 찬성하도록 하겠다는 제안을 했다. 즉 해밀턴은 제퍼슨이 중심인 남부의 의원들에게 수도를 필라델피아에서 남부로 이전하는 대가로 북부가 원하는 재정법안의 통과 동의를 받아냈고, 반면 제퍼슨은 수도를 남부로 옮기는 것을 얻으며 재정법안의 통과에 동의했다. 이 밀약은 또한 연방 주요 재정 정책과 정부의 중요한 결정에 대한 타협을 보여주는 사례로서 중요하게 다뤄지고 있다. 이로써 1790년 주거법(Residence Act)이 통과되어 수도가 현재의 워싱턴 D.C.로 정해졌다. 1791년에 조지 워싱턴 대통령의 지시로 프랑스 건축가 피터 찰스 랑팡(Sir Peter Charles L'Enfant) 경에 의해 새 연방 수도의 설계가 완성되어 오늘에 이르렀다.

서로 어긋나고 대립하는 정치 철학을 상징하는 해밀턴과 제퍼슨을 두고 앙드레 모루아는《미국사》에서 두 사람에 대해 매우 자세히 흥미롭게 대비시키면서 설명하고 있다. 해밀턴은 저항파였고 제퍼슨은 행동파였으며, 해밀턴은 귀족주의자였으나 제퍼슨은 민주주의자였고, 해밀턴은 비관론자로 제퍼슨은 낙관론자로, 해밀턴은 무질서를 증오했으나 제퍼슨은 무질서를 자연의 조화로 보았고, 해밀턴은 민중을 '커다란 짐승'이라 보고 제퍼슨은 '생각하는 육체'라고 했으며, 해밀턴은 여론을 무시했으나 제퍼슨은 여론을 신뢰했으며, 미합중국을 해밀턴은 공업 중심 국가로 제퍼슨은 농업 중심 국가로 만들려고 했으며, 해밀턴은 미합중국의 기반을 특권계급의 충성심에 두려했고 제퍼슨은 대중의 애정에 두려고 했으며, 해밀턴은 연방정부를 강화하기 위해 서슴지 않고 각 주를 약화시키려 했으나 제퍼슨은 출신 주의 독립에 애착을 보였다.

현실주의자라고 믿은 해밀턴은 낭만주의자였으며 자신을 이상주의자라고 믿은 제퍼슨은 현실주의자였고, 해밀턴은 은행가의 지지를 얻으려 애썼고 제퍼슨은 농민의 지지를 바랐으며, 해밀턴은 자신이 미국 군의 칼이 되기를 원했지만 워싱턴은 자신을 '군대의 펜'으로 활용했으며, 해밀턴은 이론가이고 제퍼슨은 정치가였으며, 연방파인 해밀턴은 유력한 인물들이 통솔하는 권력을 대표했으나 공화파인 제퍼슨은 권력자에 대항하는 민중을 대표하였고, 해밀턴은 번영을 제퍼슨은 평등을 강조하였고, 해밀턴은 적수인 제퍼슨을 멸시했으나 제퍼슨은 몬티첼로에 있는 저택의 벽난로 위에 해밀턴의 흉상을 놓아둘 만큼 그를 존경했다.

정적(政敵)의 도움으로 대통령이 되다

제퍼슨은 미국 2대 대통령에 출마하여 애덤스(J. Adams)에게 패했으나, 당시 법률에 따라 부통령을 맡았다. 1800년 미국의 3대 대통령 선거에는 당시 2대 대통령이었던 연방파의 존 애덤스와 부통령을 지내던 공화파의 토머스 제퍼슨과 애런 버(A. Burr)가 출마하였다. 당시 미국의 선거전도 상대 후보에 대한 인신공격은 물론 도를 넘는 비난이 이어지는 등 아주 혼탁하였다. 선거는 아무도 예상치 못한 결과가 나왔다. 공화파의 토머스 제퍼슨과 애런 버가 동률로 1위를 차지하였고, 연방파인 존 애덤스(J. Adams)는 3위를 하였다.

미국 헌법에 따라 하원에서 대통령을 선출해야 하는 상황이 벌어지자, 사람들은 제퍼슨의 정적이자 경쟁자이었던 알렉산더 해밀턴을 주목하였다. 해밀턴은 정치 일선에서 물러났지만 연방파의 대부로 커다란 영향력을 행사하고 있었기 때문이다. 해밀턴은 제퍼슨과는 정치적 견해 차이로, 애런 버와는 개인적 감정으로 두 사람 모두 미워했다. 하지만 해밀턴이 제퍼슨을 지지하여 버를 제치고 제퍼슨이 대통령이 될 수 있었다. 제퍼슨이 대통령으로 당선된 1800년 선거는 미국 역사상 반대 정파에게 정권이 넘어간 최초의 사례였다. 연방파 조지 워싱턴이 3선을 사양한 후 공화파 제퍼슨이 당선됨으로써 대통령의 권한이 반대파에게 넘어갔다.

제퍼슨은 워싱턴(Washington) D.C.에서 취임식을 가진 첫 번째 대통령이었다. 1772년에 결혼한 부인 마사가 결핵으로 1782년에 사망한 이후 제퍼슨은 홀아비로 살았다. 그래서 대통령 취임 선서는 혼자 하였다. 두 번의 대통령 임기 동안 딸 마르사(Martha)가 백악관 안주인 역을 담당했다.

제퍼슨은 민주주의라는 것이 정치적 신념일 뿐만 아니라 사회적 습관이라고 인식하였고, 사회가 진정으로 개혁되려면 새로운 신념을 가져야 할 뿐만 아니라 행동도 변화해야 한다고 생각했다. 제퍼슨 대통령은 워싱턴과 애덤스 전임 대통령이 재임하던 시절에 보여 주었던 형식주의의 상당 부분이 영국인들의 눈에 잘 보이려고 하는 갈망에서 비롯된 것으로 보았다. 이러한 인식과 신념을 가진 제퍼슨은 기존의 관행을 깨부수려고 여러 가지를 시도했다.

우선 대통령 관저의 에티켓을 급격하게 바꾸었다. 제퍼슨은 지나치게 형식적인 의전(儀典)을 없앴으며, 외국의 고관들을 접대하는 규칙도 제대로 지키지 않았으며, 대통령 관저도 일반인에게 개방했다. 제퍼슨이 주재하는 각료회의도 민주적이어서, 각료회의에서 제퍼슨도 한 표만 행사했다. 의회에서 연두교서(年頭敎書)를 읽음으로써 정책을 직접 전달하는 연방파의 선례와는 달리, 제퍼슨은 행정부의 판단과 정책을 성문(문서) 형태로 의회로 보냈다.

국익을 위해 화합 정책을 추구하다

공화파인 제퍼슨이 대통령에 당선되면서 대통령 중심제의 미국에서 최초로 평화적으로 정권이 교체되었다. 연방파인 조지 워싱턴과 존 애덤스가 집권한 이후 12년 만에 공화파 토머스 제퍼슨에게 정권을 내준 것이었다. 제퍼슨이 당선 되자 일부 연방파들은 그동안 공화파를 사사건건 괴롭혔기 때문에 불안해 하였다. 하지만 제퍼슨은 취임사에서 "우리 모두는 연방파이면서 공화파"라고 하면서 정치보복은 없을 것이라고 선언하였다.

제퍼슨은 연방파가 집권하면서 범한 정치적 실정을 일체 지적하지 않았으며, 초대 대통령 조지 워싱턴과 2대 대통령 존 애덤스의 중립정책을 고수하겠다고 천명했다. 당시 제퍼슨이 대통령에 취임하면서 임명할 수 있는 300여 개의 직책은 대부분 연방파가 이미 차지하고 있었는데, 제퍼슨은 가능한 한 최소한의 인사를 하며 자신의 정부를 출범시켰다.

특히 대선에서 패배한 연방파의 애덤스는 자신이 대통령에서 물러나기 직전에 국무장관으로 있던 마셜(J. Marshall)을 대법원장으로 임명하였다. 그렇게 전임 대통령에 의해 임명된 마셜은 임기 내내 제퍼슨 행정부를 견제했음에도 불구하고 제퍼슨은 끝까지 그를 존경했다. 제퍼슨이 대통령이 된 지 3년이 지난 1803년 말이 되어서야 공화파가 300여 개의 공직 중에서 절반 정도를 임명할 수 있었다. 제퍼슨은 위대한 미국을 건설하고 아름다운 민주주의 전통을 세우는 것이 정치보복보다 훨씬 더 의미 있는 일이라고 여겼다. 제퍼슨은 집권 중에 국익을 위해서라면 연방파의 인사를 등용하였다.

제퍼슨은 대통령 초기에는 작은 정부를 주장하며 강력한 군사력에도 회의적이었으나, 대통령 임기 중에 미국 국민들이 위협에 노출되자 매우 달라진 모습을 보여주었다. 북아프리카 해적 소탕이 대표적이었다. 미국은 영국으로부터 독립하면서 해적들의 표적이 되었다. 제퍼슨은 해적들에게 조공을 바치는 대신 안전을 보장받는 길을 택하고 북아프리카에 함대를 파견하여 해적을 소탕하였다. 미국 선박이 피해를 입을 때 마다 함대를 보내 해적을 소탕하자 미국 선박들은 더 이상 해적들에게 돈을 바치지 않고 걱정 없이 북아프리카를 항해할 수 있었다.

제퍼슨은 1802년에 신생국가인 미국을 이끌어 나갈 수 있는 미 육군사관학교를 설립하였다. 웨스트 포인트(West Point)라고 불리는 하는 미국 육군 사관학교(United States Military Academy)는 미국 육군 장교를 양성하는 기관으로 뉴욕주 웨스트 포인트에 있다. 그동안 미국에는 장교를 양성하고 교육하는 시스템이 제대로 갖추어져 있지 않았다. 그래서 많은 군사 지도자가 군사 기술이나 지식보다는 정치적 배경으로 임명되었다. 1700년대 후반 들어 사관학교가 군관을 위한 교육과 훈련을 위한 표준을 제공해야 한다는 요구가 늘어나기 시작하였다. 이러한 요구에 부응하여 제퍼슨 대통령은 연방 육군 사관학교를 설립하는 법안에 서명하였다. 제퍼슨은 국가와 국민을 위해서 필요하다면 자신의 정책 노선과 다른 정책도 과감히 채택하는 지도자였다.

제퍼슨 대통령은 노예제도에 대해 복잡한 인식을 가졌다. 그는 선대로부터 물려 받은 노예들이 그의 소유물이라고 여겼고, 자유인으로 석방하지 않았다. 노예제도가 잘못된 것이라고 여겼지만, 노예제도의 폐지를 직접 추진하지는 않았다. 그는 개인적으로 노예제도의 해체와 노예들의 석방을 지지하는 발언을 했던 것으로 알려져 있다. 제퍼슨이 사망한 후, 그의 유언에 따라 일부 노예들이 석방되었다.

영토 확장으로 강대국의 발판을 마련하다

제퍼슨은 대통령 임기 중인 1803년에 프랑스로부터 루이지애나를 구입하였다. 제퍼슨은 루이지애나와 서부 플로리다를 사들일 결심을 하고 전임 주프랑스 대사 먼로(James Monroe)와 당시 현임 주프랑스 대사 리빙스턴(Robert Livingston)에게 협상하라고 비밀리에 지시했는데 프랑스가 자체의 군사적·재정적 이유로 방대한 지역을 미국에 팔기로 선뜻 동의했다.

아메리카 대륙 동쪽의 미시시피 강(Mississippi River)에서 서쪽의 로키산맥(Rocky Mountains)에 달하는 루이지애나는 대략 오늘날 미국의 중부 지역이다. 이 지역은 100년 넘도록 프랑스와 에스파냐(España)가 번갈아 가며 소유하였다. 제퍼슨의 루이지애나 매입 결정은 그가 대통령 재직 중 거둔 최대의 업적으로 남북전쟁에 승리한 링컨에 비견될 만한 것이다.

제퍼슨은 나폴레옹(Napoléon) 정부로부터 82만 8천 평방 마일의 땅을 1,500만 달러(6,000만 프랑)에 사들였다. 1에이커 당 3센트의 가격이었다. 미국 대표단은 원래 뉴올리언스를 사겠다고 했는데 나폴레옹은 영국에 빼앗기느니 루이지애나 땅 전부를 사라고 제안했었다. 미국 대표단은 생각지도 못한 싼 가격에 놀란 나머지 본국에 보고할 틈도 없이 협상을 서둘러 종료했다.

한반도의 열 배나 되는 넓은 땅 루이지애나를 매입한 후 제퍼슨 대통령의 인기는 수직 상승했다. 루이지애나를 얻음으로써 미국의 영토는 두 배 이상 커졌고, 미시시피 강을 자유롭게 이용하는 것은 물론, 서부의 경제적 발전까지 도모할 수 있었다. 그뿐 아니라 군사적 안전보장까지 강화할 수 있었다. 루이지애나 매입에는 영국 해군이 한몫했다. 영국 해군이 대서양의 항로를 장악하여 나폴레옹을 유럽 대륙 내에 묶어 두었기 때문에 가능했다. 프랑스의 입장에서는 루이지애나를 파는 것이 남는 장사였다.

골수 연방파들은 쓸모없는 불모지를 사들인 것은 재정낭비이며 대통령의 월권이라고 비난하기도 했다. 루이지애나를 매입함으로서 미국은 대서양에서 태평양에 이르는 광활한 영토를 가질 수 있었다. 루이지애나 매입으로 동부에 머물러 있던 미국이 서부로 영토를 확장하고 세계 강대국으로 부상하는 발판을 마련했다. 제퍼슨 정부의 루이지애나 매입과 더불어 1867년 링컨 대통령이 러시아로부터 알래스카를 720만 달러에 사들인 것이 세계 역사상 가장 수지맞는 부동산 투자라고 일컬어진다.

제퍼슨의 입장에서는 루이지애나 매입은 참으로 기묘한 모험이었다. 첫째로 매입 금액이 엄청 컸다. 제퍼슨 자신이 재정 긴축주의자인데 당시 미국 예산 1천만 달러의 1.5배에 달하는 엄청난 금액으로 루이지애나를 매입했다. 둘째로 매입 행위 자체가 헌법에 위배되었다. 외국 영토를 매입하고 그곳 주민에게 미국 시민권을 주는 것은 대통령 권한 밖의 일이었다. 제퍼슨은 이러한 결정이 합법적이지 않다는 사실을 알고 있었다. 제퍼슨은 비준에 앞서 헌법을 개정하려 했으나 프랑스의 마음이 언제 변할지 모른다는 염려에 먼로(James Monroe)와 프랑스 대사 리빙스턴(Robert Livingston)에게 협상할 것을 독촉한 후 대통령이 먼저 서명했고 상원은 이를 사후에 비준했다.

제퍼슨은 루이지애나를 매입한 후에 메리웨더 루이스(M. Lewis)와 그의 동료 윌리엄 클라크(W. Clark)를 시켜 탐험하게 하였다. 이를 루이스-클라크 탐험대(Lewis and Clark Expedition)라고 한다. 탐험대는 1804년 5월 미주리주 세인트루이스(St. Louis)에서 출발하여 미주리강(Missouri River)을 따라 현재의 몬태나(Montana)를 거쳐 태평양 북서부로 이동하여 1805년 11월에 태평양에 도착하였다.

갖은 악조건을 극복하며 탐험한 결과 커다란 성과를 얻었다. 하나는 당시 아무도 알지 못하는 루이지애나의 면적을 제대로 파악할 수 있었다. 사실 루이지애나를 구입할 때도 나폴레옹 정부나 제퍼슨은 면적과 경계를 제대로 알지 못했다. 탐험대는 대륙을 가로지르는 경로를 찾아내서, 그 땅이 미국의 영토임을 주장할 수 있었다. 탐험대는 위도와 경도 등 지도 제작에 필요한 자료를 모아서 1805년에 이 지역의 지도를 최초로 제작하였다.

나폴레옹 정부로부터 매입한 루이지애나는 212만km²에 달했는데 독일, 프랑스, 영국 등 유럽의 주요 국가를 합친 면적보다 더 넓었다. 그 결과 미국의 영토가 두 배나 확대되었다. 탐험대는 루이지애나의 원주민, 천연자원, 동식물 생태계 등을 파악하였다. 탐험대는 원주민을 통해 많은 강과 호수, 산맥 등 다양한 정보를 수집함으로써 서부 지역에 대한 미국의 지배권을 확립할 수 있었다. 제퍼슨은 인디언 추장들의 워싱턴 방문을 주선하기도 하였다. 미국의 영토를 확대하려는 제퍼슨의 야욕은 서부 플로리다(Florida), 텍사스(Texas), 오리건(Oregon)까지 늘어났다.

제퍼슨으로 인해 미국의 영토가 두 배 이상 확대되었고 미시시피 강을 자유롭게 항해할 수 있게 되면서 경제적 발전을 기대할 수 있게 되었다. 제퍼슨 대통령은 미국이 강대국이 되기 위해서 국가의 기본 틀을 어떻게 만들어야 하는가를 내다보는 거시적 안목을 가진 대통령이었다.

미국 최초의 작은 정부주의자

제퍼슨은 초대 대통령 워싱턴과 2대 대통령 애덤스가 재임하는 동안 연방정부가 필요 이상으로 비대해졌다고 생각했다. 1793년과 1800년에 걸쳐 정부 지출이 거의 3배로 늘었고 공채도 증가했다. 제퍼슨은 인간이 합리적이고 스스로를 개선해 나가며 독자적이기 때문에 개인은 기관이나 제도가 간섭하지만 않는다면 그 자신과 가족을 돌볼 수 있으리라는 믿음을 지니고 있었다. 제퍼슨은 개인의 자유와 지방의 자주성을 존중하는 가운데 가능한 연방의 지배를 최소화하려고 했다. 그가 대통령 재직 중에 가장 많은 고민을 한 것은 중앙정부로 권력이 집중되는 것이었다. 즉 주의 권한이 연방의 권한을 능가해야 한다고 주장했다.

제퍼슨은 좋은 정부란 사람들이 경제활동을 자유롭게 영위하도록 하는 정부라고 보았다. 그간 늘어난 국채를 상환하기 위해 불필요한 정부 인력을 정리하고 전쟁을 회피할 것을 역설했다. 제퍼슨은 부실한 재정이 위험한 중앙 집중을 가져오고, 불필요한 세금 신설과 부정부패를 초래하며, 농업보다는 제조업과 공업에 편중된 경제를 창출할 것이라 보았다. 제퍼슨은 미국의 국채(國債)를 '원죄'로 여겼으며, 부채를 없애는 일을 행정부의 최우선 과제로 삼았다.

제퍼슨은 대통령에 취임한 후 곧바로 연방정부의 관료를 대폭 줄임으로써 상징적이고 실질적인으로 작은 정부를 지향했다. 육군과 해군 등 정규 상비군의 규모를 절반 정도로 축소했으며, 그의 충직한 재무장관 갤러틴(Albert Gallatin)은 연방정부 세입을 연 1,060만 달러로 책정하고, 육해군의 경비를 절약하면 세출은 350만 달러면 충분하다고 보고, 700만 달러의 국채를 상환할 수 있도록 예산을 편성했다. 제퍼슨의 취임 이후 2년 만에 국가 부채를 8억 3천만 달러에서 4억 5천만 달러로 축소시켜 부채를 거의 절반 수준으로 줄였다.

제퍼슨은 대통령 주변에서 점점 늘어나고 있던 화려한 행사와 볼거리를 못마땅하게 생각하고, 그런 것들을 일체 금지시켰다. 제퍼슨은 소박한 스타일을 연출함으로써 자신의 주장에 대한 설득력을 높이기보다는 연방정부의 중요성을 덜 부각시키려고 하였다. 그는 취임식 때도 혼자 터벅터벅 걸어 나왔으며, 워싱턴과 애덤스가 군복을 선호했던 것과 달리 평상복을 입었다. 그리고 관례적인 취임식 기념 파티를 열지 않고 관사 식당에서 저녁을 먹는 것으로 대신했다. 제퍼슨은 자신이 대통령이 된 것을 미국 정부가 출범하면서 생겨난 각종 과도한 제도적 장치들을 정리하는 기회로 여겼다.

제퍼슨은 연방의회를 설득해 관세와 서부 지역의 토지 판매세만 연방정부의 세입으로 남기고 모든 내국세를 폐지했다. 이러한 일들은 미국의 인구가 증가하고 영토가 두 배로 늘어나고 있는 동안에 이루어진 것이었다. 최소한의 상비군을 제외한 군사력은 시민의 자유와 정부의 통치에 오히려 위협이 될 수 있다는 것이 제퍼슨의 확신이었다.

교육, 특히 역사 교육의 중요성을 강조하다

제퍼슨은 국민들의 자유를 확립하는데 어떠한 외부적인 역할이 있다면 그것은 국가에 의한 교육에 있다고 보았다. 제퍼슨을 비롯한 공화파가 꿈꾸는 미국의 미래는 덕성(德性)을 갖춘 계몽된 시민이라는 개념이 핵심이었다. 교육을 통해 국민이 판단력을 길러 자유로이 각자의 견해를 표현하게 되면 국가의 안녕과 발전이 이루어진다고 생각하였다. 이를 위해 모든 국민이 무료로 교육받을 수 있도록 전국적으로 공립학교 체제를 갖추어야 한다고 생각했다.

제퍼슨이 교육의 중요성을 중시한 것은 그의 정치적 신념과 인권 철학의 일환으로 볼 수 있다. 그는 인권과 자유의 이념을 통해 교육이 인간의 능력을 개발하고, 자유와 정의를 유지하는 데 중요한 역할을 한다고 믿었다. 제퍼슨은 여러 가지 방법으로 교육의 중요성을 실천했는데 공립 교육을 지지하였고, 대학을 설립하였고, 교육 자료의 보존과 확장을 강조하였다.

제퍼슨은 모든 사람에게 교육의 기회를 제공하기 위해 공립 교육제도를 촉구했다. 그는 교육이 모든 시민들에게 평등한 기회를 제공하고, 민주주의 사회의 발전을 촉진한다고 믿었다. 제퍼슨은 버지니아대학교(University of Virginia)를 설립하고, 이를 미국 최초의 공립 대학으로 만들었다. 제퍼슨은 자신의 개인 도서관을 만들어, 이를 미국 의회에 기증하여 미국 의회 도서관(Library of Congress)의 일부를 형성하게 했다. 이는 교육과 문화 자산을 보존하고 확장하는데 크게 기여했다. 제퍼슨 대통령은 평생 교육의 중요성을 강조하였고, 그의 실천으로써 교육의 접근성과 질을 크게 향상시키는데 기여했다.

교육 중에서도 역사 교육의 중요성을 강조하였다. 제퍼슨이 역사교육의 중요성을 강조한 이유는 여러 가지가 있었다.

첫째, 민주주의 이념을 강화하기 위해서였다. 제퍼슨은 민주주의 사상을 중시하고, 민중이 권력을 행사하는 것을 지지했다. 그는 민중이 자신의 권리를 인식하고 이를 행사할 수 있도록 교육을 통해 역사적 이해를 증진시키는 것이 중요하다고 믿었다.

둘째, 시민의식을 형성하기 위해서였다. 제퍼슨은 시민이 자신의 국가와 사회에 대한 이해를 갖고, 책임감 있게 참여할 수 있도록 교육이 필수적이라고 생각했다. 역사 교육은 시민의식을 형성하고, 인권과 자유를 존중하는 시민을 양성하는 데 중요한 역할을 한다고 보았다.

셋째, 문화적 연속성을 강조하기 위해서였다. 제퍼슨은 미국이라는 국가의 역사와 그 문화적 기원을 이해하는 것이 중요하다고 여겼다. 그는 과거의 경험을 통해 현재의 결정과 정책에 영향을 미치는 데 필요한 지식을 쌓을 수 있다고 믿었다.

넷째, 자유와 독립의 가치를 강조하기 위해서였다. 제퍼슨은 자유와 독립을 추구하는 데 있어 역사적인 사건과 인물들의 결정이 얼마나 중요한 역할을 했는지를 이해하는 것이 중요하다고 생각했다. 그는 역사 교육을 통해 이러한 가치를 강조해 가르치려 했다. 제퍼슨은 국민들이 과거를 앎으로써 스스로가 미래를 판단할 수 있기 때문에, 역사 교육을 통해서 자유의 중요성을 깨달을 수 있을 것으로 기대하였다.

미국 역사상 연임에 성공한 대통령 가운데서도 제퍼슨만큼 안정된 내각을 꾸린 사람은 없다. 단지 법무장관만 바뀌었을 뿐 나머지 2차 내각의 각료는 제1차 내각과 동일했다. 제퍼슨 내각의 재무장관은 스위스에서 이민온 알버트 갤러틴(Albert Gallatin)이었는데, 재정 문제에 있어서는 그를 필적할 만한 사람이 없었다. 제퍼슨은 대통령으로 재임하는 8년 동안 단 한 차례도 거부권을 행사하지 않았는데, 지금껏 재임기간 중 한 번도 거부권을 행사하지 않은 유일한 대통령이다.

퇴임 후 제퍼슨은 당시의 많은 명사들과 활발히 서신 교환을 했는데, 1년에 평균 1천여 통의 편지를 썼다. 제3대 대통령은 제퍼슨은 1826년 7월 4일 미국 독립선언 50주년 기념일에 84세로 타계하였다. 제퍼슨이 스스로 쓴 묘비명에는 "독립선언서 및 버지니아 종교 자유법의 저자이자 버지니아 대학교의 아버지 토머스 제퍼슨 여기 잠들다"라고 되어있다.

제퍼슨이 즐겨 읽은 책들과 저술한 책들

제퍼슨 대통령은 매우 학구적이고 다양한 주제에 걸쳐 광범위한 독서를 했다. 그는 철학, 과학, 정치, 역사, 문학 등 다양한 분야에 관심을 가졌다. 제퍼슨은 존 로크의 《통치론(Two Treatises on Government)》을 읽고 그의 정치 철학에 큰 영향을 받았으며, 특히 자연권과 사회계약론에 깊은 관심을 가졌다. 제퍼슨은 역사를 이해하고, 공화국의 유지와 관련된 교훈을 얻기 위해 에드워드 기번의 《로마 제국 쇠망사(The History of the Decline and Fall of the Roman Empire)》를 자주 읽었고, 아이작 뉴턴의 저서들은 그의 과학적 사고에 커다란 영향을 미쳤다. 프랜시스 베이컨의 《논리적 연구의 발전(Novum Organum)》은 제퍼슨의 과학적 사고와 철학적 접근에 큰 영향을 주었다.

산소를 발견한 화학자이자 철학자인 조지프 프리스틀리(Joseph Priestley)

의 《전기의 역사》, 《그리스도 교회사》 등의 저서들은 제퍼슨의 과학적 관심과 종교적 자유에 관한 사상에 영향을 주었다. 고전 문학에도 깊은 애정을 가져 호머의 《일리아드(Iliad)》와 《오디세이(Odyssey)》를 즐겨 읽었다. 비록 기독교 교리를 비판적으로 바라봤지만, 제퍼슨은 《성경》을 즐겨 읽었고 성경은 그의 삶에 중요한 문헌이었다. 성경을 자주 접한 그는 심지어 《제퍼슨 성경(The Jefferson Bible: The Life and Morals of Jesus of Nazareth)》이라는 책을 냈는데 제퍼슨이 신약성서에서 기적과 초자연적인 요소들을 제거하고, 예수의 도덕적 교훈에 초점을 맞추어 재편집한 책이다.

광범위한 주제에 걸쳐 많은 책을 읽은 결과 그의 서재는 6,500여 권의 방대한 장서로 유명했다. 이 책들은 현재 버지니아대학과 미국 의회 도서관에서 보관되고 있다.

미국 독립선언서의 주요 저자 중 한 명인 제퍼슨은 몇 권의 중요한 저술을 남겼다. 그 중 가장 유명한 저서는 《버지니아주에 관한 설명(Notes on the State of Virginia)》으로 1785년에 출판된 이 책은 버지니아주의 지리, 자연자원, 인구, 정부 체제 등에 대한 상세한 설명을 담았다. 제퍼슨의 철학과 정치적 견해, 그리고 당시 미국 사회에 대한 그의 통찰을 엿볼 수 있는 중요한 문서다.

자서전 《토머스 제퍼슨의 일대기(Autobiography of Thomas Jefferson)》는 그의 생애와 독립선언서 작성 과정, 그리고 그가 겪었던 주요 사건들을 다루고 있다. 서간문집인 《토머스 제퍼슨의 사생활(Memoirs, Correspondence, and Private Papers of Thomas Jefferson)》은 그의 정치적 견해와 사생활을 엿볼 수 있다. 저작 전집인 《토머스 제퍼슨의 일대기(The Works of Thomas Jefferson)》는 그의 편지, 연설, 공식 문서 등을 포함하고 있다. 여러 권으로 구성된 이 전집은 제퍼슨의 방대한 저작 활동을 집대성한 것이다.

토머스 제퍼슨 대통령의 명언들

"권력에 관해서는 그 어떤 인간도 신뢰해서는 안 됩니다. 그 대신 그 권력을 남용하지 못하게 헌법이라는 사슬로 묶어놔야 합니다."

"자유라는 나무는 때로 애국자와 폭군의 피를 빨아먹어야 살 수 있다고 말했다."

"올바른 자유는 우리가 다른 사람의 인권을 침해하지 않고 스스로 조절하면 아무도 막을 수 없습니다. 나는 법의 규제 아래라고 쓰지 않았습니다. 왜냐하면 법은 폭압자의 뜻이지 우리의 뜻이 아니며, 언제나 우리의 사생활과 인권을 침범할 수 있기 때문입니다."

"좋은 정부란, 간단히 말하자면, 현명하고 검소한 정부를 말합니다. 사람이 다른 사람을 헤치는 것을 막되, 각자 생업에 종사하고 발전하는 일에 간섭하지 않아야 합니다. 그리고 그가 땀 흘려 얻은 빵을 빼앗지 말아야 합니다."

"정부는 그 자체가 목적이 아니라 인간의 행복을 추구하는 수단이어야 합니다."

"최선의 정부는 가장 작은 정부입니다."

"국민에게 모든 것을 줄 수 있는 정부는 여러분의 모든 것을 빼앗아 갈

정도로 커지게 됩니다."

"민주주의라는 나무는 그것을 열망하는 사람들과 그것을 가로막는 압제자들의 피를 먹고 자랍니다."

"무지하고 한가해지길 기대하는 국가는, 누구도 할 수 없는, 될 수 없는 것들을 기대합니다."

"공직을 맡은 사람은 스스로를 공공재산으로 여겨야 합니다."

"관료들은 부지런한 사람들이 일하는 데 붙어사는 너무 많은 기생충과 같습니다."

"천국에 갈 수 있지만, 꼭 정당과 함께 가야 한다면, 절대로 천국에 가지 않겠습니다."

"어떤 대통령도 대통령직을 수행하는 동안에는 자신을 대통령이 되도록 한 그 명성을 얻지 못할 겁니다."

"이해 불가능한 명제에 맞설 수 있는 유일한 무기는 조롱이라고 생각합니다. 이성이 작용할 수 있으려면 먼저 개념이 명확해야 합니다. 그 누구도 명확한 삼위일체 개념을 갖고 있지 않습니다. 그것은 그저 자칭 예수의 사제들이라는 협잡꾼들의 헛소리에 불과합니다."

"책은 곧 자본입니다. 도서관의 책은 수백 년 동안 집과 같이 지속될 수 있습니다. 책은 단순한 소비재가 아니라 상당한 자본재이며, 책은 종종 전문직 남성들이 새로운 세상에 진출하는데 유일한 자본입니다."

"가끔 일어나는 대수롭지 않은 반역은 건강한 정부를 만들기 위해서 절대로 필요한 약입니다. 나는 신문 없는 정부보다 정부 없는 신문을 택하겠습니다. 나는 평화로운 노예로 사는 것 보다는, 차라리 위험천만한 자유를 선택할 것입니다."

"정직한 사람은 국민들에게 권력을 행사하면서 쾌락을 느끼지 않습니다."

"다수의 의사는 모든 경우에 존중받지만, 반드시 정당하고 합법적이어야 하며, 소수도 동일한 법률로 보호받고 균등한 권리를 누릴수 있어야 합니다."

"의견의 차이가 반드시 이념의 차이를 의미하는 것은 아닙니다. 우리는 각자 다른 이름으로 불리지만 우리는 같은 이념을 가진 형제입니다. 즉, 우리 모두가 공화주의자고 연방주의자입니다."

"불의가 법이 되면 저항운동은 의무라고 할 수 있습니다."

▧ 제퍼슨의 천재적 재능이 돗보이는 몬티첼로 ▧

토머스 제퍼슨은 독립선언문의 작성자, 몬티첼로의 성인, 버지니아대학교의 설립자 등 다양하게 불린다. 이외에도 건축, 고고학, 고생물학, 문학, 공학, 음악 등 여러 분야에서 천재적 재능을 발휘하였다. 몬티첼로(Monticello)는 제퍼슨의 고향인 버지니아의 샬럿츠빌(Charlotsville)에서 멀지 않은 사우스 웨스트(South West) 산맥에 있는 집으로 미국에서 가장 유명한 개인 저택 중 하나이다. 몬티첼로는 이탈이아어로 작은 언덕이라는 의미이다. 작은 봉우리 위에 있는 몬티첼로는 고대 그리스나 로마의 신전에서 볼 수 있는 위엄을 느낄 수 있다. 원래 몬티첼로는 제퍼슨이 아버지로부터 물려받은 농장이었다. 이 농장에서 주로 노예를 이용하여 대규모로 담배와 혼합 작물 그리고 밀 등을 재배하였다.

몬티첼로는 제퍼슨이 24세이던 1768년에 구상하기 시작하여 그가 대통령에서 물러나 생을 마감하던 1826년까지 수없이 많은 증개축을 통해 완성된 건물이다. 제퍼슨은 몬티첼로를 건설하는 데 평생을 바쳐왔다. 특히 몬티첼로는 정치와 역사, 건축학적으로도 많은 관심을 받고 있으며 관광명소로도 유명하다. 제퍼슨은 독학으로 건축을 공부했는데, 르네상스 건축가 안드레아 팔라디오(Andrea Palladio)의 영향을 받았다. 제퍼슨은 팔라디오의 건축 사상과 고대 로마 건축을 공부하고, 이를 창조적으로 변용시켜 독자적으로 설계하였다. 그 결과 몬티첼로는 유럽의 신고전주의에서 벗어나 미국만의 독자적 건축의 시초를 연 것으로 평가받는다.

제퍼슨은 건축 과정에서 수많은 장치들을 적용하였다. 당시만 해도 획기적이었던 붙박이장, 자동으로 열리는 미닫이문, 온갖 종류의 기계 장치 등 수 많은 기술을 고안하였다. 그 중에는 건물 입구에 날짜와 요일을 알려주는 기계식 시계도 있었다. 이러한 점에서 몬티첼로는 오늘날에도 많은 관심을 받고 있으며 높이 평가되고 있다. 몬티첼로처럼 한 인간의 정신과 철학, 그리고 그가 살았던 시대정신이 고스란히 새겨져 있는 집은 전 세계 건축 역사에도 그 유례를 찾아보기 힘들다. 몬티첼로가 제퍼슨의 개인 저택이었음에도, 1987년 살러츠빌의 몬티첼로와 버지니아대학교가 UNESCO 세계문화유산으로 등록되었다.

몬티첼로(Monticello

프랭클린 델러노 루스벨트
(Franklin Delano Roosevelt, 1882~1945)

17 | 노변정담으로 국민들과 소통하고
제2차 세계대전을 승리로 이끈 프랭클린 루스벨트

꿈과 희망, 도전과 소통을 중시한 4선 대통령

프랭클린 델러노 루스벨트(Franklin Delano Roosevelt, 1882~1945)는 미국 역사상 대통령으로 4번(1933, 1937, 1941, 1945년)이나 선출된 유일한 인물이다. 루스벨트는 하버드대학을 졸업했으며, 상원위원을 2번(1911~1914) 역임하고, 우드로 윌슨 정부에서 해군 차관보, 뉴욕 주지사(1929~1932)를 거쳐, 1932년 민주당 후보로 출마하여 당시 대공황(Great Depression)으로 지탄받던 허버트 후버(Herbert C. Hoover) 대통령을 누르고 당선되었다. 루스벨트의 대통령 선거 슬로건은 "Happy Days are Here Again(행복한 날이 여기 다시 왔습니다)"이었다.

루스벨트 후보는 1932년 정부의 강력한 개입으로 사회 시스템을 개혁하고 합리적이고 정의로운 분배 등을 공약으로 내세웠다. 루스벨트 대통령은 대공황(大恐慌)을 극복하기 위해 연방 입법을 주도하고, 실업자와 농민을 구제하고 경제회복을 위해 많은 급진적 조치를 취했다. 사회적 약자들을 위해 사회보장 제도를 도입하였다. 루스벨트는 제2차 세계대전에 미군을 참전시켰다. 최초로 핵무기 개발을 시작했으며, UN 창설을 주도하였다. 루스벨트는 뛰어난 지도력으로 대공황을 극복하기 위해 진력하였으나 대공황 자체에 대한 진단과 처방을 잘못하여 대공황 극복에는 실패하였다. 제2차 세계대전에서 연합군이 승리하는데 크게 기여하였다. 루스벨트 대통령은 종전 후에는 미국이 세계 제일의 초강대국으로 우뚝 설 수 있는 기반을 만들었다는 점에서 미국에서 위대한 대통령 중 한 명으로 평가받고 있다.

루스벨트의 뉴딜(New Deal)정책은 반(反)시장, 반기업적인 정서가 담긴 사회주의 정책에 가까웠고, 보수주의자들은 뉴딜정책은 위험한 급진주의자, 공산주의자, 나치주의 발상이라고 비난하기도 했다. 그럼에도 불구하고 루스벨트는 대공황을 극복하기 위해 시장에 적극 개입하고 재정확대 정책을 과감하게 시도하였다. 루스벨트는 그동안의 자유방임의 경제에서 탈피하여 새로운 경제운영 방식에 과감하게 도전하고 흔들림 없이 추진하였다.

루스벨트의 리더십과 그의 정책 그리고 그가 남긴 유산을 제대로 이해하기 위해서는 그와 그의 추종자들이 돌풍을 일으켜 바꾼 미국 정치 성향과 지지 기반의 변화, 뉴딜 정책과 외교 정책을 도운 진보 성향의 두뇌집단(brain trust)의 존재를 인식·파악해야 한다.

루스벨트는 대통령 선거에서 57%로 승리했고 6개 주를 제외한 모든 주에서 승리했다. 역사학자들과 정치학자들은 1932~1936년을 미국의 정치적 재편기로 간주한다. 루스벨트의 승리는 뉴딜 연합의 창설, 즉 소규모 농민, 남부 백인, 가톨릭 신자, 대도시 정치 단체, 노동조합, 북부 흑인, 유대인, 지식인들과 정치적 진보주의자들의 노력과 단합으로 가능했다. 뉴딜 연합의 창설은 미국 정치계의 환경을 변화시켰고 정치학자들은 이를 '뉴딜 정당 체제' 혹은 '제5차 정당제'라고 불렀다.

루스벨트의 집권은 공화당과 민주당의 정치 성향 및 지지 기반이 크게 바뀌는 중요한 분기점이었다. 루스벨트가 계층적으로는 노동자·소수인종·유대인·이민자·농민, 지역적으로는 북동부 공업지대를 확보하면서 형성한 뉴딜연합은 민주당의 든든한 지지기반이 되었다. 반면 공화당은 링컨 이후 강력한 지지기반이었던 흑인 집단의 지지를 상실하고 만다. 정치적 성향 또한 뉴딜 정책을 계기로 민주당은 시장 개입 및 복지 정책의 확대에 관심을 기울이게 되었다. 반면, 공화당은 보다 자유방임주의에 근거한 시장 친화적 성향으로 굳어졌다.

실제로 남부의 반(反)흑인 인종적 보수주의자들부터 일부 친소련 사회주의자들까지 광범위한 그룹이 루스벨트를 지지하였다. 그 중심에 일군의 진보성향의 운동가·전문가·학자집단의 집요하고 열성적 활동이 있었다. 루스벨트는 뉴딜 연합의 엄청난 힘과 지지와 뛰어난 카리스마로 네 번이나 선거에서 연전연승하였다. 뉴딜 연합은 사회민주의적 성격이 강했고 반시장적 색채를 띠었다. 루스벨트가 의도했든 아니든 장기집권을 하면서, 조지 워싱턴 초대 대통령이 수립한 대통령 임기는 재선까지만 연임한다는 암묵적 전통이 깨졌다. 야당의 반발로 대통령 연임 횟수에 대한 제한이 필요해졌고 개헌이 불가피했다. 덕분에 수정된 헌법으로 루스벨트가 사망한 후 미국 대통령은 공식적으로 재선까지만 가능하게 되었다.

루스벨트 대통령이 아직도 많은 미국 국민들로부터, 특히 미국 민주당을 포함한 전 세계 좌파들의 존경을 크게 받고 있는 것은, 그의 많은 업적 때문이기도 하지만, 그가 암울했던 대공황 시기에 무엇보다 국민들과 끊임없이 소통하고 꿈과 희망을 주었기 때문이다. 루스벨트는 정책을 추진할 때는 국민들 간 합의를 중시하고 직접 나서서 의회와 국민들과 소통하고 설득했다. 루스벨트는 위에서 내려오는 획일적이고 명령적인 통합보다는 아래에서 위로 올라오는 대중의 여론과 국민의 입장을 반영하는 정책을 편 것이다. 루스벨트는 설득과 소통을 중시한 지도자였다.

　루스벨트가 대통령에 취임할 때 미국은 생기가 없이 모든 것이 정지된 상태였다. 미국은 실업, 은행 파산, 공장 폐쇄, 농업 파탄, 굶주림 등으로 마비되어 있었다. 한 마디로 희망이 없는 국가였다. 루스벨트가 임기 초기 국민에게 준 선물은 '희망(希望)'이었다. 희망을 선물한 결과로 루스벨트는 미국 역대 대통령들 중에서 조지 워싱턴과 에이브러햄 링컨과 같은 반열에 들어가는 '전설'을 만들었다.

신체적 장애를 극복하고 대통령 후보가 되다

　프랭클린 루스벨트는 1882년 뉴욕 주에서 부유한 사업가의 아들로 태어나 가정교사로부터 귀족식 교육을 받았으며, 가족과 함께 거의 매년 유럽 여행을 다니며 견문을 넓혔다. 명문 사립고를 졸업하고 하버드대학에 입학했으나 학업에 열중하기보다는 교내 신문의 편집장 등 대외적인 활동에 열의를 보이며 탁월한 리더십을 발휘하였다. 컬럼비아대학교 법과대학에 진학하였으나, 변호사 시험에 합격하자 중퇴하였고, 월가의 유명한 법률회사에 근무하기도 하였다.

　루스벨트는 어머니의 극심한 반대에도 불구하고 시어도어 루스벨트 대통령의 조카딸인 엘리노어 루스벨트(A. Eleanor Roosevelt)와 결혼했다. 프랭클린 루스벨트는 제26대 미국 대통령을 지낸 시어도어 루스벨트와 12촌간이자 그의 조카사위이다. 29세인 1910년 뉴욕 주의 민주당 상원의원에 당선되어 여성·노동자·농민 등 사회적 약자를 위한 법안을 제시하여 많은 지지를 받았다.

　루스벨트는 민주당의 토머스 우드로 윌슨(T. W. Wilson) 대통령에 의해 발탁되어 해군 차관보로 임명되었다. 제1차 세계대전을 경험하면서 미 해군의 군사력을 강화시켰다. 루스벨트는 가는 곳마다 능력을 발휘하여 많은 주목을 받았다. 1920년 민주당 부통령 후보로 지명되어 대통령 후보인 제임스 콕스(J. Cox)와 함께 출마했으나 공화당의 워런 하딩(W. Harding)에게 패했다.

게다가 1921년에 물에 빠져 반신불수가 되자, 주위에서는 그의 정치 생명은 끝났다고 보았다. 하지만 부인 엘리노어의 헌신적인 간호와 자신의 불굴의 의지로 절망하지 않고 꾸준한 재활 치료로 건강이 회복되자, 정계에 복귀하여 1928년 뉴욕 주지사에 당선되었다. 루스벨트는 노인을 위한 복지를 늘리고 실업자 구제에 집중하면서, 능력 있는 최고의 주지사라는 평을 받으며 주지사를 두 번이나 역임하였다. 1932년 대통령 선거에서 당시 현직 대통령이었던 공화당의 허버트 후버에 압승하고 당선되었다.

잘못된 진단과 처방의 뉴딜 정책으로 대공황 극복 실패

일반적으로 미국의 32대 대통령 루스벨트는 그의 취임 3년 전에 발생한 대공황을 극복한 지도자로 알려져 있다. 루스벨트는 대공황을 극복한데 이어 제2차 세계대전에서 연합국의 핵심 인물로서 독일·이태리·일본 등의 추축국(樞軸國)들의 항복을 받아내는 데 선도적 역할을 하여 종전 후 미국을 세계 초강대국 반열에 올린 인물로 추앙되고 있다.

본 책자를 집필하는 과정에서 많은 자료를 검토한 결과 제2차 세계대전 승리와 전후 세계질서의 개편 과정에서 루스벨트 대통령의 공헌은 확실하고 큰 것으로 확인되었다. 전대미문의 대공황을 맞아 루스벨트 대통령이 고통에 처한 국민을 위로하고 보듬어 인고의 시절을 견디게 한 것도 사실이다. 그러나 뉴딜 정책과 일련의 정책들이 대공황을 극복하는데 효과가 있었는지에 대해서는 기금까지 알려진 것이 사실과 부합되지 않음을 발견했다.

미국 역사상 가장 강한 좌파(左派) 이념을 가진 정치지도자로서 자신의 뜻으로 세상을 바꿔보고자 한 것은 당연히 존경받을 만하다. 그러나 대공황으로 국민 전체가 고통 받는 상황에서 반시장적 정책 일변도로 국정을 끌고나가 제2차 세계대전 직전까지 재임 8년간 평균 18%의 실업률이 지속되게 한 것은 높은 평가를 받기 어렵다. 루스벨트 대통령이 뉴딜 정책을 펼쳐 대공황을 극복했다는 통설에 문제를 제기할 수밖에 없다.

1. 뉴딜 정책 이전의 미국 경제와 경제정책

미국에서 1920년대를 "광란(狂亂)의 20년대(Roaring Twenties)"라는 말을 사용하기도 한다. 1918년 제1차 세계대전이 끝나고 사회가 안정되어 감에 따라 1920년대는 미국 경제가 본격적인 성장궤도에 진입하는 동시에 미국이 글로벌 패권국으로 진입하는 시기였다. 미국 경제는 19세기 말부터 20세기 초까지 진행된 제2차 산업혁명을 바탕으로 기술혁신의 혜택을 톡톡히 누렸다. 미국의 1920년대는 경제 호황과 풍요의 시대이자 불평등의 시대였다. 제조업이 성장하고 소비자 수요가 증가하고, 예술, 문화 산업도 발전한 시대로, 재즈 음악이 번성하여 재즈 시대라 불리기도 한다.

1920년대 미국은 연 평균 4.8%의 경제성장률과 4%의 실업률을 유지하며 호황을 누렸다. 경제호황으로 전반적으로 소득이 증대하였고 금융산업의 발전으로 할부구매 등 현대적인 소비 형태가 나타나기 시작했다. 이러한 요인들이 겹쳐서 1920년대 인류의 대다수가 구경도 못해 본 라디오를 비롯한 가전제품이나 자동차 등 새로운 문물들이 미국에서 본격적으로 대중화, 상용화되기 시작했다. 전기로 작동하는 기계들이 일반 가정에 들어와 여성들이 좀 더 편해지고 별 불편 없이 살 수 있게 되었다. 1929년에는 미국 가정 가운데 절반 이상이 라디오를 보유했으며 40% 이상의 가정이 진공청소기를 사용했다. 또한 전체 가정의 3분의 1에 세탁기가 있었다. 무려 3천만 대의 자동차가 도로 곳곳을 누볐다.

영국에서 시작된 산업혁명 때도 그러하듯 당대부터 부익부 빈익빈 현상이 심각했다. 생산의 자동화로 실업자가 늘어나기 시작했으며, 실업자가 늘어나면서 소비가 줄어들자 기계화로 과잉 생산된 제품들이 제대로 팔리지 않았다. 유효수요가 크게 줄어들었다. 이에 비해 시장에 자금이 넘쳐나니 자연스럽게 투자와 투기가 판을 치기 시작했으며, 공급이 과잉임에도 가격이 오르면서 시장에 거품이 끼기 시작했다.

러시아에서는 누적된 피해를 견디지 못해 1918년 볼셰비키(Bolsheviki)를 중심으로 혁명이 일어나 공산주의 국가 소련이 탄생되기에 이르렀다. 이 시기 노동자들의 근무 환경은 상당히 악명이 높아서, "사회주의는 미국에서 가장 먼저 발현할 것이다"라는 예견도 있었으나 실제로 그렇게 되지는 않았다. 노동자의 근무환경이 그다지 나쁘지 않아 당시에는 다른 나라에서도 물론 미국에서도 노동자 인권이라는 개념 자체가 없었다.

대공황이 일어나기 이전인 1920년대 미국의 통화정책은 팽창 기조를 유지했다. 미국이 팽창적 통화정책을 썼던 이유는 크게 두 가지다. 하나는 1921년에 미국 경제가 마이너스(-2.1%) 성장을 하는 등 일시적으로 경기가 후퇴하자 경기를 부양하기 위해 통화량을 늘렸기 때문이다. 또 하나는 제1차 대전 후 미국 달러 가치가 상승하고 영국의 파운드 가치가 하락하였다. 파운드화의 약세가 지속되자 전쟁 전의 환율(換率)을 유지하기 위해 미국이 통화량(通貨量)을 늘렸기 때문이다. 미국 연방준비은행(Federal Reserve Banks)은 1921년 중반에서 1929년 초까지 통화 공급을 60% 이상 늘렸다.

이러한 상황에서 연방준비은행이 갑작스레 팽창적 통화정책에서 긴축적 정책으로 전환하였다. 즉 1929년 후반에 들어 미국 연방준비은행은 인플레이션을 퇴치하기 위해 3년 동안 통화량을 약 30%를 줄였다. 통화정책을 예의주시하고 있던 일부 투자자들이 통화량 감소로 주가(株價)가 하락할 것을 예상하고 주식을 팔고 채권이나 금을 사기 시작했다. 후에 대부분의 투자자들이 연방준비은행의 정책을 인지하고 주식을 내다 팔기 시작하자 주가가 폭락하였다. 이것이 바로 1929년 10월 24일 검은 목요일(Black Thursday)의 주가 폭락이다. 주가 폭락은 대공황의 원인이 아니라 증상이며, 주가 대폭락은 통화정책의 결과이었다. 1929년 10월 24일 '검은 목요일' 뉴욕 주식시장의 주가 대폭락으로 시작된 경제 불황이 미국 전역으로 퍼진 후 전 세계가 오랜 동안 어려움을 겪는데 이를 대공황(Great Depression)이라 부른다.

대공황 시기 동안 수치로 나타난 미국의 경제 실정은 참으로 끔직하다. 대공황이 발생하고 얼마 지나지 않아 미국 증시(證市)의 시가총액의 90%가 증발해버렸다. 1929년 957억 달러였던 국내총생산이 1933년 564억 달러로 59%나 감소해 과거에 이루었던 경제성장이 무색하게 되었고, 산업 생산은 심각한 타격을 입어 50%까지 떨어지는 일이 빈번했다. 1929년 3.2%였던 실업률이 1933년에 24.9%로 치솟았고 루스벨트 임기 첫 8년 동안 실업률은 평균 18%였다. 1929년 320만 명의 실업자가 1933년에 1,283만 명으로 늘어났고 1940년에도 812만 명이 실업자였다. 1929년 8,482 달러였던 1인당 국내총생산이 1942년에 가서야 9,012 달러가 되면서, 12년 만에 이전 수준을 겨우 넘어섰다. 공황기 12년 동안 미국인들은 이전보다 낮은 소득으로 생존했으며 일반적인 물가수준이나 1인당 실질소득을 고려하면 대공황 이전의 소득 수준 향유는 1940년대 후반에 이르렀어야 가능했다. 그야말로 대공황 관련 미국의 잃어버린 15년이었다.

2. 대공황의 원인

1929년 10월 24일 뉴욕 주식시장의 주가 대폭락으로 시작된 대공황으로 전 세계가 오랜 동안 어려움을 겪었는데 도대체 대공황의 발생 원인이 무엇이었을까? 루스벨트 대통령이 추진한 뉴딜 정책이 대공황 극복만을 위한 것은 아니었다. 루스벨트가 추진하고자 했던 정책의 상당수는 대공황이 발생하지 않았더라도 추진했을 정책, 대공황임에도 불구하고 추진했을 정책들이었다.

대공황의 원인에 대해서는 다양한 설명과 견해가 제시되었다.

첫째, 주식과 금융시장의 과열설은 1920년대 초반에는 주식 시장이 급등하면서 많은 사람들이 주식 투자에 열광했다. 이로 인해 주가가 실제 경제 성장과는 전혀 상관없이 대폭 상승했고, 이는 결국 거품을 만들었다가 폭락으로 이어졌다는 주장이다.

둘째, 신용 거품과 부채 증가설은 1920년대 초반에 소비자들과 기업들이 신용을 담보로 투자와 소비를 대폭 늘렸다. 이로 인해 부채가 급증하면서 금융 시스템이 취약해졌고, 이는 금융 위기의 잠재적 원인이 되었다는 견해이다.

셋째, 생산 과잉과 소비 부진설이다. 산업 혁명 이후 생산 기술이 발전하면서 생산물이 과잉 생산되고 있었음에도 불구하고 소득이나 구매력이 있는 소비자들이 상대적으로 적었기 때문에 생산물이 시장에서 팔리지 않았다는 설명이다.

넷째, 무역 보호주의 정책의 확산설이다. 1920년대에 여러 국가들이 자국의 산업을 보호하기 위해 무역 보호주의 정책을 채택하였다. 이로 인해 국제 무역이 제한되고 경제적 교류가 감소했으며, 이는 세계적으로 경제 성장을 저해하는 요소가 되었다는 인식이다.

다섯째, 은행 부실과 금융 위기설로 주식 시장 붕괴와 함께 많은 은행들이 부실하게 되었다. 이로 인해 금융 시스템 전반에 걸친 신뢰성 위기가 초래되어 은행들이 대출을 제한하면서 기업들과 개인들이 자금 조달에 어려움을 겪게 되었다는 견해이다.

여섯째, 정부 정책 실패설이다. 1930년대 초반에는 많은 국가들이 대공황에 대응하기 위해 고율 세금 인상과 자원 보호 정책을 실시하였다. 이러한 정부 정책들이 경제 회복을 저해하는 결과를 초래했고 경제 회복이 더디어 졌다는 설명이다.

이 외에도 금본위제(金本位制)로의 복귀, 무절제한 시장경제, 재정 긴축, 농업 부분의 위축, 프리메이슨-일루미나티(Freemasons-Illuminati)의 비밀결사 음모설, 이윤이 생산의 동기가 되는 사회인 자본주의 사회의 근본 모순 등이 대공황의 주요한 원인이라 언급되는 등 그 수가 엄청 많다.

대공황 발생의 원인으로 이렇게 많은 요인들이 제시된다는 사실은 세계 대공황이 왜 발생했는지는 아직 정확하게는 아무도 모른다는 것을 의미하기도 한다. 물론 완전히 미스터리라는 것은 아니고 여러 사건들이 서로 겹쳐서 발생한 것이다. 즉, 시장의 위축에 따른 비대한 경제 구조의 붕괴와 이를 막아야 할 적절한 정책 부재로 인해 발생된 사건이었다고 정리하면 될 것이다. 평생을 세계 대공황만 연구해 온 전 미국 연방준비제도이사회 의장이었던 벤 버냉키(B. Bernanke)는 1929년의 대공황을 촉발시킨 여러 요인

중 하나로 불안정한 금융 시장과 과도한 주식 가격 상승을 지목했다.

세계 대공황의 예외는 당시 신생 국가이자 공산주의 국가였던 소련이었다. 1928년에 이미 1차 대전 이전의 러시아 제국의 경제 규모를 따라잡은 소련은 성장을 계속했으며 1930년대에 소련은 매년 10%가 넘는 경제성장률을 기록하였다. 효과적인 5개년 계획과 더불어 20세기 초 공산주의의 확산을 경계한 미국·영국·프랑스 등의 연합국 세력이 국제 자본주의 경제에서 소련을 고립시킴으로써 소련 경제는 자력갱생(自力更生)을 하게 되었고, 그 결과 대공황의 영향도 덜 받을 수 있었다.

3. 뉴딜 정책의 주요 내용

루스벨트가 후버 대통령의 정권을 인계받았을 때 미국 경제는 혼돈의 상태였다. 무려 1,300만 명의 실업자가 고통에 신음했고, 600만의 농가가 100억 달러의 부채에 짓눌려 있었다. 수천 개의 지방은행이 파산했고, 23개 주(州)가 지불 정지 상태에 빠져있었다.

이러한 상황에서 세 가지 유형의 경제정책이 예상된다. 첫째는 고전적인 자유방임주의(laissez-faire)로 개인 활동의 성과 덕분에 정상상태(steady state)로 돌아가기를 기대하는 것이고, 둘째는 생산수단의 사유를 금지하는 사회주의 내지 공산주의 방식으로 해결하는 것이고, 셋째는 통제경제 또는 계획경제를 실시하는 것이다. 루스벨트는 세 번째 방안을 택하였고 우선 물가상승을 억제하기 위해 달러를 40% 평가절하했다.

대공황 발생 후 3년이 지난 1932년 대통령 선거가 찾아와 당시 뉴욕 주지사였던 루스벨트가 민주당 대통령 후보로 나섰다. 대통령 후보직을 수락한 루스벨트는 곧장 대선의 최대 이슈인 대공황을 극복하기 위한 정책을 수립하기 위해 각계의 전문가로 구성된 '두뇌집단(Brain Trust)'이라 불리는 정책 자문단을 꾸렸다. 루스벨트는 대통령 임기가 시작되자마자 두뇌집단의 자문을 중심으로 구상된 정책들을 내놓게 되었는데 이것이 잘 알려진 뉴딜 정책이다.

뉴딜은 경제 회복을 위한 루스벨트 대통령의 경제정책을 뜻한다. 후보 지명 수락 연설에서 루스벨트는 "나는 미국 국민을 위한 새로운 판(New Deal)을 만들 것을 약속합니다. …이것은 정치적 캠페인이 아닙니다"라고 말했다. 뉴딜이라는 용어는 루스벨트 대통령이 '미국인을 위한 새로운 정책(A New Deal for the American People)'을 약속한 1932년 대통령 후보 수락 연설에서 따왔다. 뉴딜은 윌슨 대통령의 '새로운 자유 정책을 의미하는 뉴프리덤(New Freedom)'과 시어도어 루스벨트의 '공평한 분배 정책을 의미하는 스퀘어딜(Square Deal)'의 합성어이다. 뉴딜 정책의 지지자들은 이것이 국가를 구제한다고 주장했고 반대자들은 미합중국을 파멸의 길로 이끈다고 비난했다.

뉴딜 정책은 제1차와 제2차로 구분된다. 제1차 뉴딜 정책은 루스벨트가 1933년 3월 백악관에 입성하자마자 "첫 100일"이라 불리는 기간에 의회의 적극적 협조로 미국을 회생시키기 위한 법안들을 통과시키면서 출발하여 1935년까지 추진된 일련의 정책들이다. 제1차 뉴딜 정책은 경제의 전반적인 단기 회복에 초점을 맞추었다.

가장 먼저 통과된 법안은 연방정부가 대폭적인 지원으로 공황 상태에 빠져 있던 은행의 업무를 정상화시키려 한 긴급은행법(Emergency Banking Act)이었다. 루스벨트는 시중은행들이 일시적인 당좌예금 계좌를 이용해 새롭게 발행된 증권을 승인한 것이 주식시장의 폭락과 불황을 일으켰다고 믿고 있었다. 그래서 투자 은행과 일반 은행 영업을 분리시켰다. 예금자들이 예금을 인출하는 사태를 막고 도산한 시중은행 예금자들에게 보상금을 지급하기 위해 연방예금보험공사(Federal Deposit Insurance Corporation)를 설립했다. 이와 비슷한 기관으로 연방 저축대부 보험공사도 만들었다.

또 금본위제 중단을 통해 금의 유출을 막아 통화 안정과 유동성을 확보하는 한편, 또다시 금융 시장이 미쳐 날뛰지 못하도록 제동 장치를 마련하는 증권법을 통과시켰다. 국가가 증권거래를 감시하고, 발행·매매·판매된 증권에 대한 규정을 세우기 위해 증권거래위원회를 만들었다.

루스벨트는 대통령이 되기 전부터 농업 문제에 많은 관심을 가졌다. 그는 농업이 번영해야 진정한 부흥을 일으킬 수 있다고 믿었다. 1933년의 초기 뉴딜 정책 중 루스벨트의 가장 주목할 만한 성과는 5월 12일에 제정된 농업조정법(Agricultural Adjustment Act)과 6월 16일에 제정된 국가산업부흥법(National Industrial Recovery Act)이었다.

다양한 프로그램들이 농업을 대상으로 추진됐다. 농민들로 하여금 농산물 생산량을 제한해 농산물 가격을 상승시켜서 농가 소득을 증가시키고자 했다. 농업조정법에 근거하여 1933년 5월 농업조정청(Agricultural Adjustment Administration)을 설립하였다. 농업조정청은 옥수수, 솜, 유제품, 돼지고기, 쌀, 담배, 밀 등의 국내 총생산량을 통제했다. 농업 생산량 통제를 위해 땅을 놀리는 지주에게 농업조정청이 보조금을 지급했다. 목표는 1910년~1912년 수준까지 농산물 가격을 올리는 것이었다. 이를 위해 목화밭을 갈아엎고, 돼지들을 파묻기도 했다.

초기 뉴딜정책의 두 번째는 국가산업부흥법(National Industrial Recovery Act)을 기반으로 국가부흥청(National Recovery Administration)과 공공근로청(Public Works Administration)을 창설하였다. 공공 고용을 통한 구제사업과 필수적인 공공 사회기반시설을 만드는 두 가지 일을 겸하는 공공근로청은 고속도로와 공공건물을 건설하고 항구를 개보수했다. 농업이 주요 산업인 동남부 지역의 테네시 강에 다목적댐과 발전소를 건설하여 일자리를 창출하고 전력 공급을 늘리기 위해 테네시강 유역 개발공사(Tennessee Valley Authority, TVA)를 설립했다.

1935~1938년에 실시된 제2차 뉴딜 정책은 제1차에서 실패한 정책들을 시정하여 새로운 정책들을 내놓는 한편, 더욱 더 진보적인 과감한 뉴딜 정책을 밀어붙였다. 제2차 정책에서는 뉴딜 정책을 대표하는 공공사업진흥청(Works Progress Administration)을 설치하고, 뉴딜 정책에서 가장 규모가 크고 광범위한 실업 구제 사업을 실시하였다. 지방 정부들과 연계하여 병원, 다리, 공원 등의 시설 공사에 비숙련 일자리를 창출하고, 여기에 더 나아가 음악, 미술, 연극 등 예술 산업에도 손을 뻗쳐 수많은 예술가들을 지원하기까지 했다.

노동의 '대헌장'으로 불리는 와그너법(Wagner Act)은 1935년 여름에 통과되었다. 와그너법은 뉴딜정책의 일환으로 제정된 노동조합 보호법으로 전국노동관계법(National labor Relations Act)이다. 그리고 1936년에는 최저임금과 가산임금 지급을 의무화하는 월쉬-힐리법(Walsh-Healey Act)이 제정되었다. 1938년에는 공정근로기준법을 제정하여 미성년자 노동을 금지시키는 한편 시간당 25센트의 최저임금을 강제로 적용하고, 주 44시간을 초과하는 노동에 대해서는 초과근무수당 지급을 의무화했다.

이러한 법안들은 뉴딜 정책 중에서 가장 영향력이 큰 것으로 한창 때는 330만 명의 실업자들을 고용하기도 했으며, 소수 인종과 여성들에게도 일자리를 제공하기도 하였다. 일부 흑인 예술가들은 이러한 지원을 받아 예술계에 족적을 남기기도 하였다.

공공사업진흥청 외에도 1차 뉴딜을 계승하는 많은 정책들이 도입됐다.

우선 국가산업부흥법을 이어받아 똑같이 단결권, 단체교섭권 등 노동자 권리 증진을 발의한 전국노동관계법(National Labor Relations Act)을 내놓는 한편, 사회보장법(Social Security Act)을 제정하여 국민들에게 연금 등 전반적인 사회 안전망을 제공하는 복지 시스템을 구축하였다. 사회보장법은 65세 이상 은퇴자에 대해 퇴직 수당, 가난한 사람에 대한 재정 지원, 실업보험과 장애보험, 유족 구제 등 광범위한 복지체계를 구축했다. 또한 이러한 정책들의 재원을 뒷받침하기 위해 부유세(Wealth Tax Act)를 도입했다. 1차 뉴딜시기에 이미 63%까지 올린 개인소득세율 최고 세율을 79%까지 다시 올렸다.

4. 뉴딜 정책에 대한 평가

루스벨트는 워싱턴의 심장부에 거대한 행정 기구를 만들고 사회보장이 자선에 따른 선물이 아니라 정당한 권리임을 모두에게 설득함으로써 자신이 오랜 전쟁에서 승리했다고 확신했다. 뉴딜 정책을 평가하는 진정한 척도는 루스벨트 정부가 좌파 정치 연합을 견고히 구축하는 데 얼마나 성공했느냐가 아니라, 미국을 대공황에서 구해내는 데 얼마나 성공했느냐이다.

뉴딜 정책에 대해 가장 비판적인 판정을 내린 것은 2차 공황의 발생이었다. 루스벨트가 대규모 경기 부양책을 동원한 이후 1935~1936년에 경기가 회복하기 시작했지만 금세 동력을 상실했다. 루스벨트가 떠들썩하게 내세운 공공 부문의 일자리 창출은 민간 부문의 일자리 파괴로 상쇄되었다. 1937년 5월, 경기 회복 추세에도 고용률은 1929년 수준의 고용률에 한참 미치지 못했다. 1929년 9,570만 달러였던 미국의 GDP는 1940년에 와서야 1조 140만 달러로 가까스로 회복했으며, 1929년 8.482달러였던 1인당 GDP는 1941년에 10,564달러를 기록해 대공항 전 수준을 회복했다.

루스벨트가 제안한 많은 법안들은 모두 당시 민주당이 다수당이었기에 의회를 쉽게 통과하였다. 문제는 상당수의 뉴딜 정책 관련 주요 법안들이 대법원에서 위헌 판결을 받았다는 점이다. 대법관 중 다수가 보수적이었다는 점도 작용했으나 뉴딜 정책 관련 법안들 자체에 문제가 상당히 있었기에 미국 대법원이 위헌 판결을 내렸다. 여러 뉴딜 정책들 관련 판결에서 연방 정부의 개입에 대해 위헌 판결을 받게 되자 국가산업부흥법, 농업조정법 등 1차 뉴딜의 핵심 정책들이 무산되어버렸다. 중요한 뉴딜 정책을 대법원이 위헌이라고 판결하자 루스벨트는 대법관들을 "너무나 헌법에 대한 자신들의 해석에만 치중하는 완고한 적(敵)"으로 간주하였다.

이에 더하여 추가로 발생한 문제는 대법원의 위헌 결정에 화기 난 루스벨트 대통령이 대법원을 손봐 자기 사람으로 채우기 위해 대통령이 연방 판사 인사권을 쥘 수 있게 하는 법안을 발의하여 의회에 제출하는 초강수를 둔 것이었다. 나이 많은 판사를 젊고 동조적인 판사로 교체해 연방 대법원을 굴복시키려던 루스벨트의 시도는 중도 유권자뿐 아니라 여당인 민주당 지배 의회로부터도 심한 반발을 샀다. 그 법안들이 민주당이 다수당인 의회에서 통과되지 못해 결국 큰 낭패를 당했다. 결국 루스벨트는 자신의 계획을 포기할 수밖에 없었다.

사회주의 진영의 만년 대선 후보였던 노먼 토머스(Norman Thomas)는 뉴딜정책을 '기침약으로 폐렴을 치료하려는' 시도라고 폄하했다. 루스벨트의 초기 뉴딜 정책이 의욕만큼 목표를 달성하는데 성공하지 못한 데는 두 가지 이유가 있다. 첫 번째 이유는 달성하고자 하는 목표들에 일관성이 없었다는 점이다. 한마디로 농민과 노동자를 위한다는 많은 정책들이 목적을 달성하는데 유효한 수단을 동원하지 못하거나, 목적과 수단이 상충하거나, 정책을 추진하는 과정에서 오히려 국가 경제의 원활한 작동에 크게 부담을 주거기도 하였다.

제조업자와 유통업자, 소매업자들은 이윤을 늘리기 위해 원가보다 높은 가격을 원했다. 그리고 노동자들은 실질임금의 증가를 위해 물가보다 높은 임금상승을 원했다. 뿐만 아니라 공산품 가격상승은 농민들의 비용을 상승시켜 실질소득을 감소시켰으나 농업조정법은 농민들의 실질소득 증대를 위해 농산물 가격을 공산품 가격보다 상대적으로 더 상승시키려고 했다. 제조업과 농업에서 실질소득과 이윤이 증가하려면 생산성을 향상시키는 방법밖에 없음에도 불구하고 농업조정법은 경작지 면적을 제한해 농산물 가격을 올려 농민의 소득 증대를 도모했을 뿐이었다.

농업조정법은 농작물의 과잉 생산을 막기 위해 농민들에게 보조금을 지급하며 경작지를 줄이고 과잉 생산된 농작물을 폐기하도록 했다. 경제 대공황으로 인한 대규모 빈곤과 기아 상태가 확산되는 상황에서 식량을 의도적으로 파괴하는 정책은 이해하기 힘들다. 농업조정법은 주로 대규모 농장주들에게 혜택을 주었고, 소작농이나 흑인 농민들은 거의 혜택을 받지 못했다. 일부 농장주들은 소작농들을 쫓아내고 그들의 경작지를 휴경지로 만들어 보조금을 받기도 하였다. 1936년, 미국 대법원은 농업조정법이 헌법에 위배된다고 판결했다. 대법원은 연방 정부가 농업 생산을 통제하는 것이 주의 권리를 침해한다고 보았기 때문이다. 농업조정법 정책은 일부 농민들에게는 혜택이 되었지만, 전체적으로 농업 생산을 줄이는 결과를 초래하여 식량 가격 상승과 소비자 부담 증가로 이어졌고, 이는 경제 회복을 지연시키는 요인으로 작용했다.

1933년에 제정된 국가산업부흥법은 산업을 부흥시키기 위한 다양한 조치를 추진하였다. 국가산업부흥법은 많은 산업 분야에서 가격과 임금을 통제하고, 노동 시간과 조건을 규제했다. 국가산업부흥법이 도입한 많은 규제와 프로그램들이 기업의 자유를 제한하고 결국 경제 회복을 지연시키고 경제 성장을 저해했다. 1935년, 미국 대법원은 국가산업부흥법이 헌법에 위배된다고 판결했다. 대법원은 이 법이 연방 정부의 권한을 넘어섰다고 보았고, 특히 의회가 행정 권한을 과도하게 위임하였기에 국가산업부흥법이 헌법에 위배된다고 판결했다. 일부 분석가들은 국가산업부흥법의 정책들이 기업의 경쟁력을 저해하고, 오히려 경제 회복을 지연시켰다고 평가했다.

뉴딜 정책이 실패라고 주장되는 두 번째 이유는 다음과 같다. 노동자·농민·서민 등을 위한다는 명목으로 추진한 많은 정책들이 당면 과제였던 대량 실업을 제대로 감축시키지 못했고, 노조 결성과 트러스트 해체 등 당시의 급진적인 정책들이 기업들의 경제활동을 억압하고 시장의 자율적 작동을 억압했으며, 재정은 낭비가 컸고 구축효과(crowding-out effect)만을 발생시켰다.

정부 정책의 결과로 불황기의 경제가 점차 회복세로 돌아서는데 성공했으니, 여전히 실업률은 제2차 세계대전이 빌빌하기 전까지는 크게 개선되지 않았다. 뉴딜 정책 막바지였던 1939년의 실업률은 17.2%, 실업자는 948만 명으로 직전 정부 후버 정부 마지막 해인 1933년의 실업률 16.3%, 실업자 802만 명보다 실업 내용이 오히려 악화되었다. 국제연맹은 1930년대 동안 16개국의 실업률을 집계했다. 1929년 미국의 실업률은 가장 낮은 1.0%를 기록했으나 16개국 전체 평균은 5.4%였다. 루스벨트 취임 직전인 1932년 전체 평균 실업률은 21.1%였는데 미국은 24.9퍼센트의 실업률을 기록해 8위로 떨어졌다. 루스벨트 집권 6년차인 1938년 전체 평균이 11.4%였는데 반해 미국은 19.8%의 실업률을 기록해 13위로 떨어졌다.

루스벨트의 최측근이자 재무부 장관이었던 헨리 모겐소(H. Morgenthau. Jr)는 1939년 하원 청문회에서 "우리는 돈을 쓰려고 노력했습니다. 이전에 없던 수준으로 돈을 썼지만 효과가 없습니다. 저는 국민이 일자리를 찾는 모습을 보고 싶습니다. 국민이 식량을 충분히 구하는 모습을 보고 싶습니다. 우리는 약속을 한 번도 지키지 못했습니다. 이번 정부가 집권한 지 8년이 지났지만 처음 시작할 때만큼 실업률이 높습니다. 게다가 부채도 어마어마합니다!"라며 뉴딜 정책이 실업률 인하에 실패했음을 자인했다.

많은 학자들은 루스벨트가 떠들썩하게 내세운 공공 부문의 일자리 창출은 민간 부문의 일자리 파괴로 구축되었을 뿐이었고, 때마침 기적적으로 터진 2차 대전이 아니었더라면 미국 경제는 재정적자와 인플레이션의 딜레마에서 허우적거리고 있었을 것이라고 평가한다.

대공황은 이미 95년 전에 발생한 사건이다. 95년이란 긴 기간에 많은 전문가들이 대공황의 발생 원인과 극복 대책의 타당성에 대해 다양한 연구를 진행했다. 대공황의 원인에 대해서는 정부 정책이 문제였다고 암묵적 동의가 이뤄졌으나, 루스벨트의 뉴딜 정책이 성공했는지 여부에 대해서는 이념적 진영 논리에 따라 서로 다른 주장만 있을 뿐이고 학계에서 수용된 공감대는 없다.

지난 95년 동안 전 세계에서 많은 나라들이 경제위기를 겪었다. 경제 위기가 발생할 때 마다 자연스레 뉴딜 정책이 언급되고 뉴딜 정책과 유사한 정책들이 서둘러 수립 집행되었으나 그 정책들이 위기 시에 적용되어 확실히 성공했다는 사례는 학계에 보고된 적이 없다.

루스벨트의 뉴딜 정책에 가장 근접한 우리나라의 정책은 문재인 정권의 J노믹스였다. '사람중심 경제', '더불어 잘사는 경제'를 표방하며 추구한 5가지 전략으로 (a)소득주도성장을 위한 일자리경제, (b)활력이 넘치는 공정경제, (c)서민과 중산층을 위한 민생경제, (d)과학기술 발전이 선도하는 4차 산업혁명, (e)중소벤처가 주도하는 창업과 혁신성장 등이 제시되었다. 경제

원리에 대한 이해가 크게 부족한 사람들에 의해 마련된 J노믹스는 성장부진, 실업증대, 분배악화, 투자절벽, 혁신약화 등 경제 성장을 저해하고 실업을 증대시키고 양극화를 더 심화시켰다.

불황(不況)이고 진영 갈등이고 뭐고 이 모든 상황을 통째로 전환시키는 큰 사건이 일어났는데, 그것은 바로 제2차 세계대전의 발발이었다. 무기를 대주고 자금을 빌려주면서 간접적으로만 참전하던 미국이, 일본의 진주만 공격으로 제2차 세계대전에 직접 참전하게 된다. 미국 경제가 전시(戰時)경제체제로 전환되고 병력 동원과 전쟁 특수로 대공황은 극복되었다. 1940년 실업률이 14.6% 실업자가 812만 명이었는데, 참전 2차 연도인 1942년에는 870만 명의 용사가 참전함에 따라 실업률이 4.7%로 하락하고, 실업자는 314만 명으로 대폭 줄었다. 1944년 대략 1,500만 명이 참전함에 따라 실업자는 67만 명이었고 실업률은 1.2%가 되었다.

루스벨트의 적극적 정부 개입정책에 대해서는 오늘날까지도 논쟁이 계속 중이다. 주장의 옳고 그름을 떠나 뉴딜 정책은 미국 사회에 남긴 영향은 참으로 막대했다. 뉴딜 정책에서 제시한 복지사회는 이후 공화당의 드와이트 아이젠하워(D. D. Eisenhower) 대통령이 집권한 후에도 관련 정책이 이어졌으며, 1960년 린든 B. 존슨(L. B. Johnson)의 '위대한 사회(Great Society)'에도 커다란 영향을 미치기도 했다.

경제적으로도 미국의 자본주의는 정부의 간섭을 배제하는 자유시장경제체제에서 정부의 역할이 강조되는 혼합경제로 성격이 변하게 되었다. 미국이 혼합경재체제를 강조하며 정부의 경제 개입을 강조함에 따라 미국에 영향을 받은 서구권과 한국 등의 경우에도, 불황이 발생하면 정부가 개입해야 한다는 것을 당연시하게 되었다.

뉴딜 정책이 영국의 경제학자인 케인즈(J. M. keynes)의 영향으로 만들어졌다는 주장이 있기도 하지만, 케인즈의 주도로 수립되지는 않았다. 뉴딜 정책의 실시 시기와 케인즈의 활동 시기가 시차적으로 맞지 않고, 케인즈가 주장하는 내용과 뉴딜 정책의 내용이 궤를 달리하기 때문이다. 뉴딜 정책은 루스벨트가 후보 시절 준비되어 집권하자마자 1933년 초부터 펼쳐졌는데 반해, 케인즈의 그 유명한 저서 《고용 이자 화폐에 관한 일반이론(The General Theory of Employment, Interest and Money)》은 1936년에 출간되었다. 물론 뉴딜정책 후반기에는 케인즈의 주장이 어느 정도 수용될 시간적 여유는 있었다.

케인즈가 경제의 거시적 측면을 다룬 것에 비해 뉴딜 정책은 은행·노동·농업 등 부문별 과제를 다뤘기에 주된 관심의 대상이 크게 달랐다. 루스벨트는 백악관에서 케인즈를 직접 만나기도 했고, 뉴딜 정책을 추진하면서 케인즈가 루스벨트에게 몇 차례 서한을 보내는 등 자문을 해주기도 했다. 그리고 뉴딜정책을 추진하던 정부 관료들 중에서도 케인즈를 추종하는 자들이 있었음을 감안하면 뉴딜 정책과 간접적으로나마 케인즈주의와 접점이 있다고 볼 수 있다. 한 가지 분명한 것은 루스벨트와 케인즈 모두 당대 대단한 좌파였다는 점이다.

사회보장제도, 부자 증세 등으로 사회적 약자를 편들다

뉴딜은 사회적 약자에 대한 배려와 부흥뿐 아니라 사회개혁도 포함하는 것으로, 사회적 안정을 위해 독일에서 1880년대 도입한 질병보험(1883년), 재해보험(1884년), 노령연금(1889년) 등을 본받아 사회보장법을 제정하여 시행한 각종 복지제도들을 도입한 것과 맥락을 같이한다. 경제 대공황으로 의식주에 어려움을 겪는 서민들을 정부가 돌보아야 한다는 현실적 문제가 시급했지만, 루스벨트 대통령과 그의 핵심 참모들은 대공황과 관계없이 그 이전부터 자본주의 시장경제체제를 의심의 눈초리로 바라보고 사회적 정의와 평등을 위해 미국 사회를 구조적으로 근본적으로 개혁을 하지 않으면 안 된다는 판단을 공유하고 있던 사람들이었다.

사회안전망의 핵심 요소인 두 법이 제정되었다. 하나는 대기업으로부터 노동자를 보호하기 위해 1935년 7월 제정된 전국노동관계법(National Labor Relations Act) 일명 발의자의 이름을 딴 와그너법(Wagner Act)이 제정되었고 다른 하나는 질병 재해 노령에 대비한 사회보장법(Social Security Act)이었다.

와그너법은 1933년에 제정된 단결권 단체교섭권 최저임금제등을 규정한 전국산업부흥법이 연방 대법원에의해 위헌판결을 받아 실효됨에 따라 제정된 것이다. 와그너법은 근로자의 단결권 및 단체교섭권을 보호하기 위하여 부당노동행위제도와 교섭단위제도를 설정하였다. 즉 노동조합 설립, 노조의 단체교섭권, 노조의 사측과의 협상권을 인정하는 등 노동자의 권익 향상에 지대한 영향을 미쳤다. 와그너법이 제정됨에 따라 그동안 장외에서 공허한 주장만 일삼던 노동자들이 제도권으로 들어와 합법적인 투쟁과 노동운동을 할 수 있게 되었다. 와그너법으로 말미암아 미국의 노동 운동은 획기적으로 변화했다.

그리고 사회보장법을 제정하여 국민들에게 연금 등 사회 안전망을 제공하는 복지 시스템을 구축하였다. 세계 최초로 사회보장(social security)이란 용어가 공식적으로 사용되었고 사회보장에 대한 연방정부의 책임을 명시하였으며 그 내용도 확대하였다. 루스벨트는 유럽의 몇몇 복지국가들과 마찬가지로 미국에서도 복지제도가 정착되길 바라는 마음이었다. 사회보장법은 공적부조, 사회보험, 보건 및 복지 서비스를 망라하고 있었다. 사회보장법에서는 근로자들의 임금의 일정 부분을 적립하였다가 은퇴 후에 이를 연금 형태로 받음으로써 기본적인 생활을 가능케 하였다.

1935년에 제정된 루스벨트의 사회보장법은 노인·실업자·장애인을 위한 사회 보장을 위해 도입한 중요한 법안으로 제도적 한계와 재정적 부담이라는 측면에서 문제가 있었다. 초기 사회보장법은 농업·노동자·가정부·자영업자 등 많은 직종의 노동자들을 포함하지 않았다. 이로 인해 법안의 혜택을 받지 못하는 사람들이 많았기에 제도의 불완전함과 공정성 문제로 비판을 받았다.

사회보장법은 새로운 세금 제도를 도입하여 재정을 조달했으며, 이로 인해 고용주와 근로자들에게 추가적인 재정 부담을 안겼다. 당시 많은 비평가들은 이 법이 경제 회복 과정에서 기업과 노동자들에게 과도한 부담을 준다고 비판했다. 일부 보수주의자들은 사회보장법이 사회주의적 성격을 띠고 있다고 했고, 연방 정부가 국민의 생활에 지나치게 개입하는 것을 우려했다.

와그너법 및 사회보장법의 제정에는 프랜시스 퍼킨스(Frances Perkins)가 큰 역할을 했다. 루스벨트는 뉴욕 주지사였을 때 퍼킨스를 근로자위원회의 위원장으로 임명했고 대통령에 당선된 뒤에는 노동부 장관으로 임명했다. 퍼킨스는 미국 최초의 여성 장관이었고 12년간 장관으로 재임하며 루스벨트를 도왔다. 루스벨트는 퍼킨스를 책임자로 '경제안전위원회'를 구성했는데 동 위원회의 임무는 노령연금제도, 실업보험, 전국건강보험 등을 의회 회기에 상정할 수 있도록 하는 것이었다. 위원회는 보고서를 대통령에게 전달하고 대통령은 이 안건을 의회에 권고하고 다시 법제화하는 과정에서 몇 번의 수정과 타협을 거쳐 마침내 사회보장법이 의회를 통과했다.

루스벨트는 뉴딜정책을 추진하기 위해서 부자 증세로 불리는 세제개혁을 단행하였다. 루스벨트 정부는 소득세, 상속세 등을 인상시켜 부유층도 경제회복에 기여할 수 있게 하였다. 그는 세금은 개인의 소득과 능력에 따라 과세해야 하므로 부자들이 더 많은 세금을 내야 한다고 보았다. 부자 증세는 부의 불평등 문제를 제도적으로 개선하면서 국민들에게 최소한의 생존권을 보장해 줄 수 있었다. 첫 임기 때 이미 63%까지 올린 소득세율 상한을 79%까지 다시 올렸다. 가장 높은 소득세 세율 79%가 적용되었던 소득 기준은 연 수입 500만 달러였는데 그 금액은 1930년대 기준으로는 비현실적으로 높은 소득이었기 때문에, 당시 이 기준에 부합하는 개인은 미국의 최대 사업가였던 록펠러(J. D. Rockefeller) 1명뿐이었다고 한다.

일부 부유한 계층들이 반발하기도 했으나, 루스벨트는 확실하고 정의로운 부의 재분배만이 미국과 국민들이 다시 일어나게 할 수 있다고 믿고 강력하게 추진했다. 그 결과 강력한 노동자 집단이 민주당과 루스벨트의 정치지지 세력이 되었다. 그 지지 세력은 이후 민주당의 중요한 정치적 자산으로 활용되면서 루스벨트가 네 번 당선되는데 결정적 역할을 하였다.

루스벨트는 시장중심 경제체제에서 자유방임과 저자생존, 빈부격차, 독과점 등의 폐해가 발생하므로 시장경제체제가 부자들과 가진 자, 기득권 계층들에게만 유리하다고 보았다. 루스벨트는 시장경제의 이러한 폐해를 타파하고 혁신하기 위해 노력하였다. 루스벨트는 사회 발전의 기준은 부유한 사람들을 더욱 부유하게 하는 것이 아니라 가난한 사람들을 부자로 만드는 것이라고 보았다. 그는 가난한 자, 노인, 장애인, 흑인, 낙오자 등 희망을 잃은 자들을 위해 다양한 정책을 펼쳤다. 이들에게 최소한의 생계를 보장해 주었으며 희망과 도전이라는 삶의 목표를 갖게 해 주었다. 이 과정에서 시장경제는 질식했고 실업률은 높게 지속되었다.

노변정담으로 국민들과 소통하다

　루스벨트 대통령은 경제공황에 대한 근본적인 해법은 심리적인 것에 있다고 보았다. 그래서 그는 취임 연설에서 "우리가 두려워해야 할 것은 바로 두려움 그 자체뿐이다"라고 호소하며 매주 정기적으로 라디오를 통해 '노변정담(爐邊情談, fireside chats)'을 진행했다. 노변정담을 통한 국민 설득은 지도자가 국민과 소통하는 모범 사례, 대표적 사례이다. 노변정담은 대공황과 제2차 세계대전이라는 위기 상황에서 루스벨트가 국민에게 허물없이 전한 라디오 담화이다. 라디오 방송에서 루스벨트는 경제위기 극복을 위한 긴급 금융조치, 불경기 및 실업 대책, 뉴딜정책, 세계대전 전황, 유럽의 파시즘 등 다양한 현안에 관해 국민들 대다수가 이해하기 쉽도록 간단명료한 화법으로 이야기했다. 담화문을 준비하는 과정에서 거론되었던 구체적인 예시와 비유를 적절히 섞어가며, 최대한 친근감 있는 단어를 선택했으며, 대국민 담화를 시작하면서는 늘 국민들을 "내 친구들(my friends)"이라 부르고, 스스로를 "나(I)"로, 국민들을 "당신(you)"으로 지칭했다. 그래서 듣는 사람이 마치 대통령과 직접 마주앉아 사적인 대화를 나누는 것처럼 느낄 수 있게 했다.

　노변정담은 대통령이 취임 직후인 1933년 3월 12일 은행업에 관한 담화를 시작으로, 1944년까지 총 30회에 걸쳐 저녁 시간에 진행되었다. '노변정담'이라 말은 언론담당 비서관 스티븐 얼리(S. Early)의 말에서 영감을 받아 CBS 방송 경영진 해리 부처(H. C. Butcher)가 작명했으며, 1933년 5월 7일 담화에서 처음 사용되었다. 루스벨트 대통령은 참모들과 벽난로 앞에 둘러앉아 대국민 담화문 초안을 다듬고, 대통령은 암기할 때까지 이를 큰 소리로 읽었다고 한다.

루스벨트 대통령은 불구인 몸으로 대공황과 제2차 세계대전이라는 초유의 양대 위기 과정에서 그는 라디오 방송을 통해 국민들에게 위로와 신념의 메시지를 보냈다. 루스벨트는 보수주의자들과 기득권층의 반발을 줄이고 국민들에게 뉴딜 정책을 올바로 이해시킬 수 있는 방법을 고민하였다. 뉴딜 정책의 성공 여부는 국민들이 얼마나 잘 이해하고 지지하느냐에 달려 있었기 때문이었다.

공식적이고 딱딱한 형식의 담화가 아니라 난롯가에서 친한 사람들과 정담을 나누는 듯한 루스벨트의 솔직담백한 노변정담은 실의와 좌절에 빠져 있던 국민들에게 깊은 감명을 주었고 큰 반향을 불러일으켰다. 루스벨트는 라디오를 활용하여 국민들에게 경제위기를 잘 설명하고 이해와 협조를 구하는 소통이 뛰어난 대통령이었다. 노변정담은 지도자와 국민들 간 소통의 상징이 되었다. 루스벨트는 진정성 있는 소통, 실천하는 의지와 목표를 향해 도전하는 용기 등 리더십의 본질을 보여준 대통령이었다.

연합국의 리더로 제2차 세계대전을 승리로 이끌다

루스벨트 대통령은 미국 역사상 가장 중요한 외교적 인물 중 하나로 평가된다. 그의 주요 외교 업적은 제2차 세계대전에서의 승리를 견인하고, 제2차 세계대전 이후 국제 안보와 협력을 강화하기 위한 국제기구들을 창설하고, 연방정부의 권한을 확대하여 미국의 국제적 위상을 고양한데 있다. 미국의 역대 대통령 중 루스벨트는 가장 적극적으로 외교에 나서서 미국의 지위와 영향력을 강화하는 데 큰 역할을 하였다.

루스벨트 대통령이 연임에 성공하여 대공황을 극복하기 위해 노력하고 있던 중 1939년 9월 독일이 폴란드(Poland)를 침략하면서 2차 세계대전이 시작되었다. 대전 초반만 하더라도 미국은 다른 나라의 전쟁에는 관여하지 않는다는 중립주의를 고수하였다. 루스벨트도 가능하면 전쟁을 피하고, 전쟁이 일어나더라도 미국은 개입하지 않는다는 생각을 갖고 있었다. 하지만 1940년 독일이 프랑스를 점령하고 영국을 공습하기 시작하자, 참전 여부를 놓고 논란이 일었고 50대의 낡은 구축함을 영국에게 제공했다.

1941년에 발효된 '무기대여법(Lend-Lease Act)'에 따라 미국은 1941년부터 1946년까지 영국과 다른 연합국들에게 약 5천억 달러 가치의 무기와 전쟁 물자를 제공했다. 같은 해 8월에 루스벨트는 영국 처칠 수상을 만나 '대서양 헌장(Atlantic Charter)'을 작성하고 공동의 원리에 대한 8가지 사항에 합의하였다.

1941년 12월 7일 일본군이 하와이에 주둔해 있던 미국의 태평양 함대를 기습 공격하자, 미 의회에서 12월 8일 일본에 선전포고를 하였다. 그러자 3일 뒤에는 일본과 동맹관계를 맺고 있던 독일과 이탈리아가 미국을 상대로 선전포고를 하였다. 루스벨트는 국민들과 모든 기업에 전시 동원령을 내리고 전시 체제에 돌입하였다. 루스벨트는 탁월한 리더십으로 참전을 위한 국론을 통일하고, 유럽과 태평양 전쟁에서 승기를 잡기 시작했다.

루스벨트는 연합국을 지휘하는 핵심 지도자로서 역할을 하였다. 이 과정에서 관계 정상들과 수많은 회담을 하였다. 1941년 8월에 개최된 포츠담(Potsdam) 회담에서 루스벨트 대통령은 윈스턴 처칠 수상을 만나 미국이 독일에 대해 간접적으로 전쟁에 참여하고, 영국에게 중요한 군비와 식량 지원을 약속하였다. 1943년 1월에 개최된 알제리 카사블랑카(Casablanca) 회의에는 미국 루스벨트, 영국 처칠 수상, 프랑스 드골 장군 등이 참석하여 독일과 일본에 대한 연합군의 공격 전략과 전쟁 후 국제 안보체계에 대해 논의하였다. 그리고 유럽 전선에서의 연합군 작전을 논의하고 독일의 패망

이후 유럽의 분할과 점령에 대한 계획이 의논된 것은 1943년 8월에 개최된 퀸시(Quincy) 회담이었다.

　루스벨트, 처칠, 스탈린이 참석한 1943년 10월의 모스크바(Moskva) 삼상회담에서는 독일과의 전쟁에서의 연합군 작전을 협의했는데 이 회담은 유럽에서의 연합군의 전략을 결정하는 중요 회담 중 하나였다. 1943년 11월에 개최된 카이로(Cairo) 회담에서 루스벨트, 처칠, 장개석은 일본에 대한 전쟁에서 독립적인 행동을 약속받고 전쟁의 종료 후 일본의 영토와 재건에 대해 논의했다.

　임기 초 대공황 대처를 위한 뉴딜 정책 추진 과정에서 그러했듯이 루스벨트는 추축국을 상대로 한 전쟁에서도 많은 초헌법적 권한을 사용했다. 가격과 임금에 대해 엄격한 통제가 이뤄졌고, 수천억 달러가 유용되었으며, 수백만의 전투군인이 징집되었다. 각종 검열제도가 만들어졌고, 수만 명에 달하는 일본계 미국인들이 내륙지방에 감금되었다. 1943년 미국은 1천만 명 이상의 전투군을 전쟁에 파견하였는데 이로서 추축국과의 전쟁에서 승리할 수 있었다.

　제2차 대전이 끝나가던 1945년 2월 루스벨트, 스탈린, 처칠은 소련 크림반도의 얄타(Yalta)에서 회담을 가졌다. 얄타 회담의 목적은 나치 독일의 항복을 받아낸 뒤 다른 패전국이나 해방되는 국가들의 처리 방향을 결정하는 것이었다. 전후 처리 문제가 본격적으로 논의하기 시작했지만 1945년 5월 8일 독일이 항복하기 직전인 루스벨트는 1945년 4월 12일에 뇌출혈로 사망하였다.

　루스벨트 대통령의 가장 장 중요한 외교적 업적은 제2차 세계대전에서 연합국을 이끌어 전쟁을 승리를 장식한 것이고, 그의 역사상 가장 중요한 두 번째 외교적 업적은 제2차 세계대전 이후 국제 안보와 협력을 강화하기 위해 유엔(UN)과 국제통화기금(IMF) 및 국제부흥개발은행(IBRD) 등의 국제 기구를 앞장서 창설한 것이었다. 독일과 일본의 패배가 확실해진 뒤 전후 세계의 금융질서를 세우기 위해 제2차 세계대전 중 1944년 1월 미국 뉴햄 프셔주 브레턴우즈(Bretton Woods)에서 44개 국가와 정부를 비공식으로 대 표하는 전문가들이 참석하는 회의 개최를 주도했다. 브레턴우즈 회의의 공 식 명칭은 '연합국의 통화 및 금융회의(United Nations Monetary and Financial Conference)'였다.

전후 국제금융 질서를 만드는 IMF와 IBRD 설립 논의가 진행된 브레턴 우즈 회의의 주역은 영국 대표였던 세계적인 경제학자 케인스(John Maynard Keynes)와 미국 재무부의 관료인 화이트(Harry White)였다. 가장 논쟁이 컸던 IMF의 설립을 두고는 케인스와 화이트 간 논쟁이 치열했으나 브레턴우즈 체제의 탄생을 두고는 루스벨트의 명참모 한스 모겐소 재무장관의 역할이 컸다. 회의 결과 외국의 원조가 시급한 나라에게 공급되는 장기자본을 마 련하기 위해서 IBRD를 세우고, 환율안정을 위해 국제수지상의 불균형을 시정하는 데 필요한 금융지원을 하기 위해 IMF을 창설하기로 했다. 루스벨 트는 제2차 세계대전 이후 국제 평화와 안전을 위해 국제기구인 유엔의 설 립을 촉진하는 데도 큰 역할을 했다. 1945년 유엔 창립 회의에서 루스벨트 대통령의 영향력과 노력으로 유엔 설립이 이뤄졌다. 각국 정부의 승인을 얻은 뒤 IBRD는 1945년 말에 그리고 IMF는 1946년에 설립되었는바 이 모두 루스벨트 사후에 이뤄졌다.

1941년 12월 7일 일본군이 하와이의 태평양 함대를 기습 공격한 것은 비록 미국 본토 공격은 아니었으나 미국의 건국 이래 전무후무한 미국에 대한 직접적 공격이었다. 자존심이 크게 상했을 것임은 틀림없으나 지도자 와 국민이 합심해 태평양 전쟁에서 승리해 제2차 세계대전을 마무리했다.

제2차 세계대전이라는 극도의 긴장 상황 속에서 이루어진 것이지만, 전쟁 중 루스벨트 대통령은 한 가지 큰 실책을 했다.

1942년 2월 루스벨트 대통령은 행정명령으로 11만 2천(이 중 약 70%가 미국 시민) 명의 일본계 미국인들을 강제로 '집결수용소(concentration camp)'에 투옥시켰다. 일본계 미국인들이 처한 조건은 나찌의 죽음의 수용소에서의 조건들과는 사뭇 다르긴 했으나, '집결수용소'라는 같은 딱지가 붙여졌다. 이 정책은 주로 인종적 편견과 두려움에 기초한 것이었다. 루스벨트 대통령이 자유와 '보통 사람'에 대해 헌신했음이 사실이긴 하지만 이 한 가지 명령은 치명적 실수였다. 전시 이주청(War Relocation Authority)과 군부는 협력하지 않는 사람들에게 무력을 사용하기도 하였다. 피수용자 모두가 담장에서 최소한 3미터는 떨어져 있어야 한다는 것을 포함해서, 규칙들은 포괄적이었다. 전체적으로, 병사들은 무장하지 않은 7명의 수용자들을 총을 쏴서 죽였다.

수용소로 보내진 일본계 미국인들은 자신의 집, 농장, 사업체 등을 잃게 되었고, 이로 인해 막대한 경제적 손실을 입었다. 헌법적 권리와 자유가 침해되었다. 1988년 미국 의회는 '시민 자유법'을 통과시켜 이 정책이 잘못되었음을 인정하고, 생존자들에게 공식적으로 사과를 하였으며 보상금을 지급했다. 당시 정책이 큰 실수였음을 공식적으로 인정했음에도 인권 침해와 인종 차별적 요소로 인해 역사적으로 큰 비판을 피할 수 없었다.

공산주의자 스탈린을 제대로 파악하지 못한 루스벨트

루스벨트가 임기 초기에 대적한 사람은 아돌프 히틀러였고 임기 후반에 주로 상대한 인물은 조셉 스탈린이었다. 1933년에 루스벨트는 미국 대통령에 취임했고 히틀러는 독일 수상이 되었기에 같은 해에 통치하기 시작했다. 대공황 전 12년 동안 집권한 공화당의 실정에 대해 루스벨트는 취임사에서 이전 정권의 실정을 비판하지 않았는데 반해, 히틀러는 바이마르 정권의 부패와 타락이 문제라 하며 이전 정권의 무능과 실정을 신랄하게 비판하였다. 처칠 수상과 달리 임기 초반기에 루스벨트는 히틀러의 위협도 스탈린의 위협도 인식하지 못했다.

루스벨트는 미국의 대통령으로서 히틀러와 스탈린의 전체주의를 후반에는 증오했을지 몰라도 초반에는 상당히 우호적이었다. '우리 시대를 위한 평화(peace for our time)'라는 문구로 널리 알려진 뮌헨 협약은 체코슬로바키아의 주데텐란트 지역을 독일에게 양도하는 대신 독일이 더 이상 영토 확장하지 않는다는 약속인데, 루스벨트 대통령은 그 뮌헨 협약을 지지했을 뿐만 아니라 자신의 지지정책을 자랑스럽게 여겼다. 1933년 말 히틀러가 총통 자리에 오르자 주미 독일대사에게 히틀러가 독일을 이끌 적임자라고 추켜세우기도 했다.

루스벨트는 언젠가는 공산주의가 세계를 지배할 것이기에 미국은 소련과 대결하지 말고 소련과 협의해 세계문제를 해결해 나가지 않으면 안 된다는 친공(親共), 친소련적인 생각을 갖고 있었다. 루스벨트는 마지막까지 스탈린에게 신뢰감을 주려고 노력했으며, 전쟁을 승리로 이끌기 위해서 그리고 전후 평화로운 세계질서를 구축하기 위해 스탈린을 포용해야 한다고 믿었다.

루스벨트는 집권 첫해에 소련과 정상적인 외교 관계를 맺었다. 루스벨트와 스탈린은 제2차 세계대전 시기에 중요한 역할을 한 두 정상이다. 그들 간의 관계는 복잡하며, 주로 전략적 협력과 대립으로 특징지어진다. 제2차 세계대전에서 미국, 영국, 소련은 연합국으로서 독일과 일본을 상대로 전쟁에 참여했기에 루스벨트와 스탈린은 동맹의 관계였다. 그러나 유럽전선에서는 미국과 소련은 서로 총부리를 겨눈 적대관계(敵對關係)였다. 루스벨트와 스탈린 간에는 이념적, 정치적 차이와 갈등도 있었다. 루스벨트와 스탈린은 전략적 협력자인 동시에 정치적, 이념적 갈등을 피할 수 없는 관계였다.

루스벨트가 공산주의의 실체와 스탈린의 의도를 정확히 파악하지 못했던 사례가 생각보다 많이 발견된다. 1943년에서 1945년까지 전후 유럽 문제를 놓고 연합국이 몇 차례 회담을 열었는데, 여기서 부분적으로 소련이 북유럽 국가를 병합하여 지배할 수 있다는 이야기가 나왔다. 다른 지도자들이 스탈린에 대해 그가 유럽 일부 지역을 지배할 수 있다고 경고했을 때 루스벨트는 스탈린과 자신의 관계를 단적으로 드러내는 말로 대답하였는데 "나는 스탈린이 그런 사람이 아니라고 생각한다. 노블레스 오블리주(Noblesse Oblige)에 따라 그는 아무것도 빼앗지 않고 나와 함께 세계의 자유민주주의와 평화를 위해 일할 것이다"라고 말했다고 한다. 루스벨트의 오판이었다.

루스벨트는 제2차 세계대전을 속히 종결시켜야 한다는 판단에서 소련에 도움을 요청하였다. 미국 내부의 반공주의 인사들의 반대에도 그는 미 의회에 소련을 지원해 줄 것을 요청하였다. 일각에선 루스벨트가 제2차 대전 당시 소련의 힘을 과대평가해 스탈린에게 너무 유화적이었던 것 아니냐고 비판하는 시각도 존재한다. 실제 제2차 대전 기간 서방 진영 지도자들 가운데 소련에 상대적으로 가장 호의적이었던 지도자는 루스벨트였다. 그는 소련의 독일 분단안과 동유럽 공산화에 국민투표 등 몇몇 조건을 달긴 했지만 적극적으로 반대는 하지 않았고, 대 일본 전선에서도 소련의 참전을 독촉하며 극동에서 소련의 지분을 용인했다. 2차 대전에서 승리가 확정된 1945년 2월에도 루스벨트는 소련의 대일전선 참전을 독촉할 정도였다. 결국 소련의 부상과 냉전의 성립에는 루스벨트의 책임이 어느 정도는 존재한다.

놀랍게도 루스벨트는 1941년 7월 소련에 친선 사절단을 파견하였다. 사절단의 이름은 '루스벨트 사절단'이었다. 이 사절단의 주요 목적은 미국과 소련이 독일의 침공으로부터 서로를 보호하기 위한 전략적 협력 강화, 미국의 소련에 대한 군사적 지원 제공과 관련하여 양국 간의 협력과 신뢰 확립을 위한 소통, 소련의 전략적 목표와 우려를 이해하기 위한 전략적 이해 교환 등 세 가지였다. 대공황 기간 동안에 약 10만 명의 미국인들이 소련으로 이민 신청을 했고, 이는 당시 경제발전을 위해 숙련공이 필요했던 소련에게 큰 도움이 되었다.

히틀러가 폴란드를 침공한 2년 후인 1941년 6월 22일 히틀러가 소련마저 침공하자 루스벨트는 공산주의에 대한 경계심을 풀고 미·영·소(美英蘇) 대동맹을 결성하여 공산 독재자 스탈린과 손잡았다. 루스벨트가 1941년부터 1945년 9월까지 소련에 제공한 군수지원은 항공기 1만 4,834대, 전차 1만 3,000대, 트럭 42만 7,000대, 지프 5만 대, 철강 200만 톤, 상선 95척, 양곡 899만 톤 등 막대한 양이었다. 루스벨트 대통령은 재임 중 소련을 향해 미국판 '햇볕정책'을 시행하여 대대적인 무기 제공, 군수지원을 했다.

제2차 세계대전 후반기에 루스벨트는 어떤 희생을 치루더라도 소련과 신뢰관계를 맺고자 애썼다. 1945년 2월 얄타회담에서 그는 소련이 베를린까지 진주하는 것과 폴란드에 광대한 독일 영토를 돌려주는 것도 허용했다. 또 발칸반도의 여러 나라에 공산주의 정부를 세우는 것도 허용함으로써 그는 스탈린과 우호관계를 맺고자 했다. 소련이 일본과의 전쟁에 개입한 대가로 소련에 만주와 북한을 양여하기도 했다.

루스벨트는 소련에 거의 무제한에 가까운 무기대여 및 군수지원 정책을 추진했다. 말하자면 루스벨트는 히틀러라는 "악(惡)"을 물리치기 위해 스탈린이라는 거악(巨惡)과 손잡은 셈"이었다. 《루스벨트의 친소정책》이란 저서에서 이주천 교수는 루스벨트가 "스탈린의 흑심을 제대로 파악하지 못하고 군수 지원을 제공한 덕에 결국 소련의 힘을 키워 전후(戰後) 냉전체제 성립에 간접적으로 기여했다"고 비판했다.

루스벨트는 제2차 세계대전의 끝이 보이는 1944년부터 종전 후 국제 안보와 협력을 강화하기 위해 유엔 (UN)과 국제통화기금(IMF) 및 국제부흥개발은행(IBRD) 등의 국제기구의 창설을 앞장서 주창하고 스탈린을 포함 주요국 정상들과 긴밀히 논의하였다. 루스벨트를 놀라게 한 사실, 아니 어쩌면 당연한 사실은 소련 즉 스탈린이 IMF와 IBRD 창설 비준을 거부했다는 것이었다. 루스벨트는 살아생전에 대전 후에 소련과의 상호 협조에 대해 순진하게도 매우 관용적이었다. 영국의 처칠 수상은 일찌감치 소련의 동유럽 장악과 철의 장막을 예견하고 있었던데 반해 루스벨트 대통령이나 그의 뒤를 이은 트루먼 대통령은 1938년 히틀러의 폴란드 침공에 눈을 감고 유화정책으로 일관했던 영국 수상 체임벌린(Arthur Neville Chamberlain)만큼이나 순진하게 스탈린을 믿었다.

정책의 수립과 집행에 전문가 참모들을 적극 활용하다

루스벨트는 무엇이 미국을 병들게 했는지 그리고 어떻게 병을 고칠 것인지 안다고 확신하는 지식인을 주위에 두었다. 이른바 두뇌위원회(Brain Trusters)로 불리는 그들은 1920년대 말과 1930년대 초에 루스벨트 주위로 모여든 좌파 진보적 학자와 법률가들이었다.

루스벨트는 학계에서 전문가 참모들을 대거 기용한 미국의 첫 번째 대통령이었다. 시사주간지 〈타임(Time)〉지는 2008년 20세기 미국의 가장 뛰어난 각료 10여 명을 선정, 발표했다. 20세기 100년 동안에 봉사한 그 수많은 장관 중 루스벨트가 임명한 장관이 가장 뛰어난 각료 10명 중에 두 명이나 포함되어 있다. 그들은 해럴드 아이커스(H. L. Ickes) 내무장관과 헨리 모겐소 주니어(H. Morgenthau Jr.) 재무장관이다.

루스벨트의 친밀한 참모들은 그의 정책들에 중대한 영향을 미쳤다. 그들의 정책적 통찰력과 행정적 기술은 뉴딜 정책의 입안에 큰 영향을 미쳤고 제2차 세계대전 후 새로운 국제질서 형성에 기여했다. 그들은 또한 루스벨트를 국제무대에서 뛰어난 지도자로 만드는 데 크게 도움을 주었다. 이 참모들 각자는 자신의 독특한 강점과 전문 분야를 가지고 있었다. 그들의 집단적인 지성과 노력은 미국 역사상 대통령 루스벨트의 유산(legacy)을 만들어 냈다. 루스벨트의 성공은 부분적으로 그가 능력 있고 헌신적인 참모들의 지원을 받은 덕분이었다. 한 가지 주목할 사실은 루스벨트 행정부가 출범하면서 의회가 이끌던 미국의 정책 주도권이 행정부로 넘어가고 연방정부의 영향력이 급격히 확대되기 시작했다는 점이다.

루스벨트는 미국의 자본주의를 바로잡기 위해서는 과도한 기업 활동을 규제하고 근로자에 대해 사회 안전망을 마련해야 한다는 가장 강력한 정부 개입주의자였다. 그를 도운 참모들 또한 '보이지 않는 손을 주장하는 자유방임주의 고전 경제학은 한계가 있다고 보고 계획에 의한 경제정책이 필요하다'는 주장을 하는 일군의 학자들이었다. 루스벨트를 에워싼 학자들 중 중요한 집단은 제도주의 경제학자로 렉스포드 턱웰(R. Tugwell), 아돌프 벌(A. A. Berle), 가디너 민스(G. C. Means), 레이먼드 몰리(R. Moley) 등으로 이들이 루스벨트의 두뇌집단의 주축이었다.

루스벨트 행정부가 출범할 때부터 그의 가장 가까운 보좌관이자 믿음직한 친구는 루이스 하우(L. M. Howe)였다. 전직 기자였던 그는 대통령 가까이에 있었던 참모들 중에서도 가장 영향력 있는 사람이었고, 동시에 루스벨트의 성급한 판단력을 제지해 준 사람이었다. 루스벨트가 소아마비에 걸리자 그의 어머니 사라는 그가 공직에서 은퇴하기를 원했지만, 그의 아내와 절친한 친구이자 정치적 고문인 루이스 하우의 설득으로 루스벨트는 정치를 계속하기로 결정했다.

루스벨트의 가장 가까운 참모이자 가장 신뢰할 수 있는 조수였던 해리 홉킨스(H. Hopkins)는 1933년에서 1945년 루스벨트가 사망할 때까지 여러 부문에서 그를 보좌했다. 홉킨스는 1931년에 뉴욕시의 빈민을 구휼(救恤)하는 데 일조한 사회사업가였다. 그의 업적에 감명을 받은 루스벨트는 1933~1934년 겨울 대규모 연방 빈민구휼작업을 수행하도록 그를 워싱턴으로 데려왔다. 홉킨스는 현실적인 문제 해결사였으며, 뉴딜 정책과 제2차 세계대전 승리에 많은 역할을 했다. 그는 영국 수상 윈스턴 처칠과 소련 지도자 조셉 스탈린과의 루스벨트의 관계를 촉진하는 역할을 담당했다.

루스벨트는 뉴욕 주지시 당시 프렌시스 퍼긴스(F. Perkins)를 주 근로자위원회의 위원장으로 임명했는데, 여성으로서는 처음이었다. 그리고 대통령에 당선된 뒤에는 퍼킨스를 노동부 장관으로 임명했다. 그녀는 노동권과 사회 정의에 헌신했는데 뉴딜의 사회안전망의 핵심 요소인 와그너법과 공정근로기준법, 사회보장법, 최저임금법과 같은 중요한 노동법들을 만들어 시행하는 데 일조했다.

레이몬드 몰리(R. Moley)는 컬럼비아 대학의 정치학과에서 공법을 가르쳤다. 그는 기업들이 사회적 책임을 지도록 장려하고 이들 기업의 관행을 개혁하도록 요구하기 위해 정부와 기업의 협력을 주장했다. 몰리는 경제 참모 중 한 명으로, 뉴딜 정책의 중요한 아이디어를 개발하고 대통령에게 많은 조언을 했다. 몰리는 특히 근로자의 권리를 강화하는 노동 관련 정책에 대해 주로 자문했다.

아돌프 벌(A. A. Berle)은 컬럼비아대학의 법학 교수였다. 그는 1932년에 가디너 민스(G. C. Means)와 함께 《현대 기업과 사유재산》이라는 책을 저술했다. 그들은 공저에서 대기업의 성장을 위해서는 기업들의 소유권과 지배력을 효과적으로 분리해야 한다고 주장했다. 벌의 핵심 주장은 정부가 규제하지 않으면 기업이 공공선을 중대하게 위협한다는 것이었다. 따라서 대기업들의 사회적 책임을 더욱 폭넓게 구체화한 경제계획을 통해서 연방정부가 더 많은 영향력을 행사해야 한다고 주장했다.

컬럼비아대학의 경제학 교수로 농업경제를 전공한 렉스포드 턱웰(R. Tugwell)은 몰리나 벌보다는 조금 더 급진적인 경제계획자였다. 턱웰은 자유로운 시장은 무질서한 방법으로 경제를 구성하고, 시장 활동으로 생긴 이익은 자유로운 시장에서 기업을 지배하고 있는 곳에 집중된다고 믿었다. 유럽의 농업을 연구하러 간 턱웰은 구소련에서 정부의 계획이 농업을 성공시키는 비결이라는 확신을 얻고 돌아왔다. 그래서 턱웰의 해결책은 국가경제계획의 집산주의적 형태였다. 몬테나주립대학의 밀번 윌슨(M. L. Wilson) 교수 역시 농업경제 전문가였는데, 그의 주된 관심사는 농민들에 대한 사회적 정의 실현 문제였다.

시카고 출신의 자유공화당 변호사 해럴드 아이케스(H. L. Ickes)는 내부무를 이끌고 뉴딜 정책의 공공사업진흥청을 지휘했다. 아이케스는 토지부 장관을 역임했으며 열렬한 진보주의자로 환경 보호와 자원 보존에 대한 열의로 자연보호 단체들의 옹호자가 되었다. 그는 1933년부터 1945년까지 내각에서 일하며 인기 있는 뉴딜 정책인 테네시 밸리 관리공사(TVA)를 창설하는 데 중요한 역할을 했다. 국립공원국 창설과 멸종 위기종 보호를 위한 조치 시행은 아이케스의 노력의 결과였다.

루스벨트 대통령은 제2차 세계대전 기간 동안 국방 분야의 전문가들을 중요한 직책에 임명했다. 조지 C. 마샬(G. C. Marshall)은 미국 육군 장관으로서 중대한 역할을 하였으며, 웨인 모스(W. Morse)는 해군 장관으로 활약했다. 코델 헐(C. Hull)은 루스벨트의 국무장관을 역임한 존경받는 외교관이었다. 그는 국제협력과 평화의 강력한 옹호자였으며, 1944년 노벨 평화상을 수상했다. 헐은 제2차 세계대전 동안 미국 외교 정책의 형성에 중추적인 역할을 했으며, 그의 국제협력과 평화에 대한 노력은 유엔 창설의 기초를 놓았다.

헨리 모겐소 주니어(H. Morgenthau Jr.)는 루스벨트의 재무장관을 역임한 은행가이자 공무원이었다. 그는 뉴딜 정책의 자금 조달에 중요한 역할을 했으며 전쟁 수행을 위한 자금을 조달하는 데도 도움을 주었다. 모겐소는 달러의 평가절하를 유도하기 위해 달러와 금의 연결고리를 끊고 1933년 4월 19일 금본위제 탈퇴를 선언했다. 그는 전쟁 비용을 마련하기 위해 화폐를 발행하기보다는 증세를 추진했다. 모겐소는 브레턴우즈 체제의 탄생을 기획 감독하고 의회인준 과정에서 탁월한 정치력을 발휘했다. 그는 전쟁 중 발생한 유대인 난민들을 돕기 위해 미국전쟁난민위원회를 설립하는 데 앞장섰다.

루스벨트가 즐겨 읽은 책들과 저술한 책들

프랭클린 루스벨트 대통령은 독서광으로 알려져 있다. 루스벨트는 어린 시절부터 러디어드 키플링(Rudyard Kipling)의 《정글 북(The Jungle Book)》을 좋아했는데 이 책은 그의 상상력과 모험심을 자극했다. 찰스 디킨스(Charles Dickens)의 작품도 즐겨 읽었으며, 특히 《위대한 유산(Great Expectations)》과

《두 도시 이야기(A Tale of Two Cities)》를 좋아했다. 디킨스의 사회적 이슈와 개혁에 대한 관심은 루스벨트의 사회적 정책에 영향을 주었다. 손턴 와일더(Thornton Wilder)의 《우리 마을(Our Town)》은 루스벨트에게 작은 마을의 삶과 공동체 정신을 상기시켜 주었으며, 그의 지역사회 정책에 영향을 미쳤다.

루스벨트는 알프레드 테니슨(Alfred Tennyson)의 시를 즐겨 읽었으며, 그의 시에서 용기와 희망을 찾았다고 한다. 헨리 애덤스의 《헨리 애덤스의 교육(The Education of Henry Adams)》은 루스벨트에게 정치적 통찰과 역사적 관점을 제공했고, 애덤스의 회고록은 그에게 깊은 인상을 주었다. 루이스 캐럴(Lewis Carrol)의 《이상한 나라의 엘리스(Alice's Adventures in Wonderland)》를 통해 유머와 상상력의 중요성을 배웠으며, 이를 통해 복잡한 문제를 유연하게 접근하는 방법을 배웠다.

루스벨트는 존 번연(John Bunyan)의 《천로역정(The Pilgrim's Progress)》을 통해 도덕적 교훈을 얻었으며, 그의 신앙과 가치관 형성에 중요한 역할을 했다. 루스벨트는 그의 먼 사촌이자 전 대통령인 시어도어 루스벨트의 글을 즐겨 읽었으며, 그의 정치 철학과 리더십 스타일에 많은 영향을 받았다. 클레먼츠 마컴(Clements R. Markham)의 《인카의 마지막 계곡(The Last Valley of the Incas)》은 루스벨트에게 역사와 탐험에 대한 열정을 불러일으켰고, 대니얼 디포(Daniel Defoe)의 《로빈슨 크루소(Robinson Crusoe)》를 통해 생존과 독립의 중요성을 배웠다.

루스벨트는 여러 권의 책을 집필하거나 공저하였는데 주로 정치, 역사, 사회적 이슈에 관한 것들이었다. 《루스벨트의 사상과 기대(Looking Forward)》는 루스벨트의 사상과 정책을 설명한 책으로 그의 정치적 철학과 뉴딜 정책의 기초를 이해하는 데 중요한 자료이다. 《우리 방식(On Our Way)》은 루스벨트의 초기 대통령 임기 동안의 정책과 성과를 다룬 책으로 뉴딜 정책과 미국의 경제 회복 계획에 대해 자세히 설명한다.《행복한 전사(The Happy Warrior)》는 루스벨트가 1928년 뉴욕 주지사 선거에서 승리한 후 쓴 책으로, 정치적 리더십과 공공 서비스에 대한 그의 관점을 담고 있으며,《어디로 향하나(Whither Bound?)》는 루스벨트가 뉴욕 주지사 시절에 쓴 에세이로, 미국의 정치적, 사회적 방향에 대한 그의 생각을 담고 있다.

《루스벨트의 회고록(The F. D. R. Memoirs)》은 그의 정치적 경력과 대통령 재임 기간 동안의 중요한 사건들을 다룬다. 루스벨트는 직접 이 책을 저술하지는 않았지만, 그의 글과 연설을 바탕으로 구성되었다.《루스벨트 서한집(The Roosevelt Letters)》은 루스벨트가 친구, 가족, 동료들에게 보낸 편지들을 모은 책으로 그의 개인적이고 인간적인 면모를 엿볼 수 있다.《FDR의 공적 문서와 연설(The Public Papers and Addresses of Franklin D. Roosevelt)》은 사무엘 로젠먼(Samuel I. Rosenman)이 편집한 13권 시리즈로 루스벨트의 연설, 성명서, 기타 공식 문서들을 모아 놓은 것으로 그의 대통령 재임 기간 동안의 주요 사건과 정책들을 다룬다.《대 의회 전쟁 메시지(War Messages to Congress, 1942-1945)》는 루스벨트가 제2차 세계대전 동안 의회에 보낸 여러 전쟁 메시지와 연설들을 모은 책으로 전쟁 중 중 그의 리더십과 전략을 이해하는 데 중요한 자료이다.

프랭클린 루스벨트 대통령의 명언들

"나는 확고한 나의 신념 하나를 밝히려 한다. 우리가 두려워해야 할 것은 두려움 그 자체다. 즉, 후퇴를 전진으로 전환하는 데 필요한 노력을 무력하게 만드는 익명의, 까닭 모를, 정당하지 않은 두려움이 바로 그것이다."

"미국이 겪고 있는 현재의 경제위기가 본질적인 실패에서 온 것이 아니며, 미국은 아직도 감사해야 할 것들이 많이 있다."

"미국 국민 대부분은 두 가지 위대한 속성을 지니고 있다. 바로 유머 감각과 균형 감각이다."

"우리는 그 어떤 억압, 불의, 증오도 우리 문명을 공격하기 위해 의도된 쐐기라는 점을 명심해야 한다."

"진정한 의미에서 자유는 부여될 수 없으며, 쟁취해야 한다."

"모든 사람을 획일화하는 정부 체계를 만들려는 일부 통치자들은 이것을 새질서라고 부른다. 하지만, 이것은 새롭지도 않고, 질서도 아니다."

"미국은 거대한 민주주의의 병기창이 되어야 한다. 우리는 전쟁과도 같은 비상사태에 있다. 전쟁에서 보여주는 애국심과 희생정신을 가지고 우리의 임무에 최선을 다해야 한다. 나는 전쟁을 일으킨 추축국들이 결코 전쟁에서 승리하지 못할 것이라고 믿는다."

"진보의 시험대는 많이 가진 자에게 더 얹어주고 있느냐가 아니라, 적게 가진 자에게 충분히 보태주고 있느냐이다."

"할 말이 없는 사람에게는 표현의 자유가 필요 없고, 신을 믿지 않는 사람에게는 종교의 자유가 필요 없다."

"우리가 항상 젊은이들을 위해 미래를 준비해 둘 수는 없지만, 적어도 젊은이들이 미래에 준비된 사람이 될 수 있도록 할 수 있다."

"단지 무언가를 원하는 것만으로는 충분하지 않다. 원하는 것을 얻기 위해서 무엇을 할 것인가를 스스로 생각하는 것이 더 중요하다."

"국가는 우리 자신들을 위한 것이지 우리를 지배하는 외계의 힘이 아니다. 즉, 민주주의 국가에서 궁극적인 통치자는 대통령, 국회의원, 공무원이 아니라 이 나라의 유권자라는 사실을 명심해야 한다."

"사람들이 자신의 의사 결정을 현명하게 선택할 수 있는 준비가 되어 있지 않으면 민주주의는 성공할 수 없다. 그러므로 민주주의에서 가장 중요한 것은 바로 교육이다."

"방법을 선택하고 시도하라. 만약 실패한다면 정직하게 인정하라. 그리고 다른 방법을 시도하라. 무엇이든지 시도하는 것이 가장 중요하다."

"진정한 행복은 단순히 돈을 많이 가지고 있다고 되는 것이 아니다. 진정한 행복은 성취의 기쁨과 창조적인 노력의 흥분 속에 있는 것이다."

"반복한다고 해서 거짓이 진실이 될 수는 없다."

"우리는 일찍 일어나는 새의 행운에 대해서 너무 많이 생각한 나머지, 일찍 일어나는 벌레의 불운에 대해서 충분히 생각하지 않는다."

"저의 첫 번째 임기를 말하자면, 저 권력을 탐하는 이기적인 세력들이 적수를 만나게 된 시기라고 하겠습니다. (군중 환호 후) 그리고! 저의 두 번째 임기는 저들이 임자를 만나는 시기가 된다고 말할 수 있을 것입니다!"

"앞으로 치욕의 날로 기억될 1941년 12월 7일인 어제, 미합중국은 일본 해군과 항공대로부터 고의적이고 기습적인 공격을 받았습니다."

"우리만 행복하고 풍요로운 오아시스가 되려고 해서는, 미국은 결코 존속할 수 없다."

"정치에 있어 우연히 일어나는 일이란 건 없다. 만약 우연히 일어났다면 그건 그렇게 계획된 것이라고 봐도 무방하다."

남편에게 헌신한 영부인 엘리노어 루스벨트

엘리노어 루스벨트(Anna Eleanor Roosevelt)는 미국 역사상 가장 영향력 있는 대통령 부인으로 존경받고 있다. 엘리노어는 남편 프랭클린 루스벨트의 정치 생활을 옆에서 도와준 동반자이자 평등, 인권, 세계평화 등을 위해 헌신하였다.

엘리노어는 1905년 3월에 프랭클린 루스벨트와 결혼했는데, 그녀의 삼촌이자 현직 대통령인 시어도오 루스벨트가 주례를 섰다. 결혼생활 초반에는 별 문제가 없었다. 하지만 10여년 후에 루스벨트가 여비서와 외도를 하고 있다는 사실을 알게 되면서 불화가 생기기 시작하였다. 엘리노어는 프랭클린에 대한 애정은 사라졌지만, 다섯 자녀들과 남편의 정치적 성공을 위해 이혼은 하지 않았다. 공식적인 자리 외에는 별거하면서 식사도 따로 했다.

덕분에 루스벨트는 순탄한 정치 생활을 할 수 있었다. 하지만 그가 39세이던 1921년에 8월에 휴가를 보내던 중 감기에 걸린 것이 척수성 소아마비로 전이되어 두 다리를 쓸 수 없게 되었다. 엘리노어는 좌절과 낙담하는 루스벨트를 밤낮으로 간호했다. 그렇다고 남편의 외도를 잊지 않았다. 투병 3년 만에 기적적으로 일어나 정계에 복귀하여 뉴욕 주지사를 거쳐 대통령에 당선되었다. 그 무렵 루스벨트 옆에는 새로운 여비서가 있었다. 여비서는 엘리노어가 없을 때는 루스벨트의 비서이자 친구, 백악관의 안주인 역할을 하기도 했다. 엘리노어는 루스벨트와 여비서가 어떤 관계인지는 대충 알고 있었다.

그럼에도 불구하고 엘리노어는 뉴딜정책을 적극적으로 홍보하였다. 엘리노어는 전국을 돌며 강연하고, 경제적 도움이 필요한 지역을 직접 방문해 해결책을 모색하였다. 그녀는 남편이 대통령으로 재직하는 동안 백악관 생활에서부터 뉴딜 정책, 세계정세 등 광범위한 주제로 칼럼을 썼다. 이 칼럼은 135개 신문에 실릴 정도로 큰 인기를 끌었다. 엘리노어는 여성 노동자 단체에 가입하여 여성들도 중요한 문제에 대해 목소리를 낼 수 있다는 것을 몸소 보여주었다.

엘리노어가 가장 적극적으로 참여한 사회 문제 중 하나는 인종 차별이었다. 엘리노어는 흑인들의 어려움을 듣기 위해 흑인 지도자들과 흑인 학생들을 백악관으로 초대하기도 하였다. 엘리노어는 민권운동의 강력한 후원자였다. 루스벨트 대통령이 추진한 여성과 소수자에 관한 정책은 대부분 엘리노어 여사가 발의한 것들이었다. 1940년 루스벨트가 3선에 도전했을 때, 엘리노어는 남편이 공천을 받을 수 있도록 민주당 전당대회에서 연설하였다. 대통령 부인이 당 대회에서 연설한 건 엘리노어가 처음이었다.

미국이 제2차 세계대전에 참전하자 엘리노어는 라디오 방송을 통해 "나의 두 아들도 태평양에 가 있다"며 청년들에게 국가의 부름에 응답하라고 호소하였다. 그후 국제연합(UN)이 창설되면서 엘리노어는 유엔 인권위원회 위원장으로 선출되어 1948년 세계인권선언이 채택되는데 결정적 역할을 하였다.

당 태종 이세민(李世民, 598~649)

18 | 중국 역대 최고의 성군 당 태종 이세민

사심 없는 열린 정치로 태평성세를 열다

태종 이세민(李世民. 598~649)은 당(唐)나라 제2대 황제이다. 이세민은 뛰어난 군사적 전략으로 수(隋)나라 말기에 혼란스러웠던 중원을 평정하고 당의 영토를 확장하였다. 형 이건성(李建成)과 아우 이원길(李元吉)이 자신을 죽이려는 음모를 사전에 탐지한 이세민은 형제들을 처단하는 현무문의 변(玄武門之變)을 일으켜 부친 당 고조(高祖) 이연(李淵)으로부터 왕권을 강제적으로 양위받아 황제가 되었다. 이세민은 2대 황제이기는 하나 실질적으로 당 건국의 주역이었다. 이세민은 어린 시절부터 임기과단(臨機果斷)하고 작은 일에 얽매이지 않아, 당시 누구도 당해낼 사람이 없었다고 한다. 대담하게 행동했을 뿐만 아니라, 정의감이 넘치는 비범하고도 영리한 소년이었다 한다. 황위에 오르기 전에는 무장으로 재능을 발휘했던 이세민은 즉위와 동시에 무인에서 문인으로 스스로 탈바꿈했다.

유능한 참모들을 곁에 두고, 과거제도를 실시하여 인재를 등용·양성하고, 농민에게 균등하게 토지를 나눠주고, 모두를 포용하는 정치로 백성들의 생활을 안정시켰고, 동돌궐을 정벌하고 중앙아시아도 정복해 당의 국토를 이전 수(隋) 나라에 비해 2배로 확대하였다. 뛰어난 정치가, 전략가, 예술가이기도 했던 이세민이 사심을 내려놓고 백성을 위한 정치로 전성기를 이끌었던 재임 기간(626~649)을 정관의 치(貞觀之治)라고 한다. 사심을 누르고 백성을 불쌍히 여겨 정치에 힘썼기에 역대 중국의 황제 중 최고의 성군이라는 평가가 오늘날까지 이어지고 있다.

당 태종 이세민은 불굴의 투지와 용기를 갖춘 용장인 동시에 변칙적인 전술에 능란한 지장이었다. 소수의 기병으로 적진을 돌파해 전세를 역전시키는가 하면 지구전을 펼쳐 상대를 기진맥진하게 만든 다음 항복을 받아내기도 했다. 장병들과 고락을 같이하는 지휘관으로 결단력과 포용력도 갖춰 모든 사람들의 신망을 받았다. 하지만 사람과 너무 멀리하지도 너무 가까이하지도 않음으로써 자신의 위엄을 유지함과 동시에 다른 사람에게 친근감을 준 황제였다.

태종이 치세를 잘하여 전에 없었던 태평성대를 누렸는바 그 요인은 세 가지이다. 첫째, 태종 자신이 역사에 찾기 힘든 명군이었다. 둘째, 그를 보좌하는 신하가 뛰어났기 때문이었다. 셋째, 성군과 명신이 하나가 되어 치세에 몰입했기 때문이다. 그 결과 태종은 중국 역사상 가장 모범적인 군신 관계와 완성도 높은 정치력을 보여주었다.

이세민은 현무문의 변이 일어났을 때 상대편에 서서 자신을 공격했던 장군과 관료들을 대거 등용하는 등 능력이 뛰어나면 누구든 무슨 수를 써서라도 자신의 사람으로 만들었다. 이세민은 형 이건성의 신하로 자신을 죽이려 했던 위징(魏徵)을 자신의 편으로 만들었고, 위징은 명참모로 태종을 도와 당나라를 발전시키는데 크게 기여하였다. 이세민은 자신과 개인적 친분관계가 있는 사람은 누구도 등용하지 않았다.

이세민은 신하들이 국사를 자유롭게 비판할 수 있는 분위기를 만들었으며, 신하들의 건의도 매우 잘 들어 주었다. 이세민은 신하들이 아무리 독설을 퍼부어도 역정을 내지 않았고, 간언을 잘 받아들여 언제나 국가와 백성들을 위해 좋은 정책을 만들 수 있었다. 한번은 이세민이 누군가를 사형에 처하라는 조서를 내렸는데 한 신하가 형벌이 지나치다고 비판하며 반대하자, 이세민은 그 신하에게 후한 상을 주었다고 한다.

당 태종의 정관의 치에 더하여 중국 황제들 중 태평성대를 이뤄 '치(治)'로 지칭되는 황제들이 있다. 이들 중 대표적 사례는 주(周) 나라 성왕(成王)과 강왕(康王)의 성강의 치(成康之治, BC 1017~961), 전한(前漢) 시절의 문제(文帝)와 경제(景帝)의 치세로 문경의 치(文景之治, BC 180~141년), 남조(南朝) 시대 송(宋) 나라 문제(文帝)의 원가의 치(元嘉之治), 당 태종(太宗)을 이은 현종(玄宗)의 개원의 치(開元之治, 714~741), 그리고 청(淸) 나라 강희제(康熙帝) 옹정제(雍正帝) 건륭제(乾隆帝) 3대 황제의 130년 통치의 성세(盛世) 시기 등이다.

정관의 치로 대당(大唐) 성당(盛唐) 시대를 열다

정관의 치(貞觀之治, 627년~649년)는 당나라 2대 황제 태종 이세민이 통치하던 시기의 태평성대(太平聖代)를 말한다. 태평성세(太平聖歲)라고도 하는데, 이는 정치적으로 혼란이 없고 백성들이 풍요롭게 사는 평화로운 나라라는 의미이다. 당 태종이 통치한 24년 동안 정치, 경제, 문화, 예술, 군사 등 여러 방면에 대단한 발전이 있었기 때문에 당나라는 황금시대를 맞았다. 중국 역사상 가장 번영했던 시대 중 하나였다.

당 태종 이세민은 방현령, 두여회, 위징 등 유능한 재상들과 더불어 통치하였다. 안으로는 농민들에게 토지를 균등하게 나누어주고, 조용조(租庸調)

제도를 도입하였고, 과거제를 정비하여 당나라가 번창할 수 있는 기틀을 마련하였다. 조용조는 토지를 받은 사람은 국가에 곡물을 바치고, 1년 중 20일은 국가를 위해서 일을 해야 하며, 가구에 따라 세금을 부과하는 제도이다. 조용조를 도입하면서 당나라는 풍족해지고 민생은 안정되었다. 또한 과거제도를 실시하여 유능한 인재를 등용하였고, 군사 제도는 부병제(府兵制)인 징병제를 택하였다. 당나라는 나날이 번창해져 갔으며 백성들은 풍요롭고 안정된 생활을 할 수 있었다.

현무문의 변에서 목숨을 걸었던 '창업' 동지들 끼리 손잡고 위세부리며 계속 군림하는 것에 대해 태종은 매우 경계하였다. 그래서 줄곧 새로운 인재를 발굴하였다. 단순한 새로운 인재가 아니라 최고의 실력 있는 인재의 발굴과 천거를 태종은 수없이 강조하였다.

정관의 치가 이룬 세상은 과연 어떤 세상이었는가? 《정관정요(貞觀政要)》 제2권 제14장에 의하면 "상인이나 여행객이 외지에서 투숙하더라도 강도를 만나지 않았고, 천하가 잘 다스려졌기 때문에 감옥은 언제나 텅텅 비었다. 말과 소는 도적맞을 일이 없으므로 산과 들에서 방목하고, 외출할 때는 몇 개월씩이나 집의 문을 걸어 잠그지 않았다. 해마다 계속된 풍작으로 쌀 값 또한 모두 쌌다. 여행자를 위한 길이 잘 정비된 데다가 가는 곳마다 식량이 공급되었으므로 여행객은 무겁게 커다란 짐을 지고 다닐 필요가 없었다. 산동지방의 촌락에서는 여행자를 후하게 대접하였을 뿐 아니라 심지어 선물까지 주는 경우도 있었다."

지도자론의 진수(眞髓): 《정관정요(貞觀政要)》

《정관정요(貞觀政要)》는 당나라 태종 이세민의 정치철학을 기본으로, 군주의 도리와 인재 등용 등의 지침을 적어 놓은 치세 관련 명저이다. 한마디로 리더십의 진수를 전하는 책이다. 여기서 정관은 태종의 연호이고, 정요는 정치의 요체라는 뜻이다. 당 태종이 신료들과 정치에 대해 주고받은 대화를 엮은 책으로서 예로부터 제왕학의 교과서로 여겨져 왔다. 《정관정요》는 태종이 사망한지 40~50년이 지난 후 현종 때의 학자이자 사관(史官)이었던 오긍(吳兢)이 집필하여 제4대 황제 중종에게 바쳤다.

《정관정요》는 모두 10권 40편으로 구성되어 있다. 정관정요는 군주의 도리, 인재 등용, 간언의 중요성, 도덕, 학술과 문화, 형벌과 부역, 조세 등 당나라 초기의 정치와 사회를 이해하는데 중요한 자료로 평가된다. 《정관정요》는 당나라 태종과 그를 보좌한 방현령, 두여회, 위징, 왕규 등 45명의 충신들과 문답을 통해 정관의 치라 불리는 태평성대를 가져온 치세의 요체를 다루고 있다. 태종이 후세에도 높이 평가되는 것은 지도력이 뛰어나고 현명한 군주였기 때문만이 아니라, 유능한 신하들을 믿고 신하들의 직언을 기꺼이 받아들였기 때문이다.

《정관정요》는 당 태종을 지나치게 미화했다는 비난도 있지만, 오래 전부터 국가를 이끌어가는 통치자들에게 올바른 정치관을 제시했기에 널리 읽혀 왔다. 당나라에서는 현종, 문종, 선종 등이 《정관정요》를 애독하였으며, 송나라의 인종, 요나라의 흥종, 금나라의 세종, 원나라의 쿠빌라이 칸, 명나라의 만력제, 청나라의 건륭제 등의 군주들이 애독하였다고 한다. 또 《정관정요》는 일본에 헤이안(平安) 시대에 전해져 호조(北條氏), 아시카가(足利氏), 도쿠가와(德川) 등 막부의 지도자들이 애독하는 필독서였다. 우리나라에서는 고려와 조선에서는 과거 시험의 필수 학습 도서였다고 한다. 1960~1980년대에 일본 CEO들의 필독서가 《정관정요》였다고 알려졌는데 지금도 그러할 것이다. 일본 재계의 신(神)으로 불렸던 일본 경단련의 도코 도시오(土光敏夫) 회장도 《정관정요》를 애독했다고 한다. 대한민국 CEO들이 가장 존경하는 것으로 알려지고 있는 일본 교세라의 회장 이나모리 가즈오(稻盛和夫)가 쓴 많은 책들에서도 《정관정요》의 정신을 읽을 수 있다.

제왕학과 참모학의 성전(聖典)이라 불리는 《정관정요》 10권의 내용을 살펴보면, 제1권은 군주가 갖추어야 할 도리와 정치의 근본에 대해 논의하며, 제2권은 어진 관리의 임명과 간언의 중요성을 강조하며, 제3권은 군주와 신하가 지켜야 할 계율과 관리 선발 그리고 봉건제에 관한 것을 다루며, 제4권은 태자와 여러 왕들을 경계시키는 내용을 서술하며, 제5권은 유가의 인·충·효·신 그리고 공평함에 대해 문답하고, 제6권은 절약과 사치, 겸양 등을 다루고, 제7권은 유학, 문학, 역사 등에 대해 말하고 있으며, 제8권은 백성들의 생활과 관련된 농업, 형법, 부역, 세금 등에 관해 논하며, 제9권은 국외적인 문제인 정벌과 변방 안정책을 논하며, 제10권은 군주의 순행이나 사냥 등에 있어서 신중해야 됨을 강조한다.

《정관정요》 제1권 '군주의 도리'에 나라를 다스리는 10가지 방법을 십사(十思)가 정리되어 있는데, "①군주는 자기가 좋아하는 것 앞에서 만족하는 자신을 경계하고, ②대규모 토목공사를 일으킬 때는 가능한 일만 하고, 그칠 때를 알아서 백성들이 안락한 생활을 할 수 있도록 하고, ③높고 위태로운 일을 생각할 때는, 겸손과 온화함으로 자신을 경계하고, ④자만으로 가득 차는 것을 두려워할 때는, 거대한 강과 바다가 사방의 물줄기를 모두 받아들이는 것을 생각하며, ⑤유희와 사냥의 기쁨에 도취되었을 때는, 선대 제왕과 제후들이 그것을 일 년에 세 차례만 했던 것을 생각하고, ⑥나태해지는 것을 두려워할 때는 시종 신중하게 일을 처리할 것을 생각하고, ⑦ 윗사람과 아랫사람 간의 신뢰가 단절되는 것을 걱정할 때는 마음을 비우고 아랫사람의 의견을 받아들이는 것을 생각하며, ⑧참언과 간사한 무리를 염려할 때는 자신의 언행을 단정히 하여 간사함을 제거하려고 생각하고 ⑨상을 시행할 때는 일시적인 기쁨으로 인해 아름다운 것을 장려하는 근거를 잃지 않도록 생각하고, ⑩처벌할 때는 일시적인 노여움으로 인해 징벌을 남용하는 일이 없도록 한다" 등이다. 오늘날에도 그대로 적용할 수 있는 국정관리에 관한 실로 대단하고 완벽한 지침이다.

태종이 묻고 명신들이 답하는 주요한 장면들이 《정관정요》에 수없이 많이 나온다. 태종이 "창업과 수성과 관련하여 어느 쪽이 더 어려운가?" 하고 하문하였을 때, 방현령과 위징은 각기 다른 대답을 한다. 방현령은 "창업이 더 어렵다고 할 수 있습니다"라고 대답하고 위징은 "새 왕조를 세우는 것은 하늘의 뜻이고 백성들의 염원입니다. 그러므로 창업은 그리 어렵다고 생각되지 않습니다"라고 대답했다. 두 신하의 답을 듣고 태종은 "방현령은 짐과 함께 난세를 평정했고 온갖 고통과 어려움을 겪었다. 그런 경험 때문에 창업이 어렵다고 생각할 것이다. 반면 위징은 평화의 지속과 정권의 유지를 염려하고 있다. 수성이 어렵다고 생각하는 이유일 것이다"라고 말했다. 즉 답은 상황에 따라 다르다는 것이다.

현무문의 변까지 겪으며 나라를 세웠으니 태종한테는 목숨을 걸었던 창업이 더 힘들었을 터였다. 그렇지만 나라가 건국이 된 대화의 시점에서 나라를 끌고 가는 일, 즉 수성이 힘이 매우 힘들 터이니 함께 애써 잘해보자는 것이었다. 전체를 아우르고 종합하는 태종의 의도와 판단이 묻어나는 결론이다. 태종과 두 참모 간의 이 창업과 수성에 관한 대화는 국가 경영에는 물론 기업 경영에도 그대로 적용되기에 널리 회자되고 있다.

《정관정요》에 따르면, 태종은 현명하고 능력 있는 신하를 선발하여 어질고 유능한 군주가 되려고 노력했을 뿐 아니라, 신하들의 충고나 간언을 허심탄회하게 받아들여 자신의 잘못된 행실을 바로잡으려고 노력하였다. 백성들의 부역과 세금을 낮추어 백성들이 부유하게 살도록 하였다. 또한 문화를 중시하여 풍속을 좋게 바꾸고, 농업을 근본으로 삼아 백성들이 농사철을 놓치지 않도록 했다. 군주와 신하가 서로 거울이 되어 시종여일 바른 정치를 하려고 했으며, 태종 자신도 근면했고 검소했다.

《정관정요》에 의하면 태종은, "거울이 없으면 자신의 생김새를 볼 수 없듯이 신하들의 간언이 없으면 정치적 득실에 관해 정확히 알 방법이 없다"고 생각하였다. 세상과 민심을 꿰뚫어 보는 혜안을 가진 신하의 충언은, 군주를 바로 서게 할 뿐 아니라 천하를 태평성대로 만들 수 있다고 보았던 것이다. 그럼에도 불구하고 신하들이 충언이나 간언을 하지 않고 침묵하는 이유는 충성스런 간언을 할 분위기가 조성되지 않았기 때문이라고 보았다.

태종은 진언하는 신하들이 위축되지 않도록 반드시 온화한 얼굴로 의견을 들었고, 신하들의 자리를 가까운 곳에 두고 교대로 궁중에 숙직시키며 진언을 들으려고 하였다. 태종은 계속되는 신하들의 진언과 충고를 매우 기뻐하고 칭찬하며, 즉시 수정하는 등 여느 군주들에게서는 도저히 찾아보기 어려운 태도를 보였다. 이러한 생각을 가지고 통치한 태종은 24년 (627~649년) 동안 정치·경제·문화·예술·군사 등 다방면에 위대한 발전을 이루었으며 당나라는 황금시대를 맞았다. 후대 역사가들은 그의 치세를 '정관의 치'라고 칭송하였다.

인재등용과 관련하여 오늘날 경영학이나 행정학에서 취급하고 있는 것보다 도《정관정요》에서의 논의되었던 내용들이 더 핵심적인 과제를 더 명료하게 다루고 있다. 공직 사회에서 소위 '좋은 게 좋다는 식' 풍토에 대해 태종은 "관료 한 사람의 감정을 상하게 하지 않으려 조심하면 백성과 나라가 큰 피해를 본다. 이는 나라를 무너뜨리는 정치일 뿐이다"라고 적당한 인간관계로 안주하는 것을 강력히 경고하였다. 자리를 채우기 위한 인사를 하지 말고 능력이 있는 인재를 찾아 배치하라고 지시하였다. "매우 뛰어난 인재를 얻었다면 그에게 두 세 개의 관직을 동시에 맡기면 된다. 인재가 없다하여 무능한 사람을 채용하면 자리는 채워지나 일은 조금도 진척되지 않는다"는 촌철살인의 지적이다.

태종은《정관정요》에서 "중요한 자리에는 진정으로 뛰어난 자만 등용하시오." "어느 시대나 인재가 없는 게 아니오. 짐은 실제로 뛰어난 인재가 있는데도 이쪽에서 그 존재를 알아차리지 못하는 것은 아닌지 심히 우려되오"라고 말하였다. "나라가 평화로워지느냐, 혼란스러워지느냐는 대부분 그 지방 장관의 수완에 달려있다. 그러니 어떤 방법을 써서라도 지방에는 뛰어난 인재를 배치해야 한다"고 강조하였다. 오늘날 전 세계 어느 지도자 그리고 인사 전문가도 상상하지 못한 발상이다.

인재를 등용할 때는 그 사람의 본모습을 꿰뚫어 봐야 하는데 이와 관련하여 정관 14년 위징은 그 유명한 '육관(六觀)'에 관해 이야기한다. 여섯 가지 핵심 포인트는 ①일정한 지위에 있는 자라면 그 사람이 어떤 인물을 발탁하는지를 보라. ②유복한 자라면 그 사람이 타인에게 무엇을 대접하는지, 재산의 사용법을 보라. ③자택에서 편히 쉴 때 그 사람이 즐겨 하는 일을 보라. ④모두 함께 무언가를 배울 때 그 사람이 어떤 말을 하는지를 보라. ⑤아무리 생활이 궁핍하더라도 그 사람이 '이것만은 받을 수 없다'고 거부하는 것을 보라. ⑥출세에서 멀어진 자라면 '이것만큼은 양보할 수 없다'는 주관이 확실한지를 보라 등이다. 공무원의 채용이 정치적 배려에서 이뤄지는 오늘의 현실에서 크게 자괴감이 든다.

태종은 부정부패를 저지른 자는 사형에 처했다. 형을 집행할 때는 모든 관리들을 장안(長安)으로 불러 형 집행을 지켜보도록 했다. 탐관오리만큼은 절대로 용서하지 않았기 때문에 청렴하고 근신하는 관리사회 풍토가 조성되었다.

중국 고전 사상의 특징 중 하나는, 전반적으로 인간의 욕망 자체를 부정하지 않는다는 점이다. 다만 '사적인 욕망은 작게, 공적인 욕망은 크게'하는 식으로 욕망을 조절하는 것을 중시한다. 태종도 사적인 욕망을 억누르기 위해 노력했는바 "군주가 되는 도리는 반드시 먼저 백성을 보존하는 것이다. 만약 백성을 손상하여 자기 몸을 받들도록 한다면 넓적다리를 베어서 배를 채우는 것과 같으니, 배는 부르되 몸은 죽게 된다"라고 하며 태평성대를 이루기 위해서는 먼저 자기 몸을 바로잡아야 한다고 말한다. 태종은 즉위 후 얼마 안 가 궁녀 3,000여 명에게 자유를 주었다. 궁궐에 많은 여인을 살게 하는 일을 '백성의 재산을 사용하는 행위', 요즘 말로 하면 '혈세를 낭비하는 것'이라 본 것이다.

《정관정요》의 '신중한 끝맺음'에서는 창업 초기의 마음 자세를 계속 유지하는 것이 결코 쉽지 않은 점을 강조하며 18가지 경고를 한다. "현재의 안정 속에서도 혼란스러운 미래를 대비하라." "군주는 자신의 욕망만 채우면 대업을 완수하기가 어렵다." "군주는 끝까지 신중해야 한다." "처음과 끝이 같아야 영원할 수 있다." "탐욕의 싹을 제거하라." "겸허함과 겸손함을 잊지 말라." "자신을 억제하는 것이 모두를 이롭게 하는 것이다." "군자를 멀리하고 소인을 가까이 하라." "농업을 중시하고 상공업을 경시하라." "개인적인 감정에 따라 인물을 평가해서는 안 된다." "빈번한 사냥은 재앙을 부른다." "군주와 신하 간에는 예절과 충성이 있어야 한다." "겸손만이 교만과 욕망에서 구해 줄 수 있다." "군주의 정성 앞에서는 재앙도 무색해진다." "부지런히 실천하라." "이익이 된다면 아랫사람에게서도 취하라." "승리하기는 쉽지만 그것을 지키기는 더욱 어렵다." "항상 자신을 추스르며 끝까지 미덕을 지켜야 한다" 등이다. 실로 18가지 엄중한 경고들을 총망라해 보여

주고 있다.

당 태종이 죽은지 50여 년이 지난 후 《정관정요》를 작성한 당의 역사가 오긍은 국가의 운명을 주재하는 최고 통치자의 생각이나 행동이 올바르지 못하면 백성은 물론 국가의 사직에 막대한 재앙을 초래하게 된다는 점을 강조하였다. 오긍은 태종의 "동으로 거울을 만들면 의관을 단정하게 할 수 있고, 고대 역사를 거울삼으면 천하의 흥망과 왕조가 교체된 원인을 알 수 있으며, 사람을 거울로 삼으면 자기의 득실을 분명하게 할 수 있다"고 한 말을 가슴에 새기고 '정관지치'를 그리워했다고 한다. 그리고 사관으로서 국가 발전에 이바지할 수 있는 방법은 당나라를 번창시키는데 필요했던 정치철학을 알려 주어야 한다는 생각으로 집필하여 당의 제4대 황제 중종에게 바쳤던 것이다.

삶의 끝자락의 두 가지 실수

태종 이세민은 당나라의 기틀을 마련하고 정관의 치가 계속되었지만, 통치 후기로 갈수록 정치적 상황이 좋지 않았고 태종도 초심을 잃은 듯 사치를 일삼고 국정 운영도 방만해졌다. 신하들의 충언을 잘 받아들이지 않기도 하였고, 간신배들의 꼬임에 빠지기도 했다. 생의 끝자락에서 두 가지 결정적 실수를 저질렀다. 하나는 방현령(房玄齡)의 간언을 무시하고 고구려를 침략한 것이었고, 다른 하나는 간신배들의 꼬임에 빠져 후계자를 제대로 선정하지 못한 것이었다.

당나라의 수도 장안에서 고구려까지는 거리가 너무 멀고, 고구려가 수성전술에 강한 나라라는 점을 들며 병들고 노쇠한 명참모 방현령이 강력히 고구려 원정이 불가함을 호소했다. 하지만 호걸형·무인형 황제였던 태종은 수년간 치밀하게 준비한 후 연개소문이 고구려의 왕을 죽이고 군권을 장악했다는 것을 명분 삼아 645년에 고구려 출병에 나섰다. 배 5백 척에 수병 5만 명, 육군 25만 명을 이끌고 고구려로 향했다. 각종 회유책에도 고구려는 결사적으로 항거했다. 안시성 전투가 유명한데 안시성 전투에 대한 기록은 우리 역사서에는 남아 있지 않고 중국의 기록에만 의지해야 하는 상황이다.

극적인 스토리텔링은 고구려 원정에서 당태종이 눈에 화살을 맞아 부상을 입었다는 것이다. 중국 역사서에는 퇴각하는 길에 종기가 걸렸다고만 나온다. 당 태종은 2차(647년), 3차(648년)에 걸쳐 다시 공격했으나 실패했고, 군사를 철수하면서 안시성 성주 양만춘에게 비단 300필을 전했다고 한다. 고구려 원정의 여파로 병에 걸린 당태종은 649년 51세의 나이로 세상을 떠났다. 3차 원정 20년 뒤인 668년에 신라와 당의 연합군에 의해 결국 고구려는 멸망한다.

태종이 후계자 선정을 제대로 하지 못해 자신의 후궁이었던 무조(武曌)에 의해 당나라의 국호가 일시적으로 사라지는 변고까지 초래되었다. 이세민은 넷째 아들을 태자로 삼으려고 했으나, 원로대신들이 넷째의 비리를 거론하며 아홉째를 천거하자 이들의 주장을 받아들였다. 처남 장손무기를 포함한 원로대신들이 넷째보다 역량이 많이 떨어졌던 아홉째를 밀었던 이유는 어린 황제 뒤에서 국정을 농단하려는 속셈 때문이었다.

태종의 뒤를 이어받은 아홉째 아들 고종(당나라 제3대 황제)은 정관의 치를 유지했으나 병약한데다가 통치력이 부족해, 아버지 태종의 후궁이었던 측천무후(則天武后)가 전횡을 휘두를 수 있는 빌미를 제공했다. 측천무후는 황태자를 마음대로 올리고 내린 황태후로 결국 당나라 국호를 자신의 성씨를 따라 무주(武周)로 바꿔 중국 역사상 유일한 여황제가 되었다. 당나라는 측천무후가 무주의 황제가 된 이후 15년간(690~705) 국호를 잃게 된다. 측천무후는 권력을 위해 여러 자식을 죽이는 악행을 저질렀으나, 나라는 잘 꾸려갔다.

3대 황제 고종과 황위를 다퉜던 이현(李顯)이 측천무후 이후 중종으로 다시 등장하여 나라의 기초를 다지는 필요성을 느껴 태종의 정관의 치를 되살리고자 마음은 먹었으나 역부족이었다. 제6대 황제 현종이 개원의 치(開元之治)를 펼침으로서 당은 다시 융성기를 맞는다. 그러나 안타깝게도 현종이 말년에 양귀비에 빠져 세상은 다시 혼란에 빠진다.

명재상: 방현령(房玄齡)과 두여회(杜如晦)

태종은 강력한 리더십으로 국력을 고양하고, 백성들을 편안하게 했으며, 문화를 꽃피웠고, 중국 역사상 가장 모범적인 군신관계와 완성도 높은 정치력을 보여주었다. 이 과정에 태종은 참으로 훌륭한 참모들을 많이 곁에 두었고, 각 참모들이 각자의 역할을 제대로 하도록 관리했다. 취약했던 당나라 왕조의 기틀을 마련하기 위해 포용과 섬김의 마음가짐으로 군신관계를 구축하기 위해 노력하였다. 상생의 정치를 통해 언로를 활짝 열고 계파를 초월해 인재를 등용했다. 황제는 예를 갖추어 신하를 대하고 신하들은 조정과 황제를 위해 충성하는 군신관계를 구현하였다.

태종의 주된 손발은 두 명의 탁월한 재상, 즉 뛰어난 기획력의 방현령(房玄齡)과 과감한 결단력의 두여회(杜如晦)이었다. 이 두 사람을 방두(房杜)라고 불렀다. 이외에도 많은 유능한 신하들이 포진했다. 태종의 허물을 가차 없이 지적한 위징(魏徵), 인물을 정확히 평가한 왕규(王珪), 북방에서 맹위를 떨친 명장 이정(李靖), 모든 일에 심사숙고하는 우세남(虞世南), 순박하고 충직한 전략가 이적(李勣), 기민한 두뇌와 변론에 뛰어난 마주(馬周) 등이 포진했다. 특히 방현령, 두여회, 위징이라는 뛰어난 재상들에게 많은 분야에서 국정 운영 권한을 줌으로써 황제와 재상 간의 모범적인 관계를 정립하였다.

방현령과 두여회는 당의 법률제도와 인사행정을 정비하여 나라를 안정 시키고 백성들이 태평성대를 누리는데 크게 기여한 재상이다. 방현령과 두 여회는 제(齊)나라 환공 시절의 관중(管仲)과 포숙아(鮑叔牙)와 닮았다. 두여회 는 당 고조 시절 중앙 관리로 일했으나 지방으로 좌천됐다. 이를 본 방현령 이 이세민에게 "떠나는 자가 아무리 많아도 아깝지 않습니다. 다만 주군께 서 이제부터 제후의 한 사람에 안주하지 않고 천하를 통치할 생각이시라 면, 두여회는 반드시 포섭해야 할 인재입니다"라고 추천했고 이세민은 방 현령의 조언대로 두여회를 신하로 맞이했다. 방현령은 국사를 논할 때에는 항상 결단력이 있는 두여회가 도착하기를 기다렸으며, 두여회 또한 계획을 잘 세우는 방현령의 책략을 받아들였다고 한다. 방현령의 지략과 두여회의 결단을 비유한 '방모두단(房謀杜斷)'이라는 사자성어가 여기서 유래되었다. 방모두단은 사람마다 각자 특징과 장점이 있는데, 이것을 잘 조화시켜 일 을 원만하게 해나가는 것을 비유하는 말이 되었다.

아무리 훌륭한 지략이 있어도 추진력이 없으면 일이 안 되고, 또 그것을 이끄는 지도력이 없으면 성공할 수 없다. 당 태종이 중앙집권제를 확립하 고 영토를 확장하여 왕조의 기초를 튼튼히 할 수 있었던 것은 방현령과 두 여회라는 뛰어난 재상이 있었기 때문이었다. 국가를 위한 올바른 정책을 채택하는 데는 항상 소통하는 지도자의 식견과 결단력이 중요하다. 거기에 다 훌륭한 지략과 바른 실행 방법을 제시하는 참모들이 있으면 금상첨화(錦 上添花)이다.

방현령과 두여회는 서로를 잘 알고 있었기 때문에 한 마음·한 뜻으로 태종을 보필할 수 있었다. 방두 콤비는 태종을 도와 정관의 치를 이루었으나 모든 공적을 일인자인 태종에게 돌렸다. 그 결과 후세 사람들이 돌아보며 "방두의 발자취를 찾을 수 없더라"라고 하였는데 이는 방두 두 사람이 모든 공적을 주군인 태종에게만 돌려 "무엇 하나 남지 않았다"는 뜻이다.

방현령(578~648년)은 당나라의 재상, 정치가로 당나라 개국공신으로 능연각(凌煙閣) 24공신이며, 18학사의 일원이다. 능연각은 당나라 태종이 공신 24명의 초상화를 걸어두고 기념하던 누각이다. 18학사는 세상의 현자를 존중하는 뜻을 나타내기 위해서 18명의 학사를 그린 것이다. 방현령은 제나라 출신으로 산동 지방의 제주 출신이다. 수나라의 관리를 지내기도 하였으나 좌천되었다가 태종 이세민을 만났다. 방현령에 대한 태종의 신망은 매우 두터웠다고 한다. 626년 황위를 찬탈하기 위해 형제들 간 싸움인 현무문의 변이 일어났을 때 두여회, 장손무기 등과 함께 태종을 도왔다.

방현령이 가장 힘을 쏟았던 것은 인재를 모으는 일이었다. 태종은 황제가 되기 전부터 정벌자로서 각지에 할거하는 군웅들을 토벌하였다. 그때마다 많은 사람들은 적군의 금은보화를 탐냈으나 방현령만큼은 적진에서 유능한 인재를 찾아내어 태종의 군막으로 보냈다 한다. 방현령은 이세민이 황제가 되기 전부터 이세민의 세력 확대에 진력했다. 그는 초기부터 사무처리 능력이 빼어났다. "문서를 기록할 때는 초고도 없이 술술 써 내려갔고, 그럼에도 간결하고 뜻이 잘 전달되었다"고 한다.

방현령이 높이 평가되고 있는 이유는, ①이른 아침부터 밤늦게까지 정무에 매진했고, 어떤 사소한 일에도 실수하지 않으려고 노력하였으며, ②정치적인 일에 밝고 통달하면서 법조문을 가지고 보필했으며, 법률은 관대하고 편애가 없게 적용 하였는데 이를 관평(寬平)이라고한다. ③하급관료가 공적을 쌓으면 자신의 일처럼 기뻐했고, 결코 그 공적을 가로채지 않았으며,

④자신의 장점을 내세우지도 않았고 부하를 무능하다고 무시하지도 않았으며, ⑤신분이 낮은 자라도 능력만 있으면 거리낌 없이 발탁하여 그 능력을 발휘할 기회를 주었기 때문이다. 모든 일을 잘 처리하면서도 이세민에게 충분한 자문역할만 했을 뿐, 혼자서 어느 한 분야의 권력을 독점하지 않았다.

방현령이 임종할 때 태종은 병상에서 직접 손을 잡고 지켜보았으며 방현령이 사망하자 태위(太尉, 재상)를 추종하는 한편 문소(文昭)라는 시호를 내렸다.

두여회(杜如晦, 585~630년)는 섬서성(陝西省) 장안현 출신으로 대대로 북주와 수나라에서 관료를 지낸 가문 출신이다. 수양제(隋煬帝) 시절 초야에 묻혀 지내다가 방현령의 천거로 이세민의 참모가 되었다. 두여회는 이세민의 진왕부(秦王府) 시절부터 '왕을 도울 재상의 그릇'으로 인정받았다. 그는 외국 정벌에서 참모로 작전을 건의했는데 결단력이 과감하고 물 흐르듯 하였다. 태종의 매부인 장손무기(長孫無忌) 등과 함께 현무문의 변을 승리로 이끌어 태종이 왕위에 오르는데 기여하였다. 능연각 공신이자 18학사의 한 명이다.

당태종이 징벌하러 나설 때는 두여회가 항상 따랐고 군중의 비밀 회담 때도 늘 참여했다. 두여회는 정사를 돌보는데도 사익에 얽매이지 않고 한 치의 망설임도 없이 시원시원하게 처리하여 이세민의 신임이 두터웠다. 두여회는 40대 후반에 건강을 이유로 사직했으나 태종은 그의 과거의 관직에 따라 녹봉을 계속 지급하였고 여러 명의 명의를 보내서 병을 보살피기도 하였다. 두여회가 병으로 사망하자 당 태종은 통곡을 하며 사흘이나 조회를 중단하고 비문도 직접 썼다고 한다. 두여회가 죽고 난 뒤에도 태종은 두여회의 깊은 의리를 토로하며 오랫동안 두여회를 그리워했다고 한다.

'쓴 소리의 황제': 위징(魏徵)

태종 주위에는 면전에서 감히 황제의 뜻을 거스르는 발언을 하는 소위 범안감간(犯顔敢諫)하는 신하가 많았다. 그 중에서 으뜸이 위징이었다. 위징 (魏徵, 580~643년)은 당나라의 정치가이며, 태종의 형 이건성의 측근으로 이건성에게 이세민을 죽이라고 건의했던 인물이다. 현무문의 변에서 승리한 이세민은 위징을 심문했다. 위징은 "자신은 이건성의 신하였으므로 당연히 계책을 내놓아야 했기 때문에, 이건성에게 이세민을 제거하라고 충언을 했는데 듣지 않았다"고 솔직하게 말했다. 이세민은 위징의 정직함과 담력, 식견을 알아보고 간의대부(諫議大夫) 벼슬을 주고 곁에 두었다.

당 태종이 정관의 치를 이룰 수 있었던 것은 황제의 비위를 거스르면서 목숨을 걸고 직언을 서슴지 않은 위징이 있었기에 가능했다. 위징은 수나라가 망하게 된 원인은 세금 부담이 크고 부역이 너무 많아 민생이 피폐해진 데 있다고 보고 조세와 부역을 가볍게 하고 민생을 돌볼 것을 건의했다. 이것이 '정관의 치'의 기초가 되었다. 위징은 진나라와 같은 나라에서 취해지던 가혹한 형벌을 반대하고, 법을 집행할 때 사사로운 감정에 얽매이지 않고 정확하고 관대하게 처리할 것을 주장했다. 하지만 위징은 태종이 하는 일에 사사건건 잘못된 점을 비난하기 시작하였다. 위징의 지적은 태종의 공적인 업무에서 사생활에 이르기까지 광범위하게 이루어졌다. 태종은 위징의 간언을 듣고 자신의 생각이 잘못되었음을 알고 곧바로 반성하였다.

당시에는 황제의 말이 곧 법인 시절이라 황제의 비위에 거슬리는 간언을 잘못했다가는 목숨이 남아나지 못하는 세상에서 무려 300번이나 지적질을 해댄 위징은 대단한 참모였다. 위징은 목숨을 내놓고 태종을 올바른 길로 안내한 것이다. 하지만 위징이 태종에게 지나치게 사사건건 지적질을 하자 위징을 보면 울렁증이 생겨 피해 다니기도 했다고 한다. 태종은 위징이 집요하고도 신랄하게 비판하자, 위징을 죽이려고 하다가도 그의 간언에 귀 기울였다.

태종은 불편하고 듣기 싫은 조언도 기꺼이 수용하는 넓은 아량을 보여주었다. 위징의 간언에 심기가 불편하였지만, 자신을 잘못된 길로 가지 않게 이끌어 주는 소중한 충고라는 것을 알고 있었기 때문이었다. 태종이 궁궐을 증축하고 화려한 전각을 짓고 싶어 했으나 위징의 간언으로 중단된 적이 한두 번이 아니었다. 위징은 태종의 일거수일투족을 철저히 감독하면서 간언하기를 멈추지 않았다. 한번은 태종이 남산으로 사냥을 나가려고 수레와 말을 준비했다가 취소한 일이 있었다. 위징이 그 이유를 묻자 태종은 이렇게 말했다. "원래 사냥을 나가고 싶었는데, 그대에게 야단맞을 일이 두려워 포기했소."

위징에 대한 태종의 신임 또한 절대적이었다. 위징이 비서감 직을 맡고 있을 때 누군가가 이세민에게 그를 모반죄로 고발했다. 위징을 누구보다 잘 알고 있었기에 태종은 위징의 모반죄를 조사하지 않고 그 고발자를 꾸짖으며 사형에 처했다.

태종이 화가 나서 신하를 주살했을 때 위징은 이를 비판했고, 태종이 아끼던 신하가 뇌물을 받은 것이 드러났는데도 옛정을 생각해서 죄를 용서하려고 하자, 위징은 바로 직언했다. 위징은 "상을 내릴 때는 관계가 소원한 사람도 잊지 말아야 하고, 벌을 내릴 때는 측근과 귀족들에 대한 정리(情理)를 염두에 두지 말아야 한다. 모든 상벌은 공정과 인정을 원칙으로 해야 사람들을 설복할 수 있다"고 간언하였다. 태종은 굽힐 줄 모르는 직언으로 자신을 괴롭혔던 위징을 믿고 끝까지 등용하였다.

위징은 이세민의 평소의 행실까지 지적하면서 300회 이상의 간언을 올렸다고 한다. 이세민은 사사건건 반대만 하는 위징을 두고 그의 충언이 자신을 괴롭히기 위한 것이라고 오해를 하기도 했다. 그리하여 어느 날 조회 후 화가 나 이세민이 장손황후(長孫皇后)에게 "그 시골 촌놈이 조회에서 또 나에게 대들었다. 이 시골뜨기를 죽이지 않으면 내 마음 속의 원한을 풀 수 없을 것 같다"고 하며 위징을 죽이려고 하였다.

이에 평소 훌륭하게 참모 역할을 하고 있던 황후는 평복(平服)을 조복(朝服)으로 갈아입은 후 이세민에게 "축하한다"고 하였다. 이세민이 왜 이러냐고 물었을 때 황후는 "사서에 보면 임금이 성군일 때 신하들이 충신이라고 하였습니다. 지금 폐하가 성군이시니 위징과 같은 인물이 직언을 하는 것이 아니겠습니까. 천하에서 이러한 성군을 얻었으니, 폐하의 가까운 사람으로서 제가 어찌 축하하지 않을 수 있겠습니까?"라고 답했다. 황제 이세민의 입장을 올려줌으로써 위징의 목숨을 살려낸 장손황후의 기지와 영특함이 돋보이는 장면이다. 실제로 장손황후는 "의견을 제시할 줄 알았을 뿐 아니라, 의견을 잘 제시하는 고급 참모였다"고 한다. 훌륭한 신하에 더하여 영민한 황후까지 곁에 있었으니 황제 이세민은 인재 복을 타고났었던 것 같다.

위징이 수없이 간언하여 태종으로 하여금 태평성세를 이룰 수 있게 하였기에 그는 살아서도 죽어서도 충신으로 평가된다. 역사가들은 위징이 감히, 능히, 훌륭하게 간언했다고 평가한다. 주군을 6번이나 옮긴 끝에 태종을 만난 위징은 태종의 최측근이거나 가신은 아니었지만, 그는 누구보다 태종의 참된 충신이었다. 죽기를 각오하고 태종의 잘못과 게으름과 나태를 꾸짖었다. 위징은 재상이라는 안락만을 추구하지 않았다. 그는 태종이라는 위대한 군주를 만나 자신의 진가를 발휘할 수 있었다. 그는 태종이 올바른 통치를 할 수 있게 자신의 능력과 열정을 다했다. 위징은 역사적으로 보면 군주가 올바로 통치할 수 없게 하여 악인으로 만들고 나라를 멸망하게 하는 맹목적의 충신(忠臣)도 적지 않다. 그러한 충신의 길보다는 나라가 부유해져서 태평성대를 누리고 편안한 삶을 누리고 죽어서도 명성을 얻으며 후손들이 번창할 수 있는 양신(良臣)을 원했다.

태종에게 수없이 간언하면서 충심으로 보좌했던 위징이 63세이던 643년에 사망하자 태종의 슬픔은 이루 말 할 수 없었다. 태종은 3일간 식음을 전폐하고 위징을 그리워하며, 묘비를 세우고 묘비의 조문도 직접 썼다. 조문은 "동으로 거울을 만들면 의관을 단정하게 할 수 있고, 고대 역사를 거울삼으면 천하의 흥망과 왕조 교체의 원인을 알 수 있으며, 사람을 거울로 삼으면 자기의 득실을 분명하게 할 수 있다. 나는 일찍이 이 세 종류의 거울을 구비하여 자신이 어떤 허물을 범하게 되는 것을 방지하였다. 지금 위징이 질병으로 세상을 떠났으니, 거울 하나를 잃은 것이다!"라며 통탄했다. 자신의 잘못을 깨우치게 하는 세 개의 거울 중 하나인 위징이 죽었으니 거울 하나가 없는 셈이라는 통탄이었다.

중국은 시의 나라이다. 중국의 오랜 시사(詩史)에서 가장 높은 성취를 이뤘다고 평가 받는 것이 당대(唐代)에 창작된 당시(唐詩)이다. 《당시선(唐詩選)》의 첫머리를 장식하는 시가 술회(述懷)인데 이는 태종의 명령으로 전쟁터에 나간 위징이 지은 시이다.

이세민이 즐겨 읽은 책들과 저술한 책들

당 태종 이세민은 다양한 고전 서적과 역사서를 즐겨 읽었던 것으로 알려져 있다. 즐겨 읽었던 책들에는 전한 초기까지의 중국 역사를 다룬《사기(史記)》, 전한의 정치, 군사, 경제 등을 다룬《한서(漢書)》, 전쟁의 이론과 실제를 다룬《손자병법(孫子兵法)》, 춘추전국시대의 역사 기록인《좌전(左傳)》등이 있다.

당 태종 이세민은 직접 집필한 책도 있고 그의 지시로 편찬된 책들이 있는데 후자가 더 많이 알려져 있다. 당태종이 직접 집필한 책《예기주설(禮記注說)》은 그가 유학 경전을 연구하고 해설한 책으로 유교의 예법과 윤리를 다룬다. 그는 학문과 문화를 장려하고 많은 서적의 편찬을 지시했는데《진서(晉書)》는 서진에서 동진까지의 역사를 다루고, 송나라 사마광이 편찬한《자치통감(資治通鑑)》은 역사서의 중요성을 강조하며 편찬 작업을 지원했는데 이 책은 중국 역사 전반에 걸친 중요한 사건들을 다룬다.

당 태종 이세민의 명언들

"천하는 한 사람을 위한 것이 아니며, 만인의 것이다."

"홍수와 가뭄이 고르지 못한 것은, 다 임금이 덕을 잃었기 때문이다. 짐이 덕을 쌓지 않아 하늘이 마땅히 짐을 나무라는 것인데, 백성이 무슨 죄가 있어 그 숱한 어려움과 궁핍을 겪어야 하는가!"

"짐은 매일 밤, 백성이 행복하게 사는지 심려되어 한밤중이 되어도 잠을 이룰 수 없다."

"짐이 매번 몸을 손상한 것은, 밖의 사물에 있지 않고 모두 기호와 욕심으로 말미암아 화를 부른 것이다."

"천자의 마음은 하나뿐인데, 여러 신하들은 혹은 무용(武勇)으로 혹은 웅변술로, 혹은 아첨으로, 혹은 사기술로 공격해 온다. 천자가 조금이라도 마음을 늦추어 그 중 하나를 받아들이면 당장 나라는 망국의 길로 들어간다. 천자의 어려움이 바로 여기에 있다. 짐은 천하를 평정했지만 이것을 지켜나가는 것이 얼마나 어려운 일이냐?"

"국가를 다스리는 기본은 인의와 위신이오. 백성의 마음에 가까이 다가가 궁핍한 상황에서 구해내는 한편, '이치에서 벗어나는 일은 결코 용서하지 않는다'는 엄연한 태도로 정치를 한다면 나라는 자연스레 안정될 것이오. 그러니 모두 짐과 함께 이를 실천해야 하오!"

"황제가 내린 조서 가운데 부당하여 실행할 수 없는 부분이 있으면 반드시 자기 의견을 견지하도록 하고, 잘못되었음을 분명히 알면서도 두려운 마음이 있어 침묵을 지키는 일이 없도록 하시오."

"나라를 다스리는 것과 질병을 치료하는 것에는 어떠한 차이도 없소. 환자의 상태가 좋아졌다고 생각되면 잘 보살펴야 하오. 만일 다시 발병하여 악화되면 반드시 죽음에 이르게 될 것이오. 나라를 다스리는 것 또한 그러하니, 천하가 조금 안정되면 더욱 조심하고 삼가야지, 평화롭다고 하여 교만하게 굴거나 사치스러운 생활을 하면 틀림없이 멸망하게 되오."

"사람으로 태어난 이상 부단히 학문에 힘써야 하오. 젊었을 때는 전쟁을 하느라 책을 읽을 시간이 없었고, 정관 이래로는 손에 책을 놓지 않고 독서를 하여 교육 감화의 근본적인 방법을 알았으며, 나라를 다스리는 근본을 발견하게 되었소. 인생과 정치에서 중요한 것은 모조리 책 속에 들어 있으니, 더욱 더 학문에 정진해야 하겠다고 반성하는 참이오."

"관료라면 자기 일을 나중으로 미루고 공(公)을 위해 힘쓰시오. 올바른 도를 지키고 서슴지 말고 허심탄회하게 서로 의논하시오, 윗사람과 아랫사람이 부화뇌동하는 일이 있어서는 아니 되오."

"은혜롭게도 나는 천자 자리에 있소. 단지 백성의 이익만 바랄 뿐이오. 수백만 관에 달하는 은을 채굴하여 막대한 수입을 얻는다 해도 덕망 있는 인재 한 사람을 얻는 일과 비교할 수는 없소."

"중요한 자리에는 진정으로 뛰어난 자만 등용하시오."

"어느 시대나 인재가 없는 것이 아니오. 실제로 뛰어난 인재가 있는데도 이쪽에서 그 존재를 알아차리지 못한 것이 아닌지 짐은 심히 우려하오."

"나라가 평화로워지느냐, 혼란스러워지느냐는 대부분 그 지방 장관의 수완에 달려 있다. 그러니 어떤 방법을 써서라도 지방에는 뛰어난 자를 배치해야 한다."

"천하의 일에는 선(善)과 악(惡)이 있는데 선인(善人)을 등용하면 국가가 안정되고 악인(惡人)을 등용하면 국가가 위태롭게 된다. 이후에 인재를 등용하면서 감정이나 애증에 의하지 말아야 할 것이며 내 잘못을 보거든 위징처럼 기탄없이 간쟁(諫爭)을 해야 한다."

"군주가 넘어지려는 데도 손을 내밀지 않고, 쓰러졌는데도 일으켜 세우려 하지 않는다면 이런 신하가 과연 필요한가?"

"세찬 바람이 불어야 강한 풀을 알 수 있고, 판이 흔들려야 충신을 알아챌 수 있다."

"군신 간에 서로 의심하여 흉중의 생각을 다 털어놓지 않는다면 그 길로 나라에 큰 해가 될 것이다."

"군주는 국가를 근간으로 하고 국가는 백성을 기본으로 한다. 백성을 핍박해 군주를 받들게 하고 그들의 살을 잘라 배를 채우면, 배는 부르겠지만 몸은 죽어가고, 군주는 부자가 되겠지만 나라는 망하고 만다. 세금이 무거워지면 백성은 근심하며, 백성이 근심하면 나라는 위기에 처한다. 나라가 위기에 처하면 군주 또한 존재할 수 없다."

▩세계의 지도자들과 CEO들이 애독한《정관정요》▩

《정관정요》는 당 태종을 지나치게 미화했다는 비난도 있지만, 오래전부터 국가를 이끌어가는 통치자들에게 올바른 정치관을 제시했기에 널리 읽혀 왔다. 최근 기업 CEO들도 경영전략과 용인술과 관련하여《정관정요》를 애독하는 것으로 나타나고 있다.

《정관정요》를 즐겨 읽은 중국의 왕이나 황제 중 대표적인 인물은 송 태종(宋太宗)이다. 송의 제2대 황제 태종은《정관정요》를 매우 중시하여 통치의 지침으로 삼았다. 당나라에서는 현종(玄宗), 문종(文宗), 선종(宣宗) 등이 애독하였으며, 송 인종(宋仁宗), 명 태조(明太祖. 홍무제), 명 성조(明成祖. 영락제), 청 성조(淸聖祖. 강희제), 청 고종(淸高宗. 건륭제), 요 성종(遼聖宗) 금 세종(金世宗) 등의 군주들도 《정관정요》를 즐겨 읽고 통치의 중요한 참고 자료로 활용했거나, 통치의 교훈을 얻으려 했거나, 당 태종의 치세를 본받으려 했다.

《정관정요》는 일본의 경우 헤이안(平安) 시대에 전해져서 호조(北條), 아시카가(足利), 도쿠가와(德川) 등 막부의 지도자들이 애독하는 필독서였다. 메이지 천황(明治天皇)은《정관정요》를 읽고 근대화를 추진하는 데 있어 중요한 참고서로 활용했다. 일본 CEO들에게《정관정요》는 경영의 필독서로 각광받았다. 일본 재계의 신(神)으로 불렸던 일본 경단련의 도코 도시오(土光敏夫) 회장은《정관정요》를 애독했다고 한다. 교세라(Kyocera)의 창업자 이나모리 가즈오, 소프트뱅크(SoftBank)의 창업자 손정의(孫正義), 오릭스(ORIX Corporation)의 전 CEO 히라이 다카유키(平井孝之), 파나소닉(Panasonic) 창업자 마쓰시타 고노스케(松下幸之助), 소니(Sony) 공동 창업자 모리타 아키오(盛田昭夫), 유니클로(Uniqlo) 창업자 다다시 야나이(柳井正), 미쓰비시 중공업(Mitsubishi Heavy Industries) 전 CEO 사카키바라 마사하루(榊原正治), 다이이치생명보험(Dai-ichi Life Insurance Company) 전 CEO 시오자와 준이치(塩澤純一) 등 일본 유수의 CEO들은《정관정요》를 통해 리더십과 통치 철학에 대한 깊은 통찰을 얻거나, 전략적 사고와 장기적인 비전 설정의 중요성을 배웠으며, 배운 원칙들을 기업 경영에 적용하며 성공적인 리더십을 발휘했다.

일본의 역대 총리들 중 제45대, 48~51대 총리로 재임한 요시다 시게루(吉田茂), 제71대, 제72대 총리로 재임한 나카소네 야스히로(中曽根康弘), 제90대, 제96~98대 총리로 재임한 아베 신조(安倍晋三) 등도 《정관정요》를 애독하고 리더십과 정치 철학을 연구하여 그 교훈을 정치적 지도와 정책에 반영하려고 노력했다.

조선시대 과거 시험의 필수 학습 도서 《정관정요》를 즐겨 읽은 왕들로 태종(이방원), 세종(이도), 정조(이산) 등을 들 수 있다. 태종에게 《정관정요》는 효율적인 통치와 강력한 중앙집권 체제 구축에 대한 중요한 참고서였으며, 세종은 《정관정요》를 통해 백성을 사랑하고 신하들과의 관계를 중요시하는 태도를 배웠고, 정조는 개혁적인 성향의 군주로, 자신의 정치적 이상을 실현하기 위해 당 태종의 정치적 통찰력과 리더십을 배우고자 했다.

조선의 선비였던 이황(퇴계), 이이(율곡), 조식(남명), 정약용(다산) 등도 《정관정요》를 통해 당 태종의 통치 철학과 방법을 배우고, 이를 바탕으로 자신들의 정치적 이상과 현실적 문제 해결 방안을 모색했다.

한국의 CEO들 중 《정관정요》를 즐겨 읽으며 그 교훈을 경영 철학에 반영한 인물은 이건희 삼성그룹 전 회장, 정주영 현대그룹 창업자, 구본무 LG그룹 전 회장, 김우중 대우그룹 창업자, 조양호 한진그룹 전 회장 등으로 알려지고 있다. 한국의 정치 지도자 중 《정관정요》를 즐겨 읽은 분은 박정희 대통령, 전두환 대통령, 김대중 대통령 등으로 알려지고 있다.

서양에서 《정관정요》가 널리 읽힌 경우는 드물지만, 동양 철학과 고전에 깊은 관심을 가진 서양의 학자나 지도자들 중 헨리 키신저(Henry Kissinger), 리콴유(Lee Kuan Yew), 앨빈 토플러(Alvin Toffler), 프랜시스 후쿠야마(Francis Fukuyama) 등은 《정관정요》를 읽고 영감을 받은 것으로 알려져 있다.

당 태종은 자신의 무덤에 전장에서 그를 태우고 다녔던 말들을 새길 것을 명했다. 이에 따라 그의 무덤에 안장된 부조에는 그의 여섯 준마가 함께 새겨졌다. 이들 중 2개는 20세기 초 해외로 반출되어 그 행방이 묘연하다. 나머지는 시안의 베이린(碑林) 박물관에 있다

요시다 쇼인(吉田松陰, 1830~1859)

19 | 명치유신의 정신적 지도자 요시다 쇼인

시대를 앞섰던 정신적 지도자이자 사상의 대부

요시다 쇼인(吉田松陰, 1830~1859)은 장래가 촉망되는 무사로서 그리고 죄인으로 30년 남짓 짧은 생을 살았으나, 일본 우익 정치 지도자들의 사상적·정신적 지주이다. 유년 시절부터 20세 중반까지는 병학과 유학을 공부하였고 병학 사범을 하는 등 촉망받는 젊은이였다. 나머지 5년간은 극단적인 과격분자로 몰려 감옥을 들락거리다가 처형당했다.

쇼인은 《유수록(幽囚錄)》이라는 저서를 통해 일군만민론(一君萬民論), 정한론(征韓論), 대동아공영론(大東亞共榮論) 등을 주장하여 일본이 제국주의로 팽창하는데 커다란 영향을 끼쳤다. 쇼인은 삼촌의 재정적 도움으로 쇼카손주쿠(松下村塾)라는 학당을 설립했다. 시골의 이 작은 학당에서 공부한 쇼인 제자들이 훗날 메이지 유신과 일본 근대화를 위한 주도 세력이 되면서 오늘날 메이지 유신의 정신적 지도자로 추앙받고 있다. 쇼인은 일본 우익사상에서 빼놓을 수 없는 핵심 인물로, 요즘도 일본의 정치·경제계를 장악하고 있는 조슈벌(長州閥)의 사상적 대부로 불린다. 쇼인은 고(故) 아베 신조(安倍晋三) 전 일본 총리가 가장 존경하는 인물이기도 하다.

쇼인은 에도시대에 존왕양이(尊王攘夷)와 부국강병을 강조한 사상가이자 교육자로서 메이지 유신의 정신적·사상적 뿌리이다. 쇼인은 혼란스러운 에도 막부 말기에 서구열강의 무력시위를 보면서 일본이 강대국이 되기 위해 다양한 의견을 과감하게 제시하고 실천할 것을 주장하였다. 쇼인의 극단적인 주장과 광기 있는 행동은 시대를 앞서갔기에 반역적으로 보이기까지 했다.

그는 무능력한 에도막부를 제거하고 천황 중심의 열강이 되기를 원했다. 1853년 미국 흑선의 도래 이후 1858년 에도막부가 천황의 허가도 없이 미일통상조약을 체결하자 막부타도와 존왕양이를 주장하다가 안세이 대옥(安政の大獄) 중에 투옥되었고 다이묘 암살 계획이 들통나 1859년 29세의 나이에 처형되었다. 처형 이유는 막부의 관리를 살해하려고 계획하였고, 일개 하급무사가 막부의 명예와 존엄을 해치는 등 불경한 행위를 저지르는 등 국가대사를 함부로 논했다는 것이었다.

쇼인을 이해하기 위해서는 당시 일본의 시대적 배경을 살펴볼 필요가 있다. 일본을 통치하던 도요토미 히데요시(豊臣秀吉)가 1598년에 사망하자, 통치권을 놓고 내전이 벌어졌는데 이를 세키가하라 전투(関ヶ原の戦い)라고 한다. 전투에서 승자는 일본을 지배할 수 있는 권력을 얻을 수 있으나 패자는 죽거나 가문이 몰락하게 된다. 도쿠가와 이에야스(德川家康)는 히데요시를 추종하던 세력들과 전투에서 승리하여 일본을 통일시켰다. 1603년 도쿠가와 이에야스는 막부의 최고 통치자인 쇼군(將軍)이 되었다.

이에야스는 에도(도쿄)를 수도로 삼고, 중앙 정부인 에도막부(江戶幕府)를 세웠다. 도쿠가와 이에야스는 일본을 300개의 번(藩)으로 나누고 각 번을 다스리는 다이묘(大名, 제후)를 임명했다. 쇼군은 다이묘들에게 토지를 나눠

주고 세금을 걷을 수 있게 하였다. 더불어 반란을 방지하기 위해 강력한 통제정책을 실시했다. 각 번에서 성(城)을 자유롭게 증·개축할 수 없으며, 독자적으로 선박을 만들지 못하며, 다이묘 간 허가되지 않은 결혼은 할 수 없게 하는 등의 무가제법도(武家諸法度)를 운영하였다. 또, 각 번주(藩主)들을 정기적으로 에도를 오가게 하여 재정을 지출하게 하고, 번주의 처자식을 에도에 일정기간 거주하게 하였다. 처자식들을 인질로 잡아둔 것이다. 이를 산킨교다이(參勤交代)라고 한다. 에도막부는 강력한 통제정책으로 265년간 일본을 커다란 반란 없이 평화롭게 통치할 수 있었다.

모리 데루모토(毛利輝元)는 도요토미 히데요시의 5대 측근으로 임진왜란 당시 3만 명을 이끌고 조선을 침략하기도 하였다. 히데요시를 추종하던 모리 데루모토는 8개 지역을 통치하며 재산도 많아 힘 있는 영주 중 한 명이었다. 모리 데루모토는 세키가하라 전투에서 총대장을 맡았으나 이에야스에 패하였다. 이에야스는 데루모토의 재산을 몰수하고 권력을 빼앗고 조슈번(長州藩. 야마구치현)으로 쫓아냈다. 모리 데루모토는 에도막부의 허락을 받아 하기(萩)에 조그마한 성을 짓고 조슈번을 근거지로 삼았다. 후손들은 조슈번을 다스리면서 에도막부에 저항하지는 않았지만, 치욕과 반감은 오래전부터 지니고 있었다.

조슈번은 다른 번들과 달리 경공업을 육성하고 많은 토지를 개간하였으며 인재 양성에도 힘썼다. 에도막부 말기에 많은 번들이 식량을 걱정할 때도 조슈번은 식량을 걱정하지 않을 정도로 막강한 경제력과 군사력을 지니고 있었다. 조슈번의 후손들이 그동안 에도막부에 대해 지녀온 반감은 19세기 서구열강들이 등장하면서 천왕을 받들고 서양세력을 물리치자는 존왕양이(尊王攘夷) 운동으로 나타났다. 요시다 쇼인이 이곳 출신이며, 다카스기 신사쿠(高杉晋作), 구사카 겐즈이(久坂玄瑞), 이리에 쿠이치(入江九一) 등의 제자들이 존왕양이를 위해 활동했으며 메이지 유신에 앞장섰다. 조슈번은 일본의 우익 세력들에겐 매우 중요한 의미를 갖는 곳이다. 아베 신조 전 총리의 본적도 조슈번이다.

광기의 무사, 일본을 위해 불꽃처럼 살다 가다

요시다 쇼인은 1830년 8월 도자마 다이묘(外樣大名)의 하나인 조슈번의 하기(萩)에서 가난한 하급 무사의 둘째 아들로 태어났다. 도자마 다이묘는 에도막부에 대해 충성심이 약하고 불만을 가진 번을 말한다. 쇼인은 5세 때 병학 사범이었던 숙부의 양자가 되어 대를 잇기 위해 혹독하고 엄격하게 수련하면서 병학, 유학, 일본 역사 등을 공부했다. 쇼인은 이미 11세 때 무교전서(武敎全書), 15세 때 손자병법을 강의하여 번주와 관료들을 감동시켰다.

쇼인은 19세에 조슈번의 귀족학교인 명륜관(明倫館)에서 병학 시범을 하였다. 장래가 유망한 쇼인을 훌륭한 인재로 키우기 위해서 번주의 지원과 더불어 저명한 학자와 무사들도 많은 도움을 주었다. 쇼인은 이들을 통해 실력을 쌓으면서 입지를 구축해 나갔다. 이 때까지만 해도 쇼인은 조슈번에서 촉망받는 젊은이였다. 하지만 더 넓은 세상을 여행하고 공부를 하고 싶은 열망을 가지게 되었다. 사범 시절 올린 상서 〈수륙전략(水陸戰略)〉을 보면 그가 10대 시기 내내 서양에 대해 공부를 해 왔음을 알 수 있다.

조슈번의 인재로 총애를 받던 쇼인은 20세인 1850년 8월에 조슈번으로부터 규슈(九州)를 여행할 허락을 얻었다. 살아있는 학문을 공부하기 위해 세상을 알아야 하겠다고 생각한 쇼인은 이곳저곳을 여행하면서 지식을 쌓고 견문을 넓혔다. 쇼인은 히라도 지마(平戶島)에 사는 사람들의 자신이 알고 있는 지식과 실천이 일치해야 한다는 양명학의 지행합일(知行合一)에 감명 받았는데, 이는 훗날 제자들에게 살아있는 학문을 강조하게 된다. 쇼인은 아이자와 야스시(會澤安)의 신론(新論), 역사, 지리, 병학, 서양의 군사기술 등 광범위한 책들을 섭렵했다. 그 중에서도 일본은 신이 세운 나라이므로 신성한 나라라는 건국신화와 일본의 국체를 바로 세워야 한다는 신론은 훗날 쇼인이 존왕양이를 주장하는 배경이 되었다.

에도막부 시대에 유일하게 개방된 나가사키(長崎)에서 쇼인은 중국, 네덜란드 등의 배와 대포 등을 견학하고 일본도 서양 무기를 가져야 한다고 생각했다. 구마모토(熊本)에서 쇼인은 일본의 엄격한 신분제도를 없애야 한다는 사민평등론(四民平等論)과 일본의 미래를 위해서 대학을 설립하고 함선을 만들어 국방력을 강화하고 외국과 무역을 확대해야 한다는 유학자의 주장에 자극을 받았다.

이듬해에 쇼인은 조슈번으로부터 여행 허가를 받아 에도(江戸)로 갔다. 에도에서 유명한 정치가이자 학자인 사쿠마 쇼잔(佐久間象山)에 감명받아 그의 제자가 되었다. 쇼잔이 운영하는 학교에 들어가 병학과 일본과 세계정세 등을 배웠다. 쇼인은 보다 넓은 세상을 여행하고 싶어 했다. 조슈번에서 이런저런 이유로 여행 허가증을 발급해 주지 않자, 쇼인은 허가증 없이 미토 번(水戸藩)으로 갔다.

쇼인은 미토학(水戸学)을 배웠는데, 미토학은 일본에서 파생된 유학사상으로 미토 번을 중심으로 형성된 학문이다. 덴포학(天保學) 또는 스이후학(水府学)이라고도 한다. 쇼인은 미토학자들이 미토학에 일본의 길이 있고 일본의 미래를 위해서 국체를 바로 세워야 한다는 주장에 감명을 받았다. 미토학은 에도막부 말기 존왕양이 운동의 사상적 토대가 되었다. 이외에도 쇼인은 여러 곳을 여행하였다. 하지만 여행 허가증 없이 다른 번을 돌아다닌

죄는 엄청났다. 쇼인은 에도막로부터 근신 처분을 받고 1852년 5월 조슈번으로 강제 이송되었다. 조슈번은 쇼인의 병학 사범과 무사 신분을 박탈하고 봉록을 몰수하였다.

24세가 되던 1853년 1월 근신형을 받고 집에 있던 쇼인은 조슈번으로부터 10년간 자유로운 여행을 할 수 있는 여행 허가를 받았다. 아버지의 청원을 조슈번이 받아들인 것이다. 쇼인은 곧바로 에도로 갔다. 그해 6월 미국의 페리(M. C. Perry) 제독이 에도 항에서 막부에 개방을 요구했으나 거절당하자 함포 사격을 하는 등 무력시위를 하였다. 국민들은 공포와 두려움에 떨고 있었으나 에도막부는 아무런 대책 없이 무기력하게 대처하다가 거센 비난을 받았다. 이때 쇼인은 조슈번에 외세의 침략에 대비하기 위해 2척 이상의 군함을 마련하고 군사력을 강화해야 한다는 내용의 편지를 보냈으나 관리들이 묵살하였다.

미국 함대가 다녀간 뒤 쇼인은 그의 스승인 사쿠마 쇼잔과 일본을 구할 수 있는 방법을 논의하였다. 쇼잔은 일본의 젊은이들을 시구에 유학 보내고 일본을 적극적으로 개방하여 발전시켜야 한다고 주장하면서 쇼인에게 밀항을 해서라도 해외로 유학 갈 것을 권유하였다. 당시 불법으로 해외에 나가는 것은 사형에 처하는 중대한 범죄였음에도 불구하고, 쇼인은 일본을 위해서라면 기꺼이 해외 유학을 가겠다고 결심했다. 쇼인은 8월 나가사키 항에서 러시아 함대가 통상을 위해 정박하고 있다는 소식을 듣고 달려갔으나 함대는 떠나버렸다.

1854년 3월 페리 제독은 7척의 함정을 이끌고 와서 에도만 개항을 요구했다. 수차례 교섭 끝에 두 개의 항구를 개방하는 조건으로 미국과 화친조약을 맺었다. 일본의 쇄국정책이 미국의 무력에 굴복한 것이다. 에도막부가 서구세력에 반감을 가지고 있던 천황의 허락을 받지 않고 일방적으로 미국과 조약을 맺었다고 비난이 빗발쳤다. 이때 쇼인과 친구는 미국으로 밀항하기 위해 어둠을 틈타 페리호에 몰래 올라가 미국으로 데려가 달라고 요청하였다. 페리 제독은 목숨을 걸고 밀항하려는 청년들의 열정에 감동했지만 일본과의 관계 때문에 쇼인의 요청을 거절할 수밖에 없었다.

쇼인과 친구는 자신들이 한 행동에 대해 책임을 지고 자수하여 감옥에 갇히게 되었다. 쇼인의 스승 사쿠마 쇼잔은 후에 쇼인의 밀항을 격려했던 편지가 발각되어 잡혀 들어갔다. 에도막부에서는 쇼인과 친구, 사쿠마 쇼잔을 고향으로 유배시키고 집 밖으로 나오지 못하게 하는 근신형을 명령하였다. 엄청난 범죄를 저지른 것 치고는 관대한 처벌이었다. 하지만 조슈번에서는 또 다시 죄를 저지른 쇼인을 감옥에 수감하였다.

쇼인은 감옥에서도 일본의 장래를 위해 걱정했지만 그가 할 수 있는 일은 아무것도 없었다. 14개월의 수감 기간 동안에 쇼인은 닥치는 대로 책을 읽었는데 554권 책을 독파했다고 한다. 일부 죄수들은 책을 읽는다고 무슨 도움이 되느냐고 비아냥거리기도 하였다. 하지만 책을 읽으면 각자에게 주어진 삶의 목적을 깨달을 수 있다는 쇼인의 말에 자극받아 죄수들도 변화하기 시작하였다. 쇼인은 죄수들에게 맹자를 강의하였다. 강의가 소문이 나면서 간수는 물론 면회 온 사람들도 강의를 들을 정도로 인기가 있었다.

출옥 후 집에서 근신하면서 1856년에 505권의 책, 1857년 385권의 책을 읽었다. 고향에 돌아온 후 3년간 약 1,500권의 책을 읽었다. 실로 엄청난 독서광임이 분명하다. 책을 읽은 결과로 이 3년간 《유수록(幽囚錄)》,《회고록(回顧錄)》 등 45편의 저술이 쏟아져 나왔다. 맹자에 이어 《일본외사(日本外史)》,《춘추좌씨전(春秋左氏傳)》,《자치통감(資治通鑑)》 등 일본과 중국의 역사서 강의가 이어졌다.

1857년 10월 미국의 총영사는 에도막부에 미일통상수호조약을 체결하자고 압박하였다. 당시 에도막부는 13대 쇼군의 후계자를 놓고 첨예하게 대립하다가, 화친조약 이후 아무런 대비책을 강구하지 못했다. 그러자 일부 번과 무사들은 막부에 대해서 반감을 가지게 되었다. 이듬해 1월 쇼인은 일본은 이미 망해가고 있으므로 조슈번이 앞장서서 군사력을 길러서 서양 국가들과 대등한 위치에서 일본을 구해야 한다는 내용의 광부지언(狂夫之言)이라는 글을 올렸다. 하지만 조슈번은 에도막부와 갈등을 우려하여 쇼인의 주장을 받아들이지 않았다. 2월에는 다케시마(獨島) 개척론을 썼다. 다케시마를 개척하면 러시아 등 해외 사변에 대응하거나 조선이나 만주에 진출할 때 거점으로 사용할 수 있어 크게 이익이 된다고 주장하였다.

1858년 6월 이이 나오스케(井伊直弼)가 에도막부의 최고위직인 다이로(大老)에 임명되었다. 그는 천황의 승인을 받지도 않고 미국은 물론 네덜란드, 러시아 등과도 통상조약을 체결하였다. 그리고 이러한 정책에 반대하는 번의 관리와 무사 100여 명을 잡아들여 처형하였는데, 이를 안세이 대옥(安政の大獄) 또는 무오 대옥(戊午の大獄)이라고도 한다.

쇼인은 목숨이 위태로운 불안한 시국을 개의치 않고 7월에 〈대의를 논의하다(大義を議論する)〉라는 글을 통해 천황의 허가 없이 통상조약을 맺은 에도막부는 일본의 국체를 더럽힌 행위이므로 막부를 쓰러뜨려야 한다고 주장하였다. 이러한 주장은 막부의 노여움을 사기에 충분하였다. 전국에서 막부를 타도하기 위한 운동이 펼쳐지고 있는 가운데 사쓰마, 조슈번의 무사들이 이이 나오스케를 암살하려고 하였다.

쇼인도 나오스케의 충신인 마나베 아키카츠(間部詮勝)를 암살하기 위해 몇몇 제자들과 논의하였다. 만약 쇼카손주쿠에서 아키카츠를 암살하려고 한다는 사실을 막부에서 알게 되면 조슈번도 위태로워질 수 있었다. 막부보다 세력이 약했던 조슈번은 어쩔 수 없이 쇼인을 감옥에 가두어야만 했다.

쇼인은 감옥에서도 조슈번주가 천황을 만나서 막부를 타도하라는 명령을 받아와야 한다고 주장하는 등 과격하고 극단적인 발언을 서슴지 않았다.

1859년 5월 막부에서 과격분자 쇼인을 에도로 이송하라고 조슈번에 명령하였다. 쇼인은 에도로 가면 살아 돌아올 수 없음을 직감하고 끝까지 지성을 다하기로 하였다. 쇼카손주쿠 제자들은 스승의 모습을 남겨두기 위해서 쇼인의 초상화를 그렸다. 에도 감옥으로 이송된 쇼인은 제자, 친구, 지인들에게 자신이 죽은 뒤에도 일본을 위해 힘써 줄 것을 부탁하는 편지를 보냈다. 그리고 일본의 정신을 강조하는 《유혼록(留魂錄)》을 썼다. 쇼인은 나는 큰일을 이루기 위해 뜻을 품고 행동해 왔기 때문에 죽어도 영원히 살 수 있다며 초연한 모습을 보였다.

《유혼록(留魂錄)》의 끝에 "10월 26일 황혼에 쓰다"라고 쓰여 있으니 쇼인은 자신이 사형 당하는 하루 전날 《유혼록》을 완성했다. 그것도 하루 만에 완성했다고 한다. 형장으로 끌려가면서 "나는 지금 나라를 위해 죽는다. 죽어서도 주군과 부모를 배신하지 않는다. 천지의 일은 유유하며 신명이 모든 걸 비추고 계신다"라는 시를 읊었다고 한다. 사형이 집행되기 직전 "몸은 비록 무사시 벌판에 썩어가더라도 남겨놓은 것은 야마토 타마시이(大和魂, 일본 혼: 일본의 정신이나 사상)"란 절명시를 남겼다.

요시다 쇼인은 막부 관료를 살해하려고 했으며, 비천한 신분으로 국가 대사를 멋대로 논의하고 주장하다가 불경죄로 처형당하였다. 에도막부의 명예와 존엄을 해치는 불경스러운 행동을 했다는 것이다. 쇼인은 갈 길을 잃고 헤매는 일본을 구하기 위해서 죽음을 두려워하지 않고 용기 있게 직언하고 행동하다가 꽃다운 나이에 생을 마감했다.

고향의 서당에서 문하생을 양성하다

25살인 1855년 12월 말 쇼인은 집에서 근신하라는 조건으로 감옥에서 풀려나와 고향으로 돌아왔다. 쇼인은 아무도 만나지 않고 독서에 열중하였다. 죄인 신분이라 학원을 차릴 수가 없었다. 쇼인을 찾아온 문하생들이 늘어나자, 부친과 형님의 권유로 다다미가 3개에 2평도 안 되는 아주 작은 방에서 강의를 하였다. 첫 강의는 맹자였는데, 쇼인은 단순히 맹자를 읽고 해석하는 것이 아니라 자신의 경험과 일본이 처한 현실을 예를 들어 설명하면서 문하생들을 빠져들게 했다. 강의 내용은 《강맹여화(強猛餘話)》로 정리하였다. 조슈번에서는 쇼인이 강의한다는 사실을 알면서도 묵인하였다.

쇼인은 쇼카손주쿠에서 일본의 미래를 이끌어 나갈 인재를 양성하기로 하였다. 서민, 하급무사 자제 등 출신 성분을 따지지 않고 누구나 와서 공부하게 하였다. 당시 일본은 엄격한 신분제 사회였음을 감안할 때 획기적인 발상과 행동이었다. 쇼인은 문하생들과 허물없이 지내며 함께 공부하고 생활했으며, 선생이 모범을 보여야 한다며 손에서 책을 놓지 않았다. 당시 조슈번의 귀족 공립학교였던 명륜관 학생들도 쇼인의 살아있는 강의와 애국심에 매료되어 몰려오기도 했다.

쇼카손주쿠(松下村塾)는 엄격한 규칙이 없는 아주 작고 자유로운 사숙(私塾, 서당)이었다. 쇼카손주쿠는 책을 통해 단순히 지식을 공부하는 곳이 아니라 살아있는 지식을 배우는 곳이었다. 강의 중이라도 제자들에게 자신의 의견을 충분히 말하게 하고, 시사나 국내외 정세 등은 토론 형태의 수업을 하였다. 쇼인은 문하생들이 학문을 배우고 배운 것을 실천할 것을 강조하였다. 쇼인은 문하생들이 자신의 존재가치를 파악하고 목표한 것을 실천하도록 하였다. 모든 것을 자신의 일신과 결부시켜 탐독하도록 하고 주체적인 생각을 갖게 하였다. 그리고 어떤 주제를 놓고 서로 자신의 의견을 말하면서 토론하는 세미나가 자주 열렸는데, 가끔 격렬한 토론이 벌어지기도 했다.

　문하생들이 점차 늘어나자 1857년 정식으로 쇼카손주쿠의 숙장(훈장)을 맡아 2년간 가르쳤다. 쇼인이 교육한 기간은 3~4년에 불과했다. 문하생들의 수학 기간은 길게는 2년 3개월, 짧게는 1~2주 과정도 있었다. 쇼카손주쿠에서 모두 92명이 공부했는데, 이들은 훗날 메이지 유신과 근대화의 주도 세력이 되었다.

　쇼인이 문하생들에게 가르친 주제의 구체적 내용은 대상과 시기에 따라 달랐지만 대표적인 요일별 시간별 주제는 〈자료 1〉에 정리된 바와 같다. 1999년 필자는 몇 지인들과 함께 큐슈와 가고시마 지역의 메이지 유신 유적지 답사 여행을 다녀 온 적이 있다. 하기(萩) 시의 쇼카손주쿠를 방문해 살피던 중 하나의 인상적인 동판과 마주쳤는데 요일별로 1교시에서 6교시까지 학습 시간표였다. 과목 중 눈에 띄었던 것은 무술과 난학(蘭學)이었다. 그 시간표 동판을 찾고자 지난 3년여 동안 수소문했으나 실패했다. 〈자료 1〉의 강의 시간표는 ChatGPT의 도움을 받아 그 윤곽을 정리한 것이다.

〈자료 1〉

요시다 쇼인의 쇼카손주쿠 문하생들의 주간 강의 시간표

월요일

오전 8시-10시: 경서 학습(경학, 유교의 경전 및 문헌 공부)

오후 1시-3시: 문학 및 역사(고전 문헌과 일본 역사에 관한 강의)

오후 3시-5시: 도덕 교육(윤리 및 도덕에 관한 논의)

화요일

오전 8시-10시: 경서 학습(경학)

오후 1시-3시: 철학 및 윤리(철학과 윤리학에 관한 강의)

오후 3시-5시: 논문 작성 및 토론(학생들의 논문을 토론)

수요일

오전 8시-10시: 경서 학습(경학)

오후 1시-3시: 과학 및 수학(과학적 원리와 수학적 문제 해결)

오후 3시-5시: 자유 학습(학생들이 자율적으로 선택한 학문 분야)

목요일

오전 8시-10시: 경서 학습(경학)

오후 1시-3시: 정치 및 법률(정치 이론과 법률에 관한 교육)

오후 3시-5시: 사회 문제 토론(사회의 문제에 대한 토론)

금요일

오전 8시-10시: 경서 학습(경학)

오후 1시-3시: 문학 및 역사(문학과 역사에 관한 강의)

오후 3시-5시: 자유 학습(학생들이 선택한 주제 학습)

토요일

오전 8시-10시: 경서 학습(경학)

오후 1시-3시: 자유 학습 및 독서(자유롭게 선택한 독서 및 학습)

오후 3시-5시: 토론 및 발표(학생들의 학습 성과를 발표하고 토론)

일요일

오전 8시-10시: 자유 학습 및 독서(자유 학습 및 독서)

오후 1시-3시: 자아 성찰 및 휴식(자아 성찰과 휴식)

오후 3시-5시: 사제 간의 대화(사제 간의 대화와 논의)

쇼카손주쿠 출신 중 대표적 인물은 메이지 정부의 초대 총리로 메이지 천황의 총애를 받았던 이토 히로부미(伊藤博文), 유신 3걸로 메이지 정부의 대표적인 정한론자인 기도 다카요시(木戸孝允), 존왕양이 지사로 일본 기병대 창설자이자 아베 전총리가 존경했던 다카스기 신사쿠(高杉晋作), 제3대 총리이자 조슈(長州) 3존으로 일본 육군의 아버지로 불렸던 야마가타 아리토모(山縣有朋), 총리대신과 조선의 초대 총독을 지낸 데라우치 마사타케(寺内正毅) 등이다. 여기서 조슈 3존은 이토 히로부미, 야마가타 아리토모, 이노우에 가오루 등을 말한다. 히로부미가 전체적으로 일본이 나아갈 큰 길을 닦고, 아리토모가 일본의 군사·정치적인 요소를 정비했다면, 가오루는 필요한 사회의 법과 제도를 만들었다는 의미에서 조슈 3존이라고 한다.

존왕양이, 정한론, 일군만민론을 주장하다

쇼인은 천황을 받들고 서양세력과 오랑캐를 물리치자는 존왕양이(尊王攘夷)를 주장하였다. 존황양이(尊皇洋夷)라고도 한다. 존왕은 천황을 받들자는 것이다. 일본은 천황의 나라이므로 천황을 중심으로 일본의 국체를 지키자는 것이다. 일본의 중요한 의사결정은 막부가 하는 것이 아니라 천황을 중심으로 이루어져야 한다는 것이다.

에도막부의 쇼군은 오랑캐를 정벌하기 위해 천황이 임명한 직책이다. 천황의 허가도 없이 서양과 조약을 맺고 무능하고 굴욕적으로 대응한 에도 막부는 없어져야 한다는 것이었다. 양이(攘夷)는 서구 세력을 배척하자는 것이다. 병학자였던 쇼인은 조슈번도 서구 열강처럼 군사력을 길러야 한다고 건의하면서, 서양을 배워 서양을 이기자고 주장하였다. 하지만 무작정 서양의 오랑캐를 배척하자는 것이 아니었다. 쇼인은 당시 강대국이었던 청나라가 아편전쟁에서 영국에 패했다는 소식을 듣고, 강대국이 약소국을 정복하는 것은 당연하다고 생각했다. 그리고 서양 열강이 일본을 노리는 것은 서양 열강이 나빠서가 아니라 일본의 국력이 약하기 때문이라고 보았다.

일본은 서양을 무조건 배척하기보다는 서양을 배워서 이들을 극복해야 한다고 보았다. 일본은 서양의 기술과 문물을 배워서 부국강병을 이루어 서양의 열강들과 대등한 관계가 돼야 한다고 주장했다. 쇼인의 이러한 사상은 조선 후기에 외국 세력과 문물이 들어오자 이를 배척하고 유교 전통을 지킬 것을 주장한 조선의 위정척사(衛正斥邪) 운동과는 정반대였다. 조선은 위정척사를 주장하다가 내부 분란으로 주권을 빼앗겼고, 일본은 서양을 배워 근대화하여 열강의 대열에 설 수 있었다.

쇼인은 감옥에서 밀항 동기와 사상적 배경 등을 담은 《유수록(幽囚錄)》을 썼다. 쇼인은 《유수록》에서 일본은 군함과 포대 등을 준비하여 군사력을 서둘러서 강화하여 즉시 홋카이도를 개척하고, 러시아의 캄차카와 일본 동북쪽의 오호츠크(Ohōtsuku)해를 빼앗고, 오키나와(沖縄)와 조선을 정벌해야 한다고 주장했다. 그리고 북으로는 만주를 점령하고, 남으로는 대만, 필리핀과 일대의 섬들을 노획해야 한다고 지론을 폈다. 사실 필리핀을 넘어 호주까지 그의 머릿속에 있었다.

쇼인은 주변국가 중에서 특히 조선을 침략하고 합병시켜야 한다는 정한론을 주장했다. 그의 제자인 기도 다카요시(木戸孝允), 이토 히로부미(伊藤博

文), 야마가타 아리토모(山縣有朋) 등은 훗날 이를 메이지 유신 정부의 주요 정책으로 발전시켰다. 특히 총리가 된 야마가타 아리토모는 일본 제국 의회에서 일본의 이익선은 한반도라고 주장하며 조선 침략을 주도했다. 쇼인의 정한론과 다케시마(竹島, 독도) 개척론은 일본 군국주의의 이론이 되는 탈아론(脫亞論)과 대동아공영론(大東亞共榮論)에도 영향을 미쳤으며, 일본의 지도자들이 제국주의적 통치를 발전시키는데 밑거름이 됐다.

요시다 쇼인은 감옥에서 죄수들에게 맹자, 논어 등을 가르쳤다. 그리고 이를 경험으로 《강맹차기(講孟箚記)》를 저술하였다. "길은 높고 아름답고 간략하고 가깝다"로 시작되는 《강맹차기》는 쇼인이 맹자를 강의하면서 지금 해야 할 일이 무엇인가를 논의한 내용을 기록한 것이다. 강맹차기는 맹자의 성선설을 기반으로 인생관과 국가관, 정치·교육·철학·외교 등에 관한 사상적 기조가 서술되어 있다. 《강맹여화(講孟餘話)》라고도 한다.

특히 쇼인은 《강맹차기》에서 맹자(孟子)의 왕도사상을 주장했다. 여기서 왕도는 공평무사한 중용의 정치를 말한다. 쇼인은 세상은 천황이 지배하고, 천황 아래에서 만인이 평등하다는 일군만민론(一君萬民論)을 주장했다. 이와 같은 평등사상 덕분에 신분이 비천해 교육을 제대로 받지 못하고 출세를 할 수 없었던 문하생들도 쇼카손주쿠를 발판으로 출세할 수 있었다. 가난한 소농의 아들로 하급 무사 출신이었음에도 수상까지 오른 이토 히로부미가 대표적이다.

하지만 일군만민론은 막부의 일본 지배를 부정하고 반역을 꾀하는 매우 급진적인 사상이었다. 이러한 사상은 자칫하면 모든 인간은 평등하다는 논리로 비춰질 수도 있다. 하지만 천황에 대한 맹목적인 신봉과 일본은 신의 나라라는 사고는 일본이 다른 민족보다 뛰어나다는 선민(選民)의식을 바탕으로 한다. 쇼인은 천황은 태양 아래 한 분만 존재한다고 강조하였다. 이러한 사상을 바탕으로 제자들이 조선을 정복하고 세계 정벌을 꿈꿀 수 있게 하였다.

마쓰시다 전기산업(파나소닉) 창업자인 마쓰시타 고노스케(松下幸之助)는 쇼인의 이러한 사상에 영향을 받아 일본의 정치사관학교로 불리는 마쓰시타 정경숙(松下政經塾)을 설립하였다. 마쓰시다 정경숙은 국가경영을 위한 정치인을 양성하기 위해 마쓰시다 고노스케가 사재를 털어 1979년에 설립한 정치인 양성 기관이다. 설립 이래 2023년까지 70명의 국회의원이 배출되었고 1회 졸업생인 노다 요시히코(野田佳彦)는 2009년 총리를 역임했다.

요시다 쇼인은 탁상공론을 싫어했고, 행동하지 않는 지식인들을 경멸하면서, 무엇에도 구속받지 말고 스스로 계획하고 행동하라고 강조했다. 쇼인은 사형당하기 전에 제자들에게 초망굴기(草莽崛起)를 강조했다. 초망은 우거진 풀, 잡초를 말하는 것으로 권력을 지니지 않은 재야나 시정에 있는 사람들을 뜻한다. 쇼인이 의식했던 계층은 하급 사무라이, 그 밑의 졸병에 해당되는 사람들, 나아가 유력한 상인과 농민, 그리고 지식 있고 뜻 있는 민중까지였다. 굴기는 벌떡 일어선다는 뜻이다. 더 이상 번주(藩主)나 번의 주요 직책에 있는 사람들에게 의존하지 말고, 번과 신분의 경계를 뛰어 넘어 전국의 뜻 있는 지사들이 횡적으로 연대하여 일을 일으킨다는 의미이다.

쇼인은 존왕과 양이를 위해 조슈번이 직접 나서 에도막부와 싸워야 한다고 몇 차례 건의했으나 과격논자라고 무시당했다. 이에 쇼인은 맹자(孟子)의 초망을 언급하며, 다른 사람들의 힘을 빌리려 하지 말고 먼저 깨달은 사람(초망)들이 일어서야 한다고 주장했다. 즉, 막부와 조슈번에는 더 이상 기대할 것이 없으니, 민초가 들고 일어나라는 것이다. 실제로 쇼인은 에도막부의 다이묘(大名)인 마나베 아키카츠(間部詮勝)를 암살하려던 계획이 발각되어 처형당했다. 쇼인의 죽음은 초망굴기의 상징이 되었고, 후에 일본을 변혁시킨 존왕양이와 에도막부를 타도하기 위한 정신적 지주가 되었다.

지극정성과 비이장목을 강조하다

요시다 쇼인은 일본이 당면한 위기를 헤쳐 나가기 위해서는 실천이 중요하다고 강조했다. 존왕양이를 기본으로 하면서 학생들에게 입지와 지성(至誠)을 강조하였다. 쇼인은 지성이면 감천이라는 말을 자주 인용하였다. 쇼인은 세상 일은 잠깐 노력한다고 쉽게 이룰 수 있는 게 아니고 오랜 정성이 수없이 쌓여야만 이룰 수 있으므로 지극정성(至極精誠)을 다하라고 강조했다. 목숨도 던질 각오로 지극한 정성으로 실천하라는 것이다. 그리고 지극정성을 다하더라도 실패할 수 있지만, 그럴수록 자신을 반성하고 더욱 정성을 다해야 한다고 했다.

전 일본 총리였던 아베 신조, 이토 히로부미 등도 쇼인의 영향을 받아 지극정성을 신조로 삼았다. 요시다 쇼인을 얼마나 존경하는지를 알 수 있다. 특히, 야마구치현(조슈번) 출신의 아베 신조(安倍晋三)는 총리에 당선되자마자 쇼인의 무덤을 찾아갔고, 쇼인의 가르침을 공공연하게 말하며 본인의 통치 의도를 전달하기도 하였다. 아베 전 총리는 2015년 쇼카손주쿠를 메이지 산업혁명의 유산이라는 이유를 들어 UNESCO세계 문화유산에 등재시켰다.

쇼카손주쿠의 기둥에는 비이장목(飛耳張目)이라 글귀가 적혀있다. 비이(飛耳)는 주위 사람들의 소리만 듣지 말고 멀리 떨어져 있는 사람들의 목소리도 들을 줄 아는 밝은 귀를 가지라는 의미이다. 장목(張目)은 당장 눈앞의 이익에만 만족하지 말고 먼 미래까지 내다 볼 수 있는 안목을 가지라는 의미이다. 비이장목은 눈과 귀를 제대로 활용하여 멀리서 일어나는 일들과 여러 가지 정보를 모아 구체적으로 분명하게 판단하라는 것이다.

쇼인은 확실한 정보를 얻으면 주도권이 생기므로 사물이나 현상을 예민하게 관찰하고 널리 정보를 수집하라고 역설했다. 쇼인은 교토와 에도 등에서 활동하는 지인들로부터 얻은 각종 정보를 붙여놓고, 학생들과 공유하며 세상이 돌아가는 모습을 파악하려 했다. 쇼인은 어려서부터 여러 지역을 여행하면서 다양한 정보를 얻었고 견문을 넓혔는데, 이를 제자들에게도 강조한 것이다. 실제로 제자들은 쇼인이 죽은 뒤에도 일본은 물론 해외 곳곳에서 활동하며 모은 정보를 활용하며, 일본을 강대국으로 만드는 데 기여하였다. 훗날 일본군 첩보부대에서도 요원들에게 쇼인의 글을 필독서로 지정하고 비이장목을 가르쳤을 정도로 정보를 중시하였다.

쇼인은 수감 중에 무사가 지녀야 할 7가지 덕목인 사규7칙(土規七則)을 정리하였다. 모두 7개의 규칙으로 되어 있다. 주요 내용은 다음과 같다. 사람이 사람다운 까닭은 오륜이 있기 때문이며 군신부자가 가장 중요하며, 일본이 황국(皇國)다운 까닭을 알아야 하며, 이를 위해 군신일체와 충효일체를 강조하였다. 그리고 무사의 도리는 의(義)가 가장 중요하며, 성현을 스승으로 삼고 스승의 은혜와 실천을 위한 마음가짐을 가질 것을 강조했다.

마지막으로 사람은 뜻하는 바를 세워 만사의 원천으로 삼아야 한다고 주장했다. 한번 뜻을 세우면 굳센 인내와 과감한 결단력으로 목숨을 걸고 실천하라는 것이다. 어떤 뜻을 세우면 목숨을 걸고 하라는 사이후이(死而後已)를 강조하였다. 생명이 있는 한 뜻을 그만두지 않는다는 것으로 뜻을 세우면 목숨을 걸라는 의미다. 사규7칙은 태평양 전쟁 중에 일본 군부가 암송을 장려했으며, 박정희 전 대통령도 일본 육사생도 시절에 사규7칙을 애독했다고 전해진다.

쇼인의 사상, 지금도 살아 있다

쇼인의 당대를 보는 자세와 일본의 미래를 위한 구상은 일본의 구원은 부나 관직에 의해 더럽혀지지 않은 깨끗한 자들의 봉기로 가능하고, 그 봉기는 결연한 의지를 가진 소수의 사무라이가 지도하고, 천황에 대한 충성심으로 통합함으로써 가능하다는 것이었다. 어떤 구체적인 새로운 사회 정치 질서를 구상한 것이 아니고, 사무라이는 국가를 구하기 위해 자신의 모든 것을 희생 헌신해야 함을 강조했다.

순수한 헌신을 죽음에 이르기까지 실천하겠다는 의지를 너무도 짧은 자신의 인생에 압축하여 표현해냈다. 항해술을 익히기 위해서 교토에 '대학교'를 세워 항해술을 가르치고, 무사와 공경의 젊은 자제들을 외국 배에 승선시켜 배우게 하고, 청년들을 네덜란드 배에 태워 매년 광동, 자바 등지에 파견해야 한다고 주장하였다. 조슈번주에게 매일 신하들과 함께 조회를 열어 그들의 의견을 듣고 직접 정사를 돌봐야 한다고 권고했고, 민정의 중요성을 강조하여 민중들의 상태를 파악하기 위해 지방관들을 직접 불러 의견을 들어야 한다고 주장했다.

요시다 쇼인은 막부타도, 존왕양이 등을 통해 천황 중심의 국가로 열강이 돼야한다는 충성심이 가득한 개화론자였다. 막부를 타도하고 존왕양이를 이루고 서양을 배워서 일본의 국위를 해외에 떨쳐야 한다는 주장이었다. 그는 지나친 일본 중심을 주장하지 않았고 사상의 선구자도 아니었으며 교육도 크게 성공하지 못했다. 쇼인은 당시 일본은 구미 열강과 불리한 통상조약을 맺는 등 국제정세가 급변하고 있음에도 권력 싸움에 여념 없는 막부를 보면서 위기의식을 느끼고 일본이 강대국으로 나아갈 방법을 나름대로 제시하였다.

쇼인의 주장은 헛된 몽상이 아니라 현실에 바탕을 둔 것이었다. 그는 개화에 반대한 것이 아니라 서구 열강이 주도하는 개화는 일본의 위상이 서지 않는다는 이유로 거부했다. 일본이 주도적으로 개화해야 한다는 것이었다. 쇼인의 사상은 현실성이 다소 떨어진다는 지적이 있기도 하지만, 결연한 의지로 목숨을 두려워하지 않는 순수한 헌신을 강조하였고 실천하였다. 이러한 생각은 당시 일본의 무사들에게 이상을 불어넣어 메이지 유신이라는 변혁을 이루어 낼 수 있도록 하는 정신적 기반이 되었다.

요시다 쇼인의 92명의 제자 중 30.6%가 정치, 경제, 국방, 외교, 법률, 사회 등 각계의 지도적인 인물이 되어 일본을 이끌었다. 일본 근대화의 화신으로 불리며 막부 타도를 실행에 옮긴 다카스기 신사쿠(高杉晋作), 메이지 유신을 성공시키고 총리대신을 역임한 기도 다카요시(木戸孝允), 삿초 동맹을 추진하고 유신 3걸 중 한 사람이었던 가쓰라 고고로(桂小五郎), 초대 총리대신을 지냈으며 조선 식민지를 주도했던 이토 히로부미(伊藤博文), 외무대신, 내무대신, 농상무대신 등을 했던 이노우에 가오루(井上馨), 쇼인의 사상을 이어받아 정한론의 고수가 된 사이고 다카모리(西郷隆盛), 육군대신으로 일본 육군의 아버지로 불리며 총리까지 오른 야마가타 아리토모(山縣有朋)등이 그의 제자이다. 그의 정신적 후계자로 후쿠자와 유키치(福澤諭吉)가 있다.

쇼인은 짧은 생을 살면서 결연한 의지와 순수한 헌신으로 일본을 개혁하자고 주장하였다. 하지만 구체적인 방법을 제시하지 않았고 실현 불가능한 것들도 적지 않아 현실에 불만이 많은 하급 무사의 광기로 치부되기도 했다. 쇼인은 일본이 군국주의로 나아가는 길목에서 제자와 후학들에 의해 만들어진 영웅에 불과하다고 주장되기도 한다. 어떻든 국가를 위해 충성심이 가득한 위인으로서 쇼인의 지위는 상상을 초월한다. 그의 업적은 유적의 숫자로도 나타난다. 일본의 43개 현(県) 가운데 26개의 현에 쇼인을 기리는 역사유적이 163개가 있다. 쇼인이 사형당한 지 165여 년이 지났지만, 일본 근현대 우익사상의 정신적 지주로서 여전히 추앙받고 있다.

요시다 쇼인이 즐겨 읽은 책들과 집필한 책들

요시다 쇼인(吉田松陰)은 일본의 에도 시대 말기 사상가이자 교육자로, 일본의 근대화를 이끈 여러 인물에게 큰 영향을 미친 인물이다. 요시다 쇼인은 다양한 분야에 수천 권의 책을 읽었으며 학문을 쌓았고, 특히 유교 경전과 일본 전통 문학, 서양 서적들에 관심이 많았다. 11세 때 《무교전서(武敎全書)》, 15세 때 《손자병법》을 강의하였으니 이들을 통달하였음이 분명하다. 그가 즐겨 읽었던 유교 경전으로 《논어(論語)》와 《맹자(孟子)》, 일본 고전 문학으로 일본의 신화와 전설을 기록한 《고사기(古事記)》와 일본의 고대사를 다룬 《일본서기(日本書紀)》 등을 들 수 있다.

쇼인은 서양의 군사 전략과 과학 기술에 관심이 많아, 네덜란드어를 배워 네덜란드 서적들을 탐독해 서양 문물을 접했다. 양명학의 지행합일(知行合一)에 감명 받았는데, 요시다 쇼인은 하야마 사나이(葉山佐內)로부터 《변비적안(辺備摘案)》과 《성무기부록(聖武記付錄)》을 빌려 읽은 후 큰 영향을 받았고, 또 아이자와 야스시(會澤安)의 《신론(新論)》을 읽고 아편 전쟁의 전말을 공부해 국제 정세 흐름에 대해 눈을 뜨게 되었다.

요시다 쇼인은 여러 책을 집필하여 자신의 사상과 철학을 후세에 남겼다. 그의 주요 저작은 일본의 정신을 강조하고 일본의 미래에 대한 비전을 담은 《유혼록(留魂錄)》, 밀항 동기와 사상적 배경 등을 담은 《유수록(幽囚錄)》, 맹자의 가르침을 해석하고 자신의 견해를 덧붙인 《강맹여화(講孟餘話)》, 《강맹차기(講孟箚記)》 등을 저술하였다. "길은 높고 아름답고 간략하고 가깝다"

로 시작되는《강맹차기》는 쇼인이 맹자를 강의하면서 지금 해야 할 일이 무엇인가를 논의한 내용을 기록한 것이다.

쇼인에 대해 쓴 책에는《쇼인 선생의 말씀(松陰先生言行録)》,《요시다 쇼인의 글(吉田松陰の書)》,《서한(書簡)》등이 있다. 쇼인은〈대의를 논의하다(大義を議論する)〉라는 글을 통해 천황의 허가 없이 통상조약을 맺은 에도막부는 일본의 국체를 더럽힌 행위이므로 막부를 쓰러뜨려야 한다고 주장하였다.

요시다 쇼인의 명언들

"어떤 일이더라도 먼저 뜻을 세워라. 뜻을 세우는 것은 모든 것의 근본이다."

"뜻을 세운 사람은 그 뜻을 이루기 위해서 목숨을 개의치 않을 각오를 해야 한다."

"지성으로 최선을 다하면 이루지 못할 것이 없다."

"지금의 막부는 쓰러져 가는 거대한 건물이다. 일단 큰 바람을 일으켜 그것을 전복시킨 다음 새로운 건물을 건설하면 일본은 평안하고 태평할 것이다. 나의 적들은 이 낡은 건물 수명을 연장시키려 하고, 그들은 나를 이단의 괴물로 보고 배척하려 한다."

"죽어서 불멸의 명성을 얻는다면 언제 죽어도 좋다. 살아서 대업을 이루고 싶다면 어떻든 살아야 한다. 행동을 일으키면 그 뜻(志)은 반드시 후세에 전해진다."

"마음은 항상 활동하는 것이다. 마음의 활동에는 반드시 계기가 있다. 주유(周遊)의 장점은 발동의 기회를 주기 때문이다."

"막부가 맺은 통상조약은 모두 파기하고 새롭게 평등한 관계의 조약을 맺어야 한다. 만일 그것이 받아들여지지 않으면 참패를 당하더라도 일전을 치러야 한다. 죽을 각오로 싸우면 살아남는 것이 가능할지도 모른다."

"학문에 힘쓰지 않으면 훌륭한 사람이 될 수 없고, 약간의 수고를 견디지 않으면 세상을 구할 수 없다. 학업을 통해 자기를 완성하는데 힘쓰고, 실력을 길러 사회와 국가에 공헌해야 한다."

"30년간 열심히 노력하며 나라를 지키려 했지만, 이제는 고향 사람들도 나의 의견을 받아들여 주지 않는다. 그러나 옛날부터 국가를 위해 목숨을 바치고자 결심하고 지성을 다한 사람에게 감동하지 않은 사람은 없었다. 나는 그런 뛰어난 사람들에 미치기는 어렵지만, 지성을 다해 그 뒤를 좇아 가겠다."

"세상에는 몸은 죽지만 혼이 살아있는 사람이 있고, 몸은 살아 있지만 마음이 죽은 사람도 있다. 마음이 죽은 사람은 살아있어도 어떤 가치도 없다. 죽고 사는 것 자체가 중요한 것이 아니라 무엇을 위해 살 것인가를 생각하는 것이 더 중요하다."

"내 이렇게 될 줄 알고 있었지만, 그래도 애국심은 어쩔 수 없었다."

"강대국이 약소국을 정복하는 것은 당연하고 필연적인 것이다."

"사람은 능력의 차이는 있을지 몰라도 누구에게나 자기만의 장점이 있다. 그것을 잘 살리면 누구나 훌륭한 인간이 될 수 있다."

"인간으로 태어난 이상 동물과는 달라야 한다. 도덕을 알고도 행동하지 않으면 인간이라고 할 수 없다."

"학문을 아는 것도 중요하지만, 이를 실행하는 것이 더 중요하다."

"많은 책을 읽고 인간으로서의 삶을 배우지 않으면 후세에 이름을 남기는 훌륭한 사람이 될 수 없다."

〈자료 2〉

사무라이의 정체성과 정치 참여

• 사무라이는 본디 가까이에서 모신다는 뜻의 단어 시(侍)에서 나온 말로써 귀인을 경호하는 사람을 말함
• 일본 봉건 시대의 무사(武士, 부시)를 지칭
• 고대와 중세에서 무사는 대개 사무라이였지만 모든 사무라이가 무사는 아님

- 무사는 의(義), 례(禮), 충의(忠義), 용(勇), 인(仁), 명예(名譽), 성(誠) 등 7개 덕목(德目)을 숭상했음

- 헤이안(平安時代, 794~1192)부터 발생하였고
- 가마쿠라 막부(鎌倉幕府, 1185)~명치유신(1868) 683년간 무사가 집권

- 사무라이는 사농공상에서 사에 속한 최상위 계층으로 인구의 10%를 점함

- 에도 말기에는 제일 하층계급인 상인이 부유했고, 상류 무사의 낭인(浪人)화 메이지 유신의 주역은 주로 하급무사였음

- 학연·지연 없이 능력 있는 자는 천민이라도 제일 상층인 무사가 될 수 있었음
- 똑똑하고 실력 있는 사람이 무사가 되어 일본의 성공을 이뤄냄
- 유학적 지식인의 정치적 진출 두 가지 형태:
    유학을 직업으로 하는 유자(儒者)들이 정치적으로 진출
    일반 사무라이들의 유학 학습 그룹이 정치화하는 경우

- 사무라이의 당파 정치는 '학적 네트워크'가 기반
- 번교, 사숙, 향교 등 18세기 말부터 학교가 급증하기 시작
- 사무라이 사회나 상층 민중 사회에 광범하게 존재했던 각종 연구회에서 '학적 네트워크'는 '무예 네크워크'보다 점점 중요해짐

- 정치화된 학적 네트워크를 당시 사람들은 '학당(學黨)'이라고 불렀음.
- 전사(戰士)들인 사무라이들이 형식적으로는 군제상의 상사에게 속하면서도 정치적으로는 학당을 중심으로 '당인(黨人)'으로 행동하기 시작

▨ 야스쿠니(靖國) 신사 신위 1호의 요시다 쇼인 ▨

요시다 쇼인은 1858년에 도쿠가와 막부가 천황의 허가 없이 미일수호통상조약을 체결한 것에 격분하여 막부의 고관을 암살하려다 발각돼 참수당했다. 쇼카손주쿠를 열어 문하생을 교육한지 4년째 되던 해 29세인 1859년에 처형당했다. 그가 죽은 지 9년 뒤에 제자들이 규슈, 시고쿠의 무사들과 손잡고 막부를 타도하고 천황 중심의 근대 일본을 만들어가기 시작하였다.

요시다 쇼인이 사망한지 165년이 지났지만 일본 근현대 우익사상의 정신적 지주로 여전히 존경받고 있는 것은 그가 길러낸 제자들의 힘이 크다고 할 수 있다. 정한론자인 사이고 다카모리(西鄕隆盛), 메이지 유신 3걸인 기도 다카요시(木戶孝允), 군부 실력자로서 총리까지 오른 야마가타 아리토모(山縣有朋), 한국을 침략한 이토 히로부미(伊藤博文), 막부타도의 선봉이었던 다카스기 신사쿠(高杉晋作) 등이 대표적이다. 일본의 아베 전 총리는 요시다 쇼인의 사상적 계승자이다. 박정희 대통령도 요시다 쇼인을 존경한 것으로 알려져 있다.

일본에서 가장 큰 야스쿠니 신사는 일본을 위해 희생한 사람들의 위패를 모아놓고 그들을 기리는 곳이다. 태평양 전쟁을 일으킨 A급 전쟁 범죄자 14명의 위패를 모셔둔 야스쿠니 신사에 일본 정치인들이 방문하여 참배하는 것만으로도 한국, 중국 등이 민감하게 반응한다. 요시다 쇼인은 도쿄에 자리 잡고 있는 야스쿠니 신사에 신위 제1호로 모셔져 있다.

야스쿠니 신사의 원래 이름은 원래 조슈 신사(長州神社)였다. 이토 히로부미를 비롯한 쇼카손주쿠 학생들과 조슈 출신들이 주도하여 1869년 8월 도쿄의 지요타(千代田)구에 조슈 신사를 세우고 요시다 쇼인과 다카스키 신사쿠 등의 위패를 가져다 놓았다. 그로부터 10년 뒤, 메이지 천황이 조슈 신사의 이름을 야스쿠니 신사로 바꾸었다. 하지만 한국을 비롯한 주변 국가들은 야스쿠니 신사의 근원에 요시다 쇼인이 있다는 사실을 잘 모르며 알려고도 하지 않는다.

후쿠자와 유키치(福澤諭吉, 1835~1901)

20 | 명치유신 후 일본을 계몽한 후쿠자와 유키치

계몽 사상가, 교육자, 언론인 그리고 저술가

후쿠자와 유키치(福澤諭吉, 1835~1901)는 요시다 쇼인, 사카모토 료마 등과 함께 오늘의 일본을 탄생시킨 3명의 지사 중 한 명으로 평가받고 있다. 1860년대부터 1890년대까지 40여 년간 일본의 언론계와 교육계에 커다란 영향을 미친 계몽 사상가이자 교육자, 언론인, 저술가이다. 그는 일본 봉건시대의 구습을 타파하고, 뛰어난 서양 문물을 받아들여 부국강병을 이루자고 주장하면서, 서양문명을 일본 국민들에게 소개하고 전파하였다. 그의 주장은 당시 일본인들의 대외 인식과 지식 습득, 여론 형성 등에 지대한 영향을 미쳤다.

계몽 사상가로서 후쿠자와 유키치는 일본 사회가 서양의 선진 문물을 받아들이고 변화해야 한다고 주장했다. 그는 서양의 과학, 기술, 정치 제도 등을 일본에 소개하고, 일본이 이를 통해 발전할 수 있도록 하려 했다. 그의 저서인 《서양사정》과 《학문을 권함》은 이러한 계몽적 사상을 반영한다. 그는 개인의 자유와 평등의 중요성을 강조했는데 당시 일본 사회의 엄격한 계급 구조를 개혁해 모든 개인이 자유롭게 발전할 수 있어야 한다고 주장했다.

교육자로서 후쿠자와 유키치는 교육이 사회를 발전시키는 핵심이라고 생각하며, 모든 사람에게 교육을 제공해야 한다고 주장하며, 일본의 교육개혁에 중요한 기여를 했다. 후쿠자와는 1858년에 네덜란드 말과 책으로 서양 학문을 가르치는 란가쿠주쿠(蘭學塾)를 설립하여 서양 지식과 현대적 교육을 제공했다. 후쿠자와는 소규모의 사립학교였던 란가쿠주쿠를 게이오기주쿠(慶應義塾)로 비꿨다. 게이오는 당시 일본의 연호였고 기주쿠는 '기숙학교'라는 뜻이었다. 그는 학생들에게 영어와 서양에 관한 신지식을 가르치면서 과학을 강조하고 독립 정신을 고취시켰다.

후쿠자와는 계몽 운동과 교육수단을 통해 일본 국민에게 과학과 독립자존의 정신을 고취시킴으로써 일본이 봉건 체제를 벗어나 근대 국가 사회로 탈바꿈하는데 크게 공헌하였다. 그는 기존의 유교 중심의 교육에서 벗어나 서양의 과학, 기술, 사회 제도 등을 교육과정에 포함시켜 학생들이 현대적 사고방식을 갖추고 국제적인 경쟁력을 갖출 수 있도록 했다. 그는 교육이 엘리트만의 특권이 아니라 모든 사람에게 제공되어야 한다고 주장했으며, 이를 통해 사회 전반의 교육 수준을 높이려 했다.

후쿠자와 유키치는 언론 활동을 통해 일본 사회에 큰 영향을 미쳤다. 1872년에 일본 최초의 현대적인 신문인 주간 신문을 창간해 서양의 최신 정보를 일본 사회에 전파하는 데 중요한 역할을 했다. 후쿠자와는 국민을 계몽시키기 위한 수단으로 1882년 〈시사신보(時事新報)〉라는 신문을 창간하였다. 그리고 국민을 계몽하기 위해 논설을 꾸준히 게재하였다. 〈시사신보〉는 그가 사망할 때까지 재야의 유수한 신문으로 명성을 날렸다. 후쿠자와는 연설회를 조직하여 계몽 활동을 전개하였다. 그는 언론을 통해 근대 사상과 정보를 널리 퍼뜨리려 했고 그의 글은 일본의 근대화를 촉진하고 대중의 인식을 변화시키는 데 기여했다.

저술가로서 후쿠자와 유키치는 60여 권을 저술했는데,《서양여행 안내》,《실업론》,《학문의 독립》,《남녀 교제론》 등 다양하다. 특히,《서양사정》,《학문을 권함》,《문명론의 개략》 등은 일본이 새로운 문명을 받아들이고 근대국가로 발전하는데 커다란 영향을 미쳤다.

이외에도 후쿠자와는 다양한 수단을 통하여 계몽 활동을 전개하였다. 그는 국민들 간 의사소통을 촉진시키기 위해서 연설을 자주 하였다. 후쿠자와는 계몽 지식인 모임인 메이로쿠샤(明六社)를 설립하고 '미타 연설회(三田演說會)'를 정례화하였고, 게이오기주쿠(慶應義塾)에서도 연설회를 정기적으로 개최하였다. 일본에서 최초로 많은 청중을 한 자리에 모아놓고 연설하는 방식이 도입되었다. 후쿠자와는 1984년부터 2024년까지 40년간 일본 지폐 1만 엔(円)권에 초상이 실려 있을 만큼 높이 평가되었다.

후쿠자와 유키치는 일본인으로서는 누구보다도 조선에 대해 깊고 많은 관심을 가졌다. 특히 개화파를 중심으로 조선의 문명화에 많은 기대를 했고, 물질적 지원도 했으나, 끝내 실망해 조선 지배계층을 비난하기도 하였다. 1882년 일본에 유학생으로 파견되어 농업학교나 기술학교로 갈 뻔했던 윤치호를 도진샤(同人社) 학교로 가게끔 편의를 봐주면서 시작된 인연은 개화파들과의 교류로 이어진다.

후쿠자와는 조선 개화기의 사상가 김옥균, 박영효, 유길준, 서재필, 서광범 등과 교류하면서 조선의 개혁운동을 지원하고 자문하기도 하였다. 조선의 개화 인사들이 후쿠자와를 찾아가 가르침을 받기도 하였다. 후쿠자와 유키치는 1882년 임오군란(壬午軍亂)에 따른 조선의 배상금 중 일부를 대신 납부해 주었다는 설도 있을 정도로 조선의 개혁에 많은 관심을 가지고 있었다.

자신이 존경하던 김옥균이 1884년 12월 갑신정변에서 실패하자 후쿠자와는 조선 정부에 등을 돌렸다. 대부분의 일본인이 갑신정변에 실패한 망명자에 불과한 김옥균을 외면했지만, 후쿠자와만은 무사히 살아온 김옥균을 진심으로 맞이했다. 김옥균의 살해 소식을 전해 듣자, 후쿠자와는 자신의 집에 위패를 안치하고 김옥균을 애도했다. 또한 청일전쟁 와중에 김옥균의 처와 딸을 찾아 살 길을 도와주기도 했다.

1885년 3월 후쿠자와 유키치는 조선에서 갑신정변(甲申政變)에 가담한 인사들과 유가족들이 비참해졌다는 소식을 들었다. 그 소식을 들은 후쿠자와는 백성의 생명도 재산도 지켜주지 못하고 독립 국가의 자존심도 지켜주지 못하는 왕조는 오히려 망해 버리는 것이 백성을 구제하는 길이라며 조선 왕조를 강력하게 비난하기도 하였다.

그 후 유키치는 서재필, 유길준 등이 조선에 신문을 도입·발행하려고 하자 자신의 〈시사신보(時事新報)〉를 견학시키는 등 적극적으로 후원하였다. 더불어 한국 최초의 근대 신문인 〈한성순보(漢城旬報)〉를 발행하는 데도 많은 조언을 해주었다. 일부에서는 후쿠자와 유키치가 조선의 개혁운동에 관심을 가지고 지원해 준 것은 조선을 침략하기 위한 책략에 불과했다고 지적하기도 한다. 그는 말년에 조선과 청나라를 비롯한 주변국을 멸시하고 정벌하자고 주장하여 비난을 받기도 하였다. 그는 또 일본은 청이나 조선의 개화를 기다리지 말고 아시아를 벗어나(脫亞) 서양과 어깨를 나란히 해야 한다는 소위 탈아론(脫亞論)을 주장하였다.

시대에 부응하는 학문을 공부하다

후쿠자와 유키치는 1835년 1월 오사카현의 나카츠번(中津藩) 소속의 하급 무사의 둘째 아들로 태어났다. 오사카에서 어린 나이에 아버지가 사망하자 나가츠로 돌아가서 외삼촌의 양자가 되어 외가의 일을 돕는 등 불우한 생활을 했다. 1848년 어린 나이에 성리학을 배우고 서실(書室)에 다니며 논어, 맹자, 시경, 서경, 노자, 장자 등을 공부하였다. 14세 이후부터는 인문 고전을 두루 읽었다. 하지만 당시 일본의 막부 체제와 봉건제도 아래에서는 아무리 능력이 뛰어나더라도 문벌사회, 족벌체제 등을 뛰어 넘을 수 없음을 실감하였다. 그는 당시 신분 이동이 자유롭지 못한 봉건적 문벌제도를 혐오하였다.

후쿠자와는 어려서부터 말이 많았고, 곧잘 자기 생각을 얘기했다. 토론이 벌어져도 결코 지지 않았다. 후쿠자와는 고정 관념에 얽매이지 않았다. 자유정신의 소유자였다. 사람이란, 남의 도움을 받아 운명을 개척해간다. 후쿠자와에겐 3명의 은인이 있었다. 첫째가 스승인 오가타 고안(緖方洪庵), 두 번째는 간린호의 제독 기무라 요시타케(木村喜之助)였다. 후쿠자와는 이 두 사람을 '평생의 은인'으로 대했다. 나머지 한 사람이 형 후쿠자와 산노스케(福沢山之助)였다.

오가타 고안은 후쿠자와 유키치의 스승이자 멘토였다. 그는 후쿠자와에게 서구의 학문과 사상을 가르쳤으며, 후쿠자와가 서구의 지식과 문물을 일본에 전파하는 데 큰 영향을 미쳤다. 간린호(咸臨丸)의 제독 기무라 요시타케는 간린호의 여행을 통해 후쿠자와가 서구 문물을 접하도록 했는데, 기무라의 지원 덕분에 후쿠자와는 서구의 기술과 지식을 직접 경험할 수 있었고 이를 통해 일본의 근대화와 개혁에 대한 비전을 확립할 수 있었다. 형

산노스케는 후쿠자와가 일본의 근대화에 헌신할 수 있도록 개인적, 재정적 지원과 격려를 아끼지 않았고 후쿠자와가 학문과 연구에 전념할 수 있도록 도와주었다.

유키치는 학문에 뜻을 두고 19세에 나가사키(長崎)로 가서 난학(蘭學: 네덜란드어로 이입되는 서양의 학술로 의학, 수학, 군사학, 첨문학, 물리학, 화학 등을 포함)을 공부하였다. 당시 미국의 군함이 무력시위로 에도(江戶)만에 정박하였다. 거기에 위기감을 느낀 일본 무사들은 국가를 방위하기 위해서 네덜란드인들로부터 총포술을 배우기 위해서 모여들었다. 당시 나가사키는 도쿠가와 이에야스(德川家康) 막부 시대부터 일본에서 유일하게 해외무역이 허용된 곳으로 화란인들이 무역거점으로 삼고 있었다. 오사카(大阪)에 있는 개인 학교 데키주쿠(適塾)에 입학하여 화란어와 서양의 물리학, 화학, 의학 등을 공부하였다. 1857년 22세에 데키주쿠 숙장이 되었다.

1858년 23세에 후쿠자와는 나가츠번의 명령으로 에도로 가서 나가츠 소속 무사들에게 난학을 가르쳤다. 이 학교가 나중에 게이오(慶應)대학이 되었다. 그가 에도에서 생활하면서 하루는 요코하마(橫濱)의 외국인 거류지를 방문한 적이 있었는데, 대부분의 외국인들이 영어를 사용하고 있어 화란어(네덜란드어)가 통하지 않는다는 걸 알았다. 후쿠자와는 화란어만으로써는 시대의 요구에 부응할 수 없음을 알게 되었다.

1859년 24세 후쿠자와는 영어의 필요성을 절감하고 독학으로 영어 공부를 하였다. 그는 알 수 없는 문제들을 접하면, 난파당하였다가 영국 함선에 구출되어 돌아온 일본인을 찾아가서 물어보기도 하였다. 그는 막부의 통역관을 찾아가 2년간 영어를 배워서, 유창한 회화는 물론 전문용어도 번역할 수 있었다. 후쿠자와 유키치는 영어(洋學)를 공부한 것을 계기로 일본의 여러 저명한 학자들과 교류하게 되었다. 양(洋)학자들과 교류하면서 당시 서양에 비해 일본이 얼마나 뒤처져 있는지를 깨닫게 되면서, 일본이 서구 열강을 따라잡아 강대국이 될 수 있는 길을 모색하기 시작하였다. 후쿠자와 유키치는 도쿠가와 막부의 붕괴시기와 메이지 유신 초기에 계몽사상가로서의 두각을 서서히 나타내기 시작하였다.

세 번의 서양 여행, 새로운 것에 눈을 뜨다

후쿠자와 유키치는 초기에는 일개 양학자에 불과했으나, 그가 1870년대 전후에 일본에서 가장 영향력 있는 계몽가, 사상가, 저술가로 두각을 나타낼 수 있었던 것은 세 차례에 걸친 서양 여행에 힘입은 바가 컸다. 후쿠자와는 1860년에 미국과의 화친조약 비준서를 교환하고 에도에 군함 조련소를 설치할 목적으로 파견된 막부의 사절단에 참가하였다. 그는 사절단을 태운 간린마루(咸臨丸: 에도 막부가 1857년 네덜란드에 의뢰하여 건조한 일본 최초의 서양식 군함)호 함장의 개인 비서 자격으로 따라 가게 된 것이 그의 첫 번째 서양 여행이었다. 사절단을 태운 배는 샌프란시스코에 체류하였고, 후쿠자와는 그곳을 돌아다니며 미국의 과학 문명과 일상생활을 견문하고 귀국하였다.

후쿠자와는 1862년에 개항장을 연구하기 위한 사절단의 통역관으로 선발되어 유럽 국가들을 순방하게 되었다. 두 번째 서양 여행이었다. 사절단은 프랑스, 영국, 화란, 독일, 러시아, 포르투갈 등을 다니면서 서구 문명의 발전상을 시찰하였고 이때 프랑스에서 개최되는 제4회 만국박람회를 견학하였다. 유럽 국가들의 문명과 발전상을 실제로 체험하면서, 후쿠자와는 일본이 이들 국가들에 비해 얼마나 낙후되었는지를 실감할 수 있었다. 그리고 그는 세계 여러 나라와 자유롭게 교류하는 것이 일본에 유익하다는 걸 알게 되었다. 후쿠자와는 2차에 걸친 해외 순방을 마치고 1866년에 《서양사정》을 저술하였다.

1867년에 후쿠자와 유키치는 세 번째 서양 여행에 나섰다. 미국으로부터 선박과 소총을 구입하려는 사절단의 일행으로 가게 된 것이었다. 첫 번째 여행에서는 샌프란시스코에만 체류하였지만, 이번에는 뉴욕과 워싱턴 등을 방문하였다. 후쿠자와는 미국인의 자유주의적, 개인주의적 사고방식에 당황하기도 했으나, 일본을 서양과 같은 문명 강국으로 만들겠다는 야심을 가지기 시작하였다. 많은 영어 서적을 구입하여 가지고 돌아 왔는데, 당시 일본 최초로 미국을 경험했던 존 만지로(John Manjiro)와 함께 최초로 《일영사전》을 만들었다.

후쿠자와 유키치는 세 차례에 걸친 서양 여행을 한 후에 일본은 서양에 비해 두 가지가 결여되어 있다고 판단하였다. 즉 동양의 유교주의는 서양의 문명주의에 비해서 물질적인 면에서 수리학이 부족하고, 정신적인 면에서 독립심이 부족하다고 보았다. 부국강병을 이루고 인류가 계속 존속하기 위해서는 수리학을 무시할 수 없고 독립심이 중요한데, 일본에서는 이러한 요소들이 경시되고 있다고 보았다. 유키치는 일본인들에게 이 두 가지 요소 즉, 과학과 독립정신을 함양하고 보급하는 일이 시급하며, 자신이 해야 할 사명으로 생각하였다. 유키치는 서양문명을 널리 보급하여 국민의 사고방식을 개조시켜 서양에 비견될만한 동방의 새로운 문명국가를 탄생시키기 위해 노력하였다.

특히 메이지 유신 이후 신정부가 부국강병을 이루기 위하여 양학을 장려하면서 양학자들은 자유롭게 자신의 견해를 주장할 수 있게 되었다. 후쿠자와 유키치, 정부 관료 등 당대 10여 명의 대표적 양학자들은 일본 최초의 학회인 '메이로쿠샤(明六社)'라는 조직을 만들고 명육잡지(明六雜誌) 등을 통해 계몽운동을 하였다. 이들은 각각 전문분야를 분담하여 계몽 활동을 하였는데, 민간인이었던 후쿠자와 유키치는 주로 일상생활과 경제활동에서 개인의 자주적·합리적 정신을 계몽하고 교육하는 일을 맡았다. 유키치는 일본 사람들을 계몽하기 위해서 많은 저술을 하였는데, 이러한 그의 저술은 과학과 독립정신을 경시하던 일본인에게 커다란 자극제가 되었다.《서양사정》,《학문을 권함》,《문명의 개론》 등이 대표적이다.

《서양사정》으로 일본을 개화시키다

1866년에 발간된 《서양사정(西洋事情)》은 후쿠자와가 두 번에 걸쳐 해외 순방을 하면서 틈틈이 기록한 자료를 이용하여 서양을 소개한 것이다. 《서양사정》은 서양 근대문명의 이모저모를 조리 있게 기술한 것으로 정치·경제·외교·군사·역사를 비롯하여 학교·신문·도서관·병원·증기선·기차·전신기 등이 설명되어 있다. 서양을 방문하여 일본보다 월등하게 발전한 사상과 문물 등을 직접 겪어본 경험담을 소개한 책이다.

《서양사정》은 모든 일본인을 대상으로 집필한 계몽적인 성격을 지닌 책으로 초편, 외편 2편으로 이뤄졌다. 초편에서는 미국, 네덜란드, 영국 등의 정치, 군대, 재정, 산업혁명의 발전상을 다룬다. 외편은 문명개화, 정부의 근본과 직분, 인민 교육, 민간의 이익 보호와 경제 등을 다룬다. 2편에서는 국가의 재정지출과 징세론을 설명하고, 더하여 러시아, 프랑스 등의 정치, 군인, 재정 출납 등을 설명하였다.

《서양사정》이 출간될 당시만 하더라도 일본에서는 막부 타도 운동, 왕정복고, 메이지 유신 정부 수립 등 봉건 체제를 해체하고 근대 국가로 발전하는 어수선한 시기였다. 막부 체제에 익숙해져 있는 사람들에게 근대 서양의 자유에 대한 개념과 정부의 새로운 역할을 깨닫게 하는 것은 쉬운 일이 아니었다. 게다가 일본에서 생소한 서양의 개념과 문물을 일본어로 번역하기도 쉽지 않았다.

《서양사정》 초편 제2권에는 1776년 발표한 미국 〈독립선언서〉를 번역해 싣고 있다. 〈독립선언서〉의 그 유명한 문구 "All men are created equal"을 《서양사정》에서는 "하늘이 사람을 낳은 것은 만민이 같은 결과이므로"라고 번역했다. 《서양사정》보다 6년 뒤에 간행된 《학문을 권함》에서는 같은 문구를 "하늘은 사람 위에 사람을 만들지 않고, 사람 밑에 사람을 만들지 않았다"로 번역했다. 후쿠자와의 두 번역 모두 감탄할 정도로 훌륭한 번역이다.

우리나라에서 학술 논의를 하든 일상 대화를 하든 '평등'은 자연인들 상호간의 평등을 의미한다. 미국의 〈독립선언서〉나 미국 〈헌법〉에 나오는 '평등'은 자연인들 상호간의 평등을 의미하지 않고 자연인들의 신 앞에서의 평등을 의미한다. 신은 인간을 평등하게 똑같이 창조하지 않았다. 신이 창조한 인간은 어느 누구도 똑같지 않다. 신은 인간을 다르게 창조했으나 인간을 차별 없이 똑같이 사랑한다. 즉 신(하늘)은 사람을 위에 두고 아래에 두는 식으로 사람을 창조하지 않았다. 그러나 자연인들 간의 차이(불평등)는 신의 뜻이다.

《서양사정》은 미국과 유럽 여러 나라의 제도, 국정 운영 등을 비롯하여 새로운 문물이나 사회상, 생활 모습을 소개하여 외국 문물을 받아들이기 시작한 일본 사람들에게 서양세계를 알리는 입문서가 되었다. 후쿠자와 유키치의 목표는 일본의 근대화를 촉진하기 위해 제도적, 사회적 조언을 구체적으로 제공하는 것이었기에 서양의 문화를 일본에 맞게 조화롭게 통합하고자 했다. 1866년에 발행된 초판만 25만부나 팔린 베스트 셀러로 근대 일본 국민과 사회를 개화하고 발전하는데 커다란 영향을 미쳤다.

《서양사정》은 우리나라 최초의 유럽 기행문인 유길준의 《서유견문(西遊見聞)》과 조선의 개화파에 엄청난 영향을 끼쳤다고 평가된다. 1866년에 발간된 후쿠자와 유키치의 《서양사정》은 상대적으로 체계적이고 분석적인 접근을 취하며, 서양의 제도와 사회 구조에 대해 객관적으로 설명한다. 그는 서양의 정치, 경제, 사회적 제도를 일본의 상황에 맞게 조언하고자 했다. 1895년에 발간된 유길준의 《서유견문》은 그의 여행 경험에 기반한 개인적인 견해와 관찰을 포함하고 있으며, 주관적이고 감상적인 톤을 가지고 있다. 서유견문은 서양의 사회와 문화를 직접 경험한 감상을 담고 있어, 후쿠자와의 책보다 더 개인적이고 체험적인 내용이 많다. 유길준의 《서유견문》은 서양의 사회와 문화를 직접 경험한 감상을 담고 있어, 후쿠자와의 책보다 더 개인적이고 체험적인 내용이 많고 서술적이고 감각적인 요소가 강하다.

새로운 시대를 위해 학문을 권하다

《학문을 권함》은 1872년(메이지 5년) 2월부터 1876년 11월까지 17편의 소책자로 출판되었다. 이 책은 고향인 오이타현 나카츠에 5년제 중학교가 세워지자 이 학교 학생들에게 '왜 공부를 해야 하는지'를 들려줄 생각으로 가볍게 집필을 시작한 것이다. 처음에는 1편만 쓰려고 했으나 찾는 사람들이 늘어나면서, 일반인들을 위한 글을 쓰라는 주위의 권유에 따라 계속해서 쓰기 시작했다.

《학문을 권함》은 모두 17편으로 주요 내용으로는 ①하늘은 사람 위에 사람을 만들지 않았다. ②학문이야말로 살아가는 힘의 원천이다. ③개인의 독립이 있어야만 국가의 독립이 있다. ④윗자리에 있는 사람의 책임은 무엇인가? ⑤국법이 있기에 국가이니, 그 중요함을 논한다. ⑥국가에 대한 국민의 역할은 무엇인가? ⑦인간의 권리란 상대방을 방해하지 않는 한 자유롭게 행동해도 좋다는 것. ⑧학문의 진짜 목적은 무엇인가? 나카츠의 옛 친구에게 보낸다. ⑨일본을 짊어질 기개를 길러 사회에 공헌하라. ⑩망령된 주장에 현혹되지 말고 진지한 지혜를 닦으라. ⑪일본인은 보다 연설을 잘하지 않으면 안 된다. ⑫원망보다 인간에게 유해한 것은 없다. ⑬자신의 수지 결산을 때때로 점검하라. ⑭사물에 의문을 품고 나서 취사선택을 하라. ⑮마음과 행동이 조화를 이루어야 한다. ⑯독립정신이야말로 국가발전의 기초이다. ⑰인간은 '인망 있는 사람'이 되지 않으면 안 된다 등이다.

《학문을 권함》은 당시 일본에 최초로 국민학교가 설립되었지만 마땅한 교재가 없어서 많은 학생들이 읽었기 때문이기도 했지만, 17편 모두 합쳐약 400만 부나 팔릴 정도로 선풍적인 인기를 끌었다. 서구에 대한 연구를시작한 12년 후에 발간한 계몽서 《학문의 권장》은 "하늘은 사람 위의 사람을 만들지 않았고, 사람 아래의 사람을 만들지 않았다"라는 문장으로 시작한다. 누구나 쉽게 읽을 수 있는 아주 평이한 문체로 일본의 전통적 사상과 관습을 비난하고, 메이지 유신(明治維新) 정부를 지지하면서 국민들을 계몽하기 위한 책이었다. 이 책은 알기 쉬운 표현과 날카로운 비판의식을 담고 있어 당시 일본인들에게 널리 읽혔다.

《학문을 권함》은 전반 8편까지는 미국 브라운 대학의 총장을 지낸 프랜시스 웨일랜드(Francis Wayland)의 저서인 《도덕 철학의 요소(The Elements of Moral Science)》(1835, 1865)를 번역한 부분이 적지 않다고 지적되기도 한다. 그러나 후쿠자와는 사상의 근간은 원서에 의존하면서도 그것을 능숙하게 자국의 실정에 맞추어 설명하고 있다. 《서양사정》이 서구열강의 여러 사정을 단순히 소개하거나 원서를 번역하는 데에 지나지 않았다면, 《학문을 권함》

에서는 풍부한 응용력과 강한 주체성으로 자신의 사상을 주장하였다.

《학문을 권함》에서 모든 내용이 학문을 권유하는 것이 아니라, 상당 부분이 새로운 시대에 일본 국민과 사회가 취해야 할 자세와 모습을 설명하고 있다. 일본 국민이 독립하고 새로운 사회로 가기 위해서는 학문을 통하지 않고서는 이루어질 수 없다는 후쿠자와의 계몽사상이 담겨 있다. 후쿠자와는 저서를 통해 개인과 사회, 국가의 독립과 자존을 중시하고, 신분제를 중시하는 사회 관념을 바꾸고 사농공상의 구별 등 인간에 대한 차별을 없애야 한다고 주장하였다. 특히 사람들은 태어날 때부터 상하귀천이 없으므로 모든 사람들은 동등한 위치에 있다고 보았다. 사람들은 다른 사람을 방해하지 않고 각자 편안하게 삶을 살아갈 권리가 있다는 것이다.

후쿠자와 유키치는 봉건적 신분제도를 비판하고 인간의 평등과 독립을 주장하면서 개인의 독립을 기초로 하여 국가의 독립을 이루자고 주장하였다. 그에 따르면 개인적으로 독립하려는 사람은 다른 이에게 의지하지 않고 스스로 학문에 힘써서 자신을 책임져야 한다. 여기서 개인의 독립이 국가의 독립과 직결된다고 보는 이유는 무지하고 게으른 백성들은 정부의 압제를 초래하고 국력을 약화시켜 외국의 침략을 불러일으키게 되기 때문이다. 그러기 위해서는 인간의 보편적 일상에 가까운 실학을 서양에서 배워야 한다고 역설하였다.

《학문을 권함》 제7편에서 후쿠자와 유키치는 구시대의 막부(정부)와 국민 간의 복종 관계를 탈피해야 한다고 강조하였다. 그는 구시대에 강조되었던 백성을 위해 어질고 인정을 베푸는 정치는 새로운 시대에는 기만적이라고 보았다. 이제 정부와 국민은 복종관계가 아니므로, 어질고 인정을 베푸는 정치는 국민들이 당연히 받아야 할 정부의 책임이라는 것이다. 특히, 후쿠자와는 일본의 전통적인 주군-신하관계에 대해 맹렬히 비난하며 주군을 위해 목숨을 바치거나 원수를 갚는 행위, 주군의 명령에 따라 할복자살하는 행위 등은 비문명적인 것이며 무의미하다고 비난하였다. 충성을 강조하던 무사 중심의 막부 시대의 가치관에 대한 유키치의 비난은 대단히 충격적인 것이었다. 이러한 유키치의 문제 제기는 당시의 언론 등을 통해 커다란 화제와 논쟁을 불렀다.

후쿠자와가 《학문을 권함》에서 강조하는 핵심은 학문의 중요성과 독립이다. 후쿠자와는 나라를 사랑하는 사람들은 국가의 장래를 걱정하기보다는 국민 각자가 본분을 지키는 것이 더 중요하다고 강조한다. 여기서 본분이란 개인들이 각자의 행동을 바르게 하고, 현실에 적용할 수 있는 실용적인 학문을 배우라는 것이다. 후쿠자와는 국가의 독립은 개인의 독립이 전제돼야 한다고 하였다. 국가가 독립하기 전에 국민 개개인의 독립이 필요하다는 '독립자존' 사상을 강조하였다. 복종에서 비롯되었던 과거의 질서 개념을 부정하고, 일차적으로 개인의 독립을 질서의 기본으로 보았다. 독립할 마음이 없는 사람은 나라를 위하는 마음이 크지 않고, 외국에서도 권리를 지킬 수 없으며, 독립할 의지가 없는 사람은 남에게 의지해 나쁜 일을 하려고 한다고 보았기 때문이었다. 학문을 통해 개인이 독립해야 한다는 것이다.

《문명론의 개략》, 일본이 나아갈 길을 제시하다

《문명론의 개략(文明論之槪略)》은 후쿠자와가 40세가 되던 1875년에 자신의 사상체계를 토대로 문명에 대해서 체계적으로 서술한 책이다. 문명론의 개략은 모두 6권, 10장으로 구성되었다. 제1권(1-3장)에서는 문명의 의미를 설명하고 제2권(4-5장), 제3권(6장), 제4권(7장)에서는 국민의 지덕과 지덕이 시행되어야 할 때와 장소를 논하고, 제4권(8장)과 제5권(9장)에서는 서양과 일본 문명의 유래를 설명하고, 6권(10장)에서는 일본의 독립을 논하였다.

《문명론의 개략》은 후쿠자와의 저서 가운데 학문적으로 가장 체계가 잡힌 책으로 과거의 책과는 달리* 일본의 지식인을 대상으로 집필되었다. 후쿠자와는 메이지 유신 시대에 일본이 처한 상황을 냉철하게 분석하고 서양의 문명을 받아들여야만 발전할 수 있고 독립도 유지할 수 있다고 보았다. 그는 서양의 문물과 문명을 무조건 숭배하기보다는 일본이 발전하고 일본의 독립을 지키기 위한 문명을 강조하였으며, 일본보다 먼저 출현한 서양의 문명을 받아들여서 발전하자는 것이었다.

《문명론의 개략》은 일본이 나아가야 할 길을 서구 열강들과 비교하면서 구체적으로 설명한다. 미국, 유럽 등의 정치, 종교, 사회, 과학 등의 발전 실태를 현재의 일본과 비교하면서 서양의 문물과 문명을 치밀하게 도입해야 한다고 강조한다. 이 책에서는 문명이란 무엇이고 어떻게 달성하는 것인지? 서양의 문명을 받아들여야 하는지 등을 설명한다. 서양의 문명을 받아들이자는 것은 일본을 지키기 위해서였다. 뛰어난 과학기술을 앞세워 무력으로 일본을 위협하는 외세(외부 문명)를 이겨내기 위해서였다. 일본이 정권을 잃지 않기 위해서는 국민의 지력(智力)을 높여야만 했다. 그 방법은 여러 가지지만, 가장 시급한 것은 구습(舊習)에 빠져 있는 생각을 버리고, 일본보다 발전한 서양의 문물과 문명을 받아들이는 것이었다.

후쿠자와 유키치는 《문명론의 개략》을 통해 일본이 메이지 유신과 더불어 서구 열강의 침략으로 식민지가 될 위기에 처해 있으므로 서구 열강의 문명을 받아들이고, 이를 통해 대항해야 한다고 주장했다. 그가 서양문명을 받아들이자고 주장한 것은 일본의 독립을 위한 것이었다. 여기서 독립은 서구 열강의 지배를 당하지 않기 위해서는 그들의 문명을 받아들여 열강의 대열에 끼어드는 것을 의미한다. 후쿠자와는 서구열강의 문명을 받아들여 일본을 발전시키고 영향력을 발휘하기 위해 지식인들은 반(半)개화 상태에서 벗어나 선진문명을 적극적으로 수용하고, 이러한 기풍을 전체 국민들에게 확장시켜서 결과적으로 문명 전체와 변화를 이끌어 내야 한다고 강조한다. 후쿠자와의 사상은 메이지 유신 이후 일본이 제국주의 열강으로 올라서는데 기여했다고 평가된다.

후쿠자와는 문명을 이루는 핵심 요소로 첫째, 자유, 언론 및 행동의 자유, 직업 선택의 자유, 둘째, 종교의 자유, 셋째, 학문과 기술을 장려하여 신발명의 길을 개척하는 것, 넷째, 학교를 세워 인재를 육성하는 것, 다섯째, 치안 유지, 여섯째, 기근이나 추위로부터 생존권을 확보하는 것 등 여섯 가지를 지적하였다.

유키치는 왜 공직 출사를 꺼렸는가?

후쿠자와의 생애는 3개의 기간으로 구분된다. 제1기는 봉건적인 신분제도에 의문을 품고 그 의문에서 출발하여 유럽과 미국의 문명을 모델로 한 근대문명의 규범을 스스로 확립하는 시기로 그의 나이 27~28세 때이다. 제2기는 스스로 확립한 문명의 이상을 기준으로 삼아 일본사회를 직시하고 비판한 시기로 46~47세까지이다. 제3기는 그가 66세의 나이로 서거할 때까지의 기간으로 문명과 개화의 지도자로서 이미지가 압도적이었으며, 그가 군국주의자 또는 과격한 국권 확장론자로 변신한 시기였다.

후쿠자와 유키치는 동양의 유교주의와 서양의 문명주의를 비교해 "동양에 없는 것은 유형적인 것으로서 수리학과 무형적인 것으로서 독립의 정신, 이 두 가지다"라고 주창했다. 그는 수리학과 독립심을 고취하며 평생을 보내면서 자신이 스스로 원해서 평생·공직 관직에 나간 적이 없었다. 참으로 예외적인 특별한 삶이었다. 하급 사무라이 출신으로 스스로 '승급'하고픈 욕망을 극복했고, 정부관료로에로의 유혹을 뿌리쳤고, 지인들의 강권을 뿌리치며 자신의 목표와 이상만을 고집스레 추구하였다.

형 산노스케의 권유로 1854년 19세의 나이에 나가사키에 가서 난학을 수학한 이래 제1차 미국 방문(25세)과 유럽 방문(26세) 후인 1864년 번역 능력을 인정받아 고향 나카츠(中津)번의 파견 신분에서 막부 직속 외무성 책임 국장이자 번역관으로 고속 승진을 하였는데, 이것이 유키치의 처음이자 마지막 공직이었다. 번역관직은 1868년에 물러났다. 함께 번역관으로 일했던 다른 번역관들은 메이지 신정부에서 명성을 떨치는 인물들이 되었다.

1978년 시바(芝) 구에서 도쿄부회(東京府會) 의원으로 당선되었으나 사임했다. 44세인 1879년 토쿄학사회원(東京學士會院, 현재 일본학사원, 한국의 학술원에 해당) 초대 회장으로 취임했고 1881년에 사임했다.

후쿠자와의 실력과 명성으로 보면 메이지 신정부에서 고위직 관직을 여러 차례 역임했음 직한데 그는 초연했다. 다행히도 후쿠자와는 자신이 왜 출사를 꺼렸는지를 자신의 자서전 《복옹자전(福翁自傳)》 말미에서 자세히 설명했다.

"일본사회에서 열이면 열, 백이면 백 모두 입신출세를 희망하며 관리가 되려고 몸부림치는 때에 오로지 후쿠자 혼자 마다하는 것은 수상쩍다"는 수군거림을 익히 알고 있었다. 일본인뿐만 아니라 잘 아는 외국인도 후쿠자와의 거취에 의문을 품었으나 그는 "나는 그냥 웃으면서 상대하지 않았다"고 술회했다. 메이지 유신의 격변기에 '중립'을 지키며 자신이 뜻하는 바를 추구하는 것은 지난했을 것이다. "동서남북 어느 쪽을 봐도 대화를 나눌 수 있는 상대가 하나도 없으니, 그냥 혼자서 능력에 맞는 일을 하면서 외굳으로 개국과 서양문명을 관철시키던 중 정부의 개국론이 점차 본격화되어 만사가 개진(改進)되고 문명이 빠르게 진보하는 세상이 된 것"에 고마움과 다행스러움을 피력했다.

"한 번도 남에게 말하지 않았고 또 말할 필요도 없어 잠자코 있었던 탓에 아내와 자식들조차 진실을 모르겠지만, 내 본심은 정말로 정부에 출사하기가 싫었다"며 자신의 속사정을 네 가지로 서술했다.

첫째, "관리가 되어 공연히 거드름을 피우는 추태를 범하지 않을 수 없는데, 이것이 내 성격상 불가능하다."

둘째, "정말 말하기 난처하지만 관리들 전체의 분위기를 보니 품위가 없다." "이 인종들과 같은 패거리가 되어 한솥밥을 먹으며 정말로 친하게 지내"는 것을 생각하면 "더럽고 냄새가 나는 듯해서" 싫기에 "타고난 성격으로" 수용할 수가 없다.

셋째, 막부 타도와 천황 옹립 그리고 개국과 쇄국 논쟁과 메이지 유신의 성공에 이르는 과정에서 "혼란은 극에 달했고 소리 내어 통곡하는 모습이 무슨 자랑이라도 하는 듯해서, 마치 충신의사들의 공진회(共進會)를 보는 듯했다." 전후의 사정을 잘 알고 있기에 충신의사도 믿을 게 못되고, 군신주종의 명분론도 절개가 없는데 "이런 경박한 사람들과 행동을 함께 하지 않고 나는 내 일에만 전념하기로 작정했다."

넷째, 유신정부의 기초가 확립되자, 전국의 사족은 물론 농사꾼이나 상인의 자제들까지 "조금이라도 글을 읽을 줄 알면 모두가 관리가 되겠다고 한다." "전국의 인민들이 관직에 앉아야만 성공할 수 있다는 생각뿐, 일신 독립의 뜻이 전혀 없다." 온 나라가 케케묵은 노예근성에 젖어 있으면 도저히 나라가 유지되지 않기에, "내 스스로가 본보기가 되겠다는 일념"에서 "정부에 출사하는 것은 불가능하다"고 판단해 출사를 하지 않았다고 했다.

후쿠자와는 "정치를 가볍게 보고 성의를 다하지 않는 것이 내가 정치를 가까이하지 않는 원인일 것이다. 말하자면 술을 못 마시는 사람도 있고 잘 마시는 사람도 있는데, 못 마시는 사람은 술집에 들어가지 않고, 잘 마시는 사람은 떡집을 가까이하지 않는 것과 마찬가지다. 정부가 술집이라면 나는 정치라는 술을 마실 줄 모르는 셈이다"라는 비유로서 자신의 입장을 정리했다.

그러면서 후쿠자와는 자신을 "정치 진찰의(정치를 진찰하는 의사)이면서 개업을 하지 않는다"라고 하며 "그렇다고 내가 정치를 전혀 모르는 것은 아니다. 입으로 논하기도 하고 종이에 기록하기도 한다. 단지 담론을 기록할 뿐 스스로 그것을 실행하려 하지 않는다. 이는 마치 진찰의가 병을 진단하고는 병을 치료하려 들지도 않고, 또 사실은 치료할 능력도 없는 것과 마찬가지일 것이다"며 자신의 호연지기(浩然之氣)를 은연중 과시했다.

후쿠자와 유키치가 즐겨 읽은 책들과 저술한 책들

후쿠자와 유키치(福澤諭吉)는 일본의 사상가, 교육자, 작가로, 일본 근대화와 개화기 시대에 커다란 영향을 미친 인물이다. 후쿠자와 유키치는 다양한 분야의 책을 탐독하며 서양의 과학, 철학, 정치 이론 등을 깊이 연구했다.

후쿠자와는 로마 제국의 역사와 정치제도에 관한 서적을 읽고 연구했다. 그는 서양의 고대 역사와 정치 시스템에 대한 이해를 통해 현대 일본 사회에 적용할 수 있는 교훈을 얻고자 했다. 미국의 독립과 발전에 대한 이해를 돕기 위해 조지 워싱턴과 벤저민 프랭클린에 관한 전기를 읽었다.

서양 철학 및 정치 서적으로는 루소(Jean-Jacques Rousseau)의 《사회계약론 (The Social Contract)》과 밀(John Stuart Mill)의 《자유론(On Liberty)》을 읽었고, 경

제 서적으로는 스미스(Adam Smith)의 《국부론(The Wealth of Nations)》을 학습했다. 볼테르(Voltaire)와 몽테스키외(Montesquieu)와 같은 프랑스 철학자들의 저서들은 후쿠자와의 사상에 큰 영향을 미쳤다. 특히, 루소의 정치적 사상과 몽테스키외의 법과 정치에 관한 저서들은 후쿠자와의 사회 개혁 사상에 영향을 주었다.

체임버스 형제(William and Robert Chambers)가 펴낸 《정치경제학교본(Chambers's Educational Course: Political Economy for Use in Schools and for Private Instruction)》은 후쿠자와의 경제 실무 교과서였다. 프랜시스 웨이런드(Francis Wayland)의 《정치경제학 요론(The Elements of Political Economy》을 직접 원서로 강의한 적도 있었고 웨이랜드의 또 다른 책 《도덕 철학의 요소(The Elements of Moral Science)》도 즐겨 읽었던 책이었다.

후쿠자와의 서구문명의 소개에는 버클(Henry Thomas Buckle)의 《영국문명사(History of Civilization in England)》 그리고 기조(Francois Guizot)의 《유럽문명사(Histoire de la Civilisation en Europe)》 두 책자가 큰 영향을 미쳤다. 뉴턴(Isaac Newton)의 프린키피아(Principia: Pilosophiae Naturalis Principia Mathematica)가 물리학의 붐을 일으킨 사실을 들며 후쿠자와는 서양과학기술에 대한 신념을 확고히 천명했다.

후쿠자와는 서양의 과학적 지식과 기술에 대한 서적을 많이 읽었고 서양의 산업과 기술 발전을 이해하기 위해 기술 매뉴얼과 관련 서적도 읽었다. 이는 일본의 산업화와 기술 도입을 위한 중요한 참고 자료가 되었다. 후쿠자와는 교육과 자기 계발에 관한 서적도 읽었다. 그는 학문과 교육의 중요성을 강조하며, 그와 관련된 다양한 서적을 통해 교육 이론과 방법을 연구했다. 후쿠자와 유키치는 서양의 다양한 문헌과 사상을 깊이 연구하였으며, 연구를 바탕으로 일본의 근대화와 개혁을 이끌어갔다. 그의 독서 목록은 그의 사상과 철학의 기초가 되었으며, 일본 사회에 큰 영향을 미쳤다.

후쿠자와 유키치는 19세기 일본의 근대화를 이끌었던 중요한 인물로 서양의 문물을 적극적으로 받아들여 일본의 근대화에 기여했다. 특히 그는 서양 철학과 사상과 관련 서양 서적을 수집하고 소개하는 데 큰 열정을 보였다. 그는 1860년대 중반, 일본 정부의 사절단으로서 세 차례 미국과 유럽을 방문했다. 이 여행에서 그는 서양의 최신 지식과 기술을 직접 체험하고, 서양 서적들을 매입하고 일본에 소개했다. 세 번의 외국 방문 경험과 그 때마다 구입한 서적들에 기초해 1966년부터 3년간 10권의 책을 저술한 것이 《서양사정》이다.

후쿠자와의 과학과 기술에 관한 서적들에는 《자연과학의 기초(Science for All)》, 《기계 공학 원리(Principles of Mechanical Engineering)》, 《생물학 개론(Introduction to Biology)》 등이, 서양의 정치 체제와 경제 시스템에 관한 책들에는 《국부론(The Wealth of Nations)》, 《정치 경제학(Political Economy)》, 《정치경제의 원리(Principles of Political Economy)》 등이, 철학 및 역사 서적에는 《세계사 개론(Introduction to World History)》, 《철학의 기초(The Basics of Philosophy)》, 《서양 철학사(A History of Western Philosophy)》, 《세계사(Conpendium of Ancient and Modern History)》, 《자조론(Self Help)》 등이 포함되어 있었다. 당시 서구에서도 새로운 학문을 선도했던 책들이 이렇게 조직적으로 수집되어 일본 근대화에 기여한 사실 자체도 대단한 것이다.

후쿠자와뿐만 아니라 당시 일본 식자들은 외국 서적들에서 나오는 학문적 전문 용어를 포함하여 수많은 단어들을 일본어로 번역하는데 많은 고초를 겪었다. 후쿠자와는 'economics'를 '경제학'으로, 'speech'를 '연설'로, 'freedom'과 'liberty'를 '자주임의(自主任意)' 또는 '자유'로, 'book keeping'을 '장합(帳合:복식부기)'로 번역했다. 잘못된 번역도 적지 않다. 'nationalism'

을 '민족주의'로 번역한 것은 잘못된 것이고 '국민주의'나 '국가주의'로 번역했어야 했다. 'enlightenment'는 '계몽주의'가 아닌 '각성사조' 또는 '각성사상'이 정확하며, 'democracy'에는 ism이라는 접미어가 없는데 '민주주의'라 번역한 것은 문제이고 '다수지배정치체제'로 번역하는 것이 맞다.

계몽 사상가, 교육자, 언론인으로서 후쿠자와 유키치는 약 60여 권의 책을 저술한 것으로 알려지고 있다. 그의 첫 저서는 제1차 미국 방문 후인 1860년(25세) 막부의 외국방(外國方)에 고용되어 쓴 《증정화영통어(增訂華英通語)》이었다. 핵심적 저서 3권 《서양사정》(1866), 《학문을 권함(学問のすすめ)》(1872), 《문명론의 개략》(1875) 등에 대해서는 이미 앞에서 자세히 설명하였기에 이곳에서는 나머지 저술들에 대해 주제나 내용을 중심으로 저술의 목록만을 간략히 살펴본다.

먼저 일본 역사와 관련한 저술에는 《일본의 역사(日本の歷史)》(1886)와 《민족의 기원(民族の起源)》(1875)이 있고, 동양·서양과 관련한 저술에는 《서양사정(西洋事情)》(1866), 《세계기행(世界國盡)》(1869), 《제국의식(帝国意識)》(1887), 《서양문명론(西洋文明論)》(1873), 《동양과 서양의 차이(東洋と西洋の差)》(1879) 등이 있으며, 근대 일본의 문제나 제도 그리고 사상 등에 대한 것으로는 《시사(時事)》(1876), 《자유와 평등(自由と平等)》(1881), 《시사대세론(時事大勢論)》(1882), 《근대 일본의 사회 제도(近代日本社会制度)》(1883), 《신문을 통한 교훈(新聞による教訓)》(1884), 《제국의식(帝国意識)》(1887), 《근대 일본의 사상과 정책(近代日本の思想と政策)》(1888), 《일본의 문제(日本問題)》(1893), 《사상가와 사회(思想家と社会)》(1895) 등이 있다.

교육 및 학문과 관련한 저술로는 《동몽교초(童蒙教草)》(1872), 《회의변(會議辯)》(1874), 《학자안심론(學者安心論)》(1876), 《교육론(教育論)》(1880), 《사회교육론(社会教育論)》(1882), 《학문의 독립(學問之獨立)》(1883), 《교육의 미래(教育の未

来)》(1890), 《여대학평론·신여대학(女大學評論·新女大學)》(1899) 등이 있고, 남성·여성의 품행과 교제와 관련해서는 《품행론(品行論)》(1884), 《일본부인론(日本婦人論)》(1885), 《사인처세론(土人處世論)》(1885), 《남녀교제론(男女交際論)》(1886), 《일본남자론(日本男子論)》(1888), 《여성론(女性論)》(1897) 등 흥미로운 저작들이 있다.

경제와 관련하여서는 《민간경제록(民間經濟錄)》(1877), 《통화론(通化論)》(1877), 《경제론(經濟論)》(1890), 《경제적 분석(經濟的分析)》(1891), 《실업론(失業論)》(1893), 《상법(商法)》(1894) 등을 저술하였다. 정치 외교를 두고는 《분권론(分權論)》(1877), 《국회론(國會論)》(1879), 《헌법초안(憲法草案)》(1880), 《병론(兵論)》(1882), 《통속외교론(通俗外交論)》(1884), 《전국징병론(全國徵兵論)》(1884), 《정치적 견해(政治的見解)》(1885), 《정치론(政治論)》(1892), 《존왕론(尊王論)》(1888), 《국제문제(國際問題)》(1896) 등이 있다.

후쿠자와 유키치 자신에 대한 저술에는 《세상 이야기(世間話)》(1887), 《회상(回想)》(1889), 《복옹백화(福翁白話)》(1897) 등이 있으며, 《복옹자전(福翁自傳)》(1899)은 후쿠자와 유키치의 자서전이다. 자서전은 그가 사망하기 2년 전에 출간되었고, 서거 3년 전에는 전5권의 《후쿠자와 전집》이 발간되었다. 서거하기 1년 전에는 〈수신요령(修身要領)〉이란 글을 발표하였는데 황실로부터 5만 엔을 하사받았다고 한다.

후쿠자와 유키치는 66세로 서거하였으나 서거 6개월 전까지 집필의 손을 놓지 않은 훌륭하고 영원한 모범적 저술가였다. 사후 받은 계명(戒名: 죽은 사람에게 붙여주는 이름)은 대관원독립자존거사(大觀院獨立自尊居士)였다.

후쿠자와 유키치의 명언들

"믿음의 세계에 거짓이 많고, 의심의 세계에 진리가 많다. 믿는 것을 의심하지 않으면 문명의 진보는 없다."

"하늘은 사람 위에 사람을 만들지 않았고 사람 밑에 사람을 만들지 않았다."

"정부는 국가라는 정치적 공동체를 관리하기 위한 기구에 지나지 않으므로 정부가 제대로 기능하지 못한다면 수리하든지 교체해야만 한다."

"유럽에서는 서로 다른 계급 간의 투쟁이 있었기 때문에 자유가 발달했지만, 아시아에서는 하나의 계급이 압도적인 승리를 구가하고 있었기 때문에 사회가 정체상태에 빠졌다."

"군주정치도 공화정치도 다 같이 좋을 수도, 다 같이 나쁠 수도 있다."

"사람은 선천적으로 귀천과 빈부의 차별이 없다. 오로지 학문에 힘을 쏟아 사물을 잘 아는 사람은 귀인이 되고 부자가 되며, 학문을 하지 않은 사람은 빈자가 되고 천민이 되는 것이다."

"앞서지 못하면 제압당하는 것이 이치이다."

"학문을 배워 개인의 독립을 도모한 후 국가의 독립을 도모하자."

"세상에서 가장 즐겁고 멋진 것은 일생을 바쳐서 할 일이 있다는 것이다. 세상에서 가장 존귀한 것은 남을 위해 봉사하고, 결코 보답을 바라지 않는 것이다."

"세상에서 가장 비참한 것은 인간으로서 교양이 없는 것이며, 가장 쓸쓸한 것은 할 일이 없는 것이며, 가장 추한 것은 타인의 생활을 부러워하는 것이다."

"세상에서 가장 아름다운 것은 모든 사물에 애정을 갖는 것이며, 가장 슬픈 것은 거짓말을 하는 것이다."

"인생은 연극과 같다. 훌륭한 배우가 걸인도 되고 삼류배우가 대감이 될 수 도 있다. 어쨌든 지나치게 인생을 거북하게 생각하지 말고 솔직하게 어떤 일이든지 열심히 하라."

"조선은 부패한 유생의 소굴로 위로는 뜻이 크고 과단성 있는 인물이 없고, 국민은 노예의 환경에서 살고 있다."

"조선은 상하 모두가 문명이 무엇인지 알지 못하고, 학자는 있지만 중국의 문자만 알뿐 세계정세는 모르고 있다. 그 나라의 질을 평가한다면 글자를 아는 야만국이라 하겠다."

"조선인들은 최근 문명의 기본적인 관념을 모른다. 무식한 국민들과 유교 사상에 배불러서 부패한 나라이다."

"나는 어떻게든 양학(洋學)이 성행하도록 해서 반드시 일본을 서양 같은 문명 부강한 나라로 만들겠다는 야심을 품고 있었다."

"서양에 대한 나의 신념이 뼈에 사무쳐 있었기 때문에 조금도 무섭다고 생각한 적이 없었다."

"압제도 내가 당하면 싫지만 내가 아니라면 남을 압제하는 것은 몹시 유쾌하다."

"그 시대 국민 가운데 가장 재능이 있는 계층이 보유한 지식의 양, 그 지식의 방향, 그 지식이 지향하는 주제, 그리고 그 지식이 사회의 각 계층에 얼마나 보편적으로 영향을 미치는가 하는 점이 문명을 갖춘 국민으로 변화시킬 수 있는 요인이다."

"의식주를 비롯한 유형의 문명을 수입하는 것은 아주 쉬운 일이다. 돈만 있으면 수중에 들어오지 않는 것이 없다. 정치와 법률까지도 서구의 것을 배우는 것은 그리 어렵지 않다. 그러나 이러한 유형의 문명을 수용하기 위해서는 당연히 자국의 사정을 감안하여 취사와 선택을 해야 한다. 그런데 무형의 정신문명은 돈을 주어도 살 수 없을 뿐더러 그 섭취가 그리 간단하지 않다."

▨ 조선에도 후쿠자와 유키치와 같은 계몽 사상가가 있었다면 ▨

일본은 1853년 미국 페리 제독에 의해 강제로 개항했지만, 메이지 유신을 단행하여 아시아의 강대국으로 우뚝 설 수 있었다. 에도 막부가 무너지고 천황 중심의 근대 국가로 바뀌면서 일본의 정치·경제·사회가 완전히 뒤바뀌었다. 그 배후에는 명치유신 이후 일본인을 체계적으로 가르쳐 사상적 기초를 제공한 후쿠자와 유키치라는 걸출한 계몽가·사상가가 있었다.

일본 하급 무사의 아들이었던 후쿠자와는 외국어에 재능이 있었다. 그는 막부의 하급 통역관으로 유럽과 미국을 순방한 후 국민 계몽과 교육, 언론 활동에 전념했다. 현대 일본인들에게도 널리 읽히는 《학문의 권장》에서 그는 "하늘은 사람 위에 사람을 만들지 않았고 사람 아래 사람을 만들지 않았다"며 만인은 각기 불가침의 권리를 갖는 평등하고 독립적인 인간이라고 주장하기도 했다.

그는 서구 문물을 받아들여 개혁할 것을 추구했다. 그의 사상은 명치유신 이후의 일본은 물론 조선의 갑신정변에도 커다란 영향을 끼쳤다. 조선의 개화파였던 김옥균은 후쿠자와를 스승과 같이 모셨고, 후쿠자와도 김옥균을 높이 평가하였다.

일본은 메이지 유신과 더불어 근대화를 통해 강대국으로 치닫고 있을 때 조선의 고종과 지도자들은 이를 제대로 감지하지 못했다. 물론 조선도 서양 문물을 처음으로 접한 유길준이나 갑신정변을 일으킨 김옥균 같은 개혁파가 있었지만, 갑신정변은 삼일천하로 끝나고 말았다.

조선은 국제정세를 제대로 파악하지 못하고 개혁과 근대화를 이루지 못해 주권을 빼앗겼다. 두 가지 이유가 있다.

하나는 조선의 기득권층은 그들의 기득권을 놓지 않으려고 했다. 자신들의 기득권을 유지하기 위해 친일파·친청파·친러파로 자리만 바꿨을 뿐 근본은 바뀌지 않았다. 하지만 일본은 비주류가 주류로 바뀌었다. 일본은 메이지 유신으로 막부에서 천황제로 권력체계가 변화하는 과정에서, 비주류가 주류로 올라섰고 인재도 신분보다 능력에 따라 발탁하는 등 사회가 변화하였다.

다른 하나는 당시 조선에는 조선이 나아갈 길을 제시해 줄 만한 계몽가나 사상가가 없었다. 많은 사상가들은 권력에만 눈이 멀었다. 우리에게는 후쿠자와 유키치와 같은 사상가나 이토 히로부미 같은 정치인이 없었다. 당시 조선에 후쿠자와 유키치 같은 사상가나 이토 히로부미 같은 정치인이 있었다면 조선도 달라질 수도 있었을 것이다.

역사의식이 있는 선각자들이 사명감을 가지고 가르치고, 가르침을 정성껏 이어받은 후손들이 합직하여 일궈내는 역사 과정이 결코 수월하지 않았을 터이지만, 일본은 명치유신을 통해 옳은 방향으로 역사의 흐름을 바꿔놓는 지혜를 공유했다. 우리는 앞에서 끌고 뒤에서 밀어 함께 이루는 전통을 확립하지 못했다.

우리는 멀리 보는 선각자가 없었다. 우리 모두가 자신의 공명(功名)에는 관심이 있었지만, 자신의 희생 하에 사회의 밑거름이 되고자하는 지도자가 없었다. 문제는 문제를 아는 선각자가 있더라도 개인의 노력만으로는 물줄기를 바꿔놓는 역사의 변화가 초래되지 않는데 있다. 사회가 수용해야 하고 따라서 함께 해주는 인재들이 존재해야만 선각자의 웅지가 나래를 펼 수가 있다. 우리는 모래알 민족이었고 사색당쟁의 DNA가 아직도 사라지지 않은 민족이다.

일본의 경우 1853년 미국 Perry함대가 일본에 왔을 때 선각자들이 세계화의 기치 아래 일본 자체의 개혁을 주장하고 각고의 노력을 경주하였다 이에 반해 조선에는 세상이 어떻게 돌아가고 있었는지 자체를 알고 대응 방안을 구상한 선각자들이 존재하지 않았다. 오늘날에도 우리는 선각자도 아닌 사람들이 자신들의 자리유지를 위해 마구잡이식 개혁을 쉰 목소리로 외쳐 대고 있다. 역사는 되풀이 된다고 하는데, 역사가 되풀이 될까 두렵기만 하다.

후쿠자와 유키지(福沢諭吉)의 초상화

관중(管仲, BC725?~BC645)

21 | 제(齊)나라 환공(桓公)의 명참모 관중(管仲)

제나라를 춘추시대의 패자로 만든 재상

관중(管仲)은 기원전 725년에 제나라 영상(穎上, 안후이성 복양시 영상현)에서 태어났다. 관중이라 부르는데, 관이오(管夷吾) 혹은 관경중(管敬仲)이라고도 불린다. 가난했던 어린 시절부터 포숙아(鮑叔牙)와 평생 변함없이 깊은 우정을 나눈 관포지교(管鮑之交)로도 유명하다. 관중은 포숙아 덕분에 환공이 죄를 묻지 않고 재상으로 등용시켰다. 관중은 "창고가 가득차야 예절을 알고, 의식이 풍족해야 명예와 치욕을 안다(倉庫實則知禮節, 衣食足則知榮辱)"라는 말로 잘 알려진 명재상으로, 재상 취임 후 불과 몇 년 만에 제(齊) 나라 환공(桓公)을 춘추시대의 첫 패자(覇者)로 등극시킨 인물이다. 열국지(列國志)에 따르면 관중은 용모가 걸출하고 총명이 출중했다고 한다. 관중은 널리 고금 서적에 통달하고 경천위지(經天緯地)의 재능과 세상을 바로잡고 시대를 구제할 만한 실력이 있었다.

재상이 된 관중은 제나라의 지리적 이점을 살려 공업과 상업을 발전시키고, 교역을 통해 재물을 쌓아 초강대국으로 발전시켰다. 관중은 제나라 환공이 주변 제후국들을 무력으로 제압하기보다는 먼저 베풀도록 하여 신뢰 있는 정치를 하도록 권유 하였다. 관중은 베품의 정치와 경제개혁으로 부국강병을 이루어 제나라 환공이 주변국 제후들로부터 신뢰를 얻게 하고 춘추시대에 최초의 패자가 되는데 크게 기여했다. 제나라는 제후국들과 9차례나 회맹(會盟)을 하였다. 회맹은 춘추시대 제후들 간 국방, 전쟁, 왕위 계승 등 중대 현안과 관련하여 체결되는 맹약이다.

관중은 제 나라의 경제, 행정, 법률, 외교 등 다양한 분야의 질서를 세웠다. 사농공상의 분업, 시장 활성화, 국제무역, 농지개간, 세제개혁, 중앙과 지방 행정체제 확립, 삼군제도 정비, 법령 집행방식의 확립, 존왕양이와 회맹질서 등은 모두 관중의 생각에서 나온 것이다. 관중의 베품의 정치와 경세제민·부국강병은 당시의 상황을 고려하여 취해진 것이다. 백성들의 생산활동을 장려한 경제정책은 실질적인 민본주의 사상으로써 의미가 있을 뿐만 아니라 제나라를 당시 가장 부유한 국가로 만들 수 있었다.

역사가들은 중국 역사상 건국과 국가 경영에 크게 기여한 명재상으로 3명을 꼽는다. 그 중 첫 번째가 제나라 환공을 춘추시대 패자로 우뚝 서게 한 관중이고, 유방을 보좌해 한나라를 창업한 장량, 당나라 태종의 성군시대를 연 방현령과 두여회이다. 장량과 방현령은 본래부터 유방과 당 태종의 사람이었지만, 관중은 자신의 주군을 위해 죽이려고 했던 환공의 재상이 되어 제나라를 춘추시대의 패자로 만들었다.

참고로 주(周)나라는 BC 771년까지 장안(長安)을 통치했으나 북부 유목민에게 패하고 수도를 동쪽의 낙양(洛陽)으로 옮기고 난 후, 세력이 약화되어 한·위·조 등으로 분열할 때(기원전 403년)까지를 춘추시대라고 하며, 그 뒤 진(秦)이 중국을 통일하기까지를 전국시대라고 한다. 주 왕실이 명목상의 권위를 유지하고 있던 춘추시대에는 오패(五覇)가 나타났으며, 전국시대에는 칠

웅(七雄)이라 불리는 강국들이 힘을 겨루는 혼돈의 시기였다. 춘추 5패로는 제나라의 환공, 진나라의 문공, 초나라의 장왕, 오나라의 합려, 월나라의 구천을 든다.

환공(桓公)은(BC 720~643년) 중국 춘추전국시대 제(齊)나라 16대 왕이다. 성은 강씨이며 강태공의 12세손으로 시호는 환공이다. 제양공(齊襄公)이 피살되자 제나라 왕이 되었다. 환공은 자신에게 화살을 쏜 관중(管仲)을 그의 절친인 포숙아의 간청으로 재상으로 등용하였다. 환공은 춘추시대 제후 국가들 간 군사, 정치, 경제 등의 현안에 대해서 맹약을 체결하고 상부상조하는 회맹을 거행하여 춘추 오패 중 제일 첫 번째 패자(霸者)가 되어 중국 천하를 호령하였다. 관중은 환공의 신하로 제나라를 정치, 경제, 외교 등 다양한 분야를 부흥시키고 국력을 키웠다.

포숙아의 도움으로 재상이 되다

정치에 눈을 돌린 관중은 소홀(召忽)과 함께 환공의 형인 공자 규(糾)를 주군으로 모셨고, 친구인 포숙아는 환공(소백)을 주군으로 모셨다. 제양공(齊襄公)이 피살되자 공자 규(형)와 소백(동생)이 왕위를 두고 다투었다. 관중은 공자 규를 위해 소백에게 화살을 쏘아 쓰러뜨렸다. 관중은 소백이 죽었다고 판단하고 주군인 규(糾)를 모시고 수도인 임치(臨淄)에 느긋하게 도착했다. 하지만 죽은 줄 알았던 소백이 어느새 먼저 도착하여 왕위에 올라 있었다. 관중이 쏜 화살이 소백이 차고 있던 허리띠에 맞은 것이었다. 소백은 죽은 척하여 관중을 속이고, 형인 규보다 먼저 왕궁에 도착하여 제나라 왕이 된 것이었다.

관중과 소홀은 규를 모시고 노(魯)나라로 도망갔다. 노나라에서 제나라 소백(환공)의 부탁으로 규를 죽이자, 관중과 함께 규를 모시던 소홀(召忽)이 자결했다. 사람들은 관중도 자결할 것으로 생각했으나 관중은 자결하지 않았다. 제 환공은 자신을 죽이려고 한 관중을 직접 처벌하려고 압송했다. 이때 포숙아(鮑叔牙)가 환공에게 춘추제국을 다스리려고 한다면 자신보다 몇 배나 더 뛰어난 관중을 죽이지 말고 반드시 등용해야 한다고 간청했다.

포숙아는 환공에게 관중을 천거하며 그의 능력이 자신보다 훨씬 더 뛰어 난 이유 다섯 가지를 들었다. 첫째 백성에게 관대하게 은혜를 베풀어 백성을 사랑하고, 둘째 나라를 다스리는 데 기강을 올바로 잡을 줄 알며, 셋째 충성과 신의로 제후국들과 동맹을 맺을 줄 알며, 넷째 예를 알고 일을 공정하게 처리하여 백성들이 본받게 하며, 다섯째 갑옷을 입고 북채를 잡고서 군문(軍門)에 서서 백성들을 모두 용맹하게 하는 데 아주 뛰어나다고 조목조목 설명하였다. 포숙아의 나라에 대한 충성심과 친구와의 우정이 절절이 넘쳐났다. 이어 포숙아는 관중은 백성의 부모이므로, 장차 자식 같은 백성을 잘 다스리려면 백성의 부모, 즉 관중을 처형해서는 안 된다고 호소했다.

포숙아의 절규에 가까운 호소를 듣고 마침내 환공은 관중을 재상에 임명하기로 결심하였다. 환공은 관중을 재상으로 등용하기 위해 세 번 몸을 씻고, 세 번 향에 몸을 쬐었다. 이를 삼흔삼욕(三釁三浴)이라고 한다. 환공은 관중을 존경하는 뜻에서 중부(仲父)라 부르도록 했다. 중부는 아버지 형제 중 둘째라는 의미이다. 나라에 큰일이 있으면 먼저 중부에게 고한 후에 환공 자신에게 알리도록 하고, 모든 일은 중부의 사전 결제를 맡으라 했다. 누구도 알아주지 않고 거두어 주지 않으면 인재는 나타날 수 없다. 큰 인재는 반드시 그를 알아보는 사람이 있어야 세상으로 나올 수 있으며 역량을 발휘할 수 있다. 관중에게는 친구 포숙아가 있었고 그리고 환공이 있었기에 명참모로 세상에 이름을 떨칠 수 있었다.

관포지교(管鮑之交)는 관중과 포숙아처럼 우정이 아주 돈독한 친구 관계를 이르는 말이다. 관중은 나를 낳은 이는 부모이고 나를 아는 사람은 포숙이다(生我者父母知我者鮑叔也)라고 하면서 포숙을 높이 평가했다. 포숙아(鮑叔牙)는 춘추시대 제(齊)나라 사람으로 젊어서 관중(管仲)과 친하게 지냈는데, 항상 관중을 도와주면서 막역지교(莫逆之交)를 나누었다. 관포지교에서 참된 우정을 보여주는 사람은 포숙아이다.

관중은 자신을 이해하고 도와주며 우정을 쌓았던 포숙아를 칭찬하였다. 포숙아는 관중과 함께 장사를 했는데 관중이 항상 더 많은 이익금을 가져 갔으나, 포숙아는 결코 관중을 탐욕스럽다고 하지 않았다. 포숙아는 관중이 노모를 모시고 가난하다는 사실을 알았기 때문이었다. 관중은 일찍이 세 차례나 벼슬길에 올랐으나 세 번 다 군주에게 쫓겨났다. 그러나 포숙아는 관중을 모자란 사람이라고 여기지 않았고, 단지 때를 잘못 만났다고 이해해 주었다. 관중은 세 번 전쟁에 나가 세 번 다 도주하였는데도 불구하고 포숙아는 관중을 비겁하다고 여기지 않았다. 관중에게 노모가 있기 때문이라고 이해해 주었다고 자백하였다.

경세의 바이블 《관자(管子)》를 집필하다

《관자(管子)》는 "국가 경영을 위해 정치, 경제, 행정, 법률, 철학, 군사 등 제반 분야에서 요구되는 지식을 집성해 놓은 국가 경영의 백과전서"이다. 경세의 바이블 《관자》는 관중이 집필했다고 하지만, 《관자》의 저자는 관중에 한정되지 않는다. ①관자 자신, ②관자의 문인 또는 제자, ③제 나라가 전국시대에 뛰어난 학자들을 초청하여 머물게 한 직하학궁(稷下學宮)의 학자들 등이 공동 저자로 거론된다. 《관자》 가운데 〈경중〉 등 여러 편이 서한(西漢)

시대에 작성된 것으로 알려지고 있으니 《관자》는 700여 년에 걸쳐 여러 사람에 의해 집필되었다. 시스템 경영의 최고 노하우를 보여주는 경세의 바이블 《관자》의 원문과 함께 우리나라에서 네 분의 교수에 의해 번역된 《관자》는 1,060여 쪽에 달하는 방대한 책이다.

'관포지교'를 통해 관중이라는 인물에 대해서 아는 사람은 많지만, 《관자》라는 고전을 읽어본 사람은 매우 드물 것이다. 일본은 이미 오래 전부터 《관자》를 연구하고 있어 중국보다 수준이 높았으며, 일본이 메이지 유신에 성공한 것은 난세의 바이블로 통하는 《관자》를 깊이 탐사한 덕분이라고 주장하는 학자들도 있다.

《관자》는 모두 24권인데 제1권이 정치의 근본 원리이자 정치사상의 진수인 〈목민〉을 다루고 있다. 여기에는 나라를 다스리는 법을 다룬 국송(國頌), 예(禮)·의(義)·염(廉)·치(恥) 등 네 가지 강령의 사유(四維), 민심이 원하는 네 가지를 채워주는 정치인 사순(四順), 나라를 다스리는 열한 가지 원칙을 설명한 십일경(十一經), 나라를 다스리는 여섯 가지 법도와 다섯 가지 방법을 설명한 육친오법(六親五法) 등 다섯 장으로 구성되어 있다. 나라를 다스리는 근본 원리와 요령에 대해 현실적이고 날카로우며 체계적이고 종합적으로 정리되어 있다. 오늘날의 지도자들도 이 〈목민〉만 읽고 실행하여도 부국안민과 태평성대를 이룰 수 있을 정도다. 다산 정약용의 저서 《목민심서(牧民心書)》의 '목민'이란 말도 사실은 《관자》의 제1권 〈목민〉에서 유래된 것이다.

관중은 가지려거든 먼저 주어야 한다는 베품의 정치를 강조하였다. 그리고 하루하루 고되게 살아가는 백성들에게 예의범절을 논하는 것은 의미가 없다고 보았다. 관중은 창고에 곡식이 가득하면 백성들이 자연스럽게 예절을 알고, 체면도 알고, 지켜야 할 도리를 알게 된다는 생각을 가지고 있었다. 즉 백성들이 잘 먹고 잘 살아야 국가와 사직이 유지될 수 있다고 보았다. 그리고 군주가 세금을 지나치게 거두거나 재정을 무리하게 낭비하지 않는 것이 민생 안정의 근본이라고 강조했다. 생활이 안정되면 백성도 자연히 예·의·염·치를 알고 이를 준수하는데, 군주가 이를 먼저 헤아리지 않으면 나라가 망할 수 있다고 보았다.

관중이 강조한 〈목민〉의 핵심은 사순(四順) 즉 네 가지 따라야 할 강령에 있다. 즉, "백성들은 근심과 고생을 싫어하니, 군주는 그들을 즐겁게 해줘야 한다. 백성들은 가난과 비천함을 싫어하니, 군주는 그들을 부유하고 귀하게 해줘야 한다. 백성들은 위험에 떨어지는 것을 싫어하니, 군주는 그들을 보호하고 안전하게 해줘야 한다. 백성들은 자신이 죽고 후대가 끊어지는 것을 싫어하니, 군주는 그들의 수(數)를 늘리고 후대를 잇도록 화육(化育)해야 한다"라고 했다. 백성을 받드는 관중의 애절함이 넘쳐난다.

관중은 백성이 국가를 믿고 따르면 나라를 떠받치는 네 개의 기둥, 즉 사유(四維)는 저절로 세워진다고 보았다. 사유는 예(禮), 의(義), 염(廉), 치(恥)를 말한다. 여기서 예란 도를 넘지 않는 자세와 태도를, 의는 스스로 잘난 척하지 않고 이치에 맞게 행동한다는 뜻이다. 염은 자신의 잘못된 점을 숨기지 않는 깨끗함이고, 치는 남의 잘못된 언행을 따르지 않는, 즉 부끄러워할 줄 아는 것이다. 관중은 물질적으로 풍요로운 생활이 바탕 되어야 백성들의 사유가 가능하다고 보았다. 사유가 바로 서면 통치자의 지위가 안정되고, 백성들이 서로를 속이려 하지 않는다. 백성들의 행동이 반듯해지고, 부정한 일이 생기지 않는다는 것이 관중의 기본 입장이었다.

관중이 추구한 정치사상은 유가와 같이 이상주의자의 공허한 유토피아도 아니고, 그렇다고 한비자(韓非子)의 법가와 같이 무자비하고 냉혹한 현실주의자도 아니었다. 이상을 간직하면서도 그것을 실현하기 위해서는 합리적이며 실용적인 대안을 모색하였다. 관중은 이익을 추구하는 인간 본성을 도덕의 이름 아래 거스르게 하지 않았다. 오히려 인간은 천성적으로 이익을 추구한다는 사실에 기초하여 정치·경제·사회를 이끌어 갈 방법론을 제시하였다. 놀랍게도 오늘날 주류경제학과 똑같은 인식과 방법론에 의거하여 세상과 국가를 인식하였다.

경세제민·부국강병에 전력투구하다

관중이 BC685년 제 환공에게 중용되어 재상이 되었을 때 중원을 차지하고 있던 주 왕실의 통제력은 갈수록 약해지고 제(齊), 초(楚), 진(晉), 진(秦), 연(燕), 노(魯) 등의 제후국(諸侯國)들이 중앙의 통제에서 벗어나 서로 다투고 있었다. 관중은 제나라의 재상이 되자 경세제민과 부국강병에 집중하였다. 경세가로서 관중의 출중함은 기본 원리에 충실하고 목적을 달성할 수단들을 정치(精致)하게 제시하고 이를 실천했다는 점이다. 그는 바다에 접한 제나라의 지리적 이점을 살려 공업과 상업을 발전시키고, 교역을 통해 재물을 쌓아 나라를 부강하게 하고, 군사력을 키우고 외교능력을 발휘하여 제후 국가들로부터 신뢰를 얻었다. 백성들과 도락을 함께 하였고, 정치를 하면서 재앙이 될 일도 복이 되게 하였고, 실패할 일도 잘 처리하여 성공으로 이끌었고, 법도를 따르는 것을 중시하였고, 일의 경중을 따지는 데는 세밀하고 신중하였다. 그 결과 관중은 중국 역사상 가장 훌륭한 명참모로 칭송되어 왔다.

국가의 부를 중시하는 부국(富國)이냐? 백성의 부를 중시하는 부민(富民)이냐? 하는 문제는 유가와 법가 사이의 중요한 논점이었다. 대체로 법가는 부국을, 유가는 부민을 우선시 한다. 그러나 《관자》는 양자를 모순이나 대립 관계로 보지 않고 부민을 통한 부국을 추구하였다. 관중이 살던 시대는 학술계가 제자백가로 나누어지기 이전의 시대였다. 제자백가의 효시가 바로 사상 최초의 정치경제학자인 관중이었다. 《관자》에는 훗날 제자백가로 발전하는 다양한 사상이 포괄되어 있어서 고대 학술과 사상의 백과전서를 이루고 있다. 관자 경제학의 가장 큰 특징 가운데 하나는 바로 경제를 정치 및 군사와 불가분의 관계로 파악한 데 있었다. 하지만 유학이 정립되고 성리학이 등장하면서 《관자》는 완전히 사장되다시피 했으며, 《관자》는 한때 오랫동안 사대부들에게 일종의 금서(禁書)로 여겨지기도 했다.

조선의 사대부들이 성리학에 쏟는 정성의 1/10만이라도 경세의 바이블 《관자(管子)》에 관심을 가졌더라면 대한민국이 아시아 근대화의 선봉에 섰을 것이다.

관중의 부국안민의 핵심은 인치와 법치의 근본을 바로 세우는 것, 백성들의 생업기반을 잡아주는 것, 행정과 군사편제를 결합시키는 것, 국제정치의 기준을 세우는 것, 정당한 욕망을 긍정하고 채워주는 것, 지방조직을 완비하는 것, 책임정치를 실시하는 것, 시장을 자율에 맡기는 것에 있었다. 관중은 경제를 중시하고 국제 외교에도 능숙했던 실용주의적 정치인이었다. 그는 경제정책의 성공을 기초로 제나라의 국력을 키워서 국제 외교에서도 주도권을 장악하고, 중국을 이민족의 침입에서 구출한 성공한 정치인이자 유능한 참모였다.

관중은 제나라의 행정구역을 다섯 가구를 기초로 하는 행정 편제 즉 오가연병제(五家練兵制)로 재편하여 부국안민에 힘썼다. 국가가 권력을 휘둘러 백성을 핍박하기 보다는 사농공상의 분업, 시장의 활성화, 국제무역, 농지개간, 세제개혁 등으로 국가를 조직을 갖춘 생산자로 인식하여 경제 활성화를 도모하였다. 토지에 따라 세금을 거두고 귀족들의 사유재산을 금지하는 한편 염철(鹽鐵)업을 발전시키고 화폐를 주조했으며 물가를 조정했다.

관중은 중앙이 군사조직이라면 지방을 생산조직으로 전환시켰다. 관중의 개혁은 특이한 것이 아니었다. 각종 제도를 바르고 명확하게 정비하여 생산자들의 생산의지를 북돋우는 것이었다. 그 후에는 생산자들의 생산 활동을 방해하지 않는 것이 요체였다. 제나라가 첫 번째 패자가 된 이유는 기본적으로 관중의 경제개혁 때문이다. 제나라는 산동의 평지와 바다를 개간하고 생산 활동을 장려함으로써 당시 최고로 부유한 국가가 되었다.

주나라 시절과 춘추 시대의 정전제(井田制)는 여덟 가구가 작은 생산단위가 나뉘어서 협력하고 생산하는 체제다. 토지를 우물 정(井)자로 구획하고 여덟 가구가 한 구획씩 차지하였다. 나머지 남은 한 구획은 공전(公田)이라고 해서 재정을 충당하기 위한 토지였다. 관중은 경제가 발전하기 위해서는 소유권을 확실하게 해주어야 한다고 보았다. 정전(井田)을 바르게 한다는 것으로 토지의 소유권을 명확하게 한다는 말이다. 관중은 이미 2,700년 전에 사유재산권의 보장이 경제발전의 원천임을 알고 있었다.

관중은 국가를 조직을 갖춘 생산자로 커다란 상인으로 간주했다.《관자》의 〈경중〉에 의하면 국가의 재정은 기본적으로 시장의 힘에 의해 관리되고, 커다란 상인(국가)들이 이 일을 한다고 보았다. 관중은 국가의 기본 역할은 재난에 대비하기 위해 10년 치 양식을 저축해 두어야 한다고 주장했는데, 이는 세계 최초의 복지국가 이론이다. 국가는 물건을 싸게 사서 비싸게 팔기 때문에 이익이 생기는데, 관중은 그 이익으로 모든 위험에 대비할 수 있다고 보았다. 재정이 탄탄해지면 흉년을 구제할 수도 있고, 전쟁에 대비할 수도 있기 때문이다.

관중은 일반상인들의 역할은 한 지방에서 넘치는 물건을 다른 지방에 공급하는 것이라 보았다. 기본적으로 국가가 곡물을 사들이고 방출하며 곡가를 조절하는 것과 똑같은 이치다. 또 상인들은 이익이 있는 곳이면 어디든

지 찾아가는 존재로 보았다. 국가의 역할은 기근(饑饉)이나 풍년으로 쌀값이 내려 농민이 도리어 곤궁해지는 숙황(熟荒)이 발생하지 않게 하는 것이다. 《관자》에 나오는 국가는 거대한 상인이다. 국가는 곡물, 소금, 철 등으로 이익을 얻는 동시에 물가를 조절한다. 국가는 큰 상인이지만 일반상인과는 달리 국가 전체의 이익을 고려하는 상인이다.

관중은 국가를 조직적인 자원개발자로 보았다. 관중은 백성들의 재산에 세금을 부과하는 것보다는 국가가 자원을 개발하여 재정을 직접 확보하는 것이 더 바람직하다고 보았다. 산을 관리한다는 것은 철을 독점한다는 것이고, 바다를 관리한다는 것은 소금을 독점한다는 것이다. 고대 정권들은 금속을 독점했다. 당시에 구리는 국가가 아니면 대규모 개발이 불가능하였으므로 자연적으로 독점이 되었다.

관중은 지방 수령들이 지방에서 최고의 인재를 발굴하는 책무를 부여했다. 능력 있는 인재를 골고루 등용하기 위해서였다. 세금은 덜 걷어도 기회를 주지만, 인재를 천거하지 못하면 곧바로 면책시키기도 했는데, 이는 당시로서는 획기적인 발상이었다. 제나라의 지방인들 중에 실력이 있는 사람들은 모두 발탁되었고, 죄가 있는 사람들은 바로 벌을 받았다. 관중은 인사에 정통한 CEO였다. 관중은 인물을 기용하는 데 있어서 도덕적인 잣대로만 보지 않고 능력을 최우선으로 하였다. 그래서 설사 도덕적 결함이 있더라도 능력이 있으면 적재적소에 기용하였다. 그는 인치(人治)가 아니라, 설정한 목표를 실현하기 위해 공정한 방법과 확고한 상벌 체계를 구축하고 시스템으로 조직을 이끌어 간 시스템식 경영의 지도자였다.

관중이 정치를 맡고 오직 공과 실력에 의해 사람들을 등용한다는 소문이 나자 모두 실력과 공을 다투었다. 이렇게 된 것은 바로 관리들의 책임을 명백히 해주었기 때문에 가능했다. 관중은 이렇게 말했다. "지위와 실력이 일치하는가? 지위에 비해 실력이 좋지 않으면 자리를 내놓아야 했다. 실력이 출중하나 지위가 낮으면 승진해야 했다." 이것이 관중의 원칙이었다. 관리는 공개적으로 채용하였다. 그렇지 않으면 매관매직인 성행하고, 친척이나 가까운 사람들만 채용하려하기 때문이다. 그래서 관중은 업적이 없고 능력이 부족한 친척을 채용하지 못하게 하였다. 관중이 보기에 군주의 역할은 인재를 쓰는 것밖에 없다. 인재를 정확히 쓰려면 업적과 능력에 상관없이 특정인을 편애해서는 안 된다. 한 사람을 이유 없이 총애하면 백 사람이 멀어진다는 것이 관중의 생각이었다.

환공을 춘추전국 시대의 패자로 만들다

관중은 부국안민 정책으로 경제를 크게 부강(富强)시키고 나라 전반의 기강을 반듯하게 세운 후, 이를 바탕으로 춘추시대 여러 나라들의 질서를 재편하는 위업을 달성했다. 당시 '중화(中華)'의 국제질서를 바로 잡고 국제정치의 기준을 새로 세웠다. 관중은 환공을 도와 제나라가 제후국들의 패자가 되게 하여, 단 한 번에 천하를 바로잡았다. 이와 같이 한 번에 천하를 바로잡는다는 말이 '일광천하(一匡天下)'이다. 이 말은 《논어(論語)》의 〈헌문(憲問)〉 편에 공자와 제자 자로가 환공과 관중을 언급하며 나온 것으로, 공자는 "관중의 도움으로 환공이 존왕양이(尊王攘夷)란 기치로 많은 제후국들을 규합하지 않았다면 오랑캐의 땅이 되어있을 것"이라고 제자들에게 말하였다.

기원전 681년 환공은 송(宋)·진(陣)·채(蔡)·주(邾) 등의 나라와 회맹(會盟)을 갖고 역사상 처음으로 제후의 맹주 자리에 올랐다. 훗날 제 나라는 연나라를 도와 산융족을 정벌하는 한편 7개 나라와 연합해 주나라 왕실의 내란을 해결했다. 기원전 651년 환공이 송나라의 규구(葵丘)에서 노(魯)·송(宋)·위(衛)·정

(鄭)·허(許)·조(曹) 등과 회맹하여 맹약을 맺자, 주(周) 나라 천자는 사자를 보내 환공이 맹주임을 인정하고, 평화와 외교를 통해 경제를 발전시켜 각 나라 백성들의 생활은 안정시키도록 축원했다.

제후들과 회맹하여 천자의 사자를 받아들이고 맹약을 맺었는데 이것이 환공의 마지막 회합이었다. 제후들과의 회맹이 모두 아홉 차례 있었다. 전쟁을 위한 회맹이 세 차례 그리고 평화를 위한 회맹이 여섯 차례였다. 역사에서는 아홉 차례 회맹을 '구합제후(九合諸侯)'라 한다. 관중은 제나라 환공이 무력을 사용하지 않고 회맹을 통해 춘추시대 첫 번째 맹주가 되게 하였다. 춘추시대 첫 번째 맹주로서 환공과 관중이 이룬 패업의 길은 후세 사람들이 모방하려고 했다.

춘추시대의 국제관계 질서 힘을 기준으로 하되, 군사력을 이용한 무한경쟁은 배제하는 특이한 '중화(中華)' 국제관계 체제였다. 관중의 생각들이 당시 중화 국제정치의 패러다임이 되었다. 폭력을 떠나 아예 강약이 없는 세계로 돌아갈 수 없다면, 차라리 '강하면서도 나름대로 착한 사람'이 되는 것이 차선일 수 있었다. 관중은 그 차선을 체계화한 인물이었다. 관중의 현실주의는 오늘날보다 훨씬 더 풍부하고 인간적이었다. 관중은 힘이 있지만, 스스로 '황야의 무법자'가 아니라 '보안관'이 되려고 노력했다. 관중은 개혁을 실시하고 패자가 됨으로써 가장 안전한 최고의 위치에 올라서고 싶었고 자신의 목적을 훌륭히 달성했다. 그래서 관중은 역사상 최고의 명참모 자리를 차지하고 있다.

관중은 관리를 꼭 해야 하는 영역만을 다루었다. 그리고 관리가 필요한 영역에서도 반드시 관리할 수 있는 대상만을 다루었다. 그리고 나머지는 자율에 맡겼다. 관중의 이론은 오늘날의 행정학과 재정학의 전제들과도 일치한다. 관중의 사고의 틀은 행정과 재정 그리고 정치를 전체로 파악했기 때문에 오늘날의 시시콜콜한 이론들보다 훨씬 더 포괄적이었다. 관중의 이론은 오늘날의 행정학과 재정학의 전제들과도 일치한다.

경제학의 시조로 일컫는 애덤 스미스(Adam Smith)보다 2,400여 년 전에 관중은 부국안민의 경제학을 최초로 실행하였고, 세계 최초로 국가 재정의 핵심을 이해한 사람이다. 《국부론(國富論)》을 집필한 스미스와 《관자(管子)》를 쓴 관중을 비교해 보면 첫째, 관중이 스미스보다 연대적으로 2,400여 년 먼저 태어났고, 둘째 스미스는 명교수였고 관자는 명재상이었으며, 셋째 스미스는 영국의 관세청장을 역임한 반면 관자는 제나라의 재상으로 만인지상(萬人之上) 일인지하(一人之下)의 고위직을 맡았으며, 넷째 스미스와 관자 모두 당대 최고의 불후의 명저를 저술했다. 두 위인의 저서를 일대일로 비교할 수 없으나 《관자(管子)》가 《국부론(國富論)》보다 그 내용이 훨씬 포괄적이다. 다섯째, 스미스는 자신의 이론을 현실에 적용 정책화시키지는 못했던 반면 관자는 자신 저술의 내용을 그대로 적용해 대단한 성과를 거두었다. 종합적으로 보아 관중이 스미스보다 몇 수 위임에 틀림이 없다.

관중, 후세에도 높이 평가 되다

삼국시대 촉한의 명재상 제갈량(諸葛亮)은 관중보다 826년 후에 태어났으나, 평소에도 관중을 흠모하여 자신을 비교하기를 좋아했으며 자신의 사표(師表)로 삼았다. 제갈량은 스스로 관중과 같은 사람이 되고자 했다. 제갈량의 정치는 관중의 정치를 모법(母法)으로 했다.

사마천(司馬遷)은 《사기(史記)》에서 제나라 환공은 죄인이었던 관중을 등용하여 춘추시대의 패자가 되었는데, 이는 모두 관중의 지모(智謀) 덕이라고 극찬하였다. 사마천의 관중에 대한 평가를 살펴보자. 관중은 정책을 논하고 펼칠 때 언제나 백성의 뜻을 헤아리고 백성이 무엇을 원하는지를 살폈다고 주장했다. 관중은 정치적으로 어떤 정책을 추진하여 실패를 하더라도 그 실패에서 교훈을 얻어 성공으로 이끌었고, 끊임없이 균형을 생각하여 어느 한 쪽으로 치우치지 않도록 노력했다. 관중은 재상에 오르자마자 경제 관청을 설치하여 물가를 조정했고, 이를 바탕으로 재정을 확실하게 강화했다고 평가했다.

공자는 관중을 칭송하기도 하고 비판하기도 하였다. 공자는 관중은 예를 모르는 사람이었고 검소한 사람도 아니었으며, 특히 도(道)를 모른다고 지적하였다. 이는 공자가 예를 목적으로 보고 극히 중시하였지만, 관중은 예를 다만 도구로 보았기 때문이었다. 공자는 《논어》에서 제자들과 함께 관중을 논하며 최고의 인자(仁者)로 보았다. 공자는 관중은 예를 모르는 교양이 부족한 사람이지만 기본적으로 착하고 어질다고 칭송하기도 하였다. 공자는 관중은 위정자로서는 남을 해쳐도 앙갚음을 당하지 않을 정도로 공정했고, 한마디로 일을 할 줄 아는 사람이라고 평가했다. 공자는 "관중은 환공을 보필하여 천하의 질서를 회복했으며, 그 은혜는 오늘까지 이어진다. 만약 관중이 없었다면 우리는 지금 야만족의 풍속을 강요당하고 있을지도 모른다"라고 극찬했다. 차선(次善)을 행하면서도 이렇게 칭찬받는 것이 관중의 특징이다. 맹자는 자신의 도덕주의와 사상적으로 코드가 다르기에 관중을 그다지 좋아하지 않고 오히려 깎아내렸다. 이는 아마도 공자와 달리 맹자가 역사에 다소 어두웠던 탓이기 때문일 것이다.

환공과 관중은 환공이 재위한 42년 간 국정을 함께 논의했다. 관중에게 환공은 군주이자 친구였다. 친구는 잘 이끌어야지 함부로 꺾어서는 안 되기에 관중은 환공의 욕망을 긍정했다. 환공의 악습인 여자와 술, 사냥을 모두 인정했다. 다만 군주는 안일해서는 안 된다고 했으며, 군주는 중요한 것을 잘하면 된다고 했다. 나라의 중요한 일이란 백성을 먹이는 일과 전쟁에서 패하지 않는 일이다. 공적인 일만 잘하면 사적인 욕망들은 용납할 수 있다는 것이 관중의 태도였다.

《사기(史記)》에 의하면 관중은 왕실이 부럽지 않을 만큼 재산을 모아 사치를 했다고 한다. 그러나 이에 대해 크게 비난을 받은 적은 없었다고 한다. 관중은 기원전 645년에 현직에서 세상을 떠났다. 관중은 죽으면서 환공에게 습붕(隰朋)을 자신의 후임자로 추천하며, 간신 역아(易牙)·수초(豎貂)·개방(開放) 등 세 신하는 반드시 멀리하라고 경고하였으며, 포숙아는 정치에 어둡기에 절대 재상으로 임명하지 말도록 당부하였다. 환공은 관중이 임종하면서 올린 간언을 듣지 않고 소인들과 정치를 했기에, 환공이 죽은 후에 제나라는 서서히 기울기 시작했다.

환공은 관중의 조언에 따라 습붕을 재상에 임명했는데 불행하게도 습붕이 국사를 맡은 지 한 달도 못되어 세상을 떠났다. 할 수 없이 환공이 포숙아에게 재상직을 맡아달라고 간곡히 요청했으나 포숙아는 끝까지 사양했다. 환공이 역아·수초·개방 등 간신을 궁궐 밖으로 내쫓는 것을 확인하고야 포숙아는 환공의 요청을 수락해 정사를 맡았다. 후에 환공은 자신이 내쫓은 세 간신을 다시 불러들이자, 포숙아는 그들의 퇴출을 여러 번 간청했으나 환공이 말을 듣지 않았고, 울분을 참지 못해서 병이 들어 세상을 떠났다. 얼마 지나지 않아 환공도 병이 들었는데 당시의 명의 편작(扁鵲)이 환공에게 조속한 치료를 권했음에도, 괜찮다고 미루다 병이 악화되어 관중이 죽은 지 2년 후 환공은 73세에 사망하였다. 환공의 사후 자식들 간의 권력다툼으로 환공의 시체가 67일간 방치되기도 하였고, 제나라는 패권국의 지위를 잃고 점차 약해지면서 전(田)씨들이 강탈해 강태공이 세운 제나라는 기원전 370년 역사에서 사라졌다.

V

위대한 지도자를 대망(待望)한다

위대한 지도자를 대망(待望)한다

    사실 위대한 정치 지도자들의 출현은 거의 예외 없이 그들이 속했던 나라가 이전에 겪어보지 못한 거대한 위기에 처하거나 국내·외의 큰 도전에 직면할 때였다. 역사상의 위대한 정치 지도자들의 성과를 세세히 관찰해 보면 위대한 정치 지도자들의 등장과 그들이 거둔 성과는 우리 인류 역사에서 예외적인 현상임을 알 수 있다. 상당히 예외적으로 위대한 정치 지도자가 등장해, 대단한 집중력과 헌신으로 그 사회의 역량을 결집하여 당대의 위기와 도전을 극복해 나갔다.

    인류 역사를 살펴보면 모든 지도자들은 각기 당대 자기에게 주어진 서로 다른 과업에 당면했다. 인간의 천부적 권리인 자유의 본질을 설파하고 자유를 제한하는 각종 굴레를 해소하려 했던 지도자, 식민 지배로부터의 독립과 건국을 위해 헌신했던 지도자, 인간의 정신과 삶을 피폐하게 하는 공산주의와 맞서 싸우거나 공산주의를 멸망시킨 지도자, 가난한 국가를 경제 대국으로 바꾼 지도자, 위기에 빠진 경제를 되살려낸 지도자, 혼란과 분열의 구렁텅이에 빠진 나라를 구한 지도자, 나라의 기본을 바꾸고 새로운 틀을 만든 지도자 등 그 내용이 참으로 다양하다. 그리고 지도자 못지않게 헌신과 열정으로 지도자를 도와 위기에 대처하고 부국안민을 도모했던 참모들의 헌신과 열정도 중요했던 경우가 많다.

본 책자가 제기하는 질문 "누가 위대한 지도자인가?"라는 질문에 대한 답은 무엇인가? 위대한 지도자를 한 마디로 선험적으로 규정하는 것은 불가능하다. 그러나 역사상에 나타난 결코 많지는 않으나 부국안민을 위해 헌신했던 지도자들의 열정적 삶을 통해 위대한 지도자가 되기 위한 요건들을 찾을 수 있다. 인간적 특성, 삶과 국정 운영의 철학, 국가적 의제의 설정과 달성 방법, 소통과 사회적 역량의 결집 등을 관조해 봄으로써 특정 인물이 위대한 지도자인지를 갈음할 수 있다.

지도자에 관한 역사적 논의는 아주 옛적부터 있어 왔고, 역사적으로 아주 오래전부터 훌륭한 특이한 많은 인물들이 명멸(明滅)했다. 정치 지도자가 국가의 흥망성쇠를 좌우한다. 정치 지도자가 멀쩡한 나라를 파멸의 길로 이끌기도 하고, 위기에 처한 나라를 구하기도 한다. 번창하는 경제와 사회의 안정을 일궈내는 정치 지도자가 있는가 하면, 혼란을 부추기며 삶의 희망을 앗아 가는 정치 지도자를 보기도 한다. 본 책자는 위기에 처한 나라를 구한 지도자들과 경제와 사회의 안정을 일궈낸 지도자들의 삶의 궤적을 살핀다. 지도자에 관한 수많은 논의에서 제안된 그리고 본 책자에서 살핀 18명 지도자들의 삶에서 관찰된, 위대한 지도자들에게 요구되는 일반적 특성과 특징을 바탕으로, 대한민국이 필요로 하는 위대한 지도자의 탄생을 위해 드리는 열 가지 충언을 제시한다. 큰 바위 얼굴 '위대한 지도자'의 탄생을 기대한다.

지도자에 관한 역사적 논의와 인물들

지도자에 대한 사실적 서술과 당위적 논의는 시간적으로 고대에서 시작되어 중세 근대를 거쳐 현대에 이르기까지 활발히 논의되어 왔으나 고대~근대에서의 논의와 현대에서의 논의의 바탕은 판이하게 다르다. 왜냐하면 고대~근대에서의 정치체제는 군주제가 기본이었고, 현대에서는 선거에 의해 지도자가 선출되는 민주주의가 기본 정치체제이기 때문이다.

먼저 지도자에 관한 통찰을 역사적으로 살펴보자. 지도자에 관한 최초의 주된 저술은 서양의 경우 기원전 4세기 플라톤(Plato)의《국가(Politeia, The Republic)》이고, 동양의 경우 기원전 5세기 손자(孫子)의《손자병법(孫子兵法)》이다. 플라톤은 철인왕(Philosopher King) 개념을 제안하면서, 지도자는 지혜와 덕을 갖춘 철학자여야 한다고 설파하였다. 손자병법은 군사 전략서이지만, 전쟁을 성공적으로 이끌기 위한 지도자의 자질과 리더십에 대한 통찰을 담고 있어 정치, 경영, 리더십 등 다양한 분야에서도 중요한 고전으로 평가받고 있다.

플라톤에 이어 기원전 1세기의 키케로(Marcus Tullius Cicero)는《국가론(De Re Publica)》을 통해 로마 공화정의 미덕과 정치 지도자의 책임을 논하며, 법과 정의에 기반한 지도자의 중요성을 설명했다. 10세기 이슬람 철학자 알파라비(Al-Farabi)는《이상 국가의 정치체제(The Political Regime of the Virtuous City)》에서 플라톤의 철학을 바탕으로 이상적인 지도자는 도덕적 덕목과 지혜를 갖춰야 한다고 주장했다. 플라톤이 민주주의를 혐오했던 것처럼 파라비도 민주주의자는 아니었다. 플라톤도 파라비도 민주주의가 사회를 별 볼일 없는 일반 대중의 수준으로 끌어내리기 때문이었다. 13세기 토마스 아퀴나스(Thomas Aquinas)는《군주론(De Regno)》에서 신학적 관점에서 통치자와 국가의 윤리적 책임에 대해 논의하였으며, 통치자는 정의와 공동선을 추구해야 한다고 주장했다.

근대에 들어와 니콜로 마키아벨리(Niccolò Machiavelli)는 1532년에 출간된 근대 정치철학의 시초인 《군주론(Il Principe)》에서 실용주의적 관점에서 지도자는 권력을 유지하기 위해 현실적인 수단을 사용할 수 있어야 한다고 강조했다. 토머스 홉스(Thomas Hobbes)는 《리바이어던(Leviathan)》(1651년)에서 사회계약설을 바탕으로 강력한 중앙권력의 필요성을 역설하며, 혼란을 방지하기 위해 절대 권력을 가진 지도자가 필요함을 강조했다. 존 로크(John Locke)는 자유주의 정치철학에 기반한 《통치론(Two Treatises of Government)》(1689년)에서 지도자는 국민의 권리를 보호하는 것이 주된 역할이라고 주장하며, 제한된 정부와 지도자의 책임을 강조했다. 장 자크 루소(Jean-Jacques Rousseau)는 《사회계약론(Le Contrat Social)》(1762년)에서 공공의 이익과 사회계약에 기반한 지도자의 역할을 논의하며, 국민의 일반 의지를 따르는 지도자를 이상적인 형태로 묘사했다.

동양의 경우 손자에 이어 기원전 4세기의 맹자(孟子)는 유교의 확장된 철학을 제시하며, 왕도정치(王道政治)를 강조하며 지도자는 도덕적 권위를 통해 백성을 이끌어야 하고, 군주는 민생을 책임져야 한다고 주장하였다. 기원전 3세기의 한비자(韓非子)는 법가 사상의 주요 저술인 《한비자(韓非子)》에서 지도자는 법과 엄격한 통제를 통해 통치해야 한다고 주장하며 권력 유지의 현실적 방법과 법의 중요성을 강조했다.

중세 16세기 유교의 성리학을 비판하며 양명학을 제시한 왕양명(王陽明)은 《전습록(傳習錄)》(1527년)에서 지도자는 내면의 성찰과 도덕적 직관을 통해 진정한 지혜를 얻어야 한다고 주장했다. 특히, 지도자의 내적 수양과 도덕적 통치의 중요성을 강조했다. 왕양명과 비슷한 시기 조선 시대 성리학자

이이(李珥)는 왕과 지도자를 위한 교육서로 《성학집요(聖學輯要)》(1575년)에서 덕목과 지식의 조화를 강조하며 지도자의 역할을 분석하였다. 지도자는 유교적 덕목을 갖추고 백성을 위한 정책을 펼쳐야 함을 강조하였다.

당대 최고의 지성에 의해 집필된 지도자에 대한 사실적 서술과 당위적 논의에 관한 위에서 언급한 17권의 고전들은 고전으로서 지도자에 대한 통찰력을 제시하지만 오늘날의 지도자들이 이들 고전들을 애독했을 때 국정 운용에 직접적으로 얼마나 도움이 될지 확신이 서지 않는다. 인류 역사에서 영향을 끼친 지도자로 자주 언급되는 인물 7명은 위대한 정치가라기보다는 위인(偉人)에 해당된다 할 수 있다. 17권의 고전이 설명하는 지도자의 자격 요건과 7명의 위인이 갖고 있는 특성을 근-현대의 지도자에게 적용하는 것은 적절하지 못하다.

고대 로마인은 지도자가 갖추어야 할 위엄을 '누멘(Numen)'이라는 라틴어 단어를 이용하여 설명하였다. 배철현 교수에 의하면 독일의 종교학자 오토(Rudolf Otto)는 누멘을 다음 세 가지 품성으로 풀어 설명하였다고 했다.

지도자의 첫 번째 품성은 '미스테리움(Mysterium)', 즉 '신비(神祕)'이다. 지도자는 범인(凡人)들이 상상할 수 없는 미지의 세계를 상상하고 숙고하여 최적의 방법을 찾아내고 자신만의 공간과 시간에서 그 어느 누구보다도 깊이 숙고한다. 지도자의 두 번째 품성은 '트러멘둠(Tremendum)', 즉 '전율(戰慄)'이다. 지도자의 말과 행동은 나의 눈을 사로잡고 귀를 기울이게 만들며 그의 언행은 나의 눈에서 눈물을 자아내고 나의 귀에 깨달음을 선사한다. 지도자의 세 번째 품성은 '파시난스(Fascinans)', 즉 '매력(魅力)'이다. '매력'이란 사람을 끄는 아우라이다.

인류 역사에서 영향을 끼친 지도자로 자주 언급되는 인물들은 로마제국의 길을 연 율리우스 카이사르, 헬레니즘 문화를 널리 퍼뜨리고 페르시아와 인도를 정복해 큰 영향을 미친 알렉산더 대왕, 페르시아제국의 창시자 키루스 대왕, 몽골 제국을 세우고 아시아와 유럽에 걸쳐 거대한 제국을 형성했던 정복자 칭기즈 칸, 프랑스 혁명 후 유럽 전역에 큰 영향을 미쳤으며, 근대 군사 전략의 선구자로 평가받는 나폴레옹 보나파르트, 영국 최대의 번영을 이룬 여걸 엘리자베스 1세, 독일 통일의 영웅 비스마르크 등 참으로 많다.

민주주의가 정착된 현대로 넘어오면서 지도자에 대한 논의는 근본적으로 그 내용이 바뀔 수밖에 없었다. 또한 국가를 경영하는 정치 지도자와 기업을 경영하는 최고 경영자(CEO)가 맥점을 공유하는 부분이 있어 국가 경영과 기업 경영의 지도자의 구분이 모호해지는 경우가 관찰되나 국가 경영 지도자와 기업 경영 지도자는 그 궤를 전혀 달리한다. 정치 지도자는 유권자의 1인 1표에 의한 투표에 의해 선출되고 기업의 경영자는 주주의 경제력에 비례한 투표수에 의해 선출되기 때문이다.

국가의 흥망성쇠와 정치 지도자

역사상 모든 나라의 흥망성쇠에는 원인이 있을 것이고 이를 두고 인과관계적인 설명이 필요하다. 사회·경제적 측면의 인과관계 규명만으로는 설명이 부족한 경우가 허다하다. 이 부족한 부분의 상당부분을 메꾸고 해명·해소할 요인이 정치 지도자들의 역할이다.

동서고금 인류의 역사를 살펴보면 모든 나라가 언제나 크고 작은 위기에 직면했다. 사람 인체에 비유하면 즉 크고 작은 각종 질병에 시달린다. 나라는 큰 위기에 직면하기도 하고, 사람은 큰 병, 때론 난치병에 걸린다. 나라의 작은 위기는 그 자체가 문제가 되지 않으며, 사람의 작은 병은 스스로 치유되기도 한다. 사람이 난치병에 걸렸을 때 명의(名醫)가 필요하듯, 나라가 반듯하게 번창하기 위해서나 또는 위기로부터 벗어나기 위해서는 위대한 지도자가 필요하다. 현실에서는 명의는 드물고 돌팔이가 판을 친다. 돌팔이 의사가 틀린 진단을 하고 틀린 처방을 할 때 환자가 회복이 되기는커녕 경증 환자도 목숨을 잃을 수 있다. 통상 보통의 지도자는 나라를 나락으로 떨어뜨리기 일쑤이다.

사실 역사를 살펴보면 서로 다른 이유로 나라를 파경으로 몬 지도자들로 차고 넘쳐난다. 권력욕에 자신과 나라를 망친 지도자, 국익보다 사익을 앞세웠던 지도자, 당파적 이익에 매몰되었던 지도자, 잘못된 선동으로 나라를 파멸에 이르게 한 지도자, 지식과 지혜의 부족으로 국민들에게 고통을 주었던 지도자, 잘못된 정책으로 국가 위기를 자초한 지도자 등 이들 지도자들은 '용서받지 못할 죄(peccato mortale)'로 같은 시대를 살았던 국민들의 삶을 어렵게 했다.

지도자는 앞장서서 대중을 인도하는 사람이다. 그는 자신도 가본 적이 없고 대중도 상상해 본 적이 없는 새로운 길을 제시하는 자다. 새로운 길은 그 자체로 위험하고 이상하다. 범인들은 지도자가 제시하는 길을 지도자만큼 깊이 생각해본 적이 없기 때문에 선뜻 그 길을 따라나서지 못한다. 앞서가는 지도자는 안주(安住)하지 않고 이주(移住)한다. 자신과 자신이 속한 공동체가 생존하기 위해, 더 나은 곳을 항상 모색한다.

여기서 하나의 근본적 문제가 제기된다. 지도자들만 역할을 했고 과연 국민들은 방관자였는가? 하는 문제다. 위대한 지도자의 등장이 오히려 예외적인 현상이고, 이게 가능한 것은 지도자의 능력과 그 시대 국민들의 용기 있는 위대한 선택이 함께 있었기에 가능한 것이었다면, 잘못된 지도자들의 탄생 또한 국민들의 잘못된 선택의 결과라는 결론이 자연스레 도출된다. 국민들도 지도자들의 선택에 훨씬 더 많은 책임감을 느끼고 현명한 용기 있는 선택을 해야 한다. 나치의 등장, 공산 혁명, 남미 포퓰리즘의 등장 등의 배경에는 지도자들의 선동과 국민들의 야합이 빚어낸 참화가 아니었던가?

지도자의 수준은 국민의 수준에 의해 결정된다. 노예근성에 젖어 있는 국민들이 어떻게 자유를 향유할 수 있는가? 자립의 의지가 없는 국민들은 퍼주기로 인기를 얻으려는 지도자들을 선택하기 마련이다. 더 많이 저축하지 않고, 더 많이 일하려 하지 않는 국민이 대다수인 나라의 경제가 어떻게 번창할 수 있는가?

사회와 국가발전의 차이의 적지 않은 원인으로, 각 사회가 배출한 지도자의 역량으로 설명해 보고자 하는 것이 본 책자의 목적이다. 사회와 국가의 변화라는 것은 너무나 총체적인 것이라서 어느 한두 개의 변수만으로는 전체적인 설명이 가능하지는 않다고 본다. 그럼에도 과거 인류가 직면한 매우 어렵고도 두려운 문제들이 극복되는 과정에서 보여준 지도자의 역량을 살펴보면 이 또한 매주 중요한 설명 요인이라는 걸 부인하기 어렵다.

본 책자에서 살펴본 18분의 위대한 지도자들 중 누구를 가장 존경하느냐고 물으면 필자는 망설임 없이 에이브러햄 링컨이라 할 것이다. 두 가지 이유로 존경할 수밖에 없다. 하나는 링컨 대통령이 두 나라로 분할될 뻔했던 미국을 남북전쟁을 치르면서 그대로 미합중국으로 존속시킨 국가적으로 참으로 큰일을 한 것이다. 링컨의 미국에 대한 봉사는 우리가 잘 알고 있는 그의 노예해방이기보다는 미합중국의 분할을 막아 오늘의 미국을 있게 한 것이다. 다른 하나는 매우 열악한 환경에서 12개월의 공교육 밖에 못 받았는데도 스스로의 학습으로 금수저 명문대 선배 정치인들을 실력으로 제압하고 남북전쟁을 승리로 이끌고 노예해방을 완성해 내는 그의 개인적 능력과 매력 때문이다.

'boss', 'hero', 'ruler', 그리고 'leader'

역사는 세 부류의 사람에 의해 쓰여진다. 각 분야의 위인들, 위대한 정치 지도자, 그리고 기업의 최고경영자가 그들이다. 사실 세 부류의 사람들에서 각 부류에 대해서는 각기 엄청난 논의가 있고 관련 책들도 무수하다. 문제는 논의의 과정에서 여러 개념과 용어가 혼란을 야기하고 있다는 점이다.

영어 표현에 'boss', 'hero', 'leader' 'ruler'가 있다. 본 책자의 핵심 주제인 '위대한 정치 지도자(great political leader 또는 great statesman)'의 의미를 정확히 규정하기 위해서는 통상적으로 사용되는 관련 용어를 구분하고 그 차이를 인식하는 것이 필요하다. boss는 감독자, 주임, 사장, 당수, 두목, 우두머리, 왕초로 번역될 수 있고, hero는 영웅, 용사, 위인, 주인공, 신인(神人)으로, leader는 선도자, 인도자, 안내자, 지도자, 지휘자로 그리고 ruler는 통치자, 지배자, 군주로 번역될 수 있다. 편의상 boss는 '우두머리', hero는 '영웅', leader는 '지도자', ruler은 통치자로 부르자.

우두머리는 일반적으로 조직 내에서 다른 사람들을 관리하거나 지시하는 직위에 있는 사람을 의미하며 직위나 직급에 의해 권한을 가지고 다른 사람에게 명령을 내린다. 보통 우두머리와 부하는 위계적인 관계를 가지며 우두머리는 부하에게 업무를 할당하고, 그 결과에 대해 평가를 내린다. 우두머리는 부하 직원의 의견을 묻지 않고 자신의 판단에 따라 일을 진행한다.

영웅은 용기, 희생, 도덕적 우월성 등으로 특별한 일을 해낸 사람을 가리키며 이야기나 실제 삶에서 영웅적 행동을 통해 존경을 받는 사람이다. 영웅은 어려운 상황에서 자신을 희생하거나 위험을 감수하면서 다른 사람을 돕거나 공동체를 구원하는 역할을 함으로서 주로 비범한 용기나 능력을 발휘해 사람들의 존경과 찬사를 받는다. 영웅은 도덕적, 윤리적으로 우월한 존재로 묘사되며, 사람들에게 귀감이 된다.

지도자는 사람들을 이끌고, 목표를 달성하기 위해 비전을 제시하고 동기 부여하는 역할을 하고 직위나 권한에 상관없이 사람들에게 강한 영향력을 미치며, 사람들을 자발적으로 따르게 만든다. 지도자는 팀원들의 의견을 존중하고 경청하며, 함께 협력해 목표를 달성하려는 태도를 보이고 장기적인 목표와 방향을 제시하며, 팀원들이 그 목표를 향해 나아가도록 격려하고 지원한다.

통치자는 일반적으로 공식적인 권력을 가진 사람을 의미하며, 법, 규칙 또는 제도를 통해 권한을 부여받아 사회나 국가를 통치한다. 통치자는 왕, 황제, 대통령, 독재자 등과 같이 명확한 통치 구조에서 권위를 행사하며, 주요 임무는 국가나 조직을 안정적으로 관리하고, 법과 규율을 유지하며, 자신의 권력 아래에서 사회를 운영한다.

우두머리는 직위에 의해 권한을 행사하는 사람이고, 영웅은 개인적인 희생과 용기를 바탕으로 존경받는 존재이며, 지도자는 사람들의 자발적인 따름을 이끌어내는 사람이고, 통치자는 공식적 권력을 통해 통제하고 지시하는 존재이다. 우두머리는 위계적인 구조에서 권위를 행사하고, 지도자는 영감을 주고 함께하는 방식을 강조하며, 영웅은 특별한 상황에서 나타나는 뛰어난 개인적 행동으로 탄생되며, 통치자는 권위에 의거 자신의 결정이나 명령을 강제로 따르게 한다.

우두머리 영웅 지도자 통치자의 역할은 모두 다른 사람들에게 영향을 미치지만, 그 방법과 관계의 본질은 확연히 다르다. 가장 강조되어야 할 점은 정치 지도자가 우두머리 영웅 통치자가 되어서는 안 된다는 점이다. 사실 우리 국민들은 은연중 정치 지도자가 우두머리 영웅 통치자이길 원하고 정치 지도자 본인들도 부지불식간에 그렇게 믿는다. 그리고 정치꾼(politician)과 정치가(statesman)도 구분되어야 한다. 본 책자가 소개하고 지향하는 정치 지도자는 위대한 정치 지도자(great statesman)이다.

사실 자주 회자되는 용어가 하나 더 있다. 위인(偉人, great man)이 그것이다. 위인과 지도자를 비교해 보자. 위인과 지도자는 비슷한 점이 많지만, 그 역할과 평가 기준에서 차이가 있다. 둘 다 사회적 영향력이 크고 존경받는 인물일 수 있지만, 각기의 특징은 크게 다르다.

위인은 뛰어난 업적을 남긴 사람으로, 주로 역사적으로 중요한 일을 한 인물이다. 그 업적이나 성과는 인류 전체 또는 특정 분야에 지속적인 영향을 미친다. 지도자는 조직, 국가, 또는 집단을 이끄는 인물로, 사람들을 이끌고 목표를 달성하는 데 중점을 두며 리더십과 의사결정 능력에서 두각을 나타내는 인물이다. 위인은 특정 분야나 사회 전반에 걸쳐 긍정적인 영향을 미친다. 과학, 예술, 정치, 종교 등 다양한 분야에서 뛰어난 성과를 이룬 사람들로 위인은 종종 시간이 지나면서 그 업적이 더 높이 평가되거나 역사적 중요성이 부각된다. 예를 들면, 세종대왕, 아인슈타인, 테레사 수녀 같은 인물들이 위인이다.

지도자는 주로 특정 그룹이나 국가 내에서 영향력을 발휘하며, 구성원들이 공동 목표를 향해 나아갈 수 있도록 방향을 제시한다. 사람들을 이끌고 동기 부여하는 능력이 중요하며, 카리스마, 전략적 사고, 의사소통 능력 등이 필요하다. 지도자는 현실의 문제를 해결하고, 구성원의 요구를 조율하며 지속적인 성장을 도모하는 역할을 한다. 예를 들어, 정치 지도자나 기업 CEO가 이에 해당된다.

위인은 주로 개인적 업적이나 기여에 중점을 두는 반면, 지도자는 집단을 이끌고 관리하는 능력에 중점을 둔다. 위인은 역사 속에서 평가되는 경우가 많으며, 그 영향력이 시간이 지나서도 인정되는 반면, 지도자는 현재의 상황에서 실시간으로 영향을 미친다. 위인은 전 세계적 또는 역사적인 인물로 기억되는 반면, 지도자는 종종 특정 시대나 지역에 제한되는 경우가 많다. 드물게 어떤 인물은 위인과 지도자 역할 두 가지를 모두 할 수 있다. 예를 들어, 넬슨 만델라는 위대한 인물로 그의 리더십이 역사적으로 중요한 업적을 남겼기 때문에, 위인과 지도자의 역할을 모두 수행한 사람으로 평가된다.

토머스 칼라일(Thomas Carlyle)은 《영웅숭배론》(1841년)을 출간하였는데 칼라일이 다룬 11명의 영웅은 오딘(북유럽 신화의 주인공), 마호메트(참된 예언자), 단테(중세의 대변인), 셰익스피어(인도와도 바꿀 수 없는 시인), 루터(거짓에 항거한 예언자), 녹스(땅 위에 하늘나라를 세우려 한 성직자), 존슨(정복당하지 않는 영혼), 루소(광기 속에 피어난 진실의 불꽃), 번스(비극적 성실성의 생애), 크롬웰(진실한 영혼의 소유자), 나폴레옹(야망으로 혼탁해진 진실) 등이다. 매우 혼동 서러운 점은 칼라일이 '영웅(hero)'과 '위인(great man)'을 같은 의미를 갖는 말로, '숭배(worship)'와 '존경(reverence)'을 같은 의미의 말로 사용한 것이다.

미국 대통령 아이젠하워(Dwight David Eisenhower)에게 '리더십'이 뭐냐고 질문을 했더니 그는 질문자에게 책상 위에 실을 놓고, 당기라고 하였다. 실을 당기자 실은 당기는 방향으로 끌려 왔다. 이번에는 뒤에서 밀어보라고 했다. 실은 구부려질 뿐, 밀리지 않았다. 아이젠하워가 강조하며 말했다. "리더(지도자)는 밀지 않는다. 이끌 뿐이다." "실을 당기면 방향대로 따라오지만, 뒤에서 밀면 헝클어질 뿐이다. 사람을 이끄는 것도 이와 같다."

우리나라의 역대 대통령들을 지금까지 논의한 네 유형 즉 '우두머리', '영웅', '지도자', '위인'과 연관시켜 구분해 보자. 이승만 대통령은 '지도자'이자 '위인'에 해당하는 인물이다. 박정희 대통령의 경우 '지도자'에 해당하며 '영웅' 색채도 다소 풍긴다. 김영삼 대통령과 김대중 대통령은 단연 '우두머리' 형 인물이었다. 다른 대통령들의 경우 대부분이 '우두머리'형에 근접한 인물들로 평가할 수 있을 것이다.

나라 경영자와 기업 경영자

위대한 정치 지도자(great political leader)와 위대한 기업 지도자(great business leader)는 리더십의 핵심적인 측면에서 많은 공통점이 있다. 정치와 기업의 속성이 근본적으로 다르기 때문에 근본적인 차이점이 존재하지만 기업 경영과 관리의 기본 원칙은 나라 경영에도 그대로 적용된다.

건국 이후 지금까지 13명의 대통령 중 기업 경영자 출신이 1명, 군 출신이 3명이었다. 미국의 경우 역대 46명의 대통령 중 12명이 장군 출신이었다. 안타깝게도 기업 경영자 출신 이명박 대통령은 국가 경영에서는 큰 빛을 보지 못했다. 저자가 보기로는 두 가지 이유가 있는데 첫째는 월급쟁이 사장으로 그다지 경영 능력이 탁월하지 못했고, 둘째는 국가 관리의 '공적 마인드'가 부족했기 때문이었다. 군 출신 세 분 대통령 중 박정희 전두환 두 대통령은 군의 경영 관리 경험을 바탕으로 국정 관리만큼은 확실히 했다.

정치 지도자와 기업 지도자 모두 장기적인 비전을 가지고 조직을 이끌어야 하는 점, 두 유형의 지도자 모두 결단력을 가지고 중요한 결정을 내리고 그에 따른 책임을 져야 하는 점, 급변하는 환경에서 적응력을 발휘해야 하는바 정치 지도자는 사회적, 경제적, 국제적 변화에 적절히 대응하여 국민의 요구를 충족시켜야 하고 기업 지도자는 시장 변화, 기술 혁신, 경쟁 구도 등에서 빠르게 적응하며 회사를 유지하고 성장시켜야 하는 점, 두 지도자 모두 국민과 직원들에게 영감을 주고, 그들의 잠재력을 끌어낼 수 있어야 하는 점 등에 있어 공통점을 갖고 있다.

두 지도자는 목적, 책임의 범위, 권력의 성격, 성과 측정 방식, 위기 대응 방식 등에서 차이가 있다. 정치 지도자는 공공의 이익과 사회적 정의를 추구하며, 국가 또는 지역 사회의 복지를 위해 일하며 목적은 경제적 성공이 아니라 시민들의 삶의 질 향상, 공공 정책의 실현, 국가 안보 유지와 같은 공공의 이익이다. 이에 반해 기업 지도자는 주로 주주 가치를 극대화하고, 기업의 이익과 성장을 목표로 삼으며 시장에서의 경쟁 우위를 확보하고, 재무적 성과를 중심으로 기업을 운영한다.

정치 지도자는 광범위한 국민 전체에게 책임을 지는데 이는 여러 계층과 이해관계자를 모두 고려한 정책을 수립하고 실행해야 한다는 것을 의미한다. 기업 지도자는 주로 주주, 직원, 고객, 협력업체 등 특정 이해관계자에게 책임을 진다. 근자에는 사회적 책임(CSR)과 지속 가능성 등으로 책임이 확대되고 있다.

정치 지도자의 권력은 법과 제도에 따라 주어지며, 그들의 권력은 국민의 지지나 선거에 의해 좌우된다. 정치적 리더십은 공공적이고 투명한 방법으로 행사되어야 하며, 선거, 의회, 언론 등 여러 견제와 균형 속에서 운영된다. 기업 지도자의 권력은 주주나 이사회에 의해 주어지며, 그들의 경영 성과가 평가 기준이 된다. 기업 내에서는 상대적으로 더 많은 자율성과 빠른 의사결정이 가능하다.

정치 지도자는 경제 성장, 실업률, 복지, 안전, 외교 관계, 국민의 만족도 등 다양한 지표에 따라 평가받는다. 이들은 단기적 성과뿐 아니라, 역사적 평가에도 많은 영향을 받는다. 기업 지도자는 매출, 이익, 주가, 시장 점유

율, 혁신 등의 구체적인 재무적 지표로 평가받으며, 주로 단기 성과와 주주 가치를 최우선시합니다.

위기 대응방식에서 정치 지도자는 자연재해, 전쟁, 경제 위기 등 국민 전체가 영향을 받는 대규모 위기를 관리해야 하는데 반해 기업 지도자는 시장 침체, 경쟁사의 공격, 기술 변화 등 주로 기업 내부 또는 특정 산업에 영향을 미치는 위기 상황에 대응이 주된 내용이다.

위대한 정치 지도자와 위대한 기업 지도자는 비전 제시, 결단력, 사람 관리와 같은 리더십 측면에서 공통점을 가지고 있지만, 그들의 목적, 책임, 권력의 성격, 성과 측정 방식 등에서는 분명한 차이가 있다. 정치 지도자는 공공의 이익을 위해 일하고, 복잡한 이해관계자들을 조율하는 반면, 기업 지도자는 경제적 성과를 중심으로 기업을 성장시키고 혁신을 추구한다.

위대한 지도자들에게 요구되는 일반적 특성과 특징

베버(Max Weber)는 《프로테스탄트 윤리와 자본주의 정신(The Protestant Ethic and the Spirit of Capitalism)》(1905년)에서 현대 사회에서 지도자의 카리스마, 전통적 권위, 법적 권위의 세 가지 권력 유형을 제시하며, 지도자의 사회적 역할과 정당성을 분석했다. 역사학자 정치학자 대통령 전기 작가로 유명한 존 맥그리거 번스(James MacGregor Burns)는 《리더십(Leadership)》(1978년)에서 변혁적 리더십(Transformational Leadership) 개념을 제시하며, 지도자는 구성원들의 동기와 가치에 변화를 일으키는 역할을 한다고 설명했다. 현대 경영의 창시자로 불리는 피터 드러커(Peter Drucker)는 《경영의 실제(The Practice of Management)》(1954년)에서 리더십의 중요성을 다루며, 조직의 목표를 명확히 하고 효율성을 극대화하는 지도자의 역할을 강조하였다. 조지프 나이(Joseph S. Nye)의 《소프트 파워(Soft Power)》(2004년)는 지도자의 권력 행사 방식에 대한 현대적 논의로, 소프트 파워를 통해 지도자는 협력과 설득을 통해 목표를 달성할 수 있다고 주장했다.

훌륭한 '지도자는 왜 훌륭한가? 보통의 지도자와 다른 그 어떤 특성·특징들을 가지고 있는가? 이 질문에 대한 대답 관련 자료들은 차고 넘친다. 수많은 자기개발서, 화려함을 자랑하는 기업 경영서, 엄청난 강연 영상물은 각기 저마다의 이론적 실천적 내용을 제시한다. 이들 중 두 가지만 대표적으로 제시한다.

주간지 타임(Time)지는 훌륭한 지도자의 공통된 특징으로 다음 9가지를 제시한 바가 있다.

1. 비전(vision)

훌륭한 지도자는 명확하고 설득력 있는 비전을 가지고 있다. 이 비전은 조직의 방향을 제시하고, 사람들에게 동기를 부여한다.

2. 결단력(decisiveness)

어려운 상황에서도 신속하고 과감하게 결정을 내릴 수 있는 능력은 훌륭한 지도자에게 필수적이다.

3. 책임감(accountability)

지도자는 자신의 결정과 행동에 대해 책임을 지며, 문제가 발생했을 때 책임을 회피하지 않고 해결책을 찾는다.

4. 감성 지능(emotional intelligence)

훌륭한 지도자는 팀원의 감정을 이해하고 공감할 줄 안다. 이는 신뢰를 쌓고 협력을 강화하는 데 중요한 역할을 한다.

5. 소통 능력(communication skills)

명확하고 효과적으로 소통할 수 있는 능력은 팀을 이끌고 방향을 설정하는 데 매우 중요하다.

6. 유연성(flexibility)

변화하는 상황에 적응하고, 예기치 않은 문제에 대처할 수 있는 유연한 사고방식을 가지고 있어야 한다.

7. 배려와 신뢰(care and trust)

훌륭한 지도자는 팀원들을 존중하고 배려하며, 팀원들이 자신의 의견을 자유롭게 개진할 수 있는 신뢰 기반의 환경을 조성한다.

8. 헌신(commitment)

자신의 역할과 목표에 대해 열정적이고 헌신적인 태도를 보인다. 이러한 헌신은 주변 사람들에게도 긍정적인 영향을 미친다.

9. 도덕성과 윤리(morality and ethics)

윤리적이고 도덕적인 기준을 중요하게 여기며, 정직하고 공정한 태도를 유지한다.

정치학자로서 다수의 역대 대통령에게 자문을 해준 리처드 뉴스타트(Richard E. Neustadt)는 저서 《사랑받는 대통령의 조건(Preparing to be President)》에서 사랑받는 대통령의 조건을 제시했다. 그가 제시한 7가지 절대 조건은 (1)권력 분할의 황금 비율을 안다, (2)주변의 감언이설에 넘어가지 않는다, (3)시대정신을 꿰뚫고 이에 가장 합당한 정책을 추구한다, (4)노선이 다른 두 사람을 경쟁시켜 정책의 균형을 유지한다, (5)사고방식과 업무 습관이 비슷한 사람을 보좌관으로 둔다, (6)초당파적 이익을 고려하여 최종 판단한다, (7)친인척 관리를 공개적으로 투명하게 한다 등이다.

미국에는 역대 대통령 모두에 대해 평가를 하고 순위를 매겨 발표하는 기관들이 다수 있다. 명망 있는 조사기관은 갤럽(Gallop), 미국의 케이블TV사 C-SPAN, 라이딩스 멕아이브(Ridings-McIver), 퓨리서치(Pew Research) 등

4개 기관들이다. 갤럽과 퓨리서치는 대중의 인식과 지지율을 중심으로 대통령을 평가하며, C-SPAN과 라이딩스-멕아이브는 역사적 관점에서 역사가와 정치학자들을 대상으로 대통령의 역사적 리더십과 정책성과를 평가한다.

특히 전문가들의 의견을 바탕으로 대통령을 평가하는 C-SPAN과 라이딩스-멕아이브가 사용하는 평가 기준이나 항목을 살펴봄으로써 전문가들이 중요하다고 판단하는 대통령에 대한 기대와 능력의 특성을 알 수 있다.

C-SPAN의 평가 항목은 (1)위기 관리(Crisis Leadership), (2)도덕적 권위(Moral Authority), (3)의회 관계(Relations with Congress), (4)국제 관계(International Relations), (5)행정 능력(Administrative Skills), (6)비전과 의제 설정(Vision/Setting an Agenda), (7)경제 관리(Economic Management), (8)정의 추구(Pursued Equal Justice for All), (9)성과(Performance within Context of Times) 등이다.

라이딩스-멕아이브(Ridings-McIver) 조사의 주요 평가 기준은 (1)정치적 지도력(Political Leadership), (2)국내 정책 성과(Domestic Policy Achievements), (3)외교 정책 성과(Foreign Policy Achievements), (4)위기 대응 능력(Crisis Management), (5)공정성 및 윤리적 리더십(Fairness and Ethical Leadership), (6)역사적 의미와 유산(Historical Significance and Legacy) 등이다.

정치 지도자들의 정치 지도자에 대한 명언들

조지 워싱턴(George Washington):
"지도자는 자신이 하는 모든 행동에서 타인의 모범이 되어야 합니다."

토머스 제퍼슨(Thomas Jefferson):

"지도자는 말보다 행동으로 사람들을 이끕니다."

"지도자는 힘이 아니라 신뢰를 통해 다른 사람을 이끌어야 합니다."

에이브러햄 링컨(Abraham Lincoln):

"나는 나의 가장 큰 적을 알고 있다. 그것은 내가 내일 더 나은 지도자가 될 수 있다는 사실이다."

프랭클린 D. 루스벨트(Franklin D. Roosevelt):

"훌륭한 지도자는 문제를 해결할 때, 사람들에게 함께 할 수 있다는 믿음을 심어준다."

우드로 윌슨(Woodrow Wilson):

"리더십은 사람들에게 그들이 할 수 있다고 믿게 만드는 능력입니다."

해리 트루먼(Harry S. Truman):

"지도자는 다른 사람에게 책임을 돌리지 않고, 모든 책임을 받아들입니다."

아이젠하워(Dwight D. Eisenhower):

"지도자는 사람들을 움직이게 하는 사람이 아니라, 사람들로 하여금 스스로 행동하게 만드는 사람이다."

로널드 레이건(Ronald Reagan):

"위대한 지도자는 개인의 잠재력을 끌어내는 사람입니다."

도널드 트럼프(Donald Trump):

"훌륭한 지도자는 강한 결단력을 가지고 결정을 내리는 사람입니다."

버락 오바마(Barack Obama):

"훌륭한 지도자는 자신이 모든 답을 가지고 있다고 믿지 않으며, 질문을 두려워하지 않습니다."

윈스턴 처칠(Winston Churchill):

"최고의 지도자는 낙관주의를 심어주고, 사람들에게 희망을 준다."

마거릿 대처(Margaret Thatcher):

"지도자는 군중을 따라가는 사람이 아니라, 군중을 이끄는 사람입니다."

벤자민 디즈레일리(Benjamin Disraeli):

"지도자는 희망을 파는 사람입니다."

에마뉘엘 마크롱(Emmanuel Macron):

"지도자는 공동체의 더 나은 미래를 위해 책임을 지는 사람입니다."

헬무트 콜(Helmut Kohl):

"훌륭한 지도자는 미래를 내다보며 결정을 내리는 사람입니다."

자와할랄 네루(Jawaharlal Nehru):

"위대한 지도자는 꿈꾸는 사람이고, 그 꿈을 현실로 만들기 위해 끊임없이 노력하는 사람입니다."

위대한 지도자의 탄생을 위해 드리는 열 가지 충언

인류의 역사를 통틀어 나라의 운명은 언제나 위대한 지도자와 함께 했다. 지도자가 갖춰야 할 덕목이 무엇인가에 대해서는 반듯한 소신과 이념의 소유자로서 지혜가 넘쳐야 한다. 나라에 목숨을 바칠 각오를 가진 애국자여야 하고 국민에 대한 사랑과 연민이 넘치는 사람이어야 한다. 훌륭한 인재를 찾고 적재적소에 배치하는 혜안의 소유자이면 금상첨화일 것이다.

지도자의 위대함은 정치 지도자들이 확고한 신념하에 국가정책을 추진할 때 정책의 일관성이 유지되고 미래에 대한 예측이 가능했다. 대중이 요구하는 바를 따라가는 사람이(follower) 아니고, 신념과 확신으로 국민을 끌고 가는 사람이(leader) 국정의 최고 책임자일 때 나라가 번창했다.

위대한 역사학자 제이콥 부르크하르트(Jacob Burckhardt)는 일찍이 "지도자는 국가명운과 직결된다"고 간파한 바 있다. 프랑스의 지성 자크 아탈리(J. Attali)는 지도자와 정치인을 분류하고 전자는 비전, 카리스마, 국정운영 능력이 필요하다고 보았다. 《좋은 리더를 넘어 위대한 리더로》의 저자인 경영철학자 짐 콜린스(Jim Collins)는 최고의 지도자에게 요구되는 것은 학벌이나 천재성이 아니라 헌신과 열린 자세라고 보았다.

독일 통일을 이룬 철혈(鐵血) 재상 비스마르크(Otto Eduard Leopold Fürst von Bismarck-Schönhausen)는 "신(神)이 역사 속을 지나갈 때, 그 옷자락을 놓치지 않고 잡아채는 것이 지도자의 임무다"라고 했다. 달리 표현하면 '신'은 아무

때, 누구에게나 옷자락을 허락하지 않는다. 대다수 지도자들은 신의 미세한 움직임을 낌새조차 채지 못한다.

필자로서는 신의 옷자락을 잡아챈 진짜 지도자가 누구인지 알 방법이 없다. 본 책자에 위대한 지도자로 선정된 18분 모두 그들이 인류와 자신의 나라에 안겨준 눈에 보이는 업적을 볼 때 분명히 신의 옷자락을 잡아챘을 것이라 확신한다.

위대한 지도자가 태어나는가? 또는 후천적으로 길러지는가?에 대해서는 논란이 많다. 지도자의 가장 커다란 소양의 하나가 카리스마라는 차원에서 보면 지도자의 자질은 갖고 태어나야 한다고 할 수 있으나 그것이 엄청난 수양과 노력에 의해 다듬어지지 않으면 빛을 볼 수 없다는 점에서 선천적 소양에 후천적 요소가 가미되어야 비로소 위대한 지도자가 탄생한다고 볼 수 있다.

누가 위대한 지도자인가? 어떤 사람이 어떻게 하면 위대한 지도자가 될 수 있는가? 부국안민을 기치로 학문을 하는 과정에서 지도자가 나라의 운명을 가르는 수많은 사례를 목격하면서 호기심에서 이책 저책을 읽어 보았을 뿐이다. 상당수의 책과 자료를 섭렵했음에도 아쉽게도 앞서 제기된 두 질문에 답을 아직도 정확히 모르겠다. 참으로 난처하다.

사회과학이든 자연과학이든 '진리'를 찾는 방법론에 두 가지 접근법이 있다. 그 유명한 연역법 귀납법이 그것이다. 잘 아는 바와 같이 귀납법은 개개의 사실이나 명제에서 일반적 결론을 이끌어내는 추론법인 반면, 연역법은 보편 명제에서 특수 명제를 이끌어내는 추론법이다. 두 가지는 상호보완적으로 사용되어야 할 것이나 시대와 지역에 따라 그 어느 한쪽이 더 부각되곤 했다.

필자는 귀납법을 통해 두 질문에 대한 '답'이 아니고 '답에 대한 힌트'를

'충언'으로 제공하고자 한다. 귀납법의 특징은 경험적 관찰에 기반하여 이론을 도출한다. 개별적인 현상이나 사건을 반복적으로 관찰한 후, 그 현상들 사이의 공통점을 찾아 일반적인 규칙을 도출한다. 역사에서 지금까지 출현한 수많은 지도자를 살피지는 못했으나 본 책자에서 다룬 18분의 개인적 삶과 공적인 삶의 궤적에서 무언가 공통점을 찾으면 불완전하나 힌트의 도출은 가능하다 본다.

그래서 필자가 의미가 있다고 판단되는 맥점들을 열거하며 '충언'으로 짚어 본다. 이승만 박정희란 두 분의 위대한 지도자에 이어 제2의 이승만, 제2의 박정희가 탄생되어 대한민국이 국격 있는 나라로 도약할 수 있길 간절히 기원한다. 위대한 정치가가 계속 배출되어 정치 후진국인 한국의 '3류 수준' 정치가 도약하길 바라는 마음에서 충언 몇 가지를 드린다.

충언 1: 어릴 적의 가정교육이 중요하다

사람은 누구든 평생 누구를 만나느냐에 따라 운명이 좌우된다. 우리 모두가 가장 먼저 만나는 사람이 부모님이고 그 부모님과는 평생을 함께 한다. 사실 꼭 정치지도자의 길이 아니더라도 모든 면에서 부모가 자식들에게 미치는 영향은 절대적이다. 18분의 지도자 중 부모님의 역할이 두드러진 경우는 조지 워싱턴, 에이브러햄 링컨, 로널드 레이건, 대처이다.

조지 워싱턴 대통령은 자신의 과거나 현재, 미래 등 자신의 운명은 모두 어머니로부터 물려받은 것이라고 말했다. 워싱턴의 정직함과 진실성, 솔선수범하는 리더십은 모두 그의 어머니로부터 배운 것이었다. 어머니의 엄격함과 높은 기대가 워싱턴의 리더십과 강한 책임감을 형성하는 데 기여했다. 어머니는 오히려 아들이 대통령이 되기 전보다 더 많은 일을 했다. 그리고 검소하고 소박하게 살면서 불우한 사람들을 도와주었다. 동네 사람들은 이런 그녀를 보고 "대통령보다 더 훌륭한 어머니"라고 불렀다.

링컨에게는 참으로 훌륭한 어머니 두 분이 계셨다. 친모(親母) 낸시 행크스는 어린 링컨에게 성경을 읽어주고, 읽고 쓰는 법을 가르쳤으며, 진심 어린 사랑으로 돌본 현명하고 자애로운 어머니였다. 그의 독서는 어머님의 지도에 따른 것이었다. 부잣집에 일하러 간 어머님은 주인집의 책을 빌려와 아들 링컨에게 건넸고, 그는 그 책들을 마구 읽었다. 링컨은 어머니에 대한 존경이 대단했는데, "내가 이룬 모든 것, 그리고 앞으로 내가 이룰 수 있는 모든 것이 다 어머니 덕분이라네"라고 했다. 친어머니는 전염병으로 향년 35세, 링컨의 나이 12살에 타계하셨다. 링컨은 새어머니를 맞이하게 되는데 다행히도 새어머니 사라 부시 존스턴은 링컨을 친자식처럼 사랑하며 그의 재능을 알아보고 제대로 가르치기 위해 최선의 노력을 다했다. 새어머니는 시집올 때 상당수의 책을 가지고 왔고 링컨이 지쳐 스스로 그만둘 때까지 계속 책을 읽을 수 있는 분위기를 만들어주었다. 그래서 링컨은 독서광이 되었다.

넉넉지 못한 가정에서 태어난 레이건은 애정을 듬뿍 쏟는 어머니로부터 신앙심을 배우며 자랐다. 어머니는 레이건을 자상하고 도덕적이며 낙관적인 성격을 지니게 했고 독실한 기독교 신자로 키웠다. 어머니는 근면하고 검소하고 자조적이고 도덕적으로 생활하면 장래 레이건이 국가와 인류를 위해 꼭 필요한 사람이 될 것이라 가르쳤다. 전통적 가치관을 중요시하는 어머니를 본받아 레이건은 스스로 선택하여 기독교 세례를 받기도 하였다.

대처 수상은 아버지로부터 크게 영향을 받았다. 부친 알프레드 로버츠(Alfred Roberts)는 잡화상의 주인으로 학력은 높지 않았으나, 지식에 대한 갈망이 커서 독서광이 될 정도로 책을 많이 읽으며 딸 대처를 가르쳤다. 대처는 부친이 식료품점 가게 점원에서 식료품점 주인이 되고, 정치에 입문해서 시장이 된 아버지로부터 많은 영향을 받았다. 대처는 자립과 자조 정신을 어릴 때부터 배웠으며, 아버지의 노력과 성공을 보면서 개인이 어떻게 노력하느냐에 따라 인생이 달라진다는 걸 배웠다. 대처는 총선에서 승리한 후 "제가 선거에서 승리한 것은, 그리고 선거 때 호소한 것은 모두 어렸을 때 아버지가 가르쳐 주신 것이었습니다"라며 부친께 감사와 존경을 표했다.

충언 2: 학벌이나 교육보다 독서가 중요하다

"책 읽기를 좋아하는 모든 사람(reader)이 지도자(leader)가 되는 것은 아니나 모든 위대한 지도자(leader)는 책 읽기를 좋아하는 사람(reader)이었다"라는 케네디(John F. Kennedy) 대통령의 말은 지도자와 독서의 관계에 대한 촌철살인적 표현이다. 기업가인 빌 게이츠(Bill Gates) 회장이 "내가 살던 마을의 작은 공립 도서관이 오늘의 나를 만들었다. 나는 아무리 바빠도 매일 한 시간씩, 주말에는 두세 시간씩 책을 읽는다"고 밝힌 것은 누구든 왜 독서를 해야 하는지를 그리고 언제 해야 하는지를 잘 말해주고 있다. 많은 책을 읽은 사람은 우선 입에서 나오는 어휘가 다르다. 위대한 지도자가 되기 위해서 우선 많은 책을 읽어야 하는 이유는 자신을 따르는 추종자들보다 더 많은 것을 알아야 하며, 앞서 봉사한 위대한 지도자들을 잘 알아야 할 필요가 있기 때문이다.

일류 대학을 나오는 것은 위대한 지도자가 되는 필요조건이 아니다. 대학을 나오지 않은 지도자들도 생각보다 많다. 지도자가 되기 전에도 엄청나게 책을 많이 읽고, 지도자가 된 뒤에도 책을 손에서 놓지 않은 지도자가 많음을 책 집필 과정에서 알고 놀랐다. 지도자 중 책벌레의 대표는 단연 링컨 대통령이고, 이승만 대통령 박정희 대통령 제퍼슨 대통령 당 태종 이세민에 이르기까지 모두 책을 엄청나게 읽었다.

링컨은 생계를 위해 가게 점원, 뱃사공, 장사꾼, 측량기사, 프로레슬러, 편지 나르는 우체국장 등을 전전하면서도, 책을 손에서 놓지 않았고 지독한 열성으로 주경야독했다. 책이건 신문이건 가릴 것 없이 인쇄된 것이라면 무엇이든 빌려 읽었다. 링컨은 어딜 가나 책을 가지고 다녔다. 잡화점 점원으로 일하던 링컨은 문학 동호회를 조직해 이를 통해 사람들과 책에 대한 토론을 했고, 자신의 생각을 말로 표현하는 연설법에 대해서도 배워나갔다. 잡화상을 할 때 링컨은 우연히 가재도구 상자 안에서 법률서적 4권을 발견하고 그 책들을 모두 읽고는 홀딱 빠져버렸다. 그러고는 변호사가 되겠다고 결심했다. 그리고 자신이 독학으로 변호사가 된 뒤에 법조인을 지망하는 젊은이에게 "책을 구해서 읽고 공부하게. 책을 이해할 줄 아는 능력은 어디서나 다 똑같네. 성공하고야 말겠다는 결심이 그 무엇보다 중요하다는 것을 늘 마음에 새겨두게"라고 조언했다.

박정희 대통령은 춘원 이광수의 소설 《이순신》과 형이 빌려온 책 《나폴레옹 전기》를 읽고 군인이 되었고, 나폴레옹으로부터 "나의 사전에는 불가능이 없다"에 필이 꽂혀 불굴의 도전 정신을 가슴에 품었다. 박 대통령의 집무실 겸 서재에는 600여 권의 책이 꽂혀 있었다. 광범위한 주제에 걸쳐 많은 책을 읽은 것으로 유명한 제퍼슨 대통령의 서재는 6,500여 권의 방대한 장서로 유명했다. 이 책들은 현재 버지니아대학과 미국 의회 도서관에서 보관되고 있다.

당 태종 이세민도 책 읽기를 즐겨 해서 "사람으로 태어난 이상 부단히 학문에 힘써야 하오. 젊었을 때는 전쟁을 하느라 책을 읽을 시간이 없었고, 정관 이래로는 손에 책을 놓지 않고 독서를 하여 교육 감화의 근본적인 방법을 알았으며, 나라를 다스리는 근본을 발견하게 되었소. 인생과 정치에서 중요한 것은 모조리 책 속에 들어 있으니, 더욱 더 학문에 정진해야 하겠다고 반성하는 참이오"라고 말했다. 사카모투 료마도 "독서백편의자현(讀書百編義自顯), 즉 책을 백번 정도 집중하여 읽으면 그 뜻이 저절로 드러나 알게 된다"라고 했으니 책 읽기의 의미와 중요성을 인지한 듯하다.

흔히 말하듯 책은 마음의 양식이다. 책을 읽음으로써 지식을 쌓고, 교양도 기르게 된다. 또한 책은 사람의 사고를 깊게 만들어주고, 사람을 더 성숙해지게 만들어 주기도 한다. 책은 마음의 보약이다. 독서는 자신의 가치를 다른 사람보다 높여주는 역할을 한다. 프랑스 철학자 르네 데카르트는 "좋은 책을 읽는 것은 과거의 훌륭한 선인들과 대화를 하는 것과 같다"고 했다. 그만큼 책을 읽는 것은 중요하다. 손에서 책을 놓지 않는다는 수불석권(手不釋卷)이란 말이 있다. 책을 열심히 읽는 책벌레들의 행동을 뜻하는 말이다.

'국민 독서실태' 조사에 따르면 종이책과 전자책·소리책(오디오북)을 합한 성인의 평균 종합 독서량은 2019년 7.5권, 2021년 4.5권, 2023년 3.9권으로 전체 평균으로 성인은 4개월에 1권 정도를 읽는 것으로 나타나고 있다. 참으로 걱정스러운 통계이다. 우리나라 정치가들의 연간 독서량은 얼마나 될까?

한 인간이 살면서 경험할 수 있는 세계는 참으로 협소할 수밖에 없다. 그러나 책은 타인이 경험하고 사고한 내용은 물론 이룩한 업적들로 가득 차 있다. 커다란 노력이나 위험부담 없이 지식과 경험을 취득할 수 있으니 책을 읽을 수 있다는 사실이 얼마나 감사한 일인가?

정치인은 일반 사람들처럼 다양한 분야의 책을 읽어야 하지만 특히 역사 관련 책을 많이 읽길 권고한다. 정치인들이 고민하는 문제 그리고 문제에 대한 답이 역사책에 다 나와 있다. 오늘날 우리가 개인적으로 고민하는 문제, 국가적으로 당면한 문제 등 모든 문제에 대해 고요한 마음으로 그리고 뜻을 가지고 역사를 잘 살피면, 진단과 처방이 모두 나와 있음을 알게 된다. 되풀이되는 사안에 대해서는 물론이고 되풀이되지 않는 사안들과 관련하여서도, 정성껏 살피면 문제의 원인과 문제의 답 그리고 나아갈 방향에 대해서 수많은 선현들이 지혜를 모아 제시하고 있다.

국민 다수 특히 정치 지도자들이 역사에 대해 잘 모른다면 역사에서 교훈을 얻을 수 없다. 역사는 결코 비판과 청산의 대상이 아니라 성찰과 교훈의 대상이다. 공자도 "미래를 설계하려면 과거를 알아야 한다"고 했고, 처칠은 "남보다 멀리 역사를 돌아보는 사람이 미래를 더 멀리 내다볼 수 있다" 했으며, 당 태종은 "구리로 거울을 만들면 의관을 단정하게 할 수 있고, 사람을 거울로 삼으면 자기의 득실을 분명하게 할 수 있고, 역사를 거울삼으면 천하의 흥망과 왕조 교체의 원인을 알 수 있다"고 설파했다. 제퍼슨 대통령은 만약 자유를 확립하는 데 어떠한 외부적인 역할이 있다면 그것은 교육에 있다고 보았으며, 교육 중에서도 역사교육의 중요성을 강조하였다. "과거를 앎으로써 스스로가 미래를 판단할 수" 있기 때문에 역사교육을 통해서 자유의 중요성을 깨달을 수 있을 것으로 기대하였다.

세상에는 세 가지 부류의 사람이 있다. 첫째 부류는 현명한 사람으로 경험을 하지 않고도 아는 사람이고, 두 번째 부류는 보통 사람으로 경험을 하고 나서 아는 사람이며, 세 번째 부류는 바보로 경험을 하고도 모르는 사람이다. 아마도 국내외의 지도자 중 상당수는 세 번째 부류에 속하는 것 같다. 역사로부터 배우려 하지 않았기 때문이다. 전임 정권을 부정하고 역사와 대화하지 않았기에 실패했으며 비극적 종말은 예상된 것이었다.

충언 3: 국정 운영의 요체는 소통이다

국민은 소통하는 지도력(leadership) 있는 지도자(leader)를 원한다. 국민들은 지도자의 심성에 주목하며 국민들은 지도자의 심성이 어떤가를 즉각적으로 인지 판단한다. 반듯한 심성의 지도자의 언행에 신뢰를 보낸다. 사람의 마음을 얻기 위해서는 말보다 실천하며 모범을 보여야 한다. 국민들은 영악하며 눈으로 보는 것만 믿는다. 지도자의 심성이 불순하면 즉각 마음을 거둬 민심이 이반(離反)한다.

나라의 번영 여부와 정책의 성공 여부는 지도자들의 인기 여부에 좌우되는 것이 아니고 지도자들이 지난 역사에서 성공 사례와 실패 사례를 얼마나 인지하고 그 교훈을 거울삼느냐에 달려있다. 좋은 지도자는 현실적 감각이 탁월하고 현실 문제를 극복하는 능력을 갖추어야 하지만, 훌륭한 지도자는 위기 속에서도 구성원들의 자부심을 고양시키며 더 큰 미래를 볼 수 있는 비전을 제시할 수 있어야 한다.

무릇 모든 지도자는 자신이 추진한 정책의 결과로 역사에서 평가된다. 모든 정책은 과학과 예술의 산물이며, 필요조건과 충분조건을 충족시키는지 여부에 따라 성패가 결정된다. 어떠한 정책이 성공하고 어떠한 정책이 실패하는가? 경제정책을 예로 들면 경제 원리에 충실한 정책은 성공하고 경제 원리를 거스르는 정책은 실패한다. 문제는 경제 원리에의 충실여부가 경제정책 성공의 필요조건이지 충분조건이 아닌 데 있다. 충분조건은 전문가들이 수립한 정책을 지도자들이 정치력을 발휘해 국민을 포함 이해당사자들로 하여금 수용하도록 소통해 설득을 하는지 여부이다.

지도자의 정치력 발휘에 의한 국민과의 소통이 중요하다. 인기를 얻기 위해 국민과 소통하는 것이 아니고, 정책을 잘하기 위해 지도자는 국민과 소통을 해야 한다. 훌륭한 소통을 통해 훌륭한 정책을 제시 설득만 잘하면 인기도는 저절로 올라간다. 국민과 소통을 잘해 많은 훌륭한 업적을 남긴 지도자는 아데나워, 링컨, 대처, 루스벨트, 레이건 등이다. 노변정담(爐邊情談, fireside chats)으로 대공황으로 실의에 빠진 국민과 소통한 루스벨트 대통령의 사례는 하나의 고전이고, 토론과 연설의 대가로 미합중국을 단결시킨 링컨 대통령의 소통, 풍전등화의 위기에서 제2차 세계대전에서 승리한 처칠 수상의 괴력에 가까운 호소와 소통은 각자의 소통 능력을 잘 보여준다. 전쟁이나 대공황의 비상시가 아니면서 국민과의 소통을 잘한 지도자는 단연 레이건 대통령이다. 자세히 살펴본다.

임기 초 레이건 대통령은 국민들과 호흡하는 능력으로 언론과 워싱턴 DC의 전문가들로부터 '위대한 소통자'라는 별명을 얻었다. 배우 출신 정치인이 매우 능숙하게 적절한 어구들을 구사한 타고난 연설가라는 사실에 모두들 놀랐다. 서민적인 습관, 감미로운 목소리, 거침없어 보이는 자신감, 여러 해 동안의 연기 경력 등 이 모든 것이 합쳐져 뿜어 나오는 그의 연설에 모두들 탄복했다.

연설가로서의 그의 성공에는 두 가지 요인이 있다. 하나는 레이건이 글쓰기에 매우 정통했다는 것이고, 다른 하나는 단순하지만 일관된 자신만의 세계관을 확실히 갖고 있었다는 것이다. 연설 자체에 못지않게 레이건은 연설문 작성 자체에 뛰어났다. 글쓰기와 스피치에 대한 열정이 대단했고 레이건은 수십 장의 색인 카드에 각각의 연설문을 적고 계속하여 외웠다. 글쓰기에 레이건 만큼 많은 시간을 할애한 대통령은 없다고 한다.

미국 역사를 통틀어 레이건 대통령보다 자신의 신념과 이념에 대한 깊은 이해와 충실함을 가졌던 대통령은 찾아보기 어렵다. 그의 수많은 연설 모두에서 핵심적 메시지는 매우 간단명료하였고 그 내용도 많지 않은 몇 가지 원칙과 방향에 기초하고 있었다.

　대통령 취임 이후 레이건은 의회의원들 그리고 언론과 협조적 관계를 유지하기 위해 각별한 노력을 기울였다. 자신의 작은 정부 정책에 따른 세출 삭감은 의원들에게 초미의 관심사항이기에, 여소 야대인 당시 의회 여건에서 레이건은 국회의원들을 직접 접촉하는 것 외는 다른 대안이 없었다. 개별적으로 또는 집단별로 의원들을 수시로 백악관으로 초청해 식사하고 환담했다. 레이건은 취임 후 첫 100일 동안 49회의 만남을 통해 467명의 의원들을 만났다고 한다. 이는 전임 카터 대통령이 4년 동안 만났던 의원 수보다 더 많은 것이었다.

　레이건 대통령은 역대 대통령들 중 그 누구보다 언론과 긴밀한 협조적 관계를 유지했다. 레이건은 자주 그리고 정기적으로 기자간담회를 열었고, 기자들의 질문에 솔직하고 친절하게 대답했다. 기자들을 존경으로 대했다. 기자들을 만날 때는 핵심 참모들을 배석시켜 기자들의 질문에 대해 보충 설명을 하게 해 기자의 궁금증을 완전히 해소해 주는 노력도 했다.

　미국의 대통령들은 각자 최우선시하는 정책은 통상적으로 취임 6개월 이내, 적어도 1년 이내에 관련 법안을 의회에 통과시킨다. 레이건이 공약한 주요 정책 중의 하나는 당시 50%인 소득세 최고세율을 30%까지 내리는 것이었다. 이 감세안을 의회에서 통과시키기 위해 의회와 언론 그리고 국민의 설득 작업을 적극적으로 조직적으로 하였다.

　레이건은 5월 11일에 하원의원 모두를 백악관에 초대했다. 이어 5월 14일에는 상원의원 모두를, 6월 11일에는 사업가들을, 6월 19일에는 기자들을, 6월 23일에는 민주당 의원들만을 백악관으로 초청했다. 7월 22일에는 워싱턴 이외의 지역의 신문 편집인과 방송기자들을 그리고 23일에는 주 의회 지도자들과 주 정부 주요 관리들을 백악관으로 초청하여 식사하며 세제

개혁안에 대해 설명했다. 24일에는 하원을 직접 방문하여 여야를 불문하고 영향력 있는 핵심 인물들을 만나 설득했다. 세제개혁안 의회 통과를 위한 마지막 노력으로 레이건은 27일 TV 카메라 앞에 서서 국민들에게 적극적 지지를 호소했다.

드디어 7월 29일 레이건의 세제개혁안이 의회를 통과했다. 하원의 다수당인 민주당의 당론은 세제개혁안 반대였다. 상원에선 찬성 89표 반대 11표였고, 하원에선 찬성 238표 반대 195표였다. 남부지역 민주당 의원 48명이 당론을 거부하고 레이건의 세제개혁안을 지지했던 것이다. 훌륭한 정책을 제시하고 모든 관련 당사자들을 적극적으로 설득한 결과로 얻은 '위대한 소통자' 레이건 대통령의 값진 입법화 승리였다.

레이건 대통령이 오늘날에도 위대한 지도자로 평가받고 있는 것은 미국이 대내·외적으로 가장 암울하고 어려웠던 시기에 '할 수 있다'와 '미국은 위대하다'라는 미국 정신을 되살렸기 때문이다. 레이건은 긍정적이고 낙관적인 사고와 신념으로 자유민주주의와 시장경제만이 번영된 미래를 가져다줄 것이라고 보았다. 레이건은 자유가 개인과 기업의 번영을 가져온다고 강조하면서 미국이 가야 할 비전과 정책을 제시하였다. 그리고 그 비전과 정책을 쉬운 말로 누구에게나 언제나 어디에서나 설명하고 설득했다.

위대한 소통자 레이건의 사례는 훌륭한 소통자의 자격과 자세 그리고 소통의 방향과 방법을 완벽히 보여준다. 듣지도 보지도 못한 내용은 없다. 의지와 노력이 문제일 뿐임을 읽을 수 있다. 오늘의 한국 정치는 앞이 캄캄하다. 반듯한 정책으로 백척간두의 위험에 처한 대한민국을 구하려는 정치세력은 보이지 않는다. 길은 있기에 누군가 결연하게 결심하고 나서면 된다. 대통령과 집권 여당 세력이 심기일전하여 담대하게 나서야 한다. 나라를 구하겠다는 의지와 방법이 문제이다.

충언 4: 신념과 소신으로 국민을 선도(lead)하라

세계의 위대한 지도자들이 어떠한 신념으로 나라를 이끌고 자신들의 성취를 일궈냈는지를 잘 살피는 것이 매우 중요하다. 라인강의 기적을 창출한 독일의 에르하르트(Ludwig Erhard) 수상은 자유시장경제에 대해 "우리가 이룩한 성공의 비결은 바로 자유시장경제에서의 경쟁을 통한 경제의 역동성에 있다." "경제가 발전할 수 있도록 하는 경제정책이야말로 가장 좋은 사회보장정책이며, 경제정책이 성공할수록 사회보장정책은 필요가 없어진다"고 하며 노조에 대해 "대부분의 노조는 경제성장을 통해 장래에 더 큰 과실을 먹으려 하기보다는 현재의 조그만 과실을 즉시 먹고 싶어 분배만을 강하게 요구하는 경향이 있다"고 정곡을 찔렀다.

철의 여인으로 추앙받으며 수렁에 빠진 영국을 구해 낸 대처(Margaret Thatcher) 수상은 자유의 중요성에 대해 "평등을 자유보다도 앞세우는 사회는 결국 평등도 자유도 달성하지 못하게 될 것이고, 자유를 첫째로 내세우는 사회는 보다 큰 자유와 보다 큰 평등을 달성할 것이다"고 갈파하며 지도자가 국민으로부터 어떻게 인기를 얻느냐에 대해 "인기가 있는 것이 중요한 것이 아니다. 당신이 옳다고 생각하는 바를 실천할 용기가 있으면 대중은 당신을 존경할 것이다"라고 했다.

미국의 3대 대통령 제퍼슨(Thomas Jefferson)은 오늘날 우리 사회에 대두되는 큰 정부에 대해 "당신의 모든 문제를 해결해 줄 수 있을 정도로 큰 정부는 당신에게서 모든 것을 빼앗아 갈 수도 있다"고 경계했으며 공무원들의 본질에 대해 "관료들은 부지런한 사람들이 일하는 데 붙어사는 너무 많은 기생충들이다"고 경고했다.

세계 역사상 공산주의를 소멸시킨 것으로 명성은 얻은 레이건(Ronald

Wilson Reagan) 대통령은 "공산주의자란 마르크스와 레닌을 읽는 사람이다. 비공산주의자란 마르크스와 레닌을 이해하는 사람이다"라고 해 우리나라 종북 공산세력들의 실체를 정확히 지적하고 있다. 레이건의 정부에 대한 성찰 "정부가 팽창하면 자유는 축소된다", "진정한 적은 대기업이 아니라 비대한 정부이다", "경제위기의 주범은 장밋빛 예측에 따라 방만하게 지출한 연방정부이다", "현재의 위기에서 정부는 문제의 해결방법이 아니라 문제 그 자체이다" 등은 참으로 촌철살인이다. 북핵문제 해결과 관련해서는 "서로 평화롭게 살자고 그들을 설득할 수 있는 최선의 방법은 그들이 전쟁에서 결코 우리를 이길 수 없다는 것을 확신시키는 것이다"라는 레이건의 말보다 더 유익하고 유용한 말이 있을까?

쿠바의 개입과 베를린 위기에 대한 케네디 대통령의 우유부단함은 신념과 소신의 지도력과는 크게 대비된다. 위대한 정치가의 결정은 자신의 행동에 대한 헌신이고, 모든 다른 행동의 길을 배제하는 특수한 행동에 대한 헌신이고, 그리고 알지 못하고 또 알 수 없는 것의 앞에서 취하는 외로운 결정인데 이것을 케네디 대통령은 이를 제대로 인지하지 못했기에 우유부단했다. 두 결정과 관련하여 케네디는 위대한 정치가 수준이 아니었다.

정치가는 모든 다른 것들을 배제하고 특수한 행동에 헌신해야만 한다. 그는 루비콘강을 건너거나 그러지 말아야 한다. 그는 두 가지를 모두 다 할 수는 없다. 그는 어떤 확실한 모험을 하기 위해 앞으로 나아가든가, 아니면 여전히 그대로 서서 다른 모험을 취할 것이다. 위험이 없는 중간 길은 없다. 또한 한 노선의 행동을 취하는 모험을 하기 전에 움츠러들어 한 걸음 후퇴하고, 상이하고 보다 적은 모험을 약속하는 것으로는 어떤 다른 모험을 시도할 수도 없다. 그가 루비콘강을 건넜다면 그것을 취소할 수 없다. 정치가는 루비콘강이 얼마나 깊고 격랑이 어느 정도인지를 그리고 그가 강을 건너 다른 쪽에서 무엇을 발견할지를 알지 못한 채 건너야 한다.

충언 5: 지도자는 안목을 지녀야 한다

'안목'이란 자신에게 당장 떨어진 문제를 해결하기 위한 최선의 방안을 떠올리는 능력이다. 안목을 누구나 보려하는 것을, 나도 보려는 욕심이 아니다. 안목은 남들이 지나친 것을, 남다르게 볼 수 있는 힘이다. 안목은 드러난 것을 보는 것이 아니라, 드러나지 않은 것, 은닉된 것을 발견하고 응시하는 내공이다. 안목은 일상의 사소함과 단순함 속에서 가장 아름답고 거룩한 것을 찾는 능력이다.

33세 살의 토머스 제퍼슨이 독립선언서 초안을 혼자 작성할 수 있었던 것은 새로 탄생될 그리스 민주주의 이래 처음으로 탄생한 세계 최초의 공화국 미국에 대해 안목이 있었기 때문이었고, 링컨이 미국이 남과 북으로 분열되는 사태의 발생을 막기 위해 남북전쟁을 시작한 것도 그의 남다른 안목 때문이었고, 레이건 대통령이 재임 중인 1987년 6월 17일 베를린 연설에서 미하일 고르바초프 당시 소련 서기장에게 "고르바초프씨, 이 문을 여십시오. 이 장벽을 허무십시오!"라고 촉구하고, 서베를린(West Berlin) 시민들에게는 "이 장벽을 무너뜨립시다"라고 외친 것은 공산주의 대한 그의 안목에 바탕하고 있다. 1961년 8월 13일에 세워진 베를린 장벽은 1989년 11월 9일 밤에 붕괴되었다. 레이건은 붕괴되리라 확신하고 있었고 치밀한 준비와 계획에 의거 소련 전체주의를 무너뜨렸다.

안목을 얻기 위해 오랫동안 수련하지 않는 사람들은, 환경을 탓하고 운명을 탓한다. 자신의 불운을 불러온 장본인은 자신뿐이다. 안목을 지닌 자는 보고 또 보는 사람이다. 그 반복적인 응시를 통해 대중이 볼 수 없는, 공동체가 가야 할 길을 선명하게 보는 자다. 지도자는 안목을 통해 볼 수 없는 것을 보고, 들을 수 없는 것을 듣고, 느낄 수 없는 세계를 상상하는 예술가다. 지도자는 없던 길을 만드는, 남들이 가본 적이 없는 길을 모색하는 숙고하는 인간이다.

충언 6: 훌륭한 참모를 찾아 활용해야 한다

무릇 모든 지도자는 참모와 더불어 국정을 도모한다. 그러면 훌륭한 참모를 어떻게 구하는가? 지도자가 참모를 얻는 방법은 두 가지이다. 첫째 자신이 택하고 선정하는 방법이고 둘째 누군가로부터 추천을 받아 택하는 방법이다. 지도자 자신이 참모를 택하는 것과 관련하여 중국 역사에는 두 유형의 인물이 있는데 날 때부터 사람을 잘 알아보는 지도자 즉 생이지지자(生而知之者) 형과 이치를 배워서 사람을 잘 알아보는 지도자 즉 학이지지자(學而知之者) 형이 있다. 전자의 대표적 인물이 한나라를 세운 유방이고 후자의 사례가 당나라 태종 이세민이다.

"천하에 현명한 인재가 없는 것을 걱정하는 것이 아니라 현명한 인재를 알아보는 사람이 없는 것을 걱정한다"고 한 당 태종은 사람 알아보는 잣대로 신언서판(身言書判)을 제시했다. 당 태종이 말하길 "무릇 사람을 고르는 법에는 네 가지가 있는데, 첫째는 몸(身)인데 그 사람의 몸가짐과 얼굴이 듬직하고 위풍당당해야 한다(體貌豊偉). 둘째는 말(言)인데 그 말하는 바가 조리가 있고 반듯해야 한다(言辭辯正). 셋째는 글(書)인데 글씨가 해서(楷書)처럼 또박또박하고 씩씩하면서 아름다워야 한다(楷法遒美). 넷째는 판단력(判)인데 사안의 이치에 대한 판단력이 우수하고 뛰어나야 한다(文理優長). 오늘날 붓글씨를 더는 쓰지 않으니 글씨 쓰기가 아니고 문장력 즉 자신의 생각을 글로 설득력 있게 기술할 수 있어야 한다는 것으로 변경하면 좋겠다.

한비자(韓非子)는 지도자를 세 등급으로 나눴다. 하급은 자신의 능력을 사용하고, 중급은 남의 힘을 사용하며, 상급은 남의 능력을 사용한다고 했다. 즉 자신의 능력밖에 사용하지 못하는 지도자는 최하위 지도자이고, 참모나 보좌관의 지혜를 사용할 줄 아는 지도자가 최상위 지도자라 했다. 위대한 업적을 남긴 지도자 곁에는 명참모와 명보좌관이 늘 함께했다.

지도자를 돕고 보좌하는 사람들은 제대로 구분 정리하는 것이 필요하다. 사실 중국의 오랜 역사에서는 명참모 명재상이라는 두 용어가 통상 사용되었다. 참모는 지도자에게 정책이나 모책(謀策)을 진언하는 사람으로 크고 작은 국가 정책을 제안하는 사람이다. 재상은 정책이 논의되는 회의에 참여를 하지만 그 이상의 무게를 가지고 더 넓은 의미에서 국정의 관리능력까지 겸비한 사람이다. 사례를 든다면 초한지(楚漢誌)에서 장량(張良)은 '막사 안에서 계책을 내어 천리 밖의 승리를 결정짓는 인물'로, '모책'으로 유방(劉邦)을 도운 명참모였다. 반면 소하(蕭何)는 전선에 나간 유방에게 후방을 걱정하지 않게 함은 물론, 후방의 경영 자체를 도맡아 꾸렸던 명재상이었다. 명참모와 명재상의 명성을 동시에 얻은 인물도 있는데 촉나라 유비(劉備)를 도왔던 제갈량(諸葛亮)과 제나라 환공(桓公)을 도왔던 관중(管仲)이 대표적 사례이다.

18명의 지도자 중 참모를 제대로 잘 활용한 인물은 박정희 대통령, 전두환 대통령, 레이건 대통령, 당 태종 이세민 등이다. 루스벨트 대통령은 두뇌위원회(Brain Trusters)라는 참모집단을 두었는데 당시로서는 상당히 진보적 학자들과 법률가들이 주축이었다. 루스벨트는 미국 최초로 전문가 참모들을 대거 기용한 대통령이었다. 루스벨트 대통령을 보좌한 참모들은 미국의 자본주의를 바로잡기 위해서는 과도한 기업 활동을 규제하고 근로자에 대해 사회 안전망을 마련해야 한다는 가장 강력한 정부 개입주의자들이었다. 불행하게도 이들이 제안했던 뉴딜 정책은 실패로 끝났다.

잘 알려진 바와 같이 박정희 대통령과 전두환 대통령은 용병술에 탁월해 당시 최고의 인재를 동원해 활용하였고 그 결과 한강의 기적과 단군 이래 최대 호황이었다. 대통령 전두환이 한강의 기적을 창출한 박정희 대통령만 큼이나 경제정책에 성공할 수 있었던 배경은 크게 두 가지이다. 하나는 카리스마 넘치는 뛰어난 리더십이고 다른 하나는 용인술에 따라 발탁된 유능한 참모들의 헌신이다.

레이건 대통령은 최고의 인재들을 찾아 그들에게 전권을 주는 방식으로 국정을 운영하였고 그 인재들이 훌륭했기에 후임 공화당 대통령들이 레이건의 참모들을 다시 활용한 사례도 적지 않았다. 링컨은 인재의 활용을 잘한 것으로 회자되고 있으나 관리적 측면에서 볼 때 문제가 적지 않았다. 내각의 반 이상이 민주당 출신이었던 것과 북부군 총사령관을 6번이나 바꾼 것은 자연스러운 현상이 아니다. 남북전쟁을 수행하는 과정에서 장군들의 약한 충성심과 무능력으로 심한 고초를 겪었고, 내각 각료들 사이에서도 서로를 미워하며 화합하지 못해 불협화음이 심했던 것은 관리자로서 링컨의 결정에 문제가 있었음을 의미하는 것이다.

군주국가 중국의 국정운영의 틀이 오늘의 자유민주주의 국가 대한민국의 국정운영의 틀과 근본적으로 다르므로 중국에서 널리 사용된 용어 그대로 사용하기보다는 전혀 새로운 용어를 사용하길 제안한다. 참모를 '정책참모'로 일컫고 재상은 '국무참모'로 일컫자. 대표적 정책참모는 대통령실의 분야별 실장이나 수석이고, 대표적 국정 참모는 국무총리, 각 부처 국무위원(장관), 대통령실의 비서실장이다. 우리나라의 경우 사실 대통령실의 수석들과 비서실장 그리고 국무총리와 국무위원들이 국가정책과 국정운용을 놓고 각기 그리고 상호간에 업무 분담과 명령 계통을 놓고 대단한 혼란과 혼선이 있어 왔다. 대통령실에서 참모에 불과한 수석들이 헌법기관인 국무총리와 국무위원들의 국정에 세세히 개입하는 일이 비일비재한 적도 있었다.

정책참모란 국가의 핵심정책을 두고 지모(智謀) 혹은 지략(智略)으로 지도자를 물이다. 국정참모는 국가정책 관련 회의에도 참여하기는 하나 더 넓은 의미에서 국정을 관리 운영하는 참모이다. 대통령(지도자)는 정책참모의 도움을 받아 정책을 제대로 수립하고 국정참모의 도움을 받아 국정을 반듯하게 운영하면 된다.

충언 7: 이슈보다는 가치와 이념을 강조하자

위대한 지도자들은 이슈보다는 가치와 이념을 강조한다. 구체적인 정책보다 가치의 전달과 이념의 설득을 더 중요시한다. 확신하는 가치와 이념을 바탕으로 말을 함으로서 자신이 한 말을 스스로 확신하고 있음을 보여주고, 그 결과 그 지도자는 대중에게 진실한 사람으로 각인된다. 지도자가 자신의 가치를 이야기하고 사람들과의 관계를 중시하고 진실한 사람으로 보일 때 사람들은 그 지도자를 신뢰할 수 있다고 느낀다. 가치와 인간적 유대, 진정성, 신뢰, 이 네 가지가 함께 할 때 대중은 스스로를 지도자와 동일시하며, 그 지도자가 자신들 중의 한 사람이라고 느낀다.

정책 이슈는 이차적이다. 즉 정책 이슈가 부적절하거나 사소하다는 것이 아니라 이차적이라는 것이다. 정책 이슈에 대한 견해는 당연히 사람의 이념과 가치에서 나오며, 선택된 이슈와 정책은 그러한 가치와 이념을 상징한다. 따라서 지도자는 가치와 원리에 집중하는 사람이 되어야 하며 자신이 진정으로 믿는 가치와 이념을 옹호해야 한다. 정치 지도자는 자신이 말을 걸고 있는 사람들에게 자신의 정체성과 그들의 정체성에 근거하여 감정이입을 하는 것이 필요하다.

현재 좌파 진보주의자들이 정치적 논쟁의 프레임(frame)을 구성해 자신들의 이념을 대중에게 조직적으로 제시하면서 정책 입안에서 주도권을 쥐고 있다. 주도권을 상실한 우파 보수주의자들은 좌파 진보주의자들의 정책에 반응할 때 진보의 프레임과 가치를 앵무새처럼 반복한다. 보수 고유의 가치를 보수 고유의 언어로 제시하기 위해서는 보수주의자들은 앞을 내다보는 일련의 정책과 의사소통 기법을 필요로 한다. 우파 지도자들은 어떤 당파에서도 벗어나 계속되는 장기적이고 조직적인 전국 캠페인에서 단결하여 오늘의 구체적 이슈가 무엇이든지 경우마다 보수의 가치를 정직하게 대중에게 전달해야 한다.

이념에 중도가 있고 중용이 좋다는 일반적인 믿음이 있다. 결코 이념에는 중도가 없다. 이는 불교와 기독교를 동시에 믿는 종교가 없는 것괴 마친 가지이다. 사람들의 이념이 이중적일 수는 있다. 즉 삶의 어떤 측면에서는 우파적이고 다른 측면에서는 좌파적일 수 있다. 그러나 어떤 한 과제에 대해 동시에 우파적이고 좌파적일 수는 없다. 더 많은 표를 얻기 위해 진보주의자들은 '오른쪽으로 이동해야 한다'고 믿고 보수주의자들은 '왼쪽으로 이동해야 한다'고 믿곤 한다. 그러나 이는 잘못된 판단으로 오히려 역효과를 낸다. 자신의 가치의 반대쪽으로 이동함으로써 상대방의 가치를 더 활성화시켜 주고 자신의 가치를 포기하는 결과가 초래된다. '이중개념주의자'를 '중도주의자'와 혼동해서는 안 된다.

이념과 정책은 같은 맥락이다. 이념을 떠나 정책이 홀로 고고하게 존재하지 않는다. 이념을 달리하는 사람들 간에 서로 각기의 정책의 옳고 그름에 대한 논쟁은 그 자체로서는 해답이 나와지지 않는다. 비록 불완전하나 역사에서 답이 구해질 수밖에 없다. 역사는 좌파(진보)의 공상적 사회주의 그리고 과학적 사회주의 모두 실패임을 확실히 보여주고 있다. 진보·좌파 이념이 그 자체로서 틀린 것은 아니다. 감성의 측면에서 보면 진보·좌파의 주장이 보수·우파의 주장보다 훨씬 더 호소력이 있다. 그러나 부국안민의 길을 놓고는 우파의 정책은 성공한 경우도 있고 실패한 경우도 있으나, 좌파의 정책은 늘 실패의 연속이었다.

18분의 정치가들 중 확실한 좌파의 지도자는 루스벨트 한 분이고, 워싱턴 대통령은 공화파인 제퍼슨 국무장관보다는 연방파인 해밀턴 재무장관과 이념이 더 가까웠기 때문에 좌파 성향이 있으나 18세기 말 당시 좌파 우파간 갈등이 거의 없을 시절이었다. 리콴유 수상은 스스로를 실용주의자라고 천명하였기에 형식적으로는 이념이 없다. 일본의 세 사무라이 중 쇼인은 야스쿠니 신사 제1호 신위이기에 확실한 우파이나 료마나 유키치의 이념 색채는 분명하지 않다. 링컨 레이건 제퍼슨 등 세 분 미국 대통령, 아데나워 에르하르트 등 두 분 서독 수상, 처칠 대처 등 두 분 영국 수상은 확실한 우파의 대표 지도자로 자리 잡고 있다.

대한민국은 정치적으로 '자유'민주주의 국가이고 경제적으로 '자유'시장 경제 국가이다. 대한민국에선 제일 중요한 가치가 자유이다. 자유는 대한민국에서만 최고의 가치가 아니고 인류 전체의 보편의 가치이고 사유재산과 함께 천부적 인권이다. 그런데 그 자유가 대한민국에선 사라지고 없다. 자유를 제대로 가르치지 않는다. 초중고는 물론이고 대학 교재에서도 민족이 어떻고 국가가 어떻고 기술하지, 자유에 대한 기술은 아예 빠져 있다.

가장 일반적인 의미에서 자유는 어떤 것에 대한 제약의 부재(不在)를 의미한다. 자유는 다른 사람에 의해서 간섭을 받지 않는 것, 혹은 강요되지 않는 것으로 정의될 수 있다. 자유가 중요한 이유는 자유로 말미암아 우리가 번영하고, 우리의 야망을 달성하려고 애쓰며, 스스로의 인생행로를 개척해 나갈 수 있기 때문이다. 개인들이 자신들의 선택에 따라 자유롭게 살 수 있을 때, 우리는 자신 또는 남의 실수로부터 배울 수 있고, 개발된 새로운 아이디어로부터 각종 혜택을 향유할 수 있다.

개인이든 국가든 모두 개선 진보 번영을 갈구한다. 그 개선 진보 번영의 원천이 자유에 있음을 아는 사람이 많지 않다. 인류의 번영은 자유의 확대와 같이했다. 인류가 이전보다 근자에 잘사는 것은 자유가 더 확대된 덕분이다. 오늘날 지구상의 잘사는 나라와 못사는 나라를 비교했을 때 더 자유로운 나라일수록 더 잘산다. 자유가 없는 공산주의 국가치고 잘사는 나라가 없다.

행복을 추구하는 것이 인간의 본성이며 사람은 각자 자신 삶의 주인이기에 간섭과 통제를 받지 않고 자유로울 때 행복하다. 자유를 싫어하는 사람이 아무도 없을 것 같으나 의외로 많다. 다양성을 싫어하고, 생각하는 것 자체를 귀찮아하고, 다른 누군가가 세상만사를 다 정해주길 원하는 사람들이 그들이다.

자유가 확대되기보다는 자유가 제한받는 시대에 살고 있다. 큰 정부를 지향하고 있기 때문이다. 법률의 수가 늘어나고 예산 규모가 확대될수록 정부는 커지고 개인의 활동은 제한을 받기에 자유는 축소된다. 국가 번영의 길은 자유 확대와 작은 정부에 있다. 일부 사람들은 평등을 자유보다 중시한다. 이는 잘못된 주장이다. 왜냐하면 평등을 자유보다도 앞세우는 사회는 결국 평등도 자유도 달성하지 못하게 되기 때문이다. 자유를 더 강조하는 사회는 보다 큰 자유와 보다 큰 평등을 동시에 달성한다. 평등을 강조한 나라에서 불평등이 심화된 예는 차고 넘친다.

행복을 추구하는 것이 인간의 본성이며, 사람은 각자 자신의 삶의 주인이기에 간섭과 통제를 받지 않고 자유로울 때 행복하다. 자유란 말을 싫어하는 사람은 다양성을 싫어하고, 생각하는 자체를 귀찮아하고, 다른 누군가가 세상만사를 다 정해주길 원한다. 노벨상을 받은 오스트리아 출신 경제학자 하이에크 교수(F. Hayek)는 "인류 번영의 원천은 자유이고, 개인의 자유를 위한 정책이야 말로 진정으로 유일한 진보정책이다"라고 설파했다.

충언 8: 대한민국의 위대한 지도자를 존경·선양·계승하자

역대 대통령들에 대한 평가는 관점에 따라 다르고 사람에 따라 다를 수 있다. 건국과 민주화 그리고 산업화 과정에서 중심적 역할을 했던 지도자들이 비판의 대상이 되고 있다. 전 세계의 지도자들과 관계 전문가들이 칭송해 마지않는 데도 말이다.

건국 이래 윤석열 대통령까지 모두 13명의 대통령이 대한민국의 대통령으로 선출되었다. 이들 중 위대한 지도자라고 할 수 있는 사람이 누구인가? 필자는 이승만 대통령과 박정희 대통령 두 분뿐이라 확신한다. 그 이유는 오늘날 우리를 자유민주주의체제 아래 살 수 있게 한 것이 이승만 대통령이고, 경제번영으로 우리를 잘살 수 있게 한 것이 박정희 대통령이기 때문이다. 조선왕조 500년 동안 27명의 왕들 중 성군(聖君)이 몇 명이 있었는가? 조선왕조 500년 동안 세종대왕이란 한 명, 정조를 포함하더라도 두 분의 성군을 가졌던 것과 비교할 때, 지난 76년 동안 두 명의 훌륭한 지도자를 가진 것만으로도 우리는 축복 받은 민족이다.

우리나라의 경우 이승만 대통령이 마주했던 해방 정국의 혼란 속에서의 건국과 민족상잔 6·25전쟁으로 인한 국가 자체의 존립 위기, 박정희 대통령이 직면했던 가난과 적화 세력의 지속적 위협, 그리고 전두환 대통령 앞에 닥쳤던 당시의 엄중한 국내외적 위기 이 모두를 극복하여 오늘날 자랑스러운 대한민국을 갖게 된 것은 세 분의 위대한 지도자와 우수하고 근면한 우리 국민들의 합작품이다. 우리의 5천 년 역사 내내 굶기를 밥 먹듯이 하다가 처음으로 국민 모두가 세끼 밥을 먹기 시작한 것이 1970년대 중반이었다. 1950년대 중반부터 1990년대 중반까지 40년 동안 대한민국이 성취한 것은 우리보다 앞섰던 오늘날의 선진국들이 100~200년 동안 이룩한 것을 능가하는 실로 경이로운 것이다.

일반 국민이나 관련 전문가들이 위대한 정치 지도자를 이야기할 때면 우리 모두 언제나 다른 나라의 지도자들만 이야기하지 세종대왕 빼고는 아무도 없는 것처럼 행동한다. 50여 년 전까지 세 끼의 식사를 해결하지 못했을 뿐만 아니라, 건국 과정에서 이념의 차이로 나라가 분단되는 실로 전대미문의 악조건 속에서 오늘날 풍요를 향유하게 된 배경에는 우리가 자랑할 수 있는 위대한 지도자들이 있었기 때문이다. 우리 국민들 중 이승만 대통령과 박정희 대통령이 위대한 지도자라고 당당히 주장하고 두 분의 업적을 자식들에게 정확히 설명해 주는 사람이 소수인 것은 무언가 잘못되어도 크게 잘못된 것이다.

세계의 정치가와 관련 권위자들이 이구동성으로 이승만 박정희 두 분의 대통령을 불세출의 지도자로 칭송하며 우러러보는데, 이를 알리기는커녕 공식 교육 과정에서조차 다음 세대에게 잘못 가르치는 우를 범하는 현실이 참으로 안타깝다. 이승만 대통령은 우리에게 정치적 자유를 줬고, 박정희 대통령은 우리에게 경제적 자유를 주었다. 두 위대한 지도자를 자신들이 믿는 신(神)과 배치된다고 하여 좌파가 폄하(貶下)한 것이 사실로 인식되는 것은 잘못되어도 크게 잘못된 것이다. 이승만과 박정희 두 대통령을 단순히 복권(復權)하는 차원을 넘어 두 분의 정신과 업적을 제대로 선양하고 계승하는 일이 시급하다.

중언 9: 청년 세대의 정치 진입을 제도화하자

선거 때만 되면 청년세대의 표를 잡기 위해 각 정당이 청년세대 대표의 영입에 요란을 피웠다. 결과는 아무도 만족한 적이 없고, 아무것도 손에 쥔 적이 없다. 청년세대 정치 인재는 영입하는 것이 아니다. 스스로가 제대로 준비하여 꿈을 펼쳐야 하고 정당은 새 세대를 육성·교육하도록 해야 한다.

오늘날 우리나라 각종 병을 앓고 있는데 그 중 한 병의 근원은 우리의 경제는 근대화되었지만 정치·사회·문화는 아직 근대화되지 않은 데서 연유한다. 몸은 근대에 사는데 정신은 전근대 그대로이다. 심지어 너나 할 것 없이 몸은 한국인인데 정신은 조선인이다. 대한민국은 물질적으로는 근대화됐지만 정신적으로 근대화되지 않았다. 광화문 광장에는 조선조의 이순신 장군과 세종대왕의 동상만이 있고, 화폐는 동전이든 지폐든 다섯 분 모두 조선조의 인물들 일색이다. 문제는 우리 정치인 모두가 조선 시대 사람이라는 점이다. 건국 이래 76년 성상이 지났음에도 정치인들에 있어서는 실질적으로 세대교체가 이뤄지지 않았다. 이제는 새로운 정치 세대를 키워 대한민국을 개조해야 한다.

세대별 정치적 알력은 전 세계적 현상이나 노령화가 진전됨에 따라 세대 간 알력은 이전과는 다르게 그리고 더 강열하게 전개될 전망이다. 우리나라의 경우 젊은 세대와 노인세대 모두 서로 상대를 불신 비방하고, 젊은 세대는 노인세대를 '틀딱들', '라떼는 말이야'라고 비아냥거리기 일쑤이다. 그러면서도 사회의 온갖 비리에도 젊은이들은 침묵하고 있다. 자신들의 이해

걸린 사안들에 대해서는 특권인양 주장하거나 불평·불만 일색이다.

젊은 세대(2030세대)의 정치 참여가 근원적으로 차단되어 있다. 젊은 세대의 정치 진입은 제도에 의해 뒷받침되기보다는 개인적 연(緣)에 좌우되고, 진입 장벽 때문에 정치권 진입을 포기하는 경우가 허다하다. 이로 인해 정치 불신은 확대되고 있다. 청년대표란 명목으로 국회의원이 되는 나라가 이 세상에 또 있는지 모르겠다. 청년을 통해서만 새로운 의견을 도출할 수 있다거나 청년의 문제를 해결할 수 있는 것이 아닌데도, 청년대표를 의원으로 만든 것은 청년들의 표를 의식한 후안무치(厚顔無恥)의 작태이다. 그렇게 해서 뽑은 청년대표가 무엇을 했는가? 세대별로 비례해 대표를 뽑자고 하지 않는 것이 그나마 다행이다. 국회의원은 국민의 대표로 국정을 심의할 능력과 경륜을 가져야 한다. 젊은 세대가 문제가 아니고 어떤 젊은 세대가 문제이다.

사실 정치 진입과 관련된 젊은 세대의 좌절과 불신은 대한민국 전체 역사와 정치 역사의 산물이다. 성리학을 종교로 믿었던 조선 사대부들의 처신, 일제 식민시대의 고통과 잔재, 건국 전후의 혼란, 제도(system)에 의한 지배보다는 사람에 의한 지배 등 복합적 요인들이 작용했다.

노무현 대통령에서부터 역대 대통령은 모두 엉겁결에 대통령이 되었고, 여야를 막론하고 각 당의 대통령 후보는 예상 밖 '바람결'의 후보였다. 지방자치단체 선거를 포함 국회의원 선거 그리고 대통령 선거에 이르기까지 후보는 모두 선거 직전에 '하늘'이 점지했다. 당원도 아니었던 사람, 지역에 살지도 않았던 사람이 버젓이 당 후보로 선출되어 선거에 출마했다. 당 대표의 경우에도 당원으로 당비를 납부한 적이 없는 인사가 당 대표 후보가 되었다. 후보 신청서를 내면서 당원으로 가입하고 몇 년 치를 소급해 당비를 납부하는 당원 관리와 당 선거 관리가 지구의 어느 나라에 존재하는가?

도대체 정당이란 것이 대한민국에 존재하기나 했던가? 우리에게 역사가 있는 정당이 없다는 것은 참으로 부끄러운 일이다. 명색이 복수정당제를 내건 민주국가에서 10년이 된 정당이 하나도 없다. 이념 결사체가 아닌 조직, 특정인을 중심으로 모인 사조직을 어떻게 정당이라 부를까? 공유하는 이념이 없으니 당연히 '동지의식(同志意識)'이 있을 리 없다. 이러한 상황에서는 청년 세대가 끼일 여지가 없다.

이러한 여건에서 사려 깊고 실력 있는 어느 젊은이가 정치를 하려하고, 용기 내어 마음을 먹었다 한들 정치를 할 수 있나? 참으로 한심하고 부끄러운 현실이다. 이러다 보니 검증되지 않은 풋내기들을 '선거 대책위원회'나 '당 비상 조직'에 끼워 맞추기식으로 '영입'을 했는데 그 결과는 모두 참사였다. '젊은' 당 대표, '참신한' 당 대표를 마구잡이로 영입했지만 모두 실패했다. 한 번의 실패 경험도 뼈아픈데, 어떻게 실패가 반복되고 계속 되풀이 될 수 있나? 국민 전체, 당원 모두, 정치 지도자 모두 정신을 어디에 두고 있나?

태양아래 새로운 것이 없다. 그 수많은 정책과 제도를 '수입'해 활용하는 대한민국이 젊은 세대들의 정치 진입과 관련해서는 오랜 민주주의 역사를 가진 나라들의 경험과 사례들을 어떻게 나 몰라라 하는가? 정치를 알고 정당을 아는 인물이 당 대표를 자원하라. 당대표는 당의 최고 경영자(CEO)인데 역대 어느 정당의 어느 대표도 당을 경영한 적이 없다. 각국의 정당사를 검토해 당의 이념을 확실히 정립하는 정강을 만들고, 선진국의 정치인이 어떻게 양성되는지를 직접 살펴서, 당 발전 30년 장기 계획을 작성하라. 이렇게 해야만 청년 세대들이 몰려올 것이다.

젊은이들로 하여금 대학생 때부터 정치에 관심을 갖도록 하고, 당의 각종 교육 프로그램 이수와 당 활동 참여의 이력에 비례해 정치 참여기회를 제공하는 것이 서구 선진국의 사례이다. 정치에 관심이 있는 젊은이들에게 공정 경쟁을 통해 정치에의 입문이 가능하도록 제도를 구축해야 한다. 기본적으로 당은 인재는 영입하는 것이 아니고 인재를 발굴·교육·육성하는 조직이다. 이 몇 가지가 원칙이고 전부이다. 어려운 것이 하나도 없지 않은가?

청년 세대든 장년 세대든 정치도 직업으로 해야 한다. 교수하다, 검사하다, 의사하다, 사업하다, 운동하다, 예술하다 갑자기 정치에 뛰어드는 것이 우리나라의 경우 관례 아닌 관례이다. 정치가가 되고 싶은 사람은 고등학교 때부터 자기가 좋아하는 정당에 가입하고, 평소엔 지역의 당 사무소나 지역에 봉사를 하거나, 지역의 각종 행사장을 맴돌며 지역의 특성을 파악한다. 대학에 진학해서는 학생회나 동아리 활동에 적극 참여하며 학업과 더불어 지방이나 국가 관련 여러 과제(issue, agenda)들에 대해 심각하게 고민하여야 한다.

영국의 경우 지금까지의 수상은 모두 80명이다. 마거릿 대처 이후 총 10명의 수상 중 7명이 옥스퍼드대학교 출신이고, 런던대학교, 에든버러대학교, 케임브리지대학교 각 1명씩으로 옥스퍼드대학이 절대다수이다. 옥스퍼드대학은 영국 정치가 양성소로 학생 시절부터 정치 지망생들의 토론이 매우 활발하다. 옥스퍼드대학교에는 PPE라는 철학(Philosophy), 정치학(Politics), 그리고 경제학(Economics)을 통합적으로 학습하는 학위 과정이 있다. 이 프로그램은 다양한 사회적, 경제적, 정치적 문제를 다루기 위해 필요한 비판적 사고와 분석 능력을 기르는 데 중점을 둔다. PPE 과정은 많은 정치인과 지도자들이 졸업한 과정으로 유명하다.

서구의 많은 나라에서는 지방의회 의원이나 지방자치단체장으로 10여 년 봉사한 다음에, 국회의원을 15~20년 역임한 후에, 수상이나 대통령에

도전한다. 처칠 수상, 대처 수상, 링컨 대통령, 오바마 대통령, 루스벨트 대통령, 케네디 대통령 모두 국회의원 선거 첫 출마에서는 낙선을 경험하였다. 처칠 수상은 26세인 1900년에 하원의원이 되고 그 40년 후에 첫 임기수상이 되었고, 대처는 정치입문 17년 만에 수상이 되었다. 링컨은 1832년 22세에 생애 처음으로 출마한 일리노이 주의원 선거에서 13명 중 8위로 낙선했다. 변호사 자격증을 딴 후 다시 출마해 당선되면서 정계에 발을 들여놓았다. 20대 초반에 정계에 투신했으나 1846년 37세에 처음으로 하원위원에 당선되고 대통령 취임은 1861년 그의 나이 51세에 했다. 정계 진출 29년 만이었다.

나라의 지도자로서 정치기기 되고자 하는 청년은 먼저 자신의 경력 관리를 어릴 때부터 하여야 한다. 학점 관리보다 능력 관리를 해야 한다. 다양한 사람을 만나고 다양한 봉사를 해야 한다. 수불석권(手不釋卷) 책읽기가 일상화되어야 한다. 가족과 주위 사람들의 도움과 지도를 받으며 준비에 만전을 기해야 한다. 평상시 받는 자기 월급 정도는 자신의 활동비 교재비에 충당하고 생계·생활비는 별도 원천으로 확보되어야 청치를 할 수 있다. 모든 사람은 업적으로 평가받는다. 앞 단계까지 큰 업적이 쌓이면 다음 단계는 저절로 열린다. 반듯하고 실력 있고 애국심 넘치면 위대한 지도자로 성장해 역사에 남을 것이다.

청년 세대와 소통하는 자체가 어려운 것이 현실이다. 보수나 진보라는 개념으로는 소통 자체가 어렵고, 공감을 얻는 것이 불가능하다고 본다. 젊은 세대와 공유하고 소통할 수 있는 개념은 '자유'이다. 자유의 의미와 중요성을 강조하고 공유하는 것이 중요하다. 이 자유가 중심에 자리 잡을 때 조선의 청년이 드디어 대한민국 청년이 된다. 청년들이여 자유를 기치로 자신의 잠재력을 최대로 발휘하라. 모든 것이 자신의 선택이다.

충언 10: 경연(經筵)을 부활해 지도자의 지력(智力)을 키우자

　우리가 당면한 문제의 답은 역사에 있다. 역사에서 배우지 못하면 반드시 실패한다. 어쩌면 그렇게 되풀이되고 있는 문제들을 선현들이 어쩌면 그렇게 우리가 고민하는 문제를 먼저 고민하고, 그에 대한 답을 그렇게도 잘 정리해 놓았는지, 어떤 여건에서 나라가 융성하고, 어떤 상황에서 역사가 퇴보하는지 등등 참으로 많은 것을 역사에서 배우고 깨달아야 한다.

　영명한 지도자의 등장과 그 주위에 뛰어난 인재의 집결이 나라의 융성을 보장하는 필요조건임을 역사는 분명히 보여주고 있다. 개혁이 성공하는 경우보다 실패하는 경우가 훨씬 많으나 수구 아닌 개혁만이 언제나 역사의 새로운 장을 열었으며 이 과정에서 지도자 자신의 인물됨이 어떠하여야 하느냐와 천하의 인재를 지도자가 어떻게 찾아내고 활용하느냐가 결정적 역할을 했던 것으로 관찰된다.

　지도자가 모든 국사의 내용을 속속들이 아는 것을 불가능하며 많은 경우 모든 내용을 자세히 알 필요가 없다. 본질적으로 현명한 판단이 가능한 기본적 소양을 갖추면 된다. 우리네 역사에서 볼 때 지도자에게 기본적 소양을 함양하게 하는 제도가 공식적으로 있었으니 그것은 다름 아닌 경연(經筵)이었다. 경연은 고려시대부터 있었던 것으로 임금이 착한 정치를 할 수 있도록 이끌기 위해 당대의 이름난 학자들로 하여금 임금에게 경서와 치국의 도리를 강론하게 하는 제도였다.

　낙향하는 퇴계 이황을 붙잡고 선조가 당대 으뜸가는 학자가 누구냐고 물었을 때 퇴계는 기대승을 천거했다. 퇴계와 8년 논쟁 끝에 사상의 빅뱅을 이끈 기대승이 명종을 앞에 놓고 펼쳤던 제왕학의 내용을 보면 첫째가 인간이 되어라 이다. 인간의 바탕을 닦아야 사람과 사물을 바로 볼 수 있다고 했다. 둘째, 제왕의 지와 덕의 잣대는 다름 아닌 인재등용이라 했다. 제왕이 아무리 잘해도 무능하고 부정한 관리를 만나면 원을 그르친다고 했다. 셋째 언로를 뚫으라고 했다. 제왕의 눈과 귀는 민초를 향해 항상 열려 있어야 하고 감지되는 바가 있으면 언제나 신속하게 반응해야 한다. 그러면서 언로가 뚫리면 국가는 안정되고 언로가 막히면 국가가 위태롭다고 했다.

여기서 조선 왕조의 대쪽 기대승과 선조의 제왕학 자체가 중요한 것이 아니다. 국가의 지도자가 갖추어야 할 덕목이 무엇이고 그의 처신이 어떠해야 하는지가 많은 선비들로부터 일상생활 속에서 계속 유입될 때 보통의 지도자도 훌륭한 지도자가 될 수 있으며 그렇지 못한 경우에는 훌륭한 지도자도 시간이 지남에 따라 수준이하의 지도자로 전락하게 된다는 점이 중요하다.

왕조시대의 경연이 오늘날의 현실에 이용될 때 그 구체적 내용이 어떠해야 하는지에 대해서는 면밀한 검토가 요청된다. 그러나 우리 모두가 잘 생각해 보면 지금이야말로 어쩌면 가장 고전적 형태의 경연이 필요한 것으로 판단된다. 경연이 대통령 한 사람에게 국한될 필요는 없다. 국가 지도자 5명 정도에게 경연을 도입해 보자. 지도자가 바삐 지낸다고 해서 그리고 모든 것을 꼼꼼히 챙긴다고 해서 국정이 더 잘 돌아가는 것은 아니다. 우리나라의 경우 지도자가 너무 바쁜 것이 문제다. 가까운 사람들로부터 달콤한 이야기를 듣기보다는 지도자들이 마음을 비우고 물리가 트인 전문가들로부터 원칙과 정도에 대해 충고를 듣는 일이 일상화될 때 지도자들은 영명해지고 국가는 반석 위에 올라갈 것이다.

현재 대통령을 보좌하기 위해 수많은 조직과 기관들이 존재한다. 헌법에 규정된 자문위원회들, 각 분야 별 셀 수 없이 많은 위원회들, 경제사회인문 및 자연이공관련 국책연구원들 등 엄청나게 많은 조직들과 기관들이 존재함에도 단순히 '보고하고 보고 받는' 데에 그치고 어느 경우도 심도 있게 논의하는 경우가 별로 없다. 모두 관료화되어 타성에 빠져 있기가 일쑤이다. 이 모든 조직들과 기관들의 활동을 경연으로 통합하여 정책 수립과 집행의 생산성을 높여야 한다.

예나 지금이나 지도자의 소양과 영명이 국가 운명을 좌우한다. 이 때문에 지도자의 영명과 소양을 북돋우는 제도적 장치가 필요하다. 21세기판 경연을 부활하자

큰 바위 얼굴 '위대한 지도자'의 출현을 기대한다

물론 열 가지 '충언'이 전부는 아니다. 그러나 정치 지도자가 되겠다는 분들로서는, 특히 '위대한' 지도자가 되고자 하는 분들은 고민해 볼 참고자료로서는 필자의 충언이 의미가 있길 기대한다.

독일 통일을 이룬 철혈(鐵血) 재상 비스마르크(Otto Eduard Leopold Fürst von Bismarck-Schönhausen)는 "신(神)이 역사 속을 지나갈 때, 그 옷자락을 놓치지 않고 잡아채는 것이 지도자의 임무다"라고 했다. 달리 표현하면 '신'은 아무 때, 누구에게나 옷자락을 허락하지 않는다. 대다수 지도자들은 신의 미세한 움직임을 낌새조차 채지 못한다.

필자로서는 신의 옷자락을 잡아챈 진짜 지도자가 누구인지 알 방법이 없다. 본 책자에 위대한 지도자로 선정된 18분 모두 그들이 인류와 자신의 나라에 안겨준 눈에 보이는 업적을 볼 때 분명히 신의 옷자락을 잡아챘을 것이라 확신한다. 필자의 간절한 소망은 대한민국 젊은 청년세대 중 사명감에 빠져 자신의 삶을 처절하게 살고, 스스로 흠모하는 자신이 되려는 훈련을 통해 국정의 요체를 꿴 인물이 신의 옷자락을 잡아채 슬그머니 나타나

주는 것이다.

아일랜드의 극작가, 평론가, 정치운동가 조지 버나드 쇼(George Benard Shaw)는 지도자의 어려움과 자격을 두고 "세상에서 가장 거창하고 어려운 일은 무엇일까? 바로 현대 민주주의 국가를 조직하고 운영하는 일이다. 어떤 일이든 타고난 적성을 지닌 사람들이 해야 잘할 수 있다"라고 말했다. 세상에서 '가장 거창하고 어려운 그 일'을 너도나도 하겠다고 설치는 현실이 오늘의 대한민국이다. 타고난 적성이 없음은 물론 기본적 훈련과 준비도 안 한 사람들이 정치 지도자가 되겠단다. 어쩌다 대통령이 되고 아무나 대통령이 되겠다고 설치고 있다. 국가와 국민에게 몸 받쳐 희생하겠다는 결의는 보이지 않고, 자신과 가문의 영광에 눈이 먼 사람들의 도토리 키 재기의 추한 모습만이 난무하고 하고 있다.

우리 사회의 구성원 누구도 우리 사회를 책임지지 않으려 한다. 마땅히 우리 사회 구성원 모두가 분담해 책임을 져야 한다. 그런데 모두가 무임승차(free riding)하려고만 한다. 즉 모두가 귀찮고 개개인으로서 남는 장사가 아니라서(득보다 실이 크기 때문) 누구도 아무도 책임을 지지 않으려 한다. 누군가 소수의 사람이 희생을 하면서 책임을 지면된다. 그 누군가 소수의 사람이 '위대한 정치 지도자'이다. 그래서 큰 바위 얼굴 '위대한 정치 지도자'의 출현을 대망한다. 우리 모두 각자 기도하자.

참고문헌

A. 개별 지도자

이승만

김삼웅,《이승만 평전-권력의 화신, 두 얼굴의 기회주의자》, 두레, 2020.

김용삼,《이승만의 네이션 빌딩-대한민국의 건국은 기적이었다》, 북앤피플, 2014.

남정욱,《이승만 깨기: 이승만에 씌워진 7가지 누명》, 백년동안, 2015.

로버트 올리버 지음/박일영 역,《이승만 없었다면 대한민국 없다》, 동서문화사, 2008.

로버트 T. 올리버 지음/박마리아 옮김,《리승만 박사전》, 한국학 자료원, 2013. 12.

안병훈,《건국 대통령 이승만의 생애-젊은 세대를 위한 바른 역사서》, 기파랑, 2015.

안보길,《우리가 버린 건국의 아버지 이승만 다시 보기》, 기파랑, 2011.

연세대학교 이승만 연구원,《우남 이승만 전집 1, 2권》, 연세대학교 대학출판문화원,
    2019.

오인환,《이승만의 삶과 국가》, 나남, 2013.

유영익,《이승만의 생애와 건국 비전》, 청미디어, 2019.

이호,《이승만의 토지개혁과 교육혁명》, 백년동안, 2015.

전광훈,《이승만의 분노》, 퓨리탄출판사, 2014.

조남현,《이승만의 위대한 성취, 대한민국 탄생의 역사》, 미래사, 2022.

강석천, "대한민국을 만든 이승만 대통령의 두 말뚝",〈조선일보〉, 2023. 7. 29.

박종렬, "우리는 그에게 빚을 지고 있다. ⑤제왕학으로 본 우남(雩南) 이승만",〈아주경
    제〉, 2023. 8. 22.

장계황, "리승만 평화선 수호, 오늘날 독도 실효지배 가능케",〈코리아히스토리타임
    스〉, 2019. 1. 26.

정성구, "대한민국의 설계자 리승만", 복음기도신문, 2022. 9. 9.

데이빗 고든, 권리장전을 거스른 프랭클린 루스벨트 대통령, 미제스 연구소, 2024.
    01. 05.

조지 워싱턴

강성학, 《조지 워싱턴, 창업의 거룩한 카리스마적 리더십》, 박영사, 2020.

김형곤, 《조지 워싱턴-초대 대통령》, 선인, 2011.

김형곤, 《미국 독립전쟁-조지 워싱턴의 리더십을 중심으로》, 살림, 2016.

고영기, "미국의 초대 대통령 조지 워싱턴의 정직·신뢰 리더십과 어머니", 〈중앙 뉴스〉, 2013. 2. 8.

김대현, "세상을 바꾼 위대한 어머니③ 워싱턴의 어머니 메리 보올", 〈머니투데이〉, 2013. 7. 1.

김봉중, "조지 워싱턴-갓 독립한 미합중국 이끈 초대 대통령의 '정직 리더십'", 〈매일경제〉, 2010. 10. 15.

김형곤, "조지 워싱턴 대통령의 결정과 책임의 리더십", 〈세계역사와 문화연구〉, 제65집, 2022.

박기종, "'미국 건국의 아버지' 조지 워싱턴 진짜 리더십은 권위와 힘으로 만들어지지 않는다", 〈매일경제〉, 2017. 8. 30.

콘라트 아데나워

귀도 크놉 지음/ 안병억 옮김, 《통일을 이룬 독일 총리들》, 한울, 2000.

김황식, 《독일의 힘 독일 총리들-독일의 통일과 번영을 이끈 정치 리더십》, 21세기북스, 2023.

문수현, 《독일 현대정치사》, 역사비평사, 2023. 04.

신창섭, 《기적을 이뤄낸 아데나워의 리더십》, 도서출판 답게, 2012.

김황식, "이승만 대통령과 아데나워 독일 총리", 〈조선일보〉, 2023. 4. 1.

신종훈, "서독과 서독 통합의 문제: 콘라드 아데나워의 외교정책 1949~1955", 〈독일연구〉, Vol. 14, 2008.

윤순봉, "독일 '아데나워' 수상의 리더십 라인강의 기적", 〈윤순봉의 서재〉, 2003. 12. 19.

조갑제, "드골-아데나워, 독불 화해를 넘어 유럽 통합의 길을 열다", 〈월간조선〉, 2021. 12.

황동일, "근대 독일에 비스마르크가 있었다면 현대 독일엔 아데나워가 있었다", 〈한반도 미래(/topics/4)〉, 2019. 10.

리콴유

강준만, 《리콴유-아시아적 가치의 국제적 오용과 남용》, 개마고원, 2015.

그래엄 앨리슨, 로버트 블랙윌 지음/석동연 번역, 《리콴유가 말하다》, 행복에너지, 2015.

김성진, 《리콴유-작지만 강한 싱가포르 건설을 위해》, 살림, 2014.

리콴유 저/유민봉 역, 《리콴유의 눈으로 본 세계》, 박영사, 2017.

리콴유 지음/류지호 옮김, 《내가 걸어온 일류 국가의 길(From The Third World to First)》, 문학사상사, 2001.

리콴유 지음/류지호 옮김, 《리콴유 자서전(The Singapore Story)》, 문학사상사, 1999.

유한준, 《리콴유 리더십: 자신을 극복하라》. 북스타, 2015.

이상수, 《이광요의 국가경영 리더십》, 한국학술정보, 2006.

이재현, 《작은 무대에 선 거인, 리콴유》, 아산정책연구원, 2015. 3.

구정은, "싱가포르가 잘못된다면 무덤에서라도 일어날 것, 타계한 리콴유의 어록", 〈경향신문〉, 2015. 3. 23.

김현민, "리콴유 리더십①…일본 치하에서 얻은 통찰력", 〈아틀라스 뉴스〉, 2019. 10. 11.

김현민, "리콴유 리더십⑤…말레이시아와 합병 추진", 〈아틀라스 뉴스〉, 2019. 10. 15.

성유진, "'그의 비전에 경의' 제2 전성기 싱가포르, 리콴유를 소환하다", 〈조선경제〉, 2023. 7. 20.

신장섭, "청렴 강국 만든 리콴유, 영원한 국부가 되다". 〈동아비즈니스리뷰〉, 174호, 2015. 4.

신장섭, "설득.포용하는 리더십…아버지 리콴유와 대조", 〈조선일보〉, 2006. 1. 1.

안미현, "리콴유 싱가포르 전 총리", 〈서울신문〉, 2008. 3. 18.

원성윤, "싱가포르 국부 리콴유 전 총리는 누구?", 〈뉴스&뉴스〉, 2015. 3. 23.

이인호, "리콴유의 리더십②…캠브리지에서 정치 사상 형성", 〈아틀라스 뉴스〉, 2019.
10. 12.

이인호, "리콴유의 리더십④…공산주의자에 환멸", 〈아틀라스 뉴스〉, 2019. 10. 14.

이인호, "리콴유의 리더십⑦…우수한 인재 양성과 영입", 〈아틀라스 뉴스〉, 2019. 10.
17.

조윤수, "아시아의 현인 리콴유 전 싱가포르 총리의 실용주의 리더십", 〈월간 중앙〉,
2021. 10.

홍준기, "리콴유가 남긴 다인종주의반부패 정책이 싱가포르의 힘, 〈조선경제〉, 2023.
7. 21.

Jayakumar, Shashi and Rahul Sagar, 《The Big Ideas of Lee Kuan Yew》, Straits
Times Press, 2015.

사카모토 료마

도모후유지 지음/안희학 옮김, 《사카모토 료마》, 지식여행, 2001.

마리우스 B. 잰슨 저/손일 번역, 《사카모토 료마와 메이지 유신》, 푸른길, 2019.

마쓰우라 레이 / 황선종 역, 《사카모토 료마 평전》, 더숲, 2009.

미도우에 유키노부/안춘식 번역, 《사카모토 료마와 손정의의 발상의 힘》, 지식여행,
2002.

시바료타로 지음/박재희 옮김, 《료마가 간다》. 동서문화사, 2011.

야마오카 소하치 지음/이길진 역, 《사카모토 료마(전 3권)》, 솔출판사, 2001

김메리, "사카모토 료마는 모든 일본인의 아버지입니다", 브런치 스토리, 2023. 10. 19

김영식, "사무라이 사카모토 료마 열풍에 휩싸인 일본", 〈이코노믹리뷰〉, 2010. 11.

김종성, "일본 근대화 앞당긴 사카모토 료마", 〈오마이 뉴스〉, 2013. 2. 3.

류석호, "개척정신과 의지의 화신, 사카모토 료마 리더십", 〈월간 군사저널〉, 2020년
2월호.

박명희, "21세기 사카모토 료마? 정치·기업가적 리더십 하시모토 토루 리더십 연구",
〈일본 연구 패널 보고서〉, No. 1, 2012. 11.

배진영, "사카모토 료마의 고향 고치를 가다. 나는 관리가 되기 위해 막부를 쓰러뜨린 것이 아니다", 〈월간 조선〉, 2020. 4.

손동우, "꿈을 품고 역사를 만든 두 남자", 〈매일경제〉, 2009. 12. 4.

유민호, "거인 안중근 vs. 창조된 캐릭터 사카모토 료마", 〈월간 중앙〉, 2016. 8. 1.

이종혁, "시대를 구한 풍운아 사카모토 료마를 기억하며", 〈미래 한국 위클리〉, 2017. 12. 13.

조갑제, "박정희와 사카모토 료마", 조갑제닷컴, 2003. 12.

최인환, "한국의 사카모토 료마가 기다려지는 까닭", 〈한국경제신문〉, 2014. 12. 5.

허문도, "일본 시코쿠 기행-명치 유신의 영웅 사카모토 료마를 찾아서", 〈월간조선〉, 2003. 12

에이브러햄 링컨

강성학, 《한국의 지정학과 링컨의 리더십》, 고려대학교 출판문화원, 2023.

김형곤, 《미국 남북전쟁-링컨 리더십의 본질》, 살림, 2016.

이현정, 《에이브러함 링컨-노예해방으로 하나의 미국을 열다》, 도서출판 돌베개, 2011.

도리스 컨스 굿윈 글/이수연 옮김, 《권력의 조건-라이벌까지 끌어안은 링컨의 포용 리더십》, 아르테, 2013.

데일 카네기 지음/ 권오열 옮김, 《데일 카네기 소통과 화합의 리더》, 매월당, 2018.

김도수, "노예해방보다 더 큰 링컨의 업적", 〈중앙일보〉, 2023. 6. 10.

김재중, "100주년 맞는 링컨 기념관…미국 통합 염원은 여전히 미완", 〈경향신문〉, 2022. 5. 3.

김정기, "한반도 현실에서는 링컨 같은 탁월한 지도자가 탄생되어야," 〈Break News〉, 2023. 8. 15.

김형곤, "링컨 대통령의 리더십의 실체", 〈미국사 연구〉, Vol. 25, 2007.

박선경, "에이브러험 링컨-노예해방, 전략인가 진심인가", 〈전자신문〉, 2020. 9. 9.

양재열, "책임과 소통의 리더십으로 최강 미국 건설 초석 다져," 〈통일시대〉, 2017, Vol. 124.

채복기, "강력한 리더십과 유연성 함께 갖췄던 링컨 대통령", 〈크리스천투데이〉, 2022. 7. 7.

한정엽, "에이브러험 링컨 대통령의 생애와 철학", 〈브런치 스토리〉, 2020. 11. 10.

윈스턴 처칠

강성학, 《윈스턴 S. 처칠, 전쟁과 평화의 위대한 리더십》, 박영사, 2019.

박지향, 《윈스턴 처칠, 운명과 함께 걷다》, 아카넷, 2023.

보리스 존슨 지음/ 안기순 옮김, 《처칠 팩터(The Churchill Factor)》, 지식향연, 2014.

앤드류 로버트 지음/이은 옮김, 《CEO 히틀러와 처칠 리더십의 비밀》, 역휴면앤북스, 2003.

제바스티안 하프너 지음/안인희 역, 《처칠, 끝없는 투쟁》, 돌베개, 2019.

강인선, "처칠 리더십의 비밀", 〈조선일보〉, 2008. 7. 30.

김인기, "윈스턴 처칠, 가장 어두운 시간을 승리의 시간으로 바꾸다", 〈국방일보〉, 2022. 1. 19.

김지은, "윈스턴 처칠 총리 취임,…2차 대전 승리 이끈 가장 위대한 영국인", 〈문화일보〉, 2022. 5. 9.

박영석, "윈스턴 처칠의 화법을 떠올리는 이유", 〈경북일보〉, 2022. 06. 27.

염운옥, "처칠의 제2차 세계대전 회고록: 자유의 옷을 입은 제국의 수호자", 〈내일을 여는 역사〉, 2007년 겨울호(제30호), 2007.

이동섭, "위대한 정치인의 뜨거운 편지 처칠", 〈우체국과 사람들〉, 2018. 06.

전원경, "윈스턴 처칠 전 영국 총리, 모자람보다 넘치는 편을 택한 승부사", 〈신동아〉, 2009. 03. 06

주은식, "윈스턴 처칠의 리더십 정수", 〈매일신문〉, 2024. 3. 26.

마거릿 대처

다카바다 아키오 지음/박병호 옮김, 《대처 혁명-영국은 소생할 것인가》, 아시아태평 양변호사협회, 1990

마거릿 대처 지음/김승욱 옮김, 《국가경영, 경영정신》, 2003.

박동운, 《대처리즘: 자유시장경제의 위대한 승리》, FKI미디어, 2004.

박동운, 《마거릿 대처-시장경제로 영국병을 치유하다》, 살림, 2007.

박동운, 《마거릿 대처》, 살림출판사, 2011.

박지향, 《대처 스타일》, 김영사, 2012.

김성화, "철의 여인 마거릿 대처는 왜 마녀가 됐나", 〈톱데일리〉, 2021. 9. 30.

박권상, "마거릿 대처 전 영국 총리", 〈시사저널〉, 1992. 4. 23.

박기종, "영국병의 치료사,'철의 여인' 마거렛 대처(Margaret Thatcher): 리더는 길 중간으로 걷지 않는다". 〈매일경제〉, 2017. 9. 20.

박윤수, "'대처리즘' 엇갈린 평가…'안티페미니스트' 면모도", 〈여성신문〉, 2013. 4. 10.

박지향, "대처 혁명과 마거릿 대처의 리더십", 〈미래한국〉, 2019. 1. 18.

박지향, "대처 혁명과 마커릿 대처의 리더십", 〈한국경제연구원 세미나 자료집, 13-06〉, 2013.

박지향, "마거릿 대처 서거 1주년, 다시 그를 생각한다.", 〈뉴데일리〉, 2014. 4. 8.

오정근, "대처와 레이건의 자유주의 시장경제 혁명, 2021년 한국경제에 주는 교훈", 〈아주경제〉, 2020. 12. 29.

유성운, "역지사지, 마거릿 대처", 〈중앙일보〉, 2022. 5. 4.

최재혁, "마거릿 대처 영국 총리", 〈시이오 뉴스〉, 2022. 8. 4.

키스 조셉

다니엘 예르긴·조셉 스태니슬로 지음/주명건 옮김, 《시장 對 국가》, 세종연구원, 1999.

다카바다 아키오 지음/박병호 옮김, 《대처 혁명-영국은 소생할 것인가》, 아시아태평 양변호사협회, 1990.

마거릿 대처 지음/김승욱 옮김, 《국가경영, 경영정신》, 2003.

박동운, 《대처리즘: 자유시장경제의 위대한 승리》, FKI미디어, 2004.

박동운, 《마거릿 대처》, 살림출판사, 2011.

박동운, 《대처리즘: 자유시장경제의 위대한 승리》, FKI미디어, 2004.

박지향, 《대처 스타일》, 김영사, 2012.

박지향, "대처 혁명과 마커릿 대처의 리더십", 〈한국경제연구원 세미나 자료집, 13-06〉, 2013.

브라이언 해리슨, "조셉, 키스 신존, 조셉 남작 (1918-1994)", 《옥스퍼드 국립 전기 사전》, 옥스퍼드 대학 출판부, 2004.

로널드 레이건

김남균, 《로널드 레이건, 보수혁명의 전설》, 선인, 2011.

김윤중, 《위대한 대통령 로널드 레이건 평전》, 더로드, 2016.

김형곤, 《로널드 레이건, 가장 미국적인 대통령》, 살림, 2007.

폴 켄고르 지음/조평세 옮김. 《레이건 일레븐》, 열아홉, 2020.

김남균, "미국 정치의 소통 문화: 로널드 레이건의 개혁 정치와 소통", 〈세계 역사와 문화 연구〉, No. 24, 2011.

박동운, "레이건 작은 정부로 자유로운 미국 만들다", 〈시장경제학회〉, 2019. 5.

박동운, "한국에 로널드 레이건은 없는가?", 〈KERI칼럼〉, 2011. 9.

배태웅, "무명배우서 대통령까지…로널드 레이건", 〈한국경제〉, 2022. 02. 05.

이춘근, "힘의 우위를 통해 냉전 종식시킨 로널드 레이건", 〈월간 조선〉, 2003. 11.

전현준, "로널드 레이건, 냉전을 무너뜨리다", 〈자유기업원〉, 2020. 03. 18.

한용걸, "통치력 모범 보여준 레이건", 〈세계일보〉, 2008. 1. 2.

박정희

구미시, 《박정희 대통령 탄생 100돌 기념사업백서》, 휴먼컬쳐 아리랑, 2018.

김성진, 《박정희를 말하다》, (주)도서출판 삶과꿈, 2006.

김태광, 《박정희 리더십》, 매일경제신문사, 2022.

박영규, 《한 권으로 읽는 대한민국 대통령 실록》, 웅진지식하우스, 2022.

박정희 대통령 기념재단, 《대통령의 100대 치적》, 2018.

송복 외 5인, 《우리가 알아야 할 9가지 진실, 박정희 탄생 100돌(1919~2017)》, 기파랑, 2017.

송창달, 《박정희 왜 위대한 대통령인가》, 그린비전코리아, 2012.

안병훈, 《혁명아 박정희 대통령의 생애》, 기파랑, 2015.

오인환, 《박정희의 시간들》, 나남, 2023.

윤종성, 《박정희 리더십의 모든 것》, 시아, 2023.

이강호, 《박정희가 옳았다》, 도서출판 기파랑, 2020.

정만섭, 《위대한 대통령 박정희》, 행복에너지, 2012.

조갑제, 《박정희의 결정적 순간들》, 도서출판 기파랑, 2009.

좌승희, 《박정희 살아있는 경제학》, 백년동안, 2015.

좌승희, 《박정희 동반성장의 경제학》, 기파랑, 2018.

좌승희, 《새마을운동 왜 노벨상 감인가》, 청미디어, 2020.

홍하상, 《주식회사 대한민국 CEO 박정희》, 국일 미디어, 2015.

박태균, "박정희 리더십 다시보기-인권 희생으로 이룬 경제성장 영도력 재평가 돼야", 〈신동아〉, 2004. 9.

오인환, "박정희도 처음엔 카리스마 없었다…철저한 기획, 단계적으로 이룬 리더십", 〈조선일보〉, 2023. 6. 15.

좌승희, "박정희경제학: 한국적 경제발전 이론과 정책", 《제도와 경제》, 제15권 제4호, 2021년 11월, 37-90.

홍순재, "박정희 대통령의 정치철학과 리더십", 〈뉴스타운〉, 2012. 8. 28,

전두환

고나무, 《아직 살아 있는 자 전두환, 철저히 사람 이야기를 쓰고 싶었다》, 북콤마, 2013.

고나무, 《독재자의 비밀-전두환을 읽는 31가지 방법》, 팩트스토리, 2022.

김성익, 《전두환 육성 증언》, 조선일보, 1992.

나의갑, 《전두환의 광주 폭동이라니요?》, 심미안, 2021.

이장규, 《그런 선거는 져도 좋다-전두환의 공(功)을 논함》, 기파랑, 2022.

전두환, 《전두환 회고록 1,2,3》, 자작나무숲, 2017.

정아은, 《전두환의 마지막 33년, 그는 왜 무릎 꿇지 않았는가》, 사이드웨이, 2023.

정일영·황동하,《전두환 타서전》, 그림씨, 2017.

지만원,《전두환 리더십》, 도서출판 시스템, 2022.

한국행정연구원,《전두환 정부》, 대영문화사, 2014.

김병만, "찰나의 그늘에 가려진 박정희·전두환 위대한 경제리더십", 〈스카이 데일리〉, 2020. 3. 9.

김상운, "서울의 봄, 미국은 왜 전두환을 용인했나", 〈동아일보〉, 2024. 1. 22.

김용복, "역시 전두환, 누가 뭐래도 전두환", 〈광장21〉, 2023. 6. 3.

이법철, "전두환 전 대통령의 리더십이 그리워진다", 〈뉴스타운〉, 2014. 10. 10.

이주천, "전두환 리더십의 재발견-누가 그에게 돌을 던질 수 있나?", 〈모닝포커스〉 2022. 12. 1.

임보미, "외신들, 독재자 전두환 사망, 끝까지 사과하지 않았다", 〈동아일보〉, 2021. 11. 23.

정윤재, "전두환 대통령의 정치리더십 분석", 〈정치정보연구 제3권 제1호〉, 2000.

김재익

고승철·이완배,《김재익 평전》, 미래를 소유한 사람들, 2013.

남덕우 외 8명,《80년대 경제개혁과 김재익 수석-20주기 추모기념집》, 삼성경제연구소, 2003.

이순자,《시대의 선각자 김재익》, 운송신문사, 1998.

이장규,《경제는 당신이 대통령이야》, 올림, 2008.

전두환,《전두환 회고록, 1권 혼돈의 시대(1979-1980)》, 자작나무숲, 2017.

전두환,《전두환 회고록, 2권 청와대 시절(1980-1988)》, 자작나무숲, 2017.

전두환,《전두환 회고록, 3권 황야에 서다(1988-현재)》, 자작나무숲, 2017.

고윤희, "경제초석 놓은 '대통령 경제수석'… 김학렬과 김재익", 〈이코노텔링〉, 2019. 12. 3.

김광두, "자유로운 영혼의 경제학 여정(21) 경제개방과 수입 자유화정책," 〈청계산 칼럼〉, 2022. 5. 21.

김정호, "경제를 배웁시다-김재익 수석 2", 〈자유기업원〉, 2008. 6. 21.

김종성, "김일성 밑에서도 일할 사람…전설적인 대통령 경제수석", 〈법률신문〉, 2021. 8. 20.

나병현, "전두환 정부 '물가안정은 긍정적', '부동산투기 구조화 실책도'", 〈비즈니스 포스트〉, 2021. 11. 23.

남성일, "지금 김재익 수석이 필요하다", 〈한국경제〉, 2008. 6. 3.

송진흡, "비전-혜안 갖춘 김재익 전 대통령 경제수석 그립다", 〈동아일보〉, 2009. 10. 8.

우경희, "경제교사·경제대통령, 나는 새도 떨어뜨린 청와대 경제수석들", 〈머니투데이〉, 2017. 6. 14.

이신우, "차라리 5공 경제정책이 부럽다", 〈인터넷타임즈〉, 2020. 1. 30.

이철호, "'경제는 당신이 대통령' 뒤에 숨은 또 다른 진실", 〈중앙일보〉, 2021. 11. 24.

정원석, "김재익 경제수석은 어떻게 인플레와 싸워서 승리했나", 〈조선 비즈〉, 2022. 9. 9.

조우현, "'시장경제관료' 김재익 서거40주기…그가 남긴 유산은?", 〈미디어펜〉, 2023. 10. 6.

조우현, "명언으로 배우는 시장경제(19), 김재익, 시장을 믿고 권력을 분산하라", 〈미디어펜〉, 2018. 7. 13.

조환익, "마지막 경제수석", 〈매일경제〉, 2021. 12. 10.

최경선, "경제 대통령 김재익", 〈매일경제〉, 2014. 1. 22.

허경태, "5공화국 경제대통령 김재익은 누구인가?", 〈글로벌 이코노믹〉, 2014. 1. 29.

허문명, "당신이 경제 대통령이야, 대한민국 미래 지도 그린 김재익", 〈신동아〉, 2022. 1.

루트비히 에르하르트

김황식, 《독일의 힘, 독일의 총리들 1》, 21세기북스, 2022.

문수현, 《독일 현대정치사-아데나워에서 미르겔까지, 기민련을 통해 본 정당국가 독일》, 역사비평사, 2023.

권병찬, "'라인강의 기적'의 아버지 루드비히 에르하르트", 〈뉴스타운〉, 2008. 1. 30.

권혁철, "라인강의 기적의 아버지, 루드비히 에르하르트", 〈월간조선〉, 2003. 4.

김윤현, "세계적 우등국가 독일의 번영은 사회적 시장경제가 원동력," 〈이코노미 조선〉, 2014. 9.

김택환, "'시가 문 뚱보'의 낙천주의, 라인강의 기적 일구다", 〈중앙선데이〉, 2013. 2. 9.

김현민, "서독의 경제기적, 잿더미 위에서 불사조처럼 회생", 〈아틀라스〉, 2021. 5. 13.

신동립, "박정희는 독일에 구걸하지 않았다", 〈뉴시스〉, 2016. 12. 7.

조갑제, "50년 전 박정희 대통령의 부자나라 독일 방문기", 〈아카이브뉴스〉, 2014. 03. 31.

하성식, "독일의 사회적 시장경제는 어떤 경제체제일까?," 〈브런치스토리〉, 2019. 8.

덩샤오핑

김영문, 《鄧小平과 중국정치》, 탐구당, 2007.

김정계 · 전영란, 《鄧小平과 그의 後繼者들》, 열린길, 2013.

롼밍 글/이용빈 번역, 《덩샤오핑 제국 30년》, 한울, 2016.

박형기, 《덩샤오핑-개혁개방의 총설계사》, 살림, 2013. 10.

안치영, 《덩샤오핑 시대의 탄생》, 창비, 2013.

에즈라 보걸 저/심규호·유소영 옮김, 《덩샤오핑 평전》, 민음사, 2014.

우송잉 저/김승일 번역, 《덩샤오핑의 남방순회 담화 실록》, 범우, 2012.

이영옥, 《중국 현대사》, 책과 함께, 2021. 09.

조영남, 《개혁과 개방》, 민음사, 2016.

펑광첸 주편/이두형 옮김, 《중국군의 등소평 전략사상 강좌》, 21세기군사연구소, 2010.

히라마쓰 시게오 저/이용빈 편역, 《마오쩌둥과 덩샤오핑의 백년대계》, KIMS, 2014.

박동운, "덩샤오핑, 굶어죽는 나라 중국을 G2로 이끌다". 〈시장경제학회〉, 2019. 04. 16.

박승준, "중국 주자파 연구(1)", 〈시사저널 1794호〉, 2019. 2. 1.

안치영, "중국 일으킨 마오, 배불린 덩샤오핑, 강대국 만든 시진핑", 〈중앙일보〉, 2020. 7. 1.

토머스 제퍼슨

송치중, 《토머스 제퍼슨》, 와이즈만 Books. 2016.

올리버 드밀 지음/김성웅 옮김, 《토머스 제퍼슨의 위대한 교육》, 꿈을 이루는 사람들, 2020.

토머스 제퍼슨 글/이병규 번역, 《토머스 제퍼슨의 이해》, 세종출판사, 2005.

경제지식네트워크, "토머스 제퍼슨: 자유와 권력", 〈경제지식네트워크〉, 2020. 7. 22.

나윤도, "토머스 제퍼슨", 〈서울신문〉, 1998. 02. 12.

성종상, "토머스 제퍼슨의 자연관과 조경관", 〈환경논총〉, Vol. 49, 2010.

전유진, "토머스 제퍼슨, 자유와 평등의 대의를 밝히다", 〈World Today〉, 2021. 9. 10.

질경이, "토머스 제퍼슨 대통령의 집, 몬티첼로", 〈브런치 스토리〉, 2023. 09. 09.

질경이, "토머스 제퍼슨의 혼이 담긴 집, 몬티첼로", 〈브런치 스토리〉, 2023. 11. 12.

한규만, "독립선언서에 기초·위대한 교육자 미 제퍼슨 대통령", 〈경상일보〉, 2022. 07. 13.

프랭클린 루스벨트

김진희, 《프랭클린 루스벨트》, 선인, 2012.

김형곤, 《소통의 힘-프랭클린 루스벨트의 변화의 리더십》, 살림Biz, 2010.

조지 맥짐시 글/정미나 옮김, 《미국 유일 4선 대통령 프랭클린 루스벨트에게서 배우는 위대한 정치의 조건》, 21세기북스, 2010.

강성학, "처칠, 윌슨, 워싱턴, 루스벨트와 대한민국 국부 이승만", 〈아시아 투데이〉, 2024. 2. 28.

김인수, "與 대선후보가 배우겠다는 루스벨트 뉴딜의 실체", 〈매일경제〉, 2012. 10. 15.

김형곤, "프랭클린 루스벨트 대통령의 지도력 형성 배경과 본질", 〈미국사 연구〉, 제15집, 2002. 5.

데이빗 고든, 권리장전을 거스른 프랭클린 루스벨트 대통령, 미제스 연구소, 2024. 01. 05.

박보균, "프랭클린 루스벨트의 위기 돌파 드라마", 〈중앙 선데이〉, 2020. 5. 23.

박찬수, "독재자 비난받은 루스벨트에게서 배울 점", 〈한겨레〉, 2020. 12. 16.

유민호, "스티븐 케이시 LSE 교수가 말하는 루스벨트 리더십", 〈월간조선〉, 2022. 10.

이학영, "루스벨트가 가르쳐준 '공감 리더십'", 〈한국경제〉, 2020. 3. 12.

한정엽, "대공황을 극복한 프랭클린 루스벨트 대통령의 생애", 〈브런치 스토리〉,

2021. 12. 27.

이세민

멍셴스 지음/김인지 옮김, 《정관의 치-위대한 정치의 시대》, 에버리치홀딩스, 2008.

신동준, 《정관정요, 부족함을 안다는 것》, 위즈덤 하우스, 2013.

야마모토 시치헤이 지음/고경문 번역, 《제왕학-정관정요에서 배우는 리더의 자격》, 페이퍼 로드, 2011.

오긍 저/김원중 번역, 《정관정요-열린 정치와 소통하는 리더십의 고전휴머니스트》, Humanist, 2016.

자오커야오·쉬다오쉰 지음/김정희 옮김, 《당태종 평전》, 만음사, 2011.

차오시 지음/황보경 역, 《당 태종 읽는 CEO》, 21세기북스, 2009.

황충호, 《제왕 중의 제왕, 당태종 이세민》, 아이필드, 2008.

김덕권, "군주민수(君舟民水)…직언 일삼는 신하 숨지자 사흘간 곡기 끊은 군주는?", 〈The Asia N〉, 2016. 12. 29.

김성규, "정관의 치와 당 태종의 공신들", 〈전북사학〉, 제65호, 2022.

김준태, "폐하는 사치스럽다" 당 태종에 직언 날린 겁 없는 신하", 〈중앙일보〉, 2018. 8. 19.

김학추, "당태종의 정관지치(貞觀之治)와 제왕의 10계명", 〈충남일보〉, 2024. 4. 18.

박규완, "당 태종의 세 개의 거울", 〈영남일보〉, 2022. 7. 6.

박재희, "창업보다 어려운 수성…당 태종의 정도를 배우자", 〈DBR인사이트 투어〉, 107호, 2012. 6.

최승훈, "정관정요와 불통과 소통", 〈아웃소싱타임스〉, 2023. 6. 22.

요시다 쇼인

김세진, 《요시다 쇼인 시대를 반역하다-일본 근현대 정신의 뿌리, 요시다 쇼인과 쇼카 손주쿠의 학생들》, 호밀밭, 2018.

서현섭, 《일본 극우의 탄생 메이지 유신이야기: 요시다 쇼인부터 아베 신조까지》, 라의눈, 2019.

이희복, 《요시다 쇼인-일본 민족주의의 원형》, 살림, 2021.

탁양현, 《일본 근대 사무라이를 사상가들-사이고 다카모리, 요시다 쇼인, 사카모토 료마》, e퍼플, 2018.

고광본, "쇼인의 나라, 일본", 〈서울경제〉, 2019. 8. 15.

김건수, "부활하는 요시다 쇼인", 〈부산일보〉, 2019. 4. 23.

김동수, "우국자, 요시다 쇼인", 〈울산 매일신문〉, 2023. 5. 29.

김 영, "근대 조선과 요시다 쇼인", 〈일본어문학〉, 제85집, 2019.

박보균, "아베 역사관의 뿌리 조슈를 가다", 〈중앙일보〉, 2014. 1. 18.

박종렬, "'조선 식민지화' 설계자, 아베의 사표(師表), 요시다 쇼인", 〈아주경제〉, 2022. 8. 22.

백태현, "'요시다 쇼인 시대를 반역하다' 이토 히로부미·아베 신조의 스승은?", 〈부산일보〉, 2018. 9. 27.

안희환, "이토의 스승 요시다 쇼인", 〈뉴데일리〉, 2010. 8. 18.

이의진, "일본 극우파의 원조 요시다 쇼인", 〈동아일보〉, 2022. 7. 22.

조갑제, "요시다 쇼인의 제자들, 그 처절한 운명", 〈조갑제 닷컴〉, 2022. 7.

후쿠자와 유키치

기무라 신지 지음/이혁재 옮김, 《후쿠자와 유키치》, 다락원, 2002.

다카시로 코이치, 《후쿠자와 유키치의 조선 정략론 연구》, 선인, 2013.

야스카와 쥬노스케 지음/이향철 역, 《마루야마 마사오가 만들어낸 '후쿠자와 유키치'라는 신화》, 역사와 비평, 2015.

임종원, 《후쿠자와 유키치-새로운 문명의 논리》, 한길사, 2011.

정일성, 《후쿠자와 유키치: 탈아론(脫亞論)을 어떻게 펼쳤는가》, 지식산업사, 2001.

후쿠자와 유키치 글/ 남상영 번역, 《학문의 권장》, 한림대학교 일본연구소, 2003.

후쿠자와 유키치 글/ 송경호·김현·김승배 번역, 《서양사정 완역》, 여문책, 2022.

후쿠자와 유키치 글/ 정일성 번역, 《일본을 제국주의로 몰고 간 후쿠자와 유키치 탈아론을 외치다》, 지식산업사, 2012.

후쿠자와 유키치 글/정명환 역, 《후쿠자와 유키치의 문명론》, 기파랑, 2012.

후쿠자와 유키치 지음/ 허호 옮김, 《후쿠자와 유키치 자서전》, 이산, 2006.

강태윤, "후쿠자와 유키치의 초기 사상과 자유 민권 운동", 〈일본 역사 연구〉 제50집
    2019.

김신호, "후쿠자와 유키치와 김옥균", 〈인천일보〉, 2021. 5. 2.

배진영, "후쿠자와의 '탈아입구(脫亞入歐)' 주장, 아베신조의 '친미반중(親美反中)' 외
    교노선 연상케 해", 〈월간 조선〉, 2018. 2.

이지중, "후쿠자와 유키치 독점: 근대, 문명, 교육에 대한 토론", 〈한국교육사상연구회
    2015년 연차학술대회자료집〉, 2015.

이춘성, "일본의 선각자, 후쿠자와 유키치", 〈데일리 메디〉, 2008. 10. 10.

관중

강신주, 《관중과 공자-패자의 등장과 철학자의 탄생》, 사계절, 2011.

공원국, 《춘추의 설계자, 관중-춘추 전국 이야기》, 위즈덤하우스, 2017.

공원국, 《춘추전국 이야기 1, 최초의 경제학자 관중》, 역사의아침, 2010.

김준태, 《열국지의 재발견》, 세창출판사, 2021.

미야기타니 마사미쓰 지음/억관 번역, 《관중》, 황금부엉이, 2009.

오정환, 《춘추전국시대에서 찾아낸 교양인을 위한 고전 리더십》, 호이테북스, 2018.

이철희, 《1인자를 만든 2인자들》, 페이퍼로드, 2013.

정수국, 《난세를 이긴 중국인의 100가지 지혜》, 열매출판사, 2004.

최봉수, 《춘추전국시대가 춤추다-열국지》, 가디언 출판사, 2022.

김영수, "관중…춘추시대 기축통화(명도전)제조해 무역 활성화," 〈매경헬스〉, 2017.
    2. 27.

김원준, "관중 풍족해야 명예와 치욕을 안다", 〈한국경제〉, 2010. 5. 21.

박기종, "영웅 제 환공을 파멸시킨 간신 3인방 '역아', 수조, 개방…돌고 도는 간신 역
    사", 〈매일경제〉, 2017. 1. 4.

박기종, "중국 역사의 3대 재상 중 으뜸 '관중' 경제와 실용을 주장한 시대의 선구자",
    〈매일경제〉, 2016. 1. 27.

박동운, "춘추5패 제나라 환공의 탁월한 통치철학", 〈신동아〉, 2005. 3. 24.

박인명, "관중에게서 배우다", 〈국세신문〉, 2021. 6. 5.

서진원, "제환공 도와 부국강병 이룬 관중의 비결 셋", 〈조선일보〉, 2018. 2. 24.

손봉균, "관포지교의 유래", 〈오피니언 뉴스〉, 2017. 10 .28.

오형민, "관중에게 배우는 민생정치", 〈기호일보〉, 2022. 8. 11.

이동훈, "뛰어난 리더와 참모", 〈이데일리〉, 2012. 5. 23.

이한우, "관중은 공자를 어떻게 보았는가?", 〈법률신문〉, 2024. 4. 12.

최 광, "위대한 지도자는 혜안 가진 책사 둔다", 〈아시아투데이〉, 2023. 10. 24.

B. 지도자론 및 참모론

1. 국내 저서

강준식, 《대한민국의 대통령들》, 김영사, 2017.

김건우, 《대한민국의 설계자들》, 느티나무책방, 2017.

김동호, 《대통령 경제사》, 하다, 2019.

김봉중, 《이런 대통령을 만나고 싶다》, 위즈덤하우스 출판, 2017.

김영수, 《난세에 답하다-사마천의 인간 탐구》, 알마, 2008.

김용직 외 5인, 《대한민국 정부수립과 국가체제 구축》, 대한민국역사박물관, 2014.

김충남, 《대통령과 국가경영》, 서울대학교출판부, 2006.

문수현, 《독일 현대 정치 사상사-아데나워에서 메르켈까지, 기민련을 통해 본 정당국가 독일》, 역사 비평사, 2023.

민경국, 《경제사상사여행》, 21세기북스, 2014.

박경남, 《묘비명》, 포럼, 2007.

박동운, 《국가와 세계를 바꾼 위대한 7인의 정치가》, 북앤피플, 2019.

박보균, 《결정적 순간들》, 중앙북스, 2019.

박영규, 《한권으로 읽는 대한민국 대통령 실록》, 웅진지식하우스, 2014.

박정기, 《지도자》, 삶과 꿈, 2002.

박훈, 《메이지 유신을 설계한 최후의 사무라이들》, 21세기북스, 2020.

배용, 《네오 로마제국-우리가 몰랐던 미국 이야기》, 북앤피플, 2020.

배철현,《배철현의 위대한 리더》, 살림 출판, 2019.

삼성경제연구소,《국가개혁을 주도한 6인》, 삼성경제연구소, 2008.

선한성,《중국 3천년 역사에서 배우는 리더십의 지혜》, 나남, 2010.

손열·강원택,《2022 대통령의 성공 조건》, 동아시아 연구원, 2021.

송 복,《저서를 통해 본 이승만의 정치사상과 현실 인식》, 연세대학교출판부, 2011.

신동준,《관자 경제학》, 인간사랑, 2015.

신동준,《관중과 제 환공》, 한송, 1998.

신창호,《관자, 최고의 국가건설을 위한 현실주의》, 살림출판사, 2013.

양은경,《일본사를 움직인 100명》, 청아출판사, 2012.

유길준 지음/허경진 옮김,《서유견문》, 서해문집, 2004.

유재수,《세계를 뒤흔든 경제 대통령들》, 삼성경제연구소, 2013.

유정래,《일본 무사 이야기》, 어문학사, 2016

유필화,《역사에서 리더를 만나다》, 흐름출판, 2010.

이광훈,《조선을 탐한 사무라이》, 포북(forbook), 2016.

이수광,《세상을 뒤바꾼 책사들의 이야기(일본편)》, 일송북, 2002.

이수광,《세상을 뒤바꾼 책사들의 이야기(중국편 상, 하)》, 일송포켓북, 2009.

이영옥,《중국 현대사-혁명국가에서 경제대국으로》, 책과 함께, 2021.

이영일,《미워할 수 없는 우리들의 대통령》, HaDA, 2018.

이영훈,《해방 전후사의 진실과 오해》, 일곡문화재단, 2009.

이장규,《대한민국 대통령들의 한국경제 이야기-이승만 대통령부터 전두환 대통령까
지 산업화 40년》, ㈜살림 출판사, 2018.

이준구,《대통령을 만드는 사람들-선거의 귀재 정치 컨설턴트》, 청아출판사, 2010.

이형기,《리더를 위한 세상의 지식》, 지식과 감정, 2017.

장인성,《메이지 유신-현대 일본의 출발점》, 살림, 2014.

전국역사교사 모임,《처음 읽는 미국사》, 휴머니스트, 2018.

전원책,《전원책의 신군주론》, 중앙북스, 2014.

정경희,《미국을 만든 사상들》, 살림 출판, 2004.

정하미,《일본의 서양문화 수용사》, 살림, 2005.

정 형,《일본, 일본인, 일본문화》, 다락원, 2009.

조성일,《미국학교에서 가르치는 미국 역사》, 소이연, 2012.

조성환,《한국 근대의 탄생-개화에서 개벽으로》, 도서출판 모시는 사람들, 2017.

조용준,《메이지 유신이 조선에 묻다》, 도도 출판, 2018.

조해경,《성공하는 대통령의 통치철학-정치개혁이 필요한 시간》, 신아사, 2021.

최경옥,《번역과 일본의 근대》, 살림 출판사, 2005.

최연식,《조선 지식인의 국가 경영법》, 옥당, 2020.

최용식,《대통령을 위한 경제학》, 한빛비즈, 2012.

하우봉,《한국과 일본-상호인식의 역사와 미래》, 살림, 2005.

한국철학사상연구회,《세계사를 바꾼 아홉 가지 단어》, 동녘, 2010.

호사카 유지,《조선 선비와 일본 사무라이》, 김영사, 2007.

황광우,《인류의 역사를 뒤바꾼 위대한 생각들》, 비아북, 2009.

2. 해외 저서 및 번역서

기 소르망 지음/강위석 역,《20세기를 움직인 사상가들》, 한국경제신문, 2001.

기하라 부이치 지음/정돈영 옮김,《역사 속 위대한 인물과의 대화》, 징검다리, 1998.

니콜로 마키아벨리 지음/신동준 옮김,《군주론》, 인간사랑, 2014.

닉 래곤 지음/함규진 옮김,《대통령의 결단-위기의 시대 대통령의 역할은 무엇인가?》, 미래의 창, 2012.

다나카 아키라 지음/김정희 옮김,《메이지 유신》, AK 출판, 2020.

다나카 이키라 지음/현명철 옮김,《메이지 유신과 서양문명-이와쿠라 사절단은 무엇을 보았는가?》, 소화, 2023.

다카하시 마사아키 지음/박영철 옮김,《사무라이의 역사》, 한울아카데미, 2012.

다케다 다이준 저/이시헌 옮김,《사마천과 함께하는 역사 여행―史記의 世界》, 하나미디어, 1993.

다니엘 예르긴·조셉 스태니슬로 지음/주명건 옮김,《시장 對 국가》, 세종연구원, 1999.

도리스 컨스 굿윈 저/강주헌 역,《혼돈의 시대 리더의 탄생》, 커넥팅, 2020.

란즈커 지음/박찬철 옮김,《참모의 진심, 살아남은 자의 비밀》, 위즈덤하우스, 2017.

레이 황 지음/김영옥 옮김,《레이 황의 중국사 특강, 중국의 출로》, 책과함께, 2005.

로렌스 프리드먼 지음/이경식 옮김,《전략의 역사》, 비즈니스북스, 2014.

리우스·치루루 저/ 권서현.이서연 옮김,《세계의 리더들은 왜 철학을 공부하는가》, 힘
　　찬북스, 2019.

리처드 뉴스타트 지음/이종훈 역,《사랑받는 대통령의 조건》, 중앙북스, 2008.

마르쿠스 톨리우스 지음/ 김창성 번역,《국가론》, 한길사, 2021.

마이클 베슐로스 글/장상환 옮김,《대통령의 용기》, 지식의 숲, 2009.

마이클 포터, 캐서린 지음/박남규 옮김,《권력의 배신》, 매경출판, 2020.

마크 로버트 폴릴 지음/김수진 번역,《역사를 바꾼 50인의 위대한 리더십》, 말글빛냄,
　　2008.

말콤 펜윅 저/이길상 역,《한국에 뿌려진 복음의 씨앗》, 예영 커뮤니케이션, 2004.

멀 요스트·브루스 하이렌드 지음/석기용 옮김,《매력적이고 고독한 리더의 길》, 위즈덤
　　하우스, 2002.

미리우스 B. 젠슨 지음/김우영·강인환·허형주·이정 옮김,《현대 일본을 찾아서 I, II》, 이
　　산, 2006.

미야지마 히로시 지음/박은영 옮김,《한중일 비교 통사》, 너머북스, 2020.

미토베 이나조 지음/양경미·권만규 옮김,《사무라이-무사도를 통해 본 일본　정신의
　　뿌리와 그 정체성》, 생각의 나무, 2004.

밥 돌 지음/김병찬《대통령의 위트: 미국 대통령들의 재기 넘치는 명 코멘트와 일화》,
　　도서출판 아테네, 2013.

브루스 바틀릿 지음/이순희 옮김,《백악관 경제학자》, 웅진지식하우스, 2010.

사마천·스진 지음/노만수 옮김,《사마천》, 일빛, 2009.

사이토 다카시 지음/홍성민 옮김,《세계사를 움직이는 다섯 가지 힘》, 뜨인돌, 2009.

상앙 지음/윤대식 번역,《상군서》, 지식을 만드는 지식, 2018.

손무 지음/김원중 번역《손자병법》, 류머니스트, 2020.

스마콴 지음/장연 옮김,《황제의 용인술》, 김영사, 2008.

스티븐 존슨 지음/서영조 옮김,《탁월한 아이디어는 어디서 오는가?, 700년 역사에서

찾은 7가지 혁신 키워드》, 한국경제신문, 2012.

스펜스 비슬리 지음/이동진 옮김, 《역사를 바꾼 세계 영웅사》, 해누리, 2018.

알렉산더 해밀턴 지음/김동영 옮김, 《페더랄리스트 페이퍼》, 한울, 1995.

앙드레 모루아 지음/신용석 옮김, 《미국사》, 김영사, 2015.

앤드르 고든 지음/김우영 옮김, 《현대일본의 역사》, 이산, 2005.

양자오 지음/조필 옮김, 《미국의 민주주의를 읽다》, 유유, 2018.

에다 쓰토무 지음/이용수 역, 《일본 사상으로 본 일본의 본질》, 논형, 2014.

에드윈 무어 지음/차미례 옮김, 《그 순간 역사가 움직였다: 세계사를 수놓은 운명적
   만남 100》, 미래 M&B, 2009.

완지아핑 외 7인/양성희·김인지 번역, 《대국굴기-세계를 호령하는 강대국의 패러다
   임》, 크레듀, 2007.

월러 R. 뉴웰 지음/박수철 옮김, 《대통령은 없다》, 21세기북스, 2016.

윌리엄 J. 라이딩스 지음/김형곤 옮김, 《위대한 대통령 끔찍한 대통령》, 한언, 2000.

이나모리 가즈오 지음/김윤경 옮김, 《왜 리더인가?》, 다산북스, 2021.

이시다 다카시 지음/김영작 옮김, 《메이지 유신의 무대 뒤》, 일조각, 2008.·

이정식 저/허동현 편, 《21세기에 다시 보는 해방후사》, 경희대학교출판문화, 2012.

일레인 카르마크 지음/안세민 옮김, 《왜 대통령은 실패하는가?》, 한국경제신문, 2017.

장 자크 루소 지음/김영욱 옮김, 《사회계약론》, 후마니타스, 2022.

조지프 나이 저/홍수원 역, 《소프트 파워》, 세종연구원, 2004.

존 로크 지음/강정인 문지영 옮김, 《통치론》, 까치, 2022.

존 맥그리거 번스 지음/조중빈 역, 《리더십》, 지식의 날개, 2006.

제임스 C. 흄스, 지음/이채진 역, 《세계 최고의 화술-성공한 리더들의 화술 법칙》, 시
   아, 2021.

조시 슈피로옴 지음/차백만 옮김, 《대통령을 위한 수학》, 살림, 2012.

조지프 나이 지음/박광철·구용희 옮김, 《미 대통령 리더십과 미국 시대의 창조》, 인간
   사랑, 2015.

질러 헌트 지음/이현정 옮김, 《리더 누가 되어야 할까?》, 내 인생의 책, 2013.

짐 콜린스 지음/이경식 옮김, 《좋은 리더를 넘어 위대한 리더로》, 흐름출판, 2024.

찰스 P. 킨들버거 지음/주경철 번역, 《경제강대국 흥망사 1500-1990》, 까치, 2004.

토머스 칼라일 지음/박상익 옮김, 《영웅숭배론》, 한길사, 2023.

파멜라 카일 크로슬리 지음/강선주 옮김, 《글로벌 히스토리란 무엇인가》, 휴머니스트, 2010.

폴 피어슨 지음/박시종 옮김, 《복지국가는 해체되는가-레이건, 대처, 그리고 축소의 정치》, 성균관 대학교 출판부, 2006.

프란체스코 귀치아르디니 지음/이동진 옮김, 《군주론과 쌍벽을 이루는 통치자의 지혜》, 해누리, 2014.

플라톤 지음/조우현 번역, 《국가》, 올재, 2013.

풍몽룡 지음/김구용 옮김, 《동주 열국지》, 민음사, 1990.

피터 두으스 지음/김용덕 옮김, 《일본 근대사》, 지식산업사, 1983.

피터 드러커 지음/이재규 역, 《경영의 실제》, 한국경제신문, 2006.

해리티지재단 엮음/장성민 옮김, 《성공하는 대통령의 조건》, 김영사, 2002.

환관 지음/김한규·이철호 번역, 《염철론(鹽鐵論)》, 소명출판, 2012.

3. 기타

-나무위키(namu.wiki).

-위키피디아(Wikipedia).

-구글(Google. com).

-한국민족문화대백과사전.

최 광 崔洸

1947년 경남 남해에서 태어나 부산고와 서울대 경영학과를 졸업했다. 미국 위스콘신대에서 공공정책학 석사 학위와 미국 메릴랜드대에서 경제학 박사 학위를 받았다. 미국 와이오밍대 경제학과 교수, 한국외국어대 경제학부 교수, 한국과학원(KAIST) 겸직교수, 영국 요크대와 일본 히토쓰바시대 객원교수, 성균관대 석좌교수 등을 역임했고 현재 대구대학교 경제금융학부 석좌교수로 재직 중이다. 한국조세학회 회장 한국재정학회 회장을 역임하였고, 공직으로 한국조세연구원 원장, 국회예산정책처 처장, 국민연금공단 이사장, 보건복지부 장관 등으로 봉사하였다.

저술한 책에는 《한국의 지하경제에 관한 연구》, 《조세지출예산제도와 재정운용》, 《경제 원리와 정책》, 《분배정의와 재정정책》, 《자본주의 시장경제와 정부》, 《현대경제학의 이해》, 《일본의 경제정책과 재정정책》, 《국가 정체성과 나라경제 바로보기》, 《복지정책에 대한 근원적 고찰》, 《부국안민의 길》, 《Theories of Comparative Economic Growth》, 《Tax Policy and Tax Reforms in Korea》, 《Fiscal and Public Policies in Korea》 등이 있으며, 편집한 책은 《한국재정 40년사》, 《한국의 조세정책 50년》, 《오래된 새로운 비전》, 《오래된 새로운 전략》, 《기적의 한국경제 70년사》, 《대한민국 파괴되고 있는가》, 《Public Finance in Korea》, 《Economic Development and Economic Policy in Korea》 등이고, 번역한 책으로는 《공공선택이론 및 재정이론》, 《공공경제학》, 《경제학의 이해》, 《집단행동의 논리》, 《국가의 흥망성쇠》, 《지배권력과 경제번영》 등이 있으며, 도합 90여 권의 책을 저술·편집·번역하였다.

미국에서 수학 중에는 Ford Foundation Fellowship을 받았으며, 교수 재직 시절에는 영국 British and Commonwealth Office(외무성)의 Scholarship과 일본 Japan Foundation(문부성)의 Fellowship을 받아 영국과 일본에서 연구 활

동을 하였다. 조세연구와 관련하여 석탑산업훈장을 받았고, 장관 재임 후 청조근정훈장을 받았다. 제22회 시장경제대상, 학술논문 최우수상을 수상하였다.

누가 위대한 지도자인가
-헌신과 열정의 파노라마

초판 1쇄 2024년 11월 15일

지은이 | 최 광
펴낸곳 | 북앤피플
대 표 | 김진술
펴낸이 | 김혜숙
디자인 | 박원섭
마케팅 | 박광규

등 록 | 제2016-000006호(2012. 4. 13)
주 소 | 서울시 송파구 성내천로37길 37, 112-302
전 화 | 02-2277-0220
팩 스 | 02-2277-0280
이메일 | jujucc@naver.com

© 2024, 최 광

ISBN 978-89-97871-69-8 03340